제 27 판

2026

법인세법강의

성용운 · 서희열

세학사

2026 개정27판을 내면서…

부족한 졸저에 대한 독자 여러분의 따뜻한 격려와 충성어린 질책에 감사드린다. 금년에도 독자 여러분에게 약속 드린대로 2026년 세법개정에 맞춰 2026년 세법강의시리즈를 내보낸다.

금년도 세법 개정은 이재명 정부의 첫번째 작품으로 경제강국 도약 지원, 민생안정을 위한 포용적 세제, 세입기반 확충 및 조세제도 합리화에 역점을 두고 추진하는 세제 구축으로 다음과 같은 개정이 있었다.

주요 개정 내용을 개괄해 보면

첫째, 경제강국 도약 지원을 위해

① 미래전략산업 지원 강화 – 국가전략기술 및 신성장·원천기술 범위 확대, 통합고용세액공제 개편, ② 자본시장 활성화 – 고배당기업 배당소득 분리과세 도입 및 투자상생협력촉진세제 개편, ③ 지역성장 지원 – 고향사랑기부금 세액공제 확대, 지방이전 기업 세제지원 제도 개선

둘째, 민생안정을 위한 포용적 세제를 위해

① 취약계층 지원 강화 – 자녀 수에 따라 신용카드등 소득공제 한도 확대, 초등 저학년 자녀 예체능 학원비 세제지원, 무주택 주말부부에 대해 각각 월세 세액공제 허용, ② 소상공인 중소기업 지원 – 지역사랑상품권 기업업무추진비 손금 확대, 생계형 창업중소기업 세액감면 적용 기준금액 상향, ③ 납세자 권익보호 – 양도소득 이월과세 적용범위 합리화, 고충민원 신청인도 국선대리인 지원 대상에 포함

셋째, 세입기반 확충 및 조세제도 합리화를 위해

① 응능부담원칙 세부담 정상화 – 법인세율 환원, 증권거래세율 환원, ② 과세체계 합리화 – 조합법인 등에 대한 법인세 과세특례 합리화, 글로벌최저한세 관련 내국추가세(DMTT) 도입, ③ 조세탈루 방지 – 영리법인에 유증 시 상속세 납부의무자 확대, 가상자산 매각 위탁 근거 마련

이에 따라 이번 2026년 개정27판은 집필과정에서 다음과 같은 내용에 역점을 두었다.

첫째, 2026년 개정 법령 내용을 모두 반영토록 하였다.

둘째, 난해한 법조문을 가능하면 더욱 더 요약하여 표와 도식화함으로써 시간과 노력을 절약하도록 하였다.

셋째, 개정 세법의 내용을 전반적으로 이해하도록 하기 위하여 법률과 시행령의 개정사유를 수록하여 독자 여러분의 이해를 돕도록 하였다.

넷째, 학습의 효과를 높이기 위하여 세무사 · 공인회계사 · 공무원 시험문제와 기존 출제된 문제를 중심으로 주관식 · 객관식 문제를 수록하였다. 학습에 큰 도움이 될 것을 믿어 의심치 않는다.

그러나 항상 아쉬움이 따른다. 시간제약 때문에 반영치 못한 부분은 다음 2027년 개정 증보판에서 더욱 가꾸어 충실하게 다듬도록 할 것을 약속드린다.

끝으로 출판의 어려운 사정에도 불구하고 이번 2026년 개정27판을 기꺼이 출판하여 주신 세학사 김원술 사장님과 유광석 부장님, 김세정 차장님을 비롯한 편집부 여러분, 그리고 공저자 분들에게 감사를 드린다.

2026년 2월
한국 세무연구원 연구실에서
공저자 식

머리말...

조세는 과세주체가 개별적 반대급부 없이 납세자로부터 강제적으로 징수하는 것이므로 국가는 물론, 기업 및 소비자 등 국민 일반의 활동영역에 커다란 영향을 미친다. 그러므로 법치주의를 근본으로 하는 현대 민주국가에서는 법률의 규정에 의하여 조세를 부과하고 있으며, 조세에 관한 법률은 국민의 대표기관인 국회에서 제정하고 있으므로 조세법률주의에 따르고 있는 것이다.

현대의 경제·사회현상이 다양해짐에 따라 세법도 이러한 현상에 따라 자연히 복잡해질 수밖에 없고 세액산정을 위한 회계학 기법도 점차 고도의 지식을 필요로 하고 있다.

필자는 도서출판 세학사에서 기획하고 있는 세법강의 시리즈 중 「세무학의 이해」, 「세법총론」, 「소득세법」, 「법인세법강의」, 「소비세제법」, 「세무회계연습」의 6권을 저술하기로 하였다. 무엇이든지 첫 단추를 잘 끼워야 한다는 속담이 있듯이 독자여러분께서 본서를 잘 소화시켜 개별 세법 공부에 있어 본서가 빛과 소금의 역할을 다하였으면 한다.

본서를 집필하는데 있어서는 다음과 같은 점에 중점을 두었다.

첫째, 될 수 있으면 개별 세법 조문을 알기 쉽게 풀어서 독자여러분의 이해를 돕도록 하였다.

둘째, 세법 조문의 제정 배경과 도입 이유를 설명하기 위하여 제도의 의의부분을 특히 강조하여 설명하였다.

셋째, 가급적 요약표와 그림을 많이 사용하여 전체의 내용과 흐름을 조감할 수 있도록 하였다.

넷째, 법조문을 이해하고 나서 세무신고서를 작성할 수 있는 능력을 배양할 수 있도록 세무신고서작성의무를 별도의 절로 독립하여 기술하였다.

이와 같은 의욕과 체제로서 본서의 집필을 시도하였지만 졸자의 부족으로 미처 깨닫지 못한 오류와 미비점으로 인한 비난과 질책을 면하기가 어렵지 않을까 하는 두려움이 앞선다.

그러나 본서를 통하여 독자여러분이 어렵게만 느끼고 있는 세법에 대하여 조금이나마 친숙감을 가질 수 있는 계기가 마련된다면 졸자로서는 더 이상의 보람이 없을 것이다. 향후 배전의 관심과 노력으로 계속적으로 수정・보완하여 좀 더 새롭고 알찬 내용의 저서를 만들어 나갈 것을 약속 드린다. 그 과정에서 독자 제위와 여러 교수님들의 기탄없는 충고와 지도편달을 부탁드리고 싶다.

끝으로 출판사정의 어려움에도 불구하고 본서가 빛을 볼 수 있도록 배려해 주신 세학사 김원술사장님과 편집부 여러분에게 감사드리며, 특히 원고정리와 교정 등에서 남다른 수고를 아끼지 않은 서울대학교 대학원 경영학과 석사과정 조성민군에게 고마움을 표하며, 즐거운 겨울방학을 맞이하였으나 같이 놀아주지 못하고 집에서만 지내준 사랑하는 두 아들 정화, 정우와 아내 영희에게 이 책으로 보답하고자 한다.

2000년 2월

강남대학교 연구실에서

저자 씀

일러두기...

본서의 내용 중 관계법 조항표시는 아래와 같이 약어표시하였다.

약어표시예

국 기 법……국세기본법
국 기 령……국세기본법 시행령
국 기 칙……국세기본법 시행규칙
국 기 통……국세기본법 기본통칙

처 벌 법……조세범 처벌법

법　 법……법인세법
법　 령……법인세법 시행령
법　 칙……법인세법 시행규칙
법 기 통……법인세법 기본통칙

부　 법……부가가치세법
부　 령……부가가치세법 시행령
부　 칙……부가가치세법 시행규칙
부 기 통……부가가치세법 기본통칙

개 소 법……개별소비세법
개 소 령……개별소비세법 시행령

주　 법……주세법
주　 령……주세법 시행령

증 거 법……증권거래세법
인　 법……인지세법
교　 법……교육세법
교 통 법……교통 · 에너지 · 환경세법
농 특 법……농어촌특별세법

지 기 법……지방세기본법
지 기 령……지방세기본법 시행령
지 기 칙……지방세기본법 시행규칙

국 징 법……국세징수법
국 징 령……국세징수법 시행령
국 징 칙……국세징수법 시행규칙
국 징 통……국세징수법 기본통칙

절 차 법……조세범 처벌절차법
절 차 령……조세범 처벌절차법 시행령

소　 법……소득세법
소　 령……소득세법 시행령
소　 칙……소득세법 시행규칙
소 기 통……소득세법 기본통칙

조 특 법……조세특례제한법
조 특 령……조세특례제한법 시행령
조 특 칙……조세특례제한법 시행규칙
조 특 통……조세특례제한법 기본통칙

상 증 법……상속세 및 증여세법
상 증 령……상속세 및 증여세법 시행령
상 증 칙……상속세 및 증여세법 시행규칙
상 증 통……상속세 및 증여세법 기본통칙

종 부 법……종합부동산세법
종 부 령……종합부동산세법 시행령
종 부 칙……종합부동산세법 시행규칙

지　 법……지방세법
지　 령……지방세법 시행령
지　 칙……지방세법 시행규칙

지 특 법……지방세특례제한법
지 특 령……지방세특례제한법 시행령
지 특 칙……지방세특례제한법 시행규칙

헌　 법……헌법
민　 법……민법
민 소 법……민사소송법
상　 법……상법
형　 법……형법
기　 준……기업회계기준서
금 비 법……금융실명거래 및 비밀보장에 관한 법률

특 가 법……특정범죄가중처벌법
형 소 법……형사소송법
행 소 법……행정소송법
파 산 법……채무자회생 및 파산에 관한 법률
관 세 법……관세법
국징규정……국세징수사무처리규정

2026 법률 개정 이유 및 주요 내용...

<법인세법 중 일부 개정법률 (법률 제21217호, 2025.12.23.)>

❖ 개정 이유

응능부담(應能負擔) 원칙에 따라 조세부담을 정상화하기 위하여 법인세 과세표준 구간별로 법인세율을 1%씩 인상하는 한편, 사회적기업의 사회 환원을 지원하기 위하여 사회적기업의 일반기부금 손금산입한도를 높이고, 벤처투자를 촉진하기 위하여 벤처투자조합의 투자목적회사의 배당금에 대한 소득공제를 신설하는 등 현행 제도의 운영상 나타난 일부 미비점을 개선·보완하려는 것임.

❖ 주요 내용

1. 사회적기업의 기부금 세제지원 확대(제24조 제3항)
   사회적기업의 일반기부금 손금산입한도 비율을 20%에서 30%로 상향함.
2. 벤처투자조합의 투자목적회사에 대한 소득공제제도 신설(제51조의2 제1항 및 제2항)
   벤처투자조합의 투자목적회사가 배당가능이익의 100분의 90 이상을 투자자에게 배당한 경우 그 배당금액을 해당 사업연도의 소득금액에서 공제하도록 하고, 그 배당을 받은 주주 등이 「조세특례제한법」에 따라 비과세를 적용받는 경우에도 해당 벤처투자조합의 투자목적회사가 소득공제를 적용받을 수 있도록 함.
3. 법인세 세율 조정(제55조 제1항)
   1) 일반 내국법인의 경우 법인세 과세표준 구간 중 2억원 이하는 10%, 2억원 초과 200억원 이하는 20%, 200억원 초과 3천억원 이하는 22%, 3천억원 초과는 25%로 법인세율을 각각 1%씩 인상함.
   2) 부동산 임대업을 주된 사업으로 하는 내국법인 등의 경우 법인세 과세표준 구간 중 200억원 이하는 20%, 200억원 초과 3천억원 이하는 22%, 3천억원 초과는 25%로 법인세율을 각각 1%씩 인상함.
4. 연결납세방식의 취소 등에 따른 사후관리 합리화(제76조의9 제2항 및 제76조의12 제2항)
   연결납세방식 적용 승인 후 5년 이내에 연결납세방식이 취소되거나 연결자법인이 배제되는 경우 다른 연결법인의 결손금과 합한 소득금액을 익금에 산입하고, 다른 연결법인의 소득금액과 합한 결손금을 손금에 산입하여야 하나, 그 결손금에 대하여 이미 대가를 지급하거나 지급받은 경우에는 익금 또는 손금에 산입하지 아니하도록 함.

5. 외국법인의 국내원천소득 범위 합리화(제93조 제2호 및 제10호)
   1) 외국법인이 장외파생상품의 거래를 통하여 지급받는 배당소득도 국내원천 배당소득에 포함하도록 함.
   2) 외국법인이 국내에 있는 자산을 현저히 낮은 가액으로 양수하는 경우 그 대가와 시가와의 차액을 국내에 있는 자산을 증여받아 생기는 소득에 포함하도록 함.
6. 외국법인 연락사무소 현황 자료 미제출 시 시정명령 및 과태료 부과 근거 신설(제94조의2 제4항 및 제124조 제2항 신설)
   외국법인 연락사무소 현황 자료를 제출하지 아니하거나 거짓의 자료를 제출한 외국법인에 대한 시정명령 및 과태료 부과 근거를 마련함.

2026 시행령 개정 이유 및 주요 내용...

<법인세법 시행령 중 일부 개정령(대통령령 제35879호, 2025.11.28.)>

❖ 개정 이유 및 주요 내용

지방 건설경기 활성화를 위해 기업구조조정 부동산투자회사가 2025년 1월 1일부터 2025년 12월 31일까지 직접 취득하는 수도권 밖의 미분양주택을 양도함으로써 발생하는 소득은 법인세 추가 과세대상에서 제외하고, 국채거래를 활성화하기 위해 한국예탁결제원과 유사한 업무를 수행한다고 금융감독원장이 인정하는 외국법인이 내국법인으로부터 예탁받은 국채 등을 한국예탁결제원에 예탁하는 경우에는 해당 내국법인이 국채 등에서 발생하는 이자소득 등에 대해 원천징수하도록 하는 등 현행 제도의 운영상 나타난 일부 미비점을 개선・보완하려는 것임.

목 차...

CHAPTER 1 총 설

CHAPTER 2 각 사업연도 소득계산

CHAPTER 3 익금 및 익금불산입

CHAPTER 4 손금 및 손금불산입

CHAPTER 5 기부금

CHAPTER 6 기업업무추진비

CHAPTER 7 지급이자

CHAPTER 8 손익 귀속사업연도

CHAPTER 9 자산의 취득가액과 평가

CHAPTER 10 재고자산과 유가증권의 평가

CHAPTER 11 유형자산 및 무형자산의 감가상각

CHAPTER 12 충당금과 준비금

CHAPTER 13 합병 및 분할에 대한 과세

CHAPTER 14 소득금액계산의 특례

CHAPTER 15 과세표준의 계산

CHAPTER 16 신고와 납부

CHAPTER 17 결정 · 경정과 징수

CHAPTER 18 기타 법인세

Chapter 01 총 설

제 1 절 법인세의 기초이론

01 법인세의 의의

법인세(corporation income tax)는 법인이 얻은 소득에 대하여 부과하는 조세이다. 따라서 납세의무자는 법인(「국세기본법」에서 법인이 아닌 단체 중 일정요건을 충족하는 경우 법인으로 보도록 한 단체도 법인세 납세의무자에 포함된다)이고 과세대상은 법인의 소득이다. 이는 소득을 과세대상으로 하고 있다는 점에서 개인(자연인)이 얻은 소득에 대하여 과세하는 소득세와 같이 강학상 '소득세(income tax)'로 분류된다. 그러나 우리나라에서는 개인의 소득에 대한 조세만을 '소득세'라고 하고, 법인의 소득에 대한 조세는 '법인세'라고 하고 있다.

우리나라 법인세의 성격은 다음과 같다.

① 과세권한이 국가에 있으므로 국세(national tax)이다. 이는 과세권한이 지방자치단체에 있는 지방세(local tax)와 대비된다.

② 납세자와 담세자가 동일하므로 직접세(direct tax)이다. 이는 납세자와 담세자가 다른 간접세(indirect tax)와 대비된다.

③ 소득을 과세대상으로 하고 있으므로 소득세이다. 이는 소비행위를 과세대상으로 하는 소비세(consumption tax) 및 보유재산를 과세대상으로 하는 재산세(property tax)와 대비된다.

④ 4단계 초과누진세율 구조로 되어 있으므로 누진세(progressive tax)이다. 이는 소득의 규모와 관계없이 단일세율을 적용하는 비례세(flat tax)와 대비된다.

02 법인세와 이중과세 문제

법인의 소득에 대해서 법인세가 과세된 후 세후소득은 궁극적으로 주주들의 몫이다. 그런데 법인의 세후소득이 주주들에게 배당금 등으로 배분되면 이는 주주들의 소득을 구성하게 되므로 다시 개인주주들에게는 소득세가, 법인주주들에게는 법인세가 과세되게 된다. 그러면 소득은 한번 발생하였는데 법인단계에서 과세되고 다시 주주단계에서 과세되는 이중과세 문제가 발생하게 된다. 이를 법인세의 이중과세문제라고 한다.

법인세의 이중과세 문제와 관련하여 조세부담을 완화시켜야 한다는 견해와 법인은 주주로부터 독립된 경제실체이므로 이중과세가 아니라는 견해가 대립되어 있다. 이러한 견해의 대립은 기본적으로 법인실재설과 법인의제설에서 출발한다.

가. 법인실재설

법인은 법인의 주주 또는 출자자와는 완전히 다른 경제적인 독립체로서 영속적으로 존재하는 실체이므로 법인세는 법인의 주주와는 관계없는 독립된 경제단위에 대한 과세라는 견해이다. 이 견해에 따르면 법인의 소득에 대하여 법인단계에서 과세하고, 주주에 대한 배당에 대해서 주주단계에서 다시 과세하여도 이중과세에 해당되지 않는다.

나. 법인의제설

법인을 독립된 권리 · 의무를 가지는 인격체로 보지 않고 주주내지 출자자들의 단순한 집합체에 불과하다고 보는 입장이다. 그러면 법인세는 주주인 개인들이 납부할 소득세를 법인세로 미리 납부하는 것으로 소득세의 예납적인 조세로 보며, 만일 법인세를 과세하고 또다시 배당금에 대해서 주주단계에서 과세한다면 이중과세가 된다. 따라서 법인세는 소득세와 통합 · 조정되어야 한다는 것이다.

다. 이중과세의 조정

우리나라는 법인단계에서 법인세를 과세하고 주주단계에서 다시 배당에 대해 소득세(법인주주라면 법인세)를 과세하고 있으므로 기본적으로 법인실재설에 따르고 있다고 할 수 있다. 다만 법인세의 이중과세 문제를 완전히 도외시하면 법인형태로 사업을 하는 것이 개인으로 사업을 하는 경우보다 조세부담이 지나치게 과중하게 되므로 이를 다음과 같은 형태로 일부 조정하고 있다.

① 「소득세법」은 개인주주가 종합소득금액에 포함되는 배당소득을 받은 경우 배당소득금액 중 일정액을 세액공제해주는 소위 배당세액공제제도를 두고 있다.

② 「법인세법」은 법인의 과세소득에 다른 법인으로부터 받은 배당금이 포함되어 있고 법 소정의 요건을 충족시키면 다음과 같이 이중과세조정을 하도록 하고 있다.

㉠ 내국법인으로부터 받은 배당금에 대해서 보유 지분율에 따라 일정비율 만큼 익금불산입

㉡ 외국자회사로부터 받은 배당금에 대해서는 일정비율 만큼 익금불산입을 하거나 또는 간접외국납부세액으로 세액공제

03 과세소득의 범위

어느 범위까지의 소득을 과세소득으로 할 것인가 하는 문제와 관련하여 소득원천설과 순자산증가설로 구분된다.

가. 소득원천설

소득원천설은 계속적·반복적으로 발생하는 소득만을 과세대상소득으로 하는 것으로, 일시적·비반복적으로 발생하는 소득은 과세대상소득에서 제외한다. 소득원천설에 따르면 법률상 과세소득을 정의할 때 과세소득의 종류와 범위를 발생원천별로 일일이 열거하는 열거주의 방식을 따르게 된다.

우리나라 소득세는 원칙적으로 소득원천설에 따르고 있지만, 일부 항목에 대하여는 순자산증가설 내지 유형별 포괄주의 과세방식을 따르고 있다.

나. 순자산증가설

순자산증가설은 소득의 발생원천이나 형태에 관계없이 순자산을 증가시키는 것은 모두 과세소득에 포함하여야 한다는 견해로서, 우발적·일시적으로 발생한 소득도 모두 과세소득에 포함하게 된다. 그리고 순자산증가설에 따르면 세법에 과세소득의 종류와 범위를 일일이 열거할 필요가 없기 때문에 과세소득의 개념만을 세법에 규정하는 포괄주의 과세방식을 갖게 된다. 우리나라 법인세는 순자산증가설에 따르고 있다고 할 수 있다.

제2절 기업회계와 법인세

01 기업회계와 법인세 과세소득

법인세의 과세소득(각 사업연도소득)은 익금총액에서 손금총액을 공제하여 계산하도록 하고 있다(법법 14 ①). 이는 기업회계에서 당기순이익을 수익총액에서 비용총액을 공제하여 계산하는 것과 흡사하다.

그렇지만 법인세 과세소득을 실제 계산하는 과정은 세무상의 익금총액과 손금총액을 별도로 구하지 않고, 기업회계의 당기순이익에서 출발하여 조정항목(세무조정항목)을 가감하는 과정을 거쳐 과세소득을 구하고 있다(따라서 법인세 과세소득을 정확히 계산하기 위해서는 기업회계의 내용을 충분히 이해하여야 하고, 「법인세법」을 학습하는 과정에서 「법인세법」과 기업회계와의 차이점에 주목하여야 한다).

기업회계의 당기순이익에서 과세소득을 구하는 관계를 보면 다음과 같다.

기업회계	세무조정항목	과세소득(각 사업연도소득)
수 익	(+) 익 금 산 입(①) (−) 익 금 불 산 입(②)	익 금
(−)비 용	(+) 손 금 산 입(③) (−) 손 금 불 산 입(④)	(−)손 금
당 기 순 이 익 (당 기 순 손 실)	(+) 익금산입 · 손금불산입 (−) 손금산입 · 익금불산입	각 사업연도소득 (결 손 금)

① 익금산입 : 회계상 수익으로 계상하지 않았지만 세무상 익금으로 보는 조정항목
② 익금불산입 : 회계상 수익으로 계상하였지만 세무상 익금으로 보지않는 조정항목
③ 손금산입 : 회계상 비용으로 계상하지 않았지만 세무상 손금으로 보는 조정항목
④ 손금불산입 : 회계상 비용으로 계상하였으나 세무상 손금으로 보지않는 조정항목

법인세를 처음 공부하는 학생들은 익금산입 · 익금불산입(손금산입 · 손금불산입)과 익금(손금)이라는 용어 대해서 혼돈을 하기 쉽다. 이를 다시 설명하면, 기업회계상 수익에 대해서 기업회계와 법인세의 차이점인 익금산입과 익금불산입을 가감하면 세무상 익금이 된다. 마찬가지로 기업회계상 비용에 대해서 기업회계와 법인세의 차이점인 손금산입과

손금불산입을 가감하면 세무상 손금이 된다.

과세소득 계산과 관련해서 앞으로 공부할 내용의 핵심은 기업회계와 법인세의 차이점인 익금산입·익금불산입과 손금산입·손금불산입의 내용이다.

02 당기순이익과 과세소득의 차이발생 원인

기업회계에서 당기순이익을 구하는 것과 「법인세법」에서 과세소득을 구하는 것은 그 본래의 목적과 기능이 서로 다르기 때문에 그 측정과정에 차이가 발생한다. 예컨대 기업회계는 경영자의 수탁책임을 보고하거나 이해관계자들의 합리적 의사결정을 지원하기 위해서 당기순이익을 계산하기 때문에 당기순이익을 구하는 과정에서 수익의 실현주의·신뢰성·목적적합성·보수주의 등의 원칙을 매우 중요시하지만, 「법인세법」은 공평하게 적정한 담세력을 포착하여 조세를 징수하는 것이 목적이므로 실질과세·권리의무확정주의 등이 중요시된다.

이와 같이 기업회계의 당기순이익과 법인세 과세소득의 차이를 발생시키는 원인은 다음과 같이 유형별로 정리해볼 수 있다.

(1) 정책적 목적에 의한 차이

조세정책·사회정책·산업정책적 입장에서 특정한 사항에 대해서 제도적으로 특혜를 주어 조세를 면제 또는 감면하거나, 특정 비용에 대하여 손금산입을 제한하는 등 불리한 부담을 주게 되는 경우가 있다. 이러한 경우 기업회계상 순이익과 세무상 과세소득의 차이가 발생하게 된다. 이러한 차이의 예를 들면 다음과 같다.

(가) 준비금의 손금산입

세무에서는 비영리법인이 고유목적사업준비금을 손비로 계상한 때에는 아직 지출이 이루어지지 않았음에도 불구하고 비영리법인의 소득을 계산할 때 손금으로 인정한다. 그러나 기업회계의 입장에서는 이와 같은 준비금은 해당 사업연도에 발생한 비용으로 인정할 수 없으므로 비용으로 인정하지 아니한다.

(나) 벌금 등의 손금불산입

각 사업연도에 납부한 또는 납부할 벌금·과료·가산금·강제징수비 및 각 세법에서 규정한 의무불이행으로 인하여 납부한 가산세는 세법상 손금에 산입하지 아니한다.

이와 같은 비용은 법과 공공질서를 지키지 아니하여 부담하게 되는 금전벌에 해당하므로 이를 소득금액계산상 손금으로 인정하게 되면 그 금액에 세율을 곱한 금액 만큼 법인세가 절감되어 금전벌을 경감해주는 결과를 초래하게 된다. 따라서 이를 손금으로 인정하지 아니한다.

(다) 기부금 및 기업업무추진비의 한도계산

기부금과 기업업무추진비는 법인의 순재산을 감소시킨 비용이며, 더욱이 기업업무추진비는 사업과 관련성이 있는 비용이다. 그러나 이와 같은 것을 과세소득을 계산할 때 무한정 손금으로 인정하게 되면 경영자의 재량에 따라 조세수입을 감소시킬 우려가 있으므로 「법인세법」에서는 기부금과 기업업무추진비에 대해서 한도액을 정하고 이를 초과하는 경우 손금으로 인정하지 않는다.

※ 현행 「법인세법」에서 사용하는 "기업업무추진비"라는 용어는 과거 "접대비"로 사용했었다. "접대비" 용어가 "기업업무추진비"로 변경되었지만, 그 의미와 범위 등에는 변화가 없다.

(라) 업무와 직접 관련없는 비용

기업회계에서는 자산·부채의 변동을 가져오면 회계처리가 되어야 하고 발생하는 손익이 기업의 업무에 직접 관련이 있느냐의 여부 등에 관여할 필요가 없으나 세무회계에서는 적정한 과세소득의 계산이 필요하므로 기업이 지출한 경비 중 직접 그 업무에 관련이 없다고 인정하는 금액은 손금으로 인정하지 아니한다(법법 27).

이상과 같이 정책적 목적을 달성하기 위한 수단으로 조세가 이용되고 있기 때문에 기업회계상 이익과 세무상 과세소득은 차이가 발생하기 마련이다.

(2) 소득의 실질적 개념에 의한 차이

세법과 기업회계의 소득 개념의 차이에 의해서도 차이가 생긴다. 「법인세법」은 기본적으로 순자산의 증가액을 소득으로 파악하지만, 기업회계의 당기순이익은 경영성과의 측정이기 때문에 경영성과의 결과라고 보기 어려운 것들은 당기순이익에 반영하지 않는다.

예를 들면 ① 기업회계에서는 자기주식처분이익이나 자기주식처분손실을 자본에 직접 반영하도록 하여 당기순이익에 반영하지 않지만, 세법에서는 이를 과세소득을 증감시키는 항목으로 보고 있다. ② 기업회계에서는 피출자회사가 잉여금을 자본전입함으로써 출자회사가 받는 무상주 및 주식배당은 지분의 변화를 가져오지 아니하므로 자산의 증가로 보지 아니한다. 그러나 세법(법법 16)에서는 「상법」상의 자본잉여금 등 일부 항목을 제외하고는 법인의 잉여금을 자본 또는 출자금액에 전입함으로써 출자회사가 취득하는 무상주의 가액 및 주식배당을 출자회사의 익금으로 보고 있다.

(3) 경제적 계산에 의한 차이

기업회계는 기업실체(business entity)의 가정에 입각하여 모든 회계처리가 이루어진다. 따라서 기업과 특수관계인과의 거래에 있어서 실제 거래가 존재하면 실제 거래내용대로 기업의 손익 계산에 반영하게 된다. 그러나 세법에서는 공정한 조세채권의 확보를 위해서 기업의 회계처리 내용에 불구하고 일방적으로 과세소득을 계산하는 경우가 있다.

(가) 부당행위계산의 부인

부당행위계산의 부인이란 기업회계상의 법인의 행위 또는 소득금액계산이 그 법인의 특수관계인과의 거래를 통해서 그 법인의 소득에 대한 조세 부담을 부당하게 감소시킨 것으로 인정되는 경우에 세법은 그 법인의 행위 또는 소득금액의 계산에 불구하고 그 법인의 각 사업연도 소득금액을 다시 계산할 수 있다(법법 52).

이러한 제도는 세법 이외의 「민법」이나 「상법」 등 일반 법률에서는 적법하게 성립된 거래행위 또는 계산이라 할지라도 세법의 관점에서 그 행위 또는 계산을 부인하고, 세법상의 기준, 즉 정상적인 사인간의 거래, 건전한 사회통념 · 상거래관행을 기준으로 새로이 소득금액을 계산함으로써 과세의 공평과 적정을 기하고자 하는 것이다.

그러나 이는 부당행위계산의 대상이 되는 기초적 사실행위의 사법적 효력을 부인하는 것은 아니고, 다만 세무상 소득금액계산에 있어서 부당하다고 인식되는 부분의 과세소득을 다시 계산하는 데 불과한 것이다.

이와 같은 부당행위계산부인제도는 어떻게 생각하면 사인간의 경제적 자유와 법적 안정성을 해치는 것으로 생각할 수 있으나, 사실은 부당행위계산을 바로잡아 조세형평을 도모하고 실질과세원칙을 구현하고자 하는 것으로 볼 수 있다.

(나) 퇴직급여충당금의 한도내 손금산입

기업회계에서는 적정한 재무상태의 공시가 그 목적 중 하나로 되어 있어 임직원이 퇴직할 경우에 대비하여 퇴직급여충당금(확정급여채무)을 부채로 계상하고 그 증가액을 임직원이 근무한 기간의 비용으로 계상하여야 하나, 세무에서는 손익의 귀속을 권리 · 의무확정주의에 따라 손금의 경우에는 지급의무가 확정된 연도의 손금으로 인정되므로, 퇴직급여의 경우 현실적으로 퇴직하지 아니한 연도에 원칙적으로 손금산입이 될 수 없는 것이다.

그러나 세무가 기업회계에 어느 정도 접근하여 준다는 입장에서 법인이 임직원의 퇴직급여에 충당하기 위하여 퇴직급여충당금을 손비로 계상한 때에는 일정금액의 범위내에서 이를 해당 사업연도의 손금으로 인정하도록 하고 있다(법법 33).

(다) 대손충당금의 한도내 손금산입

기업회계에서는 기간손익의 원칙과 수익·비용대응의 원칙에 입각하여 매출채권·미수금 등 받을 채권에 대하여 개별적 회수가능성을 판단하여 대손발생 예상액을 대손충당금으로 설정함으로서 관련 비용을 계상한다. 그러나 세법은 객관성과 획일성을 유지하기 위하여 기업이 계상한 대손충당금은 해당 사업연도 종료일 현재의 외상매출금·대여금·그 밖에 이에 준하는 채권의 장부가액 합계액의 1% 또는 해당연도 대손실적률에 상당하는 금액을 한도로 손금으로 인정하고 있다(법법 34).

(4) 손익의 인식기준(귀속사업연도)에 의한 차이

기업회계에서는 손익의 인식기준으로 수익은 실현주의를 비용은 발생주의를 각각 채택하고 있으나 세무상 익금과 손금의 귀속연도는 권리·의무확정주의를 채택하고 있다.

발생주의란 해당 연도에 발생하였다고 합리적으로 인식할 수 있는 비용은 실제로 지급되지 아니하였다고 하더라도 신뢰성있게 측정할 수 있는 한 비용으로 인식하는 기준을 뜻한다. 실현주의란 상품·제품 및 용역을 제공하고 그 대가를 신뢰성있게 측정할 수 있고 경제적 효익의 유입가능성이 높을 때에 수익으로 인식하는 것을 말한다.

그러나 권리의무확정주의란 익금의 경우 법률상 수입할 권리가 확정된 날을, 손금의 경우에는 법률상 지급할 의무가 확정된 날을 기준으로 각각 익금과 손금을 계산하는 것이다. 이는 세무상 다양한 거래형태에서 손익귀속시기에 대한 논쟁들을 예방하고 획일적으로 과세소득을 계산하고자 하는 취지라고 할 수 있다.

손익인식에 대한 기업회계와 세무의 차이를 예시하면 다음과 같다.

㉠ 제품판매시 함께 제공되는 일정기간의 하자보증의무와 관련해서 기업회계는 수익비용대응을 위해 매출을 인식하는 회계연도에 관련 보증의무 추정금액을 비용으로 인식한다. 그러나 세무에서는 실제 하자가 발생할 때 의무가 확정되는 것이므로 하자에 대해 수리을 한 때에 손금이 된다. 따라서 기업회계에서 미리 인식한 관련 추정비용은 기업회계상 비용 인식시점에는 손금불산입을 한다.

㉡ 정기예금에 가입한 경우 기업회계에서는 기간경과에 따라 이자수익이 발생하는 것으로 보고 실제 이자를 수취하지 않았더라도 기간 계산을 해서 수익을 인식한다.

그러나 세무에서는 정기예금이자는 만기시점에 이자를 받을 권리가 생기므로 정기예금 만기시점 또는 실제 이자를 받은 시점의 익금으로 본다. 따라서 기업회계에서 기간경과에 따라 인식한 정기예금 이자수익은 세무조정시 익금불산입을 한다.

(5) 자산 · 부채 평가방법상의 차이

기업회계는 자산·부채를 공정가치로 평가하는 것이 바람직하다고 보고 많은 항목에 대해 회계연도말의 공정가치로 평가할 것을 요구하고 있다. 그러나 세법에서는 공정가치로 평가하는 경우 과세소득의 신뢰성 및 확일성이 떨어질 수 있으므로 일부 특별한 항목을 제외하고는 자산·부채 평가에 있어서 취득원가주의를 따를 것을 요구하고 있다. 예를 들면 기업회계에서는 단기매매금융자산은 결산일 현재의 시가로 평가한 가액을 장부가액으로 하고 그 차액은 당기손익에 포함하도록 하고 있지만, 세무상으로는 유가증권의 취득원가를 장부가액으로 한다. 따라서 기업회계에서 인식한 단기매매금융자산의 평가손익은 세무상 익금 또는 손금으로 인정받을 수 없게 된다.

제3절 법인세 과세의 기초

01 법인의 종류

가. 내국법인과 외국법인

법인은 내국법인과 외국법인으로 구분된다.

내국법인은 본점, 주사무소 또는 사업의 실질적 관리장소가 국내에 있는 법인이다(법법 2 (1)). 외국법인은 본점 또는 주사무소가 외국에 있는 단체(사업의 실질적 관리장소가 국내에 있지 아니하는 경우만 해당한다)로서 다음 어느 하나에 해당되는 단체를 말한다(법법 2 (3), 법령 2 ②).

㉠ 설립된 국가의 법에 따라 법인격이 부여된 단체

㉡ 구성원이 유한책임사원으로만 구성된 단체

㉢ 그 밖에 해당 외국단체와 동종 또는 유사한 국내의 단체가 「상법」 등 국내의 법률에 따른 법인인 경우의 그 외국단체

여기서 내국법인과 외국법인의 구분이 설립근거법률이 국내법인지 아니면 외국법인지에 따라 구분되는 것이 아니라는 점에 주의하여야 한다. 그리고 본점은 영리법인의 영업상 본거지를 말하고, 주사무소는 비영리법인의 사업상 본거지를 의미한다.

나. 영리법인과 비영리법인

법인은 영리를 목적으로 하는지 여부에 따라 영리법인과 비영리법인으로 나뉜다.

비영리법인은 일반적으로 학술·종교·자선·기예·사교 기타 영리가 아닌 사업을 목적으로 「민법」이나 특별법에 의해서 설립되지만 그 주주·사원이나 출자자에게 이익을 배당할 수 있는 법인은 제외한다(법법 2(2)). 그리고 「국세기본법」에 따라 법인으로 보는 단체와 외국정부·외국지방자치단체는 비영리법인에 포함한다(법법 2(2)(3)).

영리법인인지 비영리법인인지는 단순히 이윤을 추구하는지 여부 또는 설립근거 법률이나 설립목적에 따라 구분하는 것이 아니고 법인이 획득한 이윤을 구성원에게 분배하는지 여부가 중요한 구분기준이 된다.

비영리법인은 공익을 목적으로 하므로 법인세를 과세하지 않는 것이 타당하다는 주장도 있을 수 있지만 비영리법인이 목적사업수행에 필요한 재원을 조달할 목적 등으로 영리법인과 경쟁되는 사업을 영위하는 경우 비영리법인만 법인세를 과세하지 않으면 영리법인과의 공정한 경쟁을 해칠 수 있으므로 비영리법인도 수익사업(「법인세법」은 비영리법인의 수익사업 범위를 한정적으로 열거하고 있다)을 영위하는 경우에는 법인세를 과세하고 있다. 다만 비영리법인이 수익사업에서 발생한 소득에 대해서는 고유목적사업준비금의 손금계상 등을 통해서 법인세 부담이 과중하지 않도록 배려하고 있다.

02 법인종류별 납세의무

가. 내국법인과 외국법인의 납세의무

내국법인은 소득의 발생장소에 구애받지 않고 국내 및 국외에서 발생한 모든 소득에 대하여 우리나라에서 법인세를 납부할 의무가 있다. 이에 반하여 외국법인은 국내에서 발생한 소득, 즉 국내원천소득에 대해서만 우리나라에서 법인세를 납부할 의무가 있다.

그리고 외국법인은 본점 등이 외국에 있어서 청산절차 등이 외국에서 이루어지므로 우리나라에서 청산소득에 대한 납세의무가 발생할 여지가 없다.

나. 영리법인과 비영리법인의 납세의무

영리법인은 소득의 종류에 구애받지 않고 모든 소득에 대하여 법인세를 납부할 의무를 진다. 이에 반해서 비영리법인은 「법인세법」에서 열거한 사업이나 수입(수익사업)에서 생기는 소득에 대해서만 법인세를 납부할 의무가 있다. 그리고 비영리법인은 해산시 잔여재산이 출연자 등 구성원에게 배분되지 않고 일반적으로 다른 비영리법인이나 국가 등에 귀속되므로 청산소득이 발생할 여지가 없고 따라서 청산소득에 대한 납세의무는 없다.

한편 내국법인과 외국법인 그리고 영리법인과 비영리법인의 구분을 서로 조합해보면 법인은 영리내국법인과 영리외국법인, 그리고 비영리내국법인과 비영리외국법인으로 나누어지는데, 이렇게 구분된 법인들의 납세의무를 요약하면 다음과 같다.

① 영리내국법인은 국내 · 외에서 발생하는 모든 소득에 대하여 법인세를 납부할 의무가 있다. 즉, 국내 · 외에서 발생한 각 사업연도소득, 청산소득, 토지 등의 양도소득 및 미환류소득에 대한 법인세를 납부할 의무가 있다.

② 영리외국법인은 법에서 열거한 국내원천소득에 대하여만 법인세를 납부할 의무가 있다(법법 93). 그러나 외국법인은 본점 또는 주사무소가 외국(국내에 사업의 실질적 관리장소가 소재하지 아니하는 경우)에 있으므로 청산소득에 대한 법인세는 납부할 의무가 없다. 그리고 미환류소득에 대한 법인세 납세의무가 없다.

③ 비영리내국법인은 그 법인의 사업목적에 불구하고 법에서 한정적으로 열거한 수익사업에서 생기는 소득에 대한 각 사업연도소득 법인세와 토지 등 양도소득에 대한 법인세를 납부할 의무가 있다. 그러나 청산소득과 미환류소득에 대한 법인세의 납세의무는 없다.

④ 비영리외국법인에는 외국의 정부 · 지방자치단체 및 법인 아닌 사단 · 재단 · 기타 단체가 포함된다. 외국법인의 납세의무는 국내원천소득이 있을 때에만 납부의무가 있으므로(법법 93) 비영리외국법인은 이러한 국내원천소득 중 수익사업에서 생기는 소득에 대하여만 법인세 납부의무가 있다(법법 3 ③). 그리고 미환류소득에 대한 법인세 납세의무가 없다.

다. 비과세법인

국가 · 지방자치단체(지방자치단체조합 포함)는 법인세 납부의무가 없다(법법 3 ②). 그러나 외국의 정부 · 지방자치단체의 국내원천소득은 비영리외국법인으로 보아 납세의무가 있다.

위에서 설명한 법인세 납세의무를 법인유형별로 구분하여 요약하면 다음과 같다.

법인유형별 법인세 납세의무

법인유형별 \ 과세소득별		각 사업연도 소득	토지 등 양도소득	청산소득	미환류소득[*1]
내국법인	• 영리법인	• 국내외의 모든 소득	• 국내에 소재하는 주택·별장 및 비사업용 토지	• 해산시의 청산소득	• 납세의무 있음
	• 비영리법인	• 국내외의 모든 수익사업에서 생긴 소득	• (위와 같음)	• 납세의무 없음	• 납세의무 없음
외국법인	• 영리법인	• 국내원천 모든 소득	• 국내에 소재하는 주택·별장 및 비사업용 토지	• 납세의무 없음	• 납세의무 없음
	• 비영리법인	• 국내원천소득 중 수익사업에서 생긴 소득	• (위와 같음)	• 납세의무 없음	• 납세의무 없음
국가·지방자치단체		비 과 세			

*1 미환류소득에 대한 법인세는 「조세특례제한법」에 투자·상생협력세제라는 명칭으로 2025년까지 시행되는 한시법으로 규정되어 있지만, 그 내용이 법인세의 기본구조에 해당하므로 본서에 그 내용을 포함하였다.

03 법인세 과세대상소득의 종류

법인세의 과세대상이 되는 소득에는 각 사업연도소득, 토지 등 양도소득, 청산소득, 미환류소득 등 4종류가 있다.

가. 각 사업연도소득

이는 법인이 각 사업연도에 영업활동의 결과로 얻은 과세소득을 말하는 것으로, 그 사업연도의 익금의 총액에서 손금의 총액을 공제한 것을 말한다. 이는 매 사업연도마다 계산하여 과세하므로 각 사업연도소득이라고 한다.

여기서 각 사업연도소득과 토지등 양도소득 및 미환류소득이 마치 별개의 소득종류인 것처럼 구분하여 설명하고 있지만 이는 설명의 편의를 위한 것이다. 이론적으로는 「법인세법」상 각 사업연도소득에 대한 법인세라고 할 때 각 사업연도소득에 대한 법인세에는 토지 등 양도소득에 대한 법인세와 미환류소득에 대한 법인세가 포함된다. 왜냐하면 토지 등 양도소득과 미환류소득은 각 사업연도소득 중 일정 부분에 대해서만 추가 과세를 하는 것에 불과하기 때문이다. 그렇지만 각 사업연도소득과 토지 등 양도소득 및 미환류소득은 계산방식이 다르므로 이 책에서는 앞으로도 편의상 마치 별개 소득인 것처럼 설명할 것이다.

나. 청산소득

청산소득은 내국법인이 해산으로 인하여 소멸하는 경우에 발생하는 일회성 소득이다. 청산소득은 법인의 순자산이 증가하였음에도 불구하고 세무상 미실현이익으로 간주되는 등의 이유로 각 사업연도소득에서 미처 과세되지 않은 것 때문에 발생한다.

청산소득은 법인의 해산으로 법인격이 소멸되는 시점에서 그동안 과세되지 않았거나 누락되었던 과세소득을 정산한다는 의미를 갖는다고 할 수 있다. 따라서 청산시의 잔여재산가액에서 세무상 자기자본총액(주주의 출자납입금액과 기존에 과세된 소득을 합계액)을 차감하는 방식으로 청산소득을 구하게 된다.

다. 토지 등 양도소득

토지 등 양도로 인해서 소득이 발생하면 각 사업연도소득에 포함되어 법인세가 과세되게 된다. 그러나 「소득세법」상의 양도소득세율보다 법인세율이 낮은 것을 이용해서 법인이 부동산투기수단으로 활용되는 것을 방지하기 위해서 특정한 토지 등의 양도소득에 대하여는 각 사업연도소득에 대한 과세 외에 토지 등 양도소득에 대한 법인세를 추가적으로 과세하고 있다. 토지 등의 양도소득은 양도가액에서 양도 당시의 세무상 장부가액(감가상각누계액을 공제한 이후의 금액)을 차감하여 계산한다.

라. 미환류소득

이는 상호출자제한 기업집단에 소속된 기업이 기업 소득(기업소득은 각사업연도소득에 법 소정의 항목들을 가감해서 구한 것으로, 각사업연도소득과는 다른 개념이다)의 일정 비율 이상을 투자, 배당, 임금증가, 상생협력출연금 등으로 사용하지 않고 과도하게 사내에 유보하는 경우 그 과도하게 사내 유보된 소득, 즉 기업의 미환류소득에 대해 추가적으로

20%의 법인세를 과세하고자 하는 제도이다.

이 제도는 최근 대기업들이 지나치게 많은 비중의 소득을 사내에 유보하는 경향이 있어 대기업들의 소득을 투자, 배당, 임금증가, 상생협력기금출연 등을 통해 경제 하부구조에 흘러들어갈 수 있도록 하는 취지로 입법되었다. 이 제도는 2015년부터 3년간 한시적으로 「법인세법」에서 기업소득환류세제로 시행되었다가 2018년부터 「조세특례제한법」으로 이관해서 2028년말까지 투자・배당 및 상생협력세제로 시행되고 있다.

법인세 과세대상소득의 종류

각사업연도의 소득	청산소득	토지 등 양도소득	미환류소득
당기순이익	잔여재산가액	양도가액	각사업연도소득
(+) 익금산입・손금불산입	(−) 세무상자기자본	(−) 장부가액	(±) 법소정의 가감항목
(−) 손금산입・익금불산입	= 청산소득금액	양도차익	기업소득
= 각사업연도의 소득	= 과세표준	(−) 비과세소득	(×) 일정율
(−) 이월결손금		= 과세표준	(−) (투자액, 배당액, 임금증가액, 상생협력기금출연금)
(−) 비과세소득			= 미환류소득
(−) 소득공제			
= 과세표준			

04 신고납부제도와 납세의무 성립 및 확정

가. 법인세의 신고납부제도

법인세는 법인이 스스로 과세표준과 세액을 계산하여 신고・납부하는 신고납부제도를 채택하고 있다. 그러므로 정부(세무서)는 기업이 법인세를 신고하지 아니한 경우에만 조사결정을 하게 되고, 법인세의 신고내용에 누락이나 오류가 있는 경우에는 경정・재경정을 하게 된다. 신고납부제도와 부과과세제도의 차이점을 요약하면 다음과 같다.

과세제도의 비교

구 분		신고납부제도	부과과세제도
의 의		납부할 세액을 납세자의 신고에 의하여 확정하는 제도	납부할 세액을 행정관청의 처분에 의하여 확정하는 제도
조세 채권 확정	주체	납세의무자	정부(세무서장)
	시기	납세의무신고시	정부의 조사결정시
	절차	신고서 제출 및 세액납부	조사결정 및 납세고지
탈루세액에 대한 조치		세액추징 · 처벌가능	세액추징
적용 세목		법인세 · 소득세 · 간접국세	기타 세목(상속세, 증여세, 종합부동산세)
조사권 성질		순수한 정부 권한	정부의 권한인 동시에 의무
기수시기		신고납부기한이 경과한 때	조사결정 후 납부기한이 경과한 때(조세포탈목적 무신고 경우 신고기한이 경과한 때)

나. 법인세 납세의무의 성립과 확정

법인세 납세의무의 성립과 확정 흐름을 그림으로 표시하면 다음과 같다.

법인세 납세의무의 성립과 확정 흐름도

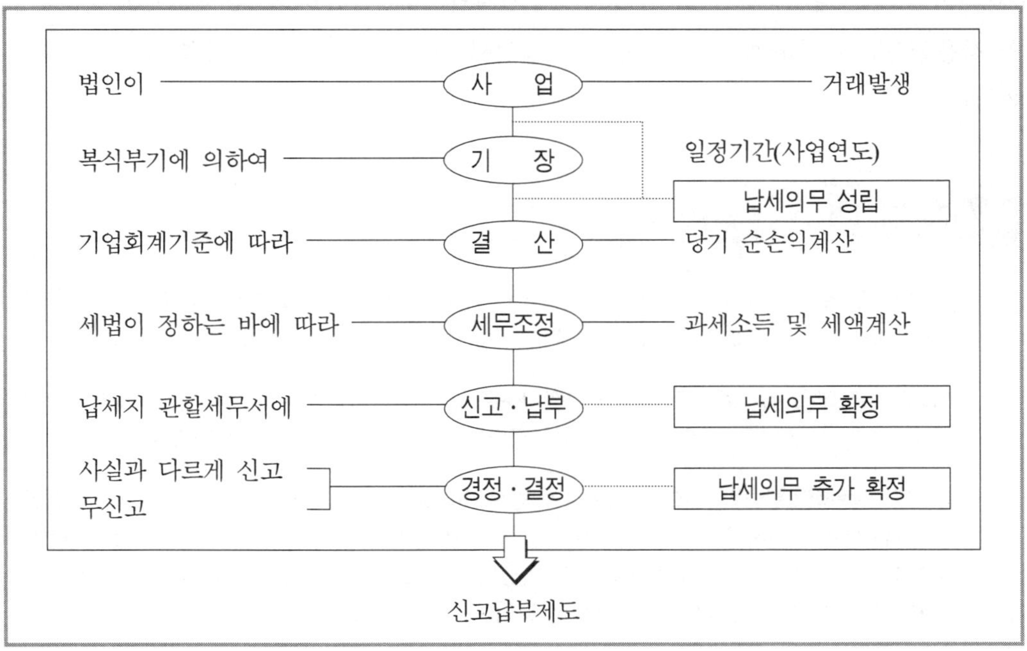

05 실질과세

가. 소득귀속 및 거래내용 등에 관한 실질과세

「국세기본법」 제14조는 실질과세원칙에 대해 첫째, 소득 등의 귀속이 명의(名義)일 뿐이고 사실상 귀속되는 자가 따로 있을 때에는 사실상 귀속되는 자를 납세의무자로 하여 세법을 적용하고(귀속의 실질), 둘째, 세법 중 과세표준의 계산에 관한 규정은 명칭이나 형식과 관계없이 그 실질 내용에 따라 적용하고(거래 내용의 실질), 셋째, 제3자를 통한 간접적인 방법이나 둘 이상의 행위 또는 거래를 거치는 방법으로 세법의 혜택을 부당하게 받기 위한 것으로 인정되는 경우에는 그 경제적 실질 내용에 따라 당사자가 직접 거래를 한 것으로 보거나 연속된 하나의 행위 또는 거래를 한 것으로 보아 세법을 적용하도록(우회거래 또는 다단계거래의 실질) 규정하고 있다. 이러한 「국세기본법」의 규정은 「국세기본법」이 모든 국세 법령에 공통적으로 적용되는 것을 규정한 것이므로 당연히 법인세 분야에도 적용된다.

다만 「법인세법」은 실질과세원칙과 관련해서 부당행위계산부인에 관한 규정에서 당해 법인과 특수관계인 간의 거래 뿐만 아니라 특수관계인 외의 자를 통하여 이루어진 우회거래 또는 다단계거래까지 그 실질이 특수관계인과의 거래라면 부당행위계산부인 규정을 적용한다고 명시하여 실질과세원칙이 법인세 분야에도 적용됨을 강조하고 있다(법령 88 ②).

Reference

법인명의로 등기되지 아니한 자산의 취득 ➡ 법인이 사실상 자산을 취득하고도 공부상 등기가 법인의 명의로 되어 있지 아니한 경우에도 이를 법인의 자산으로 본다(법기통 4-0…7).

거래의 실질내용판단기준 ➡ 거래의 실질내용은 건전한 사회통념, 통상 사인간(私人間)의 상관행(지급조건, 지급방법 포함) 및 구체적인 정황을 기준으로 판단하여야 한다(법기통 4-0…5).

법인의 거증책임 ➡ 법인세의 납세의무가 있는 법인은 모든 거래에 대하여 거래증빙과 지급규정·사규 등의 객관적인 자료에 의하여 이를 당해 법인에게 귀속시키는 것이 정당함을 입증하여야 한다. 다만 사회통념상 부득이 하다고 인정되는 한도내의 비용과 법인의 내부통제기능을 감안하여 인정할 수 있는 범위내의 지출은 그러하지 아니한다(법기통 4-0…2).

나. 신탁소득의 실질과세

신탁이란 재산권의 소유자(위탁자)가 특정의 재산권을 신탁회사(수탁자)에 이전하거나 기타의 처분을 하고 수탁자로 하여금 그 재산권을 관리·처분하게 해서 생긴 소득 등을 일정한 자(수익자)에게 제공하도록 하는 법률관계를 말한다. 따라서 수탁자는 소득의 귀속 문제에 있어서 단순한 도관에 불과하므로 신탁재산에서 생긴 소득이 수탁자에게 귀속된다고 할 수 없다. 그래서 「법인세법」은 신탁재산에 귀속되는 소득은 수익자가 원칙적으로 납세의무를 부담하고 위탁자가 신탁재산을 실질적으로 통제하는 등의 요건을 충족한 경우에는 위탁자가 납세의무를 부담하도록 하고 있다(법법 5, 법령 3의2). (다만 특별한 경우에 신탁재산을 별도의 내국법인으로 보아 법인세 신고를 하여야 하는 '법인과세 신탁재산의 각 사업연도 소득에 대한 법인세 과세특례'가 있는데 이 특례에 대해서는 제18장의 보론을 참조하시오)

06 사업연도

가. 개 요

법인의 각 사업연도 소득은 계속적으로 발생하므로 일정한 기간단위로 소득을 파악하여 법인세를 과세한다. 이와 같이 법인의 소득을 계산하는 1회계기간을 사업연도라고 한다.

나. 원 칙

사업연도는 법령·법인의 정관 등에서 정하는 1회계기간을 말하며, 그 기간은 1년을 초과하지 못한다(법법 6 ①). 이와 같이 회계연도를 그대로 사업연도로 인정하는 것은 법인의 결산에 기초하여 과세소득을 계산하기 때문이며, 사업연도를 1년을 초과할 수 없도록 한 것은 사업연도를 길게 정하여 법인세의 납부를 지연시키는 것을 막기 위해서이다.

① 1년 기준의 원칙은 영리·비영리·법인으로 보는 단체·내국법인과 외국법인 모두에게 적용된다. 그리고 이 원칙은 1년 초과를 허용하지 아니할 뿐이고, 1년 기간의 범위내에서 사업연도의 기간은 법인이 자유로이 정할 수 있다.

② 사업연도 변경에 있어서는 의제사업연도가 1월 미만인 때에 이를 변경 사업연도에 포함시키는 것을 허용함으로써 '1년 기준의 원칙'에 대하여 예외를 인정하였다(법법 7 ③).

③ 법령·정관 등에 사업연도의 규정이 없는 내국법인은 따로 사업연도를 정하여 법인설립신고(설립등기일부터 2월 이내) 또는 사업자등록(사업개시일로부터 20일 이내)시 납세지 관할세무서장에게 사업연도를 신고하여야 한다(법법 6 ②). 그러나 신고를 하지 아니한 경우에는 1월 1일부터 12월 31일까지를 그 법인의 사업연도로 한다(법법 6 ③).

다. 신설법인의 최초사업연도

(1) 신설법인

신설법인의 최초사업연도는 본점 또는 주사무소에서 설립등기를 한 날(외국법인은 국내사업장설치일)로부터 그 사업연도의 종료일까지로 한다(법령 4 ①).

(2) 법인 아닌 단체

「국세기본법」에 따라 법인으로 보는 단체의 최초사업연도 개시일은 다음과 같다(법령 4 ①).

① 법령에 의하여 설립된 법인으로 설립일이 법령에 정하여진 경우는 그 설립일
② 법인설립이 주무관청의 허가·인가·등록을 요하는 경우는 그 허가일·인가일·등록일
③ 공익을 목적으로 출연된 기본재산이 있는 재단의 경우는 기본재산 출연일
④ 법인으로 신청하여 납세지 관할세무서장의 승인을 얻은 단체는 그 승인일

(3) 설립등기 전 발생손익

법인은 설립등기 전에 생긴 손익을 사실상 그 법인에 귀속시킨 것이 있는 경우에 조세포탈의 우려가 없을 때에는 최초사업연도의 기간이 1년을 초과하지 아니하는 범위에서 이를 해당 법인의 최초사업연도 손익에 산입할 수 있다. 이 경우 최초사업연도의 개시일은 해당 법인에 귀속시킨 손익이 최초로 발생한 날로 한다(법령 4 ②).

라. 사업연도 의제

사업연도 의제란 해산·합병·분할 등 특수한 사유가 발생하는 경우에 정관 또는 규칙 등에서 정한 회계기간에 관계없이 사업연도를 일정기간으로 간주하는 제도이다.

(1) 해산 · 청산법인

법인이 사업연도 중에 해산한 경우에는 그 사업연도 개시일부터 해산 등기일까지의 기간과 해산등기일 다음날부터 그 사업연도 종료일까지의 기간을 각각 1사업연도로 본다. 또한 청산 중에 있는 법인의 잔여재산가액이 사업연도 중에 확정된 때에는 그 사업연도의 개시일부터 잔여재산 가액의 확정일까지를 1사업연도로 본다(법법 8 ①④).

(2) 청산 중 회사계속법인

청산 중에 있는 법인이 「상법」의 규정에 따라 사업을 계속하는 경우에는 그 사업연도 개시일부터 계속등기일(계속등기를 하지 않은 경우는 사실상 사업계속일)까지의 기간과 계속등기일 다음 날부터 그 사업연도 종료일까지의 기간을 각각 1사업연도로 본다(법법 8 ④).

(3) 합병 · 분할시 소멸법인

사업연도 중에 합병이나 분할(분할합병 포함)에 따라 해산한 법인의 최종사업연도는 그 사업연도 개시일부터 합병등기일 · 분할등기일까지로 한다(법법 8 ②).

(4) 연결납세방식의 선택

법인의 사업연도 중에 연결납세방식을 적용받는 경우에는 그 사업연도 개시일부터 연결사업연도 개시일의 전일까지의 기간을 1사업연도로 본다(법법 8 ⑤).

(5) 외국법인의 국내사업장 등의 폐지

국내사업장이나 부동산소득 등이 있는 외국법인이 그 국내의 사업장이나 해당 부동산 등을 가지지 아니하게 된 경우에는 그 사업연도 개시일부터 그 사업장이나 부동산 등을 가지지 아니하게 된 날까지의 기간을 그 법인의 사업연도로 본다. 다만, 국내에 다른 사업장이나 부동산 등을 계속하여 가지고 있는 경우에는 그러하지 아니하다(법법 8 ⑥, ⑦).

마. 사업연도 변경

사업연도를 변경하려는 법인은 그 법인의 직전사업연도 종료일부터 3개월 이내에 납세지 관할세무서장에게 신고하여야 한다. 미신고시에는 사업연도가 변경되지 않은 것으로 본다(법법 7 ①).

사업연도 변경신고를 한 경우에는 종전의 사업연도 개시일부터 변경한 사업연도 개시일 전날까지를 1사업연도로 보고, 변경된 사업연도 개시일로부터 변경된 사업연도의 종료일까지를 변경된 사업연도로 본다.

지금까지 살펴 본 「법인세법」상 사업연도를 유형별로 요약하면 다음과 같다.

사업연도 의제유형

유 형	사 업 연 도
(1) 회계기간 1년 초과	정관상: 1년 6월 / 1년 6월 세법상: 1년 / 6월 / 1년 / 6월 1사업연도 / 1사업연도 / 1사업연도 / 1사업연도
(2) 해산(합병·분할해산 제외)	정관상: 1년, 해산(파산)등기일 세법상: 1사업연도 / 1사업연도
(3) 청산중 법인 잔여재산 확정	정관상: 1년, 잔여재산확정일 세법상: 1사업연도
(4) 합병·분할의 경우	정관상: 1년, 합병등기일·분할등기일 세법상: 1사업연도
(5) 청산중 법인 사업 계속	정관상: 1년, 사업계속등기일 세법상: 계속등기일다음날, 1사업연도 / 1사업연도 단, 사업계속등기를 아니한 때는 사실상 사업계속일로 한다.
(6) 조직 변경	정관상: 1년, 조직변경일 세법상: 1사업연도

<table>
<tr><td>(7) 법인 아닌 사단・재단 기타 단체</td><td>법령・정관에 사업연도를 정하지 않고, 법인설립신고시에 사업연도를 신고하지 아니한 경우
1월 1일 ― 12월 31일
1사업연도</td></tr>
<tr><td>(8) 외국법인 폐업</td><td>사업연도 개시일부터 국내사업장 폐지일까지의 기간
1월 1일 ― 국내사업장 폐지일
1사업연도</td></tr>
<tr><td>(9) 신설법인 설립일 이전 손익 발생</td><td>1월 1일 ― 12월 31일
설립등기일
손익발생일
손익합산
1사업연도
(조세포탈의 우려 없는 때, 최초 사업연도가 1년을 초과하지 아니한 경우 한함)</td></tr>
<tr><td>(10) 사업연도를 변경</td><td>3월 1일 ― 12월 31일
변경사업연도개시일
1월 1일 ― 2월 말일 ― 익년 2월 말일
1사업연도 ― 1사업연도
(변경전 사업연도가 1월 미만 경우는 변경 후 사업연도에 포함)</td></tr>
</table>

07 납세지

가. 개 요

납세지란 납세의무자가 납세의무를 이행하고 과세권자가 부과징수를 행하는 기준이 되는 장소이다. 개인은 원칙적으로 주소지 또는 거소지이며, 법인은 본점 또는 주된 사무소의 소재지가 된다.

따라서 법인세 과세표준 신고는 신고 당시 해당 국세의 납세지를 관할하는 세무서장(다만 전자신고를 하는 경우에는 지방국세청장이나 국세청장에게 제출할 수 있다)에게 제출하여야 한다. 그러나 과세표준 신고가 다른 세무서장에게 제출된 경우에도 그 신고의 효력에는 영향이 없다(국기법 43).

나. 내국법인 납세지

내국법인의 법인세 납세지는 등기부에 따른 본점 또는 주사무소의 소재지(국내에 본점 또는 주사무소가 있지 아니하는 경우에는 사업을 실질적으로 관리하는 장소의 소재지)로 한다. 다만, 법인 아닌 단체의 납세지는 해당 단체의 사업장 소재지를 납세지로 하되, 주된 소득이 부동산소득인 경우는 그 부동산의 소재지가 된다. 이 경우에 2 이상의 사업장 또는 부동산을 가지고 있는 단체의 납세지는 주된 사업장의 소재지 또는 주된 부동산의 소재지로 한다. 여기서 '주된 사업장의 소재지'란 직전사업연도의 사업수입금액이 많은 사업장의 소재지를 말한다(법법 9 ①, 법령 6 ①, ②).

다. 외국법인 납세지

외국법인은 외국에서 설립등기를 하므로 내국법인과 같이 본점이나 주사무소 소재지를 납세지로 할 수 없다. 그러므로 외국법인에 대해서는 국내사업장 소재지를 납세지로 하며, 사업장이 없으면서 부동산소득 또는 양도소득이 있을 때에는 그 자산의 소재지를 납세지로 한다. 2 이상의 국내사업장이 있는 외국법인에 대해서는 주된 사업장 소재지를 납세지로 한다(법법 9 ②, ③, 법령 6 ④).

라. 납세지 지정

관할지방국세청장(관할을 달리한 경우 국세청장)은 법인의 납세지가 그 법인의 납세지로 적당하지 아니하다고 인정되는 경우에는 납세지를 지정할 수 있다(법법 10).

마. 납세지 변경

법인의 납세지가 변경된 경우에는 변경된 날로부터 15일 내에 변경후 관할세무서장에게 납세지 변경신고서를 제출하여야 한다. 그러나 만일 신고를 하지 아니하면 종전의 납세지를 그 법인의 납세지로 한다. 납세지가 변경된 법인이 「부가가치세법」규정에 따라 사업자등록 정정신고를 한 경우에는 납세지 변경신고를 한 것으로 본다.

외국법인도 납세지가 변경된 경우에는 당연히 납세지 변경신고를 하여야 하며, 외국법인이 그 납세지를 국내에 가지지 아니하게 된 경우에도 그 사실을 납세지 관할세무서장에게 신고하여야 한다(법법 11).

바. 납세지 특례

(1) 피합병법인 · 소멸한 분할법인 납세지

내국법인이 사업연도기간 중에 합병 또는 분할로 인하여 소멸한 경우에 피합병법인 · 분할법인(합병 후 소멸법인)의 각 사업연도 소득에 대한 법인세 납세지는 합병법인 · 분할신설법인(또는 분할합병의 상대방법인)의 납세지로 할 수 있다. 이 경우 납세지 변경신고를 하여야 한다(법령 9 ③).

(2) 원천징수의무자 납세지

원천징수한 법인세의 납세지는 해당 원천징수의무자의 소재지로 한다. 구체적으로는 아래와 같이 원천징수의무자가 개인인 경우와 법인인 경우로 나누어 볼 수 있다(법법 9 ④, 법령 7 ⑥).

(가) 원천징수의무자가 개인인 경우

원천징수의무자가 거주자인 경우에는 원천징수를 한 사업장 소재지, 사업장이 없는 경우에는 주소지 · 거소지를 원천징수한 법인세의 납세지로 한다.

원천징수의무자가 비거주자인 경우에는 원천징수를 한 국내사업장 소재지, 국내사업장이 없는 경우에는 그 비거주자의 거류지 · 체류지로 한다(법령 7 ① (1)).

(나) 원천징수의무자가 법인인 경우

원천징수의무자가 법인인 경우에는 원칙적으로 당해 법인의 본점 · 주사무소 소재지, 국내에 본점이나 주사무소가 소재하지 아니하는 경우에는 사업의 실질적 관리장소 소재지를 원천징수한 법인세의 납세지로 한다.

다만, 법인의 지점 · 영업소 기타 사업장이 독립채산제에 의하여 독자적으로 회계사무를 처리하는 경우에는 그 사업장의 소재지를 원천징수한 법인세의 납세지로 한다. 그러나 법인의 지점 · 영업소 기타 사업장이 독립채산제에 의하여 독자적으로 회계사무를 처리하는 경우라고 하더라도 ㉠ 사업장에서 지급하는 소득에 대한 원천징수세액을 본점 등에서 전자계산조직 등에 의해 일괄 계산하는 경우로서 본점 등의 관할세무서장에게 신고하거나 ㉡ 「부가가치세법」에 따라 사업자단위 과세사업자로 관할세무서장에게 등록한 경우에는 해당 법인의 본점 등을 법인세 원천징수세액의 납세지로 할 수 있다(법령 7 ⑥ (2)).

법/인/세/법/강/의

연습문제

TYPE

주관식문제

01 법인실재설과 법인의제설을 비교 설명하시오.

02 기업회계와 세무회계의 관계를 설명하시오.

03 법인세의 과세대상소득에 대하여 설명하시오.

04 법인의 종류에 따른 법인세 납세의무를 설명하시오.

TYPE

객관식문제

01 다음은 법인세에 대한 설명이다. 가장 잘못된 것은? ▶ '03 CPA 수정

① 토지 등 양도소득에 대한 법인세는 내국법인 뿐만 아니라 외국법인도 납세의무를 진다.

② 법인이 아닌 단체도 법인세 납세의무를 지는 경우가 있다.

③ 외국의 지방자치단체가 국내에서 수익사업을 영위하는 경우 법인세 납세의무를 진다.

④ 지방자치단체가 수익사업을 영위하여 획득한 소득에 대해서는 법인세 납세의무가 없으나, 토지 등 양도소득에 대한 법인세에 대해서는 납세의무가 있다.

⑤ 비영리내국법인과 외국법인은 청산소득에 대해서는 법인세 납세의무가 없다.

해설 내국법인 중 국가 및 지방자치단체(지방자치단체조합을 포함)에 대하여는 법인세를 부과하지 아니한다. 따라서 지방자치단체는 토지 등 양도소득에 대해서도 법인세의 납세의무를 지지 아니한다.

02 내국법인의 사업연도에 관한 설명으로 가장 옳지 않은 것은? ▶'09 세무사 수정

① 법령 또는 정관 등에 사업연도에 관한 규정이 없는 법인은 따로 사업연도를 정하여 법인설립신고 또는 사업자등록과 함께 납세지 관할세무서장에게 신고하여야 한다.

② 내국법인(법인으로 보는 법인격 없는 단체에 해당하지 아니함)의 최초 사업연도 개시일은 설립등기일로 한다.

③ ㈜갑(법령에 의하여 사업연도가 정하여지는 법인이 아님)이 현행 사업연도(20×1년 7월 1일~20×2년 6월 30일)를 새로운 사업연도(20×2년 12월 1일~20×3년 11월 30일)로 변경하고자 20×2년 11월 1일에 납세지 관할세무서장에게 변경신고를 한 경우에는 새로운 사업연도(20×2년 12월 1일~20×3년 11월 30일)로 변경되지 아니한 것으로 본다.

④ ㈜을(사업연도 : 1월 1일~12월 31일)이 합병(합병등기일 5월 4일)에 의하여 해산한 경우에는 1월 1일부터 5월 4일까지를 1사업연도로 본다.

⑤ ㈜병이 최초사업연도의 개시일 전에 생긴 손익을 사실상 ㈜병에 귀속시킨 것이 있는 경우 조세포탈의 우려가 없을 때에는 ㈜병에 귀속시킨 손익이 최초로 발생한 날을 사업연도의 개시일로 할 수 있다. 이때에는 예외적으로 사업연도의 기간이 1년을 초과할 수 있다.

해설 최초 사업연도의 개시일 전에 생긴 손익을 사실상 그 법인에 귀속시킨 것이 있는 경우 조세포탈의 우려가 없을 때에는 최초사업연도의 기간이 1년을 초과하지 아니하는 범위 내에서 이를 해당 법인의 최초사업연도의 손익에 산입할 수 있다.

03 「법인세법」에 관한 다음 설명 중 옳은 것을 모두 묶은 것은? ▶ '09 세무사 수정

ㄱ. 영리외국법인은 청산소득에 대한 법인세 납세의무가 없다.
ㄴ. 외국의 정부・지방자치단체는 각 사업연도의 소득 및 청산소득에 대하여 납세의무를 지지 않는다.
ㄷ. 외국법인이란 외국의 법률에 의하여 설립된 법인을 말한다.
ㄹ. 청산 중에 있는 내국법인이 「상법」에 의하여 사업을 계속하는 경우에는 그 사업연도 개시일부터 종료일까지의 기간을 1사업연도로 본다.
ㅁ. 납세지가 변경된 법인이 「법인세법」에 따라 납세지 변경신고를 한 경우에는 그 법인이 「부가가치세법」에 의한 사업자등록 정정신고를 한 것으로 본다.

① ㄱ
② ㄴ, ㄷ
③ ㄱ, ㄷ, ㅁ
④ ㄱ, ㄹ, ㅁ
⑤ ㄱ, ㄴ, ㄷ, ㄹ, ㅁ

해설 ㄴ. 외국의 정부・지방자치단체는 비영리외국법인으로서 법인세 납세의무를 진다.
ㄷ. 내국법인과 외국법인은 본점(주사무소)소재지 또는 사업의 실질적 관리장소를 기준으로 판정하는 것이며, 설립근거 법률에 의하여 판정하는 것이 아니다.
ㄹ. 청산중에 있는 법인이 「상법」에 의하여 사업을 계속하는 경우에는 그 사업연도 개시일부터 계속등기일(계속등기를 하지 아니한 경우에는 사실상의 사업계속일)까지의 기간과 계속등기일 다음 날부터 사업연도 종료일까지의 기간을 각각 1사업연도로 본다.
ㅁ. 납세지가 변경된 법인이 「부가가치세법」에 따라 사업자등록 정정신고를 한 경우에는 「법인세법」에 의한 납세지 변경신고를 한 것으로 본다.

01 ④ 02 ⑤ 03 ①

Chapter 02

각 사업연도 소득계산

제 1 절 각 사업연도 소득과 법인세 계산구조

01 각 사업연도 소득

내국법인의 각 사업연도 소득은 그 사업연도의 익금총액에서 손금총액을 뺀 금액을 말한다. 이 경우 각 사업연도의 손금총액이 익금총액보다 많은 경우에는 그 초과하는 금액은 각 사업연도의 결손금으로 한다(법법 14).

「법인세법」상 익금과 손금은 순자산증가설에 의하여 순자산이 증가하면 익금으로, 순자산이 감소하면 손금으로 규정하고 있지만, 그 내용은 기업회계의 수익 및 비용과 비슷하다. 따라서 각 사업연도 소득을 계산할 때는 기업회계의 당기순이익에서 세법과 차이가 나는 항목을 조정하는 방법으로 계산하게 된다.

02 법인세 계산구조

각 사업연도 소득에 대한 법인세 계산구조는 다음과 같다.

법인세 계산구조

계산구조	내 용
결산서상 당기순이익 (+)익금산입 및 손금불산입 (−)손금산입 및 익금불산입	소득금액조정합계표
차가감소득금액 (−)기부금한도초과이월액 손금산입 (+)기부금한도초과액	기부금조정명세서
각 사업연도소득금액 (−)이월결손금 (−)비과세소득 (−)소득공제	 당해 사업연도 개시일전 15년(2021. 1. 1.전에 신고된 결손금은 10년) 이내에 개시한 사업연도의 결손금으로 공제되지 않은 것 공익신탁재산소득
과세표준 (×)세 율	해운소득에 대한 선박표준이익이 있는 경우 합산 과세표준 / 세율*: 2억 이하 구간 10%; 2억 초과 200억 이하 구간 20%; 200억 초과 3,000억 이하 구간 22%; 3,000억 초과 구간 25% * 부동산임대업을 주업으로 하는 소규모법인은 200억 이하 구간에 대해 20%를 적용
산출세액 (−)세액감면 (−)세액공제 (+)가 산 세 (+)감면분추가납부세액	토지 등 양도소득, 미환류소득 및 지점유보소득에 대한 산출세액을 합산 「조세특례제한법」상 세액감면 「법인세법」 및 「조세특례제한법」상 세액공제
총부담세액(=결정세액) (−)기납부세액	 ① 중간예납세액, ② 원천납부세액, ③ 수시부과세액
차감납부할 세액	

과세표준	세 율*
2억 이하 구간	10%
2억 초과 200억 이하 구간	20%
200억 초과 3,000억 이하 구간	22%
3,000억 초과 구간	25%

* 부동산임대업을 주업으로 하는 소규모법인은 200억 이하 구간에 대해 20%를 적용

제2절 세무조정

01 의 의

기업이 작성한 재무제표상의 당기순이익과 세법상 계산한 과세소득은 반드시 일치되는 것이 아니므로 올바른 과세소득을 산정하기 위해서 기업이 작성한 재무제표를 기초로 하여 세법의 규정에 따른 차이의 가감계산이 이루어지게 된다. 이처럼 결산서상 당기순이익과 「법인세법」상 각 사업연도소득금액 사이의 차이를 조정하는 과정, 즉 당기순이익에서 출발하여 각 사업연도의 소득금액에 도달하는 과정을 세무조정이라고 한다. 이러한 세무조정은 조정절차상의 특색을 기준으로 하여 결산조정과 신고조정으로 나누어진다.

02 결산조정과 신고조정

'결산조정'이란 익금 또는 손금이 결산서에 수익 또는 비용으로 계상된 경우에만 과세소득계산에서 익금 또는 손금으로 인정하는 것을 말하며, '신고조정'이란 결산서에 수익 또는 비용으로 계상되지 않은 익금 또는 손금이라고 하더라도 세무조정에 의해 과세소득에 반영하는 것을 말한다.

가. 결산조정사항(열거주의)

'결산조정사항'이란 결산서에 과소계상된 경우에 신고조정(손금산입)을 할 수 없는 손금항목을 말한다. 이것은 대개의 경우 객관적인 외부거래 없이 그 손금산입 여부가 법인 자신의 의사에 맡겨져 있는 사항들(대손충당금, 퇴직급여충당금 등 몇 가지 손금항목), 즉 손비계상이 강제되지 않는 사항들이다.

이러한 비용이 과대계상된 경우에는 손금불산입의 세무조정을 하여야 하지만, 결산서에 계상되지 않거나 과소계상된 경우에는 그 차이액을 손금산입의 세무조정을 할 수는 없다. 따라서 법인이 이러한 항목을 손금으로 인정받으려면 반드시 결산조정(비용 또는 손비계상)을 하여야 하는 것이다.

결산조정사항들을 요약하면 다음과 같다.

구 분	내 용	비 고
자산의 상각	감가상각비	다음 사항은 신고조정이 허용되거나 강제된다. ㉠ 국제회계기준을 적용하는 기업의 유형자산 및 내용연수 비한정 무형자산(국제회계기준 최초 적용이전에 발생한 영업권을 포함)의 감가상각비 ㉡ 법인세 감면기간의 과소계상 감가상각비 ㉢ 「조세특례제한법」상 특별감가상각비 ㉣ 업무용승용차의 감가상각비
자산의 평가 차손	파손·부패 등의 사유로 정상가액으로 판매할 수 없는 재고자산의 평가손실	재고자산평가방법을 저가법으로 신고한 경우는 신고조정 가능
	부도 또는 파산이 발생한 주식 등 법 소정 주식의 평가손실	
	천재지변 등으로 인한 유형자산의 평가손실	
	시설개체·기술낙후로 인한 생산설비 등의 폐기손실	
대손금	대손금	소멸시효완성 등 일정한 경우의 대손금은 강제 신고조정사항임
충당금	퇴직급여충당금	퇴직연금부담금은 신고조정 가능
	대손충당금	
	일시상각충당금(압축기장충당금)	• 일시상각충당금(압축기장충당금)은 신고조정가능
	신용보증사업 경영법인의 구상채권상각충당금	• 국제회계기준 적용 신용보증사업 경영법인의 구상채권상각충당금은 신고조정가능
준비금	「법인세법」상 준비금 (비영리법인의 고유목적사업준비금, 보험업 경영법인의 책임준비금과 비상위험준비금)	다음은 신고조정이 허용된다. ㉠ 국제회계기준을 적용하는 보험업 경영법인의 비상위험준비금 ㉡ 외부회계감사를 받는 비영리법인의 고유목적사업준비금

주 임의사항이면서도 신고조정이 허용되는 예외

원칙적으로 손금산입이 강제되는 것은 신고조정사항이며 기업이 손금산입을 선택할 수 있는 것은 결산조정사항이다. 그러나 여기에는 예외사항이 있는데 이는 주로 기업회계상 비용으로 인정될 수 없지만 세무목적상 손금으로 인정하는 항목들이다. 이들에 대해서는 결산조정을 강제할 경우 회계감사과정에서 감사의견에 문제가 발생하므로 신고조정을 허용하는 특례를 둔 것이다. 이러한 사항으로는 ㉠ 외부회계감사를 받는 비영리법인의 고유목적사업준비금 ㉡ 국제회계기준을 적용하는 보험업 경영법인의 책임준비금과 비상위험준비금 ㉢ 국제회계기준을 적용하는 신용보증사업 경영법인의 구상채권상각충당금 ㉣ 일시상각충당금(압축기장충당금) 등이다. 다만 이들 중 ㉠~㉢의 항목에 대해서는 세무조정에서 신고조정을 통해 손금에 산입하고 손금으로 인정받은 금액을 이익처분시 적립금으로 적립하도록 하여 그 금액이 배당으로 사외유출이 되지 않도록 하고 있다.

나. 신고조정사항

결산조정사항 이외의 모든 세무조정사항이 신고조정사항이다.

신고조정사항은 단순신고조정사항과 잉여금처분에 의한 신고조정사항으로 나누어진다. 단순신고조정사항이란 결산상 비용의 미계상 또는 과소계상액에 대하여 세무조정 과정에서 아무런 조건 없이 신고조정할 수 있는 것을 말하며, 잉여금처분에 의한 신고조정사항이란 잉여금을 처분하여 적립금을 적립한 후 신고조정할 수 있는 것을 말한다. 잉여금처분에 의한 신고조정사항인 경우에는 잉여금을 처분하여 적립금을 적립하지 않으면 손금산입이 허용되지 아니하므로 잉여금처분에 의한 적립금의 적립이 손금산입의 전제조건이 된다.

잉여금처분을 통한 적립금의 적립이 신고조정을 통한 손금인정의 전제가 되는 항목은 다음과 같다.

㉠ 외부회계감사를 받는 비영리법인의 고유목적사업준비금

㉡ 국제회계기준을 적용하는 보험업 경영법인의 비상위험준비금과 해약환급금준비금
(해약환급금준비금은 국제회계기준을 의무적으로 적용해야 하는 보험회사만 설정할 수 있으므로 잉여금처분에 의한 신고조정만 허용되고 결산조정은 처음부터 불가능하다)

㉢ 국제회계기준을 적용하는 신용보증사업 경영법인의 구상채권상각충당금

잉여금처분에 의한 신고조정을 요구하는 이유는 신고조정을 하면 결산상 비용으로 처리하지 않으므로 결산조정을 한 경우보다 배당가능이익이 증가한다. 이와 같은 배당가능이익의 차이가 배당으로 사외유출되는 것을 막기 위하여 신고조정을 하는 경우 잉여금을 처분하여 배당할 수 없도록 적립금으로 적립하도록 요구하는 것이다.

03 자기조정과 외부조정

세무조정을 법인 스스로 하느냐 아니면 외부의 전문가(조정반에 속한 공인회계사·세무사·변호사)가 담당하느냐에 따라서 자기조정과 외부조정으로 구분된다. 자기조정이란 법인 스스로가 세무조정계산서를 작성하는 것을 말하며 외부조정이란 외부의 공인회계사 등이 세무조정계산서를 작성하는 것을 말한다.

법인은 원칙적으로 자기조정과 외부조정을 임의로 선택할 수 있으나, 「법인세법」이 정하는 법인은 외부조정을 하여야 한다(법령 97 ⑦).

04 세무조정과 세무서식

세무조정을 통한 각 사업연도의 소득금액 계산, 법인세 과세표준 및 법인세액을 계산하기 위한 가장 대표적인 세무서식 4가지가 다음 페이지 이후에 나타나 있다.

① 소득금액조정합계표(별지 15호 서식)

② 법인세 과세표준 및 세액조정계산서(별지 3호 서식)

③ 자본금과 적립금 조정명세서(갑)(별지 50호 서식(갑))

④ 자본금과 적립금 조정명세서(을)(별지 50호 서식(을))

이와 같은 세무서식을 이용하여 어떻게 세무조정 및 각 사업연도의 소득을 계산하는지 알아보자.

가. 소득금액조정합계표

이는 회계상의 당기순이익과 세무상의 각 사업연도의 소득과의 차이인 세무조정항목을 '익금산입 및 손금불산입'(가산되는 조정)과 '손금산입 및 익금불산입'(차감되는 조정)으로 나누어 집계하는 표이다. 이 표의 합계액은 법인세 과세표준 및 세액조정계산서에 있는 '소득금액조정 ⑩ 익금산입'과 '⑩ 손금산입' 항목에 기록된다. 여기에서 주의할 것은 비지정기부금에 대한 세무조정은 이 서식에 포함되지만 '특례기부금' 및 '일반기부금'의 한도초과액은 이 표에 기재하지 않는다는 것이다.

나. 법인세 과세표준 및 세액조정계산서

이는 손익계산서 당기순이익에 세무조정사항을 가감하여 각 사업연도 소득금액과 과세표준 금액을 계산하는 표이고, 각 사업연도 소득금액이 계산되는 과정을 요약하면 아래 그림과 같다.

아래 계산과정에서 기부금한도초과이월액 손금산입과 '특례기부금'·'일반기부금'의 한도초과액이 소득금액조정합계표에 기재되지 않고 차가감소득금액이 구해진 후 별도로 기재되는 이유는 '특례기부금'과 '일반기부금'의 손금인정한도액이 차가감소득금액을 기준으로 계산하기 때문이다('특례기부금'과 '일반기부금' 손금인정한도액을 차가감소득금액을 기준으로 계산하는데 만일 그 한도초과액을 소득금액조정합계표에 기재한다면 차가감소득금액이 다시 변경되어 '특례기부금'과 '일반기부금'의 손금인정한도액 및 한도초과액이 변하게 되는 등 계산구조상 순환논리에 빠지게 된다. 그래서 기부금한도초과이월액 손금산입과 '특례기부금'·'일반기부금' 한도초과액은 별도로 기재되는 것이다).

※ 아래 그림에서 기부금에 대한 세무조정 결과를 기재하는 순서는 기부금한도초과이월액 손금산입 → 기부금의 한도초과액의 순서로 표시되어 있다. 이는 '특례기부금'과 '일반기부금'에 대해서 당기에 지출한 기부금과 과거에 지출한 기부금의 한도초과 때문에 당기로 이월된 기부금한도초과 이월액이 함께 있는 경우 당기에 지출한 기부금보다 기부금한도초과 이월액부터 먼저 당기 손금에 산입하도록 개정되었기 때문이다(법법 24조⑥). 그러나 실제 '법인세 과세표준 및 세액조정계산서' 서식은 기부금의 한도초과액 → 기부금한도초과이월액 손금산입의 순서로 기재하도록 되어 있다. 관련 서식은 앞으로 법령의 내용에 따라 수정되는 것이 바람직할 것이다.

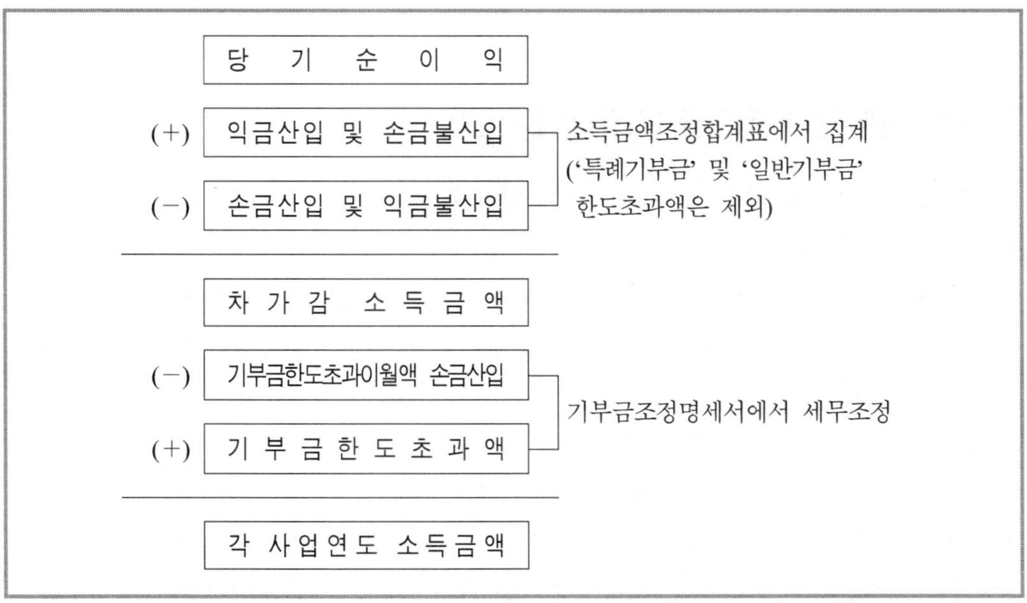

다. 자본금과 적립금 조정명세서(갑)

이는 세무상의 자본을 계산하기 위한 표이다. 이 표의 '자본금 및 잉여금 등의 계산'의 '5. 계(20)'는 회계상 재무상태표 자기자본과 같다. '7. 자본금과 적립금계산(을) 계'는 세무조정사항 중 회계상의 자기자본과 세무상의 자기자본의 차이를 만들어 낸 일시적 차이의 합계를 기록하는 것으로서 자본금과 적립금 조정명세서(을)의 합계액을 옮겨 적은 것이다.

또한, '손익미계상 법인세 등'을 가감하도록 하였는데 그 이유는 회계상 재무제표가 먼저 확정되고 이후에 세무조정을 함으로써 재무제표에 계상된 미지급법인세와 실제 납부할 법인세액에 차이가 생기게 되고, 이것도 회계상의 자기자본과 세무상의 자기자본의 차이를 만들기 때문이다. 예를 들어 회계감사를 통해 재무제표를 확정하면서 미지급법인세액을 개략적으로 추정하여 부채로 25,000,000원을 계상하였는데 나중에 세부적으로 세무조정을 하였더니 실제 납부하여야 할 미지급법인세액이 40,000,000원이었다면 확정된 재무제표에는 부채가 15,000,000원 만큼 과소계상(자기자본이 15,000,000 과대계상)된 상태이다. 따라서 법인세조정은 확정된 재무제표를 토대로 하게 되므로 확정재무제표에 과대계상되어 있는 자기자본에서 그 원인인 손익미계상법인세 15,000,000원만큼을 차감해주어야 올바른 세무상 자기자본이 구해지게 된다. 이것이 자본금과적립금조정명세서(갑)에서 마지막에 손익미계상법인세를 가감해주는 이유이다.

결국 자본금과 적립금계산서는 세무상의 자기자본을 관리하기 위한 것이라고 할 수 있다.

라. 자본금과 적립금 조정명세서(을)

기업회계와 세무상 자산 및 부채가액의 차이를 만들어 내는 세무조정항목(이를 유보 또는 △유보항목이라고 함)을 관리하기 위한 표이다. 기업회계와 세무상 자산 및 부채가액의 차이를 만든다는 것은 결국 기업회계와 세무회계상 자본의 차이를 만들게 되고, 따라서 이 표의 합계액은 세무상 자기자본을 관리하는 표인 자본금과 적립금조정명세서(갑)으로 이기하게 된다.

예를 들어서 기업회계상 감가상각비보다 세무상 감가상각비한도액이 적어서 그 차액을 손금불산입으로 세무조정하는 경우 그 금액만큼 세무상 자산(결과적으로 자본)이 증가하는 것(유보항목)으로서 이 표에 기록하는 것이다. 이처럼 세무조정항목이 세무상 자본항목인지 아닌지를 구분하는 것을 소득처분이라고 하는데 이에 대해서는 제3절에서 자세히 설명한다.

[별지 제15호 서식] <개정 2013.2.23> (앞 쪽)

사업연도	20××. 1. 1 ~ 12. 31	소득금액조정합계표	법인명	㈜가나
			사업자등록번호	101-81-12345

익금산입 및 손금불산입				손금산입 및 익금불산입			
①과목	②금액	③소득처분 처분	③소득처분 코드	④과목	⑤금액	⑥소득처분 처분	⑥소득처분 코드
법인세 등	4 000 000	기타사외유출	500	재고자산평가감	380 000	유보	100
수입배당금	3 000 000	유보	400	감가상각비	1 340 000	〃	100
재고자산평가감	770 000	〃	400	수입이자	22 000	〃	100
퇴직급여충당금	840 000	〃	400				
대손충당금	134 000	〃	400				
일시상각충당금	560 000	〃	400				
가지급금인정이자	130 000	상여	100				
세금과공과	654 000	유보	400				
잡비	75 000	기타사외유출	500				
건설자금이자	340 000	유보	400				
합계	10 503 000			합계	1 742 000		

210㎜×297㎜[백상지 80g/㎡ 또는 중질지 80g/㎡]

(뒤쪽)

■ 법인세법 시행규칙 [별지 제3호서식] <개정 2021. 3. 16.> (앞쪽)

사업연도	. . . ~ . . .	**법인세 과세표준 및 세액조정계산서**	법인명	
			사업자등록번호	

구분	항목	코드	금액
① 각 사업연도 소득계산	⑩ 결산서상 당기순손익	01	163 394 000
	소득조정 금액 ⑫ 익금산입	02	10 503 000
	소득조정 금액 ⑬ 손금산입	03	1 742 000
	⑭ 차가감소득금액 (⑩+⑫-⑬)	04	172 155 000
	⑮ 기부금 한도 초과액	05	5 000 000
	⑯ 기부금한도초과이월액 손금산입	54	
	⑰ 각 사업연도소득금액 (⑭+⑮-⑯)	06	177 155 000
② 과세표준 계산	⑱ 각 사업연도 소득금액 (⑱=⑰)		177 155 000
	⑲ 이월결손금	07	
	⑳ 비과세소득	08	
	㉑ 소득공제	09	
	㉒ 과세표준 (⑱-⑲-⑳-㉑)	10	177 155 000
	⑮⑨ 선박표준이익	55	
③ 산출세액 계산	⑪③ 과세표준(⑪②+⑮⑨)	56	177 155 000
	⑪④ 세율	11	10
	⑪⑤ 산출세액	12	17 715 500
	⑪⑥ 지점유보소득 (「법인세법」 제96조)	13	
	⑪⑦ 세율	14	
	⑪⑧ 산출세액	15	
	⑪⑨ 합계(⑪⑤+⑪⑧)	16	17 715 500
④ 납부할 세액 계산	⑫⓪ 산출세액(⑫⓪=⑪⑨)		17 715 500
	⑫① 최저한세 적용대상 공제감면세액	17	250 000
	⑫② 차감세액	18	17 465 500
	⑫③ 최저한세 적용제외 공제감면세액	19	
	⑫④ 가산세액	20	
	⑫⑤ 가감계(⑫②-⑫③+⑫④)	21	17 465 500
	기납부세액 / 기한내납부세액 ⑫⑥ 중간예납세액	22	18 000 000
	기납부세액 / 기한내납부세액 ⑫⑦ 수시부과세액	23	
	기납부세액 / 기한내납부세액 ⑫⑧ 원천납부세액	24	4 000 000
	기납부세액 / 기한내납부세액 ⑫⑨ 간접투자회사등의 외국납부세액	25	
	기납부세액 / 기한내납부세액 ⑬⓪ 소계 (⑫⑥+⑫⑦+⑫⑧+⑫⑨)	26	22 000 000
	기납부세액 ⑬① 신고납부전가산세액	27	
	기납부세액 ⑬② 합계(⑬⓪+⑬①)	28	22 000 000

구분	항목	코드	금액
	⑬③ 감면분추가 납부세액	29	
	⑬④ 차감 납부할 세액 (⑫⑤-⑬②+⑬③)	30	△4 534 500
⑤ 토지등 양도소득에 대한 법인세 계산	양도차익 ⑬⑤ 등기자산	31	
	양도차익 ⑬⑥ 미등기자산	32	
	⑬⑦ 비과세소득	33	
	⑬⑧ 과세표준 (⑬⑤+⑬⑥-⑬⑦)	34	
	⑬⑨ 세율	35	
	⑭⓪ 산출세액	36	
	⑭① 감면세액	37	
	⑭② 차감세액(⑭⓪-⑭①)	38	
	⑭③ 공제세액	39	
	⑭④ 동업기업 법인세 배분액 (가산세 제외)	58	
	⑭⑤ 가산세액 (동업기업 배분액 포함)	40	
	⑭⑥ 가감계 (⑭②-⑭③+⑭④+⑭⑤)	41	
	기납부세액 ⑭⑦ 수시부과세액	42	
	기납부세액 ⑭⑧ ( ) 세액	43	
	기납부세액 ⑭⑨ 계 (⑭⑦+⑭⑧)	44	
	⑮⓪ 차감납부할세액(⑭⑥-⑭⑨)	45	
⑥ 미환류소득법인세	⑯① 과세대상 미환류소득	59	
	⑯② 세율	60	
	⑯③ 산출세액	61	
	⑯④ 가산세액	62	
	⑯⑤ 이자상당액	63	
	⑯⑥ 납부할세액(⑯③+⑯④+⑯⑤)	64	
⑦ 세액계	⑮① 차감 납부할 세액계 (⑬④+⑮⓪+⑯⑥)	46	△4 534 500
	⑮② 사실과 다른 회계처리 경정 세액공제	57	
	⑮③ 분납세액계산 범위액 (⑮①-⑫④-⑬③-⑭⑤-⑮②+⑬①)	47	
	분납할 세액 ⑮④ 현금납부	48	
	분납할 세액 ⑮⑤ 물납	49	
	분납할 세액 ⑮⑥ 계 (⑮④+⑮⑤)	50	
	차감 납부세액 ⑮⑦ 현금납부	51	
	차감 납부세액 ⑮⑧ 물납	52	
	차감 납부세액 ⑯⓪ 계 (⑮⑦+⑮⑧) (⑯⓪=(⑮①-⑮②-⑮⑥)	53	

210mm×297mm[백상지 80g/㎡ 또는 중질지 80g/㎡]

[별지 제50호 서식(갑)] <개정 2019. 3. 20> (앞 쪽)

사 업 연 도	20×1. 1. 1. ~ 20×1.12.31.	**자본금과 적립금 조정명세서(갑)**	법 인 명	(주)가나
			사업자등록번호	101-81-12345

Ⅰ. 자본금과 적립금 계산서

① 과목 또는 사항		코드	② 기초잔액	당 기 중 증 감		⑤ 기말잔액	비 고
				③ 감 소	④ 증 가		
자본금 및 잉여금 등의 계산	1. 자 본 금	01	100,000,000			100,000,000	
	2. 자 본 잉 여 금	02	12,000,000			12,000,000	
	3. 자 본 조 정	15					
	4. 기타포괄손익누계액	18					
	5. 이 익 잉 여 금	14	32,000,000	5,000,000	15,000,000	42,000,000	
		17					
	6. 계	20	144,000,000	5,000,000	15,000,000	154,000,000	
7. 자본금과 적립금조정명세서(을) 계		21	10,200,000	1,742,000	6,298,000	14,756,000	
손익 미계상 법인세등	8. 법 인 세	22			500,000	500,000	
	9. 지 방 소 득 세	23			40,000	40,000	
	10. 계 (8+9)	30			540,000	540,000	
11. 차 가 감 계(6+7−10)		31	154,200,000	6,742,000	20,758,000	168,216,000	

Ⅱ. 이월결손금 계산서

1. 이월결손금 발생 및 증감내역

⑥ 사업연도	이월결손금					감 소 내 역				잔 액		
	발 생 액			⑩ 소급공제	⑪ 차감계	⑫ 기공제액	⑬ 당기 공제액	⑭ 보전	⑮ 계	⑯ 기한 내	⑰ 기한 경과	⑱ 계
	⑦ 계	⑧ 일반 결손금	⑨ 배분 한도초과 결손금 (⑨=㉕)									
1989	4,000,000	4,000,000			4,000,000	3,500,000			3,500,000		500,000	500,000
계												

2. 법인세 신고 사업연도의 결손금에 동업기업으로부터 배분한도를 초과하여 배분받은 결손금(배분한도 초과결손금)이 포함되어 있는 경우 사업연도별 이월결손금 구분내역

⑲ 법인세 신 고 사업연도	⑳ 동업기업 과세연도 종 료 일	㉑ 손금산입한 배분한도 초 과 결 손 금	㉒ 법인세 신 고 사업연도 결 손 금	배분한도 초과결손금이 포함된 이월결손금 사업연도별 구분			
				㉓ 합 계 (㉓=㉕+㉖)	배분한도 초과결손금 해당액		㉖ 법인세 신고 사업연도 발생 이월결손금 해당액 (⑧일반결손금으로 계상) (㉑≥㉒의 경우는 "0", ㉑<㉒의 경우는 ㉒−㉑)
					㉔ 이월 결손금 발생 사업연도	㉕ 이월결손금 (㉕=⑨) ㉑과 ㉒ 중 작은 것에 상당하는 금액	

Ⅲ. 회계기준 변경에 따른 자본금과 적립금 기초잔액 수정

㉗과목 또는 사항	㉘ 코드	㉙ 전기말 잔액	기초잔액 수정		㉜ 수정후 기초잔액 (㉙+㉚−㉛)	㉝비 고
			㉚ 증가	㉛ 감소		

210mm×297mm[일반용지 70g/㎡(재활용품)]

[별지 제50호 서식 (을)]

사 업 연 도	20×1. 1. 1. ~ 20×1.12.31.	자본금과 적립금조정명세서(을)	법인명	㈜가나

※ 관리번호 [ ][ ] - [ ][ ]　　사업자등록번호 101 - 81 - 12345

※ 표시 란은 기입하지 마십시오.

세무조정유보소득 계산

① 과목 또는 사항	② 기초잔액	당 기 중 증 감		⑤ 기말잔액 (익기초현재)	비 고
		③ 감 소	④ 증 가		
공사수입	5,000,000			5,000,000	
건설자금이자	800,000		340,000	1,140,000	
일시상각충당금	△1,000,000		560,000	△440,000	
미수수익		22,000		△22,000	
퇴직급여충당금한도초과	300,000		840,000	1,140,000	
대손충당금한도초과	700,000		134,000	834,000	
재고자산평가감	400,000	380,000	770,000	790,000	
(유형)감가상각비부인	4,000,000	1,340,000		2,660,000	
세금과공과			654,000	654,000	
수입배당금			3,000,000	3,000,000	
합 계	10,200,000	1,742,000	6,298,000	14,756,000	

22226－84011일　　210mm×297mm

99.4.1. 개정승인　　(신문용지 54g/㎡ (재활용품))

제3절 소득처분

소득처분은 처음 공부하는 학생에게는 어렵게 느껴지는 부분이다. 따라서 처음에는 소득처분의 개념, 유형만 공부하는 것도 요령이다.

01 소득처분의 개념

기업회계상 당기순이익에 대한 처분(귀속자의 결정)은 「상법」에 따라 주주총회에서 결정한다. 주주총회는 당기순이익의 일부는 주주들에 대한 배당이나 임직원에 대한 성과급으로 지급하여 사외유출을 시키기도 하고 일부는 이익준비금이나 임의적립금 등으로 처분하여 법인 내부에 유보시키는 결정을 하기도 한다.

한편 세무상의 각 사업연도소득은 회계상의 당기순이익에 세무조정사항을 가감하여 계산된다. 따라서 세무상 각 사업연도소득에 대한 처분을 하려면 「상법」에 따라 이루어진 회계상 당기순이익에 대한 처분 외에 세무조정사항들에 대한 처분을 추가로 하여야 한다. 그러면 세무상 각 사업연도소득에 대한 귀속이 전부 밝혀지게 된다. 이를 위해서 「법인세법」은 모든 세무조정사항에 대하여 귀속자를 밝히도록 하고 있는데, 이를 「법인세법」에서는 소득처분이라고 한다.

세무조정사항에 대한 소득처분의 내용은 소득금액조정합계표(별지 제15호서식)에 표시한다. 다만, 기부금한도초과이월액의 손금산입과 '특례기부금'과 '일반기부금'의 기부금한도초과액은 「법인세과세표준 및 세액조정계산서(별지 제3호서식)」에 바로 기재하므로 별도로 소득처분을 표시하지 않는다. 기업회계상 소득처분과 세무회계상 소득처분간의 관계를 그림으로 살펴보면 다음과 같다.

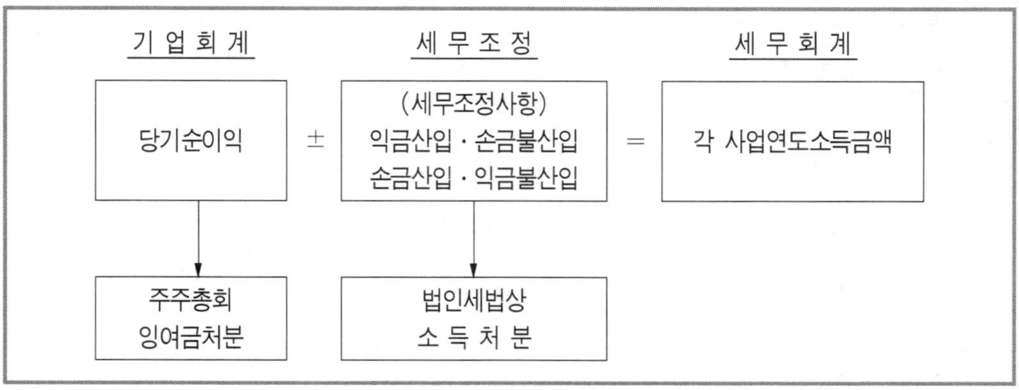

02 소득처분 유형

가. 의 의

기업회계상 당기순이익에 대한 주주총회의 이익처분 형태는 배당 등의 사외유출과 이익준비금 등 각종 적립금의 적립과 같은 사내유보로 구분하는데, 「법인세법」상 세무조정사항에 대한 소득처분의 유형도 이와 마찬가지로 소득의 사외유출 여부에 따라 사외유출과 사내유보로 구분한다. 즉, 세무조정사항이 회사외부로 유출된 것이 명백한 경우에는 사외유출로 처분하고 그렇지 아니한 경우에는 유보로 처분하는 것이다.

따라서 당기순이익 중 사외유출 합계액과 세무조정사항 중 사외유출처분액을 합하면 결국 각 사업연도소득 중 사외유출 합계액이 되며, 당기순이익 중 사내유보액은 기업회계상 잉여금(또는 자본)의 구성항목이 되는데 여기에 세무조정사항 중 유보처분액의 누계금액을 가산하면 원칙적으로는 세무회계상의 잉여금(또는 자본)이 되는 것이다.

결국 세무조정사항 중 유보처분액은 기업회계상의 잉여금과 세무회계상의 잉여금 간에 차이를 발생시키는 주된 요인이 되는 것이다.

이러한 관계를 그림으로 살펴보면 다음과 같다.

기업회계상 잉여금과 세무회계상 잉여금 관계

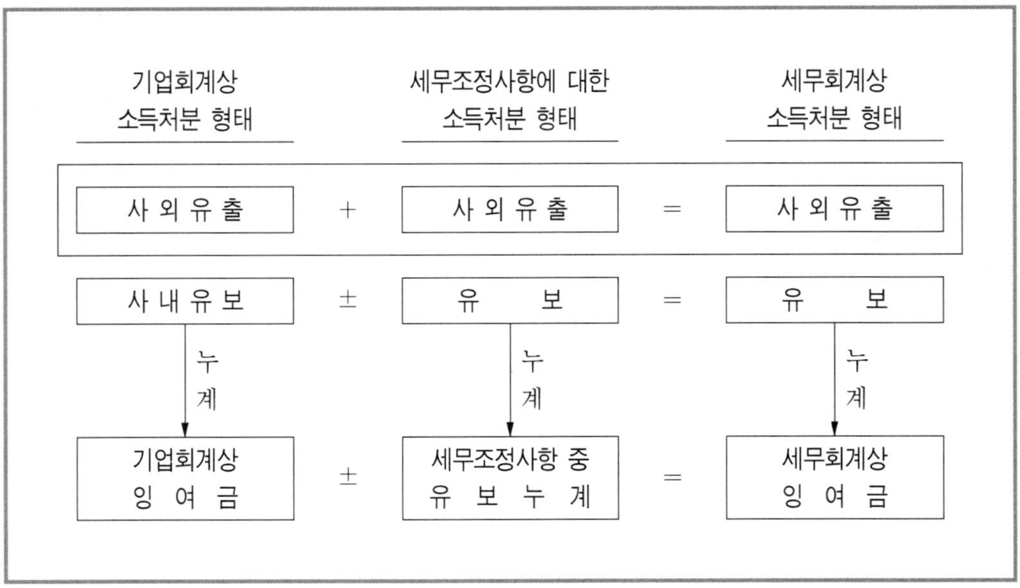

「법인세법」상 세무조정사항에 대한 구체적인 소득처분의 유형을 요약하면 다음과 같다.

세무조정사항에 대한 소득처분유형

- 익금산입 및 손금불산입
  - (1) 유보 : 세무상 자산증가 또는 부채감소가 발생하는 것
  - (2) 사외유출
    - 배　　당 : 출자자
    - 상　　여 : 임원 · 직원
    - 기타소득 : 배당이나 상여처분 대상자 외의 자
    - 기타사외유출 : 법인 또는 개인사업자(국내사업장에 귀속되는 것에 한정)
법에서 정한 간주기타사외유출 항목들
  - (3) 기타(또는 잉여금)
- 손금산입 및 익금불산입
  - (1) △ 유보 : 세무상 자산감소 또는 부채증가가 발생하는 것
  - (2) 기 타(또는 △ 잉여금)

나. 유　보

유보란 세무조정으로 증감된 소득이 법인 내부에 남아서 회계상의 자산가액과 세무상의 자산가액에 차이를 만들어 내거나 회계상의 부채금액과 세무상 부채금액의 차이를 만들어 내는 경우에 하는 소득처분이다. 따라서 유보의 소득처분이 생기면 이는 자산가액과 부채금액의 차이를 통해서 결과적으로 회계상의 잉여금과 세무상의 잉여금의 차이를 만들게 된다.

이러한 유보는 주로 기업회계와 세무상의 손익 귀속시기 차이나 자산 및 부채의 평가방법의 차이로 인해서 발생하게 되는데 미래 특정시점에서는 반전되는 현상(당해연도에 익금산입이 되었으면 미래에 손금산입이 되거나, 당해연도에 손금산입이 되었으면 미래에 익금산입이 되는 현상)이 발생하게 된다.

한편 유보의 소득처분은 세무조정사항 중 가산항목인 익금산입항목 및 손금불산입 항목에 대하여는 유보로, 차감항목인 손금산입항목 및 익금불산입항목에 대하여는 △유보로 구분표시하는 것이 일반적이다.

(1) 익금산입(손금불산입)항목에 대한 유보

익금산입 또는 손금불산입의 세무조정이 이루어졌는데 이로 인해 증가된 과세소득이

사외로 유출되지 않고 사내에 유보되어 세무상으로 자산의 증가 또는 부채의 감소를 초래한다면 이는 유보로 소득처분을 하게 된다.

예를 들어 기업회계상 감가상각비의 과대계상, 자본적 지출로 처리할 금액을 수익적 지출로 처리한 경우 및 퇴직급여충당금을 과대계상한 경우 등이 이에 해당하는데, 그 중 자본적 지출로 처리할 금액을 수익적 지출로 처리한 경우를 살펴보면 다음과 같다.

자본적 지출을 수익적 지출로 처리한 경우

● 기본자료

㈜경기의 제2기말 기업회계상 자산은 1,000,000원, 부채는 400,000원, 자본금은 500,000원, 당기순이익은 100,000원이다.

① 취득세를 비용처리한 경우

㈜경기는 제2기 중에 취득한 토지(회계상 취득가액 500,000원)에 대한 취득세 10,000원을 손익계산서상 비용으로 처리하였는데, 이는 세무상 자본적 지출액이므로 세무상으로는 취득가액에 가산하여야 한다.

➤ 토지의 취득세를 회계상 비용 처리하였으므로 회계상 당기순이익은 10,000원만큼 과소표시되고, 재무상태표 토지가액도 10,000원만큼 과소표시되어 있다. 이 경우 회계상 재무상태표와 세무상 재무상태표를 비교해보면 다음과 같다(실제로 세무상 재무상태표를 작성하지 않지만 개념이해를 위해서 표시하였다).

회계상 재무상태표

자 산	1,000,000	부 채	400,000
		자 본 금	500,000
		당기순이익	100,000

세무상 재무상태표

자 산	1,010,000	부 채	400,000
		자 본 금	500,000
		과 세 소 득	110,000

➤ 회계상의 당기순이익이 과세소득보다 10,000원만큼 과소계상되어 있으므로 익금산입 10,000원을 하고, 동 세무조정항목이 회계상의 자산가액과 세무상 자산가액의 차이를 만들었으므로 유보로 소득처분을 한다.

➤ 세무상의 자기자본은 610,000원인데 이는 회계상 자기자본 600,000원에 유보금액 10,000원을 더한 금액이다. 결국 유보금액이 기업회계 및 세무상의 자기자본이나 잉여금의 차이 원인임을 기억하여야 한다.

② 유보금액이 있는 토지의 처분

유보 세무조정을 하였던 상기 토지를 다음 해에 600,000원에 처분한 경우 회계상 유형자산처분이익은 100,000원이다. 그러나 세무상의 관점에서 보면 유형자산처분이익은 90,000원으로 계상되어야 한다. 따라서 세무조정에서 손금산입 10,000원을 하여야 한다. 그리고 토지를 처분함으로써 회계상의 자산가액과 세무상의 자산가액의 차이도 해소되었다. 따라서 토지에 대한 전기 유보를 소멸시켜주어야 한다. 따라서 △유보로 소득처분한다.

(2) 손금산입(익금불산입)항목에 대한 유보

손금산입 또는 익금불산입의 세무조정이 이루어졌는데 이로 인해 감소된 과세소득이 세무상으로 자산의 감소 또는 부채의 증가를 초래한다면 이는 △유보로 소득처분을 하게 된다. 예를 들어 당기에 지출한 기부금을 회계상 자산으로 처리한 경우 등이 이에 해당하는데, 이를 살펴보면 다음과 같다.

가지급금 계상 기부금의 소득처분

● 기본자료

㈜경기가 제2기 중에 지출한 기부금 100원(전액 손금산입한도내 금액)을 회계상 가지급금으로 계상하여 자산처리를 하였다. 회사의 기업회계상 자산총액이 700원, 부채총액이 300원, 자본금이 100원, 당기순이익 300원이라고 한다. 세무상 기부금의 손금산입시기는 현금주의에 따르므로 지출한 사업연도의 손금으로 처리하여야 한다.

① 기부금을 지출한 사업연도의 세무조정

➤ 손금으로 처리하여야 할 기부금을 회계상 자산 처리하였으므로 회계상 당기순이익은 100원만큼 과대표시되고, 재무상태표 자산가액도 100원만큼 과대표시되어 있다. 이 경우 회계상 재무상태표와 세무상 재무상태표를 비교해보면 다음과 같다(실제로 세무상 재무상태표를 작성하지 않지만 개념이해를 위해서 표시하였다).

회계상 재무상태표

자 산	700	부 채	300
		자 본 금	100
		당기순이익	300

세무상 재무상태표

자 산	600	부 채	300
		자 본 금	100
		과 세 소 득	200

➤ 회계상의 당기순이익이 과세소득보다 100원만큼 과대계상되어 있으므로 손금산입 100원을 하고, 동 세무조정항목이 회계상의 자산가액과 세무상 자산가액의 차이를 만들었으므로 유보로 소득처분을 한다(손금산입항목이므로 △유보로 처분한다).

➤ 한편 세무상의 자기자본은 300원인데 이는 회계상 자기자본 400원에 유보금액 100원을 차감한 금액이다(△유보이므로 차감한다). 결국 △유보금액이 기업회계 및 세무상의 자기자본이나 잉여금의 차이 원인이다.

② 자산처리했던 기부금을 다음 해에 비용 처리한 경우

㈜경기가 제2기에 자산처리하였던 기부금을 다음 해 3기에 회계상의 비용으로 처리한 경우 이는 세무상 제2기에 손금으로 인정하였으므로 회계상 비용 처리한 것을 또 다시 손금으로 인정할 수 없다. 따라서 손금불산입을 하여야 한다. 그리고 세무상 자산이 아닌 것을 자산 처리하였던 것을 수정하였으므로 더 이상 자산가액의 차이를 만들지 않고 회계상의 자산가액과 세무상의 자산가액의 차이가 해소되었다. 따라서 기부금을 자산처리하였던 것에 대한 전기 △유보를 소멸시켜주어야 한다. 따라서 유보로 소득처분하게 된다.

지금까지 유보 및 △유보에 대한 설명을 그림으로 요약하면 다음과 같다.

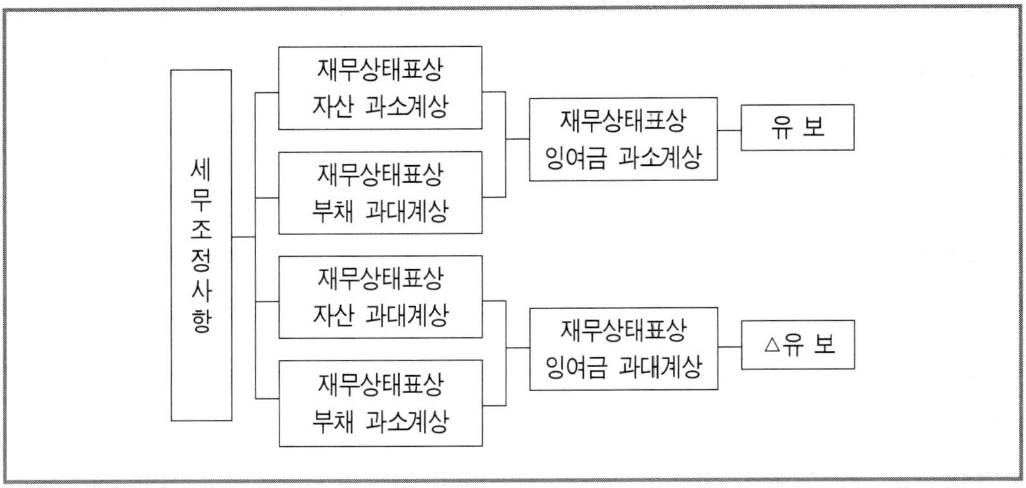

(3) 유보의 추인

유보 또는 △유보는 회계상의 자산 또는 부채가 세무상의 자산 또는 부채와 차이가 있다는 것을 의미한다는 점은 설명하였다. 이러한 자산과 부채의 차이는 장래에 소멸되게 되는데 이러한 차이가 소멸될 때에 당초 세무조정과 반대의 세무조정을 해서 유보를 소멸시켜주어야 한다. 이를 유보의 추인이라고 한다.

해당 사업연도	자산·부채의 차이 소멸시
익금산입 · 손금불산입(유보)	손금산입 · 익금불산입(△유보)
손금산입 · 익금불산입(△유보)	익금산입 · 손금불산입(유보)

상기 유보 및 △유보에 대한 사례에서 토지가 처분되었을 때에 기존에 있던 유보를 △유보로 소득처분하여 소멸시킨 것 및 자산처리하였던 기부금을 비용으로 계상한 때에 기존에 있던 △유보를 유보로 소득처분하여 소멸시킨 것 등이 유보를 추인한 경우이다.

다. 사외유출

(1) 개 념

사외유출이란 세무조정사항 중 익금산입항목과 손금불산입항목에 대해서만 적용하는 소득처분의 유형으로서 그 세무조정액만큼 각사업연도소득은 증가하지만 이에 상당하는 금액은 회사외부로 유출된 경우를 말한다.

(2) 종 류

사외유출에 해당되는 소득처분은 상여, 배당, 기타사외유출 및 기타소득으로 구분되는데 그 구분기준과 당해 법인의 원천징수의무 및 귀속자의 소득세문제를 살펴보면 다음과 같다.

소득처분유형	귀 속 자	소득과세 및 원천징수
배 당	출자자(임원 또는 직원인 주주 제외)	귀속자에게는 배당소득으로 종합소득세가 과세되며, 법인은 소득세 원천징수의무가 있다.
상 여	임원이나 직원(임원 또는 직원인 주주 포함)	귀속자에게는 근로소득으로 과세되며, 법인은 소득세 원천징수의무가 있다.[*1]
기타사외유출	법인 또는 개인사업자(유출분이 국내사업장의 각 사업연도소득·사업소득을 구성하게 되는 경우에 한정한다)	해당 법인은 원천징수의무가 없으며, 귀속자가 법인인 경우에는 각 사업연도 소득에 대한 법인세 납세의무가 있고, 개인인 경우에는 사업소득에 대한 소득세의 납세의무가 있다.
기타소득	위 이외의 자	귀속자에게는 기타소득으로 소득세가 과세되며, 법인은 소득세 원천징수의무가 있다.

*1 「채무자 회생 및 파산에 관한 법률」에 따른 회생절차에 따라 법인을 인수한 이후 인수한 법인에 회생절차가 개시되기 전의 사유로 임직원에 대한 상여 처분이 발생하는 경우 인수한 법인의 원천징수의무는 면제되고, 해당 임직원이 직접 소득세를 납부할 의무를 부담하게 된다(소법 155조의4①).

주 1 배당과 상여가 중복되면 상여로 소득처분을 한다. 예를 들어, 출자자인 임원은 상여로 처분한다. 이는 일반적으로 배당으로 소득처분하는 것보다 상여로 소득처분하는 경우가 세부담이 높기 때문이다.

주 2 배당·상여·기타사외유출이 중복되면 기타사외유출로 소득처분을 한다. 예를 들어 출자자인 내국영리법인에 대해서는 기타사외유출로 처분한다. 이는 주주나 임직원이라고 배당과 상여로 처분하면 추가적인 과세조치로 인해서 이중과세문제가 발생하므로 기타사외유출로 처분하도록 한 것이다.

상기 사외유출의 소득처분 유형 중 기타사외유출은 세무조정으로 인한 소득이 사외에 유출되어 법인 또는 개인사업자의 국내 소득을 구성하는 경우에만 기타사외유출로 처분하도록 하고, 소득처분을 하는 법인에게 소득세 등의 원천징수의무를 지우지 않고 있다.

이는 사외유출된 소득이 국내 소득에 포함되게 되면 우리나라에서 소득세나 법인세가 자동으로 과세되기 때문에 별도의 원천징수를 하지 않아도 되기 때문이다.

한편 소득이 사외로 유출되었으나 귀속이 불분명한 경우에는 대표자(소액주주가 아닌 주주 등인 임원 및 그와 특수관계에 있는 자의 지분율이 30%이상으로 그 임원이 법인의 경영을 사실상 지배하고 있는 경우에는 그 자를 대표자로 하고, 대표자가 2인 이상인 경우에는 사실상의 대표자)에게 귀속된 것으로 보아 상여처분을 한다. 다만, 천재지변 기타 불가항력으로 장부 기타 증명서류가 멸실되어 추계조사결정하는 경우는 귀속이 불분명하더라도 기타사외유출로 처분한다.

(3) 간주 기타사외유출

익금산입 또는 손금불산입된 소득의 귀속자가 법인이거나 사업을 영위하는 개인인 경우에는 기타 사외유출로 소득처분을 한다(그 분여된 이익이 내국법인 또는 외국법인의 국내사업장의 각 사업연도의 소득이나, 거주자 또는 비거주자의 국내사업장의 사업소득을 구성하는 경우에 한한다). 그러나 다음의 경우에는 항상 기타사외유출로 처분한다(법령 106 ①(3)).

① 임대보증금 등에 대한 간주익금산입액
② ‘특례기부금’과 ‘일반기부금’의 손금산입한도초과액(‘특례기부금’ 및 ‘일반기부금’ 한도초과액은 소득금액조정합계표에 기재하지 않으므로 실제 소득처분 내용을 기재하지는 않는다. 그리고 비지정기부금에 대한 소득처분은 그 실질에 따라 소득처분을 하여야 하며 무조건 기타사외유출로 소득처분을 하는 것이 아니다)
③ 기업업무추진비 한도초과액 및 건당 3만원 초과 기업업무추진비 중 법정증거자료 미수취로 인한 손금불산입액
④ 업무무관자산 및 업무무관가지급금 등에 대한 지급이자 손금불산입
⑤ 채권자불분명사채와 비실명채권·증권 이자에 대한 원천징수세액 상당액(나머지는 대표자상여)
⑥ 귀속자가 불분명하여 대표자 상여로 소득처분하거나 추계조사 결정을 하면서 추계조사 결정된 과세표준과 법인세비용차감전순이익의 차이를 대표자 상여로 소득처분한 경우로 ㉠ 해당 법인이 그 처분에 따른 소득세 등을 대신 납부하고 이를 손비로 계상하여 손금불산입한 금액과 ㉡ 그 대표자와 특수관계가 소멸될 때까지 대납한 소득세 등을 회수하지 않아서 특수관계 소멸시 익금에 산입한 금액
⑦ 불공정자본거래(불공정합병·불공정증자·불공정감자)로 인하여 부당행위계산부인규정의 적용을 받아 익금산입된 금액 중 귀속자에게 「상속세 및 증여세법」에 의하여 증여

세가 과세된 금액

⑧ 외국법인 국내사업장의 각 사업연도의 소득에 대한 법인세 과세표준을 신고하거나 결정 또는 경정함에 있어서 익금에 산입한 금액이 그 외국법인 등에 귀속되는 소득과 「국제조세조정에 관한 법률」의 정상가격 또는 정상원가분담액 등에 의한 과세조정으로 익금에 산입한 금액이 국외특수관계인으로부터 반환되지 않은 소득

⑨ 천재지변 기타 불가항력으로 장부 등이 멸실되어 법인소득을 추계경정하는 경우(기타 사유로 인한 추계의 경우는 상여)

⑩ 업무용승용차 임차료 중 감가상각비 상당액의 손금한도초과액 및 업무용승용차 처분손실의 손금한도초과액

라. 기 타

세무조정항목이 사외유출에 해당되지도 않고 유보에도 해당되지 않는 경우에 기타(또는 잉여금)라는 예외적인 소득처분을 한다. 기타라는 소득처분은 주로 두 가지 경우에서 발생한다.

첫째, 세무조정으로 인해 증가된 소득이 사외로 유출되지 않았지만 기업회계와 세무상의 자산 또는 부채금액 차이를 발생시키지 않아서 유보로 처분될 수 없는 항목에서 발생한다. 예컨대 기업회계상 잉여금에 직접 반영하는 것으로 회계처리를 한 경우이다.

둘째, 다른 소득처분을 하기가 매우 어려운 예외적인 경우에 기타라는 소득처분을 한다.

기타로 소득처분을 하는 예로는 다음과 같은 것들이 있다.

① 자본잉여금 계상항목의 익금산입(자기주식처분이익 등)

② 잉여금 수정으로 회계처리된 전기오류수정손익

③ 익금불산입항목 중 △유보로 처분하는 경우가 아닌 것(국세 · 지방세의 환급금 이자, 수입배당금 중 일정액을 익금불산입하는 경우 등)

03 소득처분의 사후관리

가. 유보 처분

유보 또는 △유보란 세무조정으로 증감된 소득이 법인 내부에 남아서 회계상의 자산가액과 세무상의 자산가액에 차이를 만들어 내거나 회계상의 부채금액과 세무상 부채금

액의 차이를 만들어 내는 경우에 하는 소득처분으로, 이는 회계상의 자기자본과 세무상의 자기자본의 차이를 발생시키게 되며 또한 장래 특정시점에서는 반전되게 되어 유보의 추인이 발생하게 된다는 내용은 이미 설명하였다. 따라서 세무조정과정에서 발생한 유보(△유보)는 세무상의 자기자본을 계산할 목적과 장래에 추인될 유보금액을 계산하기 위해서 별도로 관리될 필요가 있다.

이와 같이 세무조정과정에서 발생된 유보(△유보)금액을 관리하기 위한 조정계산서 양식은 자본금과 적립금조정명세서(을)이다[자본금과적립금조정명세서(을)의 양식은 제2장을 참조]. 특히 자본금과 적립금조정명세서(을)에서 집계된 유보 누계액이 자본금과 적립금조정명세서(갑)으로 이기되어 세무회계상의 자기자본 금액이 구해지는 과정에 반영되는데, 이에 대한 이해는 매우 중요하다.

나. 사외유출 처분

(1) 배당 · 상여 · 기타소득 처분

세무조정을 하면서 배당 · 상여 · 기타소득으로 처분된 금액은 귀속자의 배당소득 · 근로소득 · 기타소득을 구성하게 된다. 따라서 소득처분을 한 법인은 「소득세법」에 따라 관련 소득세를 원천징수하여 그 지급일(법인세 신고시 소득처분된 경우에는 그 신고일, 세무서에 의해 법인세가 결정 또는 경정되는 경우에는 세무서로부터 소득금액변동통지서를 받은 날이 지급일로 의제된다)이 속하는 달의 다음 달 10일까지 관할 세무서에 납부하여야 한다(소법 131 ②, 135).

(2) 기타사외유출 처분

이 경우에는 귀속자인 법인은 각 사업연도의 소득에 대한 법인세를 스스로 신고하게 되고 사업소득에 대한 소득세를 스스로 신고하게 되므로 소득처분을 하는 법인은 별도로 원천징수의무를 지지 않는다.

(3) 기타 처분

기타 처분은 아무런 독립적인 기능도 없으므로 사후관리도 불필요하다.

다. 사외유출된 금액을 회수하고 익금에 산입하여 신고하는 경우

내국법인이 「국세기본법」 제45조의 수정신고기한(관할세무서장이 해당 국세의 과세표준과 세액을 결정 또는 경정하여 통지하기 전까지) 내에 매출누락, 가공경비 등 부당하게 사외유출된 금액을 회수하고 세무조정으로 익금에 산입하여 신고하는 경우의 소득처분은 사내유보로 한다. 다만, 과세자료 해명의 통지, 세무공무원의 현지출장 및 확인업무에 착수, 세무조사통지 등 경정이 있을 것을 미리 알고 사외유출된 금액을 익금산입하는 경우에는 그러하지 아니하다(법령 106 ④).

04 소득처분 예시

(1) 매출액 과소(매출액 과소 5,000,000원, 관련 매출원가 4,000,000원)

매출액 과소의 경우 그 원인과 실질내용에 따라 소득처분이 달라진다.

기업회계와 세무회계의 수익인식시기의 차이 때문에 매출액이 과소 계상되고 관련 원가는 계상된 경우(case 1), 수익인식시기의 차이 때문에 매출액이 과소 계상되고 관련 원가도 함께 과소 계상된 경우(case 2), 매출액 과소계상이 대표자의 개인적 자금유용 때문에 발생하여 회계장부에서 매출액이 과소 계상되고 관련 원가는 계상된 경우(case 3), 대표자의 개인적 자금유용 때문에 매출액 과소 계상이 발생하고 관련 원가도 대표자가 부담한 사실이 명백한 경우(case 4)에 대하여 각각의 세무조정 및 소득처분을 살펴보면 아래와 같다.

구 분	익금가산	소득처분	손금가산	소득처분	과세소득 과소액
(case 1)	5,000,000	유보	–	–	5,000,000
(case 2)	5,000,000	유보	4,000,000	△유보	1,000,000
(case 3)	5,000,000	상여	–	–	5,000,000
(case 4)	1,000,000	상여	–	–	1,000,000

매출누락액이 있는 경우 상여처분할 대상금액이 매출누락액 전액인지 아니면 매출누락액에서 관련 원가상당액을 공제한 차액인지는 상기에서 설명한 바와 같이 그 실질 내용에 따라야 한다. 이에 대해서 대법원(1999.5.25. 선고 97누19151 판결 참조)은 '매출액을 장부에 기재하지 아니한 경우 특별한 사정이 없는 한 원료매입비 등 원가상당액을 포함한 매출누락액 전액이 사외로 유출된 것으로 보아야 하고, 매출누락액이 사외로 유출된

것으로 아니라고 볼 특별사정은 이를 주장하는 법인이 입증하여야 하는 것'이라고 하지만, 이는 관련 원가를 공제해주지 않겠다는 것이 아니라 원가를 공제받고자 하는 이례적 사정을 납세의무자자가 입증하여야 한다는 취지이다.

(2) 특수관계인 거래

특수관계인 사이에 자산을 고가매입 및 저가양도하였을 경우에는 시가와의 차이금액을 익금가산하고 그 차이액은 귀속자에 따라 아래와 같이 소득처분한다.

귀 속 자	주 주	임원 및 직원	사업자 및 법인	기 타
소득처분	배 당	상 여	기타사외유출	기타소득

예제 1

다음 자료에 의해서 소득처분을 기재하시오.

1. 당기 위탁판매 완료분에 대하여 매출미인식	1,000,000원
2. 기업업무추진비 한도초과	2,000,000원
3. 손금불산입 벌과금	3,000,000원
4. 임원에 대한 가지급금 인정이자	500,000원
5. 손금불산입된 건설자금이자(토지임)	1,200,000원

해답 1. 유보　2. 기타사외유출　3. 기타사외유출　4. 상여　5. 유보

주 1. 유보로 처분된 당기 위탁판매의 매출누락은 차기이후 회사가 매출인식시 △유보로 조정되어 상계된다.
2. 기업업무추진비 한도초과와 손금불산입된 벌과금은 기타사외유출로 처분되고 이는 당해 법인의 과세소득을 증가시키며 차기이후에는 영향이 없다.
4. 가지급금 인정이자의 귀속이 임원이면 상여, 주주이면 배당으로 처분된다.
5. 건설자금이자를 회사가 이자비용으로 계상한 경우 손금불산입되면서 유보로 처분되고 차기이후 회사가 건설자금이자 부분을 자산계상시 익금불산입되고 △유보로 처분된다.

예제 2

다음은 서울산업㈜의 법인세계산과 관련된 자료이다. 서울산업㈜의 법인세 세무조정사항을 찾아내고 각 세무조정사항에 대한 소득처분을 표시하시오.

① 회사는 손익계산서에 법인세 비용으로 78,866,449원을 계상하였다.
② 대표이사 대여금에 대하여 회사는 이자를 전혀 징수하지 않았으며, 세법상 수령하여야 할 인정이자 계산액은 21,546,575원이다.
③ 당기 기계장치에 대한 감가상각비 계상액은 7,300,000원으로써 세법상 감가상각범위액 2,300,000원보다 5,000,000원을 과대하게 계상하였다.
④ 판매비와 관리비 세금과공과 중 벌과금 2,000,000원이 포함되어 있다.
⑤ 기업업무추진비로 계상한 금액이 세법상 손금으로 인정되는 금액보다 10,457,400원이 초과되었다.
⑥ 전기에 손금불산입으로 세무조정한 사항 중 재고자산평가감 3,240,000원이 있다.

해답 1. 익금산입 및 손금불산입액의 내용과 소득처분은 다음과 같다.

(1) 법인세 비용 78,866,449원(기타사외유출)
(2) 가지급금 인정이자 21,546,575원(상여)
(3) 감가상각비(한도초과액) 5,000,000원(유보)
(4) 세금과공과 중 벌과금 2,000,000원(기타사외유출)
(5) 기업업무추진비 한도초과액 10,457,400원(기타사외유출)

2. 손금산입 및 익금불산입액의 내용과 소득처분은 다음과 같다.

(1) 전기재고자산평가감 3,240,000원(△유보)

➤ 법인세비용 세무조정 : 손익계산서에 기재된 법인세비용은 세무조정시 무조건 손금불산입 · 기타사외유출의 세무조정을 한다(우리가 세무조정을 하는 것은 법인세 차감전 과세소득인 각 사업연도 소득금액을 구하고자 하는 것이다. 따라서 세후 회계이익인 당기순이익을 우선적으로 세전 회계이익으로 바꿔주는 세무조정을 해야 한다).

05 회계상 재무제표와 세무상 재무제표

회계상 당기순이익과 자기자본에 법인세 세무조정 결과를 반영하면 세무상 과세소득과 세무상 자기자본이 구해질 수 있음은 이미 설명하였다. 이는 결국 회계상 재무제표에 세무조정항목을 반영하면 세무상 재무제표를 만들 수 있다는 의미와 같다. 여기서 간단한 사례를 보면 다음과 같다(실제 세무조정에서 별도로 세무상 재무제표를 만들지는 않는다. 아래 사례는 단지 법인세 세무조정의 전체적 흐름을 이해하기 위한 사례이다).

회계상 재무제표와 세무상 재무제표 사례

1. 20×1.1.1.에 자본금 100으로 사업을 시작하였고, 20×1.12.31일자로 회계상 재무제표는 다음과 같다(단, 기중 증자 · 감자 · 배당 등 자본거래는 없고, 법인세 세율은 20%로 가정한다).

손익계산서

매출	900
매출원가	△600
매출총이익	300
영업외비용	△100
세전이익	200
법인세비용	△40
당기순이익	160

재무상태표

차변	금액	대변	금액
매출채권	1,000	제 부채	700
		미지급법인세	40
		자본금	100
		이익잉여금	160
자산총계	1,000	부채와자본총계	1,000

2. 세무조정사항은 2가지뿐이고, 소득금액조정합계표는 다음과 같다.

익금산입 및 손금불산입			손금산입 및 익금불산입		
과 목	금 액	소득처분	과 목	금 액	소득처분
매출(매출채권)	100	유 보	매출원가(재고자산)	60	△유 보
법인세비용	40	기타사외유출			

3. 세무상 과세소득 및 법인세 총부담세액
   ➤ 세무상 과세소득 = 160 + 100 + 40 − 60 = 240
   ➤ 법인세 총부담세액 = 240 × 20% = 48

4. 손익미계상 법인세
   회계상 반영된 법인세비용은 40원이고 실제 총부담세액은 48원이므로 손익미계상 법인세는 8원이다.

5. 세무상 자기자본
   ➤ 세무상 자기자본(292) = 기업회계상 자본(260) + 유보누계액(40) − 손익미계상법인세(8)

6. 상기 내용을 가지고 가상의 세무상 재무제표를 그려보면 다음과 같다.

세무상 손익계산서

매출	900+100=1,000
매출원가	△600+△60=660
매출총이익	340
영업외비용	△100
과세소득	240
법인세비용*	△48
세후소득	192

세무상 재무상태표

차변	금액	대변	금액
매출채권	1,000	제 부채	700
		미지급법인세	40
		손익미계상 법인세	8
유보**	40	자본금	100
		이익잉여금	192
자산총계	1,040	부채와자본총계	1,040

* 회계상 법인세비용(△40) + 손금불산입(40) − 총부담세액(48) = △48

** 기초유보액(0) + 당기 유보증가액(100−60) = 유보누계액(40)

법/인/세/법/강/의

연습문제

TYPE 주관식문제

01 각 사업연도 소득금액의 계산절차를 설명하시오.

02 「법인세법」상 소득처분의 종류를 간략히 설명하고, 「법인세법」상 소득처분이 왜 필요한지 설명하시오.

03 사내유보에 대하여 설명하시오.

TYPE 객관식문제

01 법인세 세무조정계산서 작성시 소득금액조정합계표 및 자본금과 적립금조정명세서(을)의 작성과 모두 연관이 있는 항목으로 묶여진 것은? ▶ '98 CPA 수정

가. 퇴직급여 충당금 한도초과액　　나. 감가상각부인액
다. 채권자 불분명 사채이자　　라. 기업업무추진비 한도초과액
마. 자본잉여금으로 계상한 자기주식처분이익

① 가　　② 가, 나　　③ 가, 나, 라
④ 다, 라 마　　⑤ 나, 다, 라

해설 자본금과 적립금조정명세서(을)는 유보금액을 관리하는 서식이다. 따라서 '소득금액조정합계표 및 자본금과 적립금조정명세서(을) 모두에 연관이 있는 항목'이란 유보(또는 △유보)로 처분되는 항목을 가리키는 것이다. 퇴직급여충당금 한도초과액과 감가상각부인액은 손금불산입 · 유보로 처분되며, 채권자 불분명 사채이자는 손금불산입 · 대표자상여 등으로, 기업업무추진비 한도초과액은 손금불산입 · 기타사외유출로, 자기주식처분이익은 익금산입 · 기타로 처분된다.

02 법인세에 대한 소득처분의 내용과 관련하여 가장 잘못된 것은? ▶ '04 CPA 수정

① 사외유출된 소득의 귀속자가 주주인 임원의 경우 상여로 처분한다.

② 세무조사과정에서 현금매출 550,000원(부가가치세 포함)이 누락되어 회계처리도 이루어지지 않고 회사에 입금되지 않았다는 사실을 알게 되었다면 550,000원 전액을 익금산입하고 대표자상여로 처분한다.

③ 사외유출된 금액의 귀속이 불분명하여 대표자상여로 처분을 하였으나 이에 대한 소득세를 법인이 대신 납부하고 이를 법인의 손비로 계상한 경우 손금불산입하고 대표자상여로 처분한다.

④ 채권자가 불분명한 사채이자(동 이자에 대한 원천징수세액에 해당하는 금액 제외)는 대표자상여로 처분하고 이자에 대한 원천징수세액은 기타사외유출로 처분한다.

⑤ 추계조사에 의하여 결정된 과세표준과 법인의 재무상태표상의 당기순이익과의 차액(법인세 상당액을 공제하지 아니한 금액을 말함)은 대표자상여로 처분한다. 다만, 천재지변 등의 사유로 추계하게 되었다면 기타사외유출로 처분한다.

해설 사외유출된 금액의 귀속이 불분명하여 대표자상여로 처분을 하였으나 이에대한 소득세를 법인이 대신 납부하고 이를 법인의 손비로 계상한 경우 손금불산입하고 기타사외유출로 소득처분한다.

03 다음은 ㈜A의 제7기 사업연도(1월 1일~12월 31일)에 발생한 거래에 대한 설명이다. 세무조정 결과, ㈜A의 당해 사업연도 '소득금액조정합계표'에만 영향을 미치고, 차기 이후의 '소득금액조정합계표' 또는 '㈜A이외의 자의 소득'에는 영향을 미치지 않는 거래는 어느 것인가? ▶ '07 CPA 수정

① 출자임원인 甲이 개인적인 용도로 사용하는 건물에 대한 수선비를 지급하고 손익계산서에 비용으로 계상하였다.

② 토지를 취득하고, 취득세를 지출하면서 손익계산서에 비용으로 계상하였다.

③ 채권자의 주소 및 성명을 확인할 수 없는 차입금에 대한 이자를 지급하고 손익계산서에 비용으로 계상하였다.

④ 자기주식을 장부가액을 초과하여 처분하고, 그 차액을 재무상태표에 자본잉여금으로 계상하였다.

⑤ 건설자금의 일시예치로 인한 수입이자를 손익계산서에 수익으로 계상하였다.

해설 소득처분이 유보이면 차기 이후의 '소득금액조정합계표'에 영향을 미치게 되고, 소득처분이 상여·배당·기타소득의 경우에는 당해 법인이외의 자(귀속자)의 소득에 영향을 미치게 된다.

04 다음 자료는 ㈜충남의 제6기 자본금과적립금조정명세서(을)표상의 기초 유보잔액과 제6기 세무조정 사항이다. 이 자료에 근거하여 유보사항의 제6기말 잔액을 계산하면 얼마인가? ▶ '06 CPA 수정

(1) 기초 유보잔액(단위 : 원)

가. 감가상각비 한도초과액	40,000,000
나. 대손금 부인액	20,000,000
다. 대손충당금 한도초과액	30,000,000
합 계	90,000,000

(2) 제6기 세무조정 사항(단위 : 원)

가. 손익계산서상의 당기순이익		100,000,000
나. 익금산입 및 손금불산입		
1) 법인세비용	20,000,000	
2) 감가상각비 한도초과액	30,000,000	
3) 대손충당금 한도초과액	40,000,000	
4) 채권자불분명 사채이자	80,000,000	
5) 벌금	10,000,000	180,000,000
다. 손금산입 및 익금불산입		
1) 전기 대손금 부인액	10,000,000	
2) 전기 대손충당금 한도초과액	30,000,000	
3) 전기 감가상각비 한도초과액	20,000,000	60,000,000
라. 소득금액		220,000,000

① ₩70,000,000 ② ₩80,000,000 ③ ₩90,000,000
④ ₩100,000,000 ⑤ ₩110,000,000

해설 (1) 유보의 증감 및 기말잔액

과 목	기초잔액	당기 중 증감		기말잔액
		감 소	증 가	
감가상각비 한도초과액	40,000,000	20,000,000	30,000,000	50,000,000
대손금 부인액	20,000,000	10,000,000	–	10,000,000
대손충당금 한도초과액	30,000,000	30,000,000	40,000,000	40,000,000
합 계	90,000,000	60,000,000	70,000,000	100,000,000

(2) 기타 세무조정 사항의 소득처분 내역
① 법인세비용 : 기타사외유출 ② 채권자불분명사채이자 : 대표자상여
③ 벌금 : 기타사외유출

05 당기말 재무상태표상 자기자본총액(순자산)이 ₩10,000,000일 경우 다음 자료를 이용하여 당기말 세무상 자기자본총액(순자산)을 계산하면 얼마인가? ▶ '09 CPA 수정

> (1) 전기말 자본금과적립금조정명세서(을)의 내역
> 정기예금미수이자 ₩1,000,000(△유보) 퇴직급여충당금한도초과액 ₩3,000,000(유보)
>
> (2) 당기 세무조정내용
> 가. 정기예금미수이자 ₩500,000에 대한 만기가 도래하여 수령하였다.
> 나. 퇴직급여충당금한도초과액은 ₩1,000,000이다.
> 다. 대손충당금한도초과액은 ₩500,000이다.
> 라. 감가상각대상자산의 시부인 계산 결과 시인부족액 ₩600,000이 있다.
> 마. 기업업무추진비 한도초과액은 ₩700,000이다.
> 바. 단기매매증권평가이익 ₩500,000이 발생하여 결산에 반영하였다.

① ₩12,500,000 ② ₩13,000,000 ③ ₩13,500,000
④ ₩14,000,000 ⑤ ₩14,200,000

해설 (1) 유보의 증감 및 기말잔액

과 목	기초잔액	당기 중 증감		기말잔액
		감 소		
정기예금 미수이자	△1,000,000	△500,000	–	△500,000
퇴직급여충당금 한도초과액	3,000,000	–	1,000,000	4,000,000
대손충당금 한도초과액	–	–	500,000	500,000
단기매매증권 평가이익	–	–	△500,000	△500,000
합 계	2,000,000	△500,000	1,000,000	3,500,000

(2) 기타 세무조정 사항의 소득처분 내역

① 감가상각비 시인부족액 : 세무조정 없음
감가상각비는 원칙적으로 결산조정사항이다. 그리고 감가상각비 시인부족액이란 회사가 결산서에 계상한 상각비가 세법상 감가상각비 손금인정한도액보다 작다는 의미이다. 따라서 결산서상 과소 계상액을 손금에 산입하는 세무조정을 할 수 없다. 다만, 감가상각비가 결산조정사항이기는 하지만 전기말 현재 감가상각부인누계액이 있는 경우에는 당기 감가상각비 시인부족액의 범위 내에서 전기말 감가상각부인누계액을 신고조정으로 손금에 산입할 수 있다.

② 기업업무추진비 한도초과액 : 기타사외유출

(3) 당기말 세무상 자기자본총액(순자산)
₩10,000,000(회계상 자기자본 총액) + 3,500,000(당기말 유보잔액) = ₩13,500,000

(4) 일반법인의 정기예금·정기적금·채권 등 원천징수대상이 되는 이자는 이자를 실제로 받거나 받기로 한 날의 익금이 된다. 따라서 이러한 이자소득에 대해서 기간 경과분을 기업회계에 따라 미수수익을 계상하면 이는 세무조정과정에서 익금불산입(△유보)으로 세무조정을 하게 된다.

01 ② 02 ③ 03 ④ 04 ④ 05 ③

Chapter 03

익금 및 익금불산입

제 1 절 익금의 개념

익금이란 자본 또는 출자의 납입 및 「법인세법」에 규정된 익금불산입은 제외하고 그 법인의 순자산을 증가시키는 거래로 인하여 발생하는 이익 또는 수입(이하 '수익'이라고 한다)의 금액을 말한다(법법 15 ①).

익금 = 순자산증가액 − 자본 및 출자의 납입 − 법에서 정하는 익금불산입

「법인세법」상 익금의 개념은 「소득세법」상 총수입금액의 개념보다 훨씬 광범위하다. 소득세의 경우 기본적으로 과세소득으로 열거된 것에 한정하는 소득원천설의 개념에 의하고 있으나, 법인세의 경우 소득의 종류에 불구하고 법인의 순자산을 증가시키는 모든 거래 금액 중 자본·출자의 납입과 익금불산입 항목을 제외한 모든 금액을 익금으로 보는 순자산증가설의 개념에 의하고 있다.

그리고 순자산은 자산에서 부채를 차감한 금액을 말한다. 따라서 순자산의 증가는 채무의 부담없이 자산이 증가하거나 또는 채무의 부담을 초과하여 자산이 증가하는 경우 등을 의미한다. 예를 들면, 수익의 발생이나 지출된 비용의 회수, 자본금 또는 잉여금의 증가, 채무의 면제 등은 순자산의 증가라 할 수 있다.

익금에 해당하는 항목을 열거하면 다음과 같다(법법 15 ②, 법령 11).

① 사업수입금액

② 자산의 양도금액

③ 자기주식(합병에 따라 피합병법인이 보유하던 합병법인의 주식을 취득하게 된 경우를 포함)의 양도금액

④ 자산의 임대료

⑤ 「보험업법」등 법률에 따른 자산의 평가이익
⑥ 채무면제이익 및 무상으로 받은 자산의 가액(자산수증이익)
⑦ 손금에 산입한 금액 중 환입된 금액
⑧ 불공정 자본거래로 인하여 특수관계인으로부터 분여받은 이익
⑨ 특수관계인인 개인으로부터 유가증권 저가매입에 따른 이익
⑩ 세액공제된 간접외국납부세액
⑪ 임대보증금에 대한 간주익금
⑫ 의제배당
⑬ 동업기업으로부터 배분받은 소득금액
⑭ 정당한 사유없이 특정시점까지 회수되지 않은 가지급금 및 그 이자
⑮ 그 밖의 수익으로서 그 법인에 귀속되었거나 귀속될 금액. 기타 수익의 예를 들면, 이자수익, 배당금수익, 유가증권처분이익, 투자자산처분이익, 유형자산처분이익 등이 이에 해당한다. 바로 이 점이 열거된 소득에 대하여만 과세하고 소득종류에 따라 분류과세하는 형식을 갖는 「소득세법」과 다르다고 할 수 있다.

제 2 절 익금항목

01 사업수입금액

축산업, 임업 및 수산업, 광업 및 채석업, 제조업, 전기 · 가스 및 수도사업, 건설업, 도매업, 소매업, 음식 · 숙박업, 운수 · 창고, 통신업, 금융 · 보험업, 부동산업 및 사업서비스업 등 한국표준산업분류에 따른 각 사업에서 생기는 수입금액(도급금액 · 판매금액과 보험료액을 포함하되, 기업회계기준에 따른 매출에누리금액 및 매출할인금액을 제외한다)을 말한다. 이것은 전형적인 영업수입금액으로서 일반적으로 매출액에 해당한다.

다만 사업수입금액을 계산할 때 법인이 생산 · 공급하는 재화나 용역을 시가보다 낮은 가액으로 임직원에게 판매 또는 제공하는 경우 그 차액은 사업수입금액에 포함해야 한다(법령 11 ②). 그리고 사업수입금액에 가산된 그 차액은 일정 한도 내에서 임직원에 대한 복리후생비로 손금 인정을 받고 한도를 초과하는 금액은 세법상 해당 임직원에 대한 근로소득 지급액으로 취급하게 된다(소법 12 (3), 소법 20 ①).

02 자산의 양도금액 및 자기주식의 양도금액

자산 및 자기주식의 양도금액은 익금에 해당한다.

상품 또는 제품 등 재고자산 양도금액은 사업수입금액에 해당하므로 여기서의 자산은 재고자산 이외의 자산을 말한다. 이처럼 자산의 양도금액이 익금에 해당하는 것에 대응하여 그 양도한 자산의 양도당시의 장부가액은 손금으로 인정된다(법령 19(2)).

양도라 함은 양도, 교환, 법인에 대한 현물출자 등으로 인하여 유상으로 그 소유권이 이전되는 것을 말하므로 무상으로 이전되는 것은 양도에 해당되지 않는 것이다.

재고자산 이외의 자산을 양도하는 경우, 기업회계는 양도금액에서 장부금액을 차감한 순액만을 처분손익으로 계상하도록 하고 있으나(순액법), 「법인세법」은 자산의 양도금액과 양도 당시의 장부가액을 각각 익금과 손금으로 인정하는 입장을 취하고 있다(총액법). 그러나 양자 사이에는 결과적으로 소득금액에 차이가 없기 때문에 세무조정이 생기지 않는다.

한편 자기주식(합병에 따라 피합병법인이 보유하던 합병법인의 주식을 취득하게 된 경우를 포함)의 양도가액은 기업회계와 차이가 있으므로 세무조정이 필요하다. 기업회계는 자기주식의 양도차익(양도가액－취득가액－판매부대비용)을 손익계산서의 당기순이익에 포함하지 않고 직접 자본잉여금에 반영하도록 하고 있다. 이에 반하여 세무회계에서는 자기주식의 양도금액(주식매수선택권의 행사로 자기주식을 양도하는 경우 행사 당시 시가를 양도금액으로 본다)을 익금 항목으로 하고 세무조정이 기업회계의 당기순이익에서 출발하게 되므로 자기주식 양도차익이 있는 경우에는 익금가산(익금산입)의 세무조정이 필요하다.

예제 3

다음의 경우에 필요한 세무조정을 하시오.

자기주식 양도가액	1,300,000원	자기주식 취득가액	1,000,000원
증권거래세 등 양도비용 발생액	20,000원		

해답 기업회계상의 처리

차변) 현금	1,280,000	대변) 자본조정(자기주식)	1,000,000
		자본잉여금(자기주식처분이익)	280,000

세무조정 익금가산 280,000원(소득처분 : 기타)

※ 결산서상 잉여금에 직접 반영하는 회계처리를 한 항목에 대한 세무조정이므로 소득처분이 '기타'가 되었다.

03 자산의 임대료

자산(토지 · 건물 등 부동산 및 동산 등도 포함)의 임대료는 임대업이 목적사업이 아닌 경우의 임대료를 말하며, 기업회계상 영업외수익에 해당하는 임대료를 말한다. 자산의 임대가 계속 · 반복적으로 이루어지는 임대업 법인의 임대료는 사업수입금액에 해당하게 된다.

04 자산 평가이익

「법인세법」은 자산을 임의로 평가해서 생긴 평가이익을 인정하지 않고 평가증된 자산가액 역시 인정하지 않고 원래의 장부가액으로 인정하게 된다. 이는 평가이익을 인정하면 당해연도에는 익금에 산입되지만 그 이후 연도에는 평가증한 만큼 감가상각비가 증가하여 손금이 늘어나므로 손실이 있는 연도에 자산을 평가증한 다음, 이익이 발생하는 해부터 감가상각비를 계상하는 이익조절의 가능성을 방지하기 위함이다.

그러나 세법은 예외적으로 다음의 경우는 자산의 평가이익을 익금으로 인정하고 있다(법법 18 ①).

가. 보험업법 · 기타 법률

「보험업법」 기타 법률의 규정에 의하여 법인이 보유한 고정자산을 평가함으로써 발생한 평가이익은 익금으로 한다(법법 42 ①(1)). 이는 평가이익에 한한다. 따라서 평가손실이 발생한 경우에는 손금으로 인정하지 않는다.

자산 평가이익 세무처리

구 분	자산증액 여부	과세여부
① 법률에 의한 평가증	○	○
② 임의평가증	×	×

나. 외화자산 및 부채 등

권리의무확정주의의 입장에서 보면 외화자산과 부채의 평가로 인한 평가손익은 미실현손익이므로 익금이나 손금이 될 수 없다. 그러나 기업회계에서는 이를 평가하도록 하고 있으므로 세법이 권리의무확정주의를 고수하면 기업회계와 지나친 괴리가 생기게 된다. 따라서 「법인세법」은 외화자산과 부채 등의 평가방법에 대해서 은행과 일반기업을 구분해서 일정한 방식으로 평가하는 것을 허용하고 있다.

(1) 일반기업

일반법인이 보유하는 화폐성 외화자산·부채와 화폐성 외화자산·부채의 환위험을 회피하기 위하여 보유하는 통화선도·통화스왑 및 환변동보험은 원칙적으로 결산일 환율로 평가하는 것을 인정하지 않지만, 법인이 관할세무서장에게 평가방법을 신고하면 결산일 환율 평가방법을 선택할 수 있도록 하고 있다(법령 76 ②).

(2) 은행 등

은행 등 금융기관은 화폐성 외화자산·부채는 결산일 환율로 평가하고 통화선도와 통화스왑 및 환변동보험은 거래일 환율로 평가하는 것을 원칙으로 하지만, 관할세무서장에게 평가방법을 신고하면 통화선도 및 통화스왑 및 환변동보험에 대하여도 결산일 환율 평가방법을 선택할 수 있도록 하고 있다(법령 76 ①).

외화자산 및 부채의 평가방법 요약

구 분	일반기업		은행 등	
	화폐성 외화자산 및 부채	헷지목적 통화선도·통화스왑 및 환변동보험	화폐성 외화자산 및 부채	통화선도·통화스왑·환변동보험
평가방법 무신고시	평가 ×	평가 ×	평가 ○	평가 ×
평가방법 신고후 적용가능	평가 ○	평가 ○	평가 ○	평가 ○

다. 투자회사의 집합투자재산 등

투자회사 등이 보유한 「자본시장과 금융투자업에 관한 법률」에 따른 집합투자재산(Mutual Fund)은 세법상 시가법으로 평가해야 하므로 그 평가손익은 익금 또는 손금이 된다(법령 75 ③). 그리고 보험회사가 보유한 변액보험계약과 같이 특별계정에 속하는 자산은 세법상 원가법과 시가법 중에서 선택할 수 있는데, 보험회사가 시가법을 선택했다면 그 평가손익은 익금내지 손금이 된다(법령 75 ④).

05 자산수증익 및 채무면제익

법인이 타인으로부터 무상으로 받은 자산의 가액(일반적으로 '자산수증익'이라고 함)과 채무의 면제 · 감소로 인하여 생기는 부채의 감소액(채무의 출자전환으로 주식을 발행하는 경우에는 발행가액이 해당 주식의 시가를 초과하여 발생된 금액을 포함)은 순자산을 증가시키게 되므로 익금에 해당한다.

다만, 자산수증익(「법인세법」 제36조에 따른 국고보조금 등은 제외한다)이나 채무면제익 중 세무상 이월결손금(결손금 발생연도에 제한이 없음)을 보전하는 데에 충당된 금액은 익금에 산입하지 아니하되, 충당된 이월결손금은 과세표준 계산을 할 때 공제된 것으로 본다(법법 18 (6)). 여기서 '세무상 이월결손금 보전에 충당한다'는 것은 회계상 결손금보전에 관한 회계처리를 하여야 한다는 뜻은 아니고, 단지 자본금적립금조정명세서(갑)에서 세무상 이월결손금을 관리하는 서식부분에 이월결손금 보전에 충당한다는 뜻을 기재하라는 것이다(법기통 19－18－2).

예제 4

㈜서울은 이월결손금 20,000,000원을 보전하기 위하여 주주로부터의 차입금 24,000,000원을 면제받았다. 세무상 이월결손금은 14,000,000원이며 회사의 회계처리는 다음과 같은 경우 세무조정하시오. 동 이월결손금은 당해 사업년도 개시일 전 17년전에 발생한 것이다.

(차) 차입금	24,000,000	(대) 채무면제익(수익)	24,000,000

해답 익금불산입 이월결손금 14,000,000(기타)

주 채무면제익이나 자산수증익을 기업회계상 수익에 반영한 경우 익금불산입(기타)의 세무조정을 하고 자본금과 적립금조정명세서(갑)에 이월결손금의 보전에 충당한다는 취지를 기재한다(법기통 18－18－2). 그리고 손금산입이나 익금불산입의 경우 가능한 소득처분은 '△유보'와 '기타' 뿐이고 이 경우 '△유보'가 아니므로 '기타'로 소득처분이 되었다.

06 손금에 산입한 금액 중 환입된 금액

이미 손금으로 인정받은 금액이 환입되는 경우 그 금액은 익금에 해당한다(예 재산세 환수액 등). 이에 반하여 지출 당시에 손금으로 인정받지 못한 금액이 환입되는 경우 그 금액은 익금에 해당하지 않는다(예 법인세 환수액 등).

즉, 과거 사업연도에 손금에 산입된 금액이 환입되는 경우에만 익금에 산입한다. 왜냐하면 과거 사업연도에서 손금에 산입되지 아니한 금액은 과거 사업연도에서 손금산입되지 않음으로써 이미 법인세가 과세되었으므로 환입액을 익금에 산입한다면 이중과세하는 결과가 되기 때문이다. 이를 정리하면 다음과 같다.

당초 지출당시 처리	환입시 처리	사 례
손금산입항목	익금산입항목	재산세, 종합부동산세 환급
손금불산입항목	익금불산입항목	법인세, 가산세, 벌과금 환급

예제 Example 5

전기에 납부한 영업용 건물에 대한 재산세 2,000,000원과 전기에 납부한 법인세 5,000,000을 환급받아 이를 전기오류수정이익으로 전기이월이익잉여금에 가산하였다. 세무조정을 하시오.

해답 ① <익 금 산 입> 전기재산세 환급액 2,000,000(기타)

※ 결산서상 잉여금에 직접 반영하는 회계처리를 한 항목에 대한 세무조정이므로 소득처분이 '기타'가 되었다.

이는 순액법에 의한 조정방법이고 이를 총액법에 따라 조정한다면 다음과 같다.

① <익 금 산 입> 전기오류수정이익 7,000,000(기타)

② <익금불산입> 전기법인세환급액 5,000,000(기타)

➤ 전기오류수정이익 7,000,000원을 손익계산서 당기순이익에 반영하였다면 다음과 같이 세무조정이 되어야 한다.

익금불산입 5,000,000 (기타)

※ 손금산입 및 익금불산입에 대한 소득처분은 '△유보'와 '기타' 2종류뿐이다. 따라서 세무조정 내용이 기업회계상 자산 · 부채와 세무상 자산 · 부채의 차이를 만드는 '△유보'에 해당되지 않는다면 소득처분은 무조건 '기타'가 된다.

07 불공정 자본거래로 인하여 특수관계인으로부터 분여받은 이익

불공정합병·불균등증자·불균등감자 등과 같은 불공정한 자본거래로 인해서 특수관계인으로부터 이익을 분여 받으면 그 이익은 「법인세법」상 익금에 해당한다(법령 11 (9)).

한편 불공정자본거래를 통해서 특수관계인에게 이익을 분여한 법인에 대하여는 부당행위계산부인규정을 적용하여 그 분여한 이익 상당액을 익금에 산입하게 된다(법령 88 ① (8) (8의2)).

08 유가증권 저가매입에 따른 이익

특수관계있는 개인으로부터 유가증권을 시가보다 낮은 가액으로 취득하는 경우 시가와 실제취득가액과의 차액을 취득시점에 이익을 받은 것으로 보아 익금에 가산한다(법법 15 ② (1)). 이는 저가취득 자산이 유가증권인 경우에만 적용된다.

종래에는 법인이 시가보다 낮은 가액으로 자산을 취득하는 경우 취득시점에서는 과세하지 아니하고 당해 자산을 처분하여 실제로 이익이 실현되는 시점에 그 처분이익을 과세소득에 포함시켜 과세하여 왔다. 이와 같이 과세가 이연되는 점을 이용하여 개인이 유가증권을 특수관계에 있는 법인(특히 그 개인의 자녀가 대주주로 있는 가족법인)에게 무상에 가까운 저가로 양도하고 이를 처분하지 않는 방법을 취하여 상속세 또는 증여세를 회피하는 사례가 발생하였다. 이 규정은 이를 방지하기 위한 제도이다.

저가매입시 세무처리

구　분	저가 매입시	비　고
특수관계있는 개인에게서 유가증권 저가 매입	시가와 매입가액 차액 : 익금에 해당 (취득가액 : 시가)	처분시 그 차액은 과세소득 불포함
그 밖의 저가매입	시가와 매입가액의 차액 : 익금에 해당하지 않음(취득가액 : 매입가액)	처분시(감가상각시) 그 차액이 과세소득에 포함

예제 6

제5기에 대주주인 이상영으로부터 시가 1,000,000원인 도로공채를 500,000원에 매입하였다. 그 후 제6기에 시가가 상승하여 1,500,000원에 매각하였다. 회사는 실제 취득가액에 따라 회계처리하였을 경우 세무조정하시오.

해답

제5기 :	<익금산입>	유가증권저가매입액	500,000(유 보)[*1]
제6기 :	<손금산입>	전기유가증권저가매입액	500,000(△유보)

*1 제5기에 회사는 유가증권 취득가액을 실제 취득가액 500,000원으로 회계처리하게 될 것이고, 여기에 세무조정과정에서 익금산입 500,000원(유보)을 하고 나면 세무상 유가증권의 취득가액은 회계상 취득가액 500,000원에 관련 유보누계잔액 500,000원을 가산한 1,000,000원(시가)이 될 것이다.

Reference 특수관계인의 범위

법인은 법인과 경제적 연관관계 또는 경영 지배관계 등 특수한 관계에 있는 자에게 다양한 형태로 법인의 이익을 분여해서 법인의 세금을 감소시키고 그 특수한 관계에 있는 자의 이익을 증가시키는 행위를 할 우려가 있다. 그래서 「법인세법」은 이러한 거래가 발생할 수 있는 경제적 연관관계 또는 경영 지배관계 등이 있는 자, 즉 '특수관계자'의 범위를 명확하게 규정하고 여러 곳에서 이들과의 거래를 통해서 법인의 세금을 감소시키지 못하도록 세법 규정을 두고 있다.

「법인세법」이 정한 '특수관계인'의 범위는 다음과 같다(법령 2 ⑤). 「법인세법」의 개별 규정에서 특수관계인의 범위에 대해 다르게 규정한 경우를 제외하고는 「법인세법」상 특수관계인이란 아래 범위에 속하는 자를 의미한다. 그리고 「법인세법」은 '본인도 그 특수관계인의 특수관계인으로 본다'라고 규정하고 있는데(법법 2 ⑫), 이는 어느 일방을 기준으로 판단해서 상대방이 특수관계인이면 상대방을 기준으로 판단해서 어느 일방이 특수관계인이 아니라고 하더라도 양쪽 모두를 서로 세법상 특수관계인으로 본다는 의미이다.

1. 임원의 임면권의 행사, 사업방침의 결정 등 해당 법인의 경영에 대하여 사실상 영향력을 행사하고 있다고 인정되는 자(「상법」에 따라 이사로 보는 자를 포함)와 그 친족(「국세기본법 시행령」 제1조의2 제1항에 해당하는 자를 말함)
2. 주주 등으로 소액주주를 제외한 주주등(이하 "비소액주주")과 그 친족
3. 다음 각 목의 어느 하나에 해당하는 자 및 이들과 생계를 함께하는 친족
   가. 법인의 임원 · 직원 또는 비소액주주의 직원(비소액주주가 영리법인인 경우에는 그 임원을, 비영리법인인 경우에는 그 이사 및 설립자를 말한다)
   나. 법인 또는 비소액주주의 금전이나 그 밖의 자산에 의하여 생계를 유지하는 자

4. 해당 법인이 직접 또는 그와 제1호부터 제3호까지의 관계에 있는 자를 통하여 어느 법인의 경영에 대하여 「국세기본법 시행령」 제1조의2 제4항에 따른 지배적인 영향력을 행사하고 있는 경우 그 법인
5. 해당 법인이 직접 또는 그와 제1호부터 제4호까지의 관계에 있는 자를 통하여 어느 법인의 경영에 대하여 「국세기본법 시행령」 제1조의2 제4항에 따른 지배적인 영향력을 행사하고 있는 경우 그 법인
6. 해당 법인에 100분의 30 이상을 출자하고 있는 법인에 100분의 30 이상을 출자하고 있는 법인이나 개인
7. 해당 법인이 「독점규제 및 공정거래에 관한 법률」에 따른 기업집단에 속하는 법인인 경우 그 기업집단에 소속된 다른 계열회사 및 그 계열회사의 임원

09 간접외국납부세액

내국법인의 해외지점은 내국법인의 일부이므로 지점의 국외 원천소득에 대하여 납부한 외국 법인세는 내국법인에서 외국납부세액으로 공제 받을 수 있다.

그러나 자회사는 모회사와는 독립된 법인이므로 해외 자회사가 외국에서 납부한 법인세는 원칙적으로 국내 모회사에서 공제받을 수 없다. 다만 「법인세법」 제57조는 내국법인의 각 사업연도소득에 외국자회사로부터 받은 이익의 배당이나 잉여금의 분배액이 포함되어 있는 경우 그 외국자회사의 소득에 대하여 부과된 외국법인세액 중 수입배당금에 대응되는 금액을 외부납부세액공제방식으로 공제받을 수 있도록 하고 있다. 이를 간접외국납부세액공제라고 하고, 공제받는 세액을 간접외국납부세액이라고 한다(다만 간접외국납부세액에 대한 외국납부세액공제는 그 해외현지법인의 수입배당금에 대해서 수입배당금 익금불산입 규정을 통해 이중과세 조정을 적용하지 않는 경우에만 적용한다).

이와 같이 간접외국납부세액공제를 받는 경우(세액공제된 경우만 해당) 공제받는 간접외국납부세액은 내국법인의 각 사업연도소득금액을 계산할 때 익금에 산입하여야 한다(법법 15 ② (2)). 이는 외국자회사로부터 배당수입이 있는 경우 배당금을 받은 모회사의 장부상 회계처리는 외국법인세액이 과세된 이후의 배당수입금액과 외국에서 배당에 대하여 직접 원천징수된 세액(배당금 지급에 대하여 외국에서 원천징수된 세액은 간접외국납부세액이 아니라 직접외국납부세액으로 공제를 받게 된다)에 대하여만 회계처리가 되기 때문에 배당수입금액을 외국법인세액의 과세 이전으로 환산하여 이를 각 사업연도소득에 포함시키기 위한 것이다.

간접외국납부세액공제방법에 대한 구체적 내용은 "제15장 과세표준의 계산"의 "외국납부세액공제"를 참조하시오.

Reference 간접투자외국법인세액

내국법인이 펀드와 같은 간접투자회사 등에 투자하고 그 간접투자회사 등이 해외금융상품에 투자해서 발생한 소득에 대해 납부한 외국법인세액(간접투자외국법인세액이라고 한다)이 있으면 내국법인은 그 간접투자회사가 납부한 외국법인세액 중 자신이 받은 소득에 대응하는 간접투자외국법인세액을 자신의 외국납부세액으로 공제받을 수 있다. 이때 내국법인은 간접투자외국법인세액을 공제받기 위해서 내국법인이 받은 소득에 대응하는 간접투자외국법인세액을 익금에 산입해야 한다(법법 15 ②). 이는 간접외국납부세액을 공제받기 위해서 그 간접외국납부세액을 익금에 산입하여야 하는 것과 동일한 취지이다.
간접투자외국법인세액에 대한 구체적 내용은 "제15장 과세표준의 계산"의 "간접투자외국법인세액에 대한 외국납부세액공제 특례"를 참조하시오.

10 임대보증금에 대한 간주익금

법인이 부동산을 임대하고 임대료를 받는 대신에 보증금을 받은 경우에 동 보증금은 임대차계약이 종료될 때에 반환할 부채이다. 한편 보증금을 받은 경우에는 동 보증금을 이용하여 얻은 수익은 임대료수익 이외에 다른 사업의 성과로 나타날 것이고, 이러한 성과는 포괄적 소득을 과세대상으로 하고 있는 법인세의 특성상 자연스럽게 각사업연도 소득에 포함되게 된다.

다만, ① 「조세특례제한법」은 부동산 투기억제 목적으로 부동산임대를 주된 사업으로 하는 차입금 과다법인(비영리법인 제외)의 임대보증금에 대해서는 법정 이자상당액을 익금으로 간주하는 규정을 두고 있고(조특법 138), ② 「법인세법」은 장부 기타 증명서류가 없거나 미비하여 추계방식으로 소득금액을 계산하는 경우에만 임대보증금에 대한 법정 이자상당액을 익금에 산입하도록 하고 있다(법령 11 (1) 단서). 이것이 임대보증금에 대한 간주익금 규정이다.

가. 「조세특례제한법」의 임대보증금 간주익금

(1) 적용대상

간주임대료의 적용대상은 총자산 중 임대용 부동산이 차지하는 비율이 50%를 넘는 법인(부동산임대가 주된 사업인 법인)으로서 차입금이 과다한 법인(차입금이 자기자본의 2배를 초과하는 법인)을 대상으로 한다. 다만, 주택의 임대에 대하여는 적용하지 않는다.

(2) 간주임대료의 계산

익금에 산입할 간주임대료의 계산은 다음과 같다.

$$\left[\begin{array}{c}\text{보증금 등의 적수}\\ -\text{건설비상당액(토지}\\ \text{가액 제외) 적수}\end{array}\right] \times \text{정기예금이자율}^{*3} \times \frac{1}{365^{*1}} - \begin{array}{c}\text{임대사업 발생 수입이자와 할인료,}\\ \text{수입배당금, 유가증권처분이익}^{*2},\\ \text{신주인수권처분이익}\end{array}$$

*1 윤년의 경우에는 366으로 한다.
*2 유가증권처분이익의 합계액이 부수(−)인 때에는 이를 영(0)으로 계산한다.
*3 정기예금이자율은 사업연도 종료일 현재 국세청장이 고시한 이자율로 한다.

나. 「법인세법」의 임대보증금 간주익금

부동산임대업을 영위하는 법인이 법인의 소득금액을 추계결정 또는 추계경정을 받는 경우에는 부동산임대업을 주업으로 하는지 여부 및 차입금과다 여부에 관계없이 다음 산식에 의하여 계산된 금액을 사업수입금액에 산입한다(법령 11 (1) 단서). 그리고 추계의 경우에는 주택임대에 대하여도 계산하며, 임대사업에서 발생한 수입이자 등을 공제하지 않는다.

$$\text{간주임대료} = \text{보증금 등의 적수} \times \text{정기예금이자율} \times \frac{1}{365}$$

예제 7

다음 자료에 의하여 ㈜동국의 제3기(1.1 ~ 12.31) 간주임대료를 계산하라.

1. ㈜동국의 당기말 현재 임대용 부동산가액은 전체 자산가액의 50%를 초과한다.
2. ㈜동국은 제조업을 주된 사업으로 하고 있으며, 차입금은 자기자본의 3배에 해당한다.
3. 임대부동산 현황

임대부동산	자산가액(건설비상당액)	취득일자
건　물	500,000,000원	제3기　3. 1
토　지	700,000,000원	제2기 10. 5

4. 상기 건물은 제3기 4. 1에 보증금 800,000,000원을 받고 임대하였으며, 당해 사업연도 종료일까지 계약의 변동사항은 없다.
5. 임대보증금의 운용에 따라 금융수익으로서 이자수익 3,000,000원과 유가증권처분이익 5,000,000원, 그리고 유가증권처분손실 200,000원이 발생하였다.
6. 세법에서 정하는 정기예금이자율은 5.0%로 가정한다(1년은 365일).

해답 1. 임대보증금의 적수 계산

800,000,000원×275일(4.1 ~ 12.31)=220,000,000,000원

2. 건설비상당액의 적수

500,000,000원×275일(4.1 ~ 12.31)=137,500,000,000원

$$\left[\begin{array}{l}(220,000,000,000\text{원}\\ -137,500,000,000\text{원})\end{array}\right]\times 5.0\%\times\frac{1}{365}-\left[\begin{array}{c}3,000,000\text{원}\\ +(5,000,000\text{원}-200,000\text{원})\end{array}\right]$$

3. 간주임대료=3,501,369(익금가산/기타사외유출)

㈜ 부동산임대업을 주업으로 하는 법인 : 사업연도 종료일 현재 자산총액 중 임대사업에 사용된 자산가액이 100분의 50 이상인 법인(조특령 132 ③)

11 의제배당

가. 개　요

배당은 법인이 얻은 이익을 주주들에게 그 지분율에 따라 분배하는 것을 의미한다. 현금배당은 물론이고, 주식배당(상법 462의2)도 모두 본래 의미의 이익배당에 속한다.

이에 비하여 의제배당(배당금 · 분배금 의제)이란 형식상 배당이 아니더라도 사실상 회

사의 이익이 주주 등에게 귀속되는 경우 과세소득계산상 이를 배당으로 간주하는 제도를 말한다. 이러한 의제배당소득도 일반적인 배당소득과 마찬가지로 주주의 과세소득을 구성하게 되며, 이에 대하여 소득세(주주 등이 개인인 경우) 또는 법인세(주주 등이 법인인 경우)가 과세된다.

이러한 의제배당의 유형은 크게 ① 자본감소 · 해산 · 합병 · 분할로 인한 의제배당과 ② 잉여금의 자본전입으로 인한 의제배당으로 나눌 수 있다.

나. 자본감소 · 해산 · 합병 · 분할 등으로 인한 의제배당

다음의 금액은 법인으로부터 배당 받은 금액으로 본다(법법 16 ①).

아래와 같이 보유주식 소멸의 대가가 소멸되는 주식 등의 세무상 취득가액을 초과하는 금액을 의제배당으로 보도록 한 이유는 과거에 이익을 배당하지 않고 이익을 사내에 유보한 경우에는 이익을 배당한 경우에 비해 보유주식 소멸의 대가는 커지게 되므로 과거에 이익을 배당한 경우와의 과세 균형을 위해서(과거에 이익을 배당했다면 배당으로 과세되었을 것이다) 형식이 배당이 아님에도 불구하고 세무상 배당으로 의제하는 것이다.

의제배당금액 = (자본감소 · 해산 · 합병 · 분할 등으로 인해 주주 등이 받는 재산가액 시가) − 소멸하는 주식 등의 세무상 취득가액

(1) 주식감소 등의 경우

자본의 감소, 주식 소각, 사원의 퇴사 · 탈퇴 또는 출자의 감소로 인하여 주주 등인 내국법인이 받은 재산가액의 합계액이 해당 주식 등을 취득하기 위하여 사용한 금액을 초과하는 금액

(2) 법인해산

해산한 법인(법인으로 보는 단체 포함)의 주주 등인 내국법인이 잔여재산의 분배로서 받은 재산가액의 합계액이 해당 주식 등을 취득하기 위하여 사용한 금액을 초과하는 금액

예제 8

㈜연세는 벤처회사인 ㈜고려에 투자하였다. 그러나 사업부진으로 ㈜고려가 해산함에 따라 제12기에 잔여재산을 분배받았다. ㈜연세가 제11기에 받은 무상주에 대해 기업회계에 따라 회계처리하였다고 가정하고, 의제배당금액을 구하시오.

1. 투자내역
   ① 제10기 3월 5일 10,000주(1주당 액면가액 5,000원)를 주당 6,000원에 취득하였다.
   ② 제11기 2월 10일 기업합리화적립금(임의적립금)의 자본전입으로 수령한 무상주는 2,000주다.
2. ㈜연세가 제12기에 분배받은 잔여재산의 내역
   ① 현금 10,000,000원
   ② ㈜고려가 소유하고 있는 주식 2,000주(1주당 액면가액 5,000원 시가는 주당 15,000원)
   ③ ㈜고려가 소유하고 있는 토지 장부가액 50,000,000원, 시가 70,000,000원

해답 1. 잔여재산의 분배로 받은 대가 : 시가로 평가함.
현금 10,000,000원 + (2,000주 × 시가 15,000원*) + 토지시가 70,000,000원*
= 110,000,000원
* 해산의 경우는 청산개념으로 보아 시가로 평가한다.

2. 주식의 취득가액
(10,000주 × 6,000원) + (2,000주 × 5,000원*) = 70,000,000원
* 기업합리화적립금(회계상 이익잉여금에 속함)의 자본전입으로 인한 무상주는 액면가액으로 평가되어 이미 의제배당으로 과세된 금액이므로 취득가액에 포함한다.

3. 의제배당금액
110,000,000원 − 70,000,000원 = 40,000,000원
※ 세법상 의제배당액이 40,000,000원으로 계산되었다는 의미는 세법상 익금 해당액이 40,000,000원이라는 것이지 이 금액을 무조건 익금산입으로 세무조정해야 하는 것은 아니다. 세무조정은 계산된 의제배당액과 회사가 상기 잔여재산분배를 받은 것과 관련해서 결산서에 수익으로 처리한 금액을 비교하고 차이가 있는 경우 그 차이만을 세무조정해야 한다.

(3) 법인합병

피합병법인의 주주 등인 내국법인이 합병법인으로부터 받는 합병대가(합병으로 인하여 취득하는 합병법인 또는 합병법인의 모법인의 주식 등의 가액과 금전 그 밖의 재산가액의 합계액)가 그 피합병법인의 주식 등을 취득하기 위하여 사용한 금액을 초과하는 금액

예제 9

㈜성동산업은 ㈜잠실의 주식 1,000주(액면가액 5,000원, 취득가액 13,000원)를 보유하고 있던 중, ㈜잠실의 합병으로 합병법인으로부터 주식 800주(시가 25,000원, 액면가액 10,000원)와 ㈜잠실의 주식 1주당 합병교부금 2,000원씩 받았다. 다 자료에 의하여 의제배당액을 계산하시오.(과세이연이 되는 적격합병 요건을 갖추지 못하였다고 가정)

해답 의제배당액 = 합병시 취득한 재산가액 − 피합병법인의 주식의 세무상 장부가액
= (800주 × 25,000원 + 1,000주 × 2,000원) − (1,000주 × 13,000원) = 9,000,000원
* 적격합병 요건을 구비하지 못한 경우이다. 따라서 교부받은 주식은 시가에 의하여 평가한다.

(4) 법인분할

법인이 법인분할하는 경우 분할법인(또는 소멸한 분할합병의 상대방법인)의 주주 등인 내국법인이 분할신설법인(또는 분할합병의 상대방법인)으로부터 받은 분할대가가 분할법인(또는 소멸한 분할합병의 상대방법인)의 주식(분할법인이 존속하는 경우에는 소각 등에 의하여 감소된 주식만 해당한다) 등을 취득하기 위하여 사용한 금액을 초과하는 금액

위 '(1), (2), (3), (4)'의 경우 주주 등이 받은 재산의 가액은 시가로 평가한다(다만 합병과 분할의 경우 과세이연이 되는 적격합병이나 적격분할의 요건을 충족시킨 경우에는 종전의 세무상 장부가액으로 평가하는 경우가 있다. 이에 대하여는 '제13장 합병 및 분할에 대한 과세'를 참조). 그리고 의제배당 금액은 대가로서 받는 재산가액이 소멸하는 주식 등의 취득가액(세무상의 장부가액)을 초과하는 금액이다.

다. 잉여금의 자본전입으로 인한 의제배당

법인이 자본잉여금 또는 이익잉여금을 자본전입하는 경우에는 신주를 발행하여 주주들에게 무상으로 교부하게 되는데, 이것을 무상주라고 한다. 이 경우 주주의 입장에서는 이렇게 교부받은 무상주의 가액이 배당소득에 해당하는가 하는 문제가 발생한다.

기업회계에 의하면 준비금(자본잉여금과 법정적립금 등)의 자본전입은 물론이고 주식배당(처분전이익잉여금을 자본금으로 대체함으로써 신주를 발행·교부하는 것)도 배당이 아니라 주주지분의 재분류에 불과하다(따라서 주주의 입장에서 수익으로 처리하지 않는다).

이에 반하여 세법은 준비금의 자본전입과 주식배당을 원칙적으로 모두 배당받은 것으로 의제한다. 다만, ㉠ 법인세가 과세되지 않은 자본잉여금을 자본전입하는 경우와 ㉡ 법인세가 과세되지 않은 자본잉여금을 「상법」에 따라 이익잉여금으로 대체한 후 그 대체된 이익잉여금을 재원으로 주식배당을 한 것은 예외적으로 의제배당으로 보지 않는다.

잉여금 자본전입시 배당여부 : 기업회계기준과 세법의 비교

자본전입의 재원	기업회계기준	세 법
(1) 자본잉여금	배당수익 아님	• 과세되지 않은 잉여금(세법상 자본잉여금) ⇨ 의제배당 ×
		• 과세된 잉여금(세법상 이익잉여금)*1 ⇨ 의제배당 ○
(2) 이익잉여금	배당수익 아님	• 과세된 잉여금(세법상 이익잉여금)*2 ⇨ 의제배당 ○

*1 기업회계상 자본잉여금이라 하더라도 법인세 과세소득에 산입된 부분(자기주식처분이익 등)은 세법상 이익잉여금과 다를 바가 없다. 따라서 세법은 이러한 잉여금의 자본전입을 이익잉여금의 자본전입과 동일하게 취급한다.

*2 이익잉여금은 거의 모두 당기순이익을 원천으로 하는데, 이 가운데에는 과세되지 않은 부분도 있을 수 있으나 이는 예외에 불과하므로 무시하고 전부 의제배당으로 과세한다.

본래 배당이란 회사의 이익을 주주에게 분배하는 것이다. 그런데 세법의 관점에서 보면 여기서 '회사의 이익'은 각 사업연도의 소득이다. 따라서 각 사업연도의 소득에 포함되었던 부분, 즉 과세된 잉여금만이 배당의 재원이 될 수 있는 것이다. 법인세가 과세되지 않은 잉여금의 자본전입을 배당으로 의제하지 않는 이유가 여기에 있다.

이처럼 법인세가 과세되지 않은 잉여금의 자본전입으로 인하여 받은 무상주는 의제배당에 해당하지 않는 것이 원칙이지만, 여기에는 다음과 같은 3가지 예외가 있다.

① 이익으로 상환된 상환주식의 주식발행액면초과액 자본전입 : 주식발행법인이 이익으로 상환된 상환주식의 주식발행액면초과액을 자본전입하여 무상주를 발행하는 경우 무상주를 받는 주주인 법인은 의제배당에 해당한다(상환우선주 발행시 생긴 주식발행초과금은 상환우선주를 상환하는 회계처리를 하는 경우 상환액을 이익잉여금 감소로 회계처리하기 때문에 그대로 장부상에 존재하게 되는데, 그 주식발행초과금을 의미하는 것이다).

② 자기주식소각익의 자본전입 : 자기주식 또는 자기출자지분을 소각하여 생긴 이익(자기주식소각익)을 자본전입하는 경우에 ㉠ 소각 당시 자기주식의 시가가 취득가액을 초과하는 경우에는 기간의 제한없이, ㉡ 소각 당시 시가가 취득가액을 초과하지 않는 경우에는 소각일부터 2년 이내에 자본전입하는 경우에만 의제배당에 해당한다. 이는 자기주식처분이익을 재원으로 하여 자본전입을 하면 항시 의제배당에 해당하므로 법인들이

자기주식을 처분하는 대신에 자기주식을 소각해서 자기주식소각이익을 만들고 자기주식소각이익을 자본전입함으로써 의제배당을 회피하려는 것을 방지하기 위한 것이다.

③ 자본전입시 증가된 지분율 : 법인이 자기주식을 보유한 상태에서 자본전입을 함에 따라 자기주식에 대해 신주를 배정하지 않아 기타 주주의 지분비율이 증가한 경우 그 증가한 지분비율에 상당하는 주식가액은 자본잉여금의 자본전입인지 이익잉여금의 자본전입인지를 불문하고 모두 의제배당으로 본다(법법 16 ①(3)).

이러한 세법의 입장을 보다 구체적으로 정리하면 다음과 같다(법법 16 ①(2), (3)).

잉여금 자본전입시 의제배당 여부 : 세법의 입장

<table>
<tr><th colspan="4">자본전입의 재원</th><th>의제배당</th></tr>
<tr><td rowspan="13">(1) 자본잉여금</td><td rowspan="4">① 주식발행 액면초과액</td><td colspan="2">일반적인 주식발행액면초과액</td><td>×</td></tr>
<tr><td colspan="2">이익으로 상환된 상환우선주의 주식발행액면초과액</td><td>○</td></tr>
<tr><td colspan="2">주식발행액면초과액으로 계상된 합병차익 및 분할차익[*1]</td><td>△</td></tr>
<tr><td colspan="2">채무 출자전환시 채무면제이익[*2]</td><td>○</td></tr>
<tr><td rowspan="3">② 감자차익</td><td colspan="2">일반적인 감자차익</td><td>×</td></tr>
<tr><td rowspan="2">자기주식소각익</td><td>원 칙</td><td>×</td></tr>
<tr><td>예 외[*3]</td><td>○</td></tr>
<tr><td colspan="3">③ 주식의 포괄적 교환차익</td><td>×</td></tr>
<tr><td colspan="3">④ 주식의 포괄적 이전차익</td><td>×</td></tr>
<tr><td rowspan="2">⑤ 재평가적립금[*4]</td><td colspan="2">일반적인 재평가적립금</td><td>×</td></tr>
<tr><td colspan="2">익금에 산입된 토지의 재평가차액 상당액
(재평가세율 1% 적용 토지)</td><td>○</td></tr>
<tr><td colspan="3">⑥ 기타자본잉여금(자기주식처분이익, 자기주식처분손실)</td><td>○</td></tr>
<tr><td colspan="3" style="display:none"></td><td style="display:none"></td></tr>
<tr><td rowspan="4">(2) 이익잉여금[*5]</td><td colspan="3">① 이익준비금</td><td>○</td></tr>
<tr><td colspan="3">② 기타 법정적립금</td><td>○</td></tr>
<tr><td colspan="3">③ 임의적립금</td><td>○</td></tr>
<tr><td colspan="3">④ 차기이월 이익잉여금</td><td>○</td></tr>
</table>

*1 적격합병시 합병법인에 생긴 합병차익 중 피합병법인의 자산평가이익 · 의제배당의 대상이 되는 자본잉여금(1% 세율로 재평가세를 납부한 재평가적립금 포함) · 이익잉여금에 해당하는 부분을 재원으로 자본전입하면 그 자본전입에 따른 무상주를 받는 주주는 합병차익을 한도로 의제배당에 해당한다. 그리고 적격분할시 분할신설법인에 생긴 분할차익 중 분할법인의 자산평가이익 · 분할감자차익(1% 세율로 재평가세를 납부한 재평가적립금 포함)에 해당하는 부분을 재원으로 자본전입하면 그 자본전입에 따른 무상주를 받는 주주는 합병차익을 한도로 의제배당에 해당한다(법령 12①).

*2 채무의 출자전환이 주식 시가를 초과하여 이루어지는 경우 시가초과발행액은 그 실질이 채무면제이익

이다. 따라서 기업회계는 채무면제이익으로 처리하도록 하고 있다. 그리고 「법인세법」도 이를 익금으로 보고 있으며, 이를 자본전입하는 경우에는 익금항목이었으므로 의제배당으로 본다.

*3 소각당시 시가가 취득가액을 초과하는 상태에서 발생한 자기주식소각익을 자본전입하는 경우는 기간제한 없이 의제배당에 해당하고, 소각당시 시가가 취득가액을 초과하지 않은 상태에서 발생한 자기주식소각익은 소각일로부터 2년 이내에 자본전입하는 경우에만 의제배당에 해당한다.

*4 재평가적립금은 과거 「자산재평가법」에 의해서 자산을 재평가하고 그 재평가차액에서 재평가세 납부액을 차감한 금액을 자본으로 회계처리한 것이다. 이는 현재 회계기준에 따라 유형자산이나 무형자산에 대해 재평가모형 적용하여 생긴 재평가잉여금(기타포괄손익에 해당)과는 그 성격이 전혀 다른 것이다. 과거 「자산재평가법」에 따르면 일반적인 재평가적립금은 재평가차액에 대해 재평가세 3%를 납부하도록 했고 법인세법상 익금으로 보지 않았지만, 1984.1.1.이후 취득한 토지의 재평가차액과 그 이전에 취득한 토지 중 1984.1.1.이후 다시 재평가한 토지의 재평가차액은 재평가세를 1%로 납부하도록 했고 이를 법인세법상 익금으로 보도록 했었다. 따라서 일반적인 재평가적립금을 자본전입하는지 아니면 재평가세를 1%로 납부한 토지의 재평가적립금을 자본전입하는지에 따라 의제배당 해당 여부가 달라진다.

*5 회사가 법인세가 과세되지 않은 자본준비금(회계에서는 자본잉여금이란 용어를 사용)을 「상법」에 따라 이익잉여금으로 대체한 후 그 대체된 이익잉여금을 재원으로 하여 주식배당을 한 경우 그 주식을 받은 주주인 법인에게는 의제배당이 생기지 않는 것이 원칙이다. 다만 여기에 예외가 있는데 이에 대해서는 '익금불산입'에 대한 설명 중 '자본준비금 감액에 따른 수입배당금'을 참조하시오.

예제 10

상장법인인 미래주식회사로부터 다음과 같은 무상주를 받았다(액면가액은 10,000원임). 의제배당금액을 구하시오.

1. 자기주식 소각익의 자본전입 500주
   (이중 300주는 소각일로부터 2년내에 자본전입하는 것이며, 소각당시 시가가 취득가액을 초과하지 않음)
2. 재평가적립금의 자본전입(재평가세 3% 적용대상임) 400주
3. 이익준비금의 자본전입 100주

해답 1. 의제배당금액 = 무상주식수 × 액면가액

(300 + 100) × 10,000원 = 4,000,000원

주 1. 소각 당시 시가가 취득가액을 초과하지 않는 자기주식소각이익을 2년 내에 자본전입할 경우에는 자본전입하는 주식수 곱하기 액면가액을 의제배당으로 본다.

2. 3% 적용대상인 재평가적립금을 자본전입하는 것은 의제배당에 해당되지 않는다(법인세법은 재평가차액에 대한 규정을 2001년말 삭제하였으므로 이는 경과 규정임).

3. 이익잉여금의 자본전입은 모두 의제배당에 해당되며 자본전입하는 주식수 곱하기 액면가액을 의제배당으로 본다.

라. 의제배당금액 계산

(1) 주주 등이 받은 재산가액 평가

의제배당에 있어서 주주 등이 받은 재산 중 금전 외의 재산이 있는 경우 다음과 같이 평가한다(법령 14 ①, ④).

의제배당시 받은 재산의 평가

취득재산구분			취득재산가액
주식(출자지분)	잉여금 자본전입		• 무상주 : 액면가액(또는 출자금액)*1 • 무액면주식의 경우*2 : 자본금증가액 ÷ 신규발생주식수 • 주식배당의 경우 : 발행금액*1
	합병 · 분할	적격합병 등	• 종전의 세무상 장부가액*1 *3
		비적격합병 등	• 취득당시의 시가 • 부당행위계산에 해당하는 자본거래로 특수관계인으로부터 분여받은 이익이 있는 경우 : 그 금액을 차감한 금액*4
	해산 · 자본감소		
주식(출자지분) 외의 자산(실물자산)			취득당시의 시가

*1 투자회사 등이 받은 무상주 또는 주식배당의 경우 "0"으로 한다.

*2 주식을 액면가액으로 평가함에 있어서 무액면주식의 평가액은 의제배당의 귀속시기에 자본금에 전입한 금액을 자본금 전입에 따라 신규로 발행한 주식수로 나누어 계산한 금액에 의한다(법령 14④).

*3 합병대가 또는 분할대가 중 합병교부금 · 분할교부금이 포함되어 있는 경우에는 시가와 종전의 세무상 장부가액 중 작은 금액으로 평가한다.

*4 부당행위에 해당하는 자본거래로 분여받은 이익은 '일정한 자본거래로 인하여 특수관계인으로부터 분여받은 이익'의 익금산입규정에 따라 이미 익금에 포함되게 된다. 따라서 의제배당시 재산평가에서 이 이익을 차감하지 않으면 이중과세 문제가 생긴다.

여기서 합병 또는 분할로 인하여 취득한 주식을 종전의 세무상 장부가액(합병대가 · 분할대가 중 합병교부금 · 분할교부금이 포함된 경우에는 시가와 종전의 세무상 장부가액 중 적은 금액)으로 평가하는 경우는 다음에 해당하는 경우이다.

① 적격합병 또는 적격분할 요건을 갖춘 경우(주식 등의 보유와 관련된 요건은 제외, 상세 요건에 대해서는 '제13장 합병 및 분할에 대한 과세'를 참조하시오)

② 100% 지배관계인 내국법인간의 합병인 경우(법법 44 ③)

③ 합병당사법인이 우리나라와 조세조약이 체결된 동일국가의 법인으로 해당 외국국가에서 내국법인에게 합병에 따른 법인세를 비과세 또는 과세이연하는 경우로, 해외 자회사가 100% 지분을 소유하는 해외 손자회사에 합병되는 경우 또는 동일 내국법인이 100% 지배하는 해외 완전 자회사 간에 합병하는 경우(법령 14 ①(1의2))

(2) 소멸하는 주식 등 취득가액 계산

주주 등이 당해 주식을 취득하거나 당해 법인에 출자하기 위하여 소요된 금액은 실제로 지출된 금액에 의한다. 다만, 그 소멸하는 주식 등이 잉여금의 자본전입에 따라 교부받은 무상주인 경우에는 다음과 같이 처리한다.

① 무상주를 교부받은 당시에 의제배당으로 과세된 경우에는 교부받을 당시에 액면가액(또는 발행가액)을 익금산입하고 유보로 처분하였으므로 세무상으로는 액면가액(또는 발행가액)이 장부가액에 포함된다. 따라서 그 주식이 소멸되는 경우에는 실제로 그 무상주를 취득하기 위하여 지출된 금액이 없음에도 불구하고 액면가액(또는 발행가액)이 취득가액에 포함되어 공제된다.

② 무상주를 취득할 때 의제배당으로 과세되지 않은 경우에는 무상주를 취득할 때 신·구주식 등의 1주당(또는 1좌당) 장부가액을 다음과 같이 수정한다(법령 14 ②).

$$1\text{주당(또는 1좌당)장부가액} = \frac{\text{구주식 등 1주당(1좌당) 장부가액}}{1\text{주} + \text{구주식 등 1주당(1좌당) 신주식 등 배정수}}$$

다만, 과세되지 않은 무상주를 취득한 후 2년 이내에 주식의 소각(자본감소·출자감소 포함)이 있는 경우에는 자본감소로 인한 의제배당금액을 계산함에 있어서 과세되지 않은 무상주를 먼저 소각한 것으로 보며, 그 주식 등의 당초 취득가액을 위의 규정에 불구하고 "0"으로 한다. 예를 들어 ×1년 초에 유상으로 200주(1주당 취득가 @10,000원)를 취득하고 ×1년 12월에 주식발행초과금의 자본전입으로 무상주 100주를 받은 후 ×2년 중에 보유주식 300주 중 50%인 150주를 소각한 경우, 소각주식 150주는 무상으로 받은 100주가 우선 소각되고 나머지 50주는 유상취득분이 소각된 것으로 본다. 따라서 이 경우 의제배당 계산시 차감될 소멸하는 주식의 취득가액은 500,000원(50주×@10,000원)이 된다.

예제 11

㈜강남(사업연도 : 1.1~12.31)의 다음 자료를 토대로 주식등의 소각에 따른 의제배당액을 구하라.

1. ㈜강남이 보유하고 있는 ㈜신성의 주식 10,000주(@5,000원)중 50%가 ㈜신성의 유통주식관리에 의하여 제10기.3.1에 유상감자 되었으며, 감자대가는 @8,000원씩 현금지급하였다.
2. ㈜강남의 ㈜신성의 주식 취득내역은 다음과 같다.

취득일	주식수	내　　역
제6기.5.1	6,000주	1주당 10,000원에 유상취득
제8기.3.1	2,000주	주식배당(발행금액@5,000)
제9기.3.1	2,000주	주식발행초과금의 자본전입으로 인해 취득
계	10,000주	

해답 1. 감자대가 : 5,000주×@8,000 = 40,000,000원

2. 감자주식의 취득가액
   ① 단기소각 주식(2,000주) : 0
   ② 나머지 감자주식(3,000주)

$$(6{,}000주 \times @10{,}000 + 2{,}000주 \times @5{,}000) \times \frac{3{,}000주}{6{,}000주+2{,}000주} = 26{,}250{,}000원$$

$$\underline{\underline{26{,}250{,}000원}}$$

3. 의제배당액((1)−(2)) : 13,750,000원

마. 의제배당 귀속시기

의제배당은 다음의 날이 속하는 사업연도에 귀속한다(법령 13).

구 분	귀 속 시 기
자본감소 등 의제배당	주주총회(사원총회 · 이사회)에서 주식소각 · 자본감소를 결의한 날*1 또는 사원이 퇴사 · 탈퇴한 날
잉여금 자본전입 의제배당	주주총회(사원총회 · 이사회)에서 잉여금의 자본전입을 결의한 날(이사회의 결의에 의하는 경우에는 상법의 규정에 의하여 정한 날)
해산으로 인한 의제배당	잔여재산가액 확정일
합병으로 인한 의제배당	합병등기일
분할로 인한 의제배당	분할등기일

*1 주식소각 · 자본감소결의일의 주주와 「상법」 제354조에 따른 기준일(주주명부 폐쇄일)의 주주가 다른 경우에는 상법상 기준일을 말한다(법령 13 (1)).

12 동업기업으로부터 배분된 소득금액

동업기업에 대한 과세방법에 따르면, 동업기업에서 소득금액이 발생하면 동업자들에게 실제 금전으로 분배하지 않더라도 매 사업연도마다 소득금액을 동업자들에게 손익분배비율에 따라 귀속시킨 것으로 간주하게 된다. 따라서 동업기업에 참여한 동업자인 법인이 계산상 배분받은 소득금액은 익금에 해당하게 된다(법법 15 ②(3)).

만일 동업기업으로부터 결손금을 계산상 배분받으면 이는 동업자의 손금이 된다. 다만, 수동적동업자의 경우는 계산상 배분받은 소득금액이 배당소득으로 간주되므로 동업기업의 결손금을 배분받을 수 없다.

13 특정시점까지 회수되지 않은 가지급금 및 관련이자

특수관계인에게 해당 법인의 업무와 관련없이 지급한 가지급금 및 그 이자를 다음 시점까지 회수하지 않으면 다음 시점에 해당 가지급금 및 관련이자를 익금에 산입하고 관련 소득처분을 하여야 한다. 다만 채권·채무에 대한 쟁송으로 회수가 불가능한 경우·담보제공·상계가능한 채무의 보유 등 정당한 사유가 있는 경우는 제외한다(법령 11 (9)).

① 가지급금 등은 특수관계가 소멸된 날

② 가지급금 등에 대한 이자는 이자발생일이 속하는 사업연도종료일로부터 1년이 되는 날

예를 들면, 대여금 500원이 있는 특수관계인에 대해 특수관계가 소멸된 경우 미회수에 정당한 사유가 없다면 특수관계가 소멸된 사업연도에 익금산입 500(상여)·손금산입 500(△유보)의 세무조정을 하여야 한다. 그리고 향후 회사가 대여금 500원을 장부에서 제각(예 (차) 대손상각비 500원 (대) 대여금 500원)하는 사업연도에 손금불산입 500·유보로 세무조정을 한다.

14 상기 이외 수익으로 그 법인에게 귀속되거나 귀속될 금액

「법인세법」은 수익의 범위에 대하여 포괄적으로 규정하고 있다. 이는 「법인세법」이 소득을 순자산증가설로 파악하고 있으므로 당연하다고 할 것이다. 따라서 위에서 본 익금항목들은 예시적인 것에 불과하다. 위의 예시에 해당되지 않는 사항이라고 하더라도

그 원천 · 명칭여하에 불구하고 법인의 순자산을 증가시키는 것은 원칙적으로 모두 익금에 해당한다.

예를 들면 이자수익, 배당금수익, 공사부담금 및 국고보조금, 보험차익, 자기주식처분이익(자기주식소각이익은 제외), 사채상환이익 등이다.

예제 Example 12

㈜서울의 자기주식 및 자기사채와 관련된 손익은 다음과 같다. 회사가 이를 영업외손익으로 회계처리한 경우 세무조정을 행하시오.

구 분	금 액	비 고
자기주식처분이익	2,000,000	합병시 취득한 자기주식 처분
사 채 상 환 이 익	2,500,000	사채조기상환
자기주식소각이익	5,000,000	대물변제로 취득한 자기주식 소각
계	9,500,000	

해답 세무조정 <익금불산입> 자기주식소각이익 5,000,000(기타)

* 자기주식소각이익은 감자차익이므로 익금불산입으로 세무조정한다.

제 3 절 익금불산입

법인의 순자산을 증가시키는 거래에 해당되면서도 조세정책상 또는 법인의 자본건실화 등을 이유로 익금에 산입하지 아니하는 것이 익금불산입이다.

익금불산입은 법인세를 과세하지 않는다는 점에서 비과세소득과 흡사하나 익금불산입은 처음부터 과세소득에 포함하지 아니하고 비과세소득은 과세소득에는 포함하였다가 과세표준을 계산할 때 공제하는 점에서 다르다.

익금불산입항목을 그 목적에 따라 분류하면 다음과 같다.

1. 자본거래
   ① 주식발행액면초과액
   ② 주식의 포괄적 교환차익 및 포괄적 이전차익
   ③ 감자차익
   ④ 합병차익 및 분할차익
   ⑤ 자산수증이익과 채무면제이익 중 이월결손금의 보전에 충당한 금액
   ⑥ 자산의 평가이익(「보험업법」 등에 의한 평가이익 등 제외)
   ⑦ 자본준비금 감액에 따른 수입배당금
2. 이중과세 방지
   ① 각 사업연도 소득으로 이미 과세된 소득
   ② 손금인정 받지 못한 세금의 환급액
3. 부채 성격
   ① 부가가치세 매출세액
   ② 연결자법인 또는 연결모법인으로부터 지급받은 법인세 등
4. 조세정책적 목적
   ① 국세 또는 지방세의 과오납금 환급금 이자
   ② 내국법인 수입배당금 중 일정비율
   ③ 외국자회사 수입배당금 중 일정비율

01 주식발행액면초과액

주식을 액면가액 이상으로 발행하는 경우 액면가액은 자본금으로 표시되고 주주가 납입한 금액 중 자본금을 초과하는 금액은 주식발행액면초과액이 된다(무액면주식의 경우에는 발행가액 중 자본금으로 계상한 금액을 초과하는 금액이 주식발행액면초과액이 된다).

이는 기업회계상 자본잉여금에 해당되는 항목으로 주주가 법인에 납입한 원금의 일부에 해당된다. 세법에서는 주식발행액면초과액 만이 아니라 아래에서 설명할 감자차익, 합병차익 및 분할차익 등 그 발생원천이 자본거래로 인한 것인 경우 이는 소득으로 인한 순자산증가가 아니라는 점에서 익금에서 제외하고 있다.

한편 채무의 출자전환으로 주식 등을 발행하는 경우 당해 주식의 시가(시가가 액면가액에 미달하는 경우에는 액면가액)를 초과하여 발행된 금액은 주식발행액면초과액에서 제외되며, 채무면제이익으로 익금에 해당된다(법 17 ①). 다만, 회생계획인가, 「기업구조조정촉진법」에 의한 기업개선계획, 금융기관과의 경영정상화계획, 「기업활력 제고를 위한 특별법」에 따른 사업재편계획에 따라 시가(액면가액에 미달하는 경우에는 액면가액)를 초과하는 금액

으로 출자전환이 이루어지는 경우에는 시가 초과액을 출자전환한 사업연도의 익금으로 보지 않고 그 이후 발생할 결손금의 보전에 충당하도록 할 수 있다(법법 17 ②).

※ 회사가 무액면주식을 발행하는 경우 회사 자본금은 주식발행가액의 50% 이상의 금액으로 이사회에서 결정한 금액으로 하고 나머지는 주식발행초과금으로 한다(상법 329 ①).

예제 13

㈜서남의 채무의 출자전환시 출자전화되는 채무의 가액은 7,500원, 발행된 주식의 시가는 6,000원, 그리고 발행주식의 액면가액은 5,000원이라고 할 경우 법인세법상 주식발행액면초과액과 채무면제이익를 구하시오. ▶ '09 세무사 수정

해답
1. 주식발행액면초과액 1,000원(=시가 6,000원 − 액면가액 5,000원)
2. 채무면제이익 1,500원(=출자전환채무 7,500원 − 시가 6,000원)
   ➤ 회사가 금융기관과의 경영정상화계획 등에 따라 출자전환이 이루어진 것이 아니고 액면가액 초과액 2.500원 전부를 주식발행액면초과액으로 회계처리하였다면 회사는 익금산입 1,500원(기타)의 세무조정을 하게 된다.

02 주식의 포괄적 교환차익 및 이전차익

회사는 주식의 포괄적 교환에 의해서 다른 회사('완전자회사')가 발행한 주식 총수를 소유하는 회사('완전모회사')가 될 수 있다. 이는 완전자회사가 될 회사의 기존 주주들이 주식 전부를 완전모회사가 될 회사에 이전하고 완전모회사가 될 회사는 완전자회사가 될 회사의 기존 주주에게 자기의 신주를 발행하여 교부함으로써 성립된다(상법 360의2).

또한 회사는 주식의 포괄적 이전에 의해서도 완전모회사를 새롭게 설립하고 완전자회사가 될 수 있는데, 이는 완전자회사가 될 회사의 기존 주주가 소유주식을 설립될 완전모회사에 이전하고 그 설립될 완전모회사가 주식이전을 위하여 발행하는 신주를 교부받아 완전모회사의 주주가 됨으로써 성립된다(상법 360의15).

이러한 주식의 포괄적 교환과 주식의 포괄적 이전은 완전모회사가 될 회사가 기존에 존재하는 회사인지 아니면 새로이 설립되는 회사인지에 차이가 있다.

한편 주식의 포괄적 교환과 포괄적 이전에 있어서 완전모회사가 이전받는 완전자회사

의 주식으로 인한 자본증가한도액이 증가된 자본금(교부주식의 액면가액)보다 크면 그 차액이 교환차익 및 이전차익이 된다(법령 17 ①(2)(3)). 이는 전술한 주식발행액면초과액과 성격이 유사하다고 할 수 있으므로 익금불산입 항목으로 보고 있다.

주식의 포괄적 교환차익(이전차익) = 자본증가의 한도액* − 완전모회사의 증가한 자본금

* 완전자회사의 순자산가액 − 완전자회사의 주주에게 지급할 금액 − 완전자회사의 주주에게 이전하는 주식의 회계장부가액

03 감자차익

감자차익은 자본감소의 경우에 자본감소액이 주식의 소각이나 주금의 반환에 소요되는 금액과 결손보전에 충당할 금액을 초과한 때에 그 초과액을 말한다(법령 17 ①(4)). 감자차익은 주금불입액의 일부를 반환하지 않아 발생하는 것이므로 주주가 납입한 원금의 일부라는 성격을 갖는다.

감자차익 = 자본금감소액 − 주식소각 · 주금반환 소요금액 − 결손금보전충당액

「법인세법」은 감자차익을 주식발행액면초과액과 같은 이유에서 익금으로 보지 않는다. 만일 자본금감소액이 주식소각이나 주금반환소요금액에 미달하는 경우에 감자차손이 발생하는데, 이는 자본 또는 지분의 환급에 해당하므로 손금으로 보지 않는다.

04 합병차익

합병차익이란 합병법인이 소멸된 회사로부터 승계한 재산가액이 그 회사로부터 승계한 채무액, 그 회사의 주주에게 지급한 금액과 합병 후 존속하는 회사의 자본금 증가액(신설합병의 경우에는 설립된 회사의 자본금)을 초과하는 경우 그 초과액을 말한다.

이를 산식으로 정리하면 다음과 같다.

합병차익 = (승계한 재산 − 승계한 부채) − (합병교부금 + 합병교부주식 액면가액)

「법인세법」은 상기 합병차익을 자본거래에서 생긴 것으로 보아 원칙적으로는 익금불산입 항목으로 하고 있다(법법 17 ① (5)). 다만, 소멸된 회사로부터 승계한 재산가액이 그 회사로부터 승계한 채무액, 그 회사의 주주에게 지급한 금액과 주식가액을 초과하는 경우로서 「법인세법」이 별도로 익금으로 규정한 금액은 제외한다. 따라서 비적격합병의 경우 합병매수차익 부분은 익금에 해당한다(자세한 내용은 "제13장 합병 및 분할에 대한 과세"를 참조하시오).

05 분할차익

분할차익이란 분할신설법인 등이 분할로 승계받은 재산가액이 승계한 채무액, 출자한 회사의 주주에게 지급한 금액과 설립된 회사의 자본금(분할합병의 경우 존속하는 회사의 자본금 증가액)을 초과하는 경우 그 초과액을 말한다.

이를 산식으로 정리하면 다음과 같다.

분할차익 = (승계한 재산 − 승계한 부채) − (분할교부금 +분할교부주식 액면가액)

「법인세법」은 상기 분할차익을 자본거래에서 생긴 것으로 보아 원칙적으로는 익금불산입 항목으로 하고 있다(법법 17 ① (6)). 다만, 분할 또는 분할합병으로 설립된 회사 또는 존속하는 회사에 출자된 재산의 가액이 출자한 회사로부터 승계한 채무액, 출자한 회사의 주주에게 지급한 금액과 주식가액을 초과하는 경우로서 「법인세법」이 별도로 익금으로 규정한 금액은 제외한다. 따라서 비적격분할의 경우 분할매수차익 부분은 익금에 해당한다(자세한 내용은 "제13장 합병 및 분할에 대한 과세"를 참조하시오).

06 이월결손금 보전에 충당된 자산수증익과 채무면제익

자산수증익과 채무면제익은 원칙적으로 익금에 해당하지만, 자산수증익(「법인세법」 제36에 따른 국고보조금 등은 제외)과 채무면제이익 중 이월결손금 보전에 충당한 금액은 익금으로 보지 않는다(법법 18 (6)). 이는 결손보전을 통해 자본이 충실하게 되는 것을 돕기 위한 것이다. 이 경우 이월결손금은 세무회계상 이월결손금(합병시 승계받은 결손금 제외)으로서 그 발생시점에는 제한이 없다.

예제 14

기업회계상 이월결손금이 9,000,000원이고, 세법상 이월결손금이 6,700,000원인 성심㈜가 주주로부터 결손보전을 목적으로 시가 12,000,000원 상당의 토지를 증여받아 다음과 같이 회계처리한 경우 이에 따른 세무조정을 하시오.

(차) 토 지	12,000,000	(대) 자산수증이익 (영업외수익)	12,000,000

해답 회계상 수익으로 처리되어 과세소득에 포함되어 있으므로 과세소득에서 제외시키기 위해, 세법상 이월결손금 6,700,000원은 익금불산입한다. 그리고 세법상 이월결손금 6,700,000원은 소멸계산되므로 그 이후 연도의 과세표준계산상 공제되지 아니한다.

<익금불산입> 이월결손금보전액 6,700,000 (기타)

*1 기업회계에서는 자산수증이익 및 채무면제이익을 수익으로 계상하도록 되어 있다. (다만, K-IFRS에서는 유형자산등의 무상취득을 수익으로 계상하여야 하는지 논란이 있다)

*2 세무상 자산수증이익 및 채무면제이익을 결손보전목적이라는 점을 표시하기 위해서는 상기와 같이 신고조정으로 익금불산입하고 자본금과적립금조정명세서(갑)의 하단 '⑭보전'란에 기입하면 된다(법기통18-18…2)

7 자산의 평가이익

자산의 평가이익이란 자산의 시가가 장부가액을 초과하는 경우 그 시가와 장부가액의 차이를 말한다. 이러한 자산의 평가이익은 원칙적으로 익금으로 보지 않는다. 다만, 다음의 평가이익은 예외적으로 익금으로 본다(법법 18(1)).

① 「보험업법」 기타 법률에 의한 고정자산 평가이익

② 은행 등의 화폐성 외화자산·부채의 결산일 환율평가 및 일반법인이 관할세무서장에게 평가방법을 신고한 경우 다음 자산·부채에 대해 결산일의 환율평가로 생긴 평가손익

㉠ 은행 등이 보유하는 통화선도·통화스왑 및 환변동보험에 대한 결산일 환율평가

㉡ 일반법인이 보유하는 화폐성 외화자산·부채와 화폐성 외화자산·부채의 환위험을 회피하기 위하여 보유하는 통화선도·통화스왑 및 환변동보험에 대한 결

산일 환율평가

③ 투자회사 등이 보유하는 「자본시장과 금융투자업에 관한 법률」에 따른 집합투자재산(Mutual Fund)의 평가손익

④ 보험회사가 보유한 변액보험계약 등 특별계정에 속하는 자산의 평가손익(시가법을 선택한 경우)

08 자본준비금 감액에 따른 수입배당금

「법인세법」상 주주가 배당을 받으면 원칙적으로 익금이다. 그렇지만 주식발행초과금 등의 자본준비금을 자본전입하여 주주가 무상주를 받으면 이는 원칙적으로 주주의 익금으로 보지 않는다. 이와 관련해서 만일 주식발행 회사가 「상법」에 따라 자본준비금을 미처분이익잉여금으로 대체한 후 주주에게 배당을 하면 그 배당이 주주에게 익금에 해당하는지가 문제가 된다. 왜냐하면 그 배당의 근본적 원천이 주주가 납입한 출자금의 일부인 자본준비금이기 때문이다(「상법」 제461조의2는 적립된 자본준비금 및 이익준비금의 총액이 자본금의 1.5배를 초과하는 경우에 주주총회의 결의에 따라 그 초과한 금액 범위에서 자본준비금과 이익준비금을 감액하여 배당의 재원으로 사용할 수 있도록 하고 있다).

이에 대해서 「법인세법」은 「상법」 제461조의2에 따라 자본준비금을 감액하여 받는 배당금액은 익금으로 보지 않고 주식의 장부금액에서 차감하도록 하고 있다(내국법인이 보유한 주식의 장부가액을 한도로 하므로 자본준비금을 감액하여 받은 배당금이 장부가액을 초과하는 경우는 익금에 해당되게 된다)(법법 18(8)).

다만 아래의 자본준비금을 감액하여 받는 배당금은 익금으로 본다(법법 18(8), 법령 17).

㉠ 채무의 출자전환시 생긴 채무면제이익을 자본준비금으로 회계처리하고 이것이 익금에 해당한 경우

㉡ 자본준비금 중 자기주식 등의 소각이익에서 생긴 부분. 다만 소각당시 시가가 취득가액을 초과하지 않는 경우로서 소각일로부터 2년 경과 후 전입하는 금액은 제외한다.

㉢ 이익으로 상환된 상환주식의 주식발행액면초과액(상환우선주 발행시 생긴 주식발행초과금은 상환우선주를 상환하는 회계처리를 하는 경우 상환액을 이익잉여금 감소로 회계처리하기 때문에 그대로 장부상에 존재하게 되는데, 그 주식발행초과금을 의미하는 것이다).

㉣ 적격합병시 합병법인에게 발생한 합병차익 중 피합병법인의 자산평가이익 · 이익잉

여금 · 의제배당의 대상인 자본잉여금(1% 세율로 재평가세를 납부한 재평가적립금 포함) · 3% 세율로 재평가세를 납부한 재평가적립금에 상당하는 부분(이에 대한 계산방법 및 일부 배당시 합병차익 중 어느 것을 먼저 배당한 것으로 볼 것인지 등에 대해서는 법인세법시행령 제17조가 구체적으로 정하고 있다).

㉤ 적격분할시 분할신설법인 등에게 생긴 분할차익 중 분할법인의 자산평가이익 · 분할감자차익(1% 세율로 재평가세를 납부한 재평가적립금 포함) · 3% 세율로 재평가세를 납부한 재평가적립금에 해당하는 부분(이에 대한 계산방법 및 일부 배당시 분할차익 중 어느 것을 먼저 배당한 것으로 볼 것인지 등에 대해서는 법인세법시행령 제17조가 구체적으로 정하고 있다).

09 각 사업연도 소득으로 이미 과세된 소득

이는 각 사업연도 소득으로서 과거에 이미 과세된 소득(비과세 · 면제된 소득을 포함한다)이 이번 사업연도에 다시 익금에 포함된 금액을 말하며, 이는 익금불산입 대상이 된다.

예를 들면, 직전 사업연도에 세금과공과에 포함된 토지에 대한 취득세 5,000,000원을 손금불산입하고 유보로 세무조정을 했는데 이것에 대해 금년에 다음과 같이 회계처리한 경우

(차) 토　　지	5,000,000	(대) 영업외수익	5,000,000

위 영업외수익에 대해 별도의 세무조정을 하지 않으면 이는 금년도 당기순이익을 구성해서 법인세 과세표준에 포함된다. 그러나 전년도에 세무상 손금불산입되어 이미 과세된 소득이 금년에 다시 법인세 과세표준에 포함되게 된다면 이는 동일한 소득이 2번 과세되는 결과가 된다. 따라서 위 영업외수익은 각 사업연도 소득으로 이미 과세된 소득에 해당되어 금년도 세무조정시 익금불산입(△유보)의 세무조정을 하게 된다.

10 법인세 및 지방소득세 소득분의 환급액

법인세와 지방소득세 소득분은 지출당시에 손금으로 인정받지 못하는 세금이므로 이를 환급받더라도 익금에 산입하지 않는다. 법인세나 지방소득세 소득분의 환급받을 금액을 다른 세액에 충당한 경우에도 마찬가지로 익금에 산입하지 않는다(법 18 (3)). 개념상으로는 일종의 이월익금으로 생각할 수도 있을 것이다.

11 부가가치세 매출세액

부가가치세 매출세액은 기업회계기준상 부채(예수금) 항목이므로 당연히 익금에 해당하지 않는다. 이 규정은 회사가 기업회계기준에 따르지 않고 부가가치세 매출세액을 수익으로 잘못 계상한 경우 이를 시정하기 위한 규정에 불과하다.

예를 들어, 부가가치세 과세사업을 영위하는 법인이 제품을 2,000,000원을 판매하고 현금으로 받은 경우 회계상 올바른 회계처리는 다음과 같고 이같이 회계처리하였다면 별도의 세무조정이 생기지 않는다.

(차) 현 금	2,200,000원	(대) 매 출	2,000,000원
		부가세예수금	200,000원

한편, 부가가치세 매출세액이 익금이 아닌 것과 같은 논리로 부가가치세 과세사업자의 부가가치세 매입세액은 손금이 아니다.

12 국세 · 지방세 과오납금의 환급금 이자

과오납금에 대한 이자(환급가산금)는 정책적으로 익금에 불산입한다. 이러한 세금의 과오납금 및 이자에 대한 세무처리는 다음과 같다.

과오납금에 대한 세무처리

- 과오납금
  - 손금해당 세목(재산세 · 종합부동산세 등) : 익금산입
  - 고정자산 취득원가 포함(취득세 등) : 고정자산 취득원가 감액수정
- 과오납금이자(환급가산금) : 익금불산입

여기서 주의할 것은 과오납금 그 자체에 대한 환급과 그에 대한 이자인 환급가산금을 구분해서 생각해야 한다는 것이다. 즉, 과오납금 그 자체에 대해 익금으로 볼 것이냐 여부는 따로 판별하며 그 이자인 환급가산금은 정책적으로 무조건 익금불산입한다.

예제 example 15

다음 자료와 같이 국세·지방세 및 과오납금이자를 환급받는 경우에 익금에 해당하는 금액은 얼마인가?

1. 법인세	21,000,000원
2. 법인세에 대한 과오납금이자	4,200,000원
3. 재산세	7,200,000원
4. 재산세에 대한 과오납금이자	490,000원

해답 법인세 및 재산세에 대한 과오납금이자는 익금에 해당하지 않는다. 법인세는 손금불산입항목이므로 환급된 경우에도 익금에 해당하지 않지만, 재산세(7,200,000원)는 손금산입항목이므로 환급된 경우에는 익금에 해당한다.

13 연결자회사 또는 연결모회사로부터 받은 법인세 등

연결납세를 선택하는 경우 연결집단에 포함된 모회사 및 자회사에서 발생한 소득과 결손금은 합산해서 이를 하나의 과세단위로 하여 법인세를 계산하게 된다. 그렇지만 이와 같이 연결납세방식으로 발생한 법인세액의 실제 부담은 연결집단에 포함된 회사들이 각자 안분하여 부담을 하여야 한다. 따라서 연결집단에 소속된 모회사와 자회사는 서로 부담하여할 법인세 등의 차이 금액을 서로 수수하게 되는데 이때 연결모회사나 연결자회사가 정산과정에서 지급받거나 지급받은 법인세액 등은 익금에 해당하지 않는다(법법 18 (7)).

14 내국법인 수입배당금의 익금불산입

내국법인이 다른 내국법인으로부터 받은 배당금(의제배당을 포함한다) 중 일정액은 이중과세조정을 위해서 익금에 산입하지 않는다(법법 18조의2). 다만 고유목적사업준비금을 설정한 비영리내국법인은 이 규정을 적용받을 수 없다. 이 제도는 이중과세조정을 위한 제도라는 점에서 「소득세법」상 배당세액공제제도와 그 입법취지가 같다.

가. 적용대상 수입배당금

이 규정의 적용대상인 수입배당금은 다음의 배당금을 말한다.

㉠ 다른 내국법인으로부터 받은 배당금이어야 한다. 외국법인으로부터 받은 배당금은 '수입배당금의 익금불산입' 또는 '수입배당금에 대한 간접외국납부세액공제' 규정을 적용해서 이중과세조정을 하게 되므로 이 규정의 적용대상이 아니다.

㉡ 상법상의 배당인 현금배당과 주식배당 외에도 세법상 배당으로 간주되는 의제배당액도 이 규정의 적용대상이다.

㉢ 배당기준일 전 3개월 전에 취득한 주식 등에서 발생한 배당금만이 적용대상이다.

그러나 다음의 수입배당금에 대해서는 이 규정을 적용하지 않는다. 아래 '㉠~㉣'은 배당을 지급하는 법인에게 실질적으로 법인세 부담이 없기 때문에 이중과세 조정을 할 필요가 없는 것들이다.

㉠ 수도권 밖으로 본사를 이전하는 법인에 대한 세액감면(조특법 63조의2) 등과 같이 법인세 100%를 감면받는 법인으로부터 받은 수입배당금

㉡ 배당가능이익의 90%이상을 배당한 경우 그 배당액을 소득에서 공제하는 투자회사 등 명목회사로부터 받은 수입배당금

㉢ 동업기업과세특례를 적용받는 법인으로부터 받은 수입배당금

㉣ 지급한 배당에 대하여 소득공제를 적용받는 법인과세 신탁재산으로부터 받은 수입배당금

㉤ 3% 세율로 재평가세를 납부한 재평가적립금을 감액해서 지급받은 수입배당금(과거 「자산재평가법」 시행 당시의 법률 취지에 따르면 3% 세율로 재평가세를 납부한 재평가적립금은 배당의 재원이 될 수 없는 것이었다)과 합병법인의 합병차익과 분할신설법인의 분할차익(피합병법인 · 분할법인으로부터 승계된 3% 세율로 재평가세를 납부한 재평가적

립금 포함)을 감액하여 지급받은 배당금 중 익금에 해당하는 수입배당금액

㉥ 유상감자로 인하여 주주 등인 내국법인이 취득한 재산가액이 당초 주식 등의 취득가액을 초과하는 금액(법령 17조의2 ⑤(1))

㉦ 법인이 자기주식 또는 자기출자지분을 보유한 상태에서 자본전입을 함에 따라 그 법인 외의 주주 등인 내국법인의 지분 비율이 증가한 경우 증가한 지분 비율에 상당하는 주식 등의 가액(법령 17조의2 ⑤(2))

나. 익금불산입금액 계산

다른 내국법인으로부터 받은 수입배당금에 대한 익금불산입액은 아래와 같이 계산한다(법법 18조의2, 법령 17의2). 아래 식을 보면 차입금이자에 따른 차감액이 있는데 이는 차입금을 통해 취득한 주식 등에서 받은 배당금에 대해서는 이중과세조정을 해주지 않겠다는 취지에서 차감하는 것이다.

> 익금불산입금액 = 수입배당금액 × 익금불산입비율1) − 차입금 이자에 따른 차감액2)

1) 익금불산입비율 : 내국법인의 다른 내국법인에 대한 출자비율에 따라 다음과 같이 적용한다. 이때 출자비율은 배당기준일 현재 3개월 이상 계속해서 보유하고 있는 주식 등을 기준으로 적용한다.

출자비율	익금불산입비율
50%이상	100%
20%이상 50%미만	80%
20%미만	30%

2) 차입금 이자에 따른 차감액

$$\text{차감금액} = \text{내국법인의 차입금 이자}^{*} \times \frac{\text{출자주식 적수}^{**}}{\text{출자법인의 자산총액 적수}^{***}} \times \text{익금불산입비율}^{****}$$

* 차입금이자는 채권자불분명 등 지급이자손금불산입 규정에 따라 손금불산입된 금액은 제외

** 해당 피출자법인의 주식등(국가 등으로부터 현물출자받은 주식등은 제외)의 세무상 장부가액 적수(積數 : 일별 잔액의 합계액을 말한다).

*** 내국법인의 사업연도종료일 현재 재무상태표상 자산총액의 적수

**** 위에서 설명한 출자비율에 따른 익금불산입비율

예제 16

다음 자료에 의하여 ㈜한양의 제3기 사업연도(1월 1일~12월 31일)에 대한 세무조정시 수입배당금 익금불산입액을 계산하면? ▶ '04 CPA 수정

1. ㈜한양은 제3기 12월 31일 현재 자본금은 500억원, 자산총액은 1,000억원이다.
2. 자회사는 모두 영리내국법인(업종 : 제조업)이다.
3. ㈜한양의 차입금에 대한 연간 지급이자는 15억원이다(이 중에는 손금불산입대상인 지급이자 2억원이 포함되어있다).
4. 자회사가 다른 내국법인에 출자한 사실은 없고, 당해 사업연도 중 보유주식비율에는 변동이 없으며, 기타 수입배당금에 대한 익금불산입 요건은 충족되어 있다고 가정한다.
5. 자회사 출자현황 및 수입배당금 내역

자회사	출자금액(장부가액)	보유지분율	수입배당금액
A(코스닥상장법인)	50억원	51%	4억원
B(주권상장법인)	500억원	35%	25억원
C(벤처기업/비상장·비등록법인)	150억원	15%	7억5천만원

해답 1. 익금불산입 대상금액

A = 4억원 × 100% = 4억원
B = 25억원 × 80% = 20억원
C = 7.5억원 × 30% = 2.25억원
합계 26.25억원

2. 차입금지급이자로 인한 익금불산입 차감액

$$A법인 = (15억원 - 2억원) \times \frac{50억원 \times 100\%}{1000억원} = 0.65억원$$

$$B법인 = (15억원 - 2억원) \times \frac{500억원 \times 80\%}{1000억원} = 5.20억원$$

$$C법인 = (15억원 - 2억원) \times \frac{150억원 \times 30\%}{1000억원} = 0.585억원$$

합계 6.435억원

* 익금불산입 차감액은 익금불산입대상액을 한도로 한다.

3. 수입배당금 익금불산입액((1)−(2)) : 19.815억원(세무조정 : 익금불산입 기타)
* 익금불산입액은 배당금지급법인별로 각각 계산한다.

15 외국자회사 수입배당금의 익금불산입

내국법인(간접투자회사등은 제외)이 일정한 요건을 갖춘 외국자회사로부터 받은 이익의 배당금 또는 잉여금의 분배금(의제배당 등을 포함)의 95%에 해당하는 금액은 익금에 산입하지 않는다(법법 18조의4, 법령 17조의4). 이는 외국자회사로부터의 배당금 등에 대해 간접외국납부세액공제 제도를 통해 이중과세조정을 하는 것 대비 완전하게 이중과세조정을 해주어 추가적인 세부담이 없이 외국자회사에 유보된 소득을 국내에 반입하도록 촉진하려는 취지로 도입되었다(익금불산입율이 100%가 아니고 95%인 것은 배당을 추진하는 과정에서 5% 정도의 비용이 발생한다고 보고 그 5%는 다른 명목으로 손금 인정받을 것이니 95%만 익금불산입하면 100% 이중과세조정이 된다고 본 것이다).

가. 외국자회사의 요건

이 규정을 적용받을 수 외국자회사는 다음 요건을 모두 갖춘 자회사를 말한다.

㉠ 내국법인이 직접 의결권 있는 발행주식총수 또는 출자총액의 10%(「조세특례제한법」 제22조에 따른 해외자원개발사업을 하는 외국법인의 경우에는 5%) 이상을 출자하고 있는 외국법인

㉡ 내국법인이 보유하는 주식 등을 그 외국법인의 배당기준일 현재 6개월 이상 계속하여 보유하고 있는 외국법인(내국법인이 적격합병, 적격분할, 적격물적분할, 적격현물출자에 따라 다른 내국법인이 보유하고 있던 외국자회사의 주식등을 승계받은 때에는 그 승계 전 다른 내국법인이 외국자회사의 주식등을 취득한 때부터 해당 주식등을 보유한 것으로 본다)

나. 익금불산입 적용대상 수입배당금

위 요건을 갖춘 외국자회사로부터 받은 이익의 배당금 또는 잉여금의 분배금을 말하며, 여기에는 세법에 따른 의제배당을 포함한다.

다만 다음에 대해서는 익금불산입 적용대상 수입배당으로 보지 않는다.

㉠ 「국제조세조정에 관한 법률」에 따라 특정외국법인의 유보소득에 대하여 내국법인이 배당받은 것으로 보는 금액 및 해당 유보소득이 실제 배당된 경우의 수입배당금액

㉡ 「국제조세조정에 관한 법률」 제27조 제1항 각 호의 요건을 모두 충족하는 특정외국법인으로부터 받은 수입배당금액으로서 실제부담세액이 실제발생소득의 15퍼센트 이하인 특정외국법인의 해당 사업연도에 대한 이익잉여금 처분액 중 이익의 배당금(중간배당 포함) 또는 잉여금의 분배금 및 의제배당액. 다만 해외자원개발사업을 하는 외국자회사가 특정외국법인에 해당하는 경우 받은 수입배당금은 익금불산입 규정을 적용한다.

㉢ 혼성금융상품의 거래에 따라 내국법인이 지급받는 수입배당금액(여기서 혼성금융상품이란 자본 및 부채의 성격을 동시에 가지고 있는 금융상품으로서, 우리나라 세법은 해당 금융상품 거래에 따라 외국자회사로부터 받은 이자와 할인료를 배당소득으로 취급하는데 외국자회사가 소재한 국가에서는 해당 금융상품을 부채로 보아 해당 금융상품의 거래에 따라 거래상대방인 내국법인에 지급하는 이자 및 할인료를 이자비용으로 취급하는 경우를 말한다)

다. 기타

㉠ 이 규정을 적용받은 수입배당금은 이중과세조정이 완전하게 이루어진 것이므로 논리상 간접외국납부세액공제를 적용받을 수 없다. 그리고 이 규정을 적용한 수입배당금에 대해서 외국에서 원천징수방식으로 납부한 외국납부세액도 손금으로 인정받을 수 없다(법법 21 (1)).

㉡ 내국법인이 해당 법인이 출자한 외국법인(외국자회사는 제외한다)으로부터 자본준비금을 감액하여 받는 배당으로서 익금에 산입되지 아니하는 배당에 준하는 성격의 수입배당금액을 받는 경우 그 금액의 100분의 95에 해당하는 금액은 익금에 산입하지 아니한다. 이는 위 외국자회사의 요건을 충족시키지 못한 경우에 적용하는데, 이는 내국법인으로부터 자본준비금 등의 감액배당을 받는 경우 익금으로 보지 않도록 한 법 규정과 형평을 갖추기 위한 것이다.

법/인/세/법/강/의

연습문제

TYPE 주관식문제

01 「법인세법」상 자산의 평가이익을 어떻게 처리하는지 설명하시오.

02 임대보증금 등에 대한 간주임대료란 무엇인지 설명하시오.

03 잉여금의 자본전입에 따른 의제배당을 설명하시오.

TYPE 객관식문제

01 익금과 관련된 다음의 내용 중 세법의 내용과 가장 거리가 먼 것은? ▶'01 CPA 수정

① 법인이 합병・증자・감자 등의 자본거래로 인하여 특수관계인으로부터 이익을 분여받은 경우 그 이익은 익금이다.

② 법인이 특수관계인인 개인으로부터 유가증권을 시가에 미달하는 가액으로 매입하는 경우 시가와 당해 매입가액의 차액은 익금으로 본다.

③ 법인이 임의로 자산을 평가증한 경우 그 평가증은 익금에 산입하지 아니하나 보험업법 기타 법률에 의한 고정자산의 평가증은 익금항목이다.

④ 법인이 추계에 의해 소득금액을 결정하는 경우 모든 법인이 임대보증금 등에 대한 간주익금을 계산하나 추계에 의하지 않고 장부 등에 근거하여 소득금액을 결정하는 경우는 차입금과다법인으로서 부동산임대업을 주된 사업으로 하는 영리내국법인의 경우만 간주익금을 계산한다.

⑤ 채무의 출자전환으로 주식을 발행하는 경우 발행가액이 당해 주식의 시가(액면가액에 미달하면 액면가액)를 초과하는 것은 주식액면발행초과액이므로 익금이 아니다.

해설 채무출자전환시 시가를 초과해서 발행되면 그 차액은 실질상 채무면제이익으로 익금에 해당한다.

02 ㈜광운은 제16기에 특수관계인인 개인으로부터 다음과 같은 자산을 양도받았다.

	법인세법상 시가	매 매 가
토지 A(100㎡)	250,000원	230,000원
유가증권 B(2,000주)	570,000원	510,000원

회사는 제17기 중에 토지 A(100㎡)는 300,000원, 유가증권 B중 500주를 162,500원에 처분하였다. 양수 당시 토지 A와 유가증권 B에 대하여 매매가로 장부에 계상하였고 유가증권 B의 기말평가는 원가법에 의하여 행해졌으며 이후 처분의 거래도 회사가 정상적으로 회계처리하였다고 가정한다면 이에 대한 제16기와 제17기에 행해야할 세무조정은?

▶ '05 CPA 수정

	제16기	제17기
①	익금산입 80,000원 (유보)	손금산입 35,000원 (△유보)
②	익금산입 80,000원 (유보)	손금산입 80,000원 (△유보)
③	익금산입 60,000원 (유보)	손금산입 15,000원 (△유보)
④	익금산입 60,000원 (유보)	손금산입 60,000원 (△유보)
⑤	익금산입 20,000원 (유보)	손금산입 20,000원 (△유보)

해설
- 제16기 : <익금산입> 유가증권 60,000 (유보)
  특수관계인 개인으로부터 유가증권을 저가로 매입하였으므로 시가미달매입액을 익금산입하여 유보로 처분한다. 토지는 저가로 매입해도 저가매입액을 익금으로 보지 아니한다.
- 제17기 : <손금산입> 유가증권 15,000 (△유보)
  유가증권 2,000주 중에서 500주를 처분하였으므로 처분한 주식에 대한 유보를 손금산입하여 △유보로 처분한다.

03 ㈜한나라는 소유주식과 관련하여 피투자법인의 주주총회의 결의를 거쳐 무상주를 배정받은 내용이다. 이 자료에 의하여 ㈜한나라의 법인세 소득금액을 계산함에 있어서 의제배당에 해당하는 금액을 계산하면? (다만, 수입배당금액에 대한 익금불산입은 고려하지 말 것) ▶'94 세무사 수정

주식발행 법 인	취득주식수			배정사유
	주식수	액면가	시가	
㈜제주	500주	10천원	15천원	이익준비금 자본전입
㈜부산	100주	10천원	15천원	감자차익 자본전입
㈜광주	300주	10천원	15천원	주식발행초과금 자본전입
㈜서울	200주	10천원	15천원	주식발행초과금의 자본전입 -소유주식 지분분 150주 -㈜서울의 자기주식에 배정하지 않음에 따라 ㈜한나라의 지분비율을 증가시킨 주식 50주
계	1,100주			

* 취득주식의 액면가 및 시가는 1주당 가액임

① 9,750천원 ② 6,000천원 ③ 6,500천원
④ 9,000천원 ⑤ 정답 없음

해설 500주 × 10천운 + 50주 × 10천원 = 5,500천원

04 ㈜갑(사업연도 : 1.1~12.31)은 제9기 7월 1일에 다음 자료와 같이 ㈜을의 주식을 1주당 12,000원에 취득하였고, 이 취득에 의하여 제10기 7월 1일 무상주를 교부받았다. 이 거래를 기업회계기준에 따라 회계처리하였다고 할 때, ㈜갑이 제10기 사업연도에 의제배당과 관련하여 세무조정해야 할 내용은? ▶'02 CPA 수정

㈜을(사업연도 : 1.1~12.31)은 제10기 7월 1일 주식발행초과금 400,000,000원과 이익잉여금 100,000,000원을 재원으로 무상증자(액면 5,000원)를 실시하였다. ㈜을의 무상증자 실시 이전의 주식보유 현황과 무상주 교부 내역은 다음과 같다.

	무상증자 이전		
	보유주식수	지분비율	무상주 교부
㈜갑	20,000주	20.0%	25,000주
기타 주주	60,000주	60.0%	75,000주
자기주식	20,000주	20.0%	–
합 계	100,000주	100.0%	100,000주

① 익금산입 25,000,000원
② 익금산입 25,000,000원, 익금불산입 13,5000,000원
③ 익금산입 45,000,000원
④ 익금산입 45,000,000원, 익금불산입 6,000,000원
⑤ 익금산입 50,000,000원

해설 (1) 갑이 수취해야 할 무상주식수 : 100,000주×20%(지분율)=20,000주
(2) 추가로 수취한 무상주식수 : 25,000주−20,000주=5,000주
(3) 의제배당액 : (4,000주+5,000주)×5,000원=45,000,000원
(4) 수입배당금 익금불산입 금액 : 4,000주×5,000원×30%=6,000,000원(익금불산입, 기타)
※ 법인이 자기주식을 보유한 상태에서 자본전입을 하여 주주인 내국법인의 지분비율이 증가한 경우 증가한 지분율에 상당하는 주식의 가액에 대해서는 내국법인 수입배당금 익금불산입 규정을 적용하지 않는다(법령 17조의2 ⑤ (2)).

05 다음은 ㈜A의 제11기 사업연도(1.1.~12.31.)의 법인세 계산을 위한 세무조정 내역에 관한 설명이다. 옳지 않은 것은? ▶ '11 CPA 수정

① 전기 이전 납부한 법인세 중 당기에 환급된 금액 1,000,000원과 국세환급가산금 150,000원을 손익계산서상 잡이익으로 처리하고, 1,150,000원 전액을 익금불산입(기타)로 세무조정하였다.
② 수입배당금 3,000,000원(이 중 수입배당금 익금불산입규정에 따라 익금불산입되는 금액은 900,000원임)을 수령하면서 투자주식을 지분법에 따라 감액하고, 3,000,000원을 익금산입(유보)로, 900,000원은 익금불산입(기타)로 세무조정하였다.
③ 사업연도말 현재 건설공사가 진행 중인 건설본부에 근무하는 임원의 인건비 지급액 30,000,000원(이 중 세법상 손금불산입 해당액은 5,000,000원임)을 장부상 비용처리하고, 25,000,000원은 손금불산입(유보)로, 5,000,000원은 손금불산입(상여)로 세무조정하였다.
④ 채무면제이익 4,000,000원을 장부상 이익잉여금으로 회계처리하고, 동 금액을 익금산입(기타)로 세무조정하였다.
⑤ 자기주식을 2,000,000원에 취득하고 기업회계기준에 따라 장부상 자본에서 차감표시하고, 동 금액에 대하여 손금산입(기타)로 세무조정하였다.

해설 ⑤는 자기주식 취득 자체가 과세소득의 변동을 초래하게 되므로 틀리다.

06 부동산 임대업을 주업으로 하며 차입금 과다법인에 해당하는 내국법인 ㈜강남의 제7기 사업연도(1.1~12.31) 임대사업에 관한 자료는 다음과 같다. ㈜강남이 장부를 기장하여 정상적으로 신고하는 경우와 추계결정하는 경우의 간주임대료를 계산하면 각각 얼마인가? 단, 1년은 365일로 가정한다 ▶'11 CPA 수정

(1) 임대면적 : 주택부문 150㎡, 상가부문 600㎡
(2) 임대보증금 : 주택부문 ₩60,000,000, 상가부문 ₩600,000,000
(3) 주택임대사업부문의 수입금액 : 이자수입 ₩2,400,000
(4) 상가임대사업부문의 수입금액 : 이자수입 ₩3,800,000
배당금수입 ₩6,400,000, 유가증권처분손실 ₩2,000,000
(5) 6기 8월에 해당 부동산을 ₩500,000,000(토지가액 ₩300,000,000 포함)에 취득하였다.
(6) 임대기간은 7기 1.1부터 3년간이고, 정기예금이자율은 연 5%로 가정한다.

	장부를 기장한 경우	추계결정하는 경우
①	₩ 9,800,000	₩33,000,000
②	₩11,800,000	₩20,400,000
③	₩11,800,000	₩33,000,000
④	₩13,800,000	₩30,000,000
⑤	₩14,800,000	₩30,000,000

해설 (1) 장부를 기장한 경우

$$(₩600,000,000-₩200,000,000\times\frac{600㎡}{750㎡})\times5\%-(₩3,800,000+₩6,400,000)=₩11,800,000$$

(2) 추계결정하는 경우 : (₩600,000,000+₩60,000,000)×5%=₩33,000,000

01 ⑤ 02 ③ 03 ⑤ 04 ④ 05 ⑤ 06 ③

Chapter 04

손금 및 손금불산입

제 1 절 손금의 개요

손금이란 자본 또는 출자의 환급, 잉여금의 처분 및 손금불산입으로 규정된 것을 제외하고 해당 법인의 순자산을 감소시키는 거래로 인하여 발생하는 손실 또는 비용(이하 '손비'라고 한다)의 금액을 말한다(법법 19 ①).

손금 = 순자산감소액 −	자본 또는 지분의 환급 · 잉여금의 처분	−	법에서 정하는 손금불산입	+	법에서 인정한 손금

이러한 손금은 「법인세법」 및 다른 법률에서 달리 정하고 있는 것을 제외하고는 그 법인의 사업과 관련하여 발생하거나 지출된 손실 또는 비용으로서 일반적으로 인정되는 통상적인 것이거나 수익과 직접 관련된 것으로 한다(법법 19 ②).

그리고 법인은 모든 거래에 대하여 거래증빙과 지급규정, 사규 등의 객관적 자료에 의하여 이를 당해 법인에 귀속시키는 것이 정당함을 입증하도록(사회통념상 부득이하다고 인정되는 범위 내의 비용과 당해 법인의 내부통제기능을 감안하여 인정할 수 있는 범위 내의 지출은 제외) 요구하고 있다(법기통 4−0…2).

이러한 손금의 요건은 수익의 경우 순자산 증가액이면 조건없이 익금으로 보는 것과 비교하면 세법이 손금규제에 치중하고 있다는 것을 나타낸 것이다.

Reference 손금 인정의 추가요건

「법인세법」 제19조 제2항은 손금이 되기 위해서는 순자산이 감소되었다는 사실 외에도 「법인세법」이나 다른 법률에 특별한 규정이 있는 것을 제외하고는 '사업관련성이 있는 것으로서 통상적인 것이거나 또는 '수익관련성'이 있는 것이어야 한다고 하고 있다.

이와 관련하여 사업관련성 여부는 해당 법인의 업무나 그 영업내용을 기준으로 객관적으로 판단하여야 하는 것이고, 통상적인지 여부는 일반적으로 용인되는 것을 말하며 이상적인 비용이 아니라는 의미를 갖는다. 대법원(2010.10.26 선고, 2010두8614판결 참조)은 통상적인지 여부에 대해 '납세의무자와 같은 종류의 사업을 영위하는 다른 법인도 동일한 상황 아래서는 지출하였을 것으로 인정되는 비용'을 의미한다고 한다. 그리고 사업관련성 및 통상성의 요건을 갖추지 못하였더라도 해당 지출이 수익관련성이 있으면 손금이 될 수 있다.
한편 법인이 지출한 비용 중 법인세법이나 다른 법률에서 손금불산입으로 명시하지 않았다고 하더라도 「법인세법」 제19조 제2항의 손금인정의 추가요건을 갖추지 못한 경우에는 이 규정에 따라 손금불산입될 수 있다고 해석된다.

「법인세법」은 국가재정의 확보와 기업의 건전한 발전의 유도 등 조세정책적 목적에서 불필요한 지출을 억제하고 과다한 경비를 부인하는 등 법인의 비용을 상당부분 인정하지 아니함으로써 기업회계의 비용보다 그 범위가 좁은 반면에, 기업의 활동에 대한 조세지원의 한 수단으로서 기업회계기준에서 비용으로 보지 아니하는 준비금 등을 손금으로 인정하고 있다.

「법인세법」은 손금에 해당하는 손비는 다음의 것을 포함하도록 규정하고 있는데 대표적인 손금유형만을 예시한 것에 불과하다. 따라서 여기에 예시되지 아니한 것이라도 순자산을 감소시키는 것으로 손금인정 추가요건을 충족시킨다면 원칙적으로 손금에 해당한다(법령 19).

① 판매한 상품 또는 제품에 대한 원료의 매입가액과 그 부대비용, 판매부대비용
② 양도자산의 양도당시의 장부가액
③ 인건비
④ 유형자산의 수선비
⑤ 유형자산 및 무형자산에 대한 감가상각비
⑥ 자산의 임차료
⑦ 차입금이자
⑧ 대손금
⑨ 자산의 평가차손
⑩ 세금과 공과금
⑪ 영업자가 조직한 단체로서 법인·주무관청에 등록한 조합 등에 지급한 회비
⑫ 광업의 탐광비(탐광을 위한 개발비 포함)
⑬ 보건복지부장관이 정하는 무료진료권에 의한 무료진료 가액
⑭ 음·식료품 제조·도매·소매 내국법인의 무상 기증 잉여식품 장부가액

⑮ 업무와 관련한 해외시찰 · 훈련비
⑯ 「초 · 중등교육법」상 근로청소년의 특별학급 · 산업체부설 중 · 고 운영비
⑰ 「근로자복지기금법」에 따른 우리사주조합에 출연하는 자사주의 장부가액 또는 금품
⑱ 장식용 미술품의 취득가액으로 손비로 계상한 금액(거래단위별로 1천만원 이하)
⑲ 광고선전목적으로 기증하는 소액 물품의 구입비용
⑳ 주식매수선택권 등을 부여한 법인에게 행사비용으로 보전하는 금액
㉑ 주식매수선택권 부여에 따른 경제적 이익 제공 및 주식기준보상으로 지급하는 금전
㉒ 중소기업 등의 성과보상기금 납입금
㉓ 임직원의 사망이후 유족에게 지급하는 보상금
㉔ 사내근로복지기금 등에 출연하는 금품
㉕ 그 외의 손비로써 그 법인의 순자산을 감소시키는 거래로 인하여 발생하는 손비

한편 「법인세법」은 상기와 같이 손금에 해당되는 항목을 예시적으로 열거하고 있지만 이 손금이 판매비와관리비에 속하는지, 제조원가로 분류되어야 하는지, 아니면 자산취득가액에 포함되어야 하는지에 대하여는 규정하지 않고 있다. 따라서 이는 기업회계에 따라야 한다. 특정 손금항목이 판매비와관리비 · 제조원가 · 자산취득가액 중 어떻게 분류되느냐에 따라 과세소득이 달라질 수 있기 때문에 비용의 분류는 기업회계에 따라 적절하게 분류되어야 하는 것이다.

제2절 손금의 내용

01 판매한 상품 · 제품의 원가와 판매부대비용

이는 익금항목인 사업수입금액(상품 · 제품의 매출액)에 대응되는 항목이다. 「법인세법」은 이와 관련하여 다음 두 가지 항목을 규정하고 있다(법령 19(1) 및 (1의2)).

① 판매한 상품 또는 제품에 대한 원료의 매입가액(기업회계기준에 따른 매입에누리금액 및 매입할인금액을 제외)과 그 부대비용
② 판매한 상품 또는 제품의 보관료, 포장비, 운반비, 판매장려금 및 판매수당 등 판매와 관련된 부대비용(판매장려금 및 판매수당의 경우 사전약정 없이 지급하는 경우를 포함)

여기서 판매한 제품에 대한 원료의 매입가액과 그 부대비용이란 기초재고액에서 당기 구입액을 더하고 기말재고액을 차감한 매출원가를 의미한다.

02 양도자산의 양도당시 장부가액

양도한 자산의 양도 당시의 장부가액은 손금에 해당한다. 여기서 자산은 상품・제품 등의 재고자산 외의 자산을 의미한다(법령 19(2)).

양도당시의 장부가액이라 함은 익금항목인 자산의 양도금액에 대응되는 원가로써 기업회계기준에 의한 장부가액이 아니고 세무상 장부가액을 의미한다. 따라서 기업회계와 세무회계의 차이로 인하여 양도자산과 관련하여 유보되어 있는 금액이 있는 경우에는 해당 자산이 양도되면 세무조정시에 이를 손금불산입 또는 손금산입하여 유보잔액을 정리해주어야 한다.

예제 17

㈜경희는 토지(장부가액 5,000,000원)를 10,000,000원에 매각하고 유형자산처분이익 5,000,000원을 영업외수익으로 계상하였다. 자본금과 적립금조정명세서(을)에 동 토지에 대한 유보금 500,000원이 계상되어 있다. 토지처분에 따른 세무조정을 하시오.

해답 <손금산입> 토지 500,000(△유보)

* 양도금액에는 차이가 없으나, 양도자산의 장부가액은 결산상 5,000,000원, 세무상 5,500,000원으로 500,000원의 차이가 있으므로 결산상 유형자산처분이익은 500,000원이 과대계상된 것이다.

03 인건비

인건비란 임원 및 직원에게 근로제공의 대가로 지급하는 각종 보상으로서, 급여・상여금・제수당・퇴직급여 및 복리후생비 등을 모두 포함한다. 이러한 인건비의 지출은 법인의 순자산을 감소시키므로 과다하거나 부당하다고 인정되지 않은 한 원칙적으로 전부 손금으로 인정된다. 다만 「법인세법」은 임원 및 지배주주 등과 관련된 인건비에 대하여는 이들이 기업경영을 지배하고 중요한 의사결정을 하는 자들이므로 이들의 인건비에 대하여는 여러 가지 규제를 하고 있다.

여기서 임원이란 다음의 직무에 종사하는 자를 말한다(법령 42 ①).

① 법인의 회장·사장·부사장·이사장·대표이사·전무이사·상무이사 등 이사회의 구성원 전원과 청산인

② 합명회사·합자회사 및 유한회사의 업무집행사원 또는 이사

③ 유한책임회사의 업무집행자

④ 감사

⑤ 기타 이에 준하는 직무에 종사하는 자

가. 일반적인 급여

근로의 대가로 정기적으로 지급되는 급여·임금·급료·보수·수당 등 일반적인 급여는 직원과 임원을 구분하지 아니하고 원칙적으로 모두 손금에 산입한다. 따라서 급여를 현물로 제공하는 것도 포함되며, 해당 사업연도 종료일 현재 지급의무가 확정되었으나 미지급한 것도 손금으로 계상할 수 있다. 다만 다음의 경우에는 예외적으로 손금불산입한다(법령 43).

① 합명회사·합자회사의 노무출자사원 보수. 노무출자사원은 현금출자 대신에 노무를 출자한 것이므로 노무제공의 대가로 받은 인건비는 경제적 실질이 이익처분에 의한 배당에 해당되므로 손금으로 인정하지 않는 것이다. 다만, 「법인세법」은 소득처분을 상여로 하도록 하고 있다.

② 지배주주 및 지배주주와 특수관계에 있는 임원 또는 직원에게 정당한 사유없이 동일 직위의 다른 임직원 보수보다 초과하여 지급한 인건비. 여기서 지배주주란 당해 법인의 발행주식총수의 1% 이상의 주식을 소유한 주주로서 그와 특수관계에 있는 주주와의 소유주식 합계가 해당 법인의 주주 중 가장 많은 경우 해당 주주를 말한다(법령 43 ⑦).

③ 비상근 임원의 인건비 중 부당행위계산 부인 해당금액(법령 43 ④)

④ 「노동조합 및 노동관계조정법」에 위반하여 노조전임자 등에게 급여를 지급한 경우 해당 금액(법령 50 ①)

나. 상여금

상여금이라 함은 본래 법인이 근로의 제공을 받고 그 대가로 지급하는 부정기적인 급여를 말하지만 정기적인 상여금도 포함한다.

(1) 일반적인 상여금

법인이 지급하는 상여금은 원칙적으로 손금에 산입된다.

다만, 임원(비출자임원도 포함)에게 지급하는 상여금 중 정관·주주총회·사원총회 또는 이사회의 결의에 의하여 결정된 급여지급기준을 초과하여 지급하는 금액은 손금에 산입하지 않는다(법령 43 ②). 따라서 임원에 대한 급여지급기준이 없는 경우 상여금 전액이 손금불산입 대상이 된다.

(2) 출산 또는 양육지원금

임원 또는 직원의 출산 또는 양육지원을 위해 임직원에게 공통적으로 적용되는 지급기준에 따라 지급하는 금액은 법인의 손금이 된다.

(3) 주식매수선택권 등의 부여에 따른 경제적 이익과 주식기준보상으로 지급하는 금전

법인이 「상법」 등 관계 법령에 따라 해당 법인의 임직원에게 발행주식 총수의 10% 범위 내에서 주식매수선택권(우리사주 매수선택권 포함)이나 금전을 부여받거나 지급받은 자에 대한 다음의 금액은 법인의 손금이 된다(법령 19의2). 이때 손금이 되는 시기는 주식매수선택권 등을 부여하는 시점이 아니라 주식매수선택권 행사에 따라 실제 주식을 발행해주거나 금전을 지급하는 때이다.

① 주식매수선택권 부여에 따른 경제적 이익 : 주식매수선택권을 부여한 경우로 ㉠ 약정된 주식매수시기에 약정된 주식의 매수가액과 시가의 차액을 금전으로 지급하거나 차액을 해당 법인의 주식으로 지급하는 경우 그 차액 ㉡ 약정된 주식매수시기에 주식매수선택권 행사에 따라 주식을 시가보다 낮게 발행하는 경우 그 주식의 실제 매수가액과 시가의 차액

② 주식기준보상으로 금전을 지급하는 경우 해당 금액

(4) 이익처분에 의하여 지급하는 성과상여금

임원 또는 직원에게 이익처분에 의해 성과상여금 등을 지급하는 경우에는 법인이 결산상 비용으로 계상하는 경우에도 이익처분에 해당하므로 손금으로 인정받을 수 없다(법법 20, 법령 43).

(5) 법인세법상 상여처분 금액

「법인세법」에 따라 상여로 소득 처분된 금액은 현실적으로 지급한 상여금과 그 성질이 다르다. 「법인세법」에 따라 상여로 처분된 금액은 법인의 소득금액 계산이 종료된 후에 그 법인의 행위로 인하여 개인에게 그 금액이 귀속되었다고 판단해서 소득세를 과세하기 위하여 「법인세법」이 상여금으로 간주하는 것이다.

즉, 법인세의 과세표준을 신고하거나 이를 결정·경정함에 있어서 익금에 산입한 금액에 대하여 그 귀속자를 정하는 것이므로 손금에 산입될 수 없다.

다. 퇴직급여

직원이 현실적으로 퇴직해서 지급하는 퇴직급여는 손금으로 인정되며, 지급기준을 초과하더라도 손금으로 인정된다. 그러나 임원의 경우에는 현실적 퇴직으로 지급하는 경우라고 하더라도 다음 한도액의 범위에서 손금을 인정하고 다음 한도액을 초과하는 금액은 손금불산입(상여처분)한다(법령 44 ④).

임원 퇴직급여 한도액

① 정관에 퇴직급여(퇴직위로금 등을 포함)로 지급할 금액이 정해진 경우 : 정관에 정해진 금액*1
② 퇴직급여 규정이 없는 경우 :

퇴직 직전 1년간 총급여*2(손금불산입 상여 제외) $\times \frac{1}{10} \times$ 근속연수*3

*1 정관에서 위임된 임원 퇴직급여지급규정이 따로 있는 경우에는 이것도 인정한다.
*2 임원이 퇴직하는 날부터 소급하여 1년동안에 당해 임원에게 지급한 총급여액(비과세소득과 손금불산입되는 인건비 제외)으로 한다.
*3 근속연수는 역년에 의하여 계산한다. 이 경우 1년 미만의 기간은 월수로 계산하되, 1월 미만의 기간은 산입하지 않는다. 이 경우 해당 임원이 직원에서 임원으로 되는 때에 퇴직금을 지급하지 않았으면 직원의 근무기간을 합산할 수 있다.

한편 퇴직급여는 현실적으로 퇴직한 경우에 한하여 손금으로 인정되는 것이므로(법령 44 ①) 현실적 퇴직이 아닌 경우에 지급한 퇴직급여는 퇴직급여를 선지급한 것이므로 손금으로 인정하지 않고 세무상 업무무관가지급금으로 처리한다. 그리고 업무무관가지급금에 대해서는 지급이자 손금불산입과 가지급금에 대한 인정이자의 계산을 하게 된다.

라. 복리후생비

복리후생비라 함은 임원 및 직원에게 직접 지급되는 급여나 상여금과는 달리 전체 임원 및 직원의 복지와 후생 및 사기진작을 위하여 지출되는 각종 비용을 말하며, 식당·기숙사·체육관 등 복리시설의 관리비와 직원의 의료·위생·보험·위안 등에 소요되는 비용이 이에 해당된다.

「법인세법」은 법인이 임직원(「파견근로자보호 등에 관한 법률」에 따른 파견근로자를 포함한다)을 위하여 지출한 다음의 비용은 복리후생비로 손금 인정을 하고 그 외의 비용은 손금으로 인정하지 않는다고 규정하고 있다(법령 45 ①). 그러나 실무상은 아래와 유사한 비용들도 사회통념상 타당하다고 인정되는 범위에서 폭넓게 복리후생비로 손금 인정이 되고 있다.

구 분	복리후생비 범위
법 정 부 담 금	건강보험료·장기요양보험료·고용보험료·국민연금에 대한 사용자 부담금
복리시설운영비	직장어린이집의 운영비
기 타	직장체육비, 직장문화비, 직장회식비, 우리사주조합의 운영비, 사회통념상 타당한 범위 내의 경조사비, 기타 이와 유사한 비용. 다만, 무주택근로자에 대한 주택보조금은 제외

한편 건강보험료·장기요양보험료·고용보험료·국민연금은 회사와 임직원이 각각 1/2씩 부담해야 한다. 이에 따라 회사가 부담하는 건강보험료 등은 손금에 산입되고 임직원에게는 비과세 근로소득으로 본다. 이것은 복지후생목적으로 회사가 그 금액의 1/2을 부담하기 때문이다.

그러나 임직원이 부담하여야 할 건강보험료 등을 회사가 대신 부담하여 준 경우의 세무상 취급은 다른데, 요약하면 다음과 같다.

구 분	법인세법상 취급	소득세법상 취급
임 원	손금불산입(상여금)	과세(근로소득)
직 원	손 금 인 정(인건비)	과세(근로소득)

마. 해외출자법인 주재원에게 지급한 인건비

내국법인이 직·간접으로 100% 출자지분을 가진 해외현지법인에 파견한 임원 또는 직원에게 직접 인건비를 지급하고 임직원을 국내 거주자로 보아 「소득세법」에 따라 근로소득세를 원천징수한 경우 이를 내국법인의 손금으로 인정한다. 다만 해당 내국법인이 지급한 인건비가 해당 내국법인 및 해외출자법인이 지급한 인건비 합계액의 50% 미만인 경우로 한정한다(법령 19(3)).

바. 회사의 제품 등을 임직원에게 저가로 제공한 경우 그 차액

내국법인이 생산·공급하는 재화 또는 용역을 시가보다 낮은 가액으로 해당 내국법인의 임원 또는 직원에게 판매 또는 제공하는 경우 그 판매가액 또는 용역대가와 시가와의 차액은 세무상 임직원에게 지급하는 인건비의 일부로 본다(법령 19(3) 가).

사. 계열회사의 제품 등을 임직원에게 저가로 제공한 경우 그 차액

내국법인의 계열회사(「독점규제 및 공정거래에 관한 법률」에 따른 계열회사를 말한다)가 생산·공급하는 재화 또는 용역을 그 내국법인의 임원 또는 직원에게 시가보다 낮은 가액으로 판매 또는 제공하고, 해당 내국법인이 계열회사에 그 판매가액 또는 용역대가와 시가와의 차액을 지급하는 경우 그 차액은 세무상 임직원에게 지급하는 인건비의 일부로 본다(법령 19(3) 나).

04 유형자산 수선비

유형자산을 계속해서 사용하기 위해서는 수선이 필요하고 따라서 수선비가 지출되게 마련이다. 이러한 수선비 중 그 원상을 회복하거나 능률유지를 위하여 지출하는 수선비는 수익적 지출로 하여 이를 지출한 사업연도의 손금에 산입하고, 내용연수를 연장시키거나 가치를 증대시키는 수선비는 자본적 지출로 하여 그 유형자산의 취득원가로 계상하고 감가상각 등의 방법으로 손금에 산입하여야 한다.

05 자산의 임차료

법인이 타인의 자산을 임차하고 지급하는 임차료는 손금에 해당한다.

또한 임차법인이 부담한 임차보증금에 대한 간주임대료 부가가치세도 그 임차법인의 손금에 산입한다. 부동산임대용역 중 간주임대료에 해당하는 부분에 대하여는 세금계산서를 교부하지 않는다. 따라서 임차인은 간주임대료에 대한 부가가치세를 거래징수당하면서도 이것을 매입세액으로 공제 받지 못하고 스스로 부담하지 않을 수 없게 된다. 그러므로 이것을 「법인세법」상 손금으로 인정하는 것이다. 만일 임대인이 간주임대료에 대한 부가가치세를 부담하였다면 임대인이 그 금액을 손금으로 인정받는다.

정상적 조건으로 건물을 임차한 후에 임차인이 필요해서 임차자산에 시설물을 설치한 경우에는 임차인은 이를 임차자산설비(유형자산 · 기타자산)로 계상하고 임차기간 또는 그 시설의 내용연수에 따라 안분하여 손금에 산입하여야 할 것이다. 이때 그 임차기간 또는 그 시설의 내용연수가 완료되기 전에 임차계약을 해지하는 경우에는 그 잔액은 해지하는 사업연도의 손금에 산입하여야 한다.

06 차입금이자

타인자본에 대한 비용(당좌차월 · 차입금 · 사채 등의 지급이자와 할인료)은 원칙적으로 손금으로 인정한다. 그러나 다음과 같은 지급이자는 손금으로 인정하지 않는다. 손금불산입되는 지급이자에 대해서는 제7장(지급이자)에서 자세히 살펴볼 것이다.

① 채권자 불분명 사채이자
② 수취인이 불분명한 채권 · 증권의 이자 · 할인액
③ 건설자금이자(매입에 따른 부대비용에 속하는 이자 포함)
④ 업무무관자산 등에 대한 지급이자

07 직업훈련비

법인이 해당 법인의 종업원에 대하여 실시하는 직업훈련비는 손금에 산입한다. 또한 법인이 사내직업훈련을 실시하는 대신에 납부한 직업훈련부담금(직업훈련기본법 28)은 공과금으로 손금에 산입한다.

08 여 비

법인이 업무를 수행하기 위한 여비는 그 출장지의 국내·외 여부에 불구하고 모두 손금으로 산입한다. 그러나 법인이 임원 또는 직원이 아닌 지배주주 및 그 특수관계인에게 지급한 여비와 교육훈련비는 손금으로 인정하지 않는다(법령 46). 여비가 업무와 관련이 있는지 여부와 그 금액의 적정여부 판단에 어려움이 있어 기본통칙에서 자세히 규정하고 있다.

Reference 통칙 : 국내여비의 손금산입기준

임원 또는 직원에게 지급하는 여비는 해당 법인의 업무수행상 통상 필요하다고 인정되는 부분의 금액에 한하여 손금산입하며 초과되는 부분의 금액은 해당 임원 또는 직원에 대한 급여로 한다. 따라서 법인의 업무수행상 필요하다고 인정되는 범위 안에서 지급규정·사규 등의 합리적인 기준에 의하여 계산되고, 거래증빙과 객관적인 자료에 의하여 지급사실이 입증되어야 한다.다만, 사회통념상 부득이하다고 인정되는 범위내의 비용과 해당 법인의 내부통제기능을 감안하여 인정할 수 있는 범위내의 지급은 그러지 아니한다(법기통 19-19…36).

09 광업 탐광비(탐광을 위한 개발비 포함)

탐광이란 광산·탄전·유전 등의 개발을 위하여 광산을 발견하고 그의 성질·상태·규모 등을 알아내는 작업을 말하며, 이러한 새로운 지하자원을 찾아내는데 필요한 지질조사·시추 등을 위하여 소요되는 비용을 탐광비라 한다. 탐광비는 「법인세법」상 해당 사업연도의 손금으로 인정하고 있다.

그러나 지출한 사업연도에 손금에 산입하는 탐광비는 새로운 지하자원을 찾기 위하여 지출한 비용에 한하며 이미 탐광된 광산에서 광물을 채굴하기 위하여 지출한 갱도굴진비 등은 채광비로서 채광원가에 산입하여야 한다.

10 자산의 평가차손

자산의 평가차손은 다음 경우에만 손금으로 인정한다. 이러한 평가차손은 해당 자산에 대하여 감액사유가 발생한 사업연도(아래 유형자산에 해당하는 경우는 파손 또는 멸실이 확정된

사업연도를 포함한다)에 장부가액을 시가로 평가하고 그 평가차액을 손비로 계상한 경우에만 손금으로 인정되며(결산조정사항이다), 해당 사유가 발생하더라도 회사가 스스로 손비로 계상하지 않은 경우에는 신고조정을 통해 손금을 인정받을 수는 없다(법법 42, 법령 78)

구 분	사 유	평가액
(1) 재고자산	재고자산평가방법을 원가법으로 신고한 경우로써 파손·부패 등의 사유로 정상가격으로 판매할 수 없는 경우	사업연도종료일 현재 처분가능 시가
(2) 주 식	① 중소기업창업투자회사(신기술사업금융업자)가 보유하는 창업자(신기술사업자)가 발행한 주식 등으로서 그 발행법인에 부도 등*이 발생한 경우 ② 주권상장법인 주식으로 부도 등*이 발생한 경우 ③ 특수관계없는 비상장법인 주식으로 부도 등*이 발생한 경우(발행주식 총수의 5% 이하를 소유하고 그 취득가액이 10억원 이하인 경우에는 여기서 특수관계 여부의 판단에 있어서 특수관계가 없는 것으로 본다) ④ 주식 등을 발행한 법인이 파산한 경우	주식발행법인별로 시가평가액이 1,000원 이하인 경우 1,000원을 비망계정으로 함
(3) 유형자산	천재지변, 화재, 법령에 의한 수용, 채굴예정량의 채진(採盡)으로 폐광(토지를 포함한 광업용 유형자산이 그 고유의 목적에 사용될 수 없는 경우 포함)한 경우	사업연도 종료일 현재 시가

* 부도 등 : 주식발행법인이 부도가 발생한 경우 또는 「채무자 회생 및 파산에 관한 법률」에 따른 회생계획인가의 결정을 받았거나 「기업구조조정 촉진법」에 따른 부실징후기업이 된 경우를 의미한다.

예제 18

다음 각각의 자료에 의하여 세무조정 하시오.

1. 화재로 인하여 건물(장부가액 2,000,000원)이 소실되었다.
   회사는 재해손실 2,000,000원을 영업외비용으로 회계처리하였다.
2. 보험업법에 따라 토지를 평가증하기로 하고, 감정한 결과 감정가액이 장부가액보다 2,000,000원이 적으므로 이를 영업외비용으로 회계처리하였다.
3. 장부가액 10,000,000원인 상품이 부패되어 순실현가액이 5,000,000원이었다. 회사는 4,000,000원만 영업외비용으로 회계처리하였다. 회사는 관할세무서에 재고자산평가방법을 원가법으로 신고하였다.
4. 상품 중 유행의 변화로 인하여 가격이 하락한 것이 있으므로 가격하락액 3,000,000원을 영업외비용으로 회계처리하였다. 회사는 관할세무서에 재고자산평가방법을 저가법으로 신고하지 않았다.

해답 1. 세무조정 없음
2. <손금불산입> 토지평가손실 2,000,000 (유보)
* 보험업법 등 법률에 의한 평가증만을 인정하므로 감액하는 것은 허용되지 아니한다.
3. 세무조정 없음
* 재고자산평가방법을 관할세무서에 원가법으로 신고한 경우 파손·부패 등의 사유로 생긴 재고자산평가손실이더라도 결산조정사항이므로 결산상 비용으로 회계처리하지 않으면 신고조정할 수 없다.
4. <손금불산입> 상품평가손실 3,000,000 (유보)

11 세금과 공과금

세금과 공과금이란 법률 등에 의하여 부담하는 세금과 공과금을 말한다. 법인이 부담한 세금과 공과금 중 취득세, 관세 등과 같이 자산을 취득하기 위하여 지출하는 금액은 자산의 취득원가로 계상하여야 하지만, 그 외의 세금과 공과금은 그 법인의 순자산을 감소시키는 손비이므로 손금불산입으로 특별히 규정한 것 외에는 손금으로 인정한다(자세한 내용은 제3절에서 설명한다).

12 조합비 또는 협회비

조합비 또는 협회비는 영업자가 조직한 단체로서 법인이거나 주무관청에 등록한 조합 또는 협회에 지급한 회비 등을 말한다. 이러한 조합 또는 협회에 대한 정상적인 회비는 제한없이 손금으로 인정된다. 그러나 이러한 조합이나 협회에 지급한 특별회비와 임의로 조직한 조합 또는 협회에 지급한 회비는 지출의 성격에 따라 기업업무추진비 또는 기부금이 될 것이다.

13 무료진료권에 의한 무료진료 가액

보건복지가족부장관이 정하는 무료진료권에 의하여 행한 무료진료의 가액(인건비·약품비 등)은 그 의료법인의 손금에 산입한다.

14 무상기증 잉여식품의 장부가액

식품 및 생활용품의 제조업 · 도매업 또는 소매업을 영위하는 내국법인이 해당 사업에서 발생한 잉여식품 등을 「식품 등 기부활성화에 관한 법률」에 따른 제공자 또는 제공자가 지정하는 자에게 무상으로 기증하는 경우 그 기증한 잉여식품 등의 장부가액은 손금에 해당한다. 이 경우 그 금액은 기부금에 포함하지 않는다(법령 19(13의2)). 따라서 한도제한 없이 손금으로 인정받을 수 있다.

15 맞춤형 교육을 위한 운영비 · 수당 등

다음 중 어느 하나에 해당하는 운영비 또는 수당은 손금에 산입한다.

① 「초 · 중등교육법」에 따라 설치된 근로청소년을 위한 특별학급 또는 산업체부설 중 · 고등학교의 운영비

② 「산업교육진흥 및 산학연협력 촉진에 관한 법률」의 규정에 따라 교육기관이 당해 법인과의 계약에 의하여 채용을 조건으로 설치 · 운영하는 직업교육훈련과정 · 학과 등의 운영비

③ 「직업교육훈련 촉진법」 또는 「고등교육법」의 규정에 따른 현장실습에 참여하는 학생들에게 지급하는 수당

16 우리사주조합에 출연하는 자사주와 금품

「근로자복지기본법」에 따른 우리사주조합에 출연하는 자사주의 장부가액 또는 금품의 시가에 대하여는 손금으로 인정한다. 이는 출연(무상이전)하는 것만 적용되는 것이므로 증자방식으로 자사주를 배정하는 것은 포함하지 않는다. 그리고 출연한 자사주는 장부가액으로 손금이 인정되지만 자사주 이외의 금품을 출연하는 경우에는 시가로 평가한 금액이 손비로 인정된다.

만일 기업이 보유하던 자사주를 우리사주조합에 출연하는 경우의 사례를 살펴보면 다음과 같다. 기업회계에서는 이를 시가로 평가하여 출연에 대한 회계처리를 하게 된다.

조건) 우리사주조합에 출연일 현재 자사주의 세무상 장부가액은 1,000원이고, 출연당시 자기주식 시가는 1,200임.

출연시 회계처리)

(차) 급여 등	1,200	(대) 자기주식	1,000
		자기주식처분이익(자본잉여금)	200

필요한 세무조정) 익금산입 200 (소득처분 : 기타)

17 장식용 미술품의 취득가액

장식 · 환경미화 등을 목적으로 사무실 · 복도 등 여러 사람이 볼 수 있는 공간에 항상 전시하는 미술품의 취득가액을 그 취득한 날이 속하는 사업연도에 손비로 계상한 경우에는 손금으로 인정한다(취득가액이 거래단위별로 1천만원 이하인 것에 한정한다)(법령 19⒄). 이는 회사가 스스로 취득가액을 손비로 계상한 경우에 적용하는 것으로 만일 회사가 회계상 유형자산으로 계상하고 감가상각을 한다면 감가상각시부인의 방법에 따라 세무상 손금을 계산한다.

18 동업기업으로부터 배분된 결손금

동업기업에 대한 과세방법에 따르면, 동업기업에 결손금이 발생하면 매 사업연도마다 동업자들에게 결손금을 손익분배비율에 따라 귀속시킨 것으로 간주하게 된다. 따라서 동업기업에 참여한 동업자인 법인(수동적 동업자인 경우에는 결손금을 배분받을 수 없다)이 계산상 배분받은 결손금은 손금에 해당하게 된다(법법 19 ③).

19 광고선전용 물품의 구입비용

법인이 광고선전목적으로 불특정다수인에게 기증한 물품의 구입비용은 사업에 필수적인 것이므로 금액에 관계없이 손금이 된다. 그러나 특정인에게 기증한 물품은 원칙적으로 기업업무추진비에 해당되어 손금인정에 한도제한이 있지만, 특정인에게 기증한 물품(개당 3만원 이하의 물품은 제외)이라고 하더라도 연간 5만원 이내의 금액에 해당하는 것은 기업업무추진비로 보지 않고 손금으로 인정한다. 다만, 여기서 개당 3만원 이하의 물품을 특정인에게 기증한 물품에서 제외하고 있는데, 이는 개당 3만원 이하의 물품은 특정인에게 기증한 경우라고 하더라도 연간 5만원 이내의 금액에 한정하지 않고 전액 손금으로 인정하겠다는 취지이다.

20 주식매수선택권 등을 부여한 법인에게 행사비용으로 보전한 금액

임직원에게 주식매수선택권을 부여하거나 주식기준보상(주식이나 주식가치에 상당하는 금전으로 지급받는 상여금)을 하려면 임직원을 고용한 법인이 자신의 발행주식을 대상으로 주식매수선택권을 부여하거나 주식기준보상을 하는 것이 원칙이다. 그러나 해당 법인이 비상장법인이거나 소규모법인인 경우에는 임직원에 대한 동기부여의 실효성을 높이기 위해서 해당 법인의 발행주식을 사용하지 않고 상장법인이거나 대규모법인인 관계회사 등의 주식을 가지고 해당 법인의 임직원에게 주식매수선택권을 부여하거나 주식기준보상을 하는 경우가 있다(「상법」 제542조의3 제1항은 상장회사가 관계회사의 이사, 감사 또는 피용자에게 주식매수선택권을 부여할 수 있다고 규정하고 있다). 이러한 경우 해당 법인은 자신의 임직원을 위해서 대신하여 주식을 발행해주거나 주식기준보상을 한 관계회사에게 그 대가(행사비용)을 보상하여야 할 것이다.

이와 같이 주식을 발행해주거나 주식기준보상을 한 회사에게 그 행사비용을 보상한 경우 이는 「법인세법」상 손금으로 인정한다. 다만, 「법인세법」은 행사비용 보상을 손금으로 인정하는 경우를 다음의 경우로 한정하고 있다(법령 19 (19)).

① 금융지주회사로부터 부여 또는 지급된 주식매수선택권 등

② 해외모법인으로부터 부여 또는 지급된 주식매수선택권 등

21 중소기업 및 중견기업의 성과보상기금 납입금

「중소기업기본법」에 따른 중소기업 및 「조세특례제한법」에 따른 중견기업이 「중소기업인력지원 특별법」에 따라 5년 이상 재직하는 인력을 위한 핵심인력성과보상기금(내일채움공제)을 설치하고 법인이 그 기금에 납입하는 금액은 납입시점에 전액 손금으로 인정받을 수 있다(법법 19 (20)). 이 기금은 법인과 근로자가 함께 기금에 납입한 후 5년 이상

장기 근속한 경우 납입금 전부를 종업원이 받을 수 있도록 하는 것이다.

※ 중소기업 · 중견기업의 개념 : 중소기업은 직전 3개 과세연도 매출액의 평균금액이 1천억원 미만, 중견기업은 3천억원 미만 등 「조세특례제한법」이 정한 요건을 충족한 기업을 말한다. 한편 「중소기업기본법」에도 중소기업의 범위에 관한 규정이 있는데 이는 「조세특례제한법」의 중소기업 범위와 약간 다르다. 세법상 중소기업이란 용어는 대부분 「조세특례제한법」의 중소기업을 의미하지만, 일부 세법 규정은 「중소기업기본법」의 중소기업을 지칭하는 경우도 있다.

22 임직원의 사망 이후 유족에게 지급하는 보상금

임원 또는 사용인(지배주주등인 자는 제외)의 사망 이후 사내규정에 따라서 유족에게 학자금 등 위로금을 일시적으로 지급하는 금액은 손금으로 인정한다(법법 19 (21)). 본래 법적 지급의무가 없이 유족에게 지급하는 위로금은 유족이 법인의 임직원이 아니므로 손금으로 인정받을 수 없는 것이나, 이 규정에 따라 특별히 손금으로 인정받게 된다.

23 사내근로복지기금 등에 출연하는 금품

해당 내국법인이 설립한 사내근로복지기금, 해당 내국법인과 다른 내국법인 간에 공동으로 설립한 공동근로복지기금, 해당 내국법인의 협력중소기업이 설립한 사내근로복지기금, 해당 내국법인의 협력중소기업 간에 공동으로 설립한 공동근로복지기금에 출연하는 금품은 출연하는 시점에 손금으로 인정된다(법령 19 (22)).

24 그 외의 손비로서 그 법인의 순자산을 감소시키는 거래로 인하여 발생하는 손비

그 외의 손비로서 그 법인의 순자산을 감소시키는 거래로 인하여 발생하는 손비는 손금불산입 항목을 제외하고 그 법인의 손금으로 인정한다(법령 19 ⒃).

앞에서 손금으로 인정되는 항목을 예시하였으나 모든 거래에서 발생하는 손비를 전부 열거할 수는 없으므로 이를 포괄적으로 규정한 것이다.

제3절 세금과 공과금

세금과 공과금이란 법률이나 규정 등에 의하여 부담하는 세금과 공과금을 말한다. 여기서 세금은 국세 또는 지방세를 말하며, 공과금은 국가 또는 공공단체에 의하여 부과되는 공적 부담금을 말한다.

법인이 세금과 공과금을 납부한 경우 기업회계상 자산의 취득원가에 합산되어야 하는 경우 및 법에서 특별히 정한 경우 외에는 법인의 손금으로 인정된다.

01 취득원가에 포함되는 세금과 공과금

세금과 공과금 납부액이 기업회계상 자본적 지출액에 해당되어 자산의 취득원가에 포함되는 경우에는 해당 자산의 감가상각 또는 매각거래를 통해서 손금이 된다. 이러한 경우는 부동산을 취득하면서 납부한 취득세, 토지의 형질변경을 하면서 납부하는 개발부담금 등 각종 부담금, 원료의 수입에 따른 관세 등이 있다.

02 세금의 세무처리

법인이 납부하는 세금은 취득원가에 포함되는 경우를 제외하면 순자산 감소액이므로 당해 법인의 업무와 관련성이 있으면 원칙적으로 손금으로 인정된다. 따라서 재산세, 면허세, 자동차세, 인지세, 금융기관의 교육세, 종합부동산세 등이 손금으로 인정된다.

다만 예외적으로 법인세, 법인지방소득세, 가산세, 부가가치세 매입세액, 반출하였으나 판매하지 아니한 제품에 대한 개별소비세(구 특별소비세) · 주세 또는 교통 · 에너지 · 환경세의 미납액 등은 손금으로 인정되지 않는다.

가. 법인세 · 법인지방소득세 · 농어촌특별세

법인세(외국납부법인세 포함)는 손금으로 인정되지 않는다. 법인세는 소득에 부과되는 조세이며, 또한 손금으로 인정하게 되면 법인세를 계산하여야만 손금산입될 법인세를 계산할 수 있다는 순환논리에 빠지기 때문이다. 아울러 법인세에 부가되는 법인지방소득세와 법인세에 대한 농어촌특별세도 마찬가지 이유로 손금으로 인정되지 않는다(법법 21 (1), 농특법 13).

그리고 연결납세를 하는 경우 연결집단에 소속된 모회사와 자회사는 서로 부담하여할 법인세 등의 차이 금액을 서로 수수하게 되는데 이때 연결모회사나 연결자회사가 정산 과정에서 지급하거나 지급할 법인세액 등도 손금으로 인정되지 않는다. 또한 외국납부법인세등 중에서 외국자회사로부터의 수입배당금에 대하여 익금불산입 규정을 적용받거나 외국납부세액공제를 받는 것들도 손금으로 인정되지 않는다.

나. 부가가치세 매입세액

재화 또는 용역을 공급받거나 재화를 수입할 때 부담한 부가가치세 매입세액은 원칙적으로 손금으로 인정되지 않는다. 부가가치세 매입세액은 본래 정부에 납부할 매출세액에서 차감되거나 또는 정부로부터 환급받게 될 것이기 때문이다. 따라서 부가가치세 납부세액의 계산에 있어서 공제되는 의제매입세액과 재활용 폐자원 등에 대한 매입세액에 대하여도 원재료의 매입가액에서 공제하고 손금으로 인정하지 않는다. 만일 이것을 매입가격에서 공제하지 않는다면 당해 원재료의 매입가액이 손금으로 인정될 때 결국 함께 손금으로 인정받는 결과가 되기 때문이다.

그러나 본래부터 「부가가치세법」상 공제되지 않는 것으로 예정되어 있는 것들은 손금으로 인정된다. 이 경우 자산의 취득원가나 자본적 지출 해당분은 일단 자산으로 계상한 후 추후에 손금으로 인정되게 될 것이다(법법 21(1), 법령 22).

공제되지 않는 부가가치세 매입세액 세무처리

구 분	매입세액	세무처리
손금인정*1	비영업용 소형승용자동차의 구입·유지에 관련된 매입세액	구입관련 매입세액 : 자본적지출 유지관련 매입세액 : 차량유지비(손금)
	기업업무추진비관련 매입세액	기업업무추진비로 보아 기업업무추진비한도 시부인 계산
	토지의 자본적 지출 관련 매입세액	토지에 대한 자본적 지출
	영수증분 매입세액	지출내용에 따라 손금 또는 자본적 지출
	간주임대료 매입세액	임차인이나 임대인 중 부담자의 손금
	면세사업자의 모든 매입세액	지출내용에 따라 손금 또는 자본적 지출

구 분	매입세액	세무처리
손금불인정	사업자등록 전 매입세액	손금불산입(기타사외유출)
	사업과 관련없는 매입세액	
	세금계산서 미수취 · 미제출 · 부실기재분 매입세액	
	매입처별 세금계산서합계표 부실기재 · 미제출분 매입세액	

*1 이 항목들은 대부분 「부가가치세법」이 처음부터 매입세액공제를 받을 수 없는 것으로 예정한 것들이다. 그리고 해당 매입세액이 자산의 취득가액에 해당된다면 일단 자산으로 계상된 후 감가상각이나 처분을 통해서 손금으로 인정될 것이고, 해당 매입세액이 자산 취득가액에 포함되지 않는다면 해당 비용의 일부로 처리되게 될 것이다.

다. 세법상 의무불이행세액(가산세 포함)

각 세법에서 규정하는 의무불이행(직접국세 의무불이행은 물론, 간접국세의 의무불이행 포함)을 함으로써 납부하였거나 납부할 세액은 아래와 같은 이유로 손금으로 인정하지 않는다(법법 21 (1), 법령 21).

첫째, 법인이 원천징수세액을 징수하지 않고 대신 납부한 경우와 같이 타인의 세액을 징수하지 않았기 때문에 그것을 대납하는 경우는 본래 법인이 부담할 것이 아니므로 손금으로 인정하지 않는다.

둘째, 의무불이행에 대한 제재로서 부과되는 가산세 등은 이를 손금으로 인정할 경우 징벌의 효과를 감소시키게 되기 때문에 손금으로 인정하지 않는다.

라. 제2차 납세의무자로 납부한 세금

「국세기본법」상 제2차 납세의무자로서 납부한 세액은 손금에 산입하지 아니한다. 이 경우는 원래의 납세의무자에 대하여 구상권을 가지고 있으므로 세금을 납부한 때에는 일단 채권으로 처리하여야 하기 때문이다. 다만, 특별한 경우 다른 제2차 납세의무자 등에게 구상권을 행사할 수 없는 부분에 한하여 손금에 산입할 수 있다.

마. 개별소비세 · 주세 등

개별소비세, 주세, 교통 · 에너지 · 환경세는 부가가치세 매출세액과 마찬가지로 소비자로부터 징수하여 그대로 납부하는 간접세이므로 손금으로 인정받을 수 없다.

「법인세법」이 법문상 '반출하였으나 판매하지 않은 제품에 대한 개별소비세 등의 미납액'만 손금불산입으로 규정하고 있지만, 이는 반출하였지만 아직 판매되지 않은 제품에 대한 개별소비세 등을 비용으로 계상한 경우(예를 들면 '(차변)세금과공과금 ××× (대변)부채 ×××'로 회계처리한 경우)에 손금으로 인정하지 않는다는 의미일 뿐, 그 밖의 경우에는 개별소비세 등을 손금으로 인정한다는 의미는 아니다.

03 공과금의 세무처리

공과금은 국가 · 지방자치단체 · 공공단체 등에 의하여 강제적으로 부과하는 모든 공적 부담금으로서 조세 이외의 것을 말한다. 이러한 공과금은 개발부담금, 교통유발부담금, 장애인고용부담금 등이 있으며, 이는 자산의 취득원가를 구성하는 것과 법에서 특별히 손금불산입으로 열거한 것 외에는 전부 손금에 산입할 수 있다. 다만, 다음 중 어느 하나에 해당하는 공과금은 영구적으로 손금불산입된다(법법 21 (4), (5), 법령 19(10)).

① 법령상 의무적으로 납부하는 것이 아닌 공과금 : 임의출연금 등

② 법령상 의무불이행 또는 금지 · 제한 등 위반에 대한 제재로 부과되는 공과금 : 장애인고용부담금 · 대기오염물질 배출량에 대한 초과배출부담금(기본배출부과금은 손금으로 인정) 등

04 법령위반 · 의무불이행

법령에 따른 의무의 불이행 또는 금지 · 제한 등의 위반을 이유로 부과되는 벌금 · 과료 · 과태료 · 가산금 및 강제징수비는 손금으로 인정하지 않는데(법법 21(4)), 이를 손금으로 인정할 경우 징벌적 효과가 줄어들어 공익에 반하기 때문이다.

가. 벌금 · 과료 · 과태료

(1) 요 건

벌금 · 과료 · 과태료는 다음의 요건을 갖춘 것을 말한다.

① 부과권자는 국가 · 지방자치단체가 부과권자이어야 한다. 이 경우 외국의 법률에 의하여 국외에서 납부한 벌금도 손금으로 인정되지 않는다(법기통 21…0…2).

② 부과근거는 법령 위반에 대하여 법령에 근거하여 부과한 것이어야 한다. 법령에

의하지 아니하는 사계약상(私契約上) 의무불이행으로 부담하는 지체상금(정부와 납품 계약 지체상금 포함) · 연체이자 · 연체금 등은 손금에 산입한다.

(2) 사 례

벌금 · 과료 · 과태료에 해당하는 것에 대한 예는 다음과 같다.

벌금 · 과료 · 과태료에 해당하는 것	벌금 · 과료 · 과태료에 해당하지 않는 것
① 법인의 임원 · 사용인 「관세법」 위반 벌과금 ② 업무 관련 발생 교통사고 벌과금 ③ 산재보험료 가산금(산재보험료 연체금 ⇨ 손금항목) ④ 금융기관의 지급준비금 부족에 대한 한국은행 납부 과태금 ⑤ 국외에서 외국형법 · 법률에 의하여 몰수된 재산가액 · 추징금 ⑥ 「국민건강보험법」상 징수하는 징수금 ⑦ 외국법에 의해 국외납부 벌금	① 사계약상 의무불이행 지체상금(정부와 납품계약 지체상금 포함하며 구상권 행사 가능한 것 제외) ② 보세구역 장치 수출용원자재가 「관세법」상 장치기간 경과로 국고귀속 확정된 자산의 가액 ③ 사계약상 연체이자(철도화차사용료 연체이자, 산재보험료 연체금, 국유지 사용료 연체료, 전기요금 연체가산금, 건강보험연체료)

나. 가산금과 강제징수비

국세와 지방세의 원활한 징수를 위하여 가산금과 강제징수비는 손금에 산입하지 아니한다. 가산금은 납부지연에 대한 연체이자 성격이나 다른 연체이자와 달리 손금불산입하는 점에 유의하여야 한다.

예제 19

다음은 제조업을 영위하는 서해㈜의 판매비와 관리비에 계상된 세금과 공과의 내역이다. 이 자료를 참고로 세무조정을 하시오.

일 자	적 요	금 액	지급여부
1. 15	교통신호 위반 범칙금	150,000원	지급
3. 10	조달청 납품 지체상금	500,000원	〃
6. 20	산재보험료 연체금	400,000원	〃
7. 15	산재보험료 가산금	1,000,000원	〃
10. 10	건축법 위반 벌과금	5,000,000원	미지급

해답 <손금불산입> 벌과금 6,150,000*1 (기타사외유출)

*1 150,000 + 1,000,000 + 5,000,000 = 6,150,000

*2 통지에 의하여 납부하는 벌과금은 고지서를 수령하면 미지급상태인 경우에도 해당 연도분으로 본다. 본 문제에서 건축법 위반 벌과금은 미지급상태이나 벌과금이 확정되었으므로 해당연도분으로 본다.

제 4 절 손금불산입

01 의 의

가. 개 요

「법인세법」은 익금보다는 손금의 규제에 더 중점을 두고 있으므로 기업회계와 세무회계의 차이는 대부분 손금불산입항목 때문에 발생한다.

「법인세법」상 손금불산입항목은 기업회계상 비용에 해당하나 조세회피의 방지·과소비규제 등 조세정책적 목적에 의하여 손금산입을 제한하는 것과 자본거래에 해당되어 손금불산입으로 규정한 것으로 나누어진다.

나. 회계처리방법에 따른 세무조정

(1) 손금불산입항목을 비용으로 회계처리한 경우

손금불산입항목을 회계상 비용으로 회계처리한 경우에는 당기순이익이 과소계상되었으므로 손금불산입으로 세무조정하고, 필요한 소득처분을 하면 된다.

(2) 손금불산입항목을 자산으로 회계처리한 경우

손금불산입 항목을 회계상 자산으로 처리한 경우 손금불산입항목이 회계상 비용처리되지 않았으므로 해당 사업연도의 회계이익은 과세소득과 차이가 생기지 않는다. 따라서 과세소득의 계산이라는 관점에서 보면 세무조정이 필요없다.

그러나 손금불산입항목이 회계상 자산에 포함되어 있기 때문에 회계상 자산가액은 세무상 자산가액보다 과대 표시되어 있다. 따라서 세무상 과세소득에 영향을 미치지 않도록 하면서 재무상태표 자산가액만을 감소시켜줄 필요가 있는데, 이를 위해서 손금산입과 손금불산입의 세무조정을 동시에 하면서 손금산입에 대한 소득처분을 △유보로 한다. 그러면 세무상 자산가액은 재무상태표 자산가액에서 △유보 금액이 차감한 금액이 되어 손금불산입항목이 세무상 자산가액에서 제거되게 된다.

그리고 자산에 포함된 손금불산입항목은 추후 해당자산에 대해서 회계상 감가상각을 하거나 자산을 처분할 때 회계상 비용으로 처리되게 되는데, 회계상 비용으로 처리되었을 때 관련 비용을 손금으로 인정하지 않는 세무조정을 하고, 관련 △ 유보 잔액을 추인해주게 된다.

결산상 회계처리	세무조정
비용으로 회계처리	손금불산입(배당 · 상여 등)
자산으로 회계처리	• 자산으로 계상한 사업연도 손금산입(세무상 자산이 아닌 것에 대해 회계상 자산처리를 한 것에 대한 세무조정, 소득처분 : △유보)과 손금불산입(손금으로 인정받을 수 없는 비용에 대한 세무조정, 소득처분 : 배당 등)으로 동시에 세무조정 • 자산을 비용으로 처리하는 사업연도 손금불산입(유보)

예제 20

다음 자료를 이용하여 제10기와 제11기의 세무조정을 하시오.

제10기

1. 도로교통법에 의한 벌과금 100,000원을 토지에 대한 자본적 지출로 처리하였다. 당 법인의 토지는 이 한 건이 전부이다.
2. 전기법인세 추납액 200,000원을 영업외비용으로 처리하였다.

제11기

1. 상기1의 토지를 처분하고 처분이익을 영업외수익으로 회계처리하였다.
2. 이익처분에 의하여 임직원에게 상여금 1,000,000원을 지급하고 잉여금처분으로 회계처리하였다.

해답 1. 제10기

① 토지로 계상한 벌과금

<손금산입> 토 지 100,000 (△유보)

<손금불산입> 벌 금 100,000 (기타사외유출)

② 전기법인세 추납액

<손금불산입> 법인세 200,000 (기타사외유출)

2. 제11기

① 토지처분

<손금불산입> 토 지 100,000 (유보)

② 이익처분 상여금

세무조정 없음(이익처분방식으로 회계처리하였으므로 당기순이익에는 영향이 없음)

※ 만일 이익처분에 의해 상여금을 지급하고 결산상 비용으로 회계처리하였다면 손금불산입(상여금) 1,000,000원(상여)로 세무조정이 될 것이다.

02 자본거래 등으로 인한 손금불산입

가. 잉여금처분의 손비계상

잉여금의 처분은 이익잉여금이나 자본잉여금 등의 감소로 회계처리하는 것이 원칙이다. 따라서 회사가 결산을 확정할 때 잉여금의 처분에 해당하는 것을 손익계산서의 비용으로 회계처리한 경우, 즉 회사가 손비로 계상한 경우 이는 「법인세법」상 손금이 될 수 없다.

나. 주식할인발행차금

주식할인발행차금이란 주식을 액면에 미달하는 가액으로 발행하는 경우에 액면에 미달하는 금액과 신주발행비(신주를 발행할 때 발생된 직접비용)의 합계액을 말한다. 기업회계상 주식할인발행차금은 손익거래가 아니므로 자본에서 차감표시(자본조정)하였다가 주식발행초과금과 상계하거나 이익잉여금과 상계하도록 하고 있다. 「법인세법」도 주식할인발행차금을 자본거래로 보아 손금으로 인정하지 않는다(법령 20 (2)).

03 업무무관비용

법인이 각 사업연도에 지출한 비용 중 그 업무와 직접 관련이 없다고 인정되는 다음의 비용은 손금에 산입하지 않는다(법법 27, 법령 50). 이는 손금은 그 법인의 사업과 관련성이 있는 것으로서 일반적으로 인정되는 통상적인 것이거나 수익과의 관련성을 요구하는 것(법법 19)과 그 취지를 같이 한다.

① 업무무관자산을 취득·관리함으로써 생기는 비용
② 타인 또는 출자자인 임원과 그 친족이 사용하는 사택 등의 유지·관리비
③ 뇌물에 해당하는 경제적 이익
④ 업무무관자산을 취득하기 위한 자금의 차입과 관련된 비용
⑤ 관련 법령에 위반하여 노동조합 전임자에게 지급하는 급여

가. 업무무관자산의 취득·관리비

업무무관 부동산과 업무무관 동산을 취득·관리함으로써 생기는 비용·유지비·수선비 및 이와 관련되는 비용은 손금에 산입하지 아니하는데(법령 49 ③), 이러한 비용에는 수선비·유지비·관리비는 물론 재산세 등의 세금과 공과금 및 감가상각비 등이 있다.

그러나 업무무관자산의 취득가액은 업무무관비용이 아니라 자산의 취득원가를 구성하게 되며 따라서 양도시 손금에 산입되고, 업무무관자산의 처분시 관련 처분손실도 손금으로 인정된다.

업무무관자산의 범위(법령 49)

가. 업무무관 부동산

① 부동산을 취득한 후 일정 유예기간이 경과할 때까지 법인의 업무에 직접 사용하지 않는 부동산

② 유예기간 중에 법인의 업무에 직접 사용하지 않고 양도하는 부동산(부동산매매업이 주업인 경우는 제외)

다만 상기 '①' 및 '②'에서 법령에 의하여 사용이 금지되거나 제한된 부동산 등 부득이한 사유가 있는 경우에는 제외함.

유예기간은 일반적인 부동산의 경우는 취득일로부터 2년, 건물신축용토지와 부동산매매업의 매매용 부동산은 취득일로부터 5년임.

나. 업무무관 동산
① 서화·골동품. 단, 사회통념상 업무관련성이 있다고 인정되는 것은 제외
② 비업무용 자동차·선박·항공기 등

나. 타인의 주로 사용하는 물건 등의 유지관리비

해당 법인이 직접 사용하지 않고 타인(비출자임원·소액주주인 임직원은 제외)이 주로 사용하는 장소·건축물·물건 등의 유지비·관리비·사용료와 이와 관련되는 지출금은 업무와의 관련성이 없으므로 손금으로 인정되지 않는다(다만, 「대·중소기업 상생협력 촉진에 관한 법률」에 따른 사업을 제조업영위 중소기업에 이양하기 위하여 무상으로 해당 중소기업에 대여하는 생산설비와 관련된 지출금 등은 제외한다) (법령 50 ①(1)).

다. 출자임원이 사용하는 사택의 유지관리비

회사의 사택(임직원이 거주하도록 제공한 주택)을 출자임원(소액주주인 임원은 제외한다)이나 그 친족이 사용하는 경우 그 유지비·관리비·사용료 등 지출금은 손금으로 인정되지 않는다(법령 50 ①(2)).

사택유지관리비 세무처리

사택 사용자	사택 유지비	사택 저율 임대시 부당행위계산부인
출자임원 및 그 친족	손금불산입항목(업무무관경비)	○
비출자임원(소액주주임원 포함)	손금항목(복리후생비)	×
사 용 인	손금항목(복리후생비)	×

라. 뇌물에 해당하는 금전 및 제공한 경제적 이익

법인이 지출한 「형법」 또는 「국제상거래에 있어서 외국공무원에 대한 뇌물방지법」에 따른 뇌물에 해당되는 금전 및 제공한 경제적 이익은 법인의 손금으로 인정되지 않는다.

마. 업무무관자산을 취득하기 위한 자금의 차입과 관련된 비용

상기 '가'의 업무무관자산을 취득하기 위한 자금의 차입과 관련된 비용은 손금에 산입하지 않는다. 이런 비용은 차입에 따른 지급보증료, 담보설정비용, 알선수수료 등이 해당된다.

바. 노동조합 전임자에게 관련 법령의 기준을 초과하여 지급하는 급여

법인은 「노동조합 및 노동관계조정법」에서 정하는 근로시간 면제한도를 초과하지 않는 범위에서 노동조합 전임자가 임금의 손실이 없이 노동조합의 유지·관리업무를 할 수 있도록 노동조합 전임자에게 임금 보전을 할 수 있다. 그러나 법인이 동 법령이 정하는 근로시간 면제한도를 초과하여 노동조합 전임자에게 임금을 보전하는 경우에는 그 초과 지급하는 급여는 업무무관비용이 되어 손금으로 인정받을 수 없다.

04 징벌적 손해배상금의 손금불산입

법인의 업무수행 중 타인에게 손해를 입혀서 이를 배상하는 손해배상금은 법인의 순자산을 감소시키므로 원칙적으로 손금이다. 그러나 일정한 국내의 법령(「제조물책임법」, 「개인정보보호법」, 「하도급거래 공정화에 관한 법률」, 「대리점거래의 공정화에 관한 법률」, 「중대재해 처벌 등에 관한 법률」 등) 또는 그 밖에 이와 유사한 방식으로 실제 발생한 손해액의 일정 배수를 한도로 손해배상 책임을 정하는 법령(외국의 법령을 포함)에 따라 실제 발생 손해액을 초과해서 배상하는 징벌적 손해배상금은 손금으로 인정하지 않는다(법법 21의2). 이는 기업이 사회적 책임을 제대로 이행하도록 하기 위한 취지에서 입법되었다. 그리고 손해배상금 중 실제 발생 손해액을 배상하는 부분과 징벌적 손해배상액의 구분이 분명하지 않는 경우에는 다음 계산식에 따라 계산한 금액을 손금불산입하는 징벌적 손해배상금으로 본다(법령 23).

손금불산입대상 손해배상금＝A×(B－1)/B A : 지급한 손해배상금 B : 해당 법령에서 정한 실제 발생한 손해액 대비 손해배상액의 배수 상한

05 공동경비의 손금불산입

법인은 다른 법인 또는 개인 등과 함께 사업이나 활동을 하면서 조합 등의 형식으로 함께 운영할 수 있다. 그리고 여러 계열회사들이 함께 그룹회사들의 이미지 제고를 위한 공동 광고활동을 하는 등 일회성 활동도 할 수 있다. 이러한 경우 공동활동을 통해서 발생된 손비를 참여회사들 간에 어떻게 분담할 것인지가 문제인데 세법은 아래 기준에 의한 분담금을 초과하여 부담하는 경우 이를 손금으로 인정하지 않는다(법령 48).

출자 형태	특수관계 존재여부	공동경비 분담기준*4
출자에 의하여 특정사업을 공동으로 경영하는 경우	특수관계인 여부에 관계없음	출자비율(출자총액 중 해당 법인이 출자한 금액 비율)
출자없이 공동으로 경영하는 경우	공동사업자간에 특수관계가 있는 경우	직전 사업연도 또는 해당 사업연도의 매출액 비율과 총자산가액 비율(총자산가액 비율에 따를 경우 한 공동사업자가 다른 공동사업자의 지분을 보유하는 경우에는 그 주식의 장부가액은 제외하고 계산한다) 중에서 선택하고, 선택하지 않은 경우에는 직전 사업연도의 매출액 비율을 선택한 것으로 본다.*1 *2 *3 (선택한 사업연도부터 5년간 연속하여 적용한다)
	공동사업자간에 특수관계가 없는 경우	약정에 따른 분담비율(약정이 없으면 특수관계가 있는 경우의 기준을 적용)

*1 공동행사비 및 공동구매비 등은 다음 기준에 따를 수 있다.
㉠ 공동행사비 등 참석인원의 수에 비례하여 지출되는 손비 : 참석인원 비율
㉡ 공동구매 등 구매금액에 비례하여 지출되는 손비 : 구매금액 비율
㉢ 공동광고선전비 : 국외 공동광고선전비는 수출액 비율, 국내 공동광고선전비는 국내매출액 비율
㉣ 무형자산의 공동사용료 : 직전사업연도의 기업회계기준에 따른 자본의 총합계액 비율

*2 매출액과 총자산가액은 기업회계기준에 따른 금액임.

*3 특수관계가 있는 비출자 공동사업자 중 어느 하나의 법인에게 직전 사업년도 매출액이 없는 경우에는 해당 사업연도 매출액 비율 또는 총자산가액 비율 중에서 선택하고, 선택하지 않는 경우에는 해당 사업연도 매출액 비율을 선택한 것으로 본다.

*4 공동소유자산을 보유함으로 인해 생기는 공동경비의 분담기준도 적절하게 분담되어야 하며, 그 기준은 2025년도 중에 정해질 예정이다.

06 업무용승용차 관련비용의 손금불산입 특례

업무용승용차 관련비용은 업무관련성이 있으며 법인의 순자산을 감소시킨다는 점에서는 전액 손금으로 인정되어야 한다. 그러나 현실적으로 법인의 승용차가 부분적으로 임직원의 개인적 용도로 사용되거나 업무상 필요이상으로 고가의 승용차를 구입해서 임원이 사용하는 경우에도 관련비용을 무조건 손금으로 인정해주는 것은 공평과세를 해칠 수 있다. 이러한 취지에서 「법인세법」은 업무용승용차 관련비용에 대한 손금불산입 특례를 두고 규제를 하고 있다.

가. 적용대상

법인이 소유하는 「개별소비세」 부과대상 업무용승용차(운수업, 자동차판매업, 자동차임대

업, 운전학원업 등에서 영업용으로 사용하는 승용차와 임시운행허가를 받은 자율주행자동차는 제외)로 인해 발생하는 관련비용이 규제대상으로, 관련비용에는 업무용승용차에 대한 감가상각비, 임차료, 유류비, 통행료 및 금융리스부채에 대한 이자비용 등 업무용승용차의 취득·유지비용 전부가 포함된다(법령 제50조의2 ②).

나. 손금으로 인정되는 금액의 계산방법

손금으로 인정되는 업무용승용차 관련비용은 업무용승용차별로 다음과 같이 계산한다.

① 임직원 전용 자동차보험에 가입하지 않은 경우*1 : 전액 손금 불인정

② 업무용승용차 전용번호판 부착대상이 이를 부착하지 않은 경우 : 전액 손금 불인정

③ 임직원 전용 자동차보험에 가입하였으나*1 운행기록을 작성하지 않은 경우 :
손금 한도=Min(업무용승용차 관련비용, 1천5백만원*2)

④ 임직원 전용 자동차보험에 가입하고 운행기록*3을 작성한 경우 :
손금 한도=업무용승용차 관련비용×업무사용비율*4

*1 임직원 전용 자동차보험 : 해당 법인의 임직원 또는 협력업체 임직원이 해당 법인의 업무를 위해 운전하는 경우만 보상 대상인 자동차보험으로 해당 사업연도 전체 기간 동안 가입되어 있어야 한다. 다만 임차승용차의 경우에는 해당 법인의 임직원 또는 계약에 따라 해당 법인의 업무를 위하여 운전하는 사람만을 운전자로 한정하는 임대차 특약을 체결한 경우에도 임직원전용자동차보험에 가입한 것으로 본다. 그리고 해당사업연도 중 일부기간만 업무전용자동차보험에 가입한 경우에는 가입일수 비율에 의하여 손금을 인정한다(법령 50의2 ⑨).

*2 국토교통부장관이 정하는 바에 따라 법인업무용 자동차번호판을 부착하여야 하는 업무용 승용차가 해당 자동차번호판을 부착하지 않으면 전액 손금불산입이 된다(법령 50조의2 ④(3)).

*3 해당 사업연도가 1년 미만인 경우에는 1천5백만원에 해당 사업연도의 개월수를 곱하고 이를 12올 나누어 산출한 금액으로, 사업연도 중 일부 기간 동안 보유하거나 임차한 경우에는 1천5백만원에 해당 보유기간 또는 임차기간 월수를 곱하고 이를 사업연도 월수로 나누어 산출한 금액으로 계산한다(업무용승용차 손금불산입 특례에 대한 설명에서 이하 같다).

*4 운행기록 : 운행기록 양식 등 구체적 사항은 국세청장이 정한다.

*5 업무사용비율=승용차별 운행기록상 업무용 주행거리÷총 주행거리
여기서 업무용 주행거리는 제조·판매시설 등 해당 법인의 사업장 방문, 거래처·대리점 방문, 회의 참석, 판촉 활동, 출·퇴근 등 업무수행에 따라 주행한 거리를 말한다.

상기 손금으로 인정되는 업무용 승용차 관련비용 중 감가상각비와 업무용자동차처분손실의 손금인정에 대해서는 다음의 내용에 따른다.

① 업무용승용차 손금인정한도액을 계산할 때 감가상각비에 대해서는 별도로 손금인정한도액을 계산하여야 한다. 업무용승용차 감가상각비(업무용승용차를 임차한 경우에는 임차료 중 감가상각비상당액을 의미) 중 업무사용금액은 연간 8백만원(8백만원은

해당 사업연도가 1년 미만인 경우 8백만원에 해당 사업연도의 월수를 곱하고 이를 12로 나누어 계산하고, 사업연도 중 일부 기간 동안 보유하거나 임차한 경우에는 800만원에 해당 보유기간 또는 임차기간 월수를 곱하고 이를 사업연도 월수로 나누어 계산한다. 이하 설명에서 같다)을 한도로 손금으로 인정한다(법법 27조의2 ③항). 이때 업무용승용차 감가상각비 중 업무사용금액은 다음과 같이 계산한다.

㉠ 임직원 전용 자동차보험에 가입하고 운행일지를 작성한 경우

감가상각비 업무사용금액=해당 업무용승용차의 감가상각비×업무사용비율*

* 업무사용비율=승용차별 운행기록상 업무용 주행거리÷총 주행거리

㉡ 임직원 전용 자동차보험에 가입하고 운행일지를 작성하지 않은 경우

ⓐ 업무승용차 관련비용이 1천5백만원 초과인 경우

감가상각비 업무사용금액=해당 업무용승용차의 감가상각비×(1천5백만원÷업무용승용차 관련비용)

ⓑ 업무승용차 관련비용이 1천5백만원 이하인 경우

감가상각비 업무사용금액=해당 업무용승용차의 감가상각비 전액

한편 업무용 승용차를 리스하거나 렌트하여 사용하는 경우에 지급하는 임차료(리스료 또는 렌트료) 중에 포함된 감가상각비 상당액을 구하고 여기에 업무사용비율을 적용하게 되는데, 임차료 중에 포함된 감가상각비 상당액이란 다음의 금액을 말한다(법칙 27조의2 ③).

㉠ 시설대여업자로부터 임차한 리스차량의 경우는 리스료 중 보험료, 자동차세, 수선유지비를 차감한 금액. 다만, 수선유지비를 별도로 구분하기 어려운 경우에는 보험료와 자동차세를 차감한 임차료의 7%를 수선유지비로 계산할 수 있다.

㉡ 자동차대여사업자로부터 임차한 렌트카의 경우는 임차료의 100분의 70에 해당하는 금액

② 상기 '①'의 감가상각비 한도초과액은 다음 사업연도부터 해당 업무용승용차의 감가상각비 업무사용금액이 8백만원에 미달하는 경우 그 미달액을 한도로 해당 사업연도에 손금으로 추인한다(법령 제50조의2 ⑨(1)).

③ 업무용승용차 처분손실도 연간 8백만원을 한도로 손금으로 인정하고, 한도초과액

은 이월하여 손금에 산입하는데 다음 사업연도부터 연간 8백만원씩 손금에 산입한다(법령 제50조의2 ⑪).

④ 업무용승용차 관련비용 중 감가상각비에 대한 세무조정을 위해서는 제일 먼저 업무용승용차에 대해 정액법, 내용연수 5년을 적용한 감가상각비를 세무상 손금에 반영하여야 한다(법령 제50조의2 ③). 따라서 회계상 해당 감가상각비가 결산에 반영되어 있지 않은 경우에는 부족액을 의무적으로 세무조정 과정에서 손금에 산입하여야 한다. 그리고 감가상각비에 대해 상기 업무사용비율을 적용해서 감가상각비 중 업무사용금액을 구하고, 감가상각비 중 업무사용금액을 연간 8백만원 한도과 비교해서 손금불산입액을 구하게 된다. 즉, 업무용승용차 관련비용 중 감가상각비에 대한 세무조정을 위해서는 '업무용승용차에 대한 해당 감가상각비의 손금반영 여부에 대한 판단 → 업무사용비율을 적용해서 감가상각비 중 업무사용금액 산출 → 연간 손금인정한도 8백만원과 비교하여 손금불산입액 계산'하는 과정을 거쳐야 한다.

다. 부동산임대업을 주업으로 하는 소규모 법인에 대한 특례

부동산임대업을 주된 사업으로 하는 소규모 법인은 업무용승용차 관련비용의 손금인정한도를 계산할 때 ㉠ 업무용승용차 감가상각비 손금인정한도를 연간 8백만원이 아니라 연간 4백만으로 적용하고 ㉡ 운행기록을 작성하지 않는 경우의 손금인정한도를 연간 1천5백만원이 아니라 연간 5백만원으로 적용한다(법법 27조의2 ⑤, 법령 50조의2 ⑮).

여기서 부동산임대업을 주된 사업으로 하는 소규모 법인이란 다음 요건을 모두 갖춘 법인을 말한다(법령 39 ③~⑥).

구 분	내 용
① 지분 기준	해당사업연도말 현재 지배주주 및 그 특수관계인의 지분이 50%를 초과할 것
② 업종 기준	해당사업연도에 다음의 어느 하나에 해당할 것 ㉮ 부동산임대업이 주된 사업(사업수입금액 기준으로 주업을 판단) ㉯ 부동산임대수입, 이자소득, 배당소득의 합이 매출액의 50%이상(기업회계기준에 따라 계산한 매출액으로 계산하며, 부동산임대수입, 이자소득, 배당소득이 매출액에 포함되지 않는 경우에는 이를 포함하여 계산한다)
③ 고용 기준	해당사업연도의 상시근로자의 수가 5인 미만(근로기준법에 따라 근로계약을 체결한 근로자로서 최대주주 및 그와 친족관계인 근로자, 근로계약이 1년 미만인 근로자는 제외)

라. 손금불산입액에 대한 소득처분

업무용승용차 관련비용 중 손금불산입액은 다음과 같이 소득처분을 한다.

① 업무용승용차 관련비용(감가상각비 및 감가상각비상당액 포함) 중 사적 사용분이 분명한 부분은 실제 귀속에 따라 상여 등으로 소득처분을 한다.

② 업무용승용차 임차료 중 감가상각비 상당액의 손금한도초과액 및 업무용승용차 처분손실의 손금한도초과액은 간주기타사외유출 규정에 따라 기타사외유출로 소득처분을 한다.

③ 업무용승용차의 감가상각비 중 업무사용금액이 감가상각비 연간 손금인정한도액 8백만원(부동산임대를 주업으로 하는 소규모 법인은 4백만원)을 초과하는 금액은 유보로 소득처분을 한다.

예제 21

㈜강남(사업연도 1.1.~12.31., 제조업)은 제9기 사업연도 1월 1일 업무용승용차 1대를 54,000,000원에 신규 취득하였고(업무용승용차 전용번호판 부착대상이 아님), 동 승용차에 관련된 제9기 사업연도의 비용은 다음과 같다. 각 물음별로 업무용승용차 관련비용에 대한 세무조정을 하시오(소득처분 포함).

제9기 사업연도 업무용승용차 관련비용의 내용					
감가상각비	6,000,000원	유 류 비	7,000,000원	수리비	2,000,000원
보 험 료	1,000,000원	자동차세	800,000원	합 계	16,800,000원

1 임직원 전용 자동차 보험에 가입하고 운행일지를 작성하지 않은 경우

2 임직원 전용 자동차 보험에 가입하고 운행일지를 작성한 경우(운행일지상 업무사용비율은 80%라고 가정)

해답 1. 임직원 전용 자동차보험에 가입하고 운행일지를 작성하지 않은 경우

➤ 의무 감가상각비에 대한 조정

- 업무용승용차 의무 감가상각비 = 54,000,000 × 0.2(정액법, 5년 상각율)
  = 10,800,000원
- 회사 결산반영 감가상각비가 6,000,000원이므로 부족 계상액 4,800,000원을 손금산입(△유보)
- 이로써 해당 업무용승용차 관련비용 중 해당 감가상각비는 10,800,000원이 되었고, 관련비용 합계액은 21,600,000원이 되었다.

➤ 감가상각비 업무사용금액의 산출

(운행일지를 작성하지 않았고 관련비용 합계액이 1천5백만원을 초과하므로)

- 감가상각비 업무사용금액 = 업무용승용차의 감가상각비 × (1천5백만원 ÷ 업무용승용차 관련비용 합계액)
  = 10,800,000 × (15,000,000 ÷ 21,600,000)
  = 7,500,000원

➤ 업무용승용차 감가상각비 한도초과액에 대한 세무조정

- 감가상각비 업무사용금액이 7,500,000원이고 회사 계상 감가상각비는 10,800,000원이므로 업무사용금액 초과분 3,300,000원은 손금불산입(상여)로 세무조정
- 감가상각비 업무사용금액은 7,500,000원이고 감가상각비 손금인정한도액이 8,000,000원이므로 업무사용금액과 손금인정한도 비교를 통해서 손금불산입할 금액이 없음.
- 이로써 해당 업무용승용차 관련비용 중 해당 감가상각비는 7,500,000원이 되었고, 관련비용 합계액은 18,300,000원이 되었다.

➤ 업무용승용차 관련비용 합계액에 대한 세무조정

- 업무용승용차 관련비용 합계액(18,300,000원) − 업무용승용차 손금인정한도(1천5백만원) = 3,300,000원 (손금불산입, 상여)

2. 임직원 전용 자동차보험에 가입하고 운행일지를 작성한 경우(업무사용비율 80%)

➤ 의무 감가상각비에 대한 조정

- 업무용승용차 의무 감가상각비 = 54,000,000 × 0.2(정액법, 5년 상각율)
  = 10,800,000원

  ⇒ 손금산입(감가상각비) 4,800,000원 △유보
- 이로써 해당 업무용승용차 관련비용은 중 감가상각비는 10,800,000원이 되었고, 관련비용 합계액은 21,600,000원이 되었다.

➤ 감가상각비 업무사용금액의 산출

(운행일지상 업무사용비율이 80%이므로)

- 감가상각비 업무사용금액 = 해당 업무용승용차의 감가상각비 × 업무사용비율
  = 10,800,000 × 80% = 8,640,000원

➤ 업무용승용차 감가상각비 한도초과액에 대한 세무조정

- 감가상각비 업무사용금액이 8,640,000원이고 회사 계상 감가상각비는 10,800,000원이므로 업무사용금액 초과분 2,160,000원은 손금불산입(상여)로 세무조정
- 감가상각비 업무사용금액이 8,640,000원이고 손금인정한도액이 8,000,000원이므로 640,000원을 손금불산입하고 유보로 소득처분(유보금액은 향후 이월하여 손금추인이 될 것이다)
- 이로써 해당 업무용승용차 관련비용 합계액은 18,800,000원이 되었다.

➤ 업무용승용차 관련비용 중 감가상각비를 제외한 비용에 대한 세무조정

- 감가상각비에 대한 세무조정은 이미 완료하였으므로 나머지 비용에 대해서만 세무조정을 한다.
- 손금산입한도액＝감가상각비 외의 비용 합계액(10,800,000원)
  ×업무사용비율(80%)
  ＝8,640,000원
- 손금한도초과액＝10,800,000원－8,640,000원
  ＝2,160,000원(손금불산입, 상여)

법/인/세/법/강/의

연습문제

TYPE

주관식문제

01 급여 중 손금불산입되는 경우를 설명하시오.

02 업무용승용차 관련비용의 세법상 규제에 대해 설명하시오.

03 임원의 퇴직급여손금인정한도액에 대하여 설명하시오.

TYPE

객관식문제

01 「법인세법」상 손금으로 인정되지 않는 벌과금 등 항목만으로 묶인 것은? ▶ '04 CPA 수정

가. 산업재해보상보험법의 규정에 의하여 징수하는 산업재해보상보험료의 가산금
나. 외국의 법률에 의하여 국외에서 납부한 벌금
다. 국유지 사용료의 납부지연으로 인한 연체료
라. 업무와 관련하여 발생한 교통사고 벌과금
마. 전기요금의 납부지연으로 인한 연체가산금
바. 국민건강보험법의 규정에 의하여 징수하는 가산금

① 다, 마
② 다, 라, 마
③ 나, 다, 마
④ 가, 마, 바
⑤ 가, 나, 라, 바

해설 산업재해보상보험법의 규정에 따라 징수하는 산업재해보상보험료의 가산금, 외국의 법률에 따라 국외에서 납부한 벌금, 업무와 관련하여 발생한 교통사고 벌과금, 국민건강보험법의 규정에 따라 징수하는 가산금은 손금불산입에 해당한다.

02 다음 중 「법인세법」상 손금불산입항목이 아닌 것으로만 묶여진 것은?

가. 교통위반범칙금	나. 동창회비	다. 전력비 연체료
라. 재산세	마. 출자임원에 대한 사용자부담분 건강보험료	

① 가, 나, 다　② 가, 다, 바　③ 나, 라, 바
④ 가, 라, 마　⑤ 다, 라, 마

해설 교통위반범칙금, 동창회비는 손금불산입항목인 반면, 전력비연체료, 재산세, 사용자부담분 건강보험료는 손금에 산입된다.

03 A씨는 당기 말 현재 건설 중인 사옥건축현장에서 제7기 4월 1일부터 근무하던 임원인데 제10기 12월 31일 퇴직하였다. 제10기에 A씨에게 지급한 급여액은 45,000,000원이고 상여금은 18,000,000원이며, 퇴직시 지급한 퇴직금은 21,000,000원이다. 임원에 대한 급여지급규정 및 퇴직금지급규정이 없으며, 퇴직급여충당금을 설정하지 아니하였다. A씨에게 지급된 급여액, 상여금 및 퇴직금은 모두 판매비와 관리비로 회계처리하였다. 제10기(1.1.~12.31.) 세무조정은? ▶ '04 CTA 수정

① 손금불산입 61,875,000원(유보)
② 손금불산입 18,000,000원(상여), 손금불산입 66,000,000원(유보)
③ 손금불산입 84,000,000원(유보)
④ 손금불산입 22,125,000원(상여), 손금불산입 61,875,000원(유보)
⑤ 손금불산입 18,000,000원(상여)

해설
- **상여금** : 18,000,000(손금불산입, 상여)
- **퇴직금 한도액 및 한도초과액**
  - 한도액 : 45,000,000×10%×3년9/12=16,875,000
  - 한도초과액 : 21,000,000−16,875,000=4,125,000(손금불산입, 상여)
- **건설중인 자산을 판매관리비로 처리한 것에 대한 세무조정(기업회계의 보충적 적용)**
  - 손금불산입 61,875,000 유보
    61,875,000=45,000,000+21,000,000−4,125,000

04 다음 중 손금항목으로만 묶인 것은?

㉠ 재고자산의 매입가액과 판매부대비용	㉡ 여비와 훈련비
㉢ 채권자 불분명 사채이자	㉣ 비지정기부금
㉤ 노무출자사원의 보수	㉥ 양도한 자산의 장부가액

① ㉠㉡㉢ ② ㉠㉡㉥
③ ㉡㉢㉥ ④ ㉡㉤㉥

해설 ㉠㉡㉥ 손금항목에 해당한다.
㉢㉣㉤ 손금불산입항목에 해당한다.

05 경원㈜는 당해 사업연도(1.1~12.31) 중에 다음과 같은 인건비를 지출하였다. 다음의 자료를 참조하여 계산한 세무조정 후 사업연도소득은? ▶ '98 CPA 수정

(1) 손익계산서상의 당기순이익70,000,000원(법인세 등 15,000,000원)
(2) 손익계산서의 인건비항목 계상내역 중 당기 말에 퇴직한 전무이사와 부장에 관한 자료는 다음과 같다.

수령자	급 여	상 여	퇴직금	근속기간
전무이사	30,000,000원	15,000,000원	9,000,000원	1년 6개월 10일
부 장	10,000,000원	6,000,000원	23,000,000원	10년

(3) 전무이사의 상여에는 급여지급규정 외에 별도로 지급한 금액 5,000,000원이 포함되어 있으며, 동 금액은 손익계산서의 인건비항목에 포함되어 있다.
(4) 회사는 퇴직급여지급규정이 없어서 임원의 퇴직금은 주주총회의 결의에 의하여 지급하고, 사용인의 퇴직금은 「근로기준법」에 의하여 지급하고 있다.

① 85,000,000원 ② 88,000,000원
③ 90,000,000원 ④ 93,000,000원
⑤ 95,000,000원

해설 **• 결산서상 당기순이익** 70,000,000
• 익금산입 및 손금불산입

– 법인세 등	15,000,000	
– 임원상여금 한도초과액	5,000,000	
– 임원퇴직금 한도초과액	3,000,000*	23,000,000
– 각 사업연도 소득금액		93,000,000

• 임원퇴직금 한도초과액

– 한도액 $=$ 총급여 $\times \frac{1}{10} \times$ 근속연수

$$=(45,000,000-5,000,000)\times\frac{1}{10}\times1\frac{6}{12}=6,000,000$$

– 한도초과액 : 9,000,000－6,000,000＝3,000,000

06 ㈜강남은 사옥을 신축하기 위하여 토지(정착된 건물을 포함)를 1억원에 취득하였다. 사옥의 신축을 위하여 구건물의 철거비용으로 ₩11,000,000(부가가치세 포함)을 지출하고 이를 판매비와관리비(지급수수료)로 회계처리하였다. 이에 대한 세무조정으로 맞는 것은?

① 손금불산입 1,000,000(기타사외유출)

② 손금불산입 11,000,000(기타사외유출)

③ 손금불산입 10,000,000(유보)

④ 손금불산입 11,000,000(유보)

⑤ 손금불산입 10,000,000(유보), 손금불산입 1,000,000(기타사외유출)

해설 구건물의 철거비용과 관련 부가가치세 매입세액(토지의 가치를 증가시키는 지출이므로 매입세액불공제됨)은 자산성이 있는 손금항목에 해당하므로 토지의 취득원가로 처리하여야 한다. 이를 당기 비용으로 회계처리하였으므로 다음과 같이 세무조정을 하여야 한다(기업회계의 보충적 적용).

<손금불산입> 토 지 11,000,000(유보) ⇨ 토지처분시 손금산입(△유보)함

07 다음은 ㈜E의 제7기 사업연도(1일 1일~12월 31일)의 법인세 계산을 위한 세무조정 내역이다. 설명 중 옳지 않은 것은? ▶ '07 CPA 수정

① 채무 8,000,000원의 출자전환으로 주식(액면가액 5,000,000원, 시가 6,000,000원)을 발행하면서 차변에 차입금 8,000,000원, 대변에 자본금 5,000,000원, 주식발행초과금 3,000,000원으로 회계처리하고 2,000,000원을 익금산입하고 기타로 소득처분하였다.

② 유가증권을 특수관계인인 개인으로부터 50,000원(시가 70,000원)에 매입하여 취득가액으로 회계처리하고, 시가와 구입가의 차이인 20,000원을 익금산입하고 유보로 소득처분하였다.

③ 장부가액이 2,000,000원인 유형자산에 대하여 시가하락으로 인한 회수가능가액을 1,500,000원으로 평가하여 그 차액 500,000원을 손익계산서상 손상차손으로 회계처리하고 500,000원을 손금불산입하고 유보로 소득처분하였다.

④ 제3자로부터 취득한 자기주식(취득가액 50,000원)을 60,000원에 처분하고 그 차액 10,000원을 손익계산서상 자기주식처분이익으로 계상하고, 별도의 세무조정을 하지 않았다.

⑤ 전기분 재산세 100,000원이 당기에 환입되어 이를 손익계산서상 잡이익으로 계상하고, 100,000원을 익금불산입하고 기타로 소득처분하였다.

해설 재산세는 손금으로 인정되는 제세공과금이므로 전기에 손금으로 인정받았을 것이다. 따라서 당기에 환입된 금액은 당기의 익금에 해당되므로 당기에 익금불산입할 항목이 아니다.

08 ㈜수원은 제5기(1.1~12.31) 초부터 신제품개발을 시작하여 동년 10월 1일 제품개발을 완료하였으며 동 일자로 신제품판매를 시작하였다. 신제품개발기간에 지출한 80,000,000원은 기업회계기준상 무형자산인 개발비에 해당되어 개발비계정으로 처리하였으며, 이 중에는 신제품 개발부서 책임자로서 임원의 상여금 한도초과액 5,000,000원이 포함되어 있다. 개발비 상각기간은 5년으로 신고하였으며, 경과월수에 따라 4,000,000원을 개발비상각계정으로 당해연도의 손익계산서에 계상하였다. 이 경우 개발비와 관련해서 제5기에 행해야 할 세무조정은? ▶ '03 CPA 수정

① 익금산입·손금불산입 임원상여금 한도초과액 5,000,000원(상여)

② 익금산입·손금불산입 임원상여금 한도초과액 5,000,000원(상여)
손금산입·익금불산입 개발비 5,000,000원(△유보)

③ 익금산입·손금불산입 임원상여금 한도초과액 5,000,000원(상여)
익금산입·손금불산입 개발비상각 250,000원(유보)
손금산입·익금불산입 개발비 5,000,000원(△유보)

④ 익금산입·손금불산입 임원상여금 한도초과액 5,000,000원(상여)
익금산입·손금불산입 개발비상각 4,000,000원(유보)
손금산입·익금불산입 개발비 5,000,000원(△유보)

⑤ 익금산입·손금불산입 임원상여금 한도초과액 5,000,000원(상여)
익금산입·손금불산입 개발비상각 1,000,000원(유보)
손금산입·익금불산입 개발비 5,000,000원(△유보)

해설

구 분	세무조정
임원상여금한도초과액	<손금산입> 개 발 비 5,000,000(△유보) <손금불산입> 임원상여금 5,000,000(상여)
개발비상각분에 대한 세무조정	<손금불산입> 개발비상각 250,000(유보) $4{,}000{,}000 \times \frac{5{,}000{,}000}{80{,}000{,}000} = 250{,}000$

09 「법인세법」상 영리내국법인의 각사업연도소득금액에 관한 설명이다. 옳은 것은?

▶ '12 CPA 수정

① 채무의 출자전환으로 주식을 발행함에 있어 시가가 액면가액에 미달하는 경우, 그 주식의 시가를 초과하여 발행된 금액 중에는 채무면제이익을 제외한 주식발행액면초과액만큼의 익금불산입항목이 존재한다.

② 「법인세법」상 특수관계인이 아닌 개인으로부터 유가증권을 시가보다 낮은 가액으로 매입하는 경우 시가와 그 매입가액의 차액에 상당하는 금액은 익금으로 본다.

③ 유형자산의 자본적 지출에 대해서 세금계산서를 수취하지 않음으로 인해 공제받지 못한 부가가치세 매입세액은 당해 유형자산의 취득원가에 가산하지 않는다.

④ 「부가가치세법」상 비영업용 소형승용자동차의 유지에 관한 부가가치세 매입세액(자본적 지출은 제외)은 손금에 산입하지 않는다.

⑤ 내국법인이 근로자(임원 제외)와 성과의 측정 및 배분방법 등에 대하여 사전에 서면으로 약정을 하고 이에 따라 그 근로자에게 잉여금의 처분에 의해 지급하는 성과배분상여금은 손금에 산입한다.

해설 ① 채무의 출자전환시 주식 발행가액이 시가를 초과하는 경우 시가초과액은 채무면제이익으로 익금에 해당하지만, 시가가 액면가액에 미달하는 경우에는 주식발행가액이 액면가액을 초과하는 금액이 채무면제이익으로 익금에 해당한다.

② 「법인세법」상 유가증권을 시가보다 낮은 가액으로 매입하는 경우 시가와 그 매입가액의 차액에 상당하는 금액을 익금으로 보는 것은 특수관계있는 개인으로부터의 매입만 해당한다.

④ 「부가가치세법」상 비영업용 소형승용자동차의 유지에 관한 부가가치세 매입세액(자본적 지출은 제외)은 매입세액공제는 되지 않지만 법인세법상 차량유지비용으로 손금인정된다.

01 ⑤ 02 ⑤ 03 ④ 04 ② 05 ④ 06 ④ 07 ⑤ 08 ③ 09 ③

Chapter 05 기부금

제1절 기부금 의의와 범위

01 기부금 의의

기부금이란 내국법인이 사업과 관계없이 무상으로 지출하는 금액을 말하며 거래를 통해서 실질적으로 증여한 것으로 인정되는 의제기부금을 포함한다(법법 24 ①, 법령 35). 기부금은 업무와 직접 관련 없는 지출이므로 본래 손금이 될 수 없다. 그러나 기부금 가운데 기업활동의 원활한 수행을 위하여 사실상 불가피하게 요구되거나 공익성이 있는 것은 일정한 한도액 범위 안에서 손금인정하고 있다.

기부금은 법령상 지출이 강제되지 않는다는 점에서 공과금과 구분되고, 사업과 직접 관련없이 지출된다는 점에서 기업업무추진비와 구분되고, 불특정다수인에게 지출되는 것이 아니라는 점에서 광고선전비와 구분된다.

기부금 · 기업업무추진비 · 공과금 및 광고선전비 비교

<table>
<tr><th>종 류</th><th colspan="3">구 분 기 준</th></tr>
<tr><td>① 기 부 금</td><td>업무와 관련없는 지출</td><td colspan="2">임의성</td></tr>
<tr><td>② 공 과 금</td><td rowspan="3">업무와 관련된 지출</td><td colspan="2">강제성</td></tr>
<tr><td>③ 기업업무추진비</td><td>특정고객에 지출</td><td>임의성</td></tr>
<tr><td>④ 광고선전비</td><td>불특정 다수인에 지출</td><td>임의성</td></tr>
</table>

02 의제기부금

특수관계가 없는 자에게 정당한 사유 없이 자산을 정상가액보다 낮은 가액으로 양도(저가양도)하거나 높은 가액으로 매입(고가매입)함으로써 그 차액이 실질적으로 타인에게 증여한 것으로 인정되는 금액은 기부금으로 본다(법령 35). 이는 의제기부금 또는 간주기부금이라고 하며, 정상가액이란 시가에 시가의 30%를 더하거나 뺀 범위의 가액을 말한다.

이러한 의제기부금 규정은 법문상 특수관계 없는 자와의 거래에 대해서 적용하는 것이므로 특수관계인과 고가매입 또는 저가양도가 이루어지면 의제기부금에 관한 규정이 아니라 부당행위계산부인규정이 적용되어야 하지만, 국세청은 유권해석(법기통 24-39…4)을 통해서 특수관계인과의 고가매입 또는 저가양도로 인한 차이액이 특례기부금이나 일반기부금에 해당하는 경우에는 부당행위계산부인이 아니라 의제기부금으로 보도록 해석하고 있다.

한편 의제기부금에 해당하는 경우 당연히 손금불산입되는 것이 아니라 기부처에 따라 기부금의 종류를 구분하여야 한다.

03 현물기부금평가

법인이 기부금을 금전 외의 자산으로 기부한 경우 기부한 때의 기부자산 가액으로 기부금을 계산하며, 다음과 같이 기부금을 계산한다(법령 37 ①).

구 분	현물기부금 평가액
① '특례기부금', 특수관계인이 아닌자에게 기부한 '일반기부금'	장부가액
② 특수관계인에게 기부한 '일반기부금', 비지정기부금	Max[시가, 장부가액]

한편 현물기부금을 시가로 평가하여야 하는 경우에는 시가로 기부금에 대한 시부인 계산을 하는 것 외에 별도로 시가와 장부가액의 차액을 해당 현물자산의 처분손익으로 하여 익금 또는 손금에 포함하여야 하는 것이 아닌지 의문이 생길 수 있다. 즉, 장부가액 100원(시가 300원)인 현물을 기부한 경우 장부가액과 시가의 차액 200원을 처분이익으로 익금산입(기타)하고 동액이 추가적으로 기부금에 해당하므로 손금산입 200원(기타)의 세무조정을 하여야 하는 것이 아닌가 의문이 생길 수 있다. 그러나 이는 익금산입과 손금산입을 동액으로 동시에 하게 되므로 과세소득의 차이를 발생시키지 않으므로 통상 별도로 세무조정을 하지 않는다. 따라서 기부금한도액 시부인을 하면서 장부상 기부금에 장부가액과 시가의 차액 200원을 가산한 금액을 회사의 기부금으로 보고 세무상 한도액과 비교

하는 것이 일반적인 세무조정방법이다. 이는 의제기부금에 대해서도 그대로 적용된다.

04 기부금 귀속시기

기부금은 현금주의에 따라 이를 지출한 사업연도의 손금에 산입한다. 따라서 기부금을 실제로 지출하고 이를 자산계상한 경우에는 이를 지출한 사업연도의 기부금으로 하고, 그 후의 사업연도에 있어서 이를 기부금으로 보지 아니한다. 그리고 기부금을 미지급금으로 계상한 경우에는 실제로 지출할 때까지 소득금액계산에 있어서 기부금으로 보지 아니한다(법령 37 ②③).

한편 법인이 기부금의 지출을 위하여 어음을 발행한 경우에는 그 어음이 실제로 결제된 날에 지출한 것으로 보며, 당좌수표를 발행한 경우에는 당좌수표를 교부한 날에 지출한 것으로 본다(법칙 19).

예제 Example 22

다음 수원㈜의 제5기와 제6기의 세무조정을 하시오(기부금손금인정한도는 충분하다고 가정).

1. 제5기에 '일반기부금' 10,000,000원을 현금으로 지급하고 기부금을 가지급금으로 처리한 후 제6기에 회계상 비용처리한 경우
2. 제5기에 미지급기부금 20,000,000원을 비용계상한 후 제6기에 현금지출한 경우

해답

1.	제5기	<손 금 산 입>	가지급기부금	10,000,000(△유보)
	제6기	<손금불산입>	전기가지급기부금	10,000,000(유 보)
2.	제5기	<손금불산입>	미지급기부금	20,000,000(유 보)
	제6기	<손 금 산 입>	전기미지급기부금	20,000,000(△유보)

※ 당초 회사분개

1. 제5기	가 지 급 금	10,000,000	현 금	10,000,000
제6기	기 부 금	10,000,000	가 지 급 금	10,000,000
2. 제5기	기 부 금	20,000,000	미지급기부금	20,000,000
제6기	미지급기부금	20,000,000	현 금	20,000,000

05 기부금 종류

「법인세법」은 법인이 지출한 기부금을 그 성격에 따라 '특례기부금' · '일반기부금' · 비지정기부금 등 3가지로 구분하고 손금한도액의 계산을 달리 규정하고 있다.

가. '특례기부금'

이는 「법인세법」 제24조 제2항 제1호에서 규정한 것으로, 손금 인정한도는 기준소득금액에서 이월결손금을 차감한 금액의 50%이다.

① 국가 또는 지방자치단체에 무상으로 기증하는 금품의 가액(「기부금품모집 및 사용에 관한 법률」의 적용을 받는 기부금품은 동법의 규정에 의하여 접수하는 것에 한한다). 국가 등에 기부한 자산은 국가 등이 이를 어떻게 처리하였는지에 불구하고 손금한도액 범위 내에서 손금에 산입할 수 있다. 그리고 법인이 개인 또는 다른 법인에게 자산을 기증하고 이를 기증받은 자가 지체없이 국가 등에 기증한 금품을 포함하고(법령 38 ①), 국 · 공립학교가 「기부금품모집 및 사용에 관한 법률」의 규정에 따라 후원회 등을 통하여 받는 기부금도 포함한다(법기통 24…0…2)

② 국방헌금과 국군장병 위문금품의 가액. 국방헌금이라 함은 국토방위를 위하여 국가에 무상으로 제공하는 금액을 말한다. 국방헌금에는 예비군에 직접 지출하거나 국방부장관의 승인을 받은 기관 또는 단체를 통하여 지출하는 기부금을 포함한다(법령 38 ②).

③ 천재지변(특별재난지역으로 선포된 경우 그 선포의 사유가 된 재난을 포함)으로 생기는 이재민을 위한 구호금품의 가액

④ 사립학교 · 비영리 교육재단(국립 · 공립 · 사립학교의 시설비, 교육비, 장학금 또는 연구비 지급을 목적으로 설립된 비영리 재단법인으로 한정) · 기능대학 · 평생교육시설 · 산학협력단 · 특별법에 따라 설립된 외국교육기관 및 특별법에 따라 설립된 비영리법인이 운영하는 국제학교 · 관계법률에 따른 한국과학기술원 등 과학기술원 · 국립대학법인 서울대학교 등 국립대학법인 · 「재외국민의 교육지원 등에 관한 법률」에 따른 한국학교로서 기획재정부장관이 지정 · 고시하는 학교 등에 시설비 · 교육비 · 장학금 또는 연구비로 지출하는 기부금(병원에 대한 것은 제외한다)

⑤ 국립대학병원 · 국립대학치과병원 · 사립학교가 운영하는 병원 · 관계법률에 따라 설

립된 국립중앙의료원, 지방의료원, 국립암센터, 대한적십자사가 운영하는 병원, 국민건강보험공단이 운영하는 병원 등에 시설비 · 교육비 또는 연구비로 지출하는 기부금

⑥ 전문모금기관 및 한국장학재단에 지출하는 기부금(전문모금기관 : 기부금의 모집과 배분이 주된 목적인 비영리법인으로서 기부금의 모집과 배분실적 및 결산서류를 홈페이지에 공개하고 외부감사를 받으며 관리 · 운영비용이 기부금수입금액의 10%이하이고 개별단체 배분액이 총배분액의 25% 이하일 것 등 일정한 요건을 갖춘 법인) (예 사회복지공동모금회 등)

나. '일반기부금'

이는 「법인세법」 제24조 제3항 제1호에서 규정한 것으로, 사회복지 · 교육 · 문화 · 예술 등 공익성 있는 사업을 영위하는 단체에 대한 기부금으로서 그 범위는 다음과 같다.

(1) 공익법인 등의 고유목적사업비로 지출하는 기부금

여기서 고유목적사업비란 해당 비영리법인에 관한 법령 또는 정관에 규정된 설립목적을 직접 수행하는 사업으로서 법인세가 과세되는 수익사업(보건 · 사회복지사업 중 의료업 제외)외의 사업에 사용하기 위한 금액을 말한다(법령 36 ③).

① 사회복지법인

② 「영유아보육법」에 의한 어린이집, 「유아교육법」, 「초 · 중등교육법」 및 「고등교육법」에 따른 학교, 기능대학, 평생교육시설

③ 정부의 허가 · 인가를 받은 학술연구단체 · 장학단체 · 기술진흥단체

④ 정부의 허가 · 인가를 받은 문화 · 예술단체(「문화예술진흥법」상 지정받은 전문예술법인 및 전문예술단체 포함) 또는 환경보호단체

⑤ 종교의 보급 및 교화를 목적으로 문화체육부장관 등의 허가를 받아 설립한 비영리법인 및 국내에 있는 그 소속단체

⑥ 「의료법」에 따른 의료법인

⑦ 「민법」상 비영리법인, 비영리 외국법인, 공공기관 또는 법률에 의해 설립된 기관, 사회적 협동조합 중 주무관청의 추천을 받아 기획재정부장관이 지정한 법인

⑧ 위의 공익법인 등과 유사한 것으로서 기획재정부령이 정하는 기부금단체 등(국민건강보험공단 · 새마을운동본부 · 상생협력기금 등)

(2) 특정한 용도로 지출하는 공익성 기부금

아래와 같은 공익성기부금도 '일반기부금'에 해당된다.

① 학교의 장 또는 기능대학의 장 등이 추천하는 개인에게 교육비·연구비 또는 장학금으로 지출하는 기부금

② 공익신탁으로 신탁하는 기부금(「상속세 및 증여세법 시행령」 제14조 요건을 갖춘 것에 한함)

③ 사회복지·문화·예술·교육·종교·자선·학술 등 공익목적으로 지출하는 기부금으로서 기획재정부령이 지정하여 고시하는 기부금(대표적인 것을 열거하면 다음과 같다).

㉠ 지역새마을 사업을 위하여 지출하는 기부금

㉡ 불우이웃을 돕기 위하여 지출하는 기부금

㉢ 사용자가 노동조합에 재정자립재원으로 지출하는 기부금 등

(3) 사회복지시설에 지출하는 기부금

아동복지시설·노인복지시설(입소자 본인이 입소비용의 전부를 부담하는 노인의료시설 및 노인주거시설 등은 제외)·장애인복지시설(장애인유료복지시설·장애인생산품판매시설 등은 제외)·청소년복지시설 등 일정한 사회복지시설 중 무료 또는 실비로 이용할 수 있는 시설에 기부하는 금품의 가액

(4) 국제기구 등에 지출하는 기부금

종교·자산 등 공익사업을 수행하는 국제기구로 우리나라가 회원국으로 가입한 국제기구에 지출하는 기부금

다. 비지정기부금

위에 열거된 것 외의 기부금은 모두 비지정기부금에 속한다. 예컨대 신용협동조합이나 새마을금고에 지출하는 기부금 등이 그것이다(법기통 24-36…12). 이는 전액 손금으로 인정받을 수 없으므로 손금불산입하고 성격에 따라 소득처분을 한다.

한편 기부금에 대한 세무조정을 할 때 비지정기부금에 대한 세무조정을 가장 먼저 하고, 그 결과를 소득금액조정합계표에 먼저 반영하여야 한다. 이는 비지정기부금을 제외한 나머지 기부금들에 대한 손금인정 한도액의 계산은 다른 모든 세무조정의 내용을 전부 소득금액조정합계표에 반영한 후에 계산된 소득금액을 가지고 한도액을 구하기 때문이다.

제2절 기부금의 손금산입한도

01 손금산입 한도액

'특례기부금' 및 '일반기부금'의 손금한도액은 다음과 같다(법법 24 ①, ②).

구 분	손금산입한도액
① '특례기부금'	(기준소득금액 – 이월결손금*1) × 50%
② '일반기부금'	(기준소득금액 – 이월결손금*1 – '특례기부금' 손금용인액) × 10%*2

*1 이월결손금 공제를 각 사업연도 소득의 80%를 한도로 공제하는 법인은 기준소득금액의 80%를 한도로 공제하고, 이월결손금 공제를 각 사업연도 소득의 100%를 한도로 공제하는 법인(중소기업, 회생계획 이행중인 법인 등)은 기준소득금액의 100%를 한도로 공제한다.
*2 사회적 기업은 30%로 한다.

기부금손금산입한도액을 계산할 때 먼저 비지정기부금에 대한 세무조정 · 의제기부금에 대한 세무조정 · 기부금손금산입시기에 대한 세무조정을 완료한 후에 상기 기부금한도를 차례로 계산하게 된다. 따라서 '일반기부금'의 손금산입한도를 계산할 경우 '특례기부금'에 대한 한도계산 결과 이미 손금으로 인정받은 기부금은 손금에 산입한 상태에서 '일반기부금' 한도액을 계산하게 된다.

그리고 '일반기부금' 한도를 계산할 때 차감하는 '특례기부금' 손금용인액은 전기 이전에 지출된 '특례기부금' 중 전기 이전에 한도초과로 손금인정을 받지 못한 금액 중 당기로 이월되어 당기에 손금으로 인정받은 금액을 포함한다.

가. 기준소득금액

이는 '특례기부금'과 '일반기부금'에 대한 세무조정을 제외한 일체의 모든 세무조정을 완료한 후의 소득금액(합병시 합병으로 인해서 피합병법인에게 발생한 양도손익 및 분할시 분할로 인해서 분할법인에 발생한 양도손익을 제외한 소득금액)에 비용으로 계상된 '특례기부금'과 '일반기부금'을 가산한 금액이다.

여기서 '특례기부금'과 '일반기부금'에 대한 세무조정을 제외한 모든 세무조정을 완료하였다는 의미는 비지정기부금에 대한 손금불산입, 의제기부금에 대한 세무조정, 기부금의 손금산입시기에 대한 세무조정까지 모두 완료한 상태를 말한다.

손익계산서상 당기순이익	
+ 익금산입 · 손금불산입	'특례기부금' · '일반기부금' 한도초과 손금불산입을 제외한 모든 세무조정을 반영
− 손금산입 · 익금불산입	
= 차가감소득금액*	(+) '특례기부금' · '일반기부금'의 비용 계상액을 가산
+ 기부금한도초과액	= 기준소득금액
① '특례기부금' 한도초과액 ←	
② '일반기부금' 한도초과액 ←	
= 각 사업연도 소득금액	

* 합병시 피합병법인의 양도손익 및 분할시 분할법인의 양도손익을 제외한 차가감소득금액임

나. 이월결손금

위에서 이월결손금이란 과세표준을 계산할 때 공제대상이 되는 이월결손금과 동일하다. 즉, 사업연도 개시일 전 15년(2021. 1. 1. 전에 신고한 결손금은 10년) 이내에 개시한 사업연도에서 발생한 세무상 결손금으로서 그 후의 과세표준에서 공제되지 않은 금액이다.

예제 Example 23

다음 자료에 의하여 '특례기부금'의 손금산입한도 초과액을 계산하여라.

1. 당해 사업연도 제10기(1. 1～12. 31) · 세법상 중소기업에 해당함
2. 기부금계정의 금액은 48,000,000원이다.

① 지방자치단체에 무상기증	17,000,000원
② 국방헌금	15,000,000원
③ 수해이재민을 위한 구호품가액	9,000,000원
④ 전액 손금불산입 기부금	7,000,000원
	48,000,000원

3. 법인결산상 당기순이익	50,000,000원
4. 세무상 익금산입 · 손금불산입(비지정기부금 포함)	27,000,000원
5. 세무상 손금산입 · 익금불산입	16,000,000원
6. 세무상 공제가능한 이월결손금	60,000,000원

해답 1. '특례기부금' 해당액 = 17,000,000 + 15,000,000 + 9,000,000 = 41,000,000

2. 차가감소득금액 계산
   50,000,000 + 27,000,000 − 16,000,000 = 61,000,000
3. 기준소득금액 계산
   61,000,000 + 17,000,000 + 15,000,000 + 9,000,000 = 102,000,000원
4. 이월결손금 60,000,000원(중소기업이므로 기준소득금액의 100%를 한도로 공제한다)
5. '특례기부금' 등의 손금산입범위액 계산
   (102,000,000 − 60,000,000)× 50% = 21,000,000원
6. 손금산입 한도초과액 계산
   41,000,000 − 21,000,000 = 20,000,000원

➤ 이 한도초과액은 차기 이후 10년간 '특례기부금' 손금인정한도액의 범위 내에서 손금으로 인정받게 된다.

예제 24

다음 자료에 의하여 일반 영리법인인 ㈜목양(세법상 중소기업임)의 '일반기부금'의 손금한도 초과액을 계산하시오.

1. 당해 사업연도 : 제21기(1. 1~12. 31.)
2. 기부금계정의 금액은 44,000,000원이며 기부금의 내역은 다음과 같다.

① 사립대학병원에 시설비로 지출한 기부금	10,000,000원
② 적격 전문모금기관에 지출한 기부금	5,000,000원
③ 사회복지법인에 지출한 운영비	12,000,000원
④ 불우이웃돕기성금	10,000,000원
⑤ 전액손금불산입기부금	7,000,000원
	44,000,000원

3. 법인결산상 당기순이익	50,000,000원
4. 세무상 익금산입 · 손금불산입 (전액 손금불산입 기부금 포함)	21,000,000원
5. 세무상 손금산입 · 익금불산입	9,000,000원
6. 이월결손금내역	
① 제20기	14,000,000원
② 제18기	10,000,000원
③ 제 4기	20,000,000원

해답 1. 기부금해당액 계산

① '특례기부금' : 10,000,000 + 5,000,000 = 15,000,000

② '일반기부금' : 12,000,000 + 10,000,000 = 22,000,000

2. 차가감소득금액 계산

50,000,000 + 21,000,000 − 9,000,000 = 62,000,000

3. 기준소득금액 계산

62,000,000 + 15,000,000 + 22,000,000 = 99,000,000

4. '특례기부금' 한도초과액 계산

① 한도액 = (99,000,000 − 24,000,000) × 50% = 37,500,000

② 한도미달액 = 15,000,000 − 37,500,000 = △22,500,000

5. '일반기부금' 한도초과액 계산

① 한도액 = (99,000,000 − 24,000,000 − 15,000,000) × 10% = 6,000,000

② 한도초과액 = 22,000,000 − 6,000,000 = 16,000,000

02 기부금한도초과이월액 공제제도

'특례기부금'과 '일반기부금' 지출액이 지출한 연도에 기부금한도초과 때문에 손금으로 인정받지 못했다면 그 초과금액은 다음 사업연도 개시일부터 10년간 해당 사업연도의 각 기부금손금인정한도액 범위 내에서 이월공제를 받을 수 있다(법법 24 ⑤). 이를 기부금한도초과이월액 손금산입이라고 한다.

예를 들어 만일 20×1 사업연도에 지출한 '특례기부금'('일반기부금') 중 1,000,000원을 '특례기부금'('일반기부금') 한도초과 때문에 20×1 사업연도에 손금으로 인정받지 못했다면 20×2 사업연도의 '특례기부금'('일반기부금') 손금인정한도액 범위 내에서 20×2 사업연도의 손금으로 인정받을 수 있다.

03 당기지출 기부금과 기부금한도초과 이월액의 공제순서

당기에 지출한 기부금과 과거에 기부금한도초과 때문에 당기로 이월된 기부금이 함께 있는 경우 당기에 지출한 기부금보다 기부금한도초과 이월액부터 당기 손금에 산입하고, 기부금한도초과 이월액이 수년간에 걸쳐 발생한 경우에는 먼저 발생한 이월금액부터 당기 손금에 산입한다(법법 24조 ⑥).

예를 들어 당기의 '특례기부금' 손금인정한도액이 1,000,000원, 당기에 지출한 '특례기부금'이 300,000원, 3년 전에 지출한 '특례기부금' 중 전년도까지 손금인정을 받지 못해서 당기로 이월된 금액이 500,000원, 2년 전에 지출한 '특례기부금' 중 전년도까지 손금인정을 받지 못해서 당기로 이월된 금액이 400,000원인 경우 당기에 '특례기부금'으로 손금인정 받을 금액은 3년 전에 지출한 '특례기부금' 이월액 500,000원 → 2년 전에 지출한 '특례기부금' 이월액 400,000원 → 당기에 지출한 '특례기부금' 중 100,000원의 순서가 된다. 그리고 당기에 지출한 '특례기부금' 중 당기에 손금인정을 받지 못한 금액 200,000원은 다음 사업 사업연도 개시일부터 10년간 '특례기부금' 손금인정한도 범위 내에서 이월공제를 하게 된다[이를 세무조정이라는 관점에서 보면 '기부금한도초과 이월액 손금산입'이 900,000원이 생기고 '기부금한도초과액' 200,000원이 발생한 것이다. 이는 당기지출 기부금 300,000원은 당기순이익에 반영되어 있는데 손금으로 인정받을 수 없는 금액이 200,000원 생기고, 과거에서 이월된 기부금은 당기순이익에 반영되어 있지 않은데 당기에 900,000원 만큼 손금을 인정을 받게 되므로 이러한 세무조정이 생기는 것이다].

법 / 인 / 세 / 법 / 강 / 의

연습문제

TYPE
주관식문제

01 의제(간주)기부금에 대해서 설명하시오.

02 '특례기부금' 및 '일반기부금'의 한도액계산에 대하여 설명하시오.

TYPE
객관식문제

01 다음 중 '특례기부금'에 해당하지 않는 것은?

① 국방헌금과 국군장병위문금품의 가액
② 천재지변으로 생긴 이재민 구호금품가액
③ 국가·지방자치단체에 대한 기부금
④ 불우이웃돕기를 위하여 지출하는 기부금

해설 ①, ②, ③ '특례기부금'에 해당한다. ④ '일반기부금'에 해당한다.

02 다음은 「법인세법」상 내국법인이 각 사업연도 소득금액을 계산함에 있어서 손금으로 되는 기부금과 기업업무추진비에 대한 설명이다. 맞는 것은?

① 법인이 금전 이외의 자산을 국가나 지방자치단체에 무상으로 기증하는 경우의 당해 자산의 가액은 이를 제공한 때의 시가에 의해 계산한다.
② 법인이 개인 또는 다른 법인에게 자산을 기증하고 수증자가 이를 받은 후 지체 없이 천재지변으로 생긴 이재민을 위한 구호품으로 사용한 경우에는 당초 기부한 법인의 소득계산에서도 이는 '특례기부금'으로 간주된다.
③ 영리법인이 그 사용인이 법인으로 조직한 조합 또는 단체에 지출하는 복리시설비는 그 법인의 경리의 일부로 본다.

④ 외화획득사업을 영위하는 법인이 국내외에서 해외고객을 위하여 지출한 기업업무추진비는 전액 손금용인한다.

⑤ 법인이 도서상품권 또는 문화상품권을 그 발행법인으로부터 직접 구입하여 거래처에게 무상으로 제공한 경우에는 이를 광고선전비로 본다.

해설 ① 당해 자산가액은 장부가액에 의한다.
② (법령 38①)
③ 조합이나 단체가 법인일 경우에는 이를 기업업무추진비로 본다.
④ 모든 기업업무추진비는 손금산입의 한도를 적용받는다.
⑤ 법인이 도서상품권 또는 문화상품권을 그 발행법인으로부터 직접 구입하여 타인에게 무상으로 제공한 경우에는 기업업무추진비로 본다.

03 다음 자료는 ㈜서울(세법상 중소기업임)이 시가 6천만원인 건물을 특수관계인인 사회복지법인에 3천만원으로 매각하였을 때의 세무조정을 설명한 것이다. 옳은 것은? (단, 세무조정은 총액조정한다)

▶ '02 세무사 및 07 세무사 수정

1. 건물의 장부가액 : 2천만원(회사는 매각시 유형자산처분이익 1천만원 계상)
2. 기부금 관련 세무조정전 차가감소득금액 : 50,000,000원
3. 당해 사업연도 공제가능한 이월결손금 : 10,000,000원
4. 당해 사업연도 중 건물의 양도 이외에는 다른 자산의 양도 및 기부금의 지급은 없다.

① 익 금 산 입 12,000,000, 손금산입 12,000,000
손금불산입 6,800,000

② 익 금 산 입 30,000,000, 손금산입 30,000,000
손금불산입 26,500,000

③ 익 금 산 입 12,000,000, 손금산입 12,000,000
손금불산입 12,000,000

④ 익 금 산 입 30,000,000, 손금산입 30,000,000
손금불산입 30,000,000

⑤ 익 금 산 입 18,000,000, 손금산입 18,000,000
손금불산입 15,100,000

해설 (1) 의제기부금 : 60,000,000 × 70% − 30,000,000 = 12,000,000
(2) 차가감소득금액 : 50,000,000 + 12,000,000(처분이익) − 12,000,000('일반기부금') = 50,000,000

(3) '일반기부금'시부인

① 한도액 : (50,000,000 + 12,000,000 − 10,000,000) × 10% = 5,200,000

② 시부인액 : 12,000,000 − 5,200,000 = 6,800,000(한도초과액)

③ 세무조정 : <손금불산입> '일반기부금'한도초과 6,800,000(기타사외유출)

➤ 특수관계인과의 거래로 저가양도에 해당하지만 부당행위계산부인 규정을 적용하지 않고 의제기부금 규정을 적용한다(근거 : 법기통 24−39…4). 그리고 위 ③의 세무조정은 실제로는 하지 않으며 그 내용을 차가감소득금액 밑에 '기부금한도초과액' 란에 기재하게 된다.

04 다음 자료를 이용하여 ㈜광주의 제7기 사업연도(1. 1~12. 31)의 각 사업연도 소득금액을 구하면 얼마인가? ▶ '00 세무사 수정

(1) 제7기에 불우이웃돕기성금으로 ₩1,000,000을 기부하고, 서울특별시에 ₩3,000,000을 기부하였다. 제5기에 한도초과로 손금부인된 '일반기부금' ₩1,000,000이 당기로 이월되었다.

(2) 기타 제7기의 관련자료

㉠ 당기순이익 : ₩30,000,000, 법인세비용 : ₩4,000,000

㉡ 지급이자 손금불산입액 : ₩2,000,000

㉢ 제4기에 발생한 이월결손금 : ₩3,000,000

(3) ㈜광주는 과세표준 계산시 이월결손금 공제를 각 사업연도 소득의 80%를 한도로 공제하는 법인이다.

① ₩36,000,000 ② ₩36,700,000 ③ ₩35,000,000

③ ₩34,700,000 ⑤ ₩35,150,000

해설 기부금에 대한 세무조정후 사업연도 소득금액의 계산

(1) '특례기부금' 한도초과액

① '특례기부금' 한도액 :

[(₩30,000,000 + 4,000,000 + 2,000,000 + 3,000,000 + 1,000,000) − 3,000,000]×50%
= ₩18,500,000

② '특례기부금' 한도초과액 : ₩3,000,000 − 18,500,000 = △₩15,500,000(한도미달액)

(2) '일반기부금' 한도초과액

① '일반기부금' 한도액 : (₩37,000,000 − 3,000,000) × 10% = ₩3,400,000

② '일반기부금' 한도초과액 : ₩1,000,000 − 3,400,000 = △₩2,400,000(한도미달액)

(3) 각 사업연도 소득금액 : ₩36,000,000 − 1,000,000(이월공제액) = ₩35,000,000

➤ 이월결손금은 각사업연도소득의 80%(₩32,000,000) 범위내에 있으므로 전액 공제되었다.

➤ 기부금한도초과이월액 손금산입은 당기 손익계산서에 반영되어 있지 않은 기부금을 당기에 손금으로 인정하는 것이므로 각 사업연도소득금액을 계산할 때 추가적으로 차감한 것이다.

05 제조업을 영위하는 ㈜강남의 제8기 사업연도(1.1~12.31)의 기부금 세무조정에 대한 사항은 다음과 같다. '일반기부금' 관련 세무조정으로 옳은 것은? (단, 자료에 주어진 것 외의 모든 세무조정을 완료한 후의 소득금액은 ₩40,000,000으로 가정한다) ▶'11 CPA 수정

(1) 손익계산서상 기부금 내역
① 국방헌금 : ₩100,000,000
② 국민체육진흥기금 : ₩40,000,000
③ 대표이사 동창회기부금 : ₩5,000,000 (자사제품을 기부한 것으로 동 제품의 장부가액은 ₩5,000,000, 시가는 ₩8,000,000임)

(2) 기타 기부금 관련내역
① 전기 말 사회복지법인에 어음을 발행하고 손익계산서상 기부금으로 회계처리한 금액이 당기에 결제된 금액 : ₩20,000,000
② 당기 중 서울특별시로부터 구입한 토지 : 정당한 사유 없이 ₩140,000,000 (시가 ₩100,000,000)에 매입하고 매입가액을 자산으로 계상함.
③ 전기의 세무조정은 모두 정상적으로 이루어졌으며 세무상 이월결손금은 없다.

① 손금산입 ₩10,000,000 (△유보), 손금불산입 ₩16,000,000 (기타사외유출)
② 손금산입 ₩17,000,000 (기타사외유출), -
③ 손금산입 ₩20,000,000 (△유보), 손금불산입 ₩50,600,000 (기타사외유출)
④ 손금산입 ₩10,000,000 (△유보), 손금불산입 ₩17,000,000 (기타사외유출)
⑤ 손금산입 ₩20,000,000 (△유보), 손금불산입 ₩16,000,000 (기타사외유출)

해설 1. '특례기부금' 해당액 100,000,000+10,000,000*=110,000,000
* 의제기부금 140,000,000−100,000,000×130%=10,000,000

2. '일반기부금' 해당액 40,000,000+20,000,000= 60,000,000

3. 차가감소득금액
40,000,000+8,000,000(비지정기부금)−20,000,000(전기어음기부금)−10,000,000(의제기부금)
=18,000,000

4. 기준소득금액 18,000,000+110,000,000+60,000,000=188,000,000

5. '특례기부금' 한도초과액 계산
(1) 한도액 (188,000,000−0)×50%=94,000,000
(2) 한도초과액 110,000,000−94,000,000=16,000,000

6. '일반기부금' 한도초과액 계산
(1) 한도액 (188,000,000−0−94,000,000)×10%=9,400,000
(2) 한도초과액 60,000,000−9,400,000=50,600,000

7. '일반기부금' 세무조정사항
<손금불산입> '일반기부금' 한도초과 50,600,000 (기타사외유출)
<손금산입> 전기어음기부금 20,000,000 (△유보)

01 ④ 02 ② 03 ① 04 ③ 05 ③

Chapter 06 기업업무추진비

※ 현행 「법인세법」에서 사용하는 "기업업무추진비"라는 용어는 과거 "접대비"로 사용했었다. "접대비" 용어가 "기업업무추진비"로 변경되었지만, 그 의미와 범위 등에는 변화가 없다.

제 1 절 의의 및 범위

01 의 의

기업업무추진비란 접대, 교제, 사례 또는 그 밖에 어떠한 명목이든 상관없이 이와 유사한 목적으로 지출한 비용으로서 내국법인이 직접 또는 간접적으로 업무와 관련이 있는 자와 업무를 원활하게 진행하기 위하여 지출한 금액을 말한다(법법 25 ①).

기업업무추진비는 기업의 원활한 운영을 위하여 필수불가결한 것으로 원칙적으로는 손금으로 인정되어야 할 것이나 그 지출의 성질상 대주주의 개인적인 교제에 유용하거나, 또는 이익의 은폐수단으로 악용되는 사례가 허다하므로 세법에서는 손금산입 한도액을 규정하고, 이를 초과하는 금액은 손금불산입하도록 하고 있다.

그리고 세법상 기업업무추진비는 판매비와 관리비 · 제조경비 등과 같이 비용으로 계상한 기업업무추진비는 물론 건설중인 자산, 유형자산 등으로 자산계상하고 있는 기업업무추진비까지도 합산한 모든 기업업무추진비를 말한다.

02 기업업무추진비 유사 비용

기업업무추진비는 사업과 관련없이 무상으로 지출하는 기부금과 달리 사업과 관련하여 무상으로 지출하는 손금이다.

그리고 광고선전비는 불특정 다수인을 대상으로 사업과 관련하여 무상으로 지출하는 것인데 반하여, 기업업무추진비는 특정인을 대상으로 사업과 관련하여 무상으로 지출한다.

또한 복리후생비는 법인이 임직원의 건강·위안·생활향상 등 복지후생을 위하여 지출하는 손금이다. 그러므로 지출의 상대방이 임직원이라는 점에서 임직원 외의 자에게 지출하는 기업업무추진비와 구별된다. 기업업무추진비에는 손금산입한도액이 있으나 복리후생비에는 그러한 한도액이 없다. 기업업무추진비와 유사한 비용들을 비교하면 다음과 같다.

기업업무추진비와 유사비용 구분

구 분	기업업무추진비	기부금	광고선전비	회의비	판매부대비용
업무관련여부	업무와 관련하여 타인 접대	사업과 직접 관련없는 타인에 기증	상품 등의 판매촉진 등을 위해 지급	정상적인 업무수행 회의를 운영하기 위한 지출	상품판매와 관련 지급
지 급 기 준					판매수량·판매금액 비례
지 출 처	업무와 관련한 특정인	업무와 관련없는 특정인	불특정 다수인	사용인 또는 초청외부인	거래처 (상품판매처)
지 출 형 태	일반적으로 물품대 등으로 지급(음식비, 향응비)	현금·상품	광고시설비, 선전물품(성냥·수건·캘린더·수첩 등), 신문, 방송	회의장임차료, 다과, 음식비, 외부초청인사의 교통비	현금·상품, 매출할인(외상매출금과 상계)
세법상처리	법정한도액의 범위에서 손금산입	법정한도액의 범위에서 손금산입	전액손금	전액 손금	전액 손금*

* 판매장려금 및 판매수당의 경우 사전약정 없이 지급하는 경우에도 손금인정

03 기업업무추진비 범위

기업업무추진비에 해당하는지 여부는 거래명칭·계정과목 등과 관계없이 그 실질내용에 따라 판단한다. 그 중요한 판정기준은 다음과 같다.

① 주주·출자자나 임원 또는 직원이 부담하여야 할 성질의 기업업무추진비를 법인이

지출한 것은 기업업무추진비로 보지 않는다(법령 40 ①).

② 법인이 그 직원들이 조직한 조합·단체에 지출한 복리시설비는 해당 조합이나 단체가 법인인 경우에는 기업업무추진비로 보며, 법인이 아닌 경우에는 해당 법인의 경리의 일부로 본다(법령 40 ②).

③ 법인이 광고선전 물품을 불특정다수인에게 기증하기 위하여 지출한 비용(특정인에게 기증하기 위하여 지출한 비용으로서 연간 5만원을 초과하지 아니한 경우 해당 비용을 포함. 단, 3만원 이하의 물품제공시에는 5만원 한도를 적용하지 않음)은 기업업무추진비로 보지 않는다(법령 19 ⒅).

④ 사업상 증여에 따른 부가가치세 매출세액(법기통 25－0…3)과 기업업무추진비 기타 유사비용의 지출에 관련된 부가가치세 매입세액은 그 성질에 따라 기부금 또는 기업업무추진비로 본다.

⑤ 약정에 따라 채권의 전부 또는 일부를 포기하는 경우에는 이를 대손금으로 보지 아니하며 기부금 또는 기업업무추진비로 본다(상대방이 거래처라면 기업업무추진비, 아니면 기부금이 될 것임). 다만, 특수관계인 외의 자와의 거래에서 발생한 채권으로서 채무자의 부도발생 등으로 장래에 회수가 불확실한 어음·수표상의 채권 등을 조기에 회수하기 위하여 해당 채권의 일부를 불가피하게 포기한 경우 동 채권의 일부를 포기하거나 면제한 행위에 객관적으로 정당한 사유가 있는 때에는 동 채권포기액을 손금에 산입한다(법기통 19의2…5).

04 손금귀속시기와 현물 기업업무추진비

기업업무추진비의 손금귀속시기는 접대행위가 이루어진 사업연도의 손금이므로 다음과 같이 처리한다.

① 지출한 사업연도의 손비로 처리하지 아니하고 이연처리한 경우에는 실제 지출한 사업연도의 기업업무추진비로 보아 시부인계산하고, 그 후 사업연도에 있어서는 이를 기업업무추진비로 보지 아니한다(법기통 25…0…1).

② 접대행위가 발생하였으나 아직 미지급된 경우에는 미지급했다 하더라도 실제로 접대한 날이 속하는 사업연도의 기업업무추진비로 보아 시부인 계산한다.

그리고 법인이 기업업무추진비를 금전 외의 자산으로 제공한 경우 해당 자산의 가액은 이를 제공한 때의 시가와 장부가액 중 큰 금액에 의하여 평가한다(법령 42 ⑥).

현물 기업업무추진비가 있는 경우의 세무조정

• 기본자료

제품(장부가액 100, 시가 400)을 거래처에 증정하고 부가가치세 40을 추가부담하였다. 장부회계처리는 다음과 같다.

(차) 접 대 비	140	(대) 제 품	100
		부가세예수금	40

• 세무조정

㉠ 장부상 회계처리와 세무상 회계처리의 차이에 대한 조정

세무상 회계처리를 가정해보면,

(차) 접 대 비	440	(대) 제 품	100
		부가세예수금	40
		잡 이 익	300

따라서 '손금산입(기업업무추진비) 300(기타), 익금산입(잡이익) 300(기타)'의 세무조정이 필요하지만, 이는 과세소득에 차이를 만들지 않고 세무상 순자산에도 차이를 만들지 않으므로 구태여 별도로 조정할 필요가 없다.

㉡ 기업업무추진비한도액에 대한 시부인

기업업무추진비한도액에 대한 시부인 계산을 할 때 회사 기업업무추진비는 140원이 아니라 440원(장부상 접대비 140＋시가와 장부가 차액 300)으로 보고 세무상 기업업무추진비 한도액과 비교하면 된다.

05 신용카드 등 미사용 기업업무추진비의 손금불산입

법인이 한 차례의 접대에 지출한 기업업무추진비가 3만원(경조금의 경우 20만원)을 초과하는 기업업무추진비로서 다음의 신용카드 등을 사용하지 않고 지출한 기업업무추진비는 손금에 산입하지 않는다. 법인이 사용하는 신용카드는 해당 법인의 명의로 발급받은 신용카드이어야 하고, 기업업무추진비 지출처와 다른 가맹점의 명의로 작성된 매출전표 등을 발급받은 경우 그 지출 금액은 신용카드사용액으로 보지 않는다(법법 25 ③, 법령 41).

① 법인의 신용카드(직불카드, 외국에서 발행된 신용카드, 기명식 선불카드, 직불전자지급수단, 기명식선불전자지급수단 또는 기명식전자화폐 포함)를 사용하거나 현금영수증을 받고 지출하는 기업업무추진비

② 계산서 또는 세금계산서를 교부받거나 매입자발행세금계산서 · 매입자발행계산서 · 원천징수영수증(사업자등록을 하지 않은 자로부터 용역을 제공받고 소득세법에 따라 발급하는 원천징수영수증을 말함)을 발행하고 지출하는 기업업무추진비

따라서 영수증 등 상기 외의 지출증빙을 발급받고 지출한 건당 3만원 초과 기업업무추진비는 한도액과 관계없이 직접 손금부인된다. 다만, 현실적으로 법인신용카드 등 기업업무추진비에 대한 적격증빙을 구비하기 어려운 다음의 경우는 예외로 한다.

① 직접 생산한 제품 등으로 접대행위를 하여 적격 증빙자료를 구비하기 어려운 경우
② 기업업무추진비가 지출된 장소에서 현금 외에 다른 지출수단이 없어 적격 증거자료을 구비하기 어려운 경우의 해당 국외지역에서의 지출
③ 개인인 농·어민으로부터 직접 재화를 공급받는 경우의 지출로서 그 대가를 금융회사 등을 통하여 지급한 경우(해당 법인이 과세표준 신고를 할 때 송금사실을 적은 송금명세서를 납세지 관할세무서장에게 제출한 경우에 한정한다)

기업업무추진비 세무처리

구 분	건당 3만원 이하	건당 3만원 초과
• 법인신용카드(직불카드 등 포함) 사용분 • 계산서, 세금계산서 수취분, 원천징수영수증 발행분 • 현금영수증 수취분	기업업무추진비한도액 적용대상 (한도초과 : 기타사외유출)	기업업무추진비한도액 적용대상 (한도초과 : 기타사외유출)
• 영수증 등 수취분	기업업무추진비한도액 적용대상 (한도초과 : 기타사외유출)	직접 손금불산입 (기타사외유출)
• 증거자료 미수취분	직접 손금불산입 (대표자 상여)	직접 손금불산입 (대표자 상여)

제 2 절 기업업무추진비 손금산입범위

가. 법인세법상 한도

각 사업연도에 지출한 기업업무추진비(임직원의 부담하여야 할 기업업무추진비를 법인의 기업업무추진비로 처리한 것 및 법인 신용카드 등을 사용하지 않아서 손금불산입된 직부인 손금불산입 기업업무추진비 제외)로서 다음의 한도액을 초과하는 금액은 손금에 산입하지 않는다.

> 기업업무추진비한도액 = ① + ②
> ① 1,200만원(중소기업 3,600만원) × 당해 사업연도 월수/12
> ② (일반수입금액 × 적용률) + (특정수입금액 × 적용률) × 10%

여기서 월수는 역에 따라 계산하며, 1월 미만의 일수는 1월로 한다. 한편 정부가 20% 이상 출자한 정부출자법인 및 그 정부출자법인이 최대주주인 재투자법인의 기업업무추진비 한도액은 위 기업업무추진비 한도액의 70%로 한다(조특법 136 ②).

위 산식에서 수입금액에 적용할 비율은 다음과 같다(법법 25 ④).

수입금액 적용률

구 분		적 용 률
수입금액	100억원 이하	3/1,000
	100억원 초과 500억원 이하	2/1,000
	500억원 초과	3/10,000

나. 부동산임대업을 주업으로 하는 소규모 법인에 대한 특례

부동산임대업을 주된 사업으로 하는 소규모 법인의 기업업무추진비 손금산입한도는 상기 '가. 법인세법상 한도'에 따라 계산된 금액에 100분의 50을 곱한 금액으로 한다(법법 25 ⑤).

여기서 부동산임대업을 주된 사업으로 하는 법인이란 「업무용승용차 관련비용의 손금불산입특례」에서 부동산임대업을 주된 사업으로 하는 법인에 대한 특례상의 요건과 동일하다.

다. 문화 기업업무추진비에 대한 특례

(1) 개 요

문화예술에 대한 수요창출을 통해서 문화예술산업을 지원하고 건전한 접대문화 조성을 위해서 문화 기업업무추진비에 대한 특례를 인정하고 있는데, 이는 법인이 문화 기업업무추진비를 지출한 경우 「법인세법」상의 기업업무추진비 손금인정한도 외에 추가적으로 문화 기업업무추진비 손금인정한도를 인정해주는 것이다(조특법 136 ③). 이는 2028년 12월말을 일몰기한으로 하여 시행되고 있다.

(2) 문화 기업업무추진비로 인한 추가 손금인정한도

추가 손금인정한도 = Min[①,②]
- 문화 기업업무추진비로 지출한 금액*1 ····· ①
- 법인세법상의 기업업무추진비 손금인정한도액*2 × 20% ····· ②

*1 적격증빙 미수취로 인한 기업업무추진비 직접 부인액은 제외한다.
*2 부동산임대업을 주업으로 하는 소규모 법인에 대해서는 「법인세법」 상 부동산임대업을 주업으로 하는 소규모 법인에 대한 기업업무추진비 한도축소 특례를 적용한 후의 금액이 「법인세법」 상의 기업업무추진비 인정한도액이 된다.

(3) 문화 기업업무추진비의 범위

다음과 같은 지출을 통해 접대행위를 한 것이 문화 기업업무추진비에 해당된다(조특령 130 ⑤).

① 문화예술의 공연이나 전시회 또는 박물관이나 지정등록문화재 등의 입장권 구입
② 체육활동의 관람을 위한 입장권 또는 관광공연장 입장권의 구입
③ 비디오물 · 음반 및 음악영상물 · 「출판 및 인쇄진흥법」에 따른 간행물의 구입비
④ 거래처 직원 등을 위해 직접 개최하는 공연 · 문화예술행사비
⑤ 문화부의 후원 등을 받는 거래처 등의 체육문화행사지원금 등
⑥ 미술품의 구입비(취득가액이 거래단위별로 1백만원 이하인 것으로 한정한다)

라. 전통시장 지출 및 지역사랑상품권 이용 기업업무추진비 특례

기업업무추진비를 전통시장에서 지출하거나 지역사랑상품권으로 지출한 기업업무추진비로서 다음 각 호의 요건을 모두 갖춘 기업업무추진비는 「법인세법」의 기업업무추진비 한도액 외에 추가로 한도액의 100분의 20에 상당하는 금액의 범위에서 손금에 산입한다(조특법 136 ⑥). 이는 위에서 설명한 '문화 기업업무추진비에 대한 특례'와 마찬가지로 2028년말까지 시행된다.

㉠ 법인명의 신용카드등 사용금액에 해당할 것. 다만, 지역사랑상품권으로 지출한 경우 지역사랑상품권 판매대행점이 발행한 영수증, 입금확인증 등 그 명칭과 관계없이 지역사랑상품권을 현금으로 구입하였다는 것을 증명하는 자료를 포함한다(조특령 130 ⑦).
㉡ 소비성서비스업(일반유흥주점업 등을 말한다) 등 에게 지출한 것이 아닐 것

마. 수입금액

수입금액은 기업회계기준에 따라 계산한 매출액에 중단사업부문의 매출액을 가산한 금액으로 한다(법법 25 ④(2), 법령 42 ①). 그리고 매출액은 총매출액에서 매출에누리와 환입 및 매출할인을 공제한 금액이다.

다만 「자본시장과 금융투자에 관한 법률」에 의한 투자매매업자·투자중개업자·집합투자업자, 한국수출입은행, 한국투자공사, 보증기금 등에 대하여는 매출액에 보증료 등의 일정 배수를 가산해서 수입금액을 계산하는 특례가 있다(법령 42 ①).

수입금액은 원칙적으로 기업회계기준에 의하여 계산한 매출액이므로 기업회계기준과 「법인세법」의 차이 때문에 생긴 세무조정금액은 가감하지 않으나(예 임대보증금에 대한 간주익금, 부당행위계산부인에 따른 익금산입액 등), 회사의 장부와 기업회계기준의 차이때문에 생긴 금액은 가감하여야 한다.

수입금액 = 손익계산서상 매출액+중단사업부문의 매출액 ± 매출액 관련 기업회계기준 위배금액

수입금액 계산시 고려할 사항

구 분	내 용
매출환입, 매출에누리 및 매출할인	매출에서 차감하여 수입금액 계산
임 대 료	임대업이 목적사업인 경우에는 영업수익으로서 수입금액에 포함되지만 임대업이 목적사업이 아닌 경우에는 영업외수익이므로 수입금액에 포함되지 않음. 임대보증금에 대한 간주익금은 수입금액에 포함되지 않음.
부산물 및 작업폐물의 판매액	부산물이나 작업폐물의 판매액은 매출액에 해당하므로 수입금액에 포함됨.
「부가가치세법」상 간주공급	「부가가치세법」상 간주공급인 자가공급·개인적공급 및 사업상 증여는 기업회계기준에 의한 매출액에 해당하지 않으므로 수입금액에 포함안됨.
중단사업부문의 매출액	기업업무추진비 한도계산시 수입금액에 가산함*1

*1 중단사업부문이 있는 경우 기업회계에서는 중단사업과 관련된 수익과 비용은 전부 상계하여 손익계산서상 「세후 중단영업손익」으로 순액 표시하도록 하고 있다. 따라서 중단사업부문의 매출액이 비록 손익계산서에 매출액으로 표시되지는 않았지만 중단사업의 매출액에도 기업업무추진비는 소요되었을 것이므로 별도로 가산하게 되는 것이다.

한편, 특정수입금액이란 특수관계인과 거래에서 발생하는 수입금액을 말하며, 일반수입금액이란 특정수입금액을 제외한 나머지 수입금액을 말한다(법법 25 ④). 특수관계인과 거래에 대해서 기업업무추진비 손금인정한도를 축소한 것은 특수관계인에 대한 매출에는 상대적으로 접대행위가 덜 필요하기 때문이다.

일반수입금액과 특정수입금액이 함께 있는 경우에 기업업무추진비 한도계산은 먼저 일반수입금액에 대하여 기업업무추진비 한도계산을 하고, 수입금액에 대한 적용율이 낮은 구간이 특정수입금액이라고 보고 특정수입금액에 대한 기업업무추진비 한도계산을 한다. 예컨대 일반수입금액이 100억원, 특정수입금액이 50억원, 총수입금액이 150억원이라고 할 때 일반수입금액에 대하여는 적용율을 3/1000을 적용하고 특정수입금액에 대하여는 적용율 2/1000의 10%를 적용하면 된다.

제 3 절 자산계상 기업업무추진비 한도초과

법인이 지출한 기업업무추진비도 비용배분의 원칙에 따라 회계처리를 하여야 하기 때문에 기업업무추진비 중에는 판매비와관리비에 해당하는 것도 있고, 제조경비에 해당하는 것도 있을 뿐 아니라, 유형자산 등 자산을 취득하기 위하여 지출되는 것도 있다.

자산계상 기업업무추진비가 있는 경우 판매비와 관리비 등 비용계상 기업업무추진비와 무형자산·유형자산 등 자산계상 기업업무추진비를 합한 금액에 대하여 한도초과액을 계산한다. 그리고 이 경우 한도초과액은 다음 순서에 따라 발생한 것으로 본다(법기통 25－0…2).

① 비용 계상분 ⇨ ② 건설중인자산 계상분 ⇨ ③ 고정자산 계상분

한편, 한도초과된 기업업무추진비가 자산가액에 포함되어 있는 경우 다음과 같이 세무조정한다.

구 분	조정금액	세무조정
자산감액조정	한도초과액	<손 금 산 입> 자 산 ×××(△유보) <손금불산입> 기업업무추진비 한도초과액 ×××(기타사외유출)
상각시 조정	자산감액분에 대한 상각비	<손금불산입> 상 각 비 ×××(유 보)
양도시 조정	△유보 잔액	<손금불산입> 자 산 ×××(유 보)

기업업무추진비 시부인계산하는 사업연도에는 자산가액에 포함되어 있는 기업업무추진비 중 기업업무추진비 손금한도초과액을 손금불산입하는 한편 동 금액만큼 손금산입하게 되므로 해당 사업연도의 소득금액에는 아무런 영향이 없다. 그러나 해당 법인이 자산의 감가상각비를 손금으로 계상한 때 감가상각비 중 그 기업업무추진비 손금한도초과액에 상당하는 금액을 다음과 같이 계산하여 손금불산입하고 유보로 처분하게 된다.

$$\text{당기 손금불산입 감가상각비} = \text{회사계상 감가상각비} \times \left(\frac{\text{자산감액분}}{\text{자산가액}}\right)$$

예제 25

다음 자료와 같이 기업업무추진비를 지급한 경우 각 사례별로 기업업무추진비에 대한 세무조정을 하고 빈 칸을 채우시오.

구 분	사례 1	사례 2	사례 3	사례 4
건설중인자산 기업업무추진비	6,500	3,500	6,000	10,500
일반관리비중 기업업무추진비(B)	4,000	7,000	4,500	0
계	10,500	10,500	10,500	10,500
기업업무추진비한도	6,000	6,000	6,000	6,000
한도초과액(A)	4,500	4,500	4,500	4,500
일반관리비중기업업무추진비손금불산입	(1)	(3)	(5)	(7)
건설중인자산감액분(A−B)	(2)	(4)	(6)	(8)

해답 (1) 4,000　(3) 4,500　(5) 4,500　(7) 0
(2) 500　(4) 0　(6) 0　(8) 4,500

<사례 1> 기업업무추진비 한도초과액 4,500을 손금불산입하여 기타사외유출로 소득처분하고, 건설가계정부인액 500을 손금산입 △유보처분한다.

<사례 2> 기업업무추진비 한도초과액 4,500을 손금불산입하여 기타사외유출로 소득처분한다.

<사례 3> 기업업무추진비 한도초과액 4,500을 손금불산입하여 기타사외유출로 소득처분한다.

<사례 4> 기업업무추진비 한도초과액 4,500을 손금불산입하여 기타사외유출로 소득처분하고 건설가계정부인액 4,500을 손금산입 △유보처분한다.

예제 26

갑회사의 제3기(1.1~12.31)의 다음 자료를 참고로 기업업무추진비에 대한 세무조정을 행하시오.

1. 기업업무추진비내역

구 분 \ 회계처리	기업업무추진비금액	회계처리	비 고
영업부 사용분	80,000,000	판매비와관리비	
건설본부 사용분	50,000,000	건설중인자산	제4기초 완공 예정
건물 취득 관련	70,000,000	건 물	정액법(10년), 연도초 취득
계	200,000,000		

2. 기업업무추진비는 모두 신용카드사용분으로서 당기 기업업무추진비 한도액은 60,000,000원이다.
3. 건물의 취득가액은 600,000,000원(기업업무추진비 해당액 70,000,000원 포함)이며, 당기 60,000,000원의 감가상각비를 계상하였다.

해답 (1) 기업업무추진비 한도초과액 : 200,000,000 − 60,000,000 = 140,000,000

(2) 손금불산입항목과 손금항목의 구분

구 분	기업업무추진비 총액	손금불산입항목	손금항목
판매비와관리비	80,000,000	① 80,000,000	–
건설중인자산	50,000,000	② 50,000,000	–
건 물	70,000,000	③ 10,000,000	60,000,000
계	200,000,000	140,000,000	60,000,000

(3) 세무조정

익금산입 및 손금불산입			손금산입 및 익금불산입		
기업업무추진비 한도초과	80,000,000	기타사외유출			
기업업무추진비 한도초과	50,000,000	기타사외유출	건설 중인 자산	50,000,000	유보
기업업무추진비 한도초과	10,000,000	기타사외유출	건 물	10,000,000	유보
감가상각비	1,000,000*	유 보			

* 건물감액분 상각비 $= 60{,}000{,}000 \times \dfrac{10{,}000{,}000}{600{,}000{,}000} = 1{,}000{,}000$

이와 같이 세무조정을 하면 같은 금액이 손금에 산입됨과 동시에 손금에 산입되지 아니하므로 해당 연도의 소득금액에 미치는 영향은 없다. 그러나 이와 같이 세무조정함으로써 건물 및 건설중인자산이 부인되었으므로 해당 사업연도 이후에 건물 및 건설중인자산을 상각하는 경우에는 동 상각액을 부인하게 된다.

법/인/세/법/강/의

연습문제

TYPE 주관식문제

01 자산으로 계상한 기업업무추진비가 있는 경우 기업업무추진비 한도초과액의 처리방법을 설명하시오.

TYPE 객관식문제

01 기업업무추진비와 기부금에 관한 다음의 세법 내용 중 가장 옳지 않은 것은?

① 기업업무추진비는 발생주의, 기부금은 현금주의에 의하여 손금처리한다.

② 기업업무추진비와 기부금의 세법상 한도액 계산시 사업연도말 자기자본을 고려하지 아니한다.

③ 부동산을 기부하여 '특례기부금'으로 손금산입하는 경우 시가로 평가한다.

④ 기업업무추진비는 업무와 관련있는 지출이지만 기부금은 업무와 관련없는 지출이다.

⑤ 세법상 특수관계인에 대한 기부금도 '일반기부금'으로 인정받을 수 있다.

해설 금전 외의 자산을 기부하는 경우 '일반기부금'은 시가와 장부금액 중 큰 금액으로 평가하지만 '특례기부금'은 장부가액으로 한다.

02 다음 중 기업업무추진비로 볼 수 없는 것은?

① 약정에 의하여 거래처에 대한 채권의 일부를 포기한 금액

② 사업상 증여에 따른 부가가치세 매출세액

③ 법인의 사용인들이 조직한 법인인 조합에 지출한 복리시설비

④ 회의비 중 사회통념상 인정될 수 있는 범위를 초과하는 금액

⑤ 업무와 관련하여 불특정다수인을 대상으로 무상 지출하는 금액

해설 업무와 관련하여 불특정 다수인을 대상으로 무상 지출하는 금액은 광고선전비이다.

03 「법인세법」상 기업업무추진비와 기부금에 대한 설명으로 옳은 것은?

① 현물 기업업무추진비와 현물기부금은 시가에 의하여 평가한다.

② 기업업무추진비와 기부금의 귀속시기는 발생주의에 의한다.

③ 기업업무추진비와 기부금의 한도초과금액은 기타사외유출로 소득처분한다.

④ 기업업무추진비와 기부금은 사업과 관련하여 지출하는 금품이다.

해설 ① 시가로 평가하는 경우에도 시가가 장부가액보다 낮으면 장부가액으로 평가한다. 그리고 기부금에서 '특례기부금'은 장부가액으로 평가한다.

② 기부금은 현금주의에 의하고 기업업무추진비는 발생주의에 의한다.

④ 사업과 관련하여 지출하는 것은 기업업무추진비이며 특수관계없는 자에게 사업과 관련없이 지출하는 재산적 증여의 가액을 기부금이라 한다.

04 다음은 ㈜강남의 제11기 사업연도(1.1~12.31)의 자료이다. 이 자료에 의하여 기업업무추진비 한도초과(또는 미달)액을 구하면 얼마인가? ▶ '02 세무사 수정

1. 손익계산서상 기업업무추진비 총액은 25,000,000원인데, 이 중에는 다음 사항이 포함되어 있다. 당사의 제품(원가 4,000,000원, 시가 6,000,000원)을 접대용으로 거래처에 제공하고 다음과 같이 회계처리하였다.

(차) 접 대 비	4,000,000	(대) 제 품	4,000,000
세금과공과	600,000	부가가치세예수금	600,000

2. 제12기에 제품을 수출하기로 계약하고, 수출거래처에 대한 기업업무추진비 1,000,000원을 선급비용으로 이연처리하였다.
3. 이 회사는 중소기업이 아닌 제조업을 영위하는 법인이며, 매출액은 50억원이다. 한편, 건당 3만원 초과 기업업무추진비는 전부 신용카드를 사용하였다.

① 한도미달 2,000,000원 ② 한도미달 1,000,000원

③ 한도초과 600,000원 ④ 한도초과 1,000,000원

⑤ 한도초과 1,600,000원

해설 (1) 기업업무추진비 해당액 : 25,000,000 + 2,600,000* + 1.,000,000 = 28,600,000

* 현물 기업업무추진비의 시가와 원가의 차액 2,000,000원과 그 부가가치세액 600,000원 및 이연처리한 기업업무추진비 1,000,000원의 합계

(2) 기업업무추진비 한도액 : 12,000,000 × 12/12 + 5,000,000,000 × 3/1,000 = 27,000,000

(3) 시부인액 : 28,600,000 − 27,000,000 = 1,600,000(한도초과)

05 내국법인 ㈜강남의 제10기 사업연도(1.1~12.31) 기업업무추진비 관련 자료이다. ㈜강남이 제10기에 하여야 할 세무조정으로 옳은 것은? ▶'10 CTA 수정

(1) ㈜강남은 해당 사업연도에 다음과 같이 기업업무추진비를 계상하였다.

판매비와 관리비로 계상된 기업업무추진비	₩20,000,000
건물로 계상된 기업업무추진비	12,000,000

(2) 판매비와관리비로 계상된 기업업무추진비 중에는 상품(장부가액 ₩5,000,000, 시가 ₩8,000,000)을 거래처에 증정한 것이 포함되어 있으며, 이에 대해 다음과 같이 회계처리하였다

(차) 접대비	5,800,000	(대) 상 품	5,000,000
		부가가치예수금	800,000

(3) 건당 3만원을 초과하는 기업업무추진비는 모두 신용카드로 결제되었으며, 문화기업업무추진비 해당액은 없다

(4) 제10기 사업연도의 기업업무추진비 한도액은 ₩11,000,000이다

(5) ㈜강남 제10기 사업연도 초에 처음 건물을 취득하였으며, 건물의 취득가액은 ₩200,000,000(기업업무추진비 해당액 ₩12,000,000 포함)이고 제10기 사업연도에 ₩20,000,000의 감가상각비를 계상하였다. 건물의 신고내용연수는 10년이며 정액법을 사용한다

(6) 현물로 제공한 상품의 시가와 장부가액과의 차액은 기업업무추진비 시부인계산시 고려하지만 이에 대한 세무조정은 생략한다.

	익금산입 및 손금불산입	손금산입 및 익금불산입
①	기업업무추진비한도초과액 ₩24,000,000(기타사외유출) 건물감액분상각비 400,000(유보)	건물 ₩4,000,000(△유보)
②	기업업무추진비한도초과액 ₩24,000,000(기타사외유출) 건물감액분상각비 100,000(유보)	건물 ₩1,000,000(△유보)
③	기업업무추진비한도초과액 ₩21,000,000(기타사외유출) 건물감액분상각비 100,000(유보)	건물 ₩1,000,000(△유보)
④	기업업무추진비한도초과액 ₩24,000,000(기타사외유출)	건물 ₩4,000,000(△유보)
⑤	기업업무추진비한도초과액 ₩21,000,000(기타사외유출)	건물 ₩1,000,000(△유보)

해설 (1) 기업업무추진비해당액

① 비용처리분 20,000,000+3,000,000(현물기업업무추진비 추가조정액)=23,000,000

② 건물계상분 =12,000,000

35,000,000

(2) 기업업무추진비 한도초과액 35,000,000−11,000,000=24,000,000(기타사외유출)

(3) 부인액구성순서 ① 비용처리분 : 23,000,000
② 건 물 : 1,000,000(△유보)
24,000,000

(4) 건물부인액에 대한 감가상각비 : $20,000,000 \times \frac{1,000,000}{200,000,000} = 100,000$(유보)

(5) 세무조정 요약(현물기업업무추진비 시가와 장부가액 차액에 대한 세무조정은 제외)

손금불산입(기업업무추진비한도초과)	24,000,000	(기타사외유출)
손금산입(건물)	1,000,000(△유보)	
손금불산입(건물감가비)	100,000(유보)	

06 제조업을 영위하는 ㈜용인(정관에 의한 사업연도는 1. 1.~12. 31.이고, 중소기업이 아님)은 금년. 3. 10.에 설립된 회사이다. 다음 자료에 기초하여 금년도 기업업무추진비와 관련된 세무조정과정에서 기타사외유출로 손금불산입해야 할 금액을 구하면 얼마인가?

▶ '03 CTA 수정

(1) 손익계산서상 매출액은 7,000,000,000원이며, 이는 1,000,000원의 매출할인과 1,500,000원의 매출에누리가 차감된 금액이다. 손익계산서상 매출액 중 1,000,000,000원은 특수관계인과의 거래에서 발생되었다.
(2) 판매비와 관리비에 계상된 기업업무추진비계정의 총액은 40,000,000원이며, 그 세부내역은 다음과 같다.
- 증거서류가 없는 지출 : 500,000원
- 거래처인 특수관계인에게 증정한 상품 : 2,000,000원(원가 2,000,000원, 시가 3,000,000원). 단, 당해 상품은 취득시 부가가치세 매입세액이 공제되었으며, 증정한 상품에 대한 부가가치세는 적법하게 납부하고 세금과공과로 계상하였다.
- 신용카드 등 사용분 : 37,500,000

① 18,900,000원
② 12,500,000원
③ 18,100,000원
④ 16,400,000원
⑤ 16,900,000원

해설
- 기업업무추진비 한도액
=12,000,000×10/12+60억×3/1,000+10억×3/1,000×10%=28,300,000
- 기업업무추진비 해당액
=40,000,000−500,000(직접부인액)+1,300,000(현물접대 시가차액+세금과공과)
=40,800,000
- 기업업무추진비 한도초과액=40,800,000−28,300,000=12,500,000
- 증거서류가 없는 기업업무추진비는 손금불산입(대표자 상여)로 세무조정

01 ③ 02 ⑤ 03 ③ 04 ⑤ 05 ② 06 ②

조정명세서 작성사례

다음 자료에 의하여 전자부품제조업을 영위하는 중앙산업주식회사의 기업업무추진비 조정명세서를 작성하라. 다만, 당법인은 중소기업이 아니다.

① 당기 영업수입금액은 3,321,300,000원이며, 당해 사업연도 중에는 특수관계있는 자와 거래한 사실이 없다.

② 기업업무추진비 해당액은 31,600,000원이며, 그 내역은 다음과 같다. 이 중 문화기업업무추진비(전액 법인신용카드 사용)가 5,000,000원 이다.

판매비와관리비 기업업무추진비	24,200,000원
판매비와관리비 잡비	3,400,000원
제조경비 복리후생비	4,000,000원
계	31,600,000원

③ 기업업무추진비 중 1회 사용 3만원 초과인 기업업무추진비는 판매비와관리비의 기업업무추진비 계정에 계상된 금액중 14,500,000원이며 이 중 신용카드를 사용하여 지출한 금액은 12,000,000원이다.

④ 판매비와관리비의 잡비 및 제조경비의 복리후생비에 계상된 기업업무추진비 해당액은 모두 1회 사용 3만원 이하의 금액이며 신용카드 등을 사용한 금액은 없다.

해설 ① 1회 사용 3만원 초과 기업업무추진비의 신용카드 미사용액 손금불산입
= 1회 사용 3만원 초과 기업업무추진비 총액 − 이중 신용카드 사용액
= 14,500,000원 − 12,000,000원 = 2,500,000원

② 일반기업업무추진비 손금한도액

$$= 12,000,000\text{원} \times \frac{\text{사업연도의 월수}}{12} + \text{수입금액} \times \text{당해 수입금액별 해당하는 율}$$

$$= 12,000,000\text{원} \times \frac{12}{12} + 3,321,300,000\text{원} \times \frac{3}{1,000}$$

= 12,000,000원+9,963,900원=21,963,900원

③ 문화기업업무추진비 한도액
= Min[문화기업업무추진비 지출액 또는 일반기업업무추진비 한도액 × 20%]
= Min[5,000,000, 21,963,900 × 20%]
=4,392,780

④ 기업업무추진비 손금한도초과액
= 기업업무추진비 해당금액 − 3만원초과 기업업무추진비중 신용카드등 미사용으로 인한 손금불산입액 − 일반기업업무추진비 한도액 − 문화기업업무추진비한도액
= 31,600,000원 − 2,500,000원 − 21,963,900원 − 4,392,780원 = 2,743,320원

⑤ 기업업무추진비 손금불산입 합계액

가. 3만원 초과 기업업무추진비중 신용카드 미사용액	2,500,000원
나. 기업업무추진비 한도 초과액	2,743,320원
합 계	5,243,320원

[별지 제23호서식(갑)]

(앞쪽)

<table>
<tr><td rowspan="2">사 업
연 도</td><td rowspan="2">1. 1.
~
12. 31.</td><td rowspan="2">기업업무추진비 조정명세서(갑)</td><td>법 인 명</td><td>(주)중앙산업</td></tr>
<tr><td>사업자등록
번 호</td><td>125-81-12345</td></tr>
</table>

<table>
<tr><th colspan="4">구 분</th><th>금 액</th></tr>
<tr><td colspan="4">① 기업업무추진비 해당 금액</td><td>31,600,000</td></tr>
<tr><td colspan="4">② 기준금액 초과 기업업무추진비 중 신용카드 등 미사용으로 인한 손금불산입액</td><td>2,500,000</td></tr>
<tr><td colspan="4">③ 차감 기업업무추진비 해당 금액(① − ②)</td><td>29,100,000</td></tr>
<tr><td rowspan="13">일반기업
업무추진비
한도</td><td colspan="3">④ 1,200만원 (중소기업 3,600만원) × 해당 사업연도 월수(12) / 12</td><td>12,000,000</td></tr>
<tr><td rowspan="4">총수입금액
기준</td><td colspan="2">100억원 이하의 금액×30/10,000
(2020년 사업연도 분은 35/10,000)</td><td>9,963,900</td></tr>
<tr><td colspan="2">100억원 초과 500억원 이하의 금액 × 20/10,000
(2020년 사업연도 분은 25/10,000)</td><td></td></tr>
<tr><td colspan="2">500억원 초과 금액×3/10,000
(2020년 사업연도 분은 6/10,000)</td><td></td></tr>
<tr><td colspan="2">⑤ 소계</td><td>9,963,900</td></tr>
<tr><td rowspan="4">일반수입금액
기준</td><td colspan="2">100억원 이하의 금액×30/10,000
(2020년 사업연도 분은 35/10,000)</td><td></td></tr>
<tr><td colspan="2">100억원 초과 500억원 이하의 금액×20/10,000
(2020년 사업연도 분은 25/10,000)</td><td></td></tr>
<tr><td colspan="2">500억원 초과 금액×3/10,000
(2020년 사업연도 분은 6/10,000)</td><td></td></tr>
<tr><td colspan="2">⑥ 소계</td><td>0</td></tr>
<tr><td>⑦ 수입금액 기준</td><td colspan="2">(⑤ − ⑥)×20(10)/100</td><td>0</td></tr>
<tr><td colspan="3">⑧ 일반기업업무추진비 한도액(④ + ⑥ + ⑦)</td><td>21,963,900</td></tr>
<tr><td colspan="3" style="display:none"></td><td style="display:none"></td></tr>
<tr><td colspan="3" style="display:none"></td><td style="display:none"></td></tr>
<tr><td rowspan="2">문화기업
업무추진비 한도
(「조세특례제한법」
제136조 제3항)</td><td colspan="3">⑨ 문화기업업무추진비 지출액</td><td>5,000,000</td></tr>
<tr><td colspan="3">⑩ 문화기업업무추진비 한도액
(⑨와 (⑧×20/100)에 해당하는 금액 중 적은 금액)</td><td>4,392,780</td></tr>
<tr><td colspan="4">⑪ 기업업무추진비 한도액 합계(⑧ + ⑩)</td><td>26,356,680</td></tr>
<tr><td colspan="4">⑫ 한도초과액(③ − ⑪)</td><td>2,743,320</td></tr>
<tr><td colspan="4">⑬ 손금산입한도 내 기업업무추진비지출액(③과 ⑪에 해당하는 금액 중 적은 금액)</td><td>26,356,680</td></tr>
</table>

210㎜×297㎜[백상지 80g/㎡ 또는 중질지 80g/㎡]

■ 법인세법 시행규칙 [별지 제23호서식(을)] <개정 2023. 3. 20.>

(앞쪽)

<table>
<tr><td rowspan="2">사 업
연 도</td><td rowspan="2">1. 1.
～
12. 31.</td><td rowspan="2">기업업무추진비 조정명세서(을)</td><td>법 인 명</td><td>(주)중앙산업</td></tr>
<tr><td>사업자등록번호</td><td>125-81-12345</td></tr>
</table>

1. 수입금액명세

구 분	① 일반수입금액	② 특수관계인간 거래금액	③ 합 계 (①+②)
금 액	3,321,300,000		3,321,300,000

2. 기업업무추진비 해당 금액

<table>
<tr><td colspan="3">④ 계 정 과 목</td><td>기업업무
추진비</td><td>잡비</td><td>복리후생비</td><td>합 계</td></tr>
<tr><td colspan="3">⑤ 계 정 금 액</td><td>24,200,000</td><td>3,400,000</td><td>4,000,000</td><td>31,600,000</td></tr>
<tr><td colspan="3">⑥ 기업업무추진비 계상액 중 사적사용경비</td><td>0</td><td>0</td><td>0</td><td>0</td></tr>
<tr><td colspan="3">⑦ 기업업무추진비 해당 금액
(⑤－⑥)</td><td>24,200,000</td><td>3,400,000</td><td>4,000,000</td><td>31,600,000</td></tr>
<tr><td rowspan="9">⑧ 신용카드
등 미사용
금액</td><td rowspan="2">경조사비 중 기준
금액 초과액</td><td>⑨ 신용카드 등
미사용금액</td><td></td><td></td><td></td><td></td></tr>
<tr><td>⑩ 총초과금액</td><td></td><td></td><td></td><td></td></tr>
<tr><td rowspan="2">국외지역 지출액
(「법인세법 시행령」
제41조 제2항 제1호)</td><td>⑪ 신용카드 등
미사용금액</td><td></td><td></td><td></td><td></td></tr>
<tr><td>⑫ 총지출액</td><td></td><td></td><td></td><td></td></tr>
<tr><td rowspan="2">농어민 지출액
(「법인세법 시행령」
제41조 제2항 제2호)</td><td>⑬ 송금명세서
미제출금액</td><td></td><td></td><td></td><td></td></tr>
<tr><td>⑭ 총지출액</td><td></td><td></td><td></td><td></td></tr>
<tr><td rowspan="2">기업업무추진비 중
기준금액 초과액</td><td>⑮ 신용카드 등
미사용금액</td><td>2,500,000</td><td></td><td></td><td>2,500,000</td></tr>
<tr><td>⑯ 총초과금액</td><td>2,500,000</td><td></td><td></td><td>2,500,000</td></tr>
<tr><td colspan="2">⑰ 신용카드 등 미사용 부인액
(⑨+⑪+⑬+⑮)</td><td>2,500,000</td><td></td><td></td><td>2,500,000</td></tr>
<tr><td colspan="3">⑱ 기업업무추진비 부인액
(⑥+⑰)</td><td>2,500,000</td><td></td><td></td><td>2,500,000</td></tr>
</table>

210mm×297mm[백상지 80g/㎡ 또는 중질지 80g/㎡]

Chapter 07

지급이자

제 1 절 지급이자

01 개 요

법인이 기업활동을 하는 과정에서 지급되거나 지급될 이자는 순자산 감소의 원인이 되는 손비의 금액이므로 손금으로 인정하는 것이 원칙이다. 그러나 「법인세법」은 여러 가지 이유로 일정한 지급이자를 손금으로 인정하지 않고 있다. 세법상 손금불산입되는 지급이자는 다음과 같다(법법 28 ①).

그리고 다음의 지급이자 손금불산입이 동시에 적용되는 경우 다음 순서에 따라 차례로 지급이자를 손금부인한다(법령 55).

① 채권자 불분명 사채이자

② 비실명채권 · 증권이자와 할인액

③ 건설자금이자

④ 업무무관자산 등 관련 지급이자

손금불산입되는 지급이자 및 관련 소득처분을 요약하면 다음과 같다.

부인 순서	종 류	손금불산입되는 이자	소득처분
1	채권자불분명 사채이자	당해 이자	대표자 상여*
2	비실명채권 · 증권이자와 할인액	당해 이자	
3	건설자금이자	당해 이자	유보
4	업무무관자산 등 관련 지급이자	업무무관자산에 상당하는 지급이자 상당액	기타사외유출

* 원천징수세액은 손금불산입(기타사외유출)로 하고 나머지가 손금불산입(대표자 상여) 한다. 「소득세법」은 비실명 이자 · 배당소득에 대한 원천징수세율을 금융회사를 통하여 지급되는 경우는 90%, 금융회사를 통하지 않는 경우는 45%를 적용하도록 하고 있다.

Reference 적수 계산

「법인세법」은 수입배당금익금불산입에서 '자산총액의 적수'와 '자회사 주식의 장부가액 적수', 가지급금 인정이자 계산에서 '가지급금 적수', 업무무관자산 등에 대한 지급이자 손금불산입에서 '차입금 적수' 및 '업무무관자산과 가지급금 적수' 등과 같이 여러 곳에서 적수의 개념을 사용하여 세무조정을 하도록 하고 있다. 세법이 이와 같이 적수를 사용하도록 하고 있는 경우에는 반드시 적수로 계산하여야 하는데, 적수는 매일 매일의 잔액을 합산한 금액을 의미한다. 즉 100원의 잔액이 240일 동안 있었다면, 적수는 24,000원(=100×240일)이 된다.
한편 국세청 예규(법인 46012-530, 2001.3.12.)는 가지급금 적수를 계산할 때 초일(가지급금 발생일)을 산입하도록 해석하고 있다. 따라서 말일(가지급금 회수일)은 산입하지 않는다(다만 잔액이 차기로 이월되는 경우에는 결산기의 말일도 산입되어야 한다). 이는 민법에서 일수 계산를 할 때 초일불산입으로 하고 있는 것과 다르다.

제2절 손금불산입 지급이자

1 채권자불분명 사채이자

사채(私債)는 채권자가 그 신분을 노출시키는 것을 매우 싫어하고, 또 이자소득이 종합소득에 합산과세 되는 것을 회피하기 위하여 차입자인 법인에 변칙적인 회계처리를 요구하는 경우가 많다. 세법에서는 이를 규제하기 위하여 채권자가 불분명한 사채이자는 법인의 소득금액을 계산할 때 손금불산입하고, 이자에 대한 원천징수세액은 기타사외유출로 잔액은 대표자에 대한 상여로 처분하도록 하고 있다.

채권자가 불분명한 사채이자란 다음 중 어느 하나에 해당하는 차입금의 이자를 말하며, 차입금이자에는 알선수수료·사례금 등 명목 여하에 불구하고 사채를 차입하고 지급하는 금품을 포함한다(법령 51 ①).

① 채권자의 주소 및 성명을 확인할 수 없는 차입금. 그러나 거래일 현재 주민등록표에 의하여 거주사실 등이 확인된 채권자가 차입금을 변제 받은 후 소재불명이 된 경우의 차입금이자는 제외한다.

② 채권자의 능력 및 자산상태로 보아 금전을 대여한 것으로 볼 수 없는 차입금

③ 채권자와의 금전거래사실 및 거래내용이 불분명한 차입금

예제 27

예술㈜는 사채를 차입하고 그 이자 10,000,000원을 지급하고 영업외비용으로 처리하였다. 동 사채이자에 대하여 소득세와 지방소득세 소득분 4,950,000원을 원천징수하여 납부하였으나 사채업자의 성명을 불분명하게 처리하였다. 이에 대한 세무조정을 하시오.

해답 <손금불산입> 채권자불분명사채이자 10,000,000(기타사외유출 4,950,000, 상여 5,050,000)
➤ 이자에 대한 원천징수세액은 기타사외유출로, 나머지는 대표자상여로 소득처분한다.

02 비실명 채권 · 증권이자와 할인액

채권 · 증권의 이자 또는 할인액 중 그 지급 받는 자가 불분명한 것(당해 채권 · 증권의 발행 법인이 이자 또는 할인액을 직접 지급하는 경우로서 그 지급사실이 객관적으로 인정되지 않는 이자 · 할인액)은 손금으로 인정하지 않는다(법법 28①(2), 법령 51②). 다만, 대개의 경우 법인이 회사채나 증권을 발행하는 경우 증권회사 등에 유가증권의 발행 및 이자지급에 관한 업무 일체를 위임하게 되는데 이러한 경우는 손금불산입이 생기지 않는다.

이것은 채권 등의 발행법인이 채권 등의 소지자에게 직접 이자 등을 지급하는 경우에도 실명확인을 하도록 강제함으로써 금융소득 종합과세의 토대를 확충하기 위한 방안의 하나로 도입된 것이다. 이러한 이자의 손금불산입시 소득처분방법은 채권자가 불분명한 사채이자의 경우와 같다.

03 건설자금이자

가. 개 요

법인이 본사 사옥이나 공장을 건설하는 경우 일반적으로 설계 · 건축허가 · 착공 · 사용검사 등의 절차를 거쳐 의도된 용도에 사용하기까지 오랜 시간이 소요될 뿐 아니라 거액의 자금이 소요된다. 그래서 이러한 건설자금들은 내부유보자금 외에 통상 시설자금 등 장기차입금으로 일정부분을 충당하게 된다. 이와 같이 사업용 유형자산 및 무형자산의 건설기간 동안 그 자산의 취득에 사용된 차입금에 대한 지급이자를 「법인세법」은 건설자금이자라고 하고, 이를 해당 자산의 자본적 지출로 처리하도록 하고 있다. 따라서 법인이 건설자금이자를 기간 비용으로 계상한 경우에는 이를 손금불산입(소득처분 : 유보)하게 되는 것이다.

기업회계에서도 같은 취지에서 '차입원가의 자본화'를 규정하고 있지만 「법인세법」과는 그 대상자산 및 계산방법 등에 있어서 차이가 있다. 먼저 건설자금 이자에 대한 기업회계와 「법인세법」의 차이점을 요약 · 비교하면 아래와 같다.

건설자금이자 세무 및 회계기준 비교

구 분	법인세법	기업회계
용어	건설자금이자	차입원가의 자본화
자본화대상 자산	사업용 유형자산 및 무형자산 (유형자산, 무형자산, 투자부동산 중 사업용 자산)	의도된 용도로 사용하거나 판매가능한 상태에 이르는데 상당한 기간을 필요로 하는 자산(재고자산, 제조설비자산, 전력생산설비, 무형자산, 투자부동산)
자본화대상 차입금	특정차입금 이자(강제사항) 일반차입금 이자(선택사항)	특정차입금 이자 및 일반차입금 이자
자본화 선택	특정차입금 이자(강제사항) 일반차입금 이자(선택사항)	강제사항(국제회계기준) 선택사항(일반기업회계기준)
외환차이 (환율변동손익)	외화차입금에 대한 외화평가손실은 포함하지 않음	외화차입금과 관련된 외환차이(환율변동손실) 중 이자비용의 조정으로 볼 수 있는 부분은 차입원가에 포함

나. 건설자금이자 계산대상

「법인세법」에서는 사업용 유형자산 및 무형자산(유형자산 · 무형자산 · 투자부동산)만 건설자금이자의 계산대상이 된다. 그러나 기업회계에서는 유형자산 · 무형자산 · 투자부동산뿐만 아니라 재고자산 등 의도된 용도로 사용하거나 판매가능한 상태에 이르는데 상당한 기간을 필요로 하는 자산들에 대하여도 건설자금이자를 계상하도록 하고 있다. 따라서 회계상 재고자산에 대해서 건설자금이자를 자본화한 경우 이는 세무조정시 손금산입(△유보)하여야 한다.

한편 「법인세법」은 그 명목 여하에 불구하고 사업용 유형자산 및 무형자산의 건설 등(매입 · 제작 또는 건설을 말한다)에 소요되는 차입금에 대한 지급이자 또는 이와 유사한 성질의 지출금 중 그 자산의 건설 등에 소요된 것이 분명한 것은 '특정차입금이자', 그 자산의 건설 등에 소요된 것이 분명하지 않은 것은 '일반차입금이자'로 구분하고, 이를 다르게 취급하고 있다.

① 특정차입금이자는 건설 등이 준공된 날까지 자본적 지출로 하여 취득원가에 가산하여야 한다. 이는 강제사항이다. 따라서 법인이 특정차입금이자를 발생한 기간의 비용으로 계상한 경우에는 이를 손금불산입(유보)하게 된다.

② 일반차입금이자는 취득원가에 산입할 것인지 아니면 당기 손금으로 할 것인지는 법인이 선택한다. 따라서 법인이 일반차입금이자를 발생한 기간의 비용으로 계상한 경우에는 이를 손금불산입하지 않는다.

다. 건설자금이자 계산

(1) 계산 기간

건설자금이자의 계산기간은 건설기간, 즉 건설개시일로부터 준공일까지의 기간이 된다. 이때 준공일은 건물의 경우에는 「소득세법」에 의한 취득일과 사용개시일 중 빠른 날, 토지의 경우에는 대금청산일 또는 당해 토지를 사용에 제공한 날 중 빠른 날, 기타 사업용 유형자산 및 무형자산 경우에는 실제 사용일(정상제품을 생산하기 위하여 실제로 가동한 날)로 한다(법령 52 ⑥).

(2) 지급이자

「법인세법」상 건설자금이자가 될 수 있는 지급이자에는 차입관련 지급보증료 및 할인료, 사채할인발행차금상각액 및 전환사채에 대한 지급이자가 포함되지만, 외화차입금에 대한 외환차이는 포함되지 않는다.

(3) 특정차입금에 대한 건설자금이자

사업용 유형자산 및 무형자산의 건설 등에 소요된 것이 분명한 차입금이자, 즉 특정차입금이자는 건설기간 중의 이자를 해당 자산의 취득원가에 가산하여야 한다. 이는 강제사항이다.

위에서 설명한 '(1) 계산기간'과 '(2) 지급이자'의 내용은 특정차입금이자와 일반차입금이자에 공통적으로 적용되는 것이다. 따라서 여기서는 특정차입금이자와 관련된 주요 내용만 요약하면 다음과 같다.

① 특정차입금의 일시예금에서 생긴 수입이자는 취득원가에 가산하는 자본적 지출금액에서 차감한다(법령 52 ②).

② 특정차입금의 일부를 운영자금으로 전용한 경우에는 자산의 건설과 무관하므로 그 차입금에 대한 이자는 즉시 손금으로 한다(법령 52 ③).

③ 건설기간 중 차입금의 상환기일을 지키지 못함으로써 발생한 연체이자는 건설자금이자로 보지만, 그 연체이자에 대하여 다시 지급이자가 발생한 경우 그 지급이자는 건설자금이자로 보지 아니하므로 손금으로 처리되어야 한다(법령 52 ④).

④ 건설자금이자는 건설기간에 대하여만 계산하므로 건설개시일 이전이나 건설이 완료된 후의 지급이자는 건설자금이자로 보지 않고, 건설개시일 이후에 차입한 경우에는 해당 차입금에 대한 이자가 발생한 날 이후의 기간에 대하여만 건설자금이자를 계산한다(법령 52 ⑤).

한편 특정차입금에 대한 건설자금이자를 회사가 자산의 취득원가(자본적 지출)로 계상한 경우에는 별도의 세무조정이 불필요하나, 이를 결산상 비용으로 계상한 경우에는 해당 자산이 감가상각 자산인지 여부에 따라 다음과 같이 세무조정을 하여야 한다.

비용계상한 건설자금이자 세무처리

구 분		세 무 조 정	
		당 기	차기 이후
비상각 자산		손금불산입(유보)	처분시에 손금추인(△유보)
상각자산	당기말 건설중인 경우	손금불산입(유보)*1	상각 · 처분시 손금추인(△유보)
	건설이 완료된 경우	감가상각비로 보아 시부인계산(즉시상각의제)*2	–

*1 추후 당해 자산이 준공되어 감가상각이 개시되는 경우 이는 상각부인액으로 간주한다(법기통 23…32…1).
*2 '즉시상각의제'란 자본적 지출(자산)로 처리하여야 할 것을 회계상 수익적 지출(비용)로 처리한 경우 수익적 지출로 처리한 것을 계정과목에 불구하고 세무상으로는 회사의 감가상각비 계상액으로 보는 것을 말한다.

반면에 법인이 세법상 특정차입금에 대한 건설자금이자로 계산한 금액보다 건설자금이자를 과대 계상한 경우에는 그 초과액은 손금에 산입하고 △유보로 처분한다. 그리고 그 후 해당 자산이 준공된 경우 감가상각비 계산의 기초가액은 취득가액에서 과대계상된 건설자금이자를 차감한 금액이 된다.

예제 28

다음 자료에 의거 건설자금이자에 대한 물음에 답하시오.

1. 사업용 유형자산(토지)의 매입에 따른 특정차입금 : 10억원
2. 건설기간 : 제10기. 4.1~10.31
3. 건설기간중 건설자금의 일시예금에서 생긴 수입이자 : 5천만원
4. 성룡은행에서 10%로 차입한 것임.
5. 사업연도 : 4.1~3.31
6. 차입일자 : 제10기. 4.1
7. 적수계산은 초일산입, 말일불산입한다.
8. 제10기에 상기 특정차입금 외에 다른 차입금은 없다.

<물음1> 제10기의 건설자금이자액을 계산하시오.
<물음2> 제10기의 세무조정방법을 설명하시오.

해답 <물음1>

1. 건설기간 중의 지급이자 : 10억원 × 10% × $\frac{213^{*}}{365}$ = 58,356,164(213일은 해설 참조)
2. 건설자금에서 발생한 일시 수입이자 50,000,000
3. 건설자금이자액(1-2) 8,356,164

* 초일산입 말일불산입(30일, 31일, 30일, 31일, 31일, 30일, 30일 = 213일)

<물음2>

4. 세무조정 : 손금불산입, 건설자금이자 8,356,164원 (유보)

(해설) 비상각자산이므로 손금불산입(유보)로 세무조정한다. 그러나 만일 상각자산이었다면 당기 중에 준공되었으므로 건설자금이자는 동 자산의 감가상각비로 간주되고(즉시상각의제) 해당 자산에 대한 회사 계상 다른 감가상각비와 합하여 감가상각비 한도액과 비교하는 세무조정을 하게 된다.

(4) 일반차입금에 대한 건설자금이자

일반차입금이자에 대한 건설자금이자는 취득원가에 가산하는 방법과 당기 손금처리 중 선택할 수 있는데(법법 28 ②), 취득원가에 가산하는 방법을 선택한 경우 일반차입금에 대한 건설자금이자는 다음과 같이 계산한다(법령 52 ⑦).

> 일반차입금이자 = Min[①, ②]
> ① [건설 등 지출액의 연평균액 − 연평균 특정차입금] × 일반차입금 연평균이자율
> ② 한도액 : 건설기간 중에 실제로 발생한 일반차입금의 지급이자 합계액

위 산식에서 '건설 등 지출액의 연평균액' 등은 다음과 같이 계산한다.

구 분	계 산 방 법
건설 등 지출액의 연평균액	건설 등에 대하여 해당 사업연도에 지출한 금액의 적수 / 해당 사업연도 일수
연평균 특정차입금	해당 사업연도의 특정차입금 적수 / 해당 사업연도 일수
일반차입금 연평균이자율	일반차입금에서 발생한 지급이자의 합계액 ÷ (해당 사업연도 일반차입금의 적수 / 해당 사업연도 일수)

예제 29

다음 자료에 의해서 ㈜희망의 제5기(×1.1.1.~12.31)의 건설자금이자를 계산하시오.

1. ㈜희망의 공장건설기간 : ×1년 1월 1일 ~ ×2년 6월 30일
2. ㈜희망이 공장건설을 위해서 제5기 중에 지출한 금액은 다음과 같다.
   ×1년 1월 1일 계약금 지출 100,000원
   ×1년 7월 1일 1차 기성금 지출 300,000원
   ×1년 10월 1일 2차 기성금 지출 500,000원
3. ㈜희망에 당기 중 차입금명세는 다음과 같다(당기 중 상환한 차입금은 없음).

차입금	차입일	차입금	연이자율	비 고
시설자금	×0.12.1.	80,000	5%	특정차입금
운영자금	×1. 7.1.	850,000	7%	일반차입금

4. 상기 차입금 중 시설자금은 전액 공장건설에 사용되었고 발생된 수입이자는 없다.
5. 당기 사업연도의 일수는 365일이다.
6. ㈜희망은 세무상 일반차입금에 대한 건설자금이자도 취득가액에 산입하기로 한다.

해답 <특정차입금이자 중 건설자금이자>

$80{,}000원 \times 365일 \times 5\% \times \frac{1}{365} = 4{,}000원$(취득원가에 산입, 강제사항)

<일반차입금이자 중 건설자금이자>

1. 건설에 대한 연평균지출액

$(100{,}000원 \times 365일 + 300{,}000원 \times 184일 + 500{,}000원 \times 92일) \times \frac{1}{365} = 377{,}260원$

2. 연평균 특정차입금 $= 80{,}000원 \times 365일 \times \frac{1}{365} = 80{,}000원$

3. 일반차입금 연평균이자율 = ㉠ ÷ ㉡ = 7%

㉠ 일반차입금 지급이자액 = $850{,}000원 \times 184일 \times 7\% \times \frac{1}{365} = 29{,}994원$

㉡ 일반차입금의 연평균액 = $850{,}000원 \times 184일 \times \frac{1}{365} = 428{,}493원$

4. 일반차입금 중 건설자금이자 = Min[㉠, ㉡] = 20,808원

㉠ (377,260원 − 80,000원) × 7% = 20,808원

㉡ 한도액 : 건설기간 중 일반차입금 지급이자의 합계액 = 29,994원

04 업무무관자산 등 관련 지급이자

가. 개 요

법인이 업무무관자산을 취득하거나 보유하고 있는 경우 또는 특수관계인에게 업무와 무관한 가지급금을 지급하고 있는 경우에는 그에 상당하는 차입금의 지급이자는 손금에 산입하지 아니한다(법법 28 ① (4)).

그 취지는 법인의 부동산투기를 억제하고 기업의 자금을 비생산적으로 활용하는 것을 규제하기 위한 것이다.

나. 손금불산입액 계산

손금불산입액은 다음과 같이 계산한다(법령 53 ②, ③).

$$손금불산입액 = 지급이자 \times \frac{업무무관자산\ 및\ 업무무관\ 가지급금적수\ 합계액(차입금적수한도)}{차입금적수}$$

여기서 업무무관자산가액은 그 자산의 세무상 취득가액(다만, 고가매입의 경우 시가 초과액을 포함한다. 이는 고가매입차액을 세무상 자산취득가액으로 보지는 않지만, 실제 자금지출에 따른 지급이자는 발생하였을 것이기 때문이다)으로 한다(법령 53 ③). 그리고 지급이자 및 총차입금적수는 다음과 같이 선순위 손금불산입 지급이자를 제외하고 계산한다.

> 지급이자 = 총지급이자* − 채권자불분명 사채이자 − 비실명 채권 · 증권이자 − 건설자금이자
>
> 차입금적수 = 총차입금적수 − 채권자 불분명 사채적수 − 비실명 채권 · 증권적수
> − 건설자금 차입금적수

* 업무무관자산 등에 대한 지급이자 손금불산입대상 지급이자에서 상업어음할인료, 현재가치할인차금의 상각액 및 연지급수입이자는 제외한다(법기통 28−53…1 참조). 그리고 내국법인이 기업구매자금대출에 의하여 차입한 이자도 제외한다(법령 53 ④(2)).

다. 규제대상 자산

(1) 업무무관 자산

업무무관자산이란 당해 법인의 업무와 직접 관련이 없다고 인정되는 부동산 및 동산을 말한다(법법 27(1)(2), 법령 49 ①(1)(2)).

업무무관부동산은 다음과 같다.

① 법인의 업무에 직접 사용하지 아니하는 부동산. 다만, 유예기간이 경과하기 전까지의 기간 중에 있는 부동산을 제외한다.

② 유예기간 중에 당해 법인이 업무에 직접 사용하지 아니하고 양도하는 부동산. 다만, 부동산매매업을 주된 사업으로 영위하는 법인을 제외한다.

또한 업무무관 동산은 다음과 같다.

① 서화 및 골동품. 다만, 장식 · 환경미화 등에 사용되는 것으로서 사회통념상 타당하다고 인정되는 범위 안의 것을 제외한다.

② 업무에 직접 사용되지 아니하는 자동차 · 선박 및 항공기

③ 기타 위와 유사한 자산으로서 당해 법인의 업무에 직접 사용하지 아니하는 자산

(2) 특수관계인 업무무관가지급금

「법인세법」상 업무무관가지급금이란 그 명칭 여하에 불구하고 해당 법인의 업무와 직

접적인 관련이 없거나 금융기관 등의 경우 주된 수익사업으로 볼 수 없는 자금의 대여액을 말한다(법령 53 ①). 다만, 모든 업무무관가지급금이 대상이 되는 것이 아니라 특수관계인에 대한 업무무관가지급금만이 지급이자 손금불산입 대상이 된다. 그리고 이자를 수령하고 있다고 하더라도 업무무관 가지급금이 된다.

한편 동일인에 대한 가지급금과 가수금이 함께 있는 경우에는 가지급금적수와 가수금적수를 상계한 후 그 차감 적수에 의하여 지급이자를 부인한다(법령 53 ③). (인정이자 계산시에는 가지급금과 가수금에 대해 각각 상환기간 및 이자율 등 약정이 있어 상계할 수 없는 경우에는 상계하지 않는다)

다만, 다음은 업무와 관련 없는 가지급금으로 보지 아니한다.

① 사용인에 대한 월정급여 범위내의 일시적인 급여 가불금
② 사용인에 대한 경조사비 대여액
③ 사용인(자녀 포함)에 대한 학자금 대여액
④ 법인이 당해 법인의 주식취득 자금을 우리사주조합·조합원에 대여한 경우
⑤ 「국민연금법」에 따라 근로자가 지급받은 것으로 보는 퇴직금전환금
⑥ 「소득세법」상 지급시기 의제규정에 따라 지급한 것으로 보는 배당소득 및 상여금(미지급소득)의 소득세를 법인이 대납하고 가지급금 계상한 경우
⑦ 정부의 허가를 받아 국외에 자본을 투자한 내국법인이 당해 외국투자법인에 종사하거나 종사할 자의 여비·급료·기타 비용을 대신 부담하고 가지급금 등으로 계상한 경우
⑧ 소득에 대한 귀속이 불분명하거나 추계로 과세표준을 결정·경정할 때에 대표자에 대한 상여로 소득처분한 금액에 대한 소득세를 법인이 대신 납부하고 가지급금으로 계상하는 경우

Reference 미지급소득에 대한 소득세 대납액

법인이 이익 또는 잉여금의 처분에 의한 배당소득(또는 상여)을 그 처분을 결정한 날로부터 3월이 되는 날까지 지급하지 아니한 때에는 그 3월이 되는 날에 배당소득(또는 상여)을 지급한 것으로 보아 원천징수하여야 한다. 이 경우 그 원천징수세액은 법인이 대납할 수밖에 없는 바, 법인이 어쩔 수 없이 이를 대납하고 가지급금으로 계상한 경우에는 불이익을 주지 않겠다는 취지에서 업무무관가지급금으로 보지 아니한다.

Reference 특수관계인 가지급금에 대한 규제

「법인세법」은 법인의 재무구조 개선과 법인이 주주나 임직원의 사금고화되는 것을 방지하기 위하여 특수관계인에 대한 가지급금에 대하여는 다음과 같은 규제를 하고 있다.

구 분	내 용	비 고
지급이자 손금불산입	법 소정 산식에 의한 금액을 손금불산입함	적정이자율로 대여한 경우에도 관련 지급이자를 부인함
인정이자 익금산입	수입이자가 법 소정 수익에 미달하는 경우 차액을 인정이자로 하여 익금산입함	적정이자율로 대여하고 이자수익을 계상한 경우에는 추가적으로 인정이자를 익금산입하지 않음
대손충당금 및 대손금	대손충당금 설정대상이 될 수 없으며, 실제 대손이 발생한 경우에도 대손금을 손금으로 인정받을 수 없음	–

Reference 소득처분으로 인한 원천징수세액 대납에 대한 법인세법상의 취급

세무조정으로 배당 · 상여 · 기타소득으로 처분되고 그에 대한 원천징수세액을 법인이 대납하고 자산으로 계상한 경우 이는 업무무관 가지급금이 된다. 그리고 이러한 대납한 소득세를 회수할 수 없어서 회계상 대손처리하면 이는 손금불산입되고 다시 배당 · 상여 · 기타소득으로 소득처분이 된다.
그러나 귀속이 불분명하여 대표자상여로 처분하거나 추계로 과세표준을 결정 · 경정하면서 대표자상여로 처분한 경우에는 원천징수세액 대납액에 대하여 다음과 같은 처리된다.

① 원천징수세액을 법인이 대납하고 이를 자산으로 계상한 경우에도 이를 업무무관 가지급금으로 보지 않는다(법칙28). 따라서 이에 대해서 지급이자 손금불산입 규정이나 인정이자 계산 규정이 적용되지 않는다.
② 법인이 대납한 원천징수세액을 회계상 비용으로 처리하거나 자산으로 처리하였던 것을 대손처리한 경우 이를 손금불산입으로 처리하지만 소득처분은 대표자상여가 아니라 기타사외유출로 처분한다.

이러한 예외는 귀속이 불분명하거나 추계결정 등으로 인하여 대표자상여로 처분한 것만으로도 해당 법인 및 대표자에 대한 징벌은 달성되었다고 보기 때문이다.

법/인/세/법/강/의

연습문제

TYPE 주관식문제

01 「법인세법」상 지급이자를 손금불산입하는 경우 4가지를 쓰시오.

02 「법인세법」상 건설자금이자에 대한 처리를 설명하시오.

TYPE 객관식문제

01 다음 자료를 이용하여 제조업을 영위하는 ㈜강남의 제7기 사업연도(1.1~12.31)의 세무조정시 지급이자에 대한 손금불산입액을 계산하면 얼마인가? ▶ '09 CPA 수정

(1) 손익계산서상 지급이자의 내역

이자율	지급이자	비 고
연 10%	₩ 5,000	비실명 채권이자*
연 5%	₩50,000	사옥신축을 위한 차입금이자 ₩40,000과 장기건설 중인 재고자산에 대한 차입금이자 ₩10,000으로 구성
연 4%	₩30,000	연지급수입이자 ₩28,000 포함

* ㈜강남은 당해 비실명 채권이자에 대해 소득세 및 지방소득세 소득세분 1,925원을 원천징수하여 납부하였다.

(2) ㈜강남은 당해 법인의 대표이사에게 업무와 직접 관련없는 대여금으로 50,000원(적수 : 18,250,000원)을 지급하였다.

(3) ㈜강남은 소득금액을 계산시 일반차입금이자를 자본화하지 않는다.

① 47,400 ② 42,400
③ 40,000 ④ 5,000
⑤ 1,925

해설 (1) <손금불산입> 비실명채권이자(원천징수세액) 1,925 (기타사외유출)
<손금불산입> 비실명채권이자 3,075 (상여)

(2) <손금불산입> 건설자금이자 40,000 (유보)

(3) <손금불산입> 업무무관가지급에 대한 지급이자손불 2,400 (기타사외유출)
업무무관가지급에 대한 지급이자손금불산입액 계산

$$(85{,}000-5{,}000-40{,}000-28{,}000)\times\frac{18{,}250{,}000}{91{,}250{,}000}=2{,}400$$

차입금적수 5%분 : 10,000÷5%×365일= 73,000,000
4%분 : (30,000−28,000)÷4%×365= 18,250,000
91,250,000

$$\text{지급이자} = \text{차입금적수}\times\text{이자율}\times\frac{1}{365}$$

차입금적수=지급이자÷이자율×365

(4) 지급이자 손금불산입액 합계액 : 5,000+40,000+2,400=47,400

02 지급이자 손금불산입에 관한 내용이다. 가장 잘못된 것은? ▶ '06 CPA 수정

① 채권자가 불분명한 사채의 이자 중 원천징수세액에 상당하는 금액은 기타 사외유출로 처분한다.

② 재고자산에 대하여 건설자금이자를 계상한 경우에는 건설자금이자 상당액을 손금산입하고 △유보로 처분한다.

③ 사용인에 대한 학자금의 대여액은 업무무관자산 등에 대한 지급이자 손금불산입의 대상이 아니다.

④ 지급이자 손금불산입의 순서는 업무무관자산 등에 대한 지급이자(1순위), 채권자가 불분명한 사채의 이자(2순위), 지급받은 자가 불분명한 채권·증권의 이자(3순위), 건설자금에 충당한 차입금의 이자(4순위) 순이다.

⑤ 건설자금이자를 과대계상한 경우에는 그 과대계상액을 손금산입(△유보)하고, 그 후 해당 자산의 처분 혹은 감가상각시 손금불산입(유보)하는 것으로 처리한다.

해설 지급이자 손금불산입의 순서는 채권자가 불분명한 사채의 이자, 지급받은 자가 불분명한 채권·증권의 이자, 건설자금 이자, 업무무관자산 등에 대한 지급이자순이다.

01 ① 02 ④

Chapter 08

손익 귀속사업연도

제 1 절 의의 및 기준

01 의 의

각 사업연도 소득에 대한 법인세는 사업연도 단위로 소득에 대해서 과세를 하는 것이다. 따라서 익금과 손금이 어느 사업연도에 귀속되느냐에 따라 사업연도 간에 소득이 달라진다. 만일 손익 귀속시기를 법인의 임의적 처리에 맡길 경우 조정에 의하여 각 사업연도의 소득에 대한 법인세부담을 조작할 수 있게 되므로 「법인세법」은 손익귀속시기를 엄격히 규정하고 있다.

「법인세법」은 손익귀속시기에 관한 일반기준과 대표적 손익거래에 대한 거래유형별 기준을 두고 있다.

02 일반기준

「법인세법」은 손익인식기준으로 내국법인의 각 사업연도의 익금과 손금의 귀속사업연도는 그 익금과 손금이 확정된 날이 속하는 사업연도로 한다고 규정하고 있다. 즉 익금의 경우에는 수입할 권리가 확정된 날로 하고 손금의 경우에는 지급할 의무가 확정된 날로 하는 이른바 권리의무확정주의를 채택하고 있다(법법 40 ①).

권리의무확정주의란 기간손익을 구성할 익금과 손금을 법률상의 권리 또는 의무의 확정을 기준으로 손익을 인식하려는 것이다. 그러나 오늘날 다양한 거래형태에 대하여 권리의무확정주의라는 단일 기준으로 손익귀속시기를 판단하는데 어려움이 많으므로 「법인세법」은 다시 거래 유형별 기준을 두고 있다.

특히 손익귀속사업연도는 「부가가치세법」의 공급시기 규정에 불구하고 「법인세법」의 규정에 따라 처리되어야 함에 주의하여야 한다.

한편 기업회계는 원칙적인 손익인식기준으로 수익에 대하여는 실현주의, 비용에 대하여는 발생주의를 채택하고 있다. 기업회계에서 이와 같이 수익과 비용을 각각 다른 기준에 의하여 인식하는 것은 보수주의 입장에서 재무적 기초를 견고히 하고자 하는 것이다.

03 기업회계기준 및 관행의 보충적 적용

익금과 손금의 귀속사업연도와 자산·부채의 취득 및 평가에 관하여 일반적으로 공정·타당하다고 인정되는 기업회계기준을 적용하거나 관행을 계속 적용하여 온 경우에는 「법인세법」 및 「조세특례제한법」에서 달리 규정하고 있는 경우를 제외하고는 그 기업회계기준 또는 관행에 따른다. 따라서 과세소득의 계산에 있어서는 당연히 세법의 규정을 우선적으로 적용하는 것이며, 세법에 규정이 없는 경우만 기업회계기준 또는 관행을 보충적으로 적용한다(법법 43).

04 전기오류 수정손익

전기 또는 그 이전 기간의 재무제표를 작성할 때 발성하였던 오류가 당기에 발견되는 경우가 있는데, 이것을 '전기오류수정손익'이라고 한다. 기업회계기준서 제1008호는 이를 원칙적으로 당기 손익계산서에 영업외손익 중 전기오류수정손익으로 보고하되, '중대한' 오류의 수정은 예외적으로 전기이월이익잉여금에 반영하도록 하고 있다. 이러한 전기오류수정손익은 세법상 다음과 같이 처리한다.

가. 당기손익으로 계상한 경우

전기오류수정손익을 당기손익으로 계상한 경우에 세법에서 이를 그대로 시인하게 되면 귀속시기의 조작을 제한없이 허용하는 결과가 될 수 있으므로 과세소득을 계산함에 있어서는 세법의 규정에 따라 그 귀속시기를 판단한다.

나. 전기이월 이익잉여금에 반영한 경우

전기오류수정손익을 이월이익잉여금에 직접 반영한 경우에도 그 금액은 순자산의 증감을 초래하는 것이기 때문에 「법인세법」상으로는 익금 또는 손금에 해당한다. 따라서 일단 이것을 익금 또는 손금에 산입하여야 한다(그 소득처분유형은 '기타'이다. 그 금액이 이미 결산서상 자본에 반영되어 있기 때문이다). 이러한 세무조정 후에 세법의 규정에 따라 그 귀속시기를 판단하여 위 '가'와 같은 방법으로 세무조정한다.

제2절 거래유형별 기준

현행 「법인세법시행령」은 대표적인 손익에 대하여 그 거래유형별로 귀속연도를 규정하고 있다. 이에 대해서는 주로 기업회계에서 정하는 수익인식기준과의 차이를 중심으로 설명한다.

01 자산의 판매손익 등 귀속사업연도

세무상 자산의 양도 등으로 생기는 익금 및 손금의 귀속사업연도는 다음과 같다(법령 68 ①). 이 내용을 기업회계와 비교하면 반품조건부 판매 등 일부를 제외하고는 거의 유사하다고 할 수 있다.

자산판매손익 등 귀속시기

구 분	법인세법상 귀속사업연도	국제회계기준
상품(부동산 제외) · 제품 · 기타생산품	상품 등을 인도한 날	고객이 자산을 실질적으로 통제하게 되는 시점(일반적으로 자산이전 시점이 될 것임). 다만 수행의무가 여럿일 경우에 거래가격은 수행의무별로 배분되고 수익인식은 수행의무별로 이루어짐
상품 등 시용판매	상대방이 그 상품 등에 대한 구입의사를 표시한 날. 다만, 일정기간 내 반송하거나 거절의사 표시하지 않으면 특약 등에 의하여 그 판매가 확정되는 경우에는 그 기간의 만료일	일반적으로 구매자가 재화의 인수를 공식적으로 수락한 시점 또는 반품기간이 종료된 시점

구 분	법인세법상 귀속사업연도	국제회계기준
조건부 판매 및 기한부 판매	그 조건이 성취되거나 기한이 지나 판매가 확정된 때	일반적으로 구매자가 인수를 공식적으로 수락한 시점 또는 반품기간이 종료된 시점. 다만, 반품조건부 판매의 경우 반품율의 합리적 추정이 가능하다면 ('환불부채'와 '반환제품회수권'에 대한 회계처리를 해서) 반품추정비율에 상당하는 부분은 제외하고 나머지는 인도시점에서매출과 매출원가를 인식
상품 등 외 자산양도*	① 그 대금을 청산한 날 ② 대금청산 전에 소유권 등의 이전등기·등록을 하거나 당해 자산을 사용수익하는 경우 : 이전등기·등록일, 인도일 또는 사용수익일 중 빠른 날	고객이 자산을 실질적으로 통제하게 되는 시점
자산 위탁매매	수탁자가 그 위탁자산을 매매한 날	수탁자가 재화를 제3자에게 판매한 시점

* 잔금을 약속어음으로 받은 경우 어음결제일을 대금청산일로 본다. 사용수익일은 당사자간의 계약에 따라 사용수익하기로 약정한 날을 말하나, 별도의 약정이 없는 경우에는 매도인의 사용승낙으로 인하여 매수인이 실질적으로 사용할 수 있게 된 날을 말한다(법인세집행기준 40-68-1).

가. 상품(부동산 제외)·제품·기타 생산품의 판매

「법인세법」은 상품(부동산 제외)·제품·기타 생산품의 판매는 '인도한 날'에 수익을 인식한다. 이를 구체적으로 보면 다음과 같다(법칙 33).

① 납품계약 또는 수탁가공계약에 의하여 물품을 납품하거나 가공하는 경우에는 인도하여야 할 장소에 보관한 날이 인도한 날이 된다. 다만, 계약에 따라 검사를 거쳐 인수·인도가 확정되는 검수조건부 판매의 경우에는 해당 물품의 검사가 완료된 날로 한다.

② 물품을 수출하는 경우에는 수출물품을 계약상 인도하여야 할 장소에 보관한 날을 귀속시기로 한다. 이것은 계약상 별단의 명시가 없는 한 선적을 완료한 날을 말한다.

그리고 이 규정을 적용함에 있어서 법인이 매출할인을 하는 경우 그 매출할인금액은 상대방과의 약정에 의한 지급기일(지급기일이 정하여 있지 않은 경우에는 지급한 날)이 속하는 사업연도 매출액에서 차감한다(법령 68 ⑤).

이에 반하여 기업회계는 재화 판매에 있어 고객이 그 재화를 통제하는 시점에서 수익을 인식하고, 거래 실질에 비추어 수행의무가 여럿일 경우에 거래가격은 수행의무별로 배분하고 수익인식은 수행의무별로 이루어지도록 하고 있다. 기업회계의 이러한 입장은 특수한 거래형태가 아닌 단순한 재화판매에 있어서는 인도기준으로 해석되며 세법과 차이가 생기지 않는다.

다만 다음과 같은 경우에는 기업회계상 수익을 인식할 수 없어 「법인세법」과 차이가 발생할 수 있다. 이러한 사례에 있어서 법인세에서 어떻게 처리할 것인지 하는 것은 개별 거래별로 구체적인 상황을 고려하여 권리의무확정주의에 따라 판단하여야 한다.

① 인도된 재화의 결함에 대하여 정상적인 품질보증 범위를 초과하여 책임을 지는 경우
② 판매대금의 회수가 구매자의 재판매에 의하여 결정되는 경우
③ 설치조건부 판매에서 계약의 중요한 부분을 차지하는 설치가 아직 완료되지 않은 경우
④ 구매자가 판매계약에 따라 구매를 취소할 권리가 있고 해당 재화의 반품가능성을 예측하기 어려운 경우 등

나. 상품 등의 시용판매

상대방이 그 상품 등에 대한 구입의사를 표시한 날로 하되 일정기간 내 반송하거나 거절의사 표시하지 않으면 그 판매가 확정되는 경우에는 그 기간의 만료일로 하는 것으로(법령 68 ①(2)), 세무회계와 기업회계 간에 차이가 없다.

다. 반품조건부 판매

기업회계는 반품조건부 판매의 경우 상품(부동산 제외)·제품·기타 생산품의 판매에 대한 수익인식조건을 충족시키고 반품가능성의 합리적 추정이 가능하면 인도시점, 반품가능성의 합리적 추정이 곤란하면 구매자가 재화의 인수를 공식적으로 수락하거나 반품기간 종료시점에 수익을 인식한다. 그러나 세무회계에서는 반품가능성의 추정문제와 관계없이 구매자가 구입의사를 표시한 날과 반품기간 종료시점 중 빠른 날에 수익을 인식한다.

따라서 만일 기업이 반품조건부 판매에 대해서 인도기준을 적용해서 수익을 인식하면서 장부상 환불부채와 반환제품회수권을 인식하였다면 이 부분은 세무조정이 되어야 한다.

라. 상장 유가증권

증권시장에서 보통거래방식으로 한 상장 유가증권의 매매는 증권시장에서 매매계약이 체결된 날을 기준으로 관련 익금과 손금의 귀속사업연도를 결정한다.

마. 상품 · 제품 · 기타생산품 외의 재화의 경우

상품 · 제품 · 기타생산품 외의 재화에 해당되는 것은 주로 부동산 또는 기계장치 등 유형자산의 매각이 해당된다.

그리고 부동산매매업의 경우 판매용 부동산이 재고자산에 해당되지만 수익인식을 할 때 상기 '가. 상품(부동산 제외) · 제품 · 기타 생산품의 판매'의 기준이 아니라 여기 '마'의 기준에 따라 처리한다. 다만 프로젝트금융투자회사인 토지개발사업자가 토지의 개발사업의 수익 · 비용을 작업진행률에 따라 계상한 경우로서 해당 토지개발사업을 완료하기 전에 그 사업과 관련된 토지의 일부를 양도한 경우에는 여기 '마'의 기준을 적용하지 않고 그 양도대금을 해당 토지개발사업의 작업진행률에 따라 각 사업연도의 익금에 산입할 수 있다(법령 68 ⑦).

일반적으로 상품 · 제품 · 기타 생산품 외의 재화에 해당되는 것에 대하여 기업회계와 세법은 큰 차이가 없다. 다만 기업회계에서 '고객이 자산을 실질적으로 통제하는가'를 판단하기 때문에 차이가 발생할 수 있다. 예를 들면 매매대금이 청산되거나 또는 당해 자산을 매수자에게 인도하여 사용수익을 하게 하였음에도 불구하고 계약상의 특수조건들(예 환매조건부 매각 등) 때문에 기업회계에서는 이를 '고객이 자산을 실질적으로 통제하지 않는 경우'에 해당한다고 볼 수 있다. 이러한 경우에는 세무조정이 필요하다.

예제 30

[사례 1] 위탁판매

우리상사㈜는 상품을 위탁판매하고 있다. 제4기 사업연도말 현재 적송품계정 중 원가 12,000,000원은 수탁자인 ㈜남산이 제4기 사업연도말에 판매하였다. ㈜남산은 매출계산서를 제5기 사업연도초에 우리상사㈜에 송부하고 판매수수료를 공제한 판매대금을 우리상사㈜의 보통예금계좌로 송금하였다. 우리상사㈜가 매출계산서 도착일을 기준으로 매출손익을 인식한 경우 제4기 사업연도와 제5기 사업연도의 세무조정을 하시오. 다만 동 위탁판매 상품의 원가율은 60%이고, 판매수수료는 매가의 10%이다.

해답 1. 제4기

<익금산입>	매 출 액	20,000,000*	(유 보)
<손금산입>	매출원가	12,000,000	(△유보)
	판매수수료	2,000,000	(△유보)

* 12,000,000 ÷ 60% = 20,000,000원

2. 제5기

<익금불산입>	전기 매출액	20,000,000	(△유보)
<손금불산입>	전기 매출원가	12,000,000	(유 보)
	전기 판매수수료	2,000,000	(유 보)

[사례 2] 반품조건부 판매

우리상사는 20×1년 12월 31일에 상품 10,000,000원(원가 7,000,000원)을 반품조건부로 판매하였다. 고객은 그 상품을 20×2년 1월 10일까지 반품할 권리를 갖는다. 우리상사의 동종 상품에 대한 과거 판매경험에 따르면 20%가 반품될 것으로 예상하고 있다. 그래서 다음과 같이 회계처리를 하였다. 20×1년 12월 31일까지 구입의사를 표시한 것은 없다고 가정한다.

(차변)	매출채권 (계약자산)	10,000,000원	(대변)	매 출 환불부채	8,000,000원 2,000,000원
(차변)	매출원가 반품제품회수권	5,600,000원 1,400,000원	(대변)	재고자산	7,000,000원

(물음) 20×1 사업연도에 대한 세무조정을 하시오.

해답

익금불산입(매출)	8,000,000	△유보
손금불산입(매출원가)	5,600,000	유 보

02 장기할부조건부 판매손익 귀속사업연도

가. 장기할부조건

「법인세법」상 장기할부조건이란 자산의 판매 또는 양도로서 판매금액 또는 수입금액을 월부·연부 기타의 부불방법에 따라 2회 이상 분할하여 수입하고, 당해 목적물의 인도일(상품 등 외의 자산은 대금청산일, 소유권이전등기일, 인도일·사용수익일 중 빠른 날) 다음 날부터 최종 할부금의 지급일까지 기간이 1년 이상인 것을 말한다(법령 68 ③).

나. 손익귀속시기

(1) 원 칙

세무상 인도기준(상품등 외의 자산은 대금청산일, 소유권이전등기일, 인도일·사용수익일 중 빠른 날)을 적용하고, 인도한 사업연도에 명목가치로 평가한 매출액을 익금에, 그 자산의 장부가액을 손금에 산입하는 것을 원칙으로 한다.

(2) 현재가치할인차금을 계상한 경우 수용 특례

세무상으로는 장기할부조건 판매의 경우 인도일을 손익귀속연도로 하고 매출액은 원칙적으로 명목가치로 평가한 금액으로 인식하도록 하고 있다.

그러나 기업회계는 판매대가가 장기간에 걸쳐 유입되는 경우로서 그 공정가액이 미래에 받은 금액의 합계액(명목가액)보다 작은 경우, 예를 들면 무이자로 장기간 회수조건으로 신용판매를 하는 경우 등에는 판매대가의 공정가액이 명목가액보다 작아지므로 수익을 명목가액이 아니라 공정가액으로 인식하도록 하고 있다. 따라서 만일 기업이 기업회계에 따라 수익을 명목가액으로 인식하지 않고 공정가치로 인식하게 되면 기업회계상의 매출액은 명목가치보다 작아지고 그 차액은 현재가치할인발행차금과 그 환입에 따른 이자수익(유효이자율법에 따름)으로 나타나게 된다.

법인세는 장기할부판매에 대해서는 기업회계의 이러한 수익인식을 예외적으로 수용하고 있다. 즉 기업회계에 따라 현재가치할인차금을 계상하고 당해 채권의 회수기간동안 기업회계에 따라 환입하거나 환입할 금액은 각 사업연도의 익금으로 인정한다(법령 68 ⑥).

(3) 회수기일 도래기준으로 회계처리시 수용 특례

법인이 장기할부조건으로 자산을 판매 또는 양도한 경우로서 판매 또는 양도한 자산의 인도일(상품 등 외의 자산은 소유권이전 등기일·인도일·사용수익일 중 빠른 날)이 속하는 사업연도의 결산을 확정함에 있어서 당해 사업연도에 회수하였거나(선회수분은 포함하지 않는다. 재경부법인 46012-65, 1999. 5. 4.) 회수할 금액과 이에 대응하는 비용을 각각 수익과 비용으로 계상한 경우에는 위의 원칙적인 귀속사업연도에 불구하고 각 사업연도에 회수하였거나 회수할 금액과 이에 대응하는 비용을 각각 해당 사업연도의 익금과 손금에 산입한다.

이때 인도일 이전에 회수하였거나 회수할 금액은 인도일에 회수한 것으로 보며, 법인이 그 기간 중에 폐업한 경우에는 그 폐업일 현재 익금에 산입하지 아니한 금액과 이에 대응하는 비용을 폐업일이 속하는 사업연도의 익금과 손금에 각각 산입한다(법령 68 ③).

(4) 중소기업 특례

중소기업은 결산내용에 불구하고 회수기일 도래기준에 따라서 세무조정을 할 수 있다(법령 68 ②). 따라서 중소기업은 회계상 인도기준에 따라 수익인식을 한 경우에도 세법상으로는 회수기일 도래기준에 따라 수익인식을 할 수 있다. 이는 중소기업이 인도기준을 적용하는 경우에 비해서 법인세를 늦게 납부할 수 있도록 하기 위한 것이다.

할부매출손익의 귀속시기를 정리하면 다음과 같다.

할부매출손익 귀속시기

구 분	법 인 세 법	기업회계기준
단기할부판매	인도기준	인도기준(현재가치로 수익을 인식할 것인지는 중요성에 따라 판단)
장기할부판매	• 원칙 : 인도기준을 적용하고, 명목가치로 익금을 인식 • 예외 ① 기업회계에서 현재가치로 수익을 인식하였다면 이를 인정. 따라서 현재가치할인차금은 유효이자율법으로 환입하여 익금에 산입 ② 결산서에 할부금회수기일도래기준을 적용한 경우에는 이를 인정 ③ 중소기업은 결산내용에 불구하고 할부금회수기일도래기준에 의해 세무조정을 할 수 있음	• 원칙 : 인도기준을 적용하고, 현재가치로 수익을 인식. 따라서 현재가치할인차금은 유효이자율법으로 환입하여 이자수익으로 인식 • 예외 : 일반기업회계기준*에서는 중소기업에 대한 회계처리특례로 토지 또는 건물 등을 장기할부조건으로 처분하는 경우에는 할부금회수기일도래기준을 적용할 수 있도록 하고 있음.

* 일반기업회계기준 : 일반기업회계기준은 국제회계기준에 따라 회계처리를 하지 않는 기업의 회계처리 및 보고에 관한 기준을 국제회계기준와 별도로 회계기준원이 제정한 것이다.

회사가 할부판매손익을 인식한 방법에 따라 세무조정이 필요한 경우를 정리하면 다음과 같다.

장·단기 판단	회사계상 방법	세법상 인식기준	세무조정의 필요 여부
단기할부판매	인도기준(명목가액)	인도기준(명목가액)	없음
	기타의 방법	인도기준(명목가액)	세무조정 필요

장·단기 판단	회사계상 방법	세법상 인식기준	세무조정의 필요 여부
장기할부판매*	인도기준(명목가액)	인도기준(명목가액)	없음
	인도기준(현재가치)	인도기준(현재가치)	없음
	회수기일도래기준	회수기일도래기준	없음
	회수기준	회수기일도래기준	세무조정필요
	기타의 방법	인도기준(명목가액)	세무조정필요

* 중소기업의 경우에는 장기할부판매에 대하여 회사계상 수익인식방법과 무관하게 회수기일도래기준으로 신고조정을 할 수 있다.

예제 31

다음 자료에 의한 각 사업연도별 익금·손금총액을 계산하시오. 회사는 회수기일도래기준에 의하여 장부에 계상하고 있다.

1. 제10기(1.1~12.31)에 회사는 장부가액 500,000,000원인 건물을 3년간 장기할부로 양도하고, 1차 연불금 지급 후 소유권이전등기를 함.
2. 건물양도가액은 당해 건물가액 1,500,000,000원에 연불기간 중의 이자상당액 300,000,000원을 포함한 1,800,000,000원이다.
3. 연불금회수일 및 회수액은 다음과 같다.

연불금지급일	건물가액	이자상당액	연불금합계액
제10기. 7. 1	–	150,000,000	150,000,000
제11기. 7. 1	500,000,000	100,000,000	600,000,000
제12기. 7. 1	500,000,000	50,000,000	550,000,000
제13기. 7. 1	500,000,000	–	500,000,000
	1,500,000,000	300,000,000	1,800,000,000

해답 장기할부판매의 경우 결산시 회수하였거나 회수할 금액을 익금 또는 손금으로 계상할 경우에는 인정되므로 각 사업연도별 익금, 손금은 다음과 같다.

각 사업연도별 익금 손금

사업연도	익 금	손 금
제10기	150,000,000원	$500,000,000 \times \frac{150,000,000}{1,800,000,000} = 41,666,666$원
제11기	600,000,000원	$500,000,000 \times \frac{600,000,000}{1,800,000,000} = 166,666,666$원

사업연도	익 금	손 금
제12기	550,000,000원	$500{,}000{,}000 \times \frac{550{,}000{,}000}{1{,}800{,}000{,}000} = 152{,}777{,}777$원
제13기	500,000,000원	$500{,}000{,}000 \times \frac{500{,}000{,}000}{1{,}800{,}000{,}000} = 138{,}888{,}888$원
계	1,800,000,000원	500,000,000원*

* 단수차이 3원

03 용역제공 등 손익 귀속사업연도

가. 개 요

세무상 건설·제조 기타 용역(도급공사 및 예약매출을 포함, 이하 '건설 등'이라고 함)의 제공으로 생기는 익금과 손금은 그 목적물 건설 등의 착수일이 속하는 사업연도부터 그 목적물의 인도일(용역제공의 경우에는 그 제공을 완료한 날을 말한다)이 속하는 사업연도까지 그 목적물의 건설 등을 완료한 정도(작업진행률)를 기준으로 계산한 수익과 비용을 각각 해당 사업연도의 익금과 손금에 산입한다(법령 69 ① 본문).

다만 다음의 경우에는 인도기준을 적용할 수 있거나 적용해야 한다.

① 중소기업의 단기건설 등 : 중소기업인 법인이 수행하는 계약기간(건설의 착공일로부터 인도일까지의 기간)이 1년 미만인 건설 등의 제공으로 생기는 익금과 손금의 귀속사업연도는 그 목적물의 인도기준(용역제공의 경우에는 그 제공을 완료한 날)을 적용할 수 있다(법령 69 ① 단서). 이는 법인의 회계처리가 작업진행률에 따라 진행기준을 적용하여 이루어졌다고 하더라도 중소기업인 법인은 선택해서 인도기준으로 신고조정할 수 있도록 한 것이다.

② 기업회계기준에 따라 그 목적물의 인도일이 속하는 사업연도의 수익과 비용으로 계상한 경우

③ 작업진행률을 계산할 수 없는 경우는 인도기준을 적용한다(법령 69 ②). 이는 법인이 기록하는 장부의 내용이 충분하지 않아서 총공사비누적액 또는 작업시간 등을 확인할 수 없어서 작업진행률을 계산할 수 없는 경우는 처음부터 진행기준의 적용이 불가능하기 때문이다.

한편 기업회계에서는 용역매출 및 건설형 공사계약에 대하여 제공기간의 장·단기를 구분하지 않고 작업진행률에 따른 진행기준을 사용해서 수익을 인식하도록 하고 있다. 다만, ① 작업진행률을 합리적으로 추정할 수 없는 경우에는 발생원가는 즉시 비용으로 처리하고 발생원가의 범위에서 회수가능액을 수익으로 인식하며(발생원가의 회수가능성이 낮으면 수익을 인식할 수 없고 발생원가만 즉시 비용으로 인식한다), ② 비상장 중소기업인 경우 일반기업회계기준의 중소기업특례에 따라 1년 이내의 단기용역 및 건설형 공사계약에 대해서는 완료기준을 적용할 수 있다.

이러한 세무 및 기업회계상 건설 등에 대한 수익인식기준을 요약하면 다음과 같다.

구 분	법 인 세 법	기업회계
① 단기건설 등	원칙 : 진행기준(강제사항)*	진행기준 (비상장 중소기업의 경우 단기건설에 대해 인도기준 적용가능)
	중소기업 특례 : 중소기업은 결산상의 진행기준 인식한 경우에도 인도기준으로 신고조정을 통해 익금과 손금을 인식할 수 있음	
② 장기건설 등	진행기준(강제사항)* 다만, 국제회계기준에 따라 예약매출 등에 대해 인도기준을 적용한 경우는 인도기준을 인정한다.	

* 단기 및 장기건설 등에 관계없이 ㉠ 작업진행률을 계산할 수 없는 경우와 ㉡ 지급배당 소득공제를 받는 유동화전문회사 등에 해당하는 법인이 국제회계기준을 적용하는 경우로 예약매출을 수행하는 경우에는 반드시 인도기준을 적용해야 한다.

한편 기업회계상 건설 등의 착수 또는 진행과정에서 예정원가가 해당 거래의 총수익을 초과할 것으로 예상되는 경우 결국 당해 계약 전체를 이행하면 손실이 발생하게 된다. 이러한 경우 기업회계는 보수적인 관점에서 예상되는 손실 전액을 즉시 당기 비용으로 반영하도록 하고 있다(국제회계기준은 진행공사에서 예상되는 손실예상액을 전액 즉시 비용으로 인식하고 손실충당부채를 설정하도록 하고 있다. 그리고 실제 공사손실 발생시 반대의 회계처리를 한다). 그러나 이러한 비용은 미실현 손실이므로 「법인세법」상 손금으로 인정될 수 없다.

나. 진행기준 적용방법

세무상 건설·제조 기타 용역(도급공사 및 예약매출을 포함)의 제공으로 생기는 익금과 손금은 원칙적으로 그 목적물 건설 등의 착수일이 속하는 사업연도부터 그 목적물 인도일이 속하는 사업연도까지 그 목적물의 건설 등을 완료한 정도(작업진행률)을 기준으로 해당사업연도의 익금과 손금을 계산한다는 것은 앞에서 설명했다.

따라서 이 경우 공사원가기준으로 진행률을 계산한다면 아래의 방식으로 계산된 수익을 익금으로 인식하고, 발생원가는 손금으로 인식한다.

- 익금 : 도급금액(계약금액) × 누적작업진행률 − 직전 사업연도 말까지 익금에 산입한 누적금액
- 손금 : 당해 사업연도에 발생한 총비용

여기서 작업진행률은 일반적으로 공사원가기준법을 주로 사용하지만, 선택적으로 작업시간이나 작업일수 또는 기성공사면적이나 물량 등 전체 작업진행정도를 객관적으로 산정할 수 있다면 투입량기준법 또는 생산량기준법도 사용할 수 있다(법칙 34 ① (1) 단서).

작업진행률의 계산방법은 다음과 같다.

<공사원가기준법>

$$\text{누적작업진행률} = \frac{\text{해당 사업연도 말까지 발생 총공사비 누적액}}{\text{총공사예정비}}$$

<투입량기준법, 생산량기준법>

$$\text{누적작업진행률} = \frac{\text{해당 사업연도 말까지 누적 작업시간(일수, 면적, 물량 등)}}{\text{총공사예정작업시간(일수, 면적, 물량 등)}}$$

여기서 총공사예정비는 기업회계기준을 적용하여 계약 당시 추정한 공사원가에 당해 사업연도 말까지의 변동상황을 반영하여 합리적으로 추정한 공사원가를 말한다(법칙 34 ②).

그리고 작업진행률에 의한 익금 또는 손금이 공사계약의 해약 등으로 인하여 확정된 금액과 차액이 발생된 경우에는 그 차액을 해약일이 속하는 사업연도의 익금 또는 손금으로 한다(법령 69 ③).

예제 32

다음 자료에 의하여 ㈜강남의 제10기 사업연도(1.1~12.31)의 공사수익을 계산하면? 계산과정에서 억원 미만은 절사할 것. ▶ '95 CPA 수정

1. 공사기간 : 제9기.4.1~제11기.3.31
2. 공 사 명 : 서남빌딩 신축공사
3. 도급금액 : 300억원
4. 공사원가 발생 누적액 : 200억원(제9기 사업연도분 40억원 포함)
   * 제10기에 도급자가 부담한 자재비 10억원이 공사원가에 포함되지 아니하였음.
5. 제11기 공사원가 추정액 : 50억원
6. 제9기 세무상 공사수익 : 57억원

해답 공사수익 : 300억 × 80%*1 − 57억 = 183억

*1 작업진행률 $= \dfrac{200억}{200억^{*2}+50억} = 80\%$

*2 도급자가 부담하는 자재비는 공사원가에서 제외

예제 33

아래 자료에 의하여 제6기에 필요한 세무조정을 하시오(중소기업 아님).

1. 사업연도 : 제6기 1.1~12.31　　2. 업　태 : 제조, 건설
3. 결산서상 수입금액 내역
   • 제품매출액 350,000,000원　　• 공사수입금액 470,000,000원
4. 건설공사별 공사원가 및 공사수입금액
   ① 공사별 공사원가 발생 내용

공사명	도급계약 기간	도급금액	제5기 총공사비	제6기 총공사비	추가발생 예상공사비
A	제5기 5.1~제7기 5.8	500,000,000	108,000,000	180,000,000	72,000,000
B	제6기 3.1~제7기 9.1	400,000,000		135,000,000	165,000,000

② 공사별 공사수입금액 내용

공사명	당해 사업연도 결산서상 수입금액	전기 작업진행률에 의한 공사수입금액	전기 결산서상 공사수입금액	전기공사수입 금액조정
A	280,000,000	80,000,000	90,000,000	△10,000,000
B	190,000,000			
계	470,000,000	80,000,000	90,000,000	△10,000,000

5. 위탁판매를 위하여 적송한 원가 7,000,000원의 상품을 수탁자가 제6기 12.31 10,000,000원에 판매하였으나 결산에 반영되지 아니하였다.

6. 제6기 12.5 장부가액 25,000,000원이 토지를 30,000,000원에 매각하기로 계약을 체결하고 다음과 같이 계약대금을 수령하였다. 소유권이전등기는 제7기 3.5에 하였음.
   - 제6기 12. 5 : 계약금　　3,000,000원
   - 제6기 12.30 : 중도금　　15,000,000원
   - 제7기 3. 5 : 잔　금　　12,000,000원

해답 1. 공사수입금액 조정계산

① A · B 공사의 수입금액 조정 (단위 : 천원)

공사명	도급금액	총공사비 누적액	총공사 예정비	작업 진행률	기성고 계산액	전기까지의 수입계상액	당기회사 수입계상액	조정액
A	500,000	288,000	360,000	80%	400,000	80,000	280,000	40,000
B	400,000	135,000	300,000	45%	180,000		190,000	△10,000
계	900,000	423,000	660,000		580,000	80,000	470,000	30,000

※ 총공사예정비 : 기발생공사비 + 추가발생예상 공사비

② 수입금액 조정

A · B공사의 작업진행률에 의한 수입금액 조정액 30,000,000원 익금산입(유보)

2. 위탁판매 수입금액 조정계산

위탁판매수익 10,000,000원 익금산입(유보), 동 원가 7,000,000원 손금산입(△유보)

3. 토지매각대금

토지의 양도대금은 익금의 귀속시기도 도래하지 아니하였다.

04 기타손익 귀속사업연도

가. 이자수익과 이자비용

(1) 이자수익

(가) 일반법인의 이자수익

일반법인이 수입하는 이자 등(이자와 할인액)은 「소득세법」상 이자소득의 수입시기(실제로 받은 날 또는 받기로 한 날)가 속하는 사업연도의 익금이다(현금주의 또는 권리확정주의). 다만 결산을 확정할 때 이미 경과한 기간에 대응하는 이자 등(법인세가 원천징수되는 이자 등은 제외)을 당해 사업연도의 수익으로 계상한 경우에는 발생주의에 따라 그 계상한 사업연도의 익금으로 한다고 규정하고 있다(법령 70 ①(1)).

그러나 발생주의에 따르는 것에는 법인세가 원천징수되는 이자가 제외되므로 발생주의에 따라 익금으로 할 수 있는 이자수익은 일반기업 간의 대여금(비영업대금이익) 등에 한정된다. 따라서 일반법인이 정기예금·정기적금·채권 등 원천징수대상이 되는 이자에 대하여 기간 경과분을 발생주의에 따라 회계상 미수수익으로 계상하면 이는 세무조정과정에서 익금불산입(소득처분 : △유보)으로 처리하게 된다.

(나) 금융기관 등의 이자수익

금융기관 등의 경우에는 실제로 수입된 날이 속하는 사업연도의 익금으로 하되(현금주의), 선수입 이자 등을 제외한다. 다만 결산을 확정함에 있어서 이미 경과한 기간에 대응하는 이자 등(법인세가 원천징수되는 이자 등은 제외)을 당해 사업연도의 수익으로 계상한 경우에는 발생주의에 따라 그 계상한 사업연도의 익금으로 한다고 규정하고 있다(법령 70 ③). 다만 「보험업법」에 따른 보험회사가 보험계약과 관련해서 수입하거나 지급하는 이자와 보험료 등은 「보험감독회계기준」에 따라 수익 또는 손비로 계상한 사업연도의 익금 또는 손금으로 한다(법령 70 ⑥).

(2) 이자비용

법인이 지급하는 이자 등은 「소득세법」상 이자소득의 수입시기에 속하는 사업연도의 손금으로 한다(현금주의 또는 의무확정주의). 다만, 결산을 확정할 때 이미 경과한 기간에 대응하는 이자 등을 당해 사업연도의 손비로 계상한 경우에는 그 계상한 사업연도의 손금으로 한다(발생주의 수용. 다만, 차입일부터 이자지급일이 1년을 초과하는 특수관계인과의 거래에 따른 이자비용 등은 발생주의 적용을 인정하지 않는다)(법령 70①(2)). 또한, 법인이 사채를 발행하여 기업회계에 따라 사채할인발행차금의 회계처리를 하는 경우 이를 인정한다(법령 71③).

이자수익과 이자비용의 귀속시기를 비교하면 다음과 같다.

구 분		법 인 세 법	기 업 회 계
이자수익	일반법인	• 원칙 : 실제로 받은 날 · 받기로 한 날(「소득세법」상 이자소득의 귀속시기) • 특례 : 기간경과분을 수익으로 계상한 경우에는 이를 인정(법인세가 원천징수되지 않는 이자수익(거의 없음)에 한하여 적용*)	발생주의(기간경과분 이자수익을 인식)
	금융기관 등	• 원칙 : 실제로 받은날(현금주의, 선수수익 제외) • 특례 : ① 기간경과분을 수익으로 계상한 경우에는 이를 인정(법인세가 원천징수되지 않는 이자수익에 한하여 적용*) ② 「보험업법」에 따른 보험회사가 보험계약과 관련해서 수입하거나 지급하는 이자와 보험료 등은 「보험감독회계기준」에 따라 수익 또는 손비로 계상한 사업연도	발생주의(기간경과분 이자수익을 인식)
이자비용		• 원칙 : 실제로 지급한 날 또는 지급하기로 한 날 • 특례 : 기간경과분을 비용으로 계상한 경우에는 이를 인정(차입일부터 이자지급일이 1년을 초과하는 특수관계인과의 거래에 따른 이자비용 등은 발생주의 적용을 인정하지 않는다)	발생주의(기간경과분 이자비용을 인식)

* 원천징수대상 이자에 대하여는 미수이자를 익금으로 하지 않는 이유 : 미수이자를 수익계상시 익금으로 하게 되면 미수이자에 대하여 세금이 과세되는데, 이 경우 동 이자를 지급하는 때에는 이미 과세된 소득에 대해서 원천징수를 하게 된다. 이를 피하려면 원천징수시 이미 과세된 세금을 차감하고 원천징수하여야 하는 문제가 발생한다. 이렇게 되면 이미 과세된 세금이 얼마인가를 일일이 확인해야 하는데 이러한 원천징수 업무의 복잡성을 피하기 위하여 미수이자의 수익계상시 익금으로 하지 않고 있는 것이다.

예제 34

서비스업을 영위하는 ㈜강남(사업연도 : 1.1∼12.31)의 다음 자료에 의하여 제11기에서 제13기까지의 세무조정을 해라.

1. 원본전입 특약이 없는 2년만기 정기적금에 가입하고 그 이자수익 ₩6,000,000을 기간경과 비율에 따라 배분하여 다음과 같이 회계처리하였다.

구분	차변	금액	대변	금액
제11기(적금가입)	(차) 미수수익	2,000,000	(대) 이자수익	2,000,000
제12기	(차) 미수수익	3,000,000	(대) 이자수익	3,000,000
제13기(이자수령)	(차) 현 금	6,000,000	(대) 미수수익 이자수익	5,000,000 1,000,000

2. 은행으로부터 2년후 원리금을 일시상환 조건으로 은행자금을 차입하고 그 이자비용 ₩5,000,000을 기간경과 비율로 배분하여 다음과 같이 회계처리하였다.

구분	차변	금액	대변	금액
제11기(차입)	(차) 이 자 비 용	1,000,000	(대) 미지급비용	1,000,000
제12기	(차) 이 자 비 용	2,500,000	(대) 미지급비용	2,500,000
제13기(이자지급)	(차) 이 자 비 용 미지급비용	1,500,000 3,500,000	(대) 현 금	5,000,000

해답 1. 이자수익

일반업종의 이자수익 중 법인세가 원천징수되는 정기예금, 정기적금, 채권 등에 대해서는 발생주의에 따라 미수이자를 수익으로 인식하는 것은 세무상 인정되지 않으며, 소득세법상 이자소득의 수입시기에 따라 정기적금이자는 실제로 수령한날에 인식하여야 한다.

구 분	회계상 수익	세무상 수익	세무조정	
11기	₩2,000,000	–	익금불산입	₩2,000,000(△유보)
12기	3,000,000	–	익금불산입	3,000,000(△유보)
13기	1,000,000	₩6,000,000	익 금 산 입	5,000,000(유 보)
합 계	₩6,000,000	₩6,000,000	–	

2. 이자비용

이자비용은 업종과 관련없이 발생주의에 따라 미지급이자를 비용으로 인식하는 것이 세법상 입장과 일치하므로 세무조정 필요없다.

나. 배당금수익

법인이 수입하는 배당소득의 귀속사업연도는 「소득세법」상 수입시기(잉여금처분결의일, 실제로 받은 날 등)가 속하는 사업연도로 한다(권리의무확정주의 또는 현금주의)(법령 70②).

다. 금융기관 등 수입보험료

금융기관 등이 수입하는 보험료 등(보험료 · 부금 · 보증료 또는 수수료)의 귀속사업연도는 그 보험료 등이 실제로 수입된 날이 속하는 사업연도로 하되(현금주의), 선수입 보험료 등은 제외한다. 다만, 그 법인이 이미 경과한 기간에 대응하는 보험료 상당액 등을 결산을 확정함에 있어서 해당 사업연도의 수익으로 계상한 경우에는 그 계상한 사업연도의 익금으로 한다. 한편 증권회사가 정형화된 거래 방식으로 유가증권을 매매하는 경우 그 수수료의 귀속사업연도는 매매계약이 체결된 날이 속하는 사업연도로 하고, 「보험업법」에 따른 보험회사가 보험계약과 관련해서 수입하거나 지급하는 이자와 보험료 등은 「보험감독회계기준」에 따라 수익 또는 손비로 계상한 사업연도의 익금 또는 손금으로 한다(법령 70 ⑥).

라. 임대손익

자산의 임대로 생기는 익금과 손금의 귀속사업연도는 계약 등에 의하여 임대료의 지급일이 정해진 경우에는 그 지급일이며, 정해지지 않은 경우에는 그 지급을 받은 날로 한다. 또한 결산을 확정함에 있어서 이미 경과한 기간에 대응하는 임대료 상당액과 대응비용을 손익으로 계상한 경우 및 임대료지급기간이 1년을 초과하는 경우에는 이미 경과한 기간에 대응하는 임대료상당액과 비용은 이를 각각 해당 사업연도의 익금과 손금으로 한다(법령 71 ①).

임대손익 비교

법인세법		기업회계
① 원칙	받기로 한 날(또는 실제로 받은 날)	발생주의(기간경과분 임대수익을 인식)
② 특례	㉠ 기간경과분을 임대수익으로 계상한 경우에는 이를 인정(발생주의 수용) ㉡ 임대료 지급기간*이 1년을 초과하는 경우에는 기간경과분을 임대수익으로 인식(발생주의 강제)	

* 임대료지급기간이란 임대계약서상의 임대기간을 의미하는 것이 아니며, 임대료를 지급하는 기간단위 즉, 월세 · 연세 등을 말하는 것임. 예를 들어 2년에 한 번 임대료를 지급하는 경우는 위 'ⓛ' 특례규정의 적용을 받으며, 임대기간이 1년을 초과해도 임대료를 월 단위로 지급하는 경우에는 'ⓛ' 특례규정을 적용받지 아니한다.

마. 금전등록기 설치법인 및 기타

① 소매업 · 음식점업 · 숙박업 등 영수증 교부대상 사업을 영위하는 법인이 금전등록기를 설치 · 사용하는 경우 그 수입하는 물품대금과 용역대가의 귀속사업연도는 그 금액이 실제로 수입된 사업연도로 할 수 있다(법령 71 ②).

② 손익귀속사업연도를 적용함에 있어서 법인이 사채를 발행하는 경우에 사채할인발행차금(상환할 사채금액의 합계액에서 발행비용 등을 공제한 금액)은 기업회계에 의한 사채할인발행 차금의 상각방법에 따라 손금에 산입한다(법령 71 ③). 따라서 사채발생시부터 최종상환시까지의 기간에 「유효이자율법」을 적용하여 상각하고 동 상각액은 사채이자에 포함되어 손금이 된다.

③ 매출채권 또는 받을어음을 배서양도하는 경우 및 「자산유동화에 관한 법률」 제13조에 따른 방법으로 보유자산을 양도하는 경우에는 기업회계기준에 의한 손익인식방법에 따라 관련 손익의 귀속사업연도를 결정한다(법령 71 ④). 따라서 법인이 금융기관 등에서 받을어음을 할인하는 경우 이를 기업회계상 소유에 따른 위험과 보상이 이전되지 않아 매각거래로 보지 않는 경우(금융자산 제거조건이 충족되지 않은 경우) 세무상으로도 관련 비용을 손금으로 인식할 수 없다.

④ 리스이용자가 리스로 인하여 수입하거나 지급하는 리스료(리스개설직접원가를 제외한다)의 익금과 손금의 귀속사업연도는 기업회계기준으로 정하는 바에 따른다. 다만, 한국채택국제회계기준을 적용하는 법인의 금융리스 외의 리스자산에 대한 리스료의 경우에는 리스기간에 걸쳐 정액기준으로 손금에 산입한다(법칙 35 ①).

⑤ 법인이 개발비를 자산으로 계상하였으나 해당 제품의 판매 또는 사용이 가능한 시점이 도래하기 전에 개발을 취소하고 해당 개발비를 전액 손비로 계상한 경우에는 해당 사업연도의 손금으로 한다(법령 71 ⑤). 이는 해당 제품의 판매 또는 사용이 가능한 시점이 도래하기 전에 개발을 취소한 경우에 적용하는 것이고, 개발비에 대해 상각을 개시한 후에 자산성이 없어 감액하는 경우에는 감액한 금액을 회사계상 상각비로 보고 계속해서 감가상각 시부인계산을 하여야 한다.

⑥ 계약의 목적물을 인도하지 아니하고 목적물의 가액변동에 따른 차액을 금전으로 정산하는 파생상품의 거래로 인한 손익은 그 거래에서 정하는 대금결제일이 속하는 사업연도의 익금과 손금으로 한다(법령 71 ⑥).

⑦ 법인이 아닌 조합 등으로부터 받는 분배이익금의 귀속사업연도는 당해 조합 등의 결산기간이 종료되는 날이 속하는 사업연도로 한다(법칙 35 ②).

⑧ 「법인세법」 및 「조세특례제한법」에서 별도로 규정한 것 외의 익금과 손금의 귀속사업연도는 그 익금과 손금이 확정된 날이 속하는 사업연도로 한다(법령 71 ④ 및 법칙 36).

법 / 인 / 세 / 법 / 강 / 의

연습문제

TYPE
객관식문제

01 「법인세법」상 손익의 귀속시기와 자산 및 부채의 평가에 대한 설명이다. 옳지 않은 것은? ▶ '11 CTA 수정

① 중소기업인 법인은 장기할부조건에 따른 결산상 수익인식방법에 관계없이 회수하였거나 회수할 금액을 해당 사업연도의 익금에 산입할 수 있다.

② 법인이 결산을 확정함에 있어 이미 경과한 기간에 대응하는 이자비용을 계상한 경우에는 세법상 이를 인정하지 않는다.

③ 임대료 지급기간이 1년을 초과하는 경우 이미 경과한 기간에 대응하는 임대료 상당액과 비용을 각각 해당 사업연도의 익금과 손금으로 한다.

④ 금융보험업 이외의 법인이 원천징수되는 이자로서 이미 경과한 기간에 대응하는 이자를 해당 사업연도의 수익으로 계상한 경우 이를 익금으로 보지 않으나, 이미 경과한 기간에 대응하는 이자를 해당 사업연도의 손금으로 계상한 경우에는 그 계상한 사업연도의 손금으로 인정한다.

⑤ 상품 등 외의 자산(부동산 및 상장유가증권 제외)의 양도는 대금청산일 · 소유권이전등기일 · 인도일 또는 사용수익일 중 가장 빠른 날이 손익의 귀속사업연도로 한다.

해설 법인이 결산을 확정함에 있어 이미 경과한 기간에 대응하는 이자비용을 계상한 경우 세법은 이를 손금으로 인정한다.

02 「법인세법」상 손익의 귀속사업연도에 관한 사항이다. 옳지 않은 것은? ▶ '10 CTA 수정

① 영수증을 작성 · 교부할 수 있는 업종을 영위하는 법인이 금전등록기를 설치 · 사용하는 경우 그 수입하는 물품대금과 용역대가의 귀속사업연도는 그 금액이 실제로 수입된 사업연도로 할 수 있다.

② 자산을 위탁매매하는 경우 수탁자가 그 위탁자산을 매매한 날을 귀속사업연도로 한다.

③ 잉여금의 처분에 따른 배당소득의 귀속사업연도는 잉여금을 처분한 법인의 결산

확정일이 속하는 사업연도로 한다.

④ 법인이 사채를 발행하는 경우에는 상환할 사채금액의 합계액에서 사채발행가액(사채발행수수료와 사채발행을 위하여 직접 필수적으로 지출된 비용을 차감한 후 가액)의 합계액을 공제한 금액(사채할인발행차금)은 기업회계기준에 따른 상각방법에 따라 이를 손금으로 한다.

⑤ 은행업을 영위하는 법인의 수입 보험료로서 당해 법인이 결산을 확정할 때 이미 경과한 기간에 대응하는 보험료 상당액을 해당 사업연도에 수익으로 계상한 경우에는 그 계상한 사업연도의 익금으로 한다.

해설 배당소득의 귀속사업연도는 잉여금 처분을 결의한 날이 속하는 사업연도이다.

03 다음은 손익의 귀속사업연도에 대한 설명이다. 가장 틀린 것은? ▶ '07 CTA 수정

① 임대료는 결산을 확정함에 있어서 이미 경과한 기간에 대응하는 임대료 상당액과 이에 대응하는 비용을 당해 사업연도의 수익과 손비로 계상한 경우 및 임대료 지급기간이 1년을 초과하는 경우 이미 경과한 기간에 대응하는 임대료 상당액과 비용은 이를 각각 당해 사업연도의 익금과 손금으로 한다.

② 세법에 의하여 금전등록기를 설치・사용하는 법인의 경우 그 수입하는 물품대금과 용역대가의 귀속사업연도는 그 금액이 실제로 수입된 사업연도로 하여야 한다.

③ 제조업을 영위하는 법인이 사채를 발행하는 경우에 상환할 사채금액의 합계액에서 사채발행가액(사채발행수수료와 사채발행을 위하여 직접 필수적으로 지출된 비용을 차감한 후의 가액을 말한다)의 합계액을 공제한 금액은 기업회계기준에 의한 사채할인발행차금의 상각방법에 따라 이를 손금에 산입한다.

④ 제조업을 영위하는 법인이 「법인세법」상 원천징수규정에 의하여 원천징수되는 이자소득에 대한 결산상 미수이자를 계상한 경우에는 그 계상한 사업연도의 익금에 산입되지 않는다.

⑤ 제조업을 영위하는 법인이 결산을 확정함에 있어서 이미 경과한 기간에 대응하는 이자를 당해 사업연도의 손금으로 계상한 경우에는 그 계상한 사업연도의 손금으로 한다.

해설 영수증을 작성・교부할 수 있는 업종을 영위하는 법인이 금전등록기를 설치・사용하는 경우 그 수입하는 물품대금과 용역대가의 귀속사업연도는 그 금액이 실제로 수입된 사업연도로 할 수 있다(법령 71②). 이는 의무가 아니다.

04 ㈜B는 제7기(1월 1일~12월 31일)초에 2년 동안 사무실을 임차하면서 임차료 20,000,000원을 지급하고 전액 비용으로 장부상 회계처리하였고, 이에 대해 적정하게 세무조정하였다. 한편 회사는 제8기말에 다음과 같은 수정회계처리를 하였다.

(차) 임차료	10,000,000	(대) 전기오류수정이익	10,000,000

다음 중 ㈜B가 전기오류수정이익을 '영업외수익'으로 회계처리한 경우와 '이월이익잉여금의 증가'로 회계처리한 경우의 세무조정으로 올바르게 묶인 것은? ▶'07 CPA 수정

	영업외수익으로 회계처리한 경우	이월이익잉여금의 증가로 회계처리한 경우
①	세무조정 없음	세무조정 없음
②	<익금불산입>10,000,000, △유보	<익금산입> 10,000,000, 기타 <익금불산입>10,000,000, △유보
③	<익금산입> 10,000,000, 유보	<익금불산입>10,000,000, 기타 <익금산입> 10,000,000, 유보
④	<익금불산입>10,000,000, △유보	<익금불산입>10,000,000, 기타 <익금산입> 10,000,000, 유보
⑤	<익금산입> 10,000,000, 유보	<익금산입> 10,000,000, 기타 <익금불산입>10,000,000, △유보

해설 영업외수익 처리 : 영업외수익으로 계상한 금액은 이월익금에 해당되므로 익금불산입한다. 그리고 이는 전년도의 유보처분이 소멸되도록 △유보로 처분되어야 한다.
이월이익잉여금으로 처리한 경우 : 이월이익잉여금을 수정하였으므로 세무상 당기 소득금액은 손익계산서에 적절하게 반영되어 있다. 따라서 손익계산서의 당기손익에 영향이 없도록 세무조정이 되어야 한다.

05 「법인세법」상의 손익의 귀속사업연도에 관한 설명이다. 가장 옳지 않은 것은? ▶'07 CPA 수정

① 부동산매매업을 영위하는 일반법인의 부동산의 판매로 인하여 발생한 판매손익의 귀속사업연도는 그 부동산을 인도한 날이 속하는 사업연도이다. 단, 대금청산일이 인도일보다 빠르다.

② 중소기업이 1년미만 건설계약·예약매출에 대해서 결산상 진행기준으로 수익인식을 한 경우 중소기업은 이를 인도기준으로 신고조정할 수 있다.

③ 작업진행률을 계산할 수 있는 예약매출의 경우에는 작업진행률을 기준으로 하여

계산한 수익과 비용을 각 사업연도의 익금과 손금에 산입한다. 단, 작업진행률은 「법인세법」상의 기준에 따른 것이다.

④ 장기할부조건에 의하여 자산을 판매함으로써 발생한 채권에 대하여 기업회계기준이 정하는 바에 따라 계상한 현재가치할인차금은 그에 따라 환입하였거나 환입할 금액을 각 사업연도의 익금에 산입한다.

⑤ 사채할인발행차금은 기업회계기준에 의한 사채할인발행차금의 상각방법에 따라 손금에 산입한다.

해설 부동산을 처분한 경우 그 손익귀속시기는 잔금청산일, 소유권이전등기일, 인도일 또는 사용수익일 중 빠른 날이 속하는 사업연도가 된다.

06 ㈜용인(중소기업이 아님)은 다음과 같은 할부판매거래를 하였고, 회사는 실제 대금회수액을 매출로 계상해오고 있다. 모든 할부판매는 인도일이 속하는 달부터 매달 말일에 ₩10,000,000씩 회수하도록 계약되며, 매출원가는 매출의 80%이다. 제7기 사업연도에 매출과 매출원가에 대하여 올바르게 세무조정 한다면 필요한 가산조정과 차감조정의 순차이는 얼마인가? 이전연도의 세무조정은 정확하게 하였다. ▶ '05 CPA 수정

구 분	제품인도일	총판매대금	할부기간	6기 대금회수액	7기 대금회수액
거래1	6기 7.1	100,000,000	10개월	50,000,000	50,000,000
거래2	6기 7.1	200,000,000	20개월	70,000,000	110,000,000
거래3	7기 7.1	300,000,000	30개월	0	70,000,000

① 가산조정 ₩2,000,000　② 가산조정 ₩10,000,000
③ 차감조정 ₩2,000,000　④ 차감조정 ₩10,000,000
⑤ 차감조정 ₩8,000,000

해설

구 분	장부상 매출	세법상 매출	세무조정
거래1	₩50,000,000	–	<익금불산입> ₩50,000,000 (△유보) <손금불산입> ₩40,000,000* (유보)
거래2	110,000,000	120,000,000	<익금산입> ₩10,000,000 (유보) <손금산입> ₩8,000,000* (△유보)
거래3	70,000,000	60,000,000	<익금불산입> ₩10,000,000 (△유보) <손금불산입> ₩ 8,000,000* (유보)
합계			△₩10,000,000

* 매출원가=매출액×80%

01 ② 02 ③ 03 ② 04 ② 05 ① 06 ④

Chapter 09

자산의 취득가액과 평가

제 1 절 자산의 취득가액

01 취득가액의 산정

자산의 취득가액은 장래 감가상각이나 원가대체 등을 통해서 손금으로 계상되게 되므로 취득가액이 제대로 결정되지 않으면 법인의 과세소득이 기간별로 제대로 측정될 수 없게 된다. 이러한 점에서 「법인세법」은 자산의 취득가액에 관한 규정을 두고 있다.

내국법인이 매입·제작·교환 및 증여 등에 의해서 취득한 자산의 취득가액에 대한 일반원칙을 요약하면 다음과 같다(법법 41 및 법령 72).

구 분	자산의 취득가액(원칙)
타인으로부터 매입한 자산	매입가액에 취득세 등 부대비용을 가산한 금액 다만, ㉠ 기업회계상 단기금융매매항목으로 분류된 금융자산 및 파생상품은 매입가액에 부대비용을 가산하지 않음*1 ㉡ 토지와 건물 등을 함께 취득한 경우에는 각 자산의 시가에 비례하여 안분계산
자기가 제조·생산·건설하는 방법으로 취득한 자산	제작원가(원재료비·노무비 등)에 부대비용(운임·하역비·보험료·수수료·설치비 등)을 가산한 금액
현물출자·합병 또는 분할에 따라 취득하는 자산*2	㉠ 적격합병·적격인적분할에 해당되어 과세이연을 받는 경우 : 피합병법인·분할법인의 세무상 장부가액 ㉡ 적격물적분할·적격현물출자·기타의 경우 : 해당 자산의 시가
물적분할에 따라 취득하는 주식 또는 출자지분*3	물적분할한 순자산의 시가

구 분	자산의 취득가액(원칙)
현물출자에 따라 출자법인이 취득하는 주식 또는 출자지분	㉠ 출자법인 등이 현물출자로 인하여 피출자법인을 새로 설립하면서 그 대가로 주식만 취득하는 현물출자의 경우 : 현물출자한 순자산의 시가 ㉡ 기타 현물출자의 경우 : 해당 주식 등의 시가
합병 · 인적분할에 따라 취득하는 주식 또는 출자지분*4	종전의 장부가액과 합병 · 분할로 인한 의제배당액 및 불균등자본거래 등으로 분여받은 이익의 합계액에서 합병 · 분할에 따라 교부받은 교부금을 차감한 금액*4
채무의 출자전환에 따라 취득한 주식*5	취득 당시의 시가 다만 특정한 출자전환의 경우는*6 출자전환된 채권의 장부가액을 취득한 주식의 취득가액으로 한다.
정부로부터 무상으로 할당받은 배출권*7	영(0)원
기타 방법으로 취득한 자산	취득 당시의 시가

*1 국제회계기준과 일반기업회계기준은 단기금융자산 등에 대해서는 취득에 직접 관련된 거래원가라고 하더라도 이를 취득가액에 가산하지 않고 직접 비용으로 처리한다. 이러한 회계기준을 수용하기 위해서 법인세법도 이러한 항목에 대해서는 부대비용을 취득가액에 가산하지 않도록 했다.

*2 현물출자를 받은 법인, 합병법인 또는 분할신설법인이 취득한 자산을 말한다.

*3 물적분할에 따라 주식을 취득한 법인이 취득한 주식이나 출자지분을 말한다.

*4 합병에서 피합병법인의 법인주주, 인적분할에서 분할법인 등의 법인주주 등이 취득하게 되는 주식이나 출자지분을 말한다. 이 경우 취득가액을 산식으로 표현하며 다음과 같다.
해당 주식의 취득가액 = 종전의 장부가액 + 합병 · 분할로 인한 의제배당액 + 불균등자본거래 등으로 분여받은 이익 − 합병 · 분할에 따라 교부받은 교부금

*5 채무의 출자전환이 이루어짐에 따라 채권자가 채무자인 주식발행법인으로부터 교부받은 주식을 말한다.

*6 「기업회생 및 파산에 관한 법률」 및 「기업구조조정촉진법」에 의한 경영정상화계획 및 금융기관과의 경영정상화계획에 따라 채무출자전환이 이루어지는 경우를 말한다.

*7 2015년부터 우리나라도 탄소배출권 거래제가 시행되는데, 향후 기업들은 할당받은 탄소배출권 허용량이 부족한 경우 이를 거래시장에서 매입해야 하고 허용량이 남는 기업은 이를 시장에서 판매할 수 있다. 이와 관련해서 일부 기업들이 정부로부터 탄소배출권 할당 대상업체로 선정돼 배출권을 무상으로 할당받았는데, 무상할당받은 배출권의 취득가액을 어떻게 할 것인지에 관한 규정이다(관련 기업회계기준서도 정부로부터 무상 할당받은 배출권의 취득가액을 0으로 보도록 규정하고 있다).

02 취득가액이 조정되는 경우

법인이 보유한 자산에 대해서 다음 중 어느 하나의 사유가 생기면 취득가액은 조정된다(법령 72 ⑤, 72 ②(1의2)).

㉠ 「상법」 제461조의2에 따라 자본준비금을 감액하여 받는 배당금액으로 「법인세법」

상 익금으로 보지 않는 금액은 장부가액에서 차감하며, 보유한 주식의 장부가액을 한도로 차감한다.

㉡ 내국법인이 외국자회사의 의결권 있는 발행주식총수의 100분의 10(해외자원개발사업을 하는 외국법인의 경우에는 100분의 5) 이상을 취득하고 외국자회사로부터 받은 수입배당금액이 다음 요건을 모두 갖춘 경우에는 수입배당금을 해당 주식등의 매입가액에서 차감한다.

가. 내국법인이 외국자회사의 의결권 있는 발행주식총수 또는 출자총액의 100분의 10(해외자원개발사업을 하는 경우에는 100분의 5) 이상을 최초로 보유하게 된 날의 직전일 기준 이익잉여금을 재원(財源)으로 한 수입배당금액일 것

나. 외국자회사의 수입배당금 익금불산입 규정에 따라 익금에 산입되지 않았을 것

㉢ 동일한 내국법인이 발행주식총수 또는 출자총액을 소유하고 있는 서로 다른 법인간에 합병하는 경우로서 합병법인으로부터 취득하는 주식 등이 없는 경우 소멸한 피합병법인의 주식등의 장부가액은 종전의 합병법인 주식 장부가액에 합산한다(주식등이 아닌 합병대가가 있는 경우 해당 금액은 제외한다).

03 취득부대비용

자산취득에 따라 발생하는 특수한 문제로서 취득가액에 포함되는 것과 포함되지 않는 것을 구분·예시하면 다음과 같다.

구 분	내 용
포함 (법령 72②)	① 특수관계인인 개인으로부터 유가증권을 시가에 미달하는 가액으로 매입하여 시가와 당해 매입가액의 차액을 익금에 산입한 경우의 해당 익금(법법 15 ②(1))[*1] ② 건설자금에 충당한 차입금이자(법법 28 ①(3), ②)[*2] ③ 유형자산의 취득과 함께 국·공채를 매입하는 경우 기업회계기준에 따라 그 국·공채의 매입가액과 현재가치의 차액을 해당 유형자산의 취득가액으로 계상한 금액(법령 72 ③(3))[*3] ④ 합병 또는 분할합병시 불공정자본거래로 분여받은 이익에 대해서 익금산입한 경우의 해당 익금(법령 72 ⑤(3))

구 분	내 용
불포함 (법령 72③)	① 자산을 장기할부조건 등으로 취득하는 경우 발생한 채무를 기업회계기준이 정하는 바에 따라 현재가치로 평가하여 현재가치할인차금으로 계상한 경우의 해당 현재가치할인차금(법령 68 ③)*4 ② 연지급수입이자에 있어서 취득가액과 구분하여 지급이자로 계상한 금액*5 ③ 특수관계인으로부터 자산을 시가보다 높게 매입하거나 현물출자받은 경우 시가 초과액(법령 88 ①(1)) ④ 특수관계가 없는 자로부터 정상가액(시가 ± 시가 × 30%)을 초과한 가액으로 매입한 경우의 정상가액 초과액(기부금에 해당) ⑤ 불균등 증자시 특수관계인으로부터 신주를 고가로 배정받은 경우의 시가초과액(법령 88 ①(8)(나))

*1 본래 자산취득과정에서 이익이 발생할 수 없는 것이 원칙이므로 그 밖의 일반적인 경우에 있어서는 저가매입이 이루어진 경우 매입가액과 시가의 차액은 익금이 아니며 취득가액에도 포함하지 않는다.

*2 기업회계상 차입원가 자본화 방법과 법인세의 건설자금이자 계산방법에 차이가 있다. 세무상 취득가액에 포함되는 건설자금이자는 회계상 취득가액으로 계상된 금액이 아니라 법인세법상의 건설자금이자(법인세법상 자본화할 특정차입금 이자 및 자본화하기로 선택한 일반차입금 이자)이다.

*3 국·공채의 매입가액과 현재가치의 차액을 원칙적으로 당해 유형고정자산의 취득가액에 포함하지 않는다. 다만 법인이 기업회계에 따라 결산서에 국·공채의 매입가액과 현재가치의 차액을 해당 유형고정자산의 취득가액에 포함하면 그대로 인정한다는 것이다.

*4 기업회계에서는 장기연불조건의 매매거래, 장기금전대차거래 또는 이와 유사한 거래에서 발생하는 채권·채무로서 명목가액과 현재가치의 차이가 중요한 경우에는 이를 현재가치로 평가한다. 따라서 장기할부조건 등으로 구입하면서 기업이 기업회계기준에 따라 공정가치로 자산취득가액을 처리하였다면 이는 세무에서도 그대로 취득가액을 인정한다. 그러나 장기금전대차거래에서 발행한 채권·채무를 현재가치로 평가하는 것은 세무상 인정하지 않는다는 점에 주의해야 한다. 그리고 이러한 회계처리 때문에 발생한 현재가치할인차금 상각액은 회계상 이자비용으로 회계처리되더라도 손금으로 인정한다. 그러나 현재가치할인차금상각액에 대해서는 수입배당금 익금불산입시 차입금이자에 대한 차감액 규정이나 지급이자 손금불산입 규정, 원천징수, 지급명세서제출의무의 규정이 적용되지 않는다.

*5 연지급수입에 따른 지급이자를 취득가액과 구분하여 지급이자로 계상한 경우에는 손금으로 인정한다. 이는 D/A 이자, Shipper's Usance 이자 및 Banker's Usance 이자 등을 모두 이자비용으로 보는 기업회계의 입장을 수용한 것이다. 그러나 이는 법인이 이를 비용으로 회계처리한 경우에만 손금으로 보는 것이다. 그리고 법인이 이를 지급이자로 처리하였다 하더라도 이 이자에 대해서는 수입배당금 익금불산입시 차입금이자에 대한 차감액 규정이나 지급이자 손금불산입 규정, 원천징수, 지급명세서제출의무 등의 규정을 적용하지 않는다.

예제 35

아래 사례에 대해 각각의 세무조정 방법을 설명하시오.

(사례 1) 특수관계 있는 법인으로부터 시가 10억원인 토지를 15억원에 매수하고 다음과 같이 회계처리하였다.

(차)	토 지	15억원	(대) 현금	15억원

(사례 2) 정당한 사유 없이 특수관계 없는 영리법인으로부터 시가 10억원인 토지를 15억원에 매수하고 다음과 같이 회계처리하였다.

(차)	토 지	15억원	(대) 현금	15억원

(사례 3) 토지를 100억원에 취득하고 소유권이전등기를 하면서 관계법령에 따라 국공채 5억원을 취득하였는데 취득한 국공채의 시가는 4억원이다. 이에 대해 다음과 같이 회계처리하였다.

(차)	토 지	101억원	(대) 현금	105억원
	유 가 증 권	4억원		

(사례 4) 상기 (사례3)의 경우에 대해서 다음과 같이 회계처리하였다.

(차)	토 지	100억원	(대) 현금	105억원
	유 가 증 권	4억원		
	유가증권평가손실	1억원		

해답 (사례 1) 특수관계 있는 법인으로부터 자산을 고가에 매입하였으므로 부당행위계산부인 대상이고, 시가초과액 5억원은 토지의 세무상 취득가액이 될 수 없다.
익금산입(부당행위) 5억원 기타사외유출, 손금산입(토지) 5억원 △유보

(사례 2) 특수관계 없는 법인으로부터 정당한 사유 없이 정상가액(13억원)을 초과해서 자산을 매입하였으므로 정상가액 초과 매입금액(2억원)은 간주기부금에 해당하고, 토지의 세무상 취득가액이 될 수 없다. 따라서 '손금산입(토지) 2억원 △유보'의 세무조정을 하여야 한다. 그리고 손금산입된 2억원은 세무상 기부금에 해당되므로 기부금에 대한 세무조정을 추가로 하여야 한다.

(사례 3) 상기와 같이 회계처리하는 것은 기업회계에 따른 것이고, 「법인세법」이 이러한 기업회계처리방식을 수용하고 있으므로 세무조정이 없다.

(사례 4) 회사가 유가증권평가차액을 자산취득가액에 포함하는 방식으로 회계처리하지 않았다면 법인세법의 일반원칙에 따라 취득원가주의로 세무조정을 하게 된다. 따라서 세무상 토지의 취득가액은 100억원, 유가증권의 취득가액은 5억원이 되어야 한다. 따라서 유가증권평가손실 1억 원은 유가증권 취득가액에 포함되어야 하고 세무상 손금이 될 수 없으므로 '손금불산입(유가증권) 1억원 유보'의 세무조정이 필요하다.

예제 36

㈜북한산은 제4기 사업연도초에 토지를 장기할부조건으로 구입하였다. 매매대금은 10,000,000원이나 대금은 3년 후 일시에 지급하는 조건이다. 기업회계기준에 의하여 현재가치로 평가한 금액은 6,209,200원이다. 회사의 회계처리가 다음과 같은 경우 각 사례별 세무처리에 대하여 설명하시오.

(사례 1)	(차)	토 지	10,000,000	(대) 장기미지급금	10,000,000
(사례 2)	(차)	토 지	6,209,200	(대) 장기미지급금	10,000,000
		현재가치할인차금	3,790,800		
	(차)	지 급 이 자	620,920	(대) 현재가치할인차금	620,920

해답 (사례 1) 세무조정 없음.
(사례 2) 세무조정 없음. 단, 지급이자 620,920원에 대하여는 원천징수를 하지 않으며, 지급명세서를 제출하지 않는다. 또한 업무무관자산등에 대한 지급이자손금불산입을 하는 경우 이를 지급이자로 보지 않는다.

제2절 자산 · 부채의 평가원칙

「법인세법」은 특별히 규정이 있는 경우를 제외하고는 보유 자산 및 부채를 평가(장부가액을 증액 또는 감액하는 것을 말하며, 감가상각은 제외한다)하는 것을 인정하지 않고, 해당 자산 및 부채의 장부가액은 그 평가하기 전의 가액으로 하도록 하고 있다(법법 42 ①). 이는 법인이 자산 또는 부채가액의 임의평가증 또는 임의평가감을 통해서 과세소득을 임의로 조절하는 것을 막기 위한 것이다.

그러나 「법인세법」은 다음의 경우에는 보유자산과 부채를 평가하는 것을 인정하고 있다.

① 보험업법 기타 법률에 따른 고정자산의 평가이익(증액에 한한다)

② 재고자산 : 재고자산평가방법을 저가법으로 신고한 경우 저가법 적용으로 인한 평가손실

③ 은행 등이 화폐성 외화자산 · 부채를 사업연도 종료일 현재의 환율로 평가하여 발생한 평가손익과 은행 등이 통화선도 · 통화스왑 및 환변동보험을 사업연도 종료일 현재의 환율로 평가하는 방법을 선택하여 관할세무서장에게 신고하고 해당 통화선도 · 통화스왑 및 환변동보험을 사업연도 종료일 현재의 환율로 평가하면서 발생한 평가손익(은행 등이 통화선도 · 통화스왑 및 환변동보험거래에 대해서 결산일의 환율평가방법을 관할세무서장에게 신고하지 않은 경우에는 화폐성 외화자산 · 부채는 결산일의 환율로 평가하지만, 통화선도 · 통화스왑 및 환변동보험거래에 대해서는 계약체결일의 환율로 평가하여야 함)

④ 일반법인이 화폐성 외화자산 · 부채 및 환위험을 회피하기 위한 헷지(hedge) 목적의 통화선도 · 통화스왑 및 환변동보험거래를 사업연도 종료일 현재의 환율로 평가하는 방법을 선택하여 관할세무서장에게 신고하고 해당 화폐성 외화자산 · 부채 및 헷지목적의 통화선도내지 통화스왑거래 및 환변동보험을 사업연도 종료일 현재의 환율로 평가하면서 발생한 평가손익(일반법인이 결산일의 환율평가방법을 관할세무서장에게 신고하지 않은 경우에는 거래일 또는 발생일의 환율로 평가하여야 함)

⑤ 투자회사 등이 보유한 집합투자재산에 대해서는 시가법으로 평가하여야 하므로 여기서 발생하는 평가이익 또는 평가손실

⑥ 보험회사가 보유하는 변액보험 등 특별계정에 대해 시가법을 적용하기로 선택하여 신고한 경우 여기서 발생하는 평가이익 또는 평가손실

⑦ 다음 중 어느 하나에 해당하는 자산에 대하여 감액사유가 발생한 사업연도(아래 유형자산에 해당하는 경우는 파손 또는 멸실이 확정된 사업연도를 포함한다)에 장부가액을 시가로 평가하고 그 평가차액을 손비로 계상한 경우(결산조정사항이다) (법법 42, 법령 78)

구 분	사 유	평가액
(1) 재고자산	재고자산평가방법을 원가법으로 신고한 경우로써 파손 · 부패 등의 사유로 인하여 정상가격으로 판매할 수 없는 경우	사업연도종료일 현재 처분가능 시가
(2) 주 식	① 중소기업창업투자회사(신기술사업금융업자)가 보유하는 창업자(신기술사업자)가 발행한 주식 등으로서 그 발행법인에 부도 등*이 발생한 경우 ② 주권상장법인의 주식으로 부도 등*이 발생한 경우 ③ 특수관계없는 비상장법인 주식으로 부도 등*이 발생한 경우(발행주식 총수의 5% 이하를 소유하고 그 취득가액이 10억원 이하인 경우에는 여기서 특수관계 여부의 판단에 있어서 특수관계가 없는 것으로 본다) ④ 주식 등을 발행한 법인이 파산한 경우	주식발행법인별로 시가평가액이 1,000원 이하인 경우 1,000원을 시가로 함

구 분	사 유	평가액
(3) 유형자산	천재지변, 화재, 법령에 의한 수용, 채굴예정량의 채진(採盡)으로 폐광(토지를 포함한 광업용 유형자산이 그 고유의 목적에 사용될 수 없는 경우 포함)한 경우	사업연도 종료일 현재 시가

* 부도 등 : 주식발행법인이 부도가 발생한 경우 또는 「채무자 회생 및 파산에 관한 법률」에 의한 회생계획인가의 결정을 받았거나 「기업구조조정 촉진법」에 의한 부실징후기업이 된 경우를 의미한다.

위에서 열거한 경우를 제외하고는 「법인세법」은 자산 및 부채를 평가하는 것을 인정하지 않는다. 따라서 다음과 같이 기업회계에 따라 자산 및 부채를 평가한 경우 세무상으로는 장부가액은 평가하기 전의 가액이 되므로 반드시 관련 세무조정을 하여야 한다.

㉠ 유형자산 및 무형자산에 대해서 재평가모형을 적용하여 발생한 재평가차액

㉡ 투자부동산에 대하여 공정가치모형을 적용하여 발생한 평가손익

㉢ 세법상 규정이 없는데 인식한 손상차손. 다만, 감가상각자산에 대해서 법인이 손상차손을 장부상 계상한 경우 이는 해당 금액을 감가상각비로서 손금에 계상한 것으로 보아(즉시상각의제) 감가상각비 시부인계산을 한다.

㉣ 세법상 규정이 없는데 금융상품을 공정가치로 인식해서 발생한 차액 등

제3절 외화자산 · 부채의 평가

01 의 의

외화자산이란 외화로 표시되는 자산을 말하는 것이므로 외국에 대한 외화대여금이나 수출대금 미수금과 같은 채권 등이 이에 속하며, 외화부채란 외화로 표시되는 부채를 말하는 것이므로 외화차입금 또는 수입대금 미지급금 같은 채무 등을 말한다. 이와 같은 외화자산·부채가 법인의 기간손익계산에 직접적인 문제로 제기되는 것은 환율의 변동에 기인하는 것으로서 환율 변동에 따라 차입 또는 대여당시의 원화기장액과 사업연도말의 원화환산액 및 상환 또는 추심할 때의 원화결제액이 서로 다르기 때문이다.

이때 장부상 외화자산 및 부채의 원화 기장액과 기말 환율을 적용해서 평가한 원화 평가액의 차액은 외화환산손익이 되고, 장부상 외화자산 및 부채의 원화 기장액과 상환 또는 결제시의 원화금액의 차액은 외환차손익이 된다.

외화자산 및 부채는 재무상태 및 경영성과를 국내통화인 원화로 측정하여 표시하여야 한다는 점에서 환율변동 때문에 그 가치가 항시 유동적이다. 따라서 기말에 외화자산·부채는 적절한 환율로 환산하여야만 기말에 적절한 재무상태와 손익을 표시하게 된다고 할 수 있다. 이러한 점에서 기업회계는 재무상태표 항목 중 환율변동에 따라 직접적으로 가치가 변동되는 화폐성 외화자산과 외화부채는 매 기말의 적절한 환율로 환산한 가액을 재무상태표 가액으로 하도록 규정하고 있다.

그러나 세법상 권리의무확정주의라는 관점에서 보면 기말 시점에서 단순한 환율변화의 영향을 반영한 외화환산손익은 미실현 손익이고 확정된 손익이라고 할 수 없다는 측면이 있지만, 단순히 권리의무확정주의를 고수하면 기업회계와 세무회계의 괴리가 지나치게 커진다는 문제도 있다. 이러한 점에서 세법은 외화자산과 부채의 평가에 대하여 원칙적인 평가방법을 두고 기업이 선택을 통해서 기업회계의 평가방법에 접근할 수 있도록 하고 있다.

Reference 화폐성 외화자산 및 부채

화폐성 외화자산·부채는 장래에 화폐로서 회수하거나 상환하게 되는 자산·부채를 말한다. 이는 장래에 화폐로서 회수되거나 상환하게 되므로 환율변동에 의하여 직접적으로 가치변동이 일어나게 된다. 이러한 점에서 기업회계는 결산일 현재의 적절한 환율로 평가하고 관련 손익을 당기 손익으로 처리하는 것이다. 이러한 것으로 외화, 외화예금, 외화표시 매출채권, 지급보증금, 외화표시 매입채무, 장·단기 외화차입금 등이 있다.
비화폐성 외화자산·부채는 기업회계에서 평가대상으로 하고 있지 않다. 원재료 구입을 위한 선급금 또는 제품판매를 위한 선수금 등이 비화폐성 자산·부채에 해당되는데 이는 원재료 입고 또는 제품출고 등을 목적으로 하는 자산·부채이므로 직접적으로 환율변동의 영향을 받는다고 할 수 없기 때문에 기업회계에서 평가대상으로 하지 않고 있다.

02 외화채권·채무의 상환손익

기업회계는 외화자산의 회수 또는 외화부채의 상환시에 발생하는 차손익(외환차손익)

은 회수 또는 상환하는 회계기간의 손익으로 처리하도록 하고 있다. 이러한 손익은 확정된 것으로서 법인의 순자산증감의 원인이 된다. 따라서 「법인세법」도 법인이 상환받거나 상환하는 외화채권 · 채무의 원화금액과 원화기장액의 차익 또는 차손은 전액 당해 사업연도의 익금 또는 손금에 산입하도록 하고 있다(법령 76 ⑤).

03 외화자산 · 부채의 평가손익

「법인세법」은 화폐성 외화자산과 부채, 통화선도 및 통화스왑의 평가손익에 대하여 일반기업과 은행 등을 구분하고 서로 다르게 평가하도록 하고 있다. 그리고 아래 방식으로 원화평가액과 원화기장액의 차익 또는 차손을 익금 또는 손금에 산입하도록 하고 있다.

가. 일반기업

은행 등 외의 일반법인이 보유하는 화폐성 외화자산 · 부채와 화폐성 외화자산 · 부채의 환위험을 회피하기 위하여 보유하는 통화선도 · 통화스왑 및 환변동보험은 원칙적으로 다음 '①'과 같이 거래일 환율 평가방법에 의하여 평가하고, 관할세무서장에게 신고하면 다음 '②'와 같이 결산일 환율 평가방법으로도 평가할 수 있다(법령 제76조 ②).

① 거래일 환율 평가방법 : 화폐성 외화자산 · 부채와 환위험 회피용 통화선도 · 통화스왑 및 환변동보험의 계약 내용을 취득일 또는 발생일(통화선도 · 통화스왑의 경우에는 계약체결일) 현재의 매매기준율 또는 재정(裁定)된 매매기준율로 평가하는 방법

② 결산일 환율 평가방법 : 화폐성 외화자산 · 부채와 환위험 회피용 통화선도 · 통화스왑 및 환변동보험의 계약 내용을 사업연도 종료일 현재의 매매기준율 또는 재정된 매매기준율로 평가하는 방법

여기에서 통화선도란 원화와 외국통화 또는 서로 다른 외국통화의 매매계약을 체결함에 있어 장래의 약정기일에 약정환율에 따라 통화를 인수 · 도 하기로 하는 거래를 말하고, 통화스왑은 약정된 시기에 약정된 환율로 서로 다른 표시통화간의 채권채무를 상호 교환하기로 하는 거래를 말한다. 그리고 환변동보험은 한국무역보험공사가 운영하는 환율변동위험을 회피하기 위한 선물환 방식의 보험계약(콜옵션 또는 풋옵션과 결합된 보험계약은 제외)으로 환율변동시 그 변동액 또는 약정환율과의 차액만큼 보험금을 지급하거나 환수하는 금융상품이다(법칙 37조의2).

나. 은행 등

은행 등이 보유하는 화폐성 외화자산·부채와 통화선도·통화스왑 및 환변동보험은 다음 방법에 따라 평가한다(법령 제76조 ①).

① 화폐성외화자산·부채 : 사업연도종료일 현재의 매매기준율 또는 재정된 매매기준율로 평가하는 방법

② 통화선도·통화스왑 및 환변동보험 : 원칙적으로 계약체결일의 매매기준율 등으로 평가하지만, 관할세무서장에게 신고하면 통화선도·통화스왑 및 환변동보험과 관련된 외화자산 및 부채를 사업연도 종료일 현재의 매매기준율 등으로 평가하는 방법을 적용할 수 있다.

일반기업과 은행 등의 화폐성 외화자산과 부채, 통화선도 등의 평가손익의 세무상 취급에 대한 위 내용을 요약하면 다음과 같다.

외화자산 및 부채의 세무상 결산일 환율 평가방법 요약

구 분	일반기업		은행 등	
	화폐성 외화자산 및 부채	헷지목적 통화선도·통화스왑 및 환변동보험	화폐성 외화자산 및 부채	헷지목적 통화선도·통화스왑 및 환변동보험
평가방법 무신고시	평가 ×	평가 ×	평가 ○	평가 ×
평가방법 신고후 적용가능	평가 ○	평가 ○	평가 ○	평가 ○

다. 평가방법신고 및 변경신고

은행 등이 통화선도·통화스왑 및 환변동보험에 대하여 기말환율로 평가하려고 하거나 은행 등을 제외한 일반기업이 화폐성 외화자산·부채와 화폐성 외화자산·부채의 환위험을 회피하기 위한 통화선도·통화스왑 및 환변동보험을 기말환율로 평가하려면 그 평가방법을 적용하려는 사업연도의 법인세 신고와 함께 관할세무서장에게 평가방법신고서를 제출하여야 한다(법령 76 ⑥). 그리고 신고한 평가방법은 그 후의 사업연도에도 계속 적용하되, 신고한 평가방법을 적용한 사업연도부터 5개 사업연도가 지난 후에는 다른 평가방법을 신고할 수 있다(법령 76 ③).

예제 37

다음 자료에 의하여 제10기 및 제11기에 대하여 기업회계기준에 의한 회계처리를 하고 세무조정을 하시오.

1. 제10기 4월 3일에 외화예금 $100,000을 ₩1,100/$에 예금하다.
2. 제10기 10월 5일에 외화차입금 $400,000을 ₩1,200/$에 차입하다.
3. 제10기 12월 31일 결산시에 기업회계기준에 따라 외화평가를 하다.
4. 제11기 5월 10일에 외화차입금 중 50%를 ₩1,250/$에 상환하다.
5. 제10기 결산일 현재 환율(매매기준율 : $1 : ₩1,300)
6. 제11기 결산일 현재 환율(매매기준율 : $1 : ₩1,350)
7. 사업연도는 1. 1. ~ 12. 31이고, 은행업이 아니다.
8. 회사는 화폐성외화자산·부채의 평가방법에 대하여 관할세무서에 신고하지 않았다.

해답 1. 제10기의 회계처리 및 세무조정

① 외화예금 가입시 ($100,000 × 1,100 =110,000,000원)

(차변) 외화예금	110,000,000원	(대변) 현 금	110,000,000원

② 외화차입시 ($400,000 × 1,200 =480,000,000원)

(차변) 현 금	480,000,000원	(대변) 외화차입금	480,000,000원

③ 제10기 기말의 외화평가

외화예금 환산이익 : $100,000 × (1,300 − 1,100) = 20,000,000원

외화차입금 환산손실 : $400,000 × (1,200 − 1,300) = △40,000,000원

(차변) 외화예금	20,000,000원	(대변) 외화환산이익	20,000,000원
(차변) 외화환산손실	40,000,000원	(대변) 외화차입금	40,000,000원

④ 세무조정 : 외화환산손실 40,000,000원(손금불산입, 유보)
외화환산이익 20,000,000원(익금불산입, △유보)

* 관할세무서장에게 결산일 환율평가방법을 신고하지 않은 일반법인의 화폐성 외화자산·부채의 평가손익은 세무상 인정하지 않음

2. 제11기의 회계처리 및 세무조정

① 외화차입금 50% 상환 ($200,000 × 1,250 =250,000,000원)

(차변) 외화차입금	260,000,000원	(대변) 현 금	250,000,000원
		외 환 차 익	10,000,000원

② 제11기 기말의 외화평가

외화예금 환산이익 : $100,000 × (1,350 − 1,300) =5,000,000원

외화차입금 환산손실 : $200,000 × (1,300 − 1350) =△10,000,000원

(차변) 외 화 예 금	5,000,000원	(대변) 외화환산이익	5,000,000원
(차변) 외화환산손실	10,000,000원	(대변) 외 화 차 입 금	10,000,000원

③ 세무조정

당기 외화평가에 대한 세무조정 : 외화환산손실 10,000,000원(손금불산입, 유보)
외화환산이익 5,000,000원(익금불산입, △유보)

당기 일부 외화차입금 상환에 대한 세무조정 :
외화환산손실 20,000,0000원(손금산입, △유보)

* 전기 외화차입금에 대한 손금불산입액 중 50%가 상환되었으므로 해당분을 손금추인

제4절 리스자산 및 리스부채의 평가

01 개 요

리스(lease)란 시설대여행위로 리스회사(임대인)과 리스이용자(임차인) 사이에 리스회사 소유의 특정시설(리스자산)을 일정기간 리스이용자가 사용할 수 있도록 하고 그 대가로 리스회사가 리스료(임대료)를 받는 조건의 물적 금융을 달한다.

회계상 리스는 금융리스와 운용리스로 구분된다. 금융리스는 리스회사가 리스이용자에게 자금을 대여해주고 리스이용자가 그 자금으로 리스자산을 매입・보유하는 것으로 보고, 운용리스는 리스회사가 리스이용자에게 리스자산을 대여한 것으로 본다. 이는 리스계약조건의 경제적 실질(자산 소유에 따른 위험과 효익을 리스회사와 리스이용자 중 누가 가지고 있는지 여부)에 따라 분류하는 것이다.

02 세무상 리스의 취급

「법인세법」은 금융리스와 운용리스의 구분을 기업회계기준에 따르도록 하고 있다. 그리고 금융리스의 경우에는 리스자산을 리스이용자의 감가상각자산으로, 금융리스 외의 자산은 리스회사의 감가상각자산으로 하도록 하고 있다(법령 24 ⑤).

따라서 기업회계에 따라 금융리스로 분류되는 자산을 리스회사 또는 리스이용자가 기업회계에 따라 회계처리하는 경우 원칙적으로 세무조정사항이 발생하지 않는다.

그러나 운용리스에 해당하는 경우 「한국채택국제회계기준」에 따르면 리스회사가 리스자산을 계상하고 있는 상태에서 리스이용자도 단기리스와 소액리스를 제외하고는 사용권자산(차변)과 리스부채(대변)를 계상하도록 하고 있다. 따라서 운용리스에서 리스이용자가 사용권자산에 관한 회계처리를 한 경우에는 이 부분과 관련하여 세무조정이 생기게 된다.

한편 「조세특례제한법」에서는 금융리스방식에 의한 투자에 대해서 투자세액공제를 허용하는 경우가 있는데 이 경우의 리스분류기준은 기업회계기준에 따르지 않고 「조세특례제한법」에서 별도로 정한 규정에 따르도록 하고 있다(조특령 3). 이는 투자세액 공제요건인 금융리스의 분류까지 기업회계에 따르도록 하면 기업회계가 가진 재량적 판단기준 때문에 투자세액공제 요건이 불명확해질 우려가 있어서 별도로 규정을 둔 것이다.

법 / 인 / 세 / 법 / 강 / 의

연습문제

TYPE

객관식문제

01 다음은 자산의 취득가액에 관한 설명이다. 가장 틀린 것은? ▶ '99 CPA 수정

① 유형자산 매입시 취득한 국·공채의 취득가액과 시가의 차액은 항시 유형자산의 취득가액에 포함한다.

② 특수관계인인 개인으로부터 유가증권을 시가에 미달하는 가액으로 매입하는 경우 당해 매입가액과 시가와의 차액에 상당하는 금액은 취득가액에 포함된다.

③ 현물출자·합병 또는 분할에 의하여 취득한 자산은 적격합병 등의 요건에 해당하는 경우로 과세이연을 받은 경우는 현물출자법인·피합병법인·분할법인의 장부가액을 취득가액으로 한다.

④ 「법인세법」에 따라 건설자금에 충당한 차입금의 이자는 취득가액에 포함된다.

⑤ 연지급수입에 있어서 취득가액과 구분하여 지급이자로 계상한 금액은 취득가액에서 제외된다.

해설 유형자산 매입시 취득한 국·공채의 취득가액과 시가의 차액은 장부상 취득가액으로 계상한 경우에만 세무상 취득가액으로 인정한다.

02 법인이 고정자산을 장기연불조건으로 구입할 때 구입시 명목가액과 현재가치는 차이가 발생한다. 세법상 이 현재가치할인차금을 계상할 수 있는데 옳지 않은 것은? ▶ '95 CPA 수정

① 현재가치할인차금을 계상하지 않는 경우 매입가액 전액이 취득원가이다.

② 현재가치할인차금을 계상할 경우 감가상각대상금액은 현재가치할인차금을 포함한다.

③ 현재가치할인차금상각액을 지급이자로 계상한 경우 법인의 원천징수의무는 없다.

④ 현재가치할인차금은 유효이자율법 등을 이용하여 상각한다.

⑤ 현재가치할인차금은 지급이자로 계상시 법인의 지급명세서제출의무는 없다.

해설 현재가치할인차금은 취득가액에 포함하지 아니하므로 감가상각대상금액에도 포함되지 아니한다.

03 「법인세법」상의 자산의 취득가액에 관한 설명이다. 가장 옳지 않은 것은? ▶'07 CPA 수정

① 자산을 장기할부조건으로 취득함에 따라 발생한 채무를 기업회계기준이 정하는 바에 따라 현재가치로 평가하여 계상하는 현재가치할인차금은 취득가액에 포함한다.

② 법인이 합병에 의하여 취득한 자산이 적격합병요건에 해당되지만 법인이 과세이연을 받지 않은 경우에는 해당 자산의 시가를 그 자산의 취득가액으로 한다.

③ 특수관계에 있는 개인으로부터 유가증권을 시가에 미달하는 가액으로 매입한 경우에 그 유가증권의 시가와 매입가액과의 차액에 상당하는 금액은 취득가액에 포함한다.

④ 법인의 증자에 있어서 주주인 A법인이 신주를 시가보다 높은 가액으로 인수함으로써 부당행위계산의 부인 규정이 적용되는 경우, 그 시가초과액은 A법인이 취득한 주식의 취득가액에 포함하지 않는다.

⑤ 현물출자로 인하여 피출자법인을 새로 설립하면서 그 대가로 주식과 현금을 함께 받는 경우 현물출자에 의하여 주주가 취득한 주식은 그 주식의 취득당시의 시가를 취득가액으로 한다.

해설 자산을 장기할부로 취득함에 따라 발생한 채무를 기업회계에 따라 현재가치로 평가하는 것은 세무상 인정되므로 취득가액에 불포함된다(법령 68③). 기업회계에 따라 계상된 현재가치할인발행차금은 자산의 취득가액을 명목가액보다 작게 만들고 이는 향후 유효이자율법 등에 의하여 이자비용으로 대체되게 된다.

04 다음은 「법인세법」상 외화자산·부채의 평가에 대한 설명이다. 가장 옳지 않은 것은?

① 은행이 아닌 일반법인이 관할세무서장에서 평가방법을 신고하면 화폐성 외화자산 및 부채의 환산손익은 손·익금으로 인정받을 수 있다.

② 은행이 아닌 일반법인이 관할세무서장에게 평가방법을 신고하면 화폐성 외화자산 및 부채의 환위험을 회피하기 위하여 보유하는 통화선도·통화스왑 및 환변동보험에 대한 환산손익을 손금 또는 익금으로 인정받을 수 있다.

③ 은행들의 모든 통화관련 파생상품에 대한 환산손익이 손·익금으로 인정받을 수 있다.

④ 「법인세법」상 외화환산을 적용하는 경우 매매기준율 또는 재정된 매매기준율 중 신고한 환율을 적용한다.

⑤ 「법인세법」상 외환차손 또는 외환차익은 손금 또는 익금으로 인정된다.

해설 법인세법은 은행들의 파생상품의 환산손익 중에서 통화선도·통화스왑 및 환변동보험에 대한 환산손익만 인정한다.

01 ① 02 ② 03 ① 04 ③

Chapter 10 재고자산과 유가증권의 평가

제 1 절 재고자산 범위

01 개 요

재고자산(inventory)이란 기업의 정상적인 영업활동과정에서 판매를 목적으로 보유하거나, 판매를 목적으로 현재 생산중에 있거나, 판매할 자산을 생산하는 데 사용·소모될 자산을 말한다.

따라서 재고자산은 정상적인 영업활동(ordinary business operations)이 무엇이냐에 영향을 받게된다. 그리하여 같은 자산이라 하더라도 그 자산을 보유하고 있는 기업의 고유한 영업활동이 무엇이냐에 따라 상이하게 분류될 수도 있는 것이다.

02 재고자산평가의 중요성

기업이 재고자산평가방법을 어떠한 것으로 적용하느냐에 따라 매출원가가 달라진다. 기업회계상 매출총이익은 순매출액에서 매출원가를 공제하여 계산하기 때문에 기말상품재고액을 얼마로 평가하는가에 따라 매출원가가 크게 달라지고, 궁극적으로 기업의 매출총이익 및 과세소득에 중대한 영향을 미치게 된다.

매출원가 = 기초재고액 + 당기매입액 − 기말재고액

따라서 과세소득의 계산에 있어서 재고자산과 유가증권의 평가는 반드시 「법인세법 시행령」에 의하여야 하며, 기업회계나 관행이 적용되지 않는다.

03 재고자산 범위

「법인세법」은 재고자산을 ㉠ 제품 및 상품(부동산매매업자의 매매용 부동산 포함, 유가증권은 제외) ㉡ 반제품 및 재공품 ㉢ 원재료 ㉣ 저장품 등 4개의 호별로 구분하고 호별로 재고자산평가방법을 달리 적용할 수 있도록 하고 있다. 그러나 법인의 영업목적이 유가증권매매인 경우 그 유가증권은 기업회계상 재고자산에 포함되지만 「법인세법」은 이를 재고자산이 아니라 유가증권에 관한 평가규정을 적용하도록 있다.

제 2 절 재고자산과 유가증권 평가

01 재고자산 평가

재고자산의 평가는 원가법(개별법, 선입선출법, 후입선출법, 총평균법, 이동평균법, 매출가격환원법)과 저가법 중에서 선택하여 납세지 관할세무서장에게 신고한 방법으로 평가하게 되고, 저가법으로 신고한 경우에는 시가와 비교될 원가법의 종류를 함께 신고하여야 한다(법령 74).

가. 원가법

원가법이란 그 자산을 취득하기 위해서 실제 부담한 금액을 당해 자산의 취득가액으로 하는 것으로 다음의 한 방법에 의하여 산출한 가액을 그 자산의 평가액으로 한다(법령 74 ① (1)).

① 개별법	② 선입선출법
③ 후입선출법	④ 총평균법
⑤ 이동평균법	⑥ 매출가격환원법

나. 저가법

저가법이란 자산을 원가법으로 평가한 가액(취득가액)과 시가로 평가한 가액 중 낮은 가액으로 평가하는 방법이다. 한편 법인이 저가법을 선택하여 저가법으로 신고하는 경우에는 시가와 비교되는 원가법의 종류를 함께 신고하여야 한다(법령 74). 위에서 본 바와 같이 「법인세법」은 재고자산(유가증권 제외)의 평가방법을 원가법(6가지)과 저가법 중 한 가지를 선택하도록 하고 있다.

이에 반하여 기업회계에서는 원칙적으로 원가법에 의하여 평가하되, 시가가 취득원가보다 하락한 경우에는 시가를 재무상태표가액으로 하도록 하여 저가평가를 강제규정하고 있다. 따라서 기업회계에서 저가법으로 평가손실을 계상하였더라도 세법상 원가법을 선택하여 신고한 경우에는 원가법만 인정하므로 그 평가손실 및 환입액은 손금 및 익금으로 인정하지 아니한다.

다. 재고자산평가차손 세무처리

이는 법인이 선택한 평가방법에 따라 다음과 같이 달라진다.

① 저가법 신고 : 시가가 원가보다 하락한 경우 평가손실을 손금으로 인정한다.

② 원가법 신고 : 시가가 원가보다 하락하여도 평가손실을 손금으로 인정하지 아니한다. 다만, 재고자산으로서 파손·부패 등의 사유가 있어 정상가격으로 판매할 수 없을 때에는 사업연도 종료일 현재 처분가능한 시가로 그 장부가액을 감액할 수 있다(법법 42 ③(1), 법령 78 ③(1)).

라. 재고자산평가방법의 선택단위

재고자산을 평가하는 경우에는 재고자산 각 호별로 구분하여 영업종목별·영업장별로 각각 다른 방법을 선택할 수 있다. 이 경우 영업종목별·영업장별로 재고자산을 평가하고자 하는 법인은 수익과 비용을 영업종목 및 영업장별로 각각 구분하여 기장하고, 각각 제조원가보고서와 손익계산서를 작성하여야 한다(법령 74 ②).

그리고 재고자산을 선입선출·후입선출·평균법 등의 방법을 사용하여 평가함에 있어서 이를 월별·분기별·반기별로 적용할 수 있지만, 이는 계속적으로 적용하여야 한다.

02 유가증권 평가

가. 평가대상

평가대상이 되는 유가증권이란 주식・출자지분 및 채권을 말하며(법령 73(2)), 여기에는 기업회계의 유동자산 및 비유동자산에 포함된 단기매매증권・매도가능증권・만기보유증권・관계기업투자주식 및 종속기업투자주식이 모두 포함된다.

Reference 기업회계상 유가증권의 분류 및 평가방법

「일반기업회계기준」은 유가증권을 취득시점의 보유의도와 보유능력에 따라 ㉠ 단기매매증권 ㉡ 만기보유증권 ㉢ 매도가능증권 ㉣ 관계기업투자주식 ㉤ 종속기업투자주식으로 구분하여 회계처리를 하도록 하고 있다.

㉠ 단기매매증권 : 단기간의 매매차익을 목적으로 취득한 유가증권으로, 공정가치로 평가하고 평가차액은 당기손익으로 처리한다.

㉡ 만기보유증권 : 만기가 확정된 채무증권으로 보유자가 만기까지 보유할 의도와 능력이 있는 경우 만기보유증권으로 분류할 수 있다. 이는 공정가치 평가를 하지 않고 유효이자율법을 사용해서 이자수익을 인식하고 당기손익으로 처리한다.

㉢ 관계기업투자주식 : 투자회사가 유의적 영향력(원칙적으로 20% 이상 보유)을 행사할 수 있는 피투자회사의 주식으로 지분법회계처리를 한다. 지분법 적용결과 피투자회사의 당기손익에서 발생한 지분법손익은 당기손익으로, 피투자회사의 자본변동에서 발생한 것은 자본증감으로 처리한다.

㉣ 종속기업투자주식 : 투자회사가 과반수 지분율(50%초과)을 보유하는 피투자회사의 주식으로 종속기업은 연결재무제표 작성대상이 된다. 그리고 별도재무제표에서는 종속기업투자주식에 대해서 지분법회계처리를 한다.

㉤ 매도가능증권 : 단기매매증권, 만기보유증권, 관계기업투자주식, 종속기업투자주식으로 분류되지 않는 유가증권이다. 이는 원칙적으로 공정가치 평가를 하고 평가차액은 기타포괄손익으로 하여 직접 자본에 반영한다.

한편 「K-IFRS」는 유가증권을 회계처리방법에 따라 ㉠ 당기손익-공정가치 측정 금융자산 ㉡ 상각후원가 측정 금융자산 ㉢ 기타포괄손익-공정가치 측정 금융자산 ㉣ 관계기업투자주식 ㉤ 종속기업투자주식으로 분류하고 있다(「K-IFRS」에는 당기손익-공정가치 측정 지정 금융자산과 기타포괄손익-공정가치 측정 지정 금융자산도 있지만, 이는 예외적인 경우에 해당한다).

그리고 「일반기업회계기준」과 「K-IFRS」를 비교하면 다음과 같다.
기본적으로 「K-IFRS」의 당기손익-공정가치 측정 금융자산은 「일반기업회계기준」의 단기매매증권과 유사하고, 상각후원가 측정 금융자산은 만기보유증권과 유사하며, 기타포괄손익-공정가치 측정 금융자산은 매도가능증권과 유사하다. 관계기업투자주식에 대해서는 「K-IFRS」와 「일반기업회계기준」에 큰 차이가 없고, 종속기업투자주식에 대해서는 「K-IFRS」가 별도재무제표에서 종속기업투자주식을 원가법, 지분법, 공정가치법 중 하나를 선택하도록 한 것을 제외하고는 큰 차이가 없다고 할 수 있다.

나. 평가방법

이러한 유가증권에 대하여 「법인세법」상 인정되는 평가방법은 원가법 중 다음에 해당하는 방법 중에서 법인이 납세지 관할세무서장에게 신고한 방법에 의한다.

채권의 평가 : 개별법, 총평균법, 이동평균법 채권외 유가증권의 평가 : 총평균법, 이동평균법

따라서 회사가 시가법을 적용하여 평가이익 및 평가손실을 계상하였더라도 세법에서는 파산이나 부도 등의 사유로 세법이 감액을 특별히 인정하는 경우를 제외하고는 원가법만 인정하므로 이를 인정하지 아니한다. 즉, 유가증권(투자유가증권 포함)의 평가이익과 평가손실은 「법인세법」상 모두 부인된다.

다만, ① 「자본시장과 금융투자업에 관한 법률」에 의한 투자회사(Mutual Fund)등이 보유한 유가증권(집합투자자산) 등의 평가는 시가법의 방법에 의한다(법령 75 ③).

② 보험회사의 변액보험계약 등 특별계정에 속하는 자산은 원가법과 시가법 중 관할세무서장에게 선택하여 신고한 방법에 따라 평가한다(법령 75 ④).

예제 38

벤처㈜는 당기중 유가증권을 다음과 같이 취득하고 평가는 기업회계기준에 의거 평가하였다. 물음별로 세무조정을 하시오.

취득원가(상장주식) 500주 × @₩15,000 = 7,500,000원

1. 단기매매증권으로 회계처리되었다고 가정하고 답하시오.
   (1) 재무상태표일 현재 시가 @₩15,000일 경우에 세무조정을 하시오.
   (2) 재무상태표일 현재 시가 @₩13,000일 경우에 세무조정을 하시오.
   (3) 재무상태표일 현재 시가 @₩18,000일 경우일 경우에 세무조정을 하시오.
2. 매도가능증권으로 회계처리되었다고 가정하고 재무상태표일 현재 시가 @₩18,000일 경우 세무조정을 하시오.
3. 관계기업투자주식으로 분류되었다고 가정하고, 지분법이익 ₩300,000을 인식하였을 경우 세무조정을 하시오.
4. 관계기업투자주식으로 분류되고 지분법 회계처리를 적용하는 경우 관계기업으로부터 현금배당 ₩50,000을 받았을 경우의 세무조정을 하시오(수입배당금 익금불산입 규정은 고려하지 않음).

해답 1. 단기매매증권일 경우
   (1) 세무조정 없음(회계장부가액은 원가법 가액과 일치함)
   (2) 손금불산입(단기매매증권평가손실) 1,000,000원 (유보)
   (3) 익금불산입(단기매매증권평가이익) 1,500,000원 (△유보)

2. 매도가능증권일 경우
   익금산입(매도가능증권평가이익 ; 자본) 1,500,000원 (기타)
   익금불산입(매도가능증권) 1,500,000원 (△유보)

3. 관계기업투자주식일 경우
   익금불산입(관계기업투자주식) 300,000원 (△유보)

4. 관계기업으로부터 현금배당을 받고 지분법회계처리를 한 경우
   익금산입(관계기업투자주식) 50,000원 (유보)

03 평가방법 신고와 변경

가. 재고자산 · 유가증권의 평가방법 신고

재고자산 또는 유가증권은 다음 날이 속하는 사업연도의 과세표준 신고기한 내에 소관세무서장에게 신고하여야 한다(법령 74 ③).

① 신설법인과 새로 수익사업을 개시한 비영리 내국법인은 당해 법인의 설립일 또는 수익사업개시일이 속하는 사업연도의 법인세 과세표준 신고기한

② 신고를 한 법인으로서 그 평가방법을 변경하고자 하는 법인은 변경한 평가방법을 적용하고자 하는 사업연도 종료일 전 3개월이 되는 날

③ 법인이 재고자산의 평가방법을 신고하지 아니하여 무신고에 따른 평가방법을 적용받다가 그 평가방법을 변경하려면 변경할 평가방법을 적용하려는 사업연도의 종료일 전 3개월이 되는 날

나. 무신고 · 임의변경시 평가방법

법인이 기한내에 재고자산 또는 유가증권의 평가방법을 신고하지 않는 경우(무신고) 또는 신고한 평가방법 외의 방법으로 평가하거나 기한 내에 적법한 평가방법 변경신고를 하지 않고 그 방법을 변경한 경우(임의변경)에는 납세지 관할세무서장이 다음의 방법에 의하여 재고자산과 유가증권을 평가한다(법령 74 ④, 75 ②).

재고자산과 유가증권의 무신고 · 임의변경시 평가

구 분	무신고시 평가	임의변경시 평가
일반 재고자산	선입선출법	다음 ①, ② 중 큰 금액 ① 무신고시 평가방법에 의한 가액 ② 당초 적법하게 신고한 방법에 의한 가액
유가증권	총평균법	
매매목적 소유 부동산	개 별 법	

또한, 기한이 경과된 후에 재고자산 또는 유가증권의 평가방법을 신고(변경신고)한 경우에는 그 신고일(변경신고일)이 속하는 사업연도까지는 임의변경시의 평가방법에 의하고, 그 후의 사업연도에 있어서는 법인이 신고한 평가방법에 의한다(법령 74 ⑤).

04 재고자산에 대한 세무조정

법인이 재무상태표에 계상한 기말재고자산의 가액이 세법상 평가액과 차이가 나는 경우에는 세무조정을 하여야 한다. 이 경우 법인이 계상한 가액이 세법상 가액보다 적은 경우에는 익금산입(유보)하고, 반대로 법인이 계상한 가액이 세법상 평가액보다 큰 경우에는 손금산입(△유보)하여야 한다.

그리고 재고자산 평가와 관련한 세무조정은 원칙적으로는 다음 사업연도에 반대의 세무조정으로 소멸시켜야 한다. 이렇게 반대로 세무조정하는 이유는 대부분의 경우 당기말 재고자산의 가액은 다음 사업연도에 판매되어 매출원가를 구성하므로 그 차이가 해소되기 때문이다. 이를 도표로 설명하면 다음과 같다.

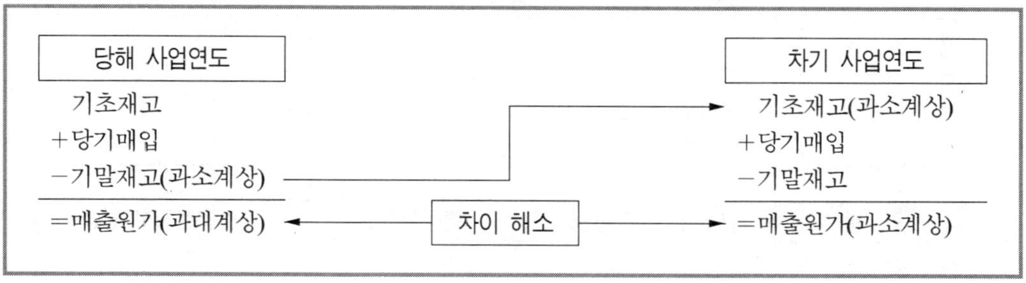

예제 39

다음 자료에 의하여 이동평균법을 평가하여 오던 법인이 재고자산 평가방법을 총평균법으로 변경하기로하고 변경신고서를 제8기.10.1에 제출하였을 경우 제8기와 제9기의 재고자산 평가방법은?

(1) 신고한 평가방법 : 이동평균법
(2) 제8기 재고자산평가액
  ① 선입선출법 : 70,000,000원
  ② 이동평균법 : 80,000,000원
  ③ 총평균법 : 60,000,000원
(3) 당해 사업연도는 제8기 사업연도(1.1~12.31)이며 당기말 재고자산은 총평균법으로 평가하였다.

해답 1. 제8기 : 기한후 신고이므로 평가방법을 제9기부터 변경된다. 따라서 제8기는 임의변경에 해당하므로 선입선출법과 당초 평가방법인 이동평균법중 평가액이 더 큰 금액인 80,000,000원을 세무상 재고자산 평가액을 본다.
2. 제9기 : 변경신고한 평가방법인 총평균법으로 평가한다.

예제 40

다음 자료에 의해서 세무계산상 재고자산평가액을 계산하시오.

1. 회사의 신고내용

구 분	결산상 금액	총평균법	선입선출법	이동평균법
제 품·상 품	총평균법 1,000	1,000	1,100	1,050
반 제 품	총평균법 500	500	520	510
원 재 료	선입선출법 200	190	200	195
저 장 품	총평균법 310	310	350	290

구 분	당초 신고된 방법	변경신고일	변경신고한 방법
제 품·상 품	이 동 평 균 법	제10기. 10. 20	총평균법
반 제 품	총 평 균 법	–	–
원 재 료	총 평 균 법	–	–
저 장 품	무 신 고	–	–

2. 사업연도 : 제10기(1. 1 ~ 12. 31)
3. 제10기 사업연도 법인세 신고기한 : 제11기. 3. 31

해답 1. 제품·상품
① 변경신고기한 사업연도의 종료일 이전 3월이 되는 날, 즉 제10기 9월 말일까지 변경신고를 하지 아니하였으므로 제11기 사업연도부터 변경신고한 방법 적용
② 제10기 사업연도는 변경신고 없이 평가방법을 변경한 경우에 해당되므로 「선입선출법」이나 「당초 신고한 이동평균법」 중 높은 가격 적용 ⇨ 선입선출법에 의한 평가액 1,100 적용

2. 반제품
신고방법대로 총평균법에 의한 평가액 500 적용

3. 원재료
신고한 방법대로 평가하지 아니하였으므로 「당초 신고한 총평균법」과 「선입선출법」 중 높은 가격적용 ⇨ 선입선출법에 의한 평가액 200적용

4. 저장품

평가방법을 신고하지 아니하였으므로 선입선출법에 의한 평가액 350 적용

주 재고자산 평가방법의 신고를 한 법인이 그 평가방법을 변경하고자 할 때에는 변경할 평가방법을 적용하고자 하는 사업연도의 종료일 이전 3월이 되는 날까지 납세지 관할세무서장에게 신고하여야 한다(법령 74 ③ (2)).

Reference 한국채택국제회계기준 적용 내국법인에 대한 재고자산평가차익 익금불산입

한국채택국제회계기준(이하 '국제회계기준')은 재고자산평가방법으로 후입선출법을 인정하지 않는다. 따라서 후입선출법을 적용하던 법인이 국제회계기준을 최초로 적용하는 경우에는 재고자산평가방법을 다른 방법으로 변경하여야 한다. 그런데 이 경우 일반적으로 재고자산 평가액이 증가하게 되므로 이로 인해 일시적으로 법인세 부담이 증가할 수 있다.

따라서 「법인세법」은 국제회계기준을 최초로 적용하는 사업연도에 후입선출법을 다른 재고자산평가방법으로 변경하면서 재고자산평가방법을 세무서장에게 변경신고한 경우에는 해당 사업연도의 소득금액을 계산할 때 재고자산평가차익(아래 '㉠'의 금액에서 아래 '㉡'의 금액을 뺀 금액)을 익금에 산입하지 아니할 수 있도록 하고 있다(법법 42조의2).

㉠ 국제회계기준을 최초로 적용하는 사업연도의 기초 재고자산 평가액

㉡ 국제회계기준을 최초로 적용하기 직전 사업연도의 기말 재고자산 평가액

그리고 익금불산입한 재고자산평가차익은 국제회계기준을 최초로 적용하는 사업연도의 다음 사업연도 개시일부터 5년간 균등하게 나누어 익금에 산입한다. 다만, 재고자산평가차익을 익금에 산입하지 아니한 내국법인이 해산(양도손익이 없는 것으로 한 적격합병 또는 양도손익이 없는 것으로 한 적격분할로 인한 해산은 제외)하는 경우에는 남은 재고자산평가차익을 해산등기일이 속하는 사업연도에 즉시 익금에 산입한다.

Reference 가상자산의 평가(2022. 1. 1. 거래분부터 적용)

「법인세법」은 「특정 금융거래정보의 보고 및 이용 등에 관한 법률」 제2조 제3호에 따른 가상자산을 거래할 때 선입선출법(2027.1.1. 이후 거래분부터는 총평균법)을 적용해서 평가하도록 하였다(법령 77). 여기서 가상자산이란 경제적 가치를 지닌 것으로서 전자적으로 거래 또는 이전될 수 있는 전자적 증표(그에 관한 일체의 권리를 포함한다)로 비트코인 등 가상화폐를 의미한다. 그리고 「법인세법」은 가상화폐의 시가 산정에 관한 규정을 신설하였는데, 감정평가업자의 감정가액은 시가로 보지 않고 「상속세 및 증여세법」상 보충적 평가규정(평가일 전후 1개월의 일평균가격의 평균액)을 적용하도록 했다(법령 89).

법/인/세/법/강/의

연습문제

주관식문제

01 「법인세법」상 재고자산의 평가방법을 설명하시오.

02 「법인세법」상 유가증권의 평가방법을 설명하시오.

03 재고자산이나 유가증권을 임의평가한 경우의 처리에 대해서 설명하시오.

객관식문제

01 아미회사의 제15기 재고자산의 평가내역은 다음과 같다(국제회계기준을 적용하지 않음). 아미회사는 제15기 기중인 9월 10일에 제품의 평가방법을 총평균법에서 후입선출법으로 변경신고하였으나, 실제장부에는 총평균법에 의한 평가액을 기록하였다. 아미회사가 신고한 상품과 원재료의 평가방법은 각각 총평균법과 후입선출법이다. 한편 저장품은 신고한 평가방법인 총평균법으로 평가하였으나, 계산실수로 500,000원을 과소계상하였다. 제15기 재고자산에 대한 아미회사의 장부상 평가액과 총평균법, 후입선출법, 선입선출법에 의한 평가액은 다음과 같다. 세법상 아미회사의 제15기 재고자산 평가액은 얼마인가?

▶ '99 CPA 수정

	장부상 평가액	총평균법	후입선출법	선입선출법
제 품	25,000,000	25,000,000	18,000,000	20,000,000
상 품	13,000,000	13,000,000	10,000,000	15,000,000
원재료	7,500,000	7,500,000	6,000,000	7,200,000
저장품	6,500,000	7,000,000	5,500,000	7,800,000

① 52,500,000원 ② 48,000,000원 ③ 47,200,000원
④ 53,300,000원 ⑤ 47,000,000원

해설 (1) 제　품 : Max{선입선출법 : 20,000,000, 후입선출법 : 18,000,000} = ₩20,000,000
(2) 상　품 : 총 평균법 = 13,000,000
(3) 원재료 : Max{선입선출법 : 7,200,000, 후입선출법 : 6,000,000} = 7,200,000
(4) 저장품 : 총평균법 = 7,000,000
(5) 세법상 재고자산 ₩47,200,000

02 다음은 제조업을 영위하고 있는 ㈜종로가 보유하고 있는 주식과 관련된 회계처리를 나타낸 것이다. 세무조정시 각 사업연도의 소득금액을 가장 많이 증가시키는 것은?(단, 다음 각항의 회계처리에 불구하고 당기순이익은 일정한 것으로 가정한다) ▶ '05 CTA 수정

① 기말에 단기매매증권의 평가손실을 인식하는 다음과 같은 회계처리를 하였다.
(차) 단기매매증권평가손실 3,000,000 (대) 단기매매증권 3,000,000

② 기말에 매도가능증권의 평가손실을 인식하는 다음과 같은 회계처리를 하였다.
(차) 매도가능증권평가손실(자본) 5,000,000 (대) 매도가능증권 5,000,000

③ 지분법을 적용하고 있는 주식에 대하여 피투자회사의 이익발생과 관련하여 다음과 같은 회계처리를 하였다.
(차) 지분법적용투자주식 6,000,000 (대) 지분법이익 6,000,000

④ 단기매매증권으로 보유하고 있던 주식(회사장부가액 2,500,000원)이 주식발행법인의 파산으로 기말현재 시가가 20,000원이 됨에 따라 다음과 같은 회계처리를 하였다.
(차) 단기매매증권평가손실 2,480,000 (대) 단기매매증권 2,480,000

⑤ 단기매매증권으로 보유하고 있던 주식(회사장부가액 3,000,000원, 관련된 △유보항목 500,000원)을 4,000,000원에 처분하고 다음과 같이 회계처리하였다.
(차) 현　　금 4,000,000 (대) 단기매매증권 3,000,000
단기매매증권처분이익 1,000,000

해설 ① (손금불산입) 단기매매증권 3,000,000(유보)
② (손금산입) 매도가능증권평가손실 5,000,000(기타)
(손금불산입) 매도가능증권 5,000,000(유보)
③ (익금불산입) 지분법적용투자주식 6,000,000(△유보)
⑤ (익금산입) 단기매매증권 500,000(유보)

03 ㈜가천산업의 제15기 재고자산평가와 관련된 자료는 다음과 같다. 관련된 세무조정으로 맞는 것은(일반기업회계기준을 적용하고 있음)? ▶ '04 CAP 수정

구 분	장부계상금액	선입선출법	후입선출법	총평균법
제 품	8,000,000원	8,000,000원	4,000,000원	5,500,000원
재공품	4,300,000원	5,000,000원	3,500,000원	4,300,000원
원재료	3,800,000원	4,800,000원	3,700,000원	4,200,000원
저장품	900,000원	1,200,000원	900,000원	1,000,000원

(1) 회사는 제14기까지 제품의 평가방법을 선입선출법으로 신고하여 평가하여 왔으나, 제15기부터 후입선출법으로 변경하기로 하고 제15기 기중인 8월 17일에 재고자산 평가방법의 변경신고를 하였다.

(2) 회사는 제14기까지 재공품의 평가방법을 신고하지 아니하였으나 제15기 10월 13일에 재공품의 평가방법을 총평균법으로 신고하였다.

(3) 회사는 원재료를 신고한 평가방법인 총평균법으로 평가하였으나 계산착오로 인하여 400,000원을 과소계상하였다.

(4) 회사는 저장품의 평가방법을 총평균법으로 신고하였으며 전기말 저장품은 당기 중 모두 비용처리되었다.

(5) 전기 자본금과적립금조정명세서(을)표에는 저장품과 관련된 재고자산평가감 150,000원(유보)이 있다.

	손금불산입/익금산입		손금산입/익금불산입	
①	전기재공품평가감	700,000원(유보)	전기저장품평가감	150,000원(△유보)
	원재료평가감	400,000원(유보)		
	저장품평가감	100,000원(유보)		
②	재공품평가감	700,000원(유보)	전기저장품평가감	150,000원(△유보)
	원재료평가감	400,000원(유보)		
	저장품평가감	100,000원(유보)		
③	재공품평가감	700,000원(유보)	전기저장품평가감	150,000원(△유보)
	원재료평가감	400,000원(유보)		
	저장품평가감	300,000원(유보)		
④	재공품평가감	700,000원(유보)		
	원재료평가감	400,000원(유보)		
	저장품평가감	100,000원(유보)		

⑤ 재공품평가감 700,000원(유보) 전기저장품평가감 150,000원(△유보)
원재료평가감 1,000,000원(유보)
저장품평가감 300,000원(유보)

해설

구 분	장부계상금액	세법상평가액	판 단	세무조정
제 품	8,000,000원	8,000,000원		
재공품	4,300,000원	5,000,000원	700,000원 평가감 됨	익금산입
원재료	3,800,000원	4,200,000원	400,000원 평가감 됨	익금산입
저장품	900,000원	1,200,000원	300,000원 평가감 됨	익금산입

* 제품의 평가방법 신고는 과세기간 종료 3월 이전에 신고하였으므로 적법함
* 재공품의 경우 신고한 날이 속하는 과세기간 까지는 종전평가방법(선입선출법)을 적용함

04 자산의 취득가액과 평가와 관련한 설명중 옳은 것은? ▶'12 CTA 수정

① 기업회계기준에 따라 단기매매항목으로 분류된 금융자산 및 파생상품의 취득가액은 매입가액에 부대비용을 가산한 금액으로 한다.
② 재고자산은 제품 및 상품, 반제품 및 제공품, 원재료 및 저장품으로 구분하여 평가할 수 있으나, 영업장별로 다른 평가방법을 적용할 수는 없다.
③ 부패로 인해 정상가격으로 판매할 수없는 재고자산에 대하여 장부가액을 사업연도 종료일 현재 처분가능한 시가로 감액한 금액은 결산내용에 관계없이 신고조정을 통해 손금 산입이 가능하다.
④ 기한이 경과된 후에 재고자산 평가방법을 신고한 경우에는 그 신고일이 속하는 사업연도까지는 임의변경시의 평가방법에 의한다.
⑤ 제조업을 영위하는 내국법인의 비화폐성 외화자산의 평가손실은 손금에 해당한다.

해설 ① 기업회계상 비용을 가산하지 않음
② 재고자산은 재고자산 각 호별로 구분하여 영업종목별 · 영업장별로 각각 다른 평가방법을 선택할 수 있음
③ 파손 · 부패로 인해 정상가격으로 판매할 수없는 재고자산을 사업연도 종료일 현재 처분가능한 시가로 감액하여 손금으로 인정받으려면 반드시 해당 사유가 발생한 사업연도에 장부상 감액손실을 반영하여야 함(결산조정사항)
⑤ 은행 등 외의 일반법인은 관할세무서장에게 신고하더라도 비화폐성 외화자산의 평가손익은 세법상 익금 또는 손금으로 인정받을 수 없음

01 ③ 02 ① 03 ③ 04 ④

Chapter 11

유형자산 및 무형자산의 감가상각

제1절 의 의

01 개 요

유형자산과 무형자산은 기업이 영업활동과정에서 장기간 사용할 목적으로 보유하는 자산이다. 재고자산은 판매를 목적으로 보유하는 자산이다. 이와 같이 자산은 기업이 해당 자산을 보유하는 의도 또는 용도에 따라 구분하는 것이므로 동일 자산이 보유목적에 따라 재고자산이 되기도 하고 유형자산이 되기도 한다(예를 들어 현대자동차가 판매용으로 보유하는 승용차는 재고자산이고 회사 직원들이 사용하고 있는 승용차는 유형자산이다).

유형자산과 재고자산의 특징을 비교하면 다음과 같다.

유형자산과 재고자산 비교

구 분	유 형 자 산	재 고 자 산
① 보유목적	사용목적 보유	판매목적 보유
② 취득자금의 조달	자기자본이나 장기부채로 조달하는 것이 바람직함	유동부채로 조달가능
③ 비용화 과정	추정내용연수에 결쳐 감가상각을 통하여 비용배분(비상각자산은 제외)	실제소비 · 판매된 수량에 따라 제조원가, 매출원가로 비용배분

유형자산과 무형자산은 그 물리적 형태의 존재 여부에 따라 구분되지만 모두 장기간 사용목적으로 보유하는 것이다. 따라서 토지와 같이 사용이나 시간의 경과에 따라 그 경제적 가치가 감소되지 않는 비상각자산을 제외하고 유형자산과 무형자산는 감가상각의 대상이 된다.

기업회계상 감가상각은 유형자산과 무형자산의 취득원가를 체계적으로 그 내용연수에 걸쳐 매기 비용으로 배분하는데 목적이 있으므로(감가상각은 원가의 배분과정이며 자산의 평가과정이 아니다) 결산시 반드시 감가상각비를 장부에 반영하여야 한다. 다만 기업회계는 적정한 이익을 측정하기 위해서 내용연수, 잔존가치 및 감가상각방법에 대해서는 기업에 폭넓은 선택을 허용하고 합리적으로 추정하도록 하고 있다.

그러나 세법은 유형자산과 무형자산의 감가상각비 손비 계상에 대해서 기업의 자율에 맡기고 있다. 즉 임의상각제도를 택하고 있다. 다만, 세법은 매 사업연도에 상각할 수 있는 최고한도액('상각범위액'이라고 한다)을 규제하고 그 상각범위액을 초과하여 손비로 계상된 감가상각비는 손금불산입 하도록 하고 있다.

02 감가상각제도의 특징

세법상 감가상각제도는 다음과 같은 특징을 가지고 있다.

가. 결산조정 원칙

감가상각비를 결산서에 비용으로 계상하지 않은 경우 원칙적으로 신고조정을 통해서는 감가상각비를 손금에 산입할 수 없다. 따라서 상각범위액(세법이 허용하는 감가상각비 손금인정한도)을 초과하여 상각한 경우에는 손금불산입하나, 부족하게 상각한 경우에는 원칙적으로 신고조정으로 손금산입할 수 없다.

결국 감가상각 시부인 계산은 법인이 결산서에 계상한 감가상각비를 손금으로 시인할 것인가 부인할 것인가의 문제에 그치는 것이다.

* 법인세법은 감가상각비 결산조정원칙에 대한 예외로 ㉠ 법인세가 면제 또는 감면되는 법인에 대한 감면기간 중의 과소계상 감가상각비 신고조정, ㉡ 국제회계기준을 적용하는 법인에 대한 신고조정허용, ㉢ 전기이월 상각부인액이 있는 경우 당기 시인부족액의 범위에서 전기이월 상각부인액을 신고조정으로 손금산입, ㉣ 업무용승용차에 대한 감가상각 과소액 신고조정 등이 있다. 이에 대해서는 후술한다.

나. 임의상각제도

「법인세법」상 감가상각은 상각범위액 안에서는 감가상각비의 손금산입 여부와 그 금액을 법인이 자유롭게 결정할 수 있게 된다. 즉, 미상각잔액이 남아 있는 한 내용연수가 경과되었든 경과되지 않았든 감가상각비는 상각범위액 안에서 손금으로 인정받을 수 있다.

결국 상각범위액내에서는 감가상각여부, 금액 및 손금산입 시기를 법인 스스로 자유롭게 선택할 수 있는 점 때문에 「법인세법」상 감가상각제도를 임의상각제도라고 부르고 있다.

예를 들어, 취득가액 1,600원인 자산을 내용연수 4년에 정액법으로 상각방법을 선택한 경우, 법인이 다음과 같이 다양한 방식으로 상각비를 계상하는 때에 세법상 인정 여부를 나타내면 다음과 같다.

구분	1차연도	2차연도	3차연도	4차연도	5차연도	6차연도	7차연도	8차연도	인정여부
조기상각	800	800	−	−	−	−	−	−	×
법정상각	400	400	400	400	−	−	−	−	○
과소상각	200	200	200	200	200	200	200	200	○
이연상각	−	−	−	−	400	400	400	400	○

다. 자산별 시부인

감가상각 시부인 계산은 개별 자산별로 행하는 것이므로 비록 내용연수가 같은 자산이라도 각각 세무조정하여야 한다. 이 경우 자산이란 법인이 자산관리대장에 취득일자별·내용연수별로 구분한 자산을 말한다.

예제 Example 41

자산별 감가상각 시부인에 대하여 예시하면 다음과 같다.

구 분	내용연수	감가상각회사계상	세무상 범위액
기 계	5	2,000,000	1,500,000
차량운반구	5	3,000,000	4,000,000
영업권	5	4,000,000	3,700,000

해답 1. 기 계

감가상각부인액 = 2,000,000 − 1,500,000 = 500,000(손금불산입, 유보)

2. 차량운반구

감가상각시인부족액 = 3,000,000 − 4,000,000 = △1,000,000(시인부족액으로 소멸)

3. 영업권

감가상각부인액 = 4,000,000 − 3,700,000 = 300,000(손금불산입, 유보)

라. 계산요소 및 방법의 정형화

「법인세법」은 감가상각 계산요소가 되는 취득가액 · 내용연수 · 잔존가액을 구체적으로 규정하여 세무상 상각범위액(세법상 감가상각손금인정 한도액을 의미함)을 계산할 때 기업의 자의성을 배제하고 있다. 또한 각 자산별로 감가상각 방법을 정률법, 정액법, 생산량비례법 등으로 정형화하여 자산의 종류에 따라 선택하도록 하고 있으며, 특별한 경우를 제외하고는 계속성을 준수하도록 하고 있다.

03 감가상각자산 범위

가. 감가상각자산

감가상각자산은 토지를 제외한 다음의 유형자산 및 무형자산으로 한다(법법 23 ②, 법령 24 ①).

(1) 유형자산

① 건축물 : 건물(부속설비 포함) 및 구축물
② 차량운반구, 공구, 기구 및 비품
③ 선박 및 항공기
④ 기계 및 장치
⑤ 동물 및 식물
⑥ 기타 '①~⑤'와 유사한 유형자산

(2) 무형자산

「법인세법」상 무형자산은 아래와 같다(법령 24 ①). 중요한 것을 들면 아래와 같다.

① 영업권(합병 또는 분할로 인하여 합병법인 · 분할신설법인 등이 계상한 영업권은 제외), 디자인권(구 의장권), 실용신안권, 상표권
② 특허권, 어업권, 해저광물자원개발업에 의한 채취권, 유료도로관리권, 수리권, 전기가스공급시설이용권, 공업용수도시설이용권, 수도시설이용권, 열공급시설이용권
③ 광업권, 전신전화전용시설이용권, 전용측선이용권, 하수종말처리장 시설관리권, 수도시설관리권, 철도시설이용권

④ 댐사용권

⑤ 개발비*1, 사용수익기부자산가액*2, 주파수이용권, 공항시설관리권, 항만시설관리권

*1 개발비로서 상업적인 생산 또는 사용 전에 재료·장치·제품·공정·시스템 또는 용역을 창출하거나 현저히 개선하기 위한 계획 또는 설계를 위하여 연구결과 또는 관련 지식을 적용하는데 발생하는 비용으로서 기업회계기준에 따른 개발비 요건을 갖춘 것(산업기술연구조합의 조합원이 해당 조합에 연구개발 및 연구시설 취득 등을 위하여 지출하는 금액을 포함한다)을 말한다(법령 24 ①).

*2 사용수익기부자산가액으로서 금전 외의 자산을 기부금으로 손금 인정을 받을 수 있는 공익법인 등에게 기부한 후 그 자산을 사용하거나 그 자산으로부터 수익을 얻는 경우 해당 자산의 장부가액을 말한다(법령 24 ①). 그러나 자산을 기부받은 곳이 비지정기부금단체에 해당하면 이를 아래 '⑥'에 근거해서 무형자산의 일종으로 볼 것인지 아니면 선급비용으로 보아야 하는지 분명하지 않다. 이에 대해서는 향후 과세당국의 유권해석이 필요하다.

⑥ 그밖에 위에 열거된 자산과 유사한 무형자산

나. 감가상각자산에 포함되는 자산

다음에 해당하는 자산에 대하여는 감가상각을 할 수 있다.

(1) 장기할부조건 매입 감가상각자산

장기할부조건 등으로 매입한 감가상각자산은 법인이 해당 자산의 가액 전액을 자산으로 계상하고 사업에 사용하는 경우에는 그 대금의 청산 또는 소유권 이전여부에 관계없이 이를 감가상각자산으로 한다(법령 24 ④).

(2) 유휴설비자산

감가상각자산에는 사용중 철거하여 사업에 사용하지 않는 기계장치, 취득 후 사용하지 않고 보관중인 기계 및 장치 등은 포함되지 아니한다. 그러나 사업에 사용하고 있으나 일시적 조업중단 등으로 인하여 가동되지 않고 있는 유휴설비는 감가상각자산에 포함한다(법령 24 ③ (1), 법칙 12 ③).

(3) 리스자산

자산을 시설대여하는 자(리스회사)가 대여하는 해당 자산(리스자산) 중 금융리스 자산은 리스이용자의 감가상각자산으로 하며, 금융리스 외의 자산은 리스회사의 감가상각자산으로 한다. 이때 금융리스와 운용리스의 구분은 기업회계기준에 따른다(법령 24 ⑤). 다만,

「자산유동화에 관한 법률」에 의한 유동화전문회사가 동법에 의한 자산유동화계획에 따라 금융리스의 자산을 양수한 경우 해당 자산에 대하여는 리스이용자의 감가상각자산으로 한다(법령 24 ⑥).

(4) 영업권

다음에 해당하는 영업권은 무형자산인 영업권에 해당한다. 단순히 기업회계에 따라 자산 가액을 초과하는 부채가액을 영업권으로 계상한 것은 세무상 영업권에 해당되지 않으므로 관련 상각비가 손금으로 인정받을 수 없다(서이 46012－11027, 2003.5.22.).

① 사업의 양도·양수과정에서 양도·양수되는 자산과 별도로 양도사업에 대한 허가·인가 등 법률상의 지위, 사업상 편리한 지리적 여건, 영업상의 비법 등을 감안하여 적절한 평가방법에 따라 유상으로 취득한 금액(법칙 12 ①(1))

② 설립인가, 특정사업의 면허, 사업개시 등과 관련해서 부담한 기금·입회금 등으로서 반환청구를 할 수 없는 금액과 기부금 등(법칙 12 ①(2))

그러나 상기 요건에 해당하는 것이라고 하더라도 합병 또는 분할과정에서 합병법인 또는 분할신설법인 등이 계상한 영업권은 무형자산인 영업권으로 보지 않는다. 이는 합병 및 분할시 발생한 영업권에 대해서는 합병매수차손 또는 분할매수차손으로 보고 별도의 손금인정방식을 규정하고 있기 때문이다(자세한 내용은 '제13장 합병 및 분할에 대한 과세'를 참조하시오).

다. 감가상각자산에 포함되지 아니하는 자산

다음에 해당하는 자산에 대해서는 감가상각을 할 수 없다.

(1) 사업에 사용하지 아니하는 자산(유휴설비 제외)

사업에 사용하고 있으나 일시적 조업중단 등으로 인하여 가동되지 않고 있는 유휴설비는 감가상각자산에 해당하나, 다음의 자산을 포함하지 않는다(법칙 12 ③).

① 사용 중 철거하여 사업에 사용하지 않는 기계 및 장치 등

② 취득 후 사용하지 않고 보관중인 기계 및 장치

(2) 건설중인 자산

건설중인 자산은 감가상각자산에 해당되지 않으며, 이때 건설중인 자산에는 설치중인 자산, 성능시험을 위해 시운전기간에 있는 자산을 포함한다(법령 24 ③). 다만, 건설중인 자산의 일부가 완성되어 당해 부분이 사업에 사용되는 경우 그 부분은 감가상각대상자산에 해당한다(법칙 12 ④).

(3) 비감가자산

토지, 서화·골동품 등 시간의 경과에 따라 그 가치가 감소되지 아니하는 자산은 감가상각대상에서 제외한다.

제2절 감가상각 계산요소

01 개 요

감가상각비 계산의 요소는 취득원가, 잔존가액, 내용연수의 3요소이다.

감가상각비 계산의 3요소

3요소	요소	내용
3요소	취득가액	상각계산의 기초(배분대상원가)
	잔존가액	처분가액 등(배분제외가액)
	내용연수	원가의 배분기간

02 취득가액

유형자산 및 무형자산의 취득가액에 대하여는 '제9장 자산의 취득가액과 평가'에 대한 내용과 같다. 다만 유형자산 및 무형자산의 취득가액에 관련된 문제로서 자본적 지출과 수익적 지출의 구분만을 살펴보면 다음과 같다.

가. 자본적 지출과 수익적 지출

자산의 보유기간중에 자본적 지출이 있는 경우 감가상각자산의 취득가액은 그 자본적 지출을 가산한 금액으로 한다. 여기서 자본적 지출이란 감가상각자산의 내용연수를 연장시키거나 당해 자산의 가치를 현실적으로 증가시키기 위하여 지출한 것을 말한다.

한편 원상회복이나 능률 유지를 위하여 지출한 수선비 등은 수익적 지출로서 취득가액에 가산하지 않고 손금에 산입한다(법령 31 ②).

자본적 지출에 해당하는 금액은 취득가액에 가산하여 감가상각과정을 통하여 손금으로 인정하는 것이 원칙이다. 따라서 자본적 지출에 해당하는 금액을 회사가 비용으로 처리한 경우에는 즉시상각의제(회사가 자본적 지출에 해당하는 것을 수선비 등 다른 계정과목으로 비용처리하면 이를 세무상 감가상각비로 보고 감가상각시부인대상에 포함하는 것)에 해당된다.

수익적 · 자본적 지출 사례

수익적 지출	자본적 지출
① 건물 또는 벽의 도장 ② 파손된 유리나 기와의 대체 ③ 기계의 소모된 부속품 또는 벨트의 대체 ④ 자동차의 타이어 튜브의 대체 ⑤ 재해를 입은 자산에 대한 외장의 복구 · 도장 · 유리의 삽입 ⑥ 기타 조업 가능한 상태의 유지 등 위와 유사한 성질의 것	① 본래의 용도를 변경하기 위한 개조 ② 엘리베이터 또는 냉난방장치의 설치 ③ 빌딩 등에 피난시설 등의 설치 ④ 재해 등으로 인하여 멸실 또는 훼손되어 본래의 용도에 이용할 가치가 없는 건축물 · 기계 · 설비 등의 복구 ⑤ 기타 개량 · 확장 · 증설 등 위와 유사한 성질의 것

03 잔존가액

가. 원 칙

잔존가액이란 고정자산을 사용가능한 기간(내용연수)까지 사용한 후에 매각처분하여 얻을 수 있는 추정가액을 말한다. 이러한 잔존가액은 자산을 처분할 때 회수할 금액에서 그 자산의 제거 · 판매비용을 차감한 금액이다.

그러나 「법인세법」은 잔존가액을 '0'으로 보고 감가상각을 하도록 하고 있다. 다만, 정률법의 상각범위액은 잔존가액이 없으면 계산할 수 없기 때문에 취득가액의 5%에 상당하는 금액을 잔존가액으로 하여 정률상각률을 계산하되 그 금액은 당해 감가상각자산에 대한 미상각잔액이 최초로 취득가액의 5% 이하가 되는 사업연도의 상각범위액에 가산한다(법령 26 ⑥).

나. 감가상각자산 비망기록

감가상각이 종료되는 감가상각자산에 대하여는 취득가액의 5%와 1,000원 중 적은 금액을 당해 감가상각자산의 세무상 장부가액으로 하고, 동 금액에 대하여는 이를 손금에 산입하지 않는다. 이것은 상각이 완료된 자산에 대한 비망가액으로서 상각이 완료된 자산을 처분할 때까지 사후관리하기 위한 것이며 그 자산이 처분될 때 비로소 손금에 산입된다(법령 26 ⑦).

예제 Example 42

다음 자료는 일등㈜의 감가상각비 자료이다. 연도별로 상각범위액을 구하시오.

1. 취득일자 : 제10기.1.3
2. 기계장치 : 30,000,000원
3. 신고내용연수 : 4년
4. 상각방법 : 정률법(상각률 52.8%)

해답 1. 제10기 감가상각범위액(손금산입 가능금액)
= 30,000,000 × 52.8%
= 15,840,000원

2. 제11기 감가상각비범위액(손금산입 가능금액)
= (30,000,000 − 15,840,000) × 52.8%
= 7,476,480원

3. 제12기 감가상각비범위액(손금산입 가능금액)
= (30,000,000 − 15,840,000 − 7,476,480) × 52.8%
= 3,528,898원

4. 제13기

① 감가상각범위액(조정전) = (30,000,000 − 15,840,000 − 7,476,480 − 3,528,898) × 52.8% = 1,665,640원

② 미상각잔액(1,488,982원)이 최초로 취득가액의 5%(1,500,000) 이하가 되므로 상각률을 구하기 위해서 고려하였던 잔존가액 5%는 감가상각범위액에 포함된다.

③ 감가상각범위액(조정후) = 1,665,640 + (30,000,000 × 5%)= 3,165,640

④ 손금산입 가능한 금액 = 3,165,640 − Min[취득가액 × 5%, 1,000원] = 3,164,640

⑤ 상기 '④'의 결과까지 감가상각을 하면 감가상각누계액은 총 30,010,018원이 되어, 취득가액을 초과하게 된다. 따라서 장부가액이 Min[취득가액 × 5%, 1,000원]이 남아야 하므로, 제13기의 감가상각비는 장부가액 1,000원이 남도록 3,153,622원으로 조정되어야 한다.

※ 감가상각이 종료되는 자산에 대하여는 취득가액의 5%와 1천원 중 적은 금액을 당해 감가상각자산의 장부가액으로 하고, 동 금액에 대하여는 당해 자산을 처분할 때까지 손금에 산입하지 아니한다(법령 26 ⑦).

04 내용연수

가. 의 의

내용연수란 자산을 취득시부터 이를 제거할 때까지 유효하게 사용할 수 있는 추정 사용가능연수를 말하는 바, 내용연수를 결정할 때에는 물리적 감가 뿐만 아니라 기능적 감가까지도 고려하여야 한다.

그러나 「법인세법」은 이러한 내용연수와 해당 내용연수에 따른 상각방법별 상각률을 구체적으로 규정하여 법인의 선택가능성을 제약하고 있다(법령 28, 29).

한편, 기업회계상으로는 내용연수기간동안 감가상각을 완료하여야 하나 세법상의 내용연수는 상각범위액을 계산할 때 적용할 상각률을 정하는 의미밖에 없다. 따라서 세법상으로는 내용연수가 경과하더라도 미상각잔액이 있으면 상각범위액 내에서 감가상각할 수 있다.

나. 내용연수

(1) 기준내용연수와 신고내용연수

「법인세법 시행규칙」은 구조 또는 자산별·업종별로 내용연수를 정하고 있는데, 이것을 기준내용연수라고 한다. 이러한 기준내용연수에 25%를 가감하여 범위를 정하고 법인이 그 범위 내에서 내용연수를 선택하도록 하고 있는데 이를 내용연수범위라고 한다.

「법인세법 시행규칙」 별표에 규정한 내용연수는 다음과 같다.

구 분	기준 내용연수	내용연수 범위	적용대상 자산
건축물 등 (별표 5)	5년	4~6년	차량운반구(업종별 자산에 해당 시 제외), 공기구비품
	12년	9~15년	선박과 항공기(업종별 자산 해당 시 제외)
	20년	15~25년	연와조, 블록조, 콘크리트조, 토조, 목조 등의 건축물
	40년	30~50년	철골조, 철근콘크리트조, 석조, 연와석조 등의 건축물
업종별 자산 (별표 6)	5년	4~6년	농업(과수는 20년), 석탄광업, 출판업, 도매업, 상품중개업
	8년	6~10년	의복모피제조업, 음식숙박업, 통신업
	10년	8~12년	어업, 양식업, 금속광업, 펄프종이제조업
	12년	9~15년	담배제조업, 수상운송업, 항공운송업
	20년	15~25년	전기·가스·증기업, 수도사업
무형자산 (별표 3)	5년		영업권, 디자인권, 실용신안권, 상표권
	10년		특허권, 어업권, 전기가스공급시설이용권, 유료도로관리권, 열공급시설이용권 등
	20년		광업권(생산량비례법 적용 가능), 전신전화전용시설이용권, 수도시설관리권 등
	30년		철도시설관리권
	50년		댐사용권
	5년	1~20년	개발비
	사용수익기간		사용수익기부자산
	사용기간		주파수이용권, 공항시설관리권
	기업회계에 따른 신고한 내용연수		열거된 자산과 유사한 무형자산
시험연구용 자산(별표 2)	5년		건물부속설비, 구축물, 기계장치
	3년		광학기기, 시험기기, 측정기기, 공구 등

상각범위액의 계산에 있어서는 이러한 내용연수범위 안에서 법인이 연단위로 선택하여 납세지 관할세무서장에게 신고한 내용연수, 즉 신고내용연수와 그에 따른 상각률을 적용한다. 다만, 기한내에 신고하지 않은 경우에는 기준내용연수와 그에 따른 상각률을 적용한다.

이 경우 내용연수의 신고는 연단위로 하여야 한다. 그리고 법인이 이처럼 자산별・업종별로 적용한 신고내용연수 또는 기준내용연수는 그 후의 사업연도에 있어서도 계속하여 이를 적용하여야 한다(법령 28 ①(2), ④, ⑤).

(2) 시험연구용자산・무형자산의 내용연수

시험연구용자산과 무형자산은 건축물 등이나 업종별 자산처럼 기준내용연수에 기준내용연수의 25%를 가감한 범위에서 내용연수를 법인이 선택하는 것이 아니라 「법인세법시행규칙」이 정하는 내용연수를 그대로 적용한다. 다만 ㉠ 무형자산 중 개발비는 내용연수범위 1년~20년의 범위에서 법인이 선택할 수 있고 ㉡ 무형자산 중 '그밖에 열거된 자산과 유사한 무형자산'은 기업회계기준에 따른 연단위로 신고한 내용연수(월할상각)를 적용한다.

(3) 내용연수 신고기한

내용연수의 신고는 내용연수신고서에 의하여 다음에 규정하는 기준일이 속하는 사업연도의 법인세 과세표준의 신고기한까지 납세지관할세무서장에게 하여야 한다(법령 28 ③).

내용연수 신고기한

구 분	기 준 일
신설법인과 수익사업 개시 비영리내국법인	그 영업 개시일
위 외의 법인이 자산별・업종별 구분에 의한 기준 내용연수가 다른 자산을 새로 취득하거나 새로운 업종의 사업을 개시한 경우	그 취득일 또는 영업개시일

(4) 특례내용연수 및 변경

다음 중 하나에 해당하는 경우에는 위에서 언급한 내용연수범위 및 계속성의 원칙에 불구하고 기준내용연수의 50%(아래 '⑤'와 '⑥'에 해당하는 경우는 25%)를 가감한 범위에서 사업장별로 납세지 관할지방국세청장의 승인을 받아 내용연수 범위와 달리 내용연수를 적용하거나(특례내용연수) 적용하던 내용연수를 변경할 수 있다(법령 29 ①).

① 사업장의 특성으로 자산의 부식 · 마모 및 훼손의 정도가 현저한 경우
② 영업개시 후 3년이 경과한 법인으로서 당해 사업연도의 생산설비(건축물 제외)의 가동률(생산량 또는 작업시간)이 직전 3개 사업연도의 평균가동률보다 현저히 증가한 경우
③ 새로운 생산기술 및 신제품의 개발 · 보급 등으로 기존 생산설비의 가속상각이 필요한 경우
④ 경제적 여건의 변동으로 조업을 중단하거나 생산설비의 가동률이 감소한 경우
⑤ 건축물 등과 업종별 자산에 해당하는 감가상각자산에 대하여 한국채택국제회계기준을 최초로 적용하는 사업연도에 결산내용연수를 변경한 경우(결산내용연수가 연장되는 경우 내용연수를 연장하고 결산내용연수가 단축된 경우 내용연수를 단축하는 경우만 해당하며 내용연수를 단축하는 경우에는 결산내용연수보다 짧은 내용연수로 변경할 수 없다)
⑥ 건축물 등과 업종별 자산에 해당하는 감가상각자산에 대한 기준내용연수가 변경되는 경우. 다만, 결산내용연수가 변경된 기준내용연수의 100분의 25를 가감한 범위 내에 포함되는 경우에는 결산내용연수보다 짧은 내용연수로 변경할 수 없다.

한편 관할 지방국세청장으로부터 특례내용연수의 승인 또는 변경승인을 얻고자 할 경우에는 신설법인은 영업개시일부터 3개월이 되는 날까지, 자산별 · 업종별 구분에 의한 기준내용연수가 다른 고정자산을 새로 취득하거나 새로운 업종의 사업을 개시한 경우에는 그 취득일 또는 개시일부터 3개월이 되는 날까지 승인신청을 하여야 한다. 또한 내용연수의 변경승인 신청은 변경할 내용연수를 적용하고자 하는 최초 사업연도의 종료일까지이다.

그리고 신청서의 접수일이 속하는 사업연도 종료일 후에 승인 또는 변경승인을 얻은 경우에는 승인 또는 변경승인을 얻은 날이 속하는 사업연도부터 승인 또는 변경승인을 얻는 내용연수를 적용한다(법령 29 ②, ③, ④).

또한 이처럼 내용연수를 변경(재변경 포함)한 법인이 당해 자산의 내용연수를 다시 변경하고자 하는 경우에는 변경한 내용연수를 최초로 적용한 사업연도 종료일부터 3년이 경과되어야 한다(법령 29).

(5) 중고자산 등의 수정내용연수

기준내용연수(당해 내국법인에게 적용되는 기준내용연수를 말한다)의 50%이상이 경과된 다음의 중고자산에 대하여는 그 자산의 기준내용연수에서 기준내용연수의 50%에 상당하는 연수를 차감한 연수의 범위에서 선택하여 납세지 관할세무서장에게 신고한 연수(수정내용연수)를 적용할 수 있다(법령 29의2 ①).

수정내용연수의 범위 : 기준내용연수 × 50% ~ 기준내용연수

① 법인 또는 개인사업자로부터 취득한 중고자산
② 합병, 분할에 의하여 승계한 자산

이러한 수정내용연수를 계산할 때 1년 미만은 없는 것으로 한다(법령 29조의2). 예를 들면 기준내용연수가 5년인 경우 수정내용연수의 하한선은(5년 × 50% = 2.5년) 즉 2년이 된다.

한편 수정내용연수는 중고자산을 취득한 사업연도의 법인세과세표준 신고기한까지 내용연수변경신고서를 제출한 경우에 한정하여 적용한다(법령 29조의2 ④).

05 상각률

기업회계상 내용연수는 자산의 상각기간을 의미하므로 원칙적으로 내용연수가 경과된 자산이 상각되는 경우가 발생할 수 없지만, 세법상 내용연수는 상각률을 결정하는 기준의 역할만 수행하는 것이므로 내용연수가 경과한 자산이라 하더라도 미상각잔액이 있는 한 계속하여 상각을 할 수 있다.

세법에서 정하고 있는 내용연수별 상각률을 예시하면 다음과 같다.

내용연수	정액법에 의한 상각률	정률법에 의한 상각률(잔존가액 5% 가정)
2년	0.500	0.777
3년	0.333	0.632
4년	0.250	0.528
5년	0.200	0.451
6년	0.166	0.394
7년	0.142	0.349
8년	0.125	0.313
9년	0.111	0.284
10년	0.100	0.259

제 3 절 감가상각방법과 기장

01 감가상각방법 신고

가. 개 요

법인이 상각방법을 관할 세무서장에게 신고하려는 때에는 각 호의 구분에 따른 자산별로 하나의 방법을 선택해서 신고하고 신고한 방법에 의해서 상각범위액을 계산하여야 한다. 다만 무형자산 중 '그밖에 열거된 자산과 유사한 무형자산'의 경우에는 개별 자산별로 상각방법을 선택할 수 있다(법령 26 ③).

자산별 감가상각방법

구 분	선택가능 상각방법	무신고시 상각방법
① 건축물과 무형자산	정액법	정액법
② 유형자산(건축물 · 광업용 유형자산 제외)	정액법과 정률법	정률법
③ 광업권(채광권 및 폐기물 매립시설 포함)	생산량비례법과 정액법	생산량비례법
④ 광업용 유형자산	생산량비례법 · 정률법 · 정액법	생산량비례법
⑤ 개발비	관련제품의 판매 또는 사용이 가능한 시점부터 20년의 범위에서 연단위로 신고한 내용연수에 따라 매사업년도별 경과월수에 비례하여 상각(월할상각)	판매 · 사용가능시점부터 5년 균등상각 (월할상각)
⑥ 주파수이용권 및 공항시설관리권	주무관청에서 고시하거나 주무관청에 등록한 기간내에서 사용기간에 따라 균등액 상각(월할상각)	좌동(월할상각)
⑦ 사용수익기부자산가액	사용수익기간에 따른 균등상각(월할상각)	좌동(월할상각)
⑧ 열거된 자산과 유사한 무형자산	개별자산별로 상각방법을 선택(월할상각)	5년동안 매년 균등상각

* 사용수익기부자산등에 대한 감가상각범위액의 계산(서이 46012－11355, 2003. 7. 10)
사용수익기부자산에 대한 감가상각범위액의 계산은 법령(26 ①(7))규정에 의하여 사용수익기간에 따라 균등하게 안분한 금액을 상각하는 방법에 의하는 것으로, 사업연도중에 취득한 사용수익기부자산에 대하여는 동조 제9항규정에 따라 사업에 사용한 날부터 당해 사업연도 종료일까지의 월수에 따라 이를 계산하는 것임.

** 업무용승용차는 정액법, 내용연수 5년을 적용하여 감가상각을 하여야 함.

감가상각에 있어서는 그 신고한 상각방법을 그 후의 사업연도에 있어서는 이를 계속하여 적용하여야 한다. 또한 상각방법을 신고하지 않은 경우에는 무신고시의 상각방법을 적용하여야 한다(법령 26 ⑤).

나. 감가상각방법 변경신고

법인은 다음의 경우에 납세지 관할세무서장의 승인을 얻어 상각방법을 변경할 수 있다.

① 상각방법이 서로 다른 법인이 합병(분할합병을 포함)한 때
② 상각방법이 서로 다른 사업자의 사업을 인수 또는 승계한 때
③ 「외국인투자촉진법」에 의하여 외국투자자가 내국법인의 주식 등을 20% 이상 인수 또는 보유하게 된 때
④ 해외시장의 경기변동 또는 경제적 여건의 변동으로 종전의 상각방법을 변경할 필요가 있을 때
⑤ 회계정책의 변경에 따라 결산상각방법이 변경된 경우(변경한 결산상각방법과 같은 방법으로 변경하는 경우만 해당한다). 여기서 결산상각방법이란 국제회계기준을 최초로 적용한 사업연도의 직전 사업연도에 해당 자산의 동종자산에 대하여 감가상각비를 손금으로 계상할 때 적용한 상각방법을 말한다(법령 26조의2 ② (1) 가). 결국 이는 국제회계기준을 최초로 도입하여 결산상각방법이 변경된 경우를 감가상각방법 변경사유로 하는 것을 의미한다.

또한 상각방법의 변경승인을 얻고자 하는 법인은 그 변경할 상각방법을 적용하고자 하는 최초 사업연도의 종료일까지 감가상각방법변경신청서를 제출하여 승인을 얻어야 하며, 납세지 관할세무서장은 신청서의 접수일이 속하는 사업연도 종료일부터 1개월 이내에 그 승인여부를 결정하여 통보하여야 한다. 만일 법인이 변경승인을 얻지 않고 상각방법을 변경한 경우에는 종전의 상각방법에 의하여 상각범위액을 계산한다(법령 27).

02 상각범위액 계산방법

법인의 감가상각비를 손금으로 계상할 수 있도록 세법에서 인정하는 금액의 최고한도액을 감가상각범위액이라하며 매년 자산별 감가상각범위액 계산요령은 다음과 같다(법령 26 ②). 다만, 감가상각이 종료되는 자산에 대하여는 취득가액의 5%와 1천원 중 적은 금액을 장부상 비망가액으로 남겨두고 감가상각 범위액을 계산한다.

가. 정액법

정액법이란 상각범위액이 매년 균등하게되는 상각방법으로 직선법이라고도 한다.

> 상각범위액 = 세무상 취득가액×상각률(1/n) = (당기말 재무상태표상 취득가액
> +당기 즉시상각의제액+전기이전 즉시상각의제누계액) × 상각률(1/n)

이 경우 취득가액은 세법상 취득가액을 말한다. 따라서 특수관계인으로부터 시가를 초과하여 매입한 경우 세법상 취득가액은 시가가 된다. 또한 취득가액에서 본래 잔존가액을 차감하여야 하지만 「법인세법 시행령」이 잔존가액을 '0'으로 보아 감가상각을 하도록 규정하고 있기 때문에 이를 차감하지 않은 것이다.

한편 정액법의 경우 세무상 취득가액을 구하면서 당기분 즉시상각의제액만이 아니라 전기이전의 즉시상각의제누계액이 가산되어 있다는 점에 주의하여야 한다.

나. 정률법

정률법은 세무상 미상각잔액에 정률법 상각률을 곱하여 계산한다. 따라서 상각범위액이 매년 체감되는 상각방법이다.

> 상각범위액 = 세무상 미상각잔액 × 정률법 상각률
> = (당기말 재무상태표상 취득가액 − 전기말 재무상태표상 감가상각누계액
> + 당기 즉시상각의제액 + 상각부인액 누계) × 정률법 상각률

정률법의 경우 세무상 미상각잔액을 구하기 위해서 정액법과 달리 전기이전 즉시상각의제누계액은 무시되고 당기발생 즉시상각의제액만이 가산되고 있는 점에 주의하여야 한다. 이 경우 전기이전 즉시상각의제액은 전기 이전에 감가상각시부인을 통해서 이미 상각부인액에 반영되어 있기 때문이다.

다. 생산량비례법

생산량비례법은 광업권이나 광업에 직접 사용되는 사업용 고정자산 또는 폐기물매립시설에 대하여 적용되는 것으로서 취득가액을 생산량에 비례하여 상각하는 방법이다.

$$상각범위액 = 세무상\ 미상각잔액^{*1} \times \frac{당기\ 채굴량}{잔여채굴예정량}$$

*1 세무상 미상각잔액의 계산은 정률법의 경우와 같다.
*2 잔여채굴예정량은 총채굴예정량(대한광업진흥공사가 인정하거나 폐기물처리 허가시 인정한 총매립예정량을 말하며, 사업기간 중 증감된 경우 증감내용을 반영한다)에서 직전 사업연도까지의 누적채굴량을 뺀 나머지 채굴예정량을 말한다.

03 감가상각방법 변경시 상각범위액계산

감가상각방법을 변경하는 경우에 상각범위액은 다음 산식에 의한다(법령 27⑥). 아래 산식은 공통적으로 감가상각변경 후의 상각기초금액을 감가상각변경 전의 세무상 장부가액(감가상각누계액을 공제한 장부가액+전기이월 상각부인액)으로 하도록 하고 있다. 그리고 정액법이나 정률법으로 변경한 후에 적용할 상각률은 기존 상각연수를 차감한 후의 잔여내용연수 상각률이 아니라는 점에 주의해야 한다.

가. 정률법 또는 생산량비례법을 정액법으로 변경

상각범위액 = (감가상각누계액을 공제한 장부가액 + 전기이월 상각부인액) × 상각률
= 상각방법 변경 전 세무상 장부가액 × 상각률

위에서 상각률은 당해 자산의 신고내용연수(무신고시에는 기준내용연수)에 대한 정액법에 의한 상각률을 말한다.

나. 정액법 또는 생산량비례법을 정률법으로 변경

상각범위액 = (감가상각누계액을 공제한 장부가액 + 전기이월 상각부인액) × 상각률
= 상각방법 변경 전 세무상 장부가액 × 상각률

위에서 상각률은 신고내용연수(무신고시에는 기준내용연수)에 대한 정률법에 의한 상각률을 말한다.

다. 정률법 또는 정액법을 생산량비례법으로 변경

$$\text{상각범위액} = (\text{감가상각누계액을 공제한 장부가액} + \text{전기이월 상각부인액}) \times \frac{\text{당기 채굴량}}{\text{잔여채굴예정량}}$$

예제 43

㈜한국은 제10기. 1. 3 합병으로 인하여 감가상각방법 변경승인을 받았다. 다음 자료에 의하여 제10기 감가상각비 상각범위액을 구하시오.

1. 합병전 기계장치의 취득가액 100,000,000원
2. 합병전 내용연수는 10년을 적용하여 6년간 정액법으로 상각하였다.
3. 합병전 감가상각누계액은 45,000,000원이고 감가상각비 부인액은 5,000,000원이다.
4. 내용연수 6년, 정률법으로 변경승인을 받았다.
5. 상각률 : 10년(25.9%), 6년(39.4%), 4년(52.8%)

해답 정액법을 정률법으로 변경하는 경우(법령 27 ⑥)

상각범위액 = (감가상각누계액을 공제한 장부가액 + 전기이월 상각한도초과액)
× 기획재정부령이 정하는 내용연수의 정률법에 의한 상각률
= (100,000,000 − 45,000,000 + 5,000,000) × 39.4%
= 23,640,000원

➤ 정액법으로 상각한 후의 잔여내용연수에 해당하는 정률법상각률이 아니라 법인이 신고한 내용연수가 적용되고 있음에 주의하여야 한다.

04 특수한 경우의 감가상각범위액 계산

가. 사업연도가 1년 미만인 경우의 적용내용연수

「법인세법」상 상각률은 1년을 기준으로 한 것이므로 사업연도가 1년 미만인 경우에는 다음과 같이 환산한 내용연수에 의한 상각률을 적용한다(법령 28 ②).

$$\text{환산내용연수} = \text{내용연수(신고내용연수 · 기준내용연수)} \times \frac{12}{\text{사업연도 월수}}$$

따라서 사업연도가 6월인 경우 내용연수가 5년이면 10년에 해당하는 상각률을 적용하여 상각범위액을 계산하여야 한다.

이는 정관상 사업연도가 1년 미만인 경우에 적용하는 것으로, 사업연도변경 · 의제 등 일시적으로 사업연도가 1년 미만인 경우에는 1년간의 상각범위액에 해당 사업연도 월수에 해당하는 금액을 상각범위액으로 본다.

나. 일시적 사업연도 1년 미만 경우(사업연도 변경 · 의제)

내용연수(신고내용연수 · 기준내용연수)와 그에 따른 상각률을 그대로 적용하되, 다음과 같이 상각범위액을 계산한다. 이 경우 월수는 역에 따라 계산하되, 1월 미만의 일수는 1월로 한다(법령 26 ⑧).

$$\text{상각범위액} = \text{1년분 상각범위액} \times \frac{\text{당해 사업연도의 월수}}{12}$$

다. 신규 취득자산의 상각범위액

사업연도 중에 신규로 취득하여 사업에 사용한 감가상각자산에 대한 상각범위액은 사업에 사용한 날부터 당해 사업연도 종료일까지의 월수에 따라 계산한다(법령 26 ⑨). 예를 들면 12월말 법인이 10월 30일에 취득한 자산의 사용월수는 3개월이 된다.

$$\text{상각범위액} = \text{연간상각범위액} \times \frac{\text{사용월수}}{12}$$

라. 기중 양도자산의 상각범위액

당해 사업연도 중 양도한 자산에 대하여는 상각시부인을 하지 않고 법인이 계상한 상각비를 전부 손금으로 인정한다. 이렇게 양도자산의 상각비에 대하여 상각시부인을 하지 않는 이유는, 양도한 사업연도의 상각비를 과대계상하더라도 이는 처분이익(처분손실)의 증가(감소)로 나타나서 당기순이익에는 영향이 없기 때문이다. 예를 들어 기초에 구입한 1,000,000원인 자산을 사업연도 중 500,000원에 매각하는 경우라면, 법인이 당해 연도중 상각비를 500,000원 계상하거나 상각비를 아예 계상하지 않거나 간에 당기순이익에는 영향이 없다.

마. 자본적지출의 경우 상각범위액

사업연도 중에 기존 자산에 대한 자본적 지출액이 발생하면 자본적 지출액은 그 기존 감가상각자산의 기초가액에 합산하여 그 자산의 내용연수상각률을 그대로 적용하여 상각범위액을 계산한다. 즉 기존 자산에 대한 자본적 지출액을 별도의 감가상각자산으로 인식하지 않으며 사업연도 중에 자본적 지출이 발생하더라도 그 자본적 지출에 대하여 자본적 지출이 발생한 후의 월수에 대하여만 감가상각을 하지 않는다.

이는 예를 들어 5층 건물에 대하여 6층 부분을 증축하는 자본적 지출이 발생한 경우 기존 5층 건물이 멸실되면 더 이상 6층 증축부분이 별개 자산으로의 가치를 가질 수 없는 것이기 때문이다.

바. 적격합병 등의 경우 감가상각범위액 계산특례

합병이나 분할 등을 통해서 자산을 취득하면 자산양수법인은 자신의 취득가액・감가상각방법과 내용연수(양수법인의 기준내용연수 50%가 경과된 중고자산이라면 수정내용연수를 적용할 수 있다는 것은 이미 설명한 바 있다)에 의해서 세무상의 상각범위액을 계산하는 것이 원칙이다.

그러나 「법인세법」은 적격합병・적격분할・적격물적분할・적격현물출자(여기서 "적격합병 등"이라 함)에 의하여 취득한 자산으로 양도법인이 과세이연의 특례를 적용받은 경우 양수법인이 상각범위액을 계산할 때 양도법인의 취득가액과 미상각 잔액을 기준으로 하여 다음 방식 중에 선택할 수 있도록 하고 있다. 그리고 선택한 방법은 계속 적용하여야 한다(법령 29조의2 ②).

① 피합병법인 등 양도법인의 신고상각방법, 신고내용연수, 취득가액, 미상각잔액 등을 사용하여 상각범위액을 계산하는 방법
② 합병법인 등 양수법인의 신고상각방법, 신고내용연수(50% 내용연수 경과자산이면 중고자산 수정내용연수적용 가능)를 사용하여 상각범위액을 계산하는 방법

한편 양도법인의 상각범위액 계산방식(상기 '①'의 방법)을 적용하는 법인이 적격합병 등에 대한 사후관리요건 위반사유가 발생한 경우에는 다음과 같이 처리한다.

㉠ 양도법인의 상각범위액 계산방식을 승계하여 계산한 상각비의 누적 손금액에서 양수법인의 상각범위액 계산방식을 적용하여 계산한 누적 상각비를 차감한 금액(0보다 작으면 0으로 본다)을 위반사유가 발생한 날이 속한 사업연도에 일시에 익금 산입한다.
㉡ 그 이후에는 더 이상 양도법인의 상각범위액 계산방식을 적용할 수 없고 양수법인의 상각범위액 계산방식을 적용하여 상각범위액을 계산한다. 그리고 위반사유가 발생한 때에 중고자산에 대한 수정내용연수를 신고할 수 있다.

사. 감면법인의 감가상각비 계상 특례

(1) 법인세 면제 · 감면기간의 감가상각

각 사업연도 소득에 대하여 법인세를 면제받거나 감면받은 경우에는 「법인세법」에 따라 손금에 산입하는 개별자산에 대한 감가상각비가 세무상 상각범위액이 되도록 감가상각비를 손금에 산입하여야 한다(법령 30). 여기서 '손금에 산입하여야 한다'는 의미는 법인세를 면제 · 감면을 받은 법인이 결산상 상각범위액에 미달하게 감가상각비를 계상하였다면 감가상각비가 결산조정사항임에도 불구하고 그 미달액은 신고조정을 통해 강제로 손금에 산입하여야 한다는 것이다.

이는 일정기간 동안 세액을 면제받거나 감면받은 법인이 그 기간에 감가상각비의 과소계상을 통해서 각 사업연도소득을 증가시켜 감면세액을 증가시키고 감면기간 종료 후 감가상각비의 장부 계상을 통해서 과세소득을 줄이는 등 감가상각제도가 임의상각 및 결산조정인 점을 악용하여 조세부담을 조절하는 것을 방지하는 위한 제도이다.

한편 한국채택국제회계기준을 적용하는 법인이 법인세 감면을 받는 경우에는 한국채택국제회계기준 적용에 따라 감가상각비 신고조정특례에 따른 신고조정액의 범위내에서 추가로 손금에 산입할 수 있다(한국채택국제회계기준 적용에 따른 감가상각비 신고조정특례는 보론을 참조하시오).

(2) 감면법인의 감가상각비 계상 특례 적용대상

이 특례는 특정사업에서 생긴 소득에 대해서 실제 법인세를 면제 또는 감면(소득공제를 포함)받은 경우에 적용하고(법기통 23－30…1), 세액공제를 받은 경우 및 감면기간 중이라고 하더라도 손실발생 등으로 실제 감면을 받지 못한 경우에는 적용하지 않는다. 그리고 과세사업과 감면사업을 겸영하는 경우에는 감면사업에 사용되는 자산에 한하여 적용한다.

05 감가상각비의 기장방법

감가상각비의 기장방법은 다음의 회계처리 예와 같이 '직접법'과 '간접법'으로 대별된다.

직접법 : (차) 감가상각비	×××	(대) 건　　물	×××
간접법 : (차) 감가상각비	×××	(대) 감가상각누계액	×××

세법에서는 법인이 각 사업연도에 감가상각비를 손비로 계상하는 경우에는 당해 감가상각자산의 장부가액을 직접 감액하는 방법 또는 장부가액을 감액하지 아니하고 감가상각누계액으로 계상하는 방법 중 선택하여야 한다(법령 25 ①).

그리고 법인이 감가상각비를 감가상각누계액으로 계상하는 경우에는 개별자산별로 계상하되, 개별자산별로 구분하여 작성된 감가상각비조정명세서를 보관하고 있는 경우에는 감가상각비 총액으로 일괄하여 감가상각누계액으로 계상할 수 있다(법령 25 ②).

06 회사 계상 감가상각비

「법인세법」의 감가상각시부인은 회사가 결산에 반영한 감가상각비(회사 계상 감가상각비)와 세무상의 감가상각범위액을 비교하여 세무조정을 하게 된다. 따라서 무엇이 회사 계상 감가상각비인지를 명확히 해야 한다.

일반적으로는 회사계상 감가상각비는 다음 항목들의 합계액이 된다. 다만, 자산감액분 상각비가 있는 경우에는 아래 항목들의 합계액에서 자산감액분 상각비를 차감한 금액이 회사계상 감가상각비가 된다(자산감액분 상각비의 세무처리에 대해서는 후술한다).

① 회사가 재무제표에 반영한 감가상각비(자산으로 처리된 감가상각비를 포함한다)

② 즉시상각의제액(감가상각자산을 취득하기 위해서 지출한 금액이나 자본적 지출로 처리할 금액을 결산상 즉시 비용으로 처리한 금액을 말한다)

③ 업무용승용차에 대한 감가상각비 과소 계상액 · 법인세 감면법인의 감가상각비 과소 계상액, 국제회계기준 도입법인의 감가상각비 신고조정액 등과 같이 감가상각 시부인 이전 단계에서 감가상각비 부족액을 신고조정하는 경우 그 신고조정으로 손금산입한 감가상각비

④ 감가상각자산의 진부화, 시가하락 등의 원인으로 기업회계에 따라 계상한 손상차손(법령 31조 ⑧)(그러나 감가상각자산이 천재지변, 화재, 법령에 의한 수용, 채굴예정량의 채진으로 인한 폐광 등의 사유로 파손 또는 멸실된 고정자산에 대해서 「법인세법」에 따라 평가손실을 계상한 것은 「법인세법」에서 손금으로 인정하고 있으므로 제외된다)

⑤ 전기오류수정손실로 계상한 과거분 과소 감가상각비(이익잉여금의 감소로 처리한 전기오류수정손실도 포함하며, 이익잉여금의 감소로 처리한 경우에는 이를 일단 손금산입(기타)으로 세무조정한 후에 손금산입된 금액을 회사 계상 감가상각비에 포함하게 된다)

07 개발비의 손상차손

무형자산으로 처리된 개발비가 개발 실패나 시장 부존재 등의 사유로 법인에 더 이상 경제적 효익을 제공할 수 없는 경우 회계상 그 개발비는 더 이상 자산성이 없으므로 손상차손으로 비용처리하여야 한다. 이 경우 장부상 감액된 개발비의 손상차손을 세무상으로 회사계상 감가상각비로 볼 것인지 아니면 파손 또는 멸실된 고정자산에 대하여 평가손실로 계상한 것인지가 문제로 된다. 이에 대해서 「법인세법」은 해당 제품의 판매 또는 사용이 가능한 시점이 도래하기 전에 개발을 취소한 경우에는 다음의 요건을 모두 충족하는 날이 속하는 사업연도의 손금에 산입하도록 하고 있다(법령 71 ⑤).

① 해당 개발로부터 상업적인 생산 또는 사용을 위한 해당 재료 · 장치 · 제품 · 공정 · 시스템 또는 용역을 개선한 결과를 식별할 수 없을 것.

② 해당 개발비를 전액 손비로 계상하였을 것.

한편 이 규정은 해당 제품의 판매 또는 사용이 가능한 시점이 도래하기 전에 개발을 취소한 경우에 대하여 적용되는 것이고, 판매 또는 사용가능시점이 도래하여 일단 상각을 개시한 경우의 손상차손은 다른 자산에 대한 손상차손과 같이 회사계상 감가상각비로 보아 시부인계산을 하여야 한다.

08 추계과세의 경우 감가상각의제

법인의 과세표준 등을 추계방식으로 결정·경정하는 경우 감가상각자산에 대한 감가상각비는 손금에 산입한 것으로 의제한다(법령 30 ②). 따라서 법인의 과세표준 등이 추계방식으로 결정·경정된 경우에는 해당 사업연도의 감가상각비 해당액은 이후 사업연도에 손금으로 인정받을 수 없게 된다.

제4절 감가상각 시부인 및 부인액 사후관리

01 시부인계산

가. 개 요

감가상각비는 법인이 각 사업연도에 이를 장부상 손비로 계상한 것에 대하여 상각범위액의 한도 내에서 세무상의 손금으로 인정하고, 그 계상한 금액 중 상각범위액을 초과하는 금액은 손금으로 인정하지 않는다. 이와 같이 회사가 계상한 감가상각비와 세법상 상각범위액을 비교하여 회사가 계상한 감가상각비를 시인할 것인지 부인할 것인지의 여부를 결정하는 것을 감가상각시부인계산이라고 한다(법법 23 ①).

나. 처리방법

(1) **상각부인액(회사계상액 > 상각범위액)**

당기 처리	차기 이후 처리
손금불산입(유보)	① 차기 이후의 시인부족액을 한도로 손금추인한다(감가상각비를 손비계상하지 않은 경우에도 상각범위액 한도로 그 상각부인액을 손금추인한다). ② 자산양도시 상각부인액 잔액을 손금추인한다.

(2) 시인부족액(회사계상액 < 상각범위액)

당기 처리	차기 이후 처리
별도의 세무조정을 하지 않는다. 다만, 전기로부터 이월된 상각부인액이 있는 경우에는 그 금액을 당기에 발생한 시인부족액의 범위내에서 손금산입(△유보)	차기 이후의 상각부인액에 이를 충당하지 못한다.

* 감가상각비는 결산조정항목이기 때문에 결산서에 계상하지도 아니한 금액을 상각범위액에 미달한다고 하여 적극적으로 손금산입할 수 없다(다만, 감가상각의제의 경우와 국제회계기준을 적용하는 법인의 경우 등 일부 예외가 있다).

연도별 상각부인액과 시인부족액의 처리 예

사업연도	회사계상 상각비	세법상 상각범위액	상각부인액 (△시인부족액)	세 무 조 정	부인누계액
1	800	1,000	△200	없음	0
2	1,300	1,000	300	손금불산입 300	300
3	1,100	1,000	100	손금불산입 100	400
4	800	1,000	△200	손금산입 200	200
5	500	1,000	△500	손금산입 200	0
6	0	800	△800	없음	0
7	1,000	800	200	손금불산입 200	200

다. 감가상각 시부인계산 단위

위에서 살펴본 바와 같이 감가상각시부인계산은 개별자산별로 행한다. 따라서 한 자산의 상각부인액과 다른 자산의 시인부족액은 이를 상계할 수 없으며, 각각 별도로 세무조정하여야 한다.

예제 44

다음 자료에 의하여 제20기 우주산업㈜의 감가상각비에 대하여 세무조정을 하시오.

구 분	건 물	비 품	기계장치	차량운반구
내용연수	10년	5년	6년	6년
감가상각비계상액	40,000,000	26,000,000	14,000,000	8,000,000
상각범위액	41,000,000	22,000,000	15,000,000	7,000,000
전기이월상각부인액	500,000	500,000	2,000,000	

해답

구 분	건 물	비 품	기계장치	차량운반구
감가상각비 상각범위액	40,000,000 41,000,000	26,000,000 22,000,000	14,000,000 15,000,000	8,000,000 7,000,000
부인액(시인부족액)	△1,000,000	4,000,000	△1,000,000	1,000,000
세무조정	500,000 손금산입	4,000,000 손금불산입	1,000,000 손금산입	1,000,000 손금불산입

① 건 물 : <손 금 산 입> 건물상각부인액 손금추인 500,000 (△유보)
② 비 품 : <손금불산입> 비품상각부인액 4,000,000 (유 보)
③ 기 계 장 치 : <손 금 산 입> 기계장치상각부인액 손금추인 1,000,000 (△유보)
④ 차량운반구 : <손금불산입> 차량운반구상각부인액 1,000,000 (유 보)

02 상각부인액 사후관리

가. 개 요

당기에 상각부인액이 발생한 경우에는 그 상각부인액을 손금불산입(유보)으로 세무조정하는 바, 이와 같이 손금불산입된 상각부인액은 사후관리되어 당기 후 사업연도에 시인부족액이 발생할 때에 손금산입(△유보)으로 추인하게 된다.

즉, 감가상각시부인 계산결과 시인부족액이 발생하는 경우에는 원칙적으로 세무조정하지 아니하나, 전기로부터 이월된 상각부인액이 있는 경우에는 당기에 발생한 시인부족액의 범위내에서 그 상각부인액을 손금산입하여 추인한다.

나. 감가상각자산 양도

감가상각자산을 양도한 경우 당해 자산의 상각부인액은 양도일이 속하는 사업연도의 손금에 산입한다(법령 32 ⑤).

상각부인액이 있는 경우에는 세법상 자산가액이 기업회계상 자산가액보다 상각부인액만큼 더 크다는 의미이다. 그런데 기업은 회계상 자산가액을 기준으로 자산처분손익을 계상하게 되므로, 세법상 자산처분손익보다 상각부인액만큼 자산처분이익을 더 계상하게 된다. 따라서 세법상 자산처분이익으로 조정하기 위해서는 상각부인액 만큼을 익금불산입하여야 하는데, 이것이 양도자산분 상각부인액의 손금산입으로 나타나는 것이다.

자산처분 사항	기업회계상 분개	세법상 분개	세무조정
취득가액 1,000,000 상각누계액 500,000 (상각부인액) (100,000) 처분대가 600,000	(차) 현 금 600,000 상각누계 500,000 (대) 자 산 1,000,000 처분이익 100,000	(차) 현 금 600,000 상각누계 400,000 (대) 자산 1,000,000	손금산입 100,000

한편 감가상각자산의 일부를 양도한 경우 당해 양도자산에 대한 감가상각누계액 및 상각부인액 또는 시인부족액은 다음과 같이 계산한다(법령 32 ⑤, ⑥).

일부 양도시 감가상각누계액 · 상각 부인액(시인부족액)	=	당해 감가상각자산 전체의 감가상각누계액 · 상각부인액(시인부족액)	×	양도부분의 가액(취득당시의 장부가액) ───────────── 당해 감가상각자산의 전체가액(취득당시의 장부가액)

03 자산감액분 상각비에 대한 세무조정

가. 개 요

벌과금이나 기업업무추진비 한도초과액 등과 같이 「법인세법」상 손금인정을 받지 못하는 금액이 회계상 자산의 취득가액에 포함되어 그 자산에 대해 회계상 상각을 하게 되는 경우 회계상 상각비에는 세무상 자산이 아닌 부분에 대한 상각비까지 포함되게 된다. 이와 같이 세무상 자산이 아닌 부분에 대한 회계상 상각비를 자산감액분 상각비라고 한다.

그리고 회계상 상각비에 자산감액분 상각비가 포함되어 있는 경우에는 상각비 시부인 계산 전에 우선적으로 자산감액분 상각비에 대한 세무조정을 하여야 하는데 이를 자산감액분 상각비에 대한 세무조정이라 한다.

상각비 시부인 계산 전에 우선적으로 자산감액분 상각비에 대한 세무조정을 하여야 하는 것은 세법상 자산성이 없는 부분에 대한 상각비는 회사가 임의 상각할수 있는 대상이 아니기 때문이다.

자산감액분 상각비 세무조정이 나올 수 있는 대표적인 사례는 손금인정받을 수 없는 임원상여금이나 벌금 등을 자산에 포함한 경우, 기업업무추진비한도초과액을 자산에 포함한 경우, 특수관계인으로부터 자산을 부당하게 고가매입한 경우 등이다.

나. 세무조정 순서

자산감액분 상각비가 있는 경우의 세무조정 순서를 설명하면 다음과 같다.

① 손금으로 인정받을 수 없는 것이 자산 취득가액에 포함된 경우 자산 취득시점에서 손금불산입(손금으로 인정받을 수 없는 비용에 대한 세무조정, 소득처분 : 배당 등)과 손금산입(세무상 자산이 아닌 것에 대해 회계상 자산처리를 한 것에 대한 세무조정, 소득처분 : △유보)의 세무조정을 동시에 한다.

② 손금불산입액을 포함한 자산을 회사가 상각을 하는 경우 회사계상상각비 중 자산감액분에 상당하는 상각비를 다음과 같이 구하고, 그 자산감액분 상각비를 손금불산입(유보)로 세무조정을 한다(이 절차가 자산감액분 상각비에 대한 세무조정이다).

$$\text{자산감액분 상각비}=\text{회사계상 감가상각비}\times\frac{\text{자산감액분}}{\text{장부상자산가액}}$$

③ 위 자산감액분 상각비에 대한 세무조정을 한 후에 통상적인 감가상각시부인 세무조정을 하게 된다. 이때 세무상 감가상각비 한도액과 비교할 회사계상상각비에는 위 자산감액분 상각비를 차감한 것이 비교대상이 된다는 점에 주의하여야 한다.

㉠ 시부인대상 회사계상 상각비=실제 회사계상 상각비−자산감액분 상각비

㉡ 상각 범위액=(자산가액−자산감액분)×상각률

㉢ 감가상각 한도초과액=㉠−㉡

예제 example 45

다음 자료를 가지고 필요한 세무조정을 하시오.

㈜부산은 ×1년 세무조정 중 기업업무추진비 한도초과가 발생하였다. 기업업무추진비는 판매관리비 계상액 (₩20,000,000)과 건물 계상액(₩10,000,000)으로 구분된다. 당기 기업업무추진비 한도액은 ₩5,000,000이다.

건물은 ×1년 초에 취득하였고, 내용연수 10년(정액법)으로 신고하였으며, 당기 중 회사는 상기 건물에 대해 ₩2,000,000을 감가상각비로 계상하였다.

해답 1. 기업업무추진비 한도초과액에 대한 세무조정

<손금불산입> 기업업무추진비한도초과 20,000,000*1 (기타사외유출)
<손금불산입> 기업업무추진비한도초과 5,000,000*1 (기타사외유출)
<손금 산입> 건물자산감액 5,000,000*2 (△유보)

*1 (20,000,000+10,000,000)−5,000,000=25,000,000
*2 기업업무추진비 부인순서
① 순위 : 판매관리비 20,000,000
② 순위 : 건물 5,000,000

2. 자산감액분 상각비에 대한 세무조정

<손금불산입> 자산감액분 상각비 1,000,000*3 (유보)

*3 $2,000,000 \times \frac{5,000,000}{10,000,000} = 1,000,000$

3. 감가상각비 한도초과에 대한 세무조정

<손금불산입> 감가상각비 한도초과 500,000*4 (유보)

*4 회사계상상각비 : 2,000,000−1,000,000=1,000,000
상각범위액 : (10,000,000−5,000,000)×0.1=500,000
감가상각비 한도초과=1,000,000−500,000=500,000

제5절 즉시상각의제 및 특례

01 즉시상각 의제

법인이 감가상각자산을 취득하기 위하여 지출한 금액과 감가상각자산에 대한 자본적 지출에 해당하는 금액을 바로 손금으로 계상한 경우에는 이를 감가상각한 것으로 보아 상각범위액을 계산한다(법령 31 ①). 이를 즉시상각의제라고 한다.

한편 즉시상각으로 의제된 그 금액은 법인이 계상한 감가상각비에 합산되어 시부인계산의 대상이 됨과 동시에 상각범위액 계산에 있어서 감가상각 기초가액에 합산되어 상각범위액을 증가시킨다. 따라서 즉시상각의제액이 있는 경우에 감가상각 시부인을 하는 경우에는 다음의 두 가지를 염두에 두어야 한다.

① 세무상 법인의 상각비 계상액 : 결산상 감가상각비로 계상한 가액 + 당기분 즉시상각의제액
② 상각자산의 세무상 취득가액 : 결산상 취득가액 + 즉시상각의제액 누계액

02 즉시상각의제 특례

법인이 감가상각자산의 취득가액 또는 자본적 지출액을 해당 사업연도의 손비로 계상한 경우에 시부인 계산없이 즉시 손금으로 인정하는 특례가 있는데, 그 내용은 다음과 같다(법령 31 ③~⑦). 다만 다음의 지출에 대해서 즉시 손금으로 인정받으려면 결산서상 당해 지출을 비용으로 처리하여야 하며, 신고조정방식으로는 특례를 적용받을 수 없다.

(1) 소액수선비

다음 항목은 지출한 사업연도의 손비로 계상한 경우에 한하여 즉시 손금으로 인정한다(법령 31 ③).

① 개별자산별 수선비로 지출한 금액이 600만원 미만인 경우
② 개별자산별 수선비로 지출한 금액이 직전사업연도종료일 현재 재무상태표상 장부가액(취득가액 − 감가상각누계액)의 5%에 미달하는 경우
③ 3년 미만의 기간마다 주기적인 수선을 위하여 지출하는 수선비

(2) 소액자산의 취득가액

취득가액이 거래단위별로 100만원 이하인 사업용 감가상각자산을 그 사업에 사용한 날이 속하는 사업연도의 손비로 계상한 것에 한정하여 이를 즉시 손금으로 인정한다. 다만, 다음의 것은 제외한다(법령 31 ④, ⑤). 여기서 '거래단위별'이란 그 취득한 자산을 독립적으로 사업에 직접 사용할 수 있는 것을 말한다(법령 31 ⑤).

① 그 고유업무의 성질상 대량으로 보유하는 자산
② 그 사업의 개시 또는 확장을 위하여 취득한 자산

(3) 소모성 자산 등의 취득가액

다음의 자산에 대하여는 취득가액과 무관하게 이를 그 사업에 사용한 날이 속하는 사업연도의 손비로 계상한 것에 한정하여 즉시 손금으로 인정한다(법령 31 ⑥).

① 어업에 사용되는 어구(어선용구 포함)

② 영화필름, 공구, 가구, 전기기구, 가스기기, 가정용기구, 비품, 시계, 시험기기, 측정기기 및 간판

③ 대여사업용 비디오 테이프 및 음악용 콤팩트디스크로서 개별자산 취득가액 30만원 미만인 것 등

④ 전화기(휴대용 전화기 포함) 및 개인용 컴퓨터(그 주변기기 포함)

(4) 생산설비의 폐기손실 등

다음 중 어느 하나에 해당하는 경우에는 해당 자산의 장부가액에서 1천원을 공제한 금액을 폐기일이 속하는 사업연도의 손금에 산입할 수 있다(법령 31 ⑦).

① 시설의 개체 또는 기술의 낙후로 생산설비의 일부를 폐기한 경우

② 사업의 폐지 또는 사업장의 이전으로 임대차계약에 따라 임차한 사업장의 원상회복을 위하여 시설물을 철거하는 경우

예제 Example 46

다음 자료에 의하여 갑법인이 신고한 감가상각 방법이 정액법인 경우와 정률법인 경우의 세무조정을 하여라.

1. 갑법인이 당해 사업연도 3월 1일에 100,000천원의 자산을 취득하였다.
2. 그리고 당해 사업연도 10월 5일에 자본적 지출 10,000천원을 지출하고 이를 제조경비 수선비에 계상하였다.
3. 취득자산에 적용할 내용연수는 5년이고 갑법인은 자산에 계상된 취득원가를 기준으로 감가상각비를 계산하였다(잔존가치 0으로 가정).
4. 내용연수 5년에 대한 정액법상각률은 0.2, 정률법상각률은 0.451로 가정한다.

해답 1. 정액법에 의한 경우

세법상 상각범위액 = (100,000천원 + 10,000천원) × 0.2 × $\frac{10}{12}$ = 18,333천원

회사계상 상각비 = 100,000천원 × 0.2 × $\frac{10}{12}$ = 16,666천원

회사계상 감가상각비 간주액 = 16,666천원 + 10,000천원 = 26,666천원

상각부인액 = 26,666천원 − 18,333천원 = 8,333천원

수선비로 계상한 10,000천원은 감가상각비로 간주되므로 상각부인액 8,333천원을 손금불산입한다.

2. 정률법에 의한 경우

세법상 상각범위액 = (100,000천원 + 10,000천원) × 0.451 × $\frac{10}{12}$ = 41,341천원

회사계상 상각비 = 100,000천원 × 0.451 × $\frac{10}{12}$ = 37,583천원

회사계상 감가상각비 간주액 = 37,583천원 + 10,000천원 = 47,583천원

상각부인액 = 47,583천원 − 41,341천원 = 6,242천원

수선비로 계상한 10,000천원은 감가상각비로 간주되므로 상각부인액 6,242천원을 손금불산입한다.

예제 47

삼일㈜는 제5기 사업연도에 시설개체목적으로 생산설비(취득가액 2천만원, 감가상각누계액 1천만원)를 폐기하고, 제6기초에 이를 1백만원에 매각하였다. 그리고 다음과 같이 회계처리를 하였다. 제5기와 제6기의 세무조정을 하시오.

1. 제5기(폐기연도) 회계처리

(차)	감가상각누계액	10,000,000	(대) 생 산 설 비	20,000,000
	자산폐기손실	10,000,000		

2. 제6기(매각연도) 회계처리

(차)	현 금	1,000,000	(대) 유형자산처분이익	1,000,000

해답 1. 제5기 사업연도의 자산폐기손실 중 1,000원을 공제한 금액은 세법상 즉시상각의제 특례에 따라 손금으로 인정된다. 따라서 '손금불산입(자산폐기손실) 1,000원(유보)'의 세무조정을 하여야 한다.

2. 제6기 사업연도에는 해당 자산을 매각하였으므로 유보잔액을 추인한다. 따라서 '손금산입(자산폐기손실) 1,000원(△유보)'의 세무조정을 하여야 한다.

보론 한국채택국제회계기준 적용기업의 감가상각비 신고조정 특례

1. 개 요

한국채택국제회계기준(이하 '국제회계기준')은 고정자산의 감가상각 내용연수·감가상각방법 및 잔존가치 등 감가상각비에 영향을 미치는 요소들에 대해서 매 회계연도 말에 그 타당성을 재검토하고, 더 이상 타당하지 않다면 타당한 방법으로 변경하도록 하고 있다. 그리고 그 변경은 회계추정의 변경으로 하여 당기 이후의 기간에 대해서만 적용하는 전진법을 사용하도록 하고 있다. 이러한 국제회계기준은 「법인세법」상의 감가상각비와 기업회계의 감가상각비 간에 차이를 크게 만들 수 있는데 「법인세법」이 계속 감가상각비를 결산조정항목으로만 고수하면 국제회계기준 적용기업은 법인세부담이 커질 수 있다.

그래서 「법인세법」은 국제회계기준을 적용하는 기업에 대해서는 감가상각비를 신고조정할 수 있는 특례를 마련하고 있다.

2. 감가상각비 신고조정특례 적용요건

감가상각비 신고조정 특례를 적용받는 것은 다음 요건을 갖춘 경우이다.

① 적용대상법인 : 국제회계기준을 적용하는 기업에만 적용된다.

② 적용대상자산 : 다음 자산에 대해서만 적용된다.

㉠ 사업용 유형자산

㉡ 내용연수가 비한정인* 무형자산

㉢ 국제회계기준 최초 적용 이전에 취득한 세무상 무형자산에 해당하는 영업권

* 국제회계기준상 '내용연수가 비한정인 무형자산'이란 경제적 효익의 존속기간을 추정할 수 없어서 내용연수를 확정할 수 없는 무형자산으로, 국제회계기준은 이러한 자산에 대해서 감각상각을 하지 않고 매년 손상여부를 검사하도록 하고 있다. 내용연수가 비한정인 무형고정자산의 예를 들면 기업결합시 인수한 영업권 또는 추가 지출없이 갱신이 가능한 상표권 등이 여기에 속한다. 그러나 「법인세법」은 다음 요건을 모두 갖춘 경우를 내용연수가 비한정인 무형자산으로 규정하고 있다(법칙 12 ②).

㉠ 국제회계기준에 따라 내용연수가 비한정인 무형고정자산으로 분류될 것

㉡ 법령 또는 계약에 따른 권리로부터 발생하는 무형고정자산으로서 법령 또는 계약에 따른 사용기간이 무한하거나, 무한하지 아니하더라도 취득가액의 100분의 10 미만의 비용으로 그 사용기간을 갱신할 수 있을 것

㉢ 결산을 확정할 때 해당 무형고정자산에 대한 감가상각비를 계상하지 아니할 것

3. 신고조정 한도의 계산

국제회계기준을 적용하는 기업은 2013년 12월 31일 이전에 취득한 자산과 2014년 1월 1일 이후 취득한 자산을 구분하고, 아래 방식으로 계산한 신고조정 한도액이 국제회계기준에 따라 결산에 반영한 감가상각비 금액보다 크면 그 차액을 신고조정으로 손금산입할 수 있도록 하고 있다.

구 분	신고조정 한도액 계산방법
2013년 12월 31일 이전에 취득한 자산	종전 감가상각비 한도액 기준 (개별자산별 한도와 동종자산별 한도를 각각 적용)
2014년 1월 1일 이후 취득한 자산*	다음 '㉠과 ㉡' 중 큰 금액 ㉠ 세법상 기준내용연수를 적용한 감가상각비 ㉡ 국제회계기준에 따른 감가상각비 + 국제회계기준 도입으로 감소된 감가상각비 × 25%

* 2014년 1월 1일 이후에 취득한 자산은 감가상각자산 중 기존보유자산과 동일한 종류의 자산으로서 동일한 업종에 사용되는 동종자산에 대해서만 적용된다(법령 26조의3 ①).

가. 2013년 12월 31일 이전에 취득한 자산

2013년 12월 31일 이전에 취득한 자산은 국제회계기준을 적용하지 않고 종전 방식에 따라 감가상각비를 손금에 계상할 경우의 감가상각비 상당액을 기준으로 신고조정할 수 있는 금액의 한도를 계산한다. 여기서 종전 감가상각비 한도액 기준에 따라 신고조정할 수 있는 한도액은 다음과 같이 계산한다(법령 26조의2 ②).

> 종전 감가상각비 한도기준에 따른 손금산입 한도 = Min[㉠, ㉡]
> ㉠ 개별자산별 추가 손금산입가능액을 동종자산별로 합한 금액
> ㉡ 동종자산의 감가상각비 한도액에 따른 추가손금산입액

상기 산식을 보면 개별자산별 추가손금산입 가능액의 합계액을 구하고 이를 동종자산의 추가손금산입 가능액과 비교하도록 하고 있다. 따라서 개별자산별 추가손금산입 가능액과 동종자산의 추가손금산입 가능액을 구하는 방법을 설명하면 아래와 같다.

(1) 개별자산별 추가 손금산입 가능액

개별자산별 추가 손금산입 가능액은 국제회계기준을 적용하지 않고 종전 방식에 따라서 감가상각비를 손금에 계상할 경우의 개별자산의 감가상각비 상당액에서 결산에 반영된 개별자산의 감가상각비를 차감하여 구한다.

> 개별자산별 추가 손금산입 가능액* = ㉠ − ㉡
> ㉠ 개별자산별 종전 감가상각비 한도액
> ㉡ 결산조정에 의해 손금에 산입된 개별자산별 감가상각비

* 개별자산별 추가 손금산입가능액이 0보다 작은 경우에는 0으로 본다.

한편 상기 산식 중 개별자산별 종전 감가상각비 한도액은 다음과 같이 계산한다(법령 26조의2 ②(1)).

기준연도*1 결산상각방법	개별자산별 종전 감가상각비 한도액
정액법	취득가액 × 기준상각률*2
정률법	미상각잔액 × 기준상각률*2

*1 국제회계기준을 최초로 적용한 사업연도의 직전사업연도를 기준연도라고 한다.
*2 감가상각자산의 취득가액에 국제회계기준 도입 이전 상각률을 말한다. 이 기준상각률은 기준연도 및 그 이전 2개 사업연도에 대해서 각 사업연도별로 다음과 같은 비율을 구하고 이를 평균하여 계산한다(법령 26조의2 ④). 다만 기준연도 및 그 이전 2개 사업연도 중 ㉠ 법인이 신규설립된 경우 ㉡ 합병·분할한 경우 ㉢ 「법인세법」에 따른 상각방법을 변경한 경우 등에는 그 사유가 발생하기 전에 종료된 사업연도는 제외하고 계산한다.

결산상각방법	각 사업연도별 비율
정액법	동종자산의 감가상각비 손금산입액 합계 ÷ 동종자산의 취득가액 합계
정률법	동종자산의 감가상각비 손금산입액 합계 ÷ 동종자산의 미상각잔액 합계

(2) 동종자산의 추가손금산입 가능액

개별자산별 추가손금산입 가능액의 합계액과 비교될 동종자산의 추가손금산입 가능액은 다음과 같이 계산한다. 동종자산이란 기준연도 이전에 취득한 감가상각자산(기존보유자산) 및 기존 보유자산과 동일한 종류의 자산으로서 동일한 업종(해당 법인이 해당 업종을 국제회계기준 도입 이후에도 계속 영위하는 경우로 한정한다)에 사용되는 자산을 말한다(법령 26조의2 ①).

기준연도 결산상각방법	동종자산의 추가손금산입 가능액*1
정액법	동종자산의 취득가액 합계액 × 기준상각률*2 − 결산조정에 의해 손금에 산입된 동종자산의 감가상각비
정률법	동종자산의 미상각잔액 합계액 × 기준상각률*2 − 결산조정에 의해 손금에 산입된 동종자산의 감가상각비

*1 이 금액이 0보다 작은 경우에는 0으로 본다.
*2 기준상각률은 개별자산별 종전 감가상각비 한도액에서 설명한 내용과 같다.

(3) 국제회계기준의 최초 적용시점 판단

내국법인이 국제회계기준을 최초로 적용한 사업연도의 직전 사업연도에 국제회계기준을 준용하여 비교재무제표를 작성하고 비교재무제표를 작성할 때 사용한 상각방법 및 내용연수와 동일하게 해당 사업연도의 결산방법 및 결산내용연수를 변경한 경우에는 해당 사업연도에 국제회계기준을 최초로 적용한 것으로 본다(법령 23조의2 ⑤).

나. 2014년 1월 1일 이후 취득한 자산

2014년 1월 1일 이후 취득한 자산의 추가손금산입 가능액을 구하는 방식의 취지는 다음과 같이 세법상 기준내용연수에 따른 감가상각비와 국제회계기준에 따른 감가상가비의 차액 또는 국제회계기준 도입에 따라 감소된 감가상각비의 25% 중 큰 금액을 추가적으로 신고조정을 통해 손금으로 인정해주고자 하는 것이다(법령 26조의3). 그 구체적 계산방법은 2013년 12월 31일 이전에 취득한 자산에 대한 적용방식과 유사하며, 자세한 설명을 생략한다.

추가손금산입 가능액 = Max(㉠, ㉡) − 국제회계기준에 따른 감가상각비
㉠ = 세법상 기준내용연수를 적용한 경우의 감가상각비
㉡ = 국제회계기준에 따른 감가상각비 + 국제회계기준 도입으로 감소된 감가상각비 × 25%

예제 48

국일㈜의 ×1년부터 ×4년까지의 세무조정을 하시오.

1. 제지제조업을 영위하는 ㈜국일은 ×1년 초에 설립되었고 사업연도는 1.1.~12.31.이다.
2. ㈜국일은 ×1년 초에 기계장치A를 200,000,000원에 취득하였고, 이는 ×1년 사업연도에 정률법·내용연수 4년(정률상각률 0.528)으로 상각하였다. 이 상각방법 및 내용연수는 세무상 그대로 인정되었다.
3. ㈜국일은 ×2년 초에 최초로 국제회계기준을 적용하였고, 국제회계기준을 적용하면서 감가상각방법은 정액법으로 변경하고 내용연수는 4년으로 결정하였다.
4. ㈜국일이 보유한 다른 기계장치는 없고 A기계가 유일한 기계장치이다.
5. ㈜국일이 회계상 계상한 감가상각비는 다음과 같다.

구 분	×1년	×2년	×3년	×4년
연도별 계상한 감가상가비	105,600,000	31,466,666[*1]	31,466,666	31,466,668

*1 ×2년 감가상각비 계상액 = (200,000,000 − 105,600,000) ÷ 3

해답 1. 세무조정

구 분	회사상각액	개별자산 종전감가상각비 한도액	상각 시부인	세무조정	동종자산 손금산입한도
×1년	105,600,000	105,600,000	–	–	–
×2년	31,466,666	49,843,200*1	△18,376,534	(손금산입, △유보) 18,376,534	18,376,534*4
×3년	31,466,666	23,525,990*2	7,940,676	(손금불산입, 유보) 7,940,676	0*5
×4년	31,466,668	21,030,810*3	10,435,858	(손금불산입, 유보) 10,435,858	0*6
합계	200,000,000	200,000,000	0	0	–

*1 ×2년의 상각범위액 : (200,000,000 − 105,600,000) × 0.528 = 49,843,200

*2 ×3년의 상각범위액 : (200,000,000 − 105,600,000 − 49,843,200) × 0.528 = 23,525,990

*3 ×4년의 상각범위액 : (200,000,000 − 105,600,000 − 49,843,200 − 23,525,990) × 0.528 = 21,030,810

<기준연도(×1년) 정률법에 의한 기준상각률 계산>

0.528 = 동종자산의 감가상각비 손금산입액 합계 ÷ 동종자산의 미상각잔액 합계
= 105,600,000 ÷ 200,000,000

* 국일㈜는 ×1년 초에 설립된 법인이므로 3년간의 평균을 기준연도 전 2개 사업연도는 제외하고 계산되었음(법령 26조의2 ④)

*4 ×2년의 동종자산 감가상각비 한도액 : (200,000,000 − 105,600,000) × 0.528 − 31,466,666 =18,376,534

*5 ×3년의 동종자산 감가상각비 한도액 : 계산 결과가 0보다 작으므로 0으로 본다.
(200,000,000 − 105,600,000 − 49,843,200) × 0.528 − 31,466,666 = △7,940,675

*6 ×4년의 동종자산 감가상각비 한도액 : 계산 결과가 0보다 작으므로 0으로 본다.
(200,000,000 − 105,600,000 − 49,843,200 − 23,525,990) − 31,466,668 = △10,435,858

법/인/세/법/강/의

연습문제

TYPE
주관식문제

01 세법상 감가상각의 특징을 설명하시오.

02 감가상각의 시부인에 대하여 설명하시오.

TYPE
객관식문제

01 「법인세법」상 감가상각에 관한 설명으로 옳은 것은? ▶'11 CTA 수정

① 취득 후에 사용하지 않고 보관중인 자산과 일시적 조업중단에 따른 유휴설비는 감가상각을 하지 아니한다.

② 감가상각대상 자산을 시가보다 고가로 매입한 것이 부당행위계산의 부인에 해당하는 경우 그 시가초과액은 해당 자산의 취득가액에 포함하지 아니한다.

③ 일반적인 유형자산의 감가상각은 결산조정사항이므로 감가상각비를 결산서에 반영한 경우에 한하여 손금으로 인정되지만, 무형자산의 감가상각비는 신고조정사항이므로 과소계상액은 세무조정시 손금산입하면 인정된다.

④ 개발비의 감가상각에 적용할 내용연수를 신고하지 아니한 경우에는 관련 제품을 판매 또는 사용하여 수익을 얻을 것으로 예상되는 기간 동안 균등 안분액을 상각한다.

⑤ 신규로 취득한 자산이나 기중에 발생한 자본적 지출액은 취득 또는 발생시점부터 월할 계산하여 상각범위액을 계산하는데 이 경우 1월 미만의 일수는 1월로 한다.

해설 ① 일시적 조업중단에 따른 유휴설비는 감가상각 대상이다.
③ 무형자산의 감가상각비 또한 결산조정사항이다.
④ 개발비의 감가상각에 적용할 내용연수를 신고하지 아니한 경우에는 5년 동안 월할 상각한다.
⑤ 기중에 발생한 자본적 지출액은 그 발생시점을 고려하지 않고 모두 기초에 발생한 것으로 간주하여 상각범위액을 계산한다.

02 다음의 감가상각에 대한 자료를 토대로 한 세무조정으로 맞는 것은? ▶ '93 CPA 수정

> (1) 전기 말까지의 감가상각부인누계액 : 100,000원
> (2) 당기 감가상각범위액 : 500,000원
> (3) 당기 중 회사계상 감가상각액 : 470,000원

① 감가상각부인누계액 중 30,000원은 손금에 산입하고, 나머지 70,000원은 이월한다.
② 당기 시인부족액 30,000원은 소멸하고 감가상각부인누계액 100,000원은 이월한다.
③ 감가상각부인누계액 100,000원과 당기 시인부족액 30,000원은 각각 이월된다.
④ 감가상각부인누계액 100,000원은 소멸하고 당기 시인부족액 30,000원은 이월된다.
⑤ 감가상각부인누계액 중 30,000원은 손금에 산입하고 나머지 70,000원은 소멸된다.

해설 전기 말까지의 상각부인액은 당기 시인부족액의 범위 내에서 손금추인하고 잔액은 차기로 이월된다.

03 다음은 「법인세법」상의 각 사업연도 소득금액을 계산함에 있어서 손금으로 되는 감가상각비 계산에 대한 설명이다. 틀린 것은? ▶ '94 세무사 수정

① 특수관계에 있는 자로부터 감가상각자산을 시가보다 고가로 매입하여 부당행위계산의 부인에 해당되었을 경우 감가상각비 계산의 기초가 되는 취득가액은 시가가 된다.
② 자기소유자산과 교환하여 새로 취득하는 유형자산의 취득가액은 새로 취득하는 유형자산의 교환당시 시가로 한다.
③ 법인 또는 개인사자업자로부터 기준내용연수의 50%이상 경과된 자산을 취득한 경우 기준내용연수에서 기준내용연수의 50%를 차감한 연수를 내용연수로 할 수 있다.
④ 유형자산을 법률에 의하여 평가증한 경우 상각부인액은 평가차익을 한도로 손금에 산입하며, 시인부족액은 익금산입한다.
⑤ 개별자산별 수선비가 600만원 미만인 경우에는 비용으로 처리한 경우에도 세무조정을 하지 아니한다.

해설 법률에 의한 자산평가증의 경우 시인부족액은 소멸계산한다.

04 다음은 유통업체인 ㈜한나라(사업연도 : 1.1~12.31)가 전기 2월에 착공하여 당기 7월에 준공한 건물과 관련된 자료이다. 동 건물과 관련하여 ㈜한나라의 감가상각비 시부인액은 얼마인가? (단, 전기말 재무상태표에 계상된 동 건물에 대한 건설중인자산의 장부가액은 80,000,000원이었다) ▶ '99 CPA 수정

(1) 건설자금이자를 제외한 동 건물의 건설원가는 2억원이다.
(2) 전기와 당기에 발생한 이자비용 중에서 세법상 동 건물의 건설자금이자 해당액은 각각 3,000,000원과 1,500,000원이며, 회사는 이를 모두 각 사업연도의 손익계산서에 이자비용으로 계상하였다. 회사는 전기에 대한 세무조정시 건설자금이자에 대하여 적법하게 세무조정하였다.
(3) 당기 10월에 동 건물에 대한 취득세 2,500,000원을 납부하고, 손익계산서의 세금과공과금 항목으로 계상하였다.
(4) 당기 11월에 동 건물에 냉난방장치를 설치하고, 설치비 8,000,000원을 손익계산서의 수선비 항목으로 계상하였다. 이는 즉시상각의제액 특례대상에 해당하지 않는다.
(5) 동 건물의 내용년수는 50년이고, 정액법으로 상각한다.
(6) 당기 손익계산서에 건물에 대하여 감가상각비 1,000,000원을 계상하였다.

① 시인부족액 1,120,000원　② 상각부인액 10,850,000원
③ 상각부인액 7,910,000원　④ 상각부인액 10,880,000원
⑤ 전기 상각부인액 중 당기 손금추인액 1,120,000원

해설 (1) 회사계상 상각비 : 1,000,000 + 1,500,000(건설자금이자과소계상액) + 2,500,000(취득세) + 8,000,000(냉난방장치설치비) = 13,000,000

(2) 상각범위액 : (200,000,000 + 3,000,000(전기이전 즉시상각의제액) + 1,500,000 + 2,500,000 + 8,000,000) × 1/50 × 6/12
= 2,150,000

(3) 시부인액 : 13,000,000 − 2,150,000 = 10,850,000(상각부인액)

05 ㈜강남 제10기 사업연도 중 기계장치(취득가액 30,000,000원)에 대한 자본적지출액 10,000,000원을 장부상 비용으로 계상하였다. 당해 기계장치에 대한 자료를 기초로 다음 사업연도인 제11기 사업연도의 정률법에 의한 상각범위액을 계산하면 얼마인가? ▶ '00 CPA 수정

<당해 기계장치에 대한 자료>
(1) 제10기 사업연도말 장부상 감가상각누계액 : 20,000,000원
(2) 제9기 사업연도로부터 이월된 상각부인액 : 6,000,000원
(3) 신고내용연수 : 10년(정률법 상각률 : 0.259)
(4) 제10기 사업연도에 장부상 계상한 감가상각비 : 7,000,000원
(5) 사업연도 : 매년 1월 1일부터 12월 31일까지

① 3,819,732원　② 4,144,000원　③ 4,222,218원
④ 6,333,327원　⑤ 6,668,732원

해설 (1) 제10기
① 회사계상상각비 : 7,000,000 + 10,000,000 = 17,000,000
② 상각범위액 : (30,000,000 − 20,000,000 + 7,000,000 + 6,000,000 + 10,000,000) × 0.259 × 12/12= 8,547,000
③ 시부인액 : ① − ② = 8,453,000

(2) 제11기 감가상각범위액
(30,000,000 − 20,000,000 + 6,000,000 + 8,453,000 + 0) × 0.259 × 12/12 = 6,333,327

06 다음 자료에 의한 ㈜태백(사업연도 6기 1. 1.~12. 31)의 제6기의 감가상각비에 대한 세무조정으로 옳은 것은? ▶ '06 CTA 수정

(1) 기계장치에 대한 회사의 계상내역

구 분		5기 1.1~12.31	6기 1.1~12.31
사업연도말 현재 대차대조표상	취 득 가 액	20,000,000	20,000,000
	감가상각누계액	8,000,000	12,800,000
감가상각비 계상액		8,000,000	4,800,000

(2) 회사는 6기 7. 1. 기계장치 부품교체비용(자본적 지출에 해당) 10,000,000원을 수선비로 계상하였다.
(3) 기계장치는 5기 1.1. 취득하여 회사는 전기(제5기) 및 당기(제6기)에 정률법(상각률 0.4)을 적용하여 감가상각하였으며, 전기(제5기)의 세무조정은 적정하게 되었다.
(4) 기계장치의 상각방법은 전기(제5기)부터 정률법, 신고내용연수는 8년(상각률은 편의상 0.3으로 가정)으로, 관할세무서장에게 적기에 신고되었다.

① 손금산입 600,000원　② 손금불산입 7,600,000원
③ 손금불산입 3,700,000원　④ 손금불산입 4,000,000원
⑤ 손금산입 4,600,000원

해설

사업연도	회사계상액	상각범위액	세무조정
5기	8,000,000	6,000,000*2	<손금불산입> 2,000,000 (유보)
6기	14,800,000*1	7,200,000*3	<손금불산입> 7,600,000 (유보)

*1 4,800,000 + 10,000,000 = 14,800,000
*2 20,000,000 × 0.3 = 6,000,000
*3 (20,000,000 − 8,000,000 + 2,000,000 + 10,000,000) × 0.3 = 7,200,000

01 ② 02 ① 03 ④ 04 ② 05 ④ 06 ②

조정명세서 작성사례

다음 자료에 의하여 CJ㈜의 제20기 감가상각비 조정명세서를 작성하시오.

1. 사업연도 : 1. 1～12. 31
2. 건　물

자산구분	철근콘크리트조	재무상태표상 기말잔액	97,000,000
세목	사무소	당기감가상각비	3,000,000
법정내용연수	40년	자본적 지출액(제20기. 4. 10)	10,000,000
취득·사용시기	제20기. 3. 10	취득원가	100,000,000
신고내용연수	40년		

－자본적 지출액 10,000,000원을 회사는 수익적 지출로 처리하였다.

3. 차　량

법정내용연수	10년	재무상태표상 기말 잔액	7,700,000
중고자산취득	제20기. 6. 1	재무상태표상 감가상각누계액	2,300,000
취득원가	10,000,000	상각방법	정액법
기준내용연수 10년을 적용함.		구조 : 차량 및 운반구	
		세목 : 자동차	

해설 1. 건　물

(1) 감가상각 범위액(건물은 정액법만 적용)

$(100,000,000 + \text{자본적지출액 } 10,000,000) \times \frac{1}{40} \times \frac{10}{12}\left(\begin{array}{c}\text{사용일 이후 사업연도}\\\text{말까지의 기간이 10월임}\end{array}\right)$

$= 2,291,666$원

(2) 한도초과액

회사계상 감가상각비 3,000,000 + 수익적지출로 처리한 즉시상각의제액 10,000,000 － 범위액 2,291,666 = 10,708,334원

2. 차　량

(1) 중고자산 적용 내용연수 : 10년

(2) 상각시부인

① 감가상각 범위액 : $10,000,000 \times \frac{1}{10} \times \frac{7}{12} = 583,333$원

② 회사계상액 : 2,300,000원(첫년도의 감가상각비는 상각누계액과 일치함)

③ 한도초과액 : 2,300,000 － 583,333 = 1,716,667원

법인세법 시행규칙 [별지 제20호서식(2)] <개정 2019. 3. 20.> (앞쪽)

사 업 연 도	제20기. 1. 1. ~ 12.31.	유형 · 무형자산감가상각비 조정명세서(정액법)	법 인 명	CJ(주)
			사업자등록번호	

구분			총계	건물	차량
자산 구분	① 종류 또는 업종명			건물	차량
	② 구조(용도) 또는 자산명			콘크리트	
	③ 취득일			제20기.3.10	제20기.6.1
④ 내용연수(기준 · 신고)				40	10
상각 계산의 기초 가액	재무상태표 자산가액	⑤ 기말현재액		100,000,000	10,000,000
		⑥ 감가상각누계액		3,000,000	2,300,000
		⑦ 미상각잔액(⑤－⑥)		97,000,000	7,700,000
	회사계산 상각비	⑧ 전기말누계			
		⑨ 당기상각비		3,000,000	2,300,000
		⑩ 당기말누계(⑧＋⑨)		3,000,000	2,300,000
	자본적 지출액	⑪ 전기말부인누계			
		⑫ 당기지출액		10,000,000	
		⑬ 합계(⑪＋⑫)		10,000,000	
⑭ 취득가액(⑦＋⑩＋⑬)				110,000,000	10,000,000
⑮ 일반상각률 · 특별상각률				0.025	0.10
상각 범위액 계산	당기산출 상각액	⑯ 일반상각액		2,291,666	583,333
		⑰ 특별상각액			
		⑱ 계(⑯＋⑰)		2,291,666	583,333
	⑲ 당기상각시인범위액{⑱, 단 ⑱≦⑭－⑧－⑪＋㉕－전기㉘}			2,291,666	583,333
⑳ 회사계상상각액(⑨＋⑫)				13,000,000	2,300,000
㉑ 차감액(⑳－⑲)				10,708,334	1,716,667
㉒ 최저한세적용에따른특별상각부인액					
조정액	㉓ 상각부인액(㉑+㉒)			10,708,334	1,716,667
	㉔ 기왕부인액중 당기 손금 추인액(㉕, 단 ㉕≤ㅣ△㉑ㅣ)				
부인액누계	㉕ 전기말부인액누계(전기㉖)			10,708,334	1,716,667
	㉖ 당기말부인액누계(㉕＋㉓－ㅣ㉔ㅣ)				
당기말의 제상각액	㉗ 당기의제상각액(ㅣ△㉑ㅣ－ㅣ㉔ㅣ)				
	㉘ 의제상각의누계(전기㉘＋㉗)				
신고조정감가상각비계산 (2013. 12. 31. 이전 취득분)	㉙ 기준상각률				
	㉚ 종전상각비				
	㉛ 종전감가상각비 한도[㉚－{⑳－(㉖－㉕)}]				
	㉜ 추가손금산입대상액				
	㉝ 동종자산 한도계산 후 추가손금산입액				
신고조정감가상각비계산 (2014. 1. 1. 이후 취득분)	㉞ 기획재정부령으로 정하는 기준내용연수				
	㉟ 기준감가상각비 한도				
	㊱ 추가손금산입액				
㊲ 추가 손금산입 후 당기말부인액 누계(㉖－㉝－㊱)					

210mm×297mm[백상지 80g/㎡ 또는 중질지 80g/㎡]

법인세법 시행규칙 [별지 제20호서식(4)] <개정 2019. 3. 20.>

사업연도	제20기. 1. 1. ~ 12. 31.	감가상각비조정명세서합계표	법 인 명	CJ(주)
			사업자등록번호	

① 자산구분		코드	② 합계액	유형자산			⑥ 무형자산
				③ 건축물	④ 기계장치	⑤ 기타자산	
재무상태표 상가액	⑩① 기말현재액	01	110,000,000	100,000,000		10,000,000	
	⑩② 감가상각누계액	02	5,500,000	3,000,000		2,300,000	
	⑩③ 미상각잔액	03	104,700,000	97,000,000		7,700,000	
⑩④ 상각범위액		04	2,874,999	2,291,666		583,333	
⑩⑤ 회사손비계상액		05	15,300,000	13,000,000		2,300,000	
조정금액	⑩⑥ 상각부인액 (⑩⑤－⑩④)	06	12,425,001	10,708,334		1,716,667	
	⑩⑦ 시인부족액 (⑩④－⑩⑤)	07					
	⑩⑧ 기왕부인액 중 당기손금추인액	08					
⑩⑨ 신고조정손비계상액		09					

작 성 방 법

1. ⑩⑤회사손비계상액란 : 「법인세법」 제23조 제1항에 따라 결산서상 손비로 계상한 금액을 적습니다.
2. ⑩⑧기왕부인액 중 당기손금추인액란 : 당기에 시인부족액이 발생한 경우 당기 이전까지 한도초과로 부인했던 금액과 당기 시인부족액 중 작은 금액[별지 제20호서식(1) 유형자산감가상각비조정명세서의 ㉗금액, 별지 제20호서식(2) 유형・무형자산감가상각비조정명세서의 ㉔금액의 합]을 적습니다.
3. ⑩⑨신고조정손비계상액란 : 「법인세법」 제23조 제2항에 따라 추가로 손금산입한 금액 {"유형자산감가상각비조정명세서 및 유형・무형자산감가상각비조정명세서[별지 제20호서식(1)・(2)]"의 추가 손금산입액 합계[(1)의 ㉟, ㊳, (2)의 ㉝, ㊱]}을 적습니다.

210mm×297mm[백상지 80g/㎡ 또는 중질지 80g/㎡]

Chapter 12 충당금과 준비금

제1절 개 요

회계이론상 충당금(충당부채)이란 현실적으로 지급의무가 발생한 비용도 아니며 확정된 채무도 아니지만, 장차 발생하거나 또는 확정될 비용을 미리 측정하여 비용화함으로써 수익 · 비용대응의 원칙에 따라 기간손익을 합리적으로 계산하려는 데서 나온 회계처리방법이다.

회계상 충당금은 평가성충당금과 부채성충당금으로 나누어진다. 평가성충당금이란 특정 자산의 가액을 산정할 때 차감된 성질의 것으로 재고자산평가충당금과 대손충당금이 대표적인 예이다. 이에 반해 부채성충당금이란 기간손익계산의 적정화를 기하기 위하여 장래에 발생될 것이 확실한 비용을 예상하여 미리 부채로 설정한 것으로서 퇴직급여충당금과 판매보증충당부채 등이 있다.

그러나 현행 「법인세법」에서 규정하는 충당금은 대손충당금 · 퇴직급여충당금 · 퇴직연금충당금 · 구상채권상각충당금 · 일시상각충당금(압축기장충당금)의 5가지가 있으며, 이는 「법인세법」의 권리의무확정주의에 어긋나지만 법인이 이를 비용으로 회계처리를 하였을 경우 충당금 설정시점에서 일정한 방식으로 손금을 인정하기 위하여 둔 규정들이다.

기업회계와 세무회계의 충당금은 아래와 같이 구분할 수 있다.

기업회계와 법인세법의 충당금 비교

구 분	기업회계상 충당부채	법인세법상 충 당 금	비 고
① 대손충당금, 퇴직급여충당금, 구상채권상각충당금	○	○	
② 일시상각충당금, 압축기장충당금, 퇴직연금충당금	×	○	기업회계 위배
③ 판매보증충당부채, 공사보증충당부채, 공사손실충당부채, 복구충당부채, 하자보증충당부채	○	×	세법에 규정이 없음
④ 수선충당금	×	×	

Reference 세법에서 인정하지 않는 기업회계상 충당부채에 대한 세무조정

「법인세법」에서 명시적으로 인정하는 충당금을 제외하고는 기업회계의 기타 충당부채들은 손금으로 인정받을 수 없다. 따라서 기업회계상 이러한 충당부채들을 설정한 경우에는 반드시 세무조정을 하여야 하는데, 판매보증충당부채를 가지고 설명하면 다음과 같다.

구 분	회계처리	세무조정
충당부채의 설정	(차) 판매보증비 500 (대) 판매보증충당부채 500	손금불산입 500(유보)
충당부채를 실제 발생비용과 상계	(차) 판매보증충당부채 200 (대) 현 금 200	손 금 산 입 200(△유보)
충당부채 과대설정분의 환입	(차) 판매보증충당부채 300 (대)판매보증충당부채환입 300	익금불산입 300(△유보)

제 2 절 퇴직급여충당금 및 퇴직연금부담금

01 개 요

임직원들에게는 「근로자퇴직급여보장법」 또는 노사협약에 의해서 퇴직급여가 지급된다. 퇴직급여의 성격은 임직원이 제공한 근로의 대가 중 일부라는 점에서는 통상의 급여와 그 본질이 같고, 그 지급시기가 임직원의 퇴직 이후이라는 점에서는 다르다고 할 수 있다.

그리고 임직원의 퇴직급여는 근로제공에 따라 점진적으로 발생해서 누적된다. 따라서 기업회계는 임직원이 비록 현재 퇴직하지 않았더라도 장차 언제가는 퇴직할 것이므로 당해 회계연도의 근로제공에 따라 발생한 퇴직급여를 비용으로 처리하고 기말 현재 누적된 퇴직급여 추정액을 부채(퇴직급여충당부채)로 계상하도록 하여 수익·비용의 대응이 적절히 이루어지도록 하고 있다.

한편 「법인세법」상 권리의무확정주의라는 관점에서 퇴직급여충당금을 보면 이는 현재까지 임직원이 퇴직하지 않았으므로 세법상의 확정부채라고 볼 수 없고 따라서 관련 비

용은 손금으로 인정할 수 없다는 측면이 있다. 그러나 「법인세법」은 퇴직급여충당금이 언젠가는 지급하여야 할 것이므로 실질 부채에 가깝다는 점에서 기업회계의 처리방식을 수용하여 일정 범위 내에서 이를 손금으로 인정해주고 있다(법법 33).

임직원의 퇴직급여 및 퇴직급여충당금 손금인정 등과 관련하여 「법인세법」상의 취급을 요약하면 다음과 같다.

첫째, 임직원이 현실적으로 퇴직하지 않았는데 지급된 퇴직급여에 대하여는 퇴직시까지 퇴직급여로 보지 않고 업무무관 가지급금으로 보도록 하고 있다. 그리고 임원의 퇴직급여에 대하여는 정관 또는 정관에서 위임된 규정에서 임원퇴직금에 대한 명시적 규정이 없으면 「법인세법」에서 정한 한도액까지만 손금으로 인정하고 있다.

둘째, 퇴직급여충당금 설정액 중 일정액만을 손금으로 인정하고 있다. 다만 퇴직급여충당금에서 손금으로 인정받지 못한 부분은 퇴직연금에 가입해서 해당액을 사외에 예치한 경우에 추가적으로 손금을 인정해주고 있다. 이는 법인들이 임직원 퇴직급여 상당액의 사외예치를 장려해서 임직원들이 퇴직급여를 받을 권리를 보장해주기 위한 조치라고 할 수 있다.

02 퇴직급여제도

기업은 근로자의 퇴직시 「근로자퇴직급여보장법」 또는 노사협약에 의해 정해진 내부규정에 따라 퇴직급여을 지급하여야 한다. 「근로자퇴직급여보장법」은 근로기간 1년에 대해서 30일분 이상의 평균임금을 퇴직금으로 지급하도록 하고 있는데 이는 근로자에게 지급하여야 할 최소한의 퇴직급여액이므로, 회사 내부 규정에 의해 「근로자퇴직급여보장법」 상의 퇴직급여보다 많은 퇴직급여를 지급하도록 되어 있는 경우에는 내부 규정에 따라 퇴직급여를 지급하여야 한다.

따라서 기업이 회사 내부규정에 따라 「근로자퇴직급여보장법」보다 많이 지급한 퇴직급여도 세법상 퇴직급여로 인정되며 계속 근로기간 1년 미만인 임직원에게 지급한 퇴직급여도 세법상 퇴직급여의 지급으로 인정된다.

기업이 임직원의 퇴직시 지급할 퇴직급여와 관련하여 퇴직급여제도를 운영하는 형태는 크게 세 가지 형태(회사가 내부적으로 퇴직급여 상당액을 운용하는 경우, 확정기여형 퇴직연금에 가입하는 경우, 확정급여형 퇴직연금에 가입하는 경우)로 구분될 수 있다. 이에 대해서 간략히 살펴보면 다음과 같다.

가. 회사가 내부적으로 퇴직급여 상당액을 운영하는 경우

이는 회사가 매년 임직원 퇴직급여를 회계상 비용(퇴직급여) 및 부채(퇴직급여충당금)로 설정하지만, 퇴직급여 소요액을 외부 금융기관에 별도 예치하지 않고 회사의 다른 자금과 혼용하여 사용하다가 실제 임직원이 퇴직하면 회사가 직접 임직원에게 퇴직금을 지급하는 방식이다. 이에 대한 회계처리를 요약하면 다음과 같다.

㉠ 매년 임직원의 퇴직급여에 소요될 퇴직급여액을 부채로 설정

(차변) 퇴직급여(비용) 10,000 (대변) 퇴직급여충당금(부채) 10,000

㉡ 실제 임직원 퇴직시

(차변) 퇴직급여충당금(부채) 3,000 (대변) 현금, 예금 3,000

나. 퇴직연금에 가입하는 경우

퇴직연금제도는 퇴직급여의 지급에 소요되는 재원을 기업이 금융기관(퇴직연금사업자)에 임직원의 근무기간동안 미리 납부하고 근로자가 실제 퇴직하면 금융기관이 임직원에게 연금 또는 일시금의 형태로 퇴직급여를 지급하는 제도이다. 이 제도는 기업이 도산하는 경우에도 임직원의 퇴직급여 지급이 보장되고 임직원이 연금방식으로 퇴직급여를 수령할 수 있어서 임직원이 노후생활을 안정적으로 준비할 수 있다는 장점이 있지만, 회사 입장에서 임직원이 퇴직하지 않았는데 미리 자금을 사외로 유출시켜야 한다는 단점이 있다.

현재 퇴직연금제도는 일정 규모 이상의 기업은 가입이 강제되어 있지만 그렇지 않은 회사들도 많다. 따라서 현재 회사들은 퇴직연금에 가입하는 경우, 가입하더라도 일부만 가입한 경우 및 퇴직연금에 가입하지 않고 회사가 자체적으로 퇴직급여 상당액을 운영하는 경우가 함께 존재하고 있다.

한편 퇴직연금은 확정기여형 퇴직연금(Defined Contribution Plans ; DC)과 확정급여형 퇴직연금(Defined Benefit Plans ; DB)으로 구분되는데, 그 실질효과가 완전히 다르고 회계처리도 다르다. 그 차이를 요약하면 다음과 같다.

확정기여형 퇴직연금(DC형)	확정급여형 퇴직연금(DB형)
㉠ 기업은 연금에 출연하기로 약정한 금액만 출연하면 추가적 부담이 발생하지 않음 ㉡ 임직원이 받을 퇴직급여는 퇴직연금사업자의 투자수익성과에 따라 변동됨	㉠ 기업의 의무는 임직원이 약정된 퇴직급여를 받는 것을 보장해주는 것임 ㉡ 임직원은 확정된 퇴직급여를 받게 되고, 기업이 연금에 출연할 금액은 퇴직연금사업자의 투자수익성과에 따라 변동됨
〈회계처리〉 ㉠ 퇴직급여액에 대한 부채설정 ; 회계처리 없음 ㉡ 매년 퇴직연금에 납입하여할 금액을 납입한 경우 (차변) 퇴직급여 10,000 (대변) 현금·예금 10,000 ㉢ 퇴직연금운영자산에서 투자수익이 생긴 경우 ; 회계처리 없음 ㉣ 임직원 퇴직시 ; 회계처리 없음	〈회계처리〉 ㉠ 퇴직급여액에 대한 부채설정 (차변) 퇴직급여 10,000 (대변)퇴직급여충당금(확정급여채무) 10,000 ㉡ 퇴직연금에 전부 또는 일부를 납입한 경우 (차변) 퇴직연금운영자산(사외적립자산) 7,000 (대변) 현금·예금 7,000 ㉢ 퇴직연금 운영자산에서 투자수익이 생긴 경우 (차변) 퇴직연금 운영자산(사외적립자산) 700 (대변) 투자수익 700 ㉣ 임직원 퇴직시 (차변) 퇴직급여 충당금(확정급여채무) 5,000 (대변) 퇴직연금 운영자산(사외적립자산) 5,000

* 퇴직급여충당금은 기업회계상 확정급여채무 또는 퇴직급여충당부채와 동일한 개념으로 생각하면 된다. 기업회계에서 과거 퇴직급여충당금이란 계정과목을 사용하다가 확정급여채무 또는 퇴직급여충당부채로 계정과목 명칭을 바꾸었지만 세법에서는 그대로 퇴직급여충당금이란 용어를 사용하고 있다. 그리고 세법상 퇴직연금운영자산은 기업회계상 사외적립자산과 동일한 개념이다.

03 퇴직급여에 대한 세무조정 개요

퇴직급여와 관련된 세무조정은 다음 순서에 따라 이루어진다.

① 퇴직급여 지급액에 대한 세무조정

② 퇴직급여충당금에 대한 세무조정

③ 퇴직연금부담금에 대한 세무조정

이와 같은 순서에 따라 세무조정이 이루어지는 것은 퇴직급여충당금에 대한 세무조정을 함에 있어서 당기 중에 지급한 퇴직급여에 대한 세무조정의 결과를 반영하여야 하고, 퇴직연금부담금에 대한 세무조정을 함에 있어서는 퇴직급여충당금에 대해 이루어진 세무조정의 결과를 반영하여야 하기 때문이다. 따라서 이하 이 순서에 따라 설명한다.

04 현실적 퇴직 및 퇴직급여의 처리

가. 개 요

당기 중 지급한 퇴직급여에 대한 세무조정은 여러 가지 원인이 있지만, 일반적으로 다음 항목에서 발생한다.

① 현실적 퇴직이 아닌 경우에 지급된 퇴직급여

② 세무상 손금인정한도를 초과해서 지급한 임원에 대한 퇴직급여(직원에게 지급한 퇴직급여는 세무상 손금인정한도가 없으므로 노사협약이나 회사 내규보다 많은 퇴직급여가 지급되더라도 전액 손금으로 인정된다)

③ 세무상 퇴직급여충당금 잔액을 초과해서 퇴직급여를 지급하는 경우

④ 퇴직연금에서 퇴직급여를 지급하면서 퇴직급여충당금과 상계한 경우

Reference 현실적 퇴직의 범위

「법인세법」에서 임직원의 퇴직급여는 현실적으로 퇴직한 시점에서 지급하여야 한다. 만일 현실적 퇴직에 해당하지 않는 임직원에게 퇴직급여를 지급하였다면 이는 퇴직시 지급할 퇴직급여를 미리 지급한 것이므로 현실적 퇴직시까지 세법상 업무무관가지급금으로 보게 된다(법칙 22 ②). 현실적 퇴직이란 고용관계가 소멸되는 것을 말한다. 그러나 다음의 경우에는 임직원이 계속 근무를 하더라도 현실적 퇴직에 해당하는 것으로 본다(법령 44 ②).

① 법인의 직원이 임원으로 취임하는 때

② 법인의 임원 또는 직원이 그 법인의 조직변경 · 합병 · 분할 또는 사업양도에 의하여 퇴직한 때

③ 「근로자퇴직급여보장법」(8②)의 규정에 의하여 근로자가 퇴직하기 전에 퇴직급여를 중간 정산하여 지급하는 때(사용자는 무주택자의 주택구입 · 장기요양 등 일정한 사유가 있는 근로자에게 근로자가 퇴직하기 전에 계속 근로한 기간에 대한 퇴직급여를 미리 정산하여 지급할 수 있다.) 이 경우 근무연수를 직전 퇴직급여 중간정산 대상기간의 종료일의 다음날부터 기산하여 퇴직급여를 계산하는 경우에만 현실적 퇴직으로 인정한다.

④ 무주택자의 주택구입 · 장기요양 등 부득이한 사유로 임원에게 정관 또는 정관에서 위임된 퇴직급여지급규정에 따라 퇴직급여를 중간정산하여 지급하는 때. 이 경우 근무연수를 직전 퇴직급여 중간정산 대상기간의 종료일의 다음날부터 기산하여 퇴직급여를 계산하는 경우에만 현실적 퇴직으로 인정한다.

그러나 다음의 경우는 현실적 퇴직으로 보지 않는다(법기통26－44－1).

① 임원이 연임한 경우

② 대주주의 변동으로 인하여 계산의 편의, 기타 사유로 전 사용인에게 퇴직급여를 지급하는 경우 등

나. 지급한 퇴직급여의 세무조정

임직원에게 퇴직급여를 지급하면 이미 설정된 퇴직급여충당금과 상계하여야 하고, 만일 설정해 둔 퇴직급여충당금이 없다면 즉시 퇴직급여(비용)로 처리하게 될 것이다. 이러한 회계처리와 관련하여 주의하여야 할 세무조정방법을 살펴보면 다음과 같다.

(1) 세무상 퇴직급여충당금 잔액을 초과해서 지급한 퇴직급여

퇴직급여충당금을 설정한 법인이 임직원의 현실적 퇴직으로 퇴직급여를 지급하면 이는 퇴직급여충당금의 개인별 설정액과 관계없이 퇴직급여충당금과 먼저 상계처리하여야 한다(법기통 33…60…4). 따라서 실제 퇴직급여로 지급한 금액이 바로 손금이 되는 것이 아니며, 퇴직급여충당금과 상계된 후 퇴직급여충당금 한도액의 시부인을 통해서 한도액 범위 내에서 손금으로 인정되게 된다.

그러나 만일 당기에 현실적 퇴직에 따라 지급한 퇴직급여가 당기분 퇴직급여충당금 설정 전의 세무상 퇴직급여충당금 잔액(전기말 재무상태표상 퇴직급여충당금 − 전기말 세무상 부인누계액)을 초과한다면 그 초과액은 퇴직급여충당금 시부인과 별도로 손금산입을 하여야 한다. 이는 기업회계와 세무상의 회계처리를 비교하면 별도로 손금산입을 하여야 하는 이유를 알 수 있다.

세무상 퇴직급여충당금 잔액을 초과해서 지급한 퇴직급여

구 분	회 계 처 리
<가정> 전기말 퇴직급여충당금 10,000원(세무상 부인누계액 6,000원) 당기 퇴직급여 지급액 7,000원	
기업회계상 회계처리	(차) 퇴직급여충당금 7,000 (대) 현 금 7,000
세무상 회계처리	(차) 퇴직급여충당금 4,000 (대) 현 금 7,000 퇴직급여(비용) 3,000
세무조정	손금산입(퇴직급여충당금) 3,000(△유보)

(2) 현실적 퇴직에 대한 퇴직급여가 있고 퇴직급여충당금이 없는 경우

퇴직급여충당금이 없는 법인이 임직원의 현실적 퇴직으로 퇴직급여를 지급하면 이는 지급시 손금으로 인정된다.

(3) 현실적 퇴직이 아닌 퇴직급여를 퇴직급여충당금과 상계한 경우

현실적 퇴직에 해당하지 않는 임직원에게 퇴직급여를 지급하면 이는 현실적 퇴직시까지 업무무관가지급금으로 본다는 것은 이미 설명하였다. 만일 회사가 현실적 퇴직에 해당하지 않는 임직원에게 퇴직급여 1,000원을 지급하고 이를 퇴직급여충당금과 상계하였다면 다음과 같이 세무조정을 하여야 한다.

구 분	회계처리
기업회계상 회계처리	(차변) 퇴직급여충당금 1,000 (대변) 현 금 1,000
세무상 회계처리	(차변) 업무무관가지급금 1,000 (대변) 현 금 1,000
세무조정	손금불산입(업무무관가지급금) 1,000 (유보) 손금산입(퇴직급여충당금) 1,000 (△유보)

* 상기 기업회계상의 회계처리와 세무상의 회계처리로 인해서 당기순이익과 과세소득의 차이가 없다. 다만, 기업회계상 부채(퇴직급여충당금) 잔액이 세무상의 부채보다 과소표시되었고(손금산입, △유보) 세무상의 자산(가지급금)이 기업회계상 과소표시되었다(익금산입, 유보).

(4) 임원퇴직급여의 한도초과 지급액을 퇴직급여충당금과 상계한 경우

임원에 대해서 법인의 정관(정관에서 위임된 퇴직금규정 프함)을 초과해서 지급한 퇴직급여 및 정관상에 규정이 없는 경우 「법인세법」상의 한도를 초과해서 지급한 퇴직급여는 손금으로 인정될 수 없음은 이미 설명하였다. 만일 회사가 이렇게 손금으로 인정받을 수 없는 임원퇴직급여 1,000원을 지급하고 이를 퇴직급여충당금과 상계하였다면 다음과 같이 세무조정을 하여야 한다.

구 분	회계처리
기업회계상 회계처리	(차변) 퇴직급여충당금 1,000 (대변) 현 금 1,000
세무상 회계처리	(차변) 퇴직급여(손금불인정) 1,000 (대변) 현 금 1,000
세무조정	손금불산입(손금불인정퇴직급여) 1,000(상여) 손금산입(퇴직급여충당금) 1,000(△유보)

(5) 퇴직연금에서 지급된 퇴직급여를 퇴직급여충당부채와 상계한 경우

기업회계는 임직원 퇴직급여에 소요되는 금액 전액을 퇴직급여충당금 단일 계정과목으로 설정하도록 하고 퇴직급여를 지급한 경우에는 회사가 직접 지급하였는지 아니면 퇴직연금운영자산(사외적립자산)에서 지급하였는지에 관계없이 회계상으로는 항상 '퇴직급여충당금'과 상계하도록 하고 있다. 그러나 「법인세법」은 원칙적으로 임직원 퇴직급여에 소요되는 금액 중 확정급여형 퇴직연금에 가입한 부분은 '퇴직급여충당금'이 아니라 '퇴직연금충당금'이라는 별도의 부채 계정과목으로 설정하고 퇴직연금운영자산(사외적립자산)에서 지급한 부분은 '퇴직연금충당금'과 상계하도록 하고 있다.

따라서 기업회계에서 퇴직연금운영자산(사외적립자산)에서 지급한 퇴직급여를 회계상 '퇴직급여충당금'과 상계한 것은 기업회계의 관점에서는 올바른 회계처리이지만 「법인세법」의 관점에서는 잘못된 회계처리로 간주되므로 세무조정이 필요하다. 예를 들어 확정급여형 퇴직연금에 일부 가입한 회사가 퇴직급여 5,000원을 지급하면서 3,000원은 퇴직연금운영자산(사외적립자산)에서 지급하고 2,000원은 회사 자체자금으로 지급하면서 퇴직연금운영자산에서 지급한 3,000원도 퇴직급여충당금과 상계하는 회계처리를 한 경우에는 다음과 같은 세무조정을 하여야 한다.

㉠ 퇴직연금운영자산 감소분에 대한 세무조정 : 익금산입(퇴직연금) 3,000원 유보

㉡ 퇴직급여충당금 부당 상계분에 대한 세무조정 : 손금산입(퇴직급여충당금) 3,000원 △유보

따라서 세무상으로는 퇴직급여충당금 손금산입한도액 계산시 회사가 퇴직급여충당금에서 지급한 퇴직급여 금액은 회사 자체자금으로 지급한 2,000원으로 보게 된다.

다. 관계회사간의 전출입

전출명령에 따라 임직원이 그 법인에서 전출되어 그 법인과 직·간접적으로 출자관계에 있는 다른 법인에 전입되는 경우가 있다. 이러한 전출입의 경우 형식적으로는 퇴직과 입사라는 절차를 밟지만 실질적으로는 인사명령에 따라 이루어지며, 전출입시 퇴직급여를 받을 경우 근속기간을 통산하여 퇴직급여를 산정하는 경우보다 임직원에게 불리할 수 있다. 이러한 문제를 해소하기 위하여 「법인세법」은 전출입의 경우에는 다음의 방법을 모두 인정하고 있다(법령 44 ③).

① 전출을 현실적 퇴직으로 보아 직원에게 퇴직급여를 지급하는 방법

② 전출을 현실적 퇴직으로 보아 퇴직급여를 지급하되, 퇴직급여를 전입법인에게 현금으로 인계하는 방법. 그 후 전입법인에서 퇴직할 때 전입법인은 전출법인의 근속기간을 통산하여 계산한 퇴직급여를 지급하여야 한다.

③ 전출을 현실적 퇴직으로 보지 아니하고 전입법인에서 퇴직할 때 근속기간을 통산하여 계산한 퇴직급여를 전출법인과 전입법인이 안분하여 지급하는 방법

만일 전출시 임직원에게 퇴직급여를 지급하지 않은 경우에는 전입법인에서 퇴직할 때

전출법인과 전입법인의 근속기간을 합산하여 퇴직급여를 계산하게 된다(지배주주 및 지배주주와 특수관계에 있는 임원은 근속연수를 합산할 수 없다). 이 경우 전출법인과 전입법인은 다음과 같이 퇴직급여를 부담하여야 한다.

구 분	퇴직시 퇴직급여의 부담
① 전·출입시 퇴직급여추계액을 현금으로 인수·인계한 경우	전입법인이 퇴직급여 전액을 부담하여야 함
② 위 '①'이외의 경우	퇴직급여 총액을 각 법인이 지급하여야 할 퇴직급여에 따라 안분계산한 금액을 각 법인이 부담하여야 함

Reference 관계회사간 전출입시의 처리

① 전출법인으로부터 전입일 현재 퇴직급여추계액을 현금으로 인계받은 경우 : 인계받은 금액을 퇴직급여충당금계정에 기록한 후 후일 퇴직을 할 때 근속연수를 합산한 퇴직급여를 지급하면서 퇴직급여충당금계정을 감소시킨다.

	차변		대변	
인계시 :	현 금	×××	퇴직급여충당금	×××
퇴직시 :	퇴 직 급 여	×××	현 금	×××
	퇴직급여충당금	×××	퇴 직 급 여	×××

② 전출입시 퇴직급여를 인계하지 않은 경우 : 전출입시에는 아무 회계처리를 하지 않는다. 후일 퇴직시 근속연수를 통산한 퇴직급여를 전출법인과 전입법인간에 각 법인이 지급할 퇴직급여에 따라 안분계산한 금액을 지급하면서 전출·입법인이 각각 퇴직급여충당금을 감소시키는 회계처리를 하게 된다.

예제 49

다음 자료의 경우 A·B법인에게 각각 귀속될 퇴직급여를 계산하시오.

1. 서정화씨는 A법인에서 3년간 근무하다 A법인과 출자관계에 있는 B법인으로 전출하여 B법인에서 4년간 근무 후 퇴직하였다.
2. B법인은 A·B법인에서의 근무기간을 통산하여 퇴직급여 90,000,000원을 지급하였다.
3. A법인에서 전출시 퇴직급여를 지급할 경우 퇴직급여상당액은 20,000,000원이다.
4. B법인에서 근무한 기간(4년)에 대한 퇴직급여상당액은 40,000,000원이다.

해답 1. A법인이 부담할 퇴직급여 $= 90,000,000 \times \frac{20,000,000}{20,000,000 + 40,000,000} = 30,000,000$원

2. B법인이 부담할 퇴직급여 $= 90,000,000 \times \frac{40,000,000}{20,000,000 + 40,000,000} = 60,000,000$원

05 퇴직급여충당금

가. 개 요

「법인세법」은 법인이 임원(출자임원 포함)이나 직원의 퇴직급여에 충당하기 위해서 퇴직급여충당금을 손금으로 계상한 경우에는 일정한 범위 내에서 손금으로 인정한다(법법 33). 이러한 퇴직급여충당금의 손금산입 여부는 결산조정사항이므로 반드시 결산서에 반영하여야 하고, 신고조정은 허용되지 않는다.

나. 손금산입한도액

다음의 '①과 ②' 중 적은 금액을 세법상 퇴직급여충당금 손금인정한도액으로 한다.

> ① 총급여액 기준
>
> 한도액 = 퇴직급여의 지급대상이 되는 임원 · 직원의 총급여액 $\times \frac{5}{100}$
>
> ② 퇴직급여추계액 기준
>
> (퇴직급여추계액 × 일정률[*1] + 퇴직금전환금) − 퇴직급여충당금설정 전 세무상 충당금 잔액[*2]

*1 일정률 : 퇴직급여추계액에 곱하는 일정률은 2014년도 10%에서 매년 5%씩 축소되어 2016년 1월 1일 이후 개시하는 사업연도부터는 적용률이 0%가 된다. 이는 기업들이 퇴직급여충당금 해당액을 사내에 유보해두는 대신 사외에 적립, 즉 퇴직연금에 가입하도록 촉진하기 위한 것이다.

*2 전기이월 재무상태표상 퇴직급여충당금 − 전기말 충당금 부인누계액 − 당기 세무상 충당금감소액
이는 퇴직급여충담금 설정을 통해 세무상 과거에 손금인정받은 금액의 잔액이다.
다만, 퇴직급여충당금설정 전 세무상 충당금 잔액이 0보다 작은 경우에는 0으로 하여 퇴직급여추계액 기준 한도액을 계산하고, 0보다 작은 금액은 별도로 손금산입(△유보)로 세무조정을 하여야 한다. 이는 이미 설명한 '세무상 퇴직급여충당금 잔액을 초과해서 지급한 퇴직급여'에 대한 세무조정과 동일한 내용이다.

(1) 퇴직급여충당금 설정 대상자

상기 한도액에서 '퇴직급여의 지급대상이 되는 임원 · 직원'은 기말 현재 퇴직하였다면 퇴직급여를 지급하여야 할 임원(출자임원 포함) 및 직원을 말한다. 따라서 「근로자퇴직급여보장법」은 1년간 계속하여 근로한 근로자만을 퇴직급여의 지급대상으로 하지만, 법인 내규로 1년 미만 근속자에 대하여도 퇴직급여를 지급하도록 하고 있다면 1년 미만 단기근속자의 총급여도 포함하여야 한다.

(2) 총급여액

총급여액이란 퇴직급여의 지급대상이 되는 임원 또는 직원(확정기여형 퇴직연금이 설정된 자는 제외)에게 해당 사업연도에 지급한 총급여액으로, 근로의 제공으로 인하여 받는 봉급 · 급료 · 보수 · 세비 · 임금 · 상여 · 수당과 이와 유사한 성질의 급여 및 잉여금처분에 의한 상여의 합계액을 말한다. 그러나 인정상여 · 근로소득으로 보는 퇴직위로금 · 손금불산입되는 상여금 및 비과세소득은 포함하지 않는다(법령 60 ①).

(3) 퇴직급여추계액

퇴직급여추계액은 다음 '①과 ②' 중 큰 금액을 말한다(법령 60 ②).

① 일시퇴직기준 : 해당 사업연도 종료일 현재 재직하는 임원 또는 직원 전원(확정기여형 퇴직연금이 설정된 자 포함)이 퇴직할 경우에 퇴직급여로 지급되어야 할 금액의 추계액에서 확정기여형 퇴직연금 부담금으로 손금 인정을 받은 금액을 차감한 금액을 말한다.

② 보험수리적 기준 : 보험수리적 기준은 아래 방식에 의한 추계액의 합계액(확정기여형 퇴직연금이 설정된 자 포함)에서 확정기여형 퇴직연금 부담금으로 손금 인정을 받은 금액을 차감한 금액을 말한다. 아래에서 '㉠~㉢'의 금액을 합산하는 이유는 사업장 내 일부 근로자는 퇴직연금에 가입하고 일부는 미가입한 경우가 있고 또한 퇴직연금에 가입하였다고 하더라도 일부 재직기간에 대하여만 가입한 경우가 있으므로, 퇴직연금에 가입하지 않은 임직원에 대해서는 전체 재직기간에 대해 일시퇴직기준에 따른 추계액으로 계산하고 일부 재직기간에 대하여만 가입한 임직원에 대해서는 미가입 기간에 대해 일시퇴직기준에 따른 추계액을 가산하기 위한 것이다.

㉠ 전체 재직기간에 대해서 확정급여형 퇴직연금제도에 가입한 임직원에 대하여는 「근로자퇴직급여보장법」 제16조 제1항 제1호에 따라 보험수리적 기준을 적용해서 계산한 추계액. 여기서 보험수리적 기준을 적용해서 계산한 추계액은 해당 임직원의 예상퇴직시기, 임금상승률, 이자율 등 보험수리적 가정을 사용해서 산정한 예상퇴직금의 현재가치를 말한다.

㉡ 확정급여형 퇴직연금제도에 가입하였으나 일부 미가입 기간이 있는 임직원에 대하여는 그 미가입 기간에 대해 상기 일시퇴직기준에 따라 계산한 퇴직급여추계액

㉢ 확정급여형 퇴직연금에 가입하지 않고 확정기여형 퇴직연금에도 가입하지 않은 임직원에 대하여는 상기 일시퇴직기준에 따라 계산한 퇴직급여추계액

이때 법인 내에 퇴직급여지급에 관한 별도 규정이 있는 경우에는 그 규정에 의해서, 규정이 없으면 「근로자퇴직급여보장법」에 의해서 퇴직급여추계액을 산정한다(법칙 31 ①).

(4) 퇴직금전환금

퇴직금전환금은 재무상태표상 국민연금전환금 계정의 기말잔액을 말한다. 1999년 4월 1일부터는 퇴직금전환금제도가 폐지되었으나 종전에 납부되어 아직 소멸하지 않고 있는 부분에 대하여는 그 금액을 추계액기준한도액에 가산한다.

「국민연금법」에 의하여 근로자가 퇴직금의 일부를 미리 지급받은 것으로 보는 퇴직금전환금에 대하여는 법인의 손금이 아닌 자산으로 계상하여야 하며(실제 재무상태표에는 퇴직급여충당금의 차감형식으로 표시하게 됨), 퇴직금전환금을 가지급금으로 계상한 경우에도 당해 근로자가 퇴직할 때까지 「법인세법」상 가지급금인정이자계산이 배제되고(법칙 28 ①, 44 (4)), 근로자가 실제로 퇴직시 받는 퇴직급여과 합산하여 퇴직소득세를 과세한다(소법 22 ⑤).

예제 Example **50**

다음 자료에 의한 동덕산업㈜의 퇴직급여충당금의 계상한도액은 얼마인가 계산하시오.

1. 전기말 현재의 퇴직급여 추계액	50,000,000원
2. 당기말 현재의 퇴직급여 추계액	100,000,000원
3. 당기 급여지급총액(직원 상여금 2,000,000원, 출자임원급여 10,000,000원, 비출자임원급여 700,000원 포함)	40,000,000원
4. 전기말 충당금 잔액	20,000,000원
5. 전기말 충당금 부인액누계	1,000,000원
6. 당기 퇴직자에게 지급한 퇴직급여지급액	2,000,000원
7. 당기 중 입사자는 없고, 퇴직급여충당금 한도액 계산시 추계액에 대한 적용률은 0%라고 가정한다.	

해답 1. 총급여액기준의 한도액 계산

$$40,000,000 \times \frac{5}{100} = 2,000,000$$

2. 퇴직급여충당금 누적한도액 계산
   100,000,000 ×0%− (20,000,000 − 1,000,000 − 2,000,000) = △17,000,000(즉, ‘0’)

3. 한도액
   1, 2 중 적은 금액 0원이 퇴직급여충당금 한도액이다.

예제 51

퇴직급여충당금과 관련된 다음 자료를 기초로 할 때(사업연도 : 제10기.1.1～12.31) 필요한 세무조정을 하시오.

1. 퇴직급여충당금 계정의 변동
   기 초 잔 액 : 150,000,000원　　당기지급액 : 50,000,000원
   당기설정액 : 80,000,000원　　차 기 이 월 : 180,000,000원
2. 퇴직급여충당금 기초잔액 중 한도초과로 인한 부인액 : 120,000,000원
3. 1년간 계속 근로한 임원 및 직원의 총급여액 : 500,000,000원
4. 기말 현재 임원 및 직원이 전원 퇴직할 경우의 퇴직급여추계액 : 190,000,000원
   기말 현재 임원 및 직원에 대한 보험수리적 기준 퇴직급여추계액 : 200,000,000원
5. 퇴직급여충당금 한도액 계산시 추계액에 대한 적용률은 0%라고 가정한다.

해답 1. 퇴직급여충당금 계정분석

당기지급	50,000,000	기초잔액	150,000,000	(부인액 120,000,000포함)
차기이월	180,000,000	당기설정	80,000,000	
	230,000,000		230,000,000	

2. 퇴직급여충당금 한도액 : Min[①,②]
   ① 총급여액기준 : 500,000,000×5% = 25,000,000
   ② 추계액기준 : 200,000,000×0% − (150,000,000 − 50,000,000 − 120,000,000)* = 0
   * △20,000,000은 손금산입하고 잔액을 0으로 한다(손금산입 20,000,000 △유보)
     이는 세무상 퇴직급여충당금 잔액을 초과해서 지급한 퇴직급여에 대한 세무조정이다.
3. 퇴직급여충당금 한도초과액 : 80,000,000 − 0 = 80,000,000(한도초과)
4. 세무조정 내용 : 손금불산입(퇴직급여충당금) 80,000,000 유보
   손금산입(퇴직급여충당금) 20,000,000 △유보

참고 당기 퇴직급여충당금에 대한 세무조정 결과의 의미를 생각해보면 다음과 같다.
➤ 당기말 퇴직급여충당금에 대한 부인누계액(유보누계액)은 180,000,000원이다.
180,000,000=120,000,000(기초부인액)+80,000,000(당기설정액 한도초과)
−20,000,000(전기말 세무상 퇴직충당금 잔액을 초과지급한 퇴직급여)

➤ 당기말 세무상 퇴직급여충당금 잔액은 0원이다. 이는 당기말 현재 퇴직급여충당금 잔액 중 세무상 손금인정받은 금액이다.
0=180,000,000(회계상 퇴직충당금 잔액)−180,000,000(당기말 부인누계액)

➤ 당기말 퇴직급여추계액(일시퇴직기준과 보험수리적 기준 중 큰 금액) 200,000,000원 중 당기말 세무상 퇴직급여충당금 잔액 0원을 초과하는 금액은 퇴직연금에 가입함으로써 추가적으로 손금인정을 받을 수 있게 된다.

예제 52

퇴직급여충당금과 관련된 다음 자료를 기초로 할 때(사업연도 : 제10기.1.1~12.31) 필요한 세무조정을 하시오.

1. 장부상 퇴직급여충당금 계정의 변동

기초	증가	감소(퇴직금지급액)	기말
150,000,000	80,000,000	60,000,000	170,000,000

2. 기초 퇴직급여충당금에 대한 세무상 부인누계액은 110,000,000원이다.
3. 당기 퇴직금지급액 중 15,000,000원은 현실적 퇴직이 아닌 종업원에게 지급한 퇴직금으로, 전액 퇴직급여충당금에서 지급되었다.
4. 당기말 현재 퇴직금지급의무가 있는 임직원에 대한 연간 총급여액은 800,000,000원이다.
5. 당기말 현재 일시퇴직기준 퇴직급여추계액과 보험수리적 기준 퇴직급여추계액 중 큰 금액은 170,000,000원이다.
6. 당기말 퇴직급여충당금 한도계산시 퇴직급여추계액에 대해 적용할 일정률은 20%로 가정한다.

해답 1. 현실적 퇴직이 아닌 종업원에게 지급한 퇴직급여에 대한 세무조정
손금불산입(가지급금) 15,000,000 유보, 손금산입(퇴직급여충당금) 15,000,000 △유보

2. 퇴직급여충당금 한도액 : Min{①,②}=34,000,000
① 총급여액기준 : 800,000,000 × 5% = 40,000,000
② 추계액기준 : 170,000,000 × 20% − (150,000,000 − 110,000,000 − 45,000,000[*1])[*2]
= 34,000,000
*1 당기 퇴직급여 지급액−현실적 퇴직이 아닌 종업원에 대한 지급액
=60,000,000−15,000,000=45,000,000
*2 △5,000,000은 손금산입하고 잔액을 0으로 한다(손금산입 5,000,000 △유보).

3. 퇴직급여충당금 한도초과액 : 80,000,000 − 34,000,000 = 46,000,000(한도초과)

4. 세무조정 내용 :
   ㉠ 현실적 퇴직이 아닌 종업원에게 지급한 퇴직급여에 대한 세무조정
   손금불산입(가지급금) 15,000,000 유보, 손금산입(퇴직급여충당금) 15,000,000 △유보
   ㉡ 퇴직급여충당금에 대한 세무조정 :
   손금불산입(퇴직급여충당금) 46,000,000 유보
   손금산입(퇴직급여충당금) 5,000,000 △유보

참고 당기 퇴직급여충당금에 대한 세무조정 결과의 의미를 생각해보면 다음과 같다.

➤ 당기말 퇴직급여충당금에 대한 부인누계액(유보누계액)은 136,000,000원이다.
136,000,000=110,000,000(기초부인액)+46,000,000(당기설정액 한도초과)
−5,000,000(전기말 세무상 퇴직충당금 잔액을 초과지급한 퇴직급여)
−15,000,000(퇴직급여 지급액에 대한 세무조정 결과)

➤ 당기말 세무상 퇴직급여충당금 잔액은 34,000,000원이다. 이는 당기말 현재 퇴직급여충당금 잔액 중 세무상 손금인정받은 금액이다.
34,000,000=170,000,000(회계상 퇴직충당금 잔액)−136,000,000(당기말 부인누계액)

➤ 당기말 퇴직급여추계액(일시퇴직기준과 보험수리적 기준 중 큰 금액) 170,000,000원 중 당기말 세무상 퇴직급여충당금 잔액 34,000,000원을 초과하는 금액은 퇴직연금에 가입함으로써 추가적으로 손금인정을 받을 수 있게 된다.

다. 합병 · 분할시 승계한 퇴직급여충당금

퇴직급여충당금을 손금에 산입한 내국법인이 합병 또는 분할한 경우 및 그 사업을 내국법인에게 포괄적으로 양도하는 경우 그 법인의 퇴직급여충당금 중 합병법인 · 분할신설법인 · 분할합병의 상대방법인 및 사업을 양수한 법인에게 인계한 금액은 그 합병법인 등의 퇴직급여충당금으로 본다(법법 60 ③ · ④). 따라서 피합병법인 등의 퇴직급여충당금 한도초과액(유보잔액)도 합병법인 등이 승계하게 된다.

6 퇴직연금부담금

가. 개 요

기업이 회계상으로만 퇴직급여충당금을 설정하면 세무상 한도초과액에 대해서 법인세를 부담하게 되어 기업내부에 퇴직급여의 재원 전부를 유보할 수 없게 되고, 그 내부 유보자금은 사실상 운영자금이나 시설자금과 혼용되므로 임직원들의 퇴직급여 지급이 보장되었다가 하기 어렵다.

이러한 취지에서 「법인세법」은 기업이 임직원의 퇴직급여추계액을 은행 · 증권회사 등

퇴직연금사업자가 운용하는 퇴직연금에 가입하는 방법으로 외부에 예치하면 퇴직급여충당금의 세무상 한도액에 불구하고 그 납입한 퇴직연금 부담금을 퇴직급여추계액의 범위에서 전액 손금으로 인정해주는 특례를 두고 있다(법령 44의2 ①). 이러한 특례는 법인의 임원 또는 직원의 퇴직을 지급사유로 하고 임원 또는 직원을 수급자로 하는 연금(법령 44의2 ②, 법칙 23)에 대해서 적용한다.

한편 퇴직연금은 확정기여형 퇴직연금과 확정급여형 퇴직연금으로 구분되고 그 경제적 효과가 다르다는 사실은 이미 설명한 바 있다. 따라서 아래에서는 이 두가지를 구분하여 세무상의 취급을 설명한다.

나. 확정기여형 퇴직연금에 대한 세무조정

(1) 개 요

확정기여형 퇴직연금에 가입한 법인이 퇴직연금사업자가 관리·운용하는 근로자 개인별 계좌에 매년 1회 이상 정기적으로 사전에 정해진 부담금(연간 임금총액의 12분의 1 이상)을 납부하면 임직원의 퇴직급여 지급에 관한 의무가 종료되고, 임직원이 실제 퇴직할 경우에도 해당 법인이 추가로 부담할 것은 없게 된다.

따라서 회계상 확정기여형 퇴직연금에 가입한 법인이 매년 납부하여야 할 부담금을 납부하면 납부한 부담금을 퇴직급여 계정과목으로 즉시 비용처리하고 더 이상 임직원의 퇴직급여와 관련된 채무를 장부상 인식하지 않게 된다.

확정기여형 퇴직연금의 이러한 본질 때문에 「법인세법」은 확정기여형 퇴직연금(개인형 퇴직연금, 중소기업형 확정기여형 퇴직연금 및 「과학기술인공제회법」에 따른 확정기여형 퇴직연금을 포함)에 가입된 임원이나 직원에 대하여 법인이 매년 납부한 부담금은 즉시 손금으로 처리하고 있다.

확정기여형 퇴직연금 등에 대한 회계처리 및 세무조정

구 분	회계처리	세무조정사항
부담금 납부시	(차) 퇴직급여 ×× (대) 현 금 ××	전액 손금인정되므로 세무조정사항 없음
임직원 퇴직시	회계처리가 없음	세무조정사항 없음 (임원에 대해서는 한도초과 시부인)

* 기업회계상 회사가 납부할 부담금을 퇴직급여(비용)로 인식하고, 퇴직연금운용자산, 퇴직급여충당금 및 퇴직연금미지급금은 인식하지 않는다.

(2) 임원인 경우

임원에 대한 확정기여형 퇴직연금 부담금의 경우에는 임원 퇴직시까지 법인이 부담한 퇴직연금 부담금 합계액이 임원에 대한 퇴직급여가 되고, 임원의 퇴직시에 임원퇴직금 한도초과 여부를 검토하여야 한다. 즉, 임원 퇴직시점에서 법인이 부담한 해당 임원에 대한 확정기여형 퇴직연금 부담액 합계액과 임원퇴직금 세무상 한도액을 비교해서 시부인을 하여야 한다.

이렇게 해서 만일 임원퇴직금 한도초과액이 있으면 이는 퇴직일이 속하는 사업연도의 퇴직연금 부담금 등에서 한도초과액 상당액을 손금에 산입하지 않으며, 퇴직일이 속하는 사업연도의 퇴직연금 부담금 등이 한도초과액 상당액에 미달하면 미달하는 금액을 즉시 익금에 산입한다(법령 44조의2 ③).

그러나 직원의 퇴직급여는 금액의 제한이 없이 손금으로 인정하므로 직원 퇴직시 이러한 추가적인 세무조정절차가 필요하지 않다.

다. 확정급여형 퇴직연금에 대한 세무조정

(1) 개 요

확정급여형 퇴직연금은 임직원이 수령할 퇴직급여액은 정해져있지만 법인이 납부할 부담금은 퇴직연금사업자의 퇴직연금적립금 운용수익의 결과에 따라 달라지므로 고정되어 있지 않다. 따라서 법인은 임직원에 대해 퇴직연금에 가입한 경우라도 확정급여형으로 가입한 경우에는 회계상 임직원에 대한 퇴직급여추계액을 부채로 설정하여야 하고 적립한 퇴직연금부담금은 퇴직연금운영자산으로 계상하게 된다(실제로는 퇴직연금운영자산을 퇴직급여추계액에서 차감하는 형식으로 재무제표에 표시한다).

기업이 이처럼 확정급여형 퇴직연금에 가입하면 「법인세법」은 퇴직급여충당금의 세무상 한도액에 불구하고 그 납입한 퇴직연금부담금을 퇴직급여추계액의 범위 내에서 전액 손금으로 인정해주는 특례를 두고 있다(법령 44의2 ①).

퇴직급여추계액 기준 퇴직연금부담금의 손금산입 논리

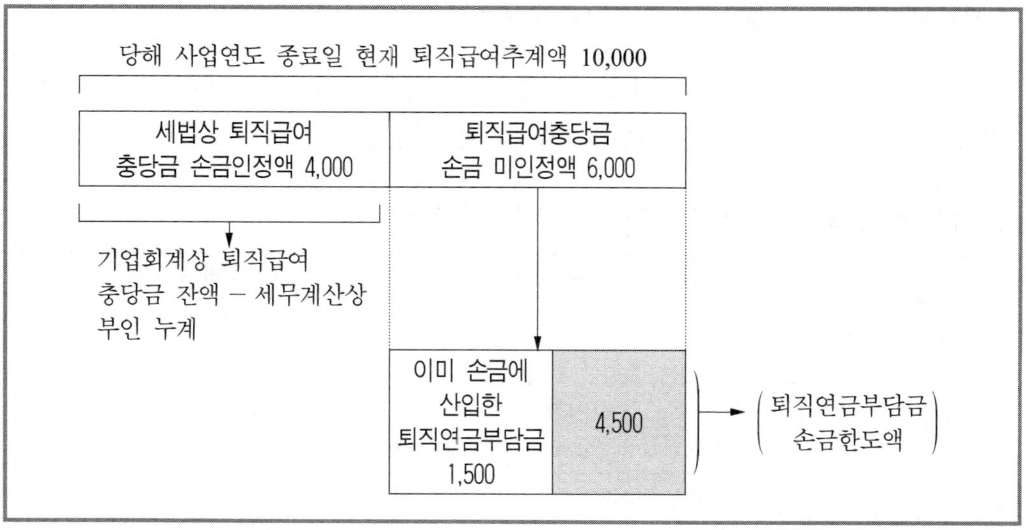

(2) 퇴직연금부담금의 신고조정

확정급여형 퇴직연금부담금은 신고조정방법으로 손금에 산입할 수 있다. 여기서 '신고조정방법으로 손금에 산입할 수 있다'는 의미는 다음과 같다.

확정급여형 퇴직연금에 가입한 법인이 퇴직연금 가입부분을 「법인세법」의 회계처리방법에 따라 퇴직급여충당금(상대 비용과목 : '퇴직급여')을 사용하지 않고 퇴직연금충당금(상대 비용과목 : '퇴직연금부담금')이라는 부채과목을 별도로 사용한 경우에는 확정급여형 퇴직연금에 대한 세무조정시 결산상 비용으로 처리된 '퇴직연금부담금(비용)'에 대해서 직접 시부인 계산을 하면 된다.

그러나 만일 기업회계에 따라 퇴직연금 가입부분까지 전부 퇴직급여충당금(상대 비용과목 : 퇴직급여) 과목으로 설정하였다면 결산상 비용으로 처리된 과목은 '퇴직급여' 뿐이고 이는 퇴직급여충당금에 대한 세무조정 단계에서 이미 손금불산입되었을 것이다. 따라서 회사가 기업회계에 따라 회계처리하였다면 확정급여형 퇴직연금에 대한 세무조정 단계에서 결산서상 비용에 반영되지 않은 비용, 즉 '퇴직연금부담금' 부분에 대해서는 신고조정으로 손금에 산입할 수 있다는 의미이다.

실무상으로는 확정급여형 퇴직연금에 가입한 경우 대부분의 기업이 「법인세법」에 따른 퇴직연금충당금 계정과목을 사용하지 않고 기업회계에 따라 퇴직급여충당금이란 단일의 계정과목을 사용하고 있으므로 일반적으로 확정급여형 퇴직연금에 대한 세무조정에서는 신고조정방식으로 손금에 산입하고 있다.

확정급여형 퇴직연금의 경우 회계처리 및 세무조정을 요약해보면 다음과 같다(퇴직연금부담금의 손금산입액이 손금산입한도액과 일치한다고 가정한다).

확정급여형 퇴직연금제도의 회계처리 및 세무조정

구 분	결산조정하는 경우[*1]	신고조정하는 경우
① 부담금을 납부할 때	퇴직연금운영자산[*2] ××× 현 금 ×××	퇴직연금운영자산[*2] ××× 현 금 ×××
② 결산시	퇴직연금부담금(비용) ××× 퇴직연금충당금 ×××	(회계처리 : 없음) (세무조정 : ××× 손금산입 · △유보)
③-ⓐ 퇴직할 때(종업원이 퇴직연금을 선택한 경우)	퇴직연금충당금 ××× 퇴직급여충당금 ××× 퇴 직 급 여(비용) ××× 퇴직연금미지급금 ×××	퇴직급여충당금 ××× 퇴 직 급 여(비용) ××× 퇴직연금미지급금[*3] ××× (세무조정 : ××× 손금불산입 · 유보)[*4]
③-ⓑ 퇴직할 때(종업원이 퇴직일시금을 선택한 경우)	퇴직연금충당금 ××× 퇴직급여충당금 ××× 퇴 직 급 여(비용) ××× 퇴직연금운영자산 ××× 현 금 ×××	퇴직급여충당금 ××× 퇴 직 급 여(비용) ××× 퇴직연금운영자산 ××× 현 금 ××× (세무조정 : ××× 손금불산입 · 유보)[*4]

*1 기업회계에서는 전액 퇴직급여충당금으로 계상하므로 퇴직연금 가입부분을 퇴직연금충당금으로 하여 재무상태표에 별도로 반영하는 결산방법은 허용되지 않는다.

*2 퇴직연금운영자산은 퇴직급여와 관련된 부채(퇴직급여충당금과 퇴직연금미지급금)에서 차감하는 형식으로 재무상태표에 표시한다.

*3 퇴직자의 예상퇴직연금합계액의 현재가치를 측정하여 계상한다.

*4 퇴직연금부담금을 신고조정하는 경우 당기중 퇴직한 임직원에 대한 퇴직급여 중 퇴직연금에서 부담한 부분은 익금산입 · 유보의 세무조정을 하여야 한다.

한편 퇴직연금부담금에 대한 세무조정은 퇴직급여충당금 중 손금으로 인정받지 못한 금액들에 대하여 외부 예치를 통해 추가적으로 손금을 인정해주는 것이므로 반드시 퇴직급여충당금에 대한 세무조정을 먼저 한 후에 하여야 한다.

(3) 손금산입한도액

퇴직연금부담금의 손금산입한도액은 다음과 같다. 따라서 아래의 손금산입한도액에서 결산에 비용으로 반영된 퇴직연금부담금(기업회계에 따라 회계처리하였다면 결산에 반영된 퇴직연금부담금은 0이다)을 차감한 차액에 대해서 세무조정을 하게 된다(차액이 +면 손금산입 · △유보를, 차액이 −이면 손금불산입 · 유보의 세무조정을 한다).

> 손금산입 한도액 = Min[①, ②] − 이미 손금산입한 퇴직연금부담금
> ① 추계액 기준*1 = 기말 퇴직급여추계액 − 기말 세무상 퇴직급여충당금 잔액
> ② 예치금 잔액 기준*2 = 기초 퇴직연금운영자산 잔액 − 기중 감소액
> + 기중 납입액 및 운용수익

*1 추계액 중 퇴직급여충당금 계상을 통해 손금으로 인정받지 못한 금액을 구하는 것이다.
*2 퇴직연금운영자산의 당기말 잔액이다.

(가) 기말 퇴직급여추계액

여기서 기말 퇴직급여추계액은 해당 사업연도 종료일 현재 재직하는 임원 또는 직원 전원의 퇴직급여추계액(일시퇴직기준에 의한 퇴직급여추계액과 보험수리적 기준에 의한 퇴직급여추계액 중 큰 금액을 말한다)에서 확정기여형 퇴직연금 불입을 통해 손금인정을 받은 금액을 차감한 금액으로 계산한다(법령 44조의2 ④).

(나) 기말 세무상 퇴직급여충당금 잔액

여기서 '기말 세무상 퇴직급여충당금 잔액'은 당기의 퇴직급여충당금에 대한 세무조정을 완료한 후 퇴직급여충당금의 세무상 잔액을 말한다. 따라서 기말 재무상태표상 퇴직급여충당금에서 퇴직급여충당금에 대한 당기 세무조정 결과 후의 부인누계액(유보누계액)을 차감한 금액이다.

(다) 이미 손금산입한 퇴직연금부담금

'이미 손금산입한 퇴직연금부담금'은 세무상 퇴직연금부담금으로 기왕에 손금산입된 이월잔액을 의미하게 되는데 다음과 같이 계산된다.

> 이미 손금산입한 퇴직연금부담금 =
> 재무상태표상 전기이월 퇴직연금충당금*1 + 전기말까지 신고조정으로 손금산입된 퇴직연금부담금 − 퇴직연금부담금 중 손금부인 누계액 − 당기중 퇴직연금 인출액

*1 기업회계에 따라 회계처리하였다면 이는 0이 될 것이다.

예제 53

다음은 ㈜서울의 제6기(1.1.~12.31.) 퇴직급여충당금과 퇴직연금운영자산에 관한 자료이다. 제6기 세무조정을 하시오. ▶ '06 CPA 수정

(1) 제6기 중 퇴직급여충당금 및 퇴직연금운영자산의 증감명세는 아래와 같다.

	기 초	지급액(수령)	전입액(불입)	기 말
퇴직급여충당금	100,000,000원	100,000,000원	4,000,000원	4,000,000원
퇴직연금운영자산	40,000,000원	40,000,000원	–	–

(2) 제5기말 현재 퇴직급여충당금 부인누계액 : 60,000,000원
(3) 제5기말 현재 퇴직연금부담금의 손금산입누계액(신고조정함) : 40,000,000원
(4) 제6기 퇴직급여충당금 한도초과액은 없다.

해답 • 세무조정

(손금산입) 세무상 퇴직급여충당금 잔액을 초과해서 지급한 퇴직급여 60,000,000(△유보)
(익금산입) 퇴직연금운영자산 인출액 40,000,000(유보)

예제 54

다음은 내국법인 한라의 제10기 사업연도(1.1~12.31)에 관한 자료이다. 한라의 제10기 사업연도에 대한 확정급여형퇴직연금 관련 세무조정을 하시오. ▶ '11 CPA 수정

1. 당기말 퇴직급여추계액은 일시퇴직기준으로 90,000,000원이고 보험수리적 기준으로는 80,000,000원이다.
2. 당기말 퇴직급여충당부채의 장부 잔액은 30,000,000원이고 이 중 세무상 부인액은 12,000,000원이다.
3. 당기 중 종업원 퇴직으로 보험회사가 15,000,000원을 지급하였고, 다음과 같이 회계처리 되었다.
   차변) 퇴직충당부채 15,000,000 대변) 퇴직연금운용자산 15,000,000
4. 당기말 퇴직연금운용자산 계정내역은 다음과 같다.

전기이월	당기증가	당기지급	차기이월
40,000,000	20,000,000	15,000,000	45,000,000

5. 한라는 확정급여형퇴직연금과 관련하여 신고조정을 손금산입하고 있으며, 전기말까지 신고조정으로 손금산입된 금액은 50,000,000원이다.
6. 한라는 K-IFRS를 적용하지 않는 것으로 가정한다.

해답 ① 세법상 퇴직연금부담금 손금산입 한도

Min(추계액기준 한도, 예치금 잔액기준 한도)-이미 손금산입한 퇴직연금부담금
=Min(㉠, ㉡)-(50,000,000-15,000,000)=10,000,000

㉠ 추계액 기준 : Max(90,000,000, 80,000,000)-(30,000,000-12,000,000)=72,000,000

㉡ 예치금 잔액기준 : 45,000,000(40,000,000-15,000,000+20,000,000)

② 세무조정

손금산입 10,000,000 (△유보) : 퇴직연금부담금 손금산입 한도에 따른 세무조정

익금산입 15,000,000 (유보) : 당기 퇴직연금운용자산 지급액에 대한 세무조정

예제 55

다음 자료에 의해 ㈜한동의 퇴직급여 관련 세무조정을 하시오.

1. 당기 중 재무제표상 퇴직급여충당부채의 증감내역은 다음과 같다.

계정과목	기초잔액	증가(설정액)	감소(퇴직금 지급)	기말잔액
퇴직급여충당부채	150,000,000	80,000,000	60,000,000	170,000,000

* 기말잔액은 보험수리적 기준에 의한 퇴직급여추계액 100%이고, 이는 일시퇴직기준에 의한 퇴직급여추계액보다 큰 금액이다.

* 퇴직금지급액은 전부 현실적 퇴직으로 인한 직원퇴직금 지급액이다.

2. 전기말 세무조정결과 퇴직급여충당금에 대한 세무상 손금부인누계액(유보누계액)은 110,000,000원이다.
3. 퇴직급여 지급대상자의 연간 총급여는 800,000,000원이다.
4. 퇴직급여충당금 세무상 손금인정 한도액을 계산할 때 추계액 기준에 대한 적용률은 0%라고 가정한다.
5. 확정급여형퇴직연금 관련 퇴직연금운영자산의 증감내역은 다음과 같다.

계정과목	기초잔액	증가(불입액)	감소 (퇴직금 지급)	기말잔액
사외적립자산	130,000,000	70,000,000	60,000,000	140,000,000

6. 확정급여형 퇴직연금에 대해 신고조정방식으로 세무조정을 하고 있으며, 전기말 퇴직연금불입액에 관련된 손금산입 누계액(△유보 누계액)은 130,000,000원이다.

7. 당기중 퇴직자에 대한 퇴직급여는 전액 퇴직연금운영자산에서 지급하고 퇴직급여충당부채와 상계하였다.

해답 ① 퇴직연금운영자산과 퇴직급여충당금 상계 회계처리에 대한 세무조정
익금산입(퇴직연금부담금) 60,000,000 유보
손금산입(퇴직급여충당금) 60,000,000 △유보

② 퇴직급여충당금에 대한 세무조정
☞ 퇴직급여충당금 손금인정한도액 : Min(㉠, ㉡)
㉠ 급여기준 : 800,000,000 × 5% = 40,000,000
㉡ 추계기준 : 170,000,000 × 0% + 0(퇴직전환금) − [150,000,000−110,000,000−0]*
=0
* 퇴직급여충당금 설정직전 세무상 퇴직급여충당금 잔액 = 기초 퇴직급여충당금(150,000,000) − 전기말 퇴직급여충당금부인누계액(110,000,000) − 당기 퇴직급여충당금에서 지급된 퇴직금(0) = 40,000,000
㉢ 당기 퇴직급여충당금 세무상 손금인정 한도액 = Min(㉠, ㉡) = 0원
☞ 퇴직급여충당금 세무조정 : 손금불산입(퇴직급여충당부채) 80,000,000 유보
(당기 설정액 80,000,000 − 한도액 0 = 한도초과 80,000,000원)

③ 퇴직연금부담금에 대한 세무조정
㉠ 퇴직급여충당금 세무조정 후 퇴직급여충당금에 대한 세무상 부인누계액
= 전기말 110,000,000원 + 당기 한도초과 80,000,000 − 상계분 60,000,000
= 기말누계 130,000,000원
㉡ 퇴직급여충당금 설정을 통해 손금인정받은 금액
= 퇴직급여충당금 설정잔액 170,000,000원 − 관련 부인누계액 130,000,000
= 40,000,000원
㉢ 추계액 중 퇴직연금을 통해 손금인정을 받을 수 있는 금액
= Min(ⓐ, ⓑ) − 기존 퇴직연금 손금인정액
= 130,000,000 − 70,000,000 = 60,000,000
ⓐ 추계액 기준
= 추계액 170,000,000 − 퇴충설정을 통해 손금인정받은 금액 40,000,000
= 130,000,000
ⓑ 적립액 기준
= 140,000,000
ⓒ 기존 퇴직연금손금인정액
= 기초잔액 130,000,000 − 당기 사외적립자산 감소액 60,000,000
= 70,000,000
☞ 퇴직연금부담금에 대한 세무조정 : 손금산입(퇴직연금) 60,000,000 △유보

제 3 절 대손충당금과 대손금 · 구상채권상각충당금

01 대손금

가. 의 의

대손금이란 법인이 보유하고 있는 채권 중 채무자의 파산 등으로 회수할 수 없게 된 채권 금액을 말하는데, 이것은 순자산 감소의 원인이 되므로 원칙적으로 손금인정된다. 여기에는 부가가치세 매출세액 미수금(대손세액공제 받지 않은 것)도 포함된다(법령 19(8)).

그러나 채권의 불량화는 서서히 진행되는 것이 보통이므로 회수불능의 판단은 사실상 모호하다. 이러한 점을 감안하여 「법인세법」은 대손금의 인정기준을 엄격히 정하고 있다(법령 19조의2).

한편 대손이 확정되면 법인은 장부상 대손충당금 잔액이 있으면 관련 채권을 우선적으로 대손충당금 잔액과 상계하고 부족액은 대손상각비로 회계처리하는데, 대손금에 관한 세무조정은 이와 같이 관련 채권금액을 장부에서 제각한 회계처리내용을 세무상 인정할 것인지에 관한 것이다. 다만 아래에서 설명하는 신고조정항목인 대손금에 관련된 세무조정은 법인이 관련 채권을 장부에서 제각하지 않더라도 세무조정과정에서 대손금 인정요건에 해당하면 강제로 손금산입하게 된다.

그리고 세무상 인정받지 못한 대손금이 있는 경우 법인이 장부에서 제각한 해당 채권은 세무상으로는 여전히 채권이 존재하는 것이 간주된다. 따라서 대손금 부인누계액은 뒤에 설명할 세무상 대손충당금 설정대상채권 잔액에 포함되게 되므로, 항시 대손금에 관한 세무조정이 대손충당금에 관한 세무조정보다 우선적으로 이루어져야 한다는 점에 주의하여야 한다.

나. 대손금 범위

(1) 신고조정사항(강제사항)에 해당하는 대손금

다음 중 어느 하나에 해당하는 채권의 금액은 해당 사유가 발생한 날이 속하는 사업연도의 손금으로 한다(법령 19조의2 ③). 이러한 대손금은 해당 사유가 발생한 사업연도에 법인이 이를 비용으로 계상하지 않으면 세무조정으로 손금산입하여야 한다. 따라서 손금산입이 강제되는 신고조정사항에 해당한다.

(가) 소멸시효가 완성된 채권

일정한 기간 동안 권리를 행사하지 아니하면 당해 권리에 대한 청구권은 법적으로 소멸되는데 이를 소멸시효라 한다. 소멸시효가 완성된 채권은 다음과 같다.

① 외상매출금 및 미수금으로서 「상법」상의 소멸시효가 완성된 채권
② 「어음법」·「수표법」상 소멸시효가 완성된 어음·수표
③ 대여금 및 선급금으로서 「민법」상 소멸시효가 완성된 채권

(나) 기타 회수불능 채권

다음의 채권도 기타 회수불능 채권으로 대손이 인정된다.

① 「채무자 회생 및 파산에 관한 법률」에 따른 회생계획인가의 결정 또는 법원의 면책결정에 따라 회수불능으로 확정된 채권 및 「서민의 금융생활 지원에 관한 법률」에 따른 채무조정을 받아 신용회복지원협약에 따라 면책으로 확정된 채권
② 채무자의 재산에 대한 경매가 취소된 압류채권(「민사집행법」 제102조는 강제경매에 있어서 채권우선순위 및 절차비용 등으로 경매의 실행에 실익이 없으면 경매절차를 취소하도록 하고 있다)
③ 합병하거나 분할하는 경우로서 피합병법인 또는 분할법인의 대손금을 합병등기일 또는 분할등기일이 속하는 사업연도까지 손비로 계상하지 아니한 경우 그 대손금은 해당 법인의 합병등기일 또는 분할등기일이 속하는 사업연도의 손금으로 한다(법령 19조의2 ④). 이는 합병법인·분할신설법인이 아래 사유가 결산조정사항인 점을 이용하여 세부담 회피를 하는 것을 방지하기 위하여 강제조정을 하도록 한 것이다.

(2) 결산조정사항(임의사항)에 해당하는 대손금

다음 중 어느 하나에 해당하는 채권의 금액은 해당 사유가 발생하여 손비로 계상한 날이 속하는 사업연도의 손금으로 한다(법령 19의2 ③). 이러한 대손금은 법인이 이를 결산서에 비용으로 계상하지 않은 경우에 세무조정에 의해서 손금산입할 수 없다. 따라서 결산조정에 해당한다.

(가) 감독기관장이 대손 승인한 채권

다음의 경우에는 비록 소멸시효가 완성되지 아니한 경우라도 대손으로 인정한다.

① 금융기관의 채권으로서 다음 중 하나에 해당하는 채권

㉠ 금융기관이 금융감독원장으로부터 대손금으로 승인받은 채권

㉡ 금융감독원장이 대손처리를 요구한 채권으로서 금융기관이 대손금으로 계상한 채권

② 중소기업창업투자회사의 창업자에 대한 채권으로서 중소기업청장이 기획재정부장관과 협의하여 정한 기준에 해당한다고 인정한 것

(나) 부도발생일부터 6월 이상 경과한 일정한 채권

부도발생일부터 6월 이상 경과한 수표 또는 어음상의 채권 및 외상매출금(외상매출금은 중소기업이 보유한 외상매출금으로서 부도발생일 이전의 것에 한정한다). 다만, 당해 법인이 채무자의 재산에 대하여 저당권을 설정하고 있는 경우는 제외한다. 이 경우 대손금으로 손비에 계상할 수 있는 금액은 사업연도 종료일 현재 회수되지 않은 당해 채권의 금액에서 1,000원을 공제한 금액으로 하는데(법령 19조의2 ②), 어음 및 수표는 건별로 1,000원을 공제하고 기타 채권은 거래처별로 1,000원을 공제한다.

한편 부도발생일로부터 6월 이상 경과한 일정한 채권은 그 경과일이 속하는 사업연도의 손비로 계상할 수 있지만, 만일 법인이 그 이후라도 기업회계기준에 의하여 회수할 수 없다고 판단하여 대손금으로 계상하면 그 사업연도의 손금이 된다.

(다) 기타 채권

① 채무자의 파산, 강제집행, 형의 집행, 사업의 폐지, 사망, 실종, 행방불명으로 인하여 회수할 수 없는 채권

② 회수기일이 6월 이상 경과한 채권 중 채권가액 30만원 이하의 채권(채무자별 채권금액의 합계액을 기준으로 함)

③ 중소기업의 외상매출금 및 미수금으로서 회수기일이 2년 이상 지난 것. 다만 특수관계인과의 거래에서 생긴 것은 제외한다.

④ 채권의 일부를 조기회수하기 위하여 해당 채권의 일부를 포기하여야 할 불가피한 사유가 있는 경우 포기한 그 채권금액. 다만, 법 52조(부당행위 계산부인)에 해당하는 경우는 그러하지 아니한다.

⑤ 확정판결과 같은 효력을 가지는 재판상 화해 및 화해권고결정 등에 따라 회수불능으로 확정된 채권

⑥ 물품의 수출 또는 외국에서의 용역제공으로 발생한 채권으로서 현지 거래은행・공공기관 등이 회수 불가능함을 인정하는 등의 사유에 해당하여 무역에 관한 법령에 따라 한국무역보험공사로부터 회수불능으로 확인된 채권

예제 56

다음은 ㈜가천의 제15기 대손금과 관련된 자료이다. 이에 관한 세무조정을 하시오.

1. ㈜가천이 회수가 불가능하다고 인식하여 당기에 대손충당금과 상계한 매출채권의 내역은 다음과 같다.

항 목	금 액
(1) 기말 현재 부도발생일부터 7월이 경과한 갑회사에 대한 채권(부도발생일 이전의 외상매출금 ₩35,000,000과 받을어음 1매 ₩12,000,000)	₩47,000,000
(2) 전전기(제13기)에 소멸시효가 완성된 을회사에 대한 채권	16,000,000
(3) 전기(제14기)에 파산선고를 받아 회수불능이 된 병회사에 대한 채권	25,000,000
합 계	₩88,000,000

2. ㈜가천은 전기에 대손처리한 채권 ₩40,000,000(이 가운데 ₩8,000,000은 손금불산입되었다)을 회수하고 이를 다음과 같이 처리하였다.
   (차) 현 금 40,000,000 (대) 대손충당금 40,000,000

3. ㈜가천은 중소기업에 해당하지 않으며, 전기 이전의 세무조정은 적정하게 이루어졌다고 가정한다.

해답 1. 대손처리한 매출채권

항 목		금 액	세무조정
(1) 갑회사에 대한 채권	• 외상매출금 • 받을어음	₩35,000,000 1,000	손금불산입(유보) ① 손금불산입(유보) ②
(2) 을회사에 대한 채권	전전기에 소멸시효 완성	16,000,000	손금불산입(유보) ③
(3) 병회사에 대한 채권	전기에 파산선고 · 회수불능	–	– ④

① 부도발생일부터 6월이 경과하였고 부도발생일 이전의 외상매출금이지만, 중소기업에 해당하지 않으므로 대손요건을 충족하지 못하고 있다.

② 대손요건을 충족하였으나 장부가액에서 ₩1,000을 공제한 잔액을 대손금으로 인정한다.

③ 소멸시효가 완성된 전전기의 대손금이므로 당기에는 손금산입이 허용되지 않는다. 이것은 신고조정사항이므로 전전기에 손금산입(△유보)하여야 하며, 따라서 당기에는 그 반대의 세무조정(손금불산입, 유보)이 발생하는 것이다.

④ 파산이 선고되어 회수할 수 없는 채권은 손금으로 계상한 사업연도의 손금에 산입된다. 따라서 당기에 손금계상하면 인정되는 것이다(이것은 결산조정사항이므로 전기에 세무조정에 의해 손금산입하지 못하였던 것이데, 당기에 이를 손금계상하여 인정받는 것이다).

2. 대손처리한 채권 중 회수한 금액 : ₩8,000,000 익금불산입(△유보)
   * 나머지 ₩32,000,000은 당초 손금인정받은 금액이므로 회수되었을 때 익금에 해당한다. 그러나 ₩8,000,000은 당초 손금불산입된 금액이므로 회수되었을 때 익금불산입항목에 해당한다.

➤ 보충 : 대손금으로 손금인정받은 채권이 회수되면 회수한 날이 속하는 사업연도의 익금에 산입하도록 하고 있다. 따라서 대손금으로 인정받았던 채권을 회수하고 이를 대손충당금의 증가로 회계처리한 경우 별도로 익금산입의 세무조정을 하여야 하고 채권회수로 대손충당금이 증가하였으므로 대손충당금에 관한 세무조정이 달라지는 것이 아닌가 생각할 수 있다. 그러나 대손금으로 인정받았던 채권을 회수하고 이를 대손충당금의 증가로 회계처리한 경우 회수된 채권에 대해 별도로 익금산입의 세무조정을 할 필요가 없다. 그리고 대손충당금에 대한 세무조정도 재무상태표의 대손충당금 잔액을 가지고 일반적인 방식과 동일하게 세무조정을 하면 된다. 그 이유는 회사가 다음과 같이 회계처리한 후 상각채권이익과 대손상각비를 상계하였다고 생각하면 알 수 있다.

(차변) 현 금	40,000,000	(대변) 상각채권추심이익	40,000,000
(차변) 대손상각비	40,000,000	(대변) 대손충당금	40,000,000

다. 채권의 재조정으로 인한 대손금

채권·채무재조정은 만기연장이나 이자율 완화와 같이 조건변경으로 이루어지거나 또는 원금의 일부 면제와 같은 형태로 이루어 지는데, 만기연장·이자율 완화 등의 채권재조정이 이루어짐에 따라 기업회계상 채권의 장부가액과 현재가치의 차액을 대손금으로 계상한 경우에는 이를 손금으로 인정하며, 손금에 산입한 금액은 기업회계의 환입방법에 따라 이를 익금에 산입한다(법령 19조의2 ⑤).

그러나 원금의 일부를 면제해주는 경우에는 '채권의 일부를 조기 회수하기 위하여 해당 채권의 일부를 포기하는 경우'로 보아 처리한다.

Reference 채무의 재조정에 대한 채무자의 세무처리

세무상 채권의 재조정으로 인한 현재가치의 차액을 채권자의 대손금을 인정하는 것과 달리, 채무자가 채무의 재조정으로 인한 현재가치의 차액을 기업회계에 따라 채무면제익(영업외수익)으로 계상하더라도 이는 채무자의 익금으로 보지 않는다(법기통 34-62…9). 그러나 채무자가 원금의 일부를 면제받는 경우 이는 채무면제이익에 해당되어 결손보전 등에 충당되는 경우 외에는 익금에 해당된다.

예제 57

㈜연세는 ㈜고려에 대한 채권 ₩100,000,000을 가지고 있는데 당사자간의 합의에 의해 만기를 연장하기로 한 경우 재조정된 채권의 현재가치가 ₩85,000,000이며, 당기 현재가치할인차금 환입액을 5,000,000원이라 가정하며 아래와 같이 회계처리시 세무조정을 행하라.

구 분	회계처리
① 채권재조정 시점	(차) 대손상각비 15,000,000 (대) 대손충당금(현재가치할인차금) 15,000,000
② 유효이자율법으로 환입시	(차) 대손충당금(현재가치할인차금) 5,000,000 (대) 이자수익 5,000,000

해답 ㈜연세가 계상한 대손상각비는 손금으로 인정되며, 이자수익으로 계상한 현재가치할인차금 환입액은 익금액이므로 세무조정이 필요없다.

* 회계상 대손충당금으로 회계처리된 경우 이는 세무상 대손충당금 시부인을 할 때 대손충당금으로 보지 않아야 한다(법령 61④). 세무상 이는 현재가치할인차금으로 보면 된다.

라. 대손처리 불가능 채권

다음에 대한 채권은 세무상 대손처리를 인정하지 않는다. 따라서 법인이 실제 이를 회수할 수 없게 되어 이를 장부상 대손금으로 처리하여도 손금불산입(소득처분 : 그 귀속에 따라 처분)으로 처리한다(법령 19조의2, 법령 50 ③).

① 특수관계인(특수관계인에 대한 판단은 대여시점을 기준으로 한다)에게 지급한 업무무관 가지급금(이와 관련된 채권의 처분손실 포함)

② 「부가가치세법」에 의해서 대손세액공제를 받은 금액

③ 채무보증(금융기관이 행하는 채무보증 · 대기업이 중소기업인 수탁기업을 위해서 하는 채무보증 · 국가를 당사자로 하는 계약에 따른 연대보증 · 해외자원개발사업자가 해외자원개발사업과 직접 관련해서 해외현지법인에 대해 행한 채무보증 · 건설업 및 전기통신업 회사가 건설사업과 관련하여 특수관계인이 아닌 자에게 제공한 채무보증 등 법령에서 허용하는 일정한 채무보증은 제외)으로 인하여 발생한 구상채권(이와 관련된 구상채권의 처분손실을 포함한다).

02 대손충당금

가. 의 의

법인이 영업을 하면서 거래처의 부도·파산 등으로 받을 채권에 대하여 어느 정도 대손금이 발생하는 것은 불가피한 것이다. 그래서 기업회계에서는 매년 받을 채권에 대하여 손상여부를 검사해서 회수의문시되는 금액을 대손충당금으로 하여 채권금액에서 차감하거나 차감하는 형식으로 기재하고 손익계산서에 비용으로 계상하도록 하고 있다.

이는 적정한 재무상태의 표시와 수익·비용 대응원칙상 필요한 것이다. 이러한 회계관행에 대하여 세무상 권리·의무확정주의를 고집하면 수익·비용대응원칙을 지키기 어렵게 되므로 「법인세법」에서도 기업회계상 계상된 대손충당금을 일정한도 내에서 손금으로 용인하고 있다(법법 34).

이러한 대손충당금의 손금산입은 결산조정사항이다. 즉 회사가 비용으로 계상한 경우에 한하여 일정한 한도액 범위안에서 손금으로 인정할 뿐, 회사가 비용으로 계상하지 않거나 미달하게 계상한 경우에는 세무조정에 의해 이를 손금산입할 수 없는 것이다.

나. 대손충당금 설정한도

「법인세법」은 다음 한도 내에서 대손충당금을 손금으로 인정하고 있다. 「법인세법」상 대손충당금 시부인은 손익계산서의 관련 손익이 아니라 재무상태표상의 대손충당금 잔액을 기준으로 시부인 계산을 하는 점이 특이하다.

일반법인의 대손충당금 손금산입한도액

대손충당금 손금산입 한도액 = 설정대상 채권 세무상 장부가액 × Max[1%, 대손실적률]
대손실적률 = 당해연도 손금인정 대손금 / 직전연도말 대손충당금 설정대상 채권 세무상 장부가액

금융기관의 대손충당금 손금산입한도액

대손충당금 손금산입 한도액
= 설정대상 채권 세무상 장부가액 × Max[1%, 대손실적률*1, 대손충당금적립기준*2]

*1 대손실적률은 일반법인의 대손실적률과 같음.
*2 대손충당금적립기준은 금융위원회가 기획재정부장관과 협의하여 별도로 정하며 다만, 신용보증기금 등 일부 금융기관에 대해서는 대손충당금적립기준을 적용하지 않음.

여기서 세무상 대손충당금 설정대상 채권의 장부가액은 다음과 같이 재무상태표상 채권의 장부가액에 대손금에 대한 세무조정 등에서 발생한 채권에 대한 유보금액 등(매출누락채권, 대손부인액 등)을 가산하여 계산한다.

세무상 대손충당금 설정대상 채권 장부가액 = 재무상태표상 채권의 장부가액 + 장부상 누락된 세무상 채권 해당액 − 설정제외 채권(업무무관가지급금 등)

다. 설정대상 채권

(1) 설정대상 채권

(가) 외상매출금

상품・제품의 판매가액의 미수액과 가공료・용역 등의 제공에 의한 사업수입금액의 미수액을 말한다. 그리고 법인이 동일인에 대하여 매출채권과 매입채무를 가지고 있는 경우 당사자간에 상계약정이 있는 경우를 제외하고는 상계하지 않고 대손충당금을 설정할 수 있다(법칙 32 ②).

(나) 대여금

금전소비대차계약 등에 의하여 타인에게 대여한 금액을 말한다. 다만, 특수관계인에게 법인의 업무와 관련 없이 지급한 가지급금은 제외한다(법법 34 ③).

(다) 어음상 채권

받을어음, 부도어음 등의 어음상의 채권은 대손충당금 설정대상 채권이다. 그러나 매출채권 또는 받을어음을 배서양도하는 경우 및 「자산유동화에 관한 법률」 제13조에 따른 방법으로 보유자산을 양도해서 기업회계기준에서 위험과 보상이 이전된 것으로 보아 매각거래로 보는 경우에는 대손충당금 설정대상이 될 수 없다. 한편 물품판매대금으로 받은 선일자수표는 그 성격이 받을어음과 같으므로 대손충당금 설정대상채권에 포함된다.

(라) 기타 채권

법인에 적용되는 기업회계기준 및 관행상 대손충당금 설정대상 채권, 예컨대 회수기일이 도래하지 않은 할부판매 미수금, 작업진행률에 의해 계상한 공사미수금, 유형자산 등의 매각금액 미수액 등도 대손충당금 설정대상채권에 포함된다.

(2) 비설정대상 채권

다음 채권에 대하여는 대손충당금을 설정할 수 없다. 또한 아래 채권에 대하여는 대손요건이 충족되었다 하더라도 그 대손금을 손금인정하지 아니한다(법법 19조의2 ②).

① 채무보증으로 발생한 구상채권(금융기관이 행하는 채무보증·대기업이 중소기업인 수탁기업을 위해서 하는 채무보증·국가를 당사자로 하는 계약에 따른 연대보증·해외자원개발사업자가 해외자원개발사업과 직접 관련해서 해외현지법인에 대해 행한 채무보증·건설업 및 전기통사업 회사가 건설사업과 관련하여 특수관계인이 아닌 자에게 제공한 채무보증 등 법령이 허용하는 일정한 채무보증은 제외)

② 특수관계인(특수관계인에 대한 판단은 대여시점을 기준으로 한다)에게 당해 법인의 업무와 관련 없이 지급한 가지급금

③ 할인어음, 배서양도한 어음

④ 특수관계인에게 자산을 고가양도하는 경우에 그 시가 초과액에 상당하는 채권

라. 대손충당금 상계와 환입

대손충당금을 설정한 법인은 실제로 대손이 발생한 때에는 이미 계상되어 있는 대손충당금과 먼저 상계하여야 하며, 상계후 남은 대손충당금의 금액은 그 다음 사업연도의 소득금액을 계산할 때 익금에 산입하여야 한다(법법 34 ④).

「법인세법」은 전기에 설정한 대손충당금 잔액을 당기에 모두 환입하고 다시 설정하는 방법을 요구하고 있는데, 이것을 총액법이라고 한다. 이에 반하여 기업회계에서는 상계하고 남은 대손충당금 잔액을 환입하지 않고 당기말 현재 대손추산액에 미달하는 부분만을 추가적으로 설정(초과하는 경우에는 환입)하도록 하고 있는데, 이것을 보충법이라고 한다.

세법에서는 총액법을 원칙으로 하고 있지만 보충법도 인정하고 있다. 이는 보충법이 회계처리상 단순한 기표절차를 생략한 것에 불과하므로 법인이 보충법으로 대손충당금을 설정한 것으로 세법상 인정하는 것이다.

또한 대손충당금과 상계하거나 손금산입한 대손금 중 회수한 금액은 그 회수된 날이 속하는 사업연도의 소득금액계산상 익금에 산입한다(대손금 회수액을 대손충당금 증가로 회계처리를 했다고 하더라도 실제로는 대손금 중 회수한 금액에 대한 별도의 세무조정은 필요하지 않다. 이에 대하여는 후술한다).

마. 합병 등 대손충당금 인계

대손충당금을 손금에 산입한 내국법인이 합병·분할한 경우에 그 법인의 합병등기일 또는 분할등기일 현재의 대손충당금(유보사항을 포함) 중 합병법인 등에게 인계한 금액은 그 합병법인 등이 합병등기일 또는 분할등기일에 가지고 있는 대손충당금으로 본다.

다만, 이러한 대손충당금의 인계는 이에 대응하는 채권이 동시에 인계되는 경우에 한하여 적용한다(법법 34 ⑥, 법령 61 ⑥).

예제 58

다음 자료에 의하여 삼화㈜의 대손충당금에 대한 세무조정을 하시오.

1. 사업연도 : 1. 1～12. 31
2. 채권내역

(단위 : 원)

내 역		비 고
외상매출금	130,000,000	–
받을어음	100,000,000	할인어음 40,000,000 포함 (기업회계상 매각거래에 해당)
대여금	300,000,000	대여금 중 1억원은 특수관계인에 대한 대여금임
부가가치세 매출세액미수금	70,000,000	–

3. 대손충당금계정

매출채권	500,000	기 초	1,000,000
기 말	15,000,000	대손상각비	14,500,000
	15,500,000		15,500,000

* 기초 대손충당금 중에는 세무상 한도초과액 200,000원이 포함되어 있다.

** 당기 대손금처리한 500,000원은 세법상 대손금 요건을 갖추고 있다.

4. 당기의 대손실적률 2%

해답 1. 설정대상 채권

외상매출금 130,000,000 + 받을어음 60,000,000[*1] + 대여금 200,000,000[*2] + 부가가치세 매출세액 미수금 70,000,000 = 460,000,000원

*1 100,000,000 − 40,000,000 = 60,000,000

*2 300,000,000 − 100,000,000(특수관계인에 대한 대여금은 제외) = 200,000,000

2. 한도액 : 460,000,000 × Max[1%, 2%] = 9,200,000원
3. 대손충당금 한도초과액 = 15,000,000(기말잔액) − 9,200,000 = 5,800,000원
4. 세무조정

손금불산입, 대손충당금 한도초과 5,800,000원(유 보)
익금불산입, 전기대손충당금 한도초과 200,000원(△유보)

해설 「법인세법」은 기말 대손충당금 설정 직전의 대손충당금 잔액을 전부 환입하고 당기 말에는 다시 대손충당금을 총액으로 설정하는 총액법에 따르고 있지만, 기업회계에서는 당기 말에 대손충당금 과부족액만을 추가설정하거나 환입하는 보충법에 따르고 있다. 그러나 보충법으로 회계처리를 하였더라도 이는 단순히 기표상의 생략에 불과한 것으로 본다.
대손충당금에 대하여 세무조정을 하는 방법은 총액법에 따르는 방법과 보충법에 따르는 방법 2가지가 모두 가능하다.

1. 총액법
   (1) 환입액에 대한 세무조정 : 회사 환입액은 1,000,000원(기초금액)이지만 세무상 환입하여야 할 금액은 800,000원(기초금액−전기말 부인누계액)이므로 과다 환입액 200,000원이 익금불산입(△유보)로 처리한다.
   (2) 당기 설정액 : 회사 설정액은 15,000,000원(기말금액)이지만 세무상 설정해야 할 금액은 9,200,000원(한도액)이므로 과다 설정액 5,800,000원을 손금불산입(유보)로 처리한다.
2. 보충법

   상기 총액법에 의한 세무조정이 손익계산서 과목(대손상각비와 대손충당금환입)을 중심으로 세무조정을 하는 것임에 대하여 보충법은 재무상태표의 대손충당금 기말잔액을 중심으로 세무조정을 하는 방법이다.
   보충법에 따르면 기말에 세무상 허용되는 대손충당금 잔액(한도액)이 9,200,000원이지만 재무상태표의 대손충당금 잔액은 15,000,000원이다. 따라서 그 차이 5,800,000원만큼 세무상의 대손충당금 부인누계액(유보 누계액)으로 있어야 한다. 그런데 전기 말에 이미 부인누계액 200,000원이 있는 상태이므로 부족액 5,600,000원만을 당기에 손금불산입(유보)으로 처리한다. 그러면 총액법에 의한 세무조정과 결과가 같다.

예제 Example 59

다음 자료에 의하여 ㈜한나라의 대손충당금설정한도를 계산하시오(사업연도 : 1.1~12.31).

1. 전기말 현재 대손충당금설정대상 채권잔액 : 2억원
2. 당해 사업연도 중 대손발생액 : 3,000,000
3. 당해 사업연도말 채권잔액 : 3억원

4. 당해 사업연도의 대손발생액 중 20만원은 특수관계법인에게 업무와 관련없이 지급한 가지급금을 대손처리한 것이며 40만원은 거래처 채권을 대손처리한 것으로 세무상 대손금 요건을 구비하지 못한 것이다.
5. 당해 사업연도말 현재 채권잔액 중 5,000만원은 특수관계법인에게 업무와 관련없이 지급한 가지급금임

해답 1. 대손금 시부인

㉠ 대손요건을 구비하지 못한 거래처 채권 : 손금불산입 400,000(유보)

㉡ 대손금 불인정 대상인 특수관계법인 가지급금 : 손금불산입 200,000(기타사외유출)

2. 대손충당금설정한도액 : (300,000,000＋400,000*2－50,000,000)×1.2%*1＝3,004,800

*1 대손실적율 : $\frac{3,000,000-600,000}{200,000,000}$ = 1.2%

*2 대손금 요건을 갖추지 못한 400,000원(손금불산입, 유보)이 대손충당금 설정대상채권에 가산됨. 특수관계인 가지급금은 대손금 인정이 되지 않고 대손충당금 설정대상채권에서도 제외됨. 따라서 200,000원은 대손금 시부인상 손금불산입된 채권이지만 대손충당금 설정대상채권에 가산되어 있지 않음.

03 구상채권상각충당금

법률의 규정에 따라 신용보증사업을 경영하는 내국법인(신용보증기금, 기술신용보증기금, 한국무역금융공사, 한국주택금융공사, 건설공제조합 등)이 구상채권상각충당금을 손금으로 계상한 경우에는 일정금액 범위 안에서 이를 손금에 산입한다(법법 35, 법령 63 ①).

가. 손금산입한도액

손금산입 한도액 = Min[①, ②]
① 당해사업연도말 현재의 신용보증잔액 × 1%
② 구상채권발생률 = 당해사업연도 구상채권 발생액 / 직전사업연도말 신용보증잔액

나. 상계 및 환입

위 규정에 의하여 구상채권상각충당금을 손금으로 계상한 법인이 다음에 해당하는 대손금이 발생한 경우에는 그 대손금을 구상채권상각충당금과 먼저 상계하고, 상계후의 잔

액은 다음 사업연도의 소득금액계산상 익금에 산입한다(법법 35 ②, 법령 63 ③).

① 대손요건에 해당하는 구상채권

② 당해 법인의 설립에 관한 법률에 의한 운영위원회가 기획재정부장관과 협의하여 정한 기준에 해당한다고 인정한 구상채권

다. 신고조정특례

구상채권상각충당금은 원칙적으로 결산조정사항이다. 그러나 국제회계기준을 적용하는 법인은 구상채권상각충당금을 신고조정을 하고 그 금액 상당액을 해당 사업연도의 이익처분을 할 때 적립금으로 적립하도록 하고 있다(법법 제35조 ②).

제4절 일시상각충당금과 압축기장충당금

01 개 요

법인이 공사부담금·국고보조금 및 보험차익을 수령하면 순자산이 증가하게 되므로 이는 원칙적으로 「법인세법」상의 익금에 해당한다. 그러나 공사부담금·국고보조금은 유형자산 등을 취득하기 위한 무상 보조금이고 보험차익은 소실된 유형자산 등에 대한 보상금으로 그 자산의 대체취득을 위한 재원이다. 따라서 이를 수령하는 시점에서 즉시 익금으로 하면 법인세 유출 때문에 유형자산 등의 취득을 위한 재원이 감소하게 되어 공사부담금·국고보조금 및 보험차익을 당초 목적대로 유형자산 등 취득에 전액 사용할 수 없게 된다.

이러한 문제점 때문에 「법인세법」은 유형자산 등 취득을 위한 공사부담금·국고보조금 및 보험차익을 수령하면 일단 이에 대하여 일시상각충당금(상각대상자산)이나 압축기장충당금(비상각대상자산)을 설정하여 손금으로 인정받을 수 있도록 함으로써 공사부담금·국고보조금 및 보험차익의 수령이 과세소득에서 제외될 수 있도록 하고 있다. 그리고 설정된 일시상각충당금은 해당 자산을 취득한 후 발생되는 감가상각비와 상계하도록 하고 압축기장충당금은 해당 자산의 처분시 발생되는 처분손익과 상계하도록 하고 있다.

결국 일시상각충당금과 압축기장충당금 제도는 공사부담금·국고보조금 및 보험차익을 당초 목적대로 유형자산 등 취득에 전액 사용할 수 있도록 수령하는 시점에서는 일시적으로 과세를 이연시키고 이후 해당 자산에 대한 상각비 또는 처분손익과 상계되도록 하여 그 상계시점에서 법인세를 부담하도록 하는 과세이연제도라고 할 수 있다.

그리고 본래 일시상각충당금이나 압축기장충당금의 손금산입여부는 결산조정 사항에 해당되지만, 신고조정으로 이를 손금에 산입할 수 있다(법령 98 ②).

이하 설명할 공사부담금·국고보조금 및 보험차익의 내용을 요약하면 다음과 같다.

세무처리 비교

구 분	공사부담금	국고보조금	보험차익
① 대 상	전기·가스·집단에너지 공급사업 및 초고속정보통신구축사업법인(업종제한 있음)	「보조금의 예산 및 관리에 관한 법률」 등의 규정에 의하여 국가·지방자치단체로부터 보조금을 받는 법인(법률에 제한 있음)	보험차익 발생법인
② 손금산입액	공사부담금으로 취득한 또는 취득할 사업용 유형자산 및 무형자산	국고보조금으로 취득한 또는 취득할 사업용 유형자산 및 무형자산과 비축용석유류 가액	보험차익으로 취득한 또는 취득할 사업용 유형자산 및 무형자산 가액
③ 손금산입시기	지급받은 사업연도	지급받은 사업연도	지급받은 사업연도
④ 손금산입요건(일정기간내 사용의무)	지급받은 사업연도와 그 다음 연도 개시일부터 1년 이내에 그 시설을 구성하는 사업용자산의 취득에 사용하여야 한다.	좌 동*	보험차익을 받은 사업연도와 그 다음 사업연도 개시일부터 2년 이내에 멸실한 사업용자산의 취득 또는 개량에 사용하여야 함
⑤ 익금산입액	㉠ 위 '④'의 의무사용기간 내에 사업용자산을 취득하지 아니한 때에는 당해 사유가 발생하는 날이 속하는 사업연도의 익금에 산입한다. 다만 공사부담금·국고보조금은 공사인허가의 지연 등 법정소정사유로 1년내 사용하지 못한 경우에는 해당사유가 종료된 날이 속하는 사업연도의 익금으로 한다. ㉡ 자산을 취득하기 전에 법인이 폐업 또는 해산(합병경우 제외)한 경우 즉시 익금산입한다.		

* 공사부담금과 국고보조금은 법인이 먼저 사업용 자산을 취득·개량하고 사후적으로 공사부담금이나 국고보조금을 제공받는 경우에도 일시상각충당금 등의 설정을 통해 손금에 산입할 수 있다. 다만, 이 경우 공사부담금이나 국고보조금을 제공받기 전에 취득한 자산에 대해 감가상각을 통해 이미 손금으로 인정받

은 금액이 있는 경우에는 이미 손금으로 인정받은 감가상각비 중 공사부담금이나 국고보조금의 비율에 해당하는 금액만큼은 일시상각충당금 등을 설정할 수 없다(법령 64 ②, 65 ②).

02 공사부담금

가. 의 의

전기·가스나 열 등을 공급하는 사업은 막대한 시설비가 소요되는 사업이므로 공급자는 그 송·배선공사나 배관공사 등에 소요되는 자산의 전부 또는 일부를 수요자 또는 이용자로부터 제공받아 공사를 하는 경우가 있는 바, 이와 같이 전기·가스나 열 등의 공급사업자인 법인에게 증여되는 금전·자재·토지 등 자산가액을 공사부담금이라고 한다.

「법인세법」상 소득은 소위 순자산증가설에 입각하는 것이므로 이와 같은 수증자산인 공사부담금은 당연히 과세대상소득인 것이다. 그러나 전기·가스나 열 등의 공공사업을 육성·발전시킨다는 정책적 배려에서 이러한 공사부담금 중 일정액을 손금에 산입하여 과세를 이연시킬 수 있도록 하고 있다.

나. 적용대상법인

일시상각충당금 또는 압축기장충당금을 설정할 수 있는 자는 다음 사업을 하는 내국법인이다(법법 37 ①).

① 전기사업
② 도시가스사업
③ 액화석유가스(충전사업·집단공급사업 및 판매사업)
④ 집단에너지 공급사업
⑤ 초고속정보통신기반구축사업(「국가정보화기본법」) 및 수도사업(「수도법」)

다. 손금산입 요건 및 회계처리

전기·가스나 열 등의 수요자 또는 그 시설에 의하여 편익을 받는 자로부터 사업에 필요한 시설을 하기 위하여 금전 등을 제공받아 그 금전 등으로 당해 시설을 구성하는 토지 등 유형자산 및 무형자산(이하 '사업용자산')을 취득하거나 위 적용대상법인으로부터 그 시설을 구성하는 사업용자산을 제공받은 경우에 손금산입할 수 있다.

여기서 유의할 것은 수요자 등으로부터 받은 공사부담금은 무조건 손금산입이 되는 것이 아니라, 그 교부받은 공사부담금 중 사업용자산의 취득에 필요한 가액만이 손금산입의 대상이 된다는 점이다(공사부담금을 받은 사업연도에 사업용자산을 취득할 수 없는 경우에는 유예기간까지 취득한다는 '사용계획서'를 제출하고 일단 손금에 산입할 수 있다).

공사부담금으로 취득한 사업용자산에 대한 손금산입 방법은 그 사업용자산의 장부가액을 감액하지 않고 감가상각대상자산에 대하여는 일시상각충당금으로, 토지 등 비상각자산에 대하여는 압축기장충당금으로 계상하여 손금산입하고, 그 이후 공사부담금으로 취득한 사업용자산의 감가상각비는 일시상각충당금의 범위내에서 일시상각충당금과 상계하게 된다. 다만 일시상각충당금이나 압축기장충당금의 장부계상은 기업회계기준에 위배되므로 법인은 이를 신고조정으로 손금산입하는 것을 선택할 수 있다(법령 98 ②).

라. 고정자산명세서 등 제출

공사부담금을 손금에 산입하고자 하는 법인은 법인세 과세표준신고서에 공사부담금과 공사부담금으로 취득한 사업용자산의 명세서 또는 공사부담금의 사용계획서를 첨부하여 관할세무서장에게 제출하여야 한다(법법 37 ③).

마. 사용제한

공사부담금을 교부받은 사업연도에 사업용자산을 취득할 수 없는 경우에는 다음 사업연도의 개시일로부터 1년 이내에 사용하여야 한다. 이 경우 공사의 허가 또는 인가의 지연 등 부득이한 사유로 인하여 공사부담금을 기한 내에 사업용자산 취득에 사용하지 못한 경우에는 해당 사유가 종료된 날이 속하는 사업연도의 종료일을 그 기한으로 본다(법법 36 ②).

바. 익금에 환입

공사부담금을 손금에 산입한 이후 다음의 하나에 해당할 때에는 당해 사유가 발생한 사업연도의 익금에 산입한다(법령 64 ④ ⑤).

① 공사부담금을 사업용자산 취득을 위하여 기한 내에 사용하지 아니한 때

② 공사부담금을 사업용자산의 취득을 위하여 사용하기 전에 법인이 폐업 또는 해산(합병 제외)한 때

예제 60

다음 자료의 경우 세무조정을 하시오.

1. 6. 1 공사부담금 3,000만원 현금으로 받음.
2. 7.20 공사부담금으로 유형자산 취득
   토지 1,000만원, 건물 2,000만원
3. 건물의 감가상각은 정액법에 의하여 상각률은 5%임.
4. 회사는 다음과 같이 회계처리하였다.

① 공사부담금 교부 받을 때

(차) 현 금	30,000,000	(대) 공 사 부 담 금 (현금의 차감표시 항목)	30,000,000

② 자산을 취득할 때

(차) 토 지	10,000,000	(대) 현 금	30,000,000
건 물	20,000,000		
(차) 공 사 부 담 금 (현금의 차감표시 항목)	30,000,000	(대) 공 사 부 담 금 (고정자산 차감표시 항목)	30,000,000

③ 결산시

(차) 감가상각비*	500,000	(대) 감가상각누계액	500,000
공사부담금	500,000	감 가 상 각 비	500,000

* $20,000,000 \times 5\% \times \frac{6}{12}$(취득일~12.31까지 6월분) = 500,000

해답 1. 기업회계와 세무회계의 차이조정

① 공사부담금으로 자산취득시

회사의 회계처리	세 무 회 계
(차) 자 산 30,000,000 (대) 자산의 차감표시 항목(공사부담금) 30,000,000	(차) 자 산 30,000,000 (대) 익금항목(공사부담금) 30,000,000
세무조정 (차) 자산의 차감표시 항목 30,000,000	(대) 익금항목 30,000,000

따라서 공사부담금을 익금산입한다.

② 일시상각충당금과 압축기장충당금 설정

회사의 회계처리	세 무 회 계
–	(차) 압축기장충당금전입액 10,000,000 일시상각충당금전입액 20,000,000 (대) 압축기장충당금 10,000,000 일시상각충당금 20,000,000
세무조정 (차) 압축기장충당금전입액 10,000,000 일시상각충당금전입액 20,000,000	(대) 압축기장충당금 10,000,000 일시상각충당금 20,000,000

따라서 압축기장충당금전입액과 일시상각충당금전입액을 손금산입시킨다.

③ 건물분 감가상각비 상계

회사의 회계처리	세 무 회 계
(차) 공사부담금 500,000 (대) 감가상각비 500,000	(차) 일시상각충당금 500,000 (대) 감가상각비 500,000
세무조정 (차) 일시상각충당금 500,000	(대) 공사부담금 500,000

감가상각비와 상계된 일시상각충당금은 손금불산입되고 감가상각비와 상계된 공사부담금은 익금불산입된다. 즉, 일시상각충당금 20,000,000원의 △유보는 감가상각비와의 상계를 통하여 유보로 소멸된다. 그리고 일시상각충당금에 상응하는 공사부담금 20,000,000원 유보는 감가상각비와 상계되면서 △유보로 소멸된다.

2. 세무조정
   ① 익금산입, 공사부담금 30,000,000원(유보)
   ② 손금산입, 압축기장충당금 10,000,000원(△유보)
   ③ 손금산입, 일시상각충당금 20,000,000원(△유보)
   ④ 손금불산입, 일시상각충당금 500,000원(유보)
   ⑤ 익금불산입, 공사부담금 500,000원(△유보)

   * 세무조정 후 과세소득에 미치는 영향금액은 영(0)이다.

3. 회사가 공사부담금과 감가상각비를 상계함으로써 세무조정 후의 과세소득 증가분은 없다.

예제 61

다음 도시가스회사의 자료를 가지고 물음에 답하시오. 회사는 법인세최소화를 도모한다고 가정한다.

1. ×1. 6. 1.에 고객에게 향후 도시가스를 지속적으로 공급하기로 하고 고객으로부터 시설부담금으로 3,000만원의 현금을 받음.
2. ×1. 7. 20. 고객으로부터 받은 현금으로 도시가스공급시설용 유형자산(토지 1,000만원, 시설장치 2,000만원)을 취득함.
3. 시설장치의 감가상각은 정액법에 의하고 상각률은 연 5%라고 가정함.
4. 회사는 다음과 같이 회계처리를 하였다.

㉠ ×1. 6. 1. 공사부담금을 교부받을 때

(차) 현　금	30,000,000	(대) 이연수익(부채)	30,000,000

* 고객으로부터 받은 현금은 장래에 공급할 도시가스요금의 선납금액으로 보고 회계처리함.

㉡ ×1. 7. 20. 자산을 취득할 때

(차) 토　지	10,000,000	(대) 현　금	30,000,000
시설장치	20,000,000		

㉢ ×1. 12. 31. 결산시

(차) 감가상각비	500,000	(대) 감가상각누계액	500,000
(차) 이연수익	750,000	(대) 수　익	750,000

* 이연수익은 당해 유형자산의 내용연수에 해당하는 기간동안의 도시가스요금 선납액으로 보고 기간안분해서 수익대체를 하기로 함.

(물음1) 20×1년의 세무조정을 하시오.
(물음2) 20×2년의 세무조정을 하시오.

<20×2년 결산시 회계처리 내용>

(차) 감가상각비	1,000,000	(대) 감가상각누계액	1,000,000
(차) 이연수익	1,500,000	(대) 수　익	1,500,000

해답 (물음1)

① 공사부담금 수령 및 자산취득 관련 세무조정

익금산입(이연수익)	30,000,000원	(유보)
손금산입(압축기장충당금)	10,000,000원	(△유보)
손금산입(일시상각충당금)	20,000,000원	(△유보)

② 감가상각 관련 세무조정

손금산입(이연수익)	750,000원	(△유보)
익금산입(일시상각충당금)	500,000원	(유보)

(물음2)
손금산입(이연수익) 1,500,000원 (△유보)
익금산입(일시상각충당금) 1,000,000원 (유보)

참고 회계처리방법에 따라 세무조정 내용이 어떻게 달라지는가 하는 관점에서 공사부담금을 자산차감법으로 회계처리한 앞의 예제와 비교하면서 공부하는 것이 바람직하다.

03 보험차익

가. 의 의

보험차익이란 보험에 가입된 자산에 사고가 발생하여 보험회사로부터 받는 보험금이 그 자산의 장부가액을 초과하는 경우에 그 초과액을 말한다.

보험차익 = 보험금 − 자산 장부가액

이러한 보험차익이 발생하는 것은 실제 보험에 가입하는 자산은 시가에 의하여 보상되므로 장부가액과 차이가 발생하는 것이며, 보험차익도 당연히 순자산을 증가시키는 것으로 익금이 되는 것이다.

「법인세법」상 보험차익은 익금에 산입되나 보험차익을 과세하게 되면 결국 전과 같은 규모나 성능의 유형자산을 취득할 수 없는 결과가 되어 보험의 목적을 달성할 수 없게 된다. 그렇기 때문에 유형자산에서 발생한 보험차익으로 멸실된 자산과 동일한 종류의 자산을 취득하거나 손괴된 자산의 개량(그 취득한 고정자산의 개량을 포함한다)에 사용된 금액은 일시상각충당금으로 손금에 산입하도록 하고 있다. 이와 같은 일시상각충당금은 이미 설명한 바와 같이 과세를 일정기간에 유예한 것에 지나지 않는다.

나. 적용대상 요건

보험차익으로 취득한 유형자산에 대해 손금산입 규정을 적용받을 수 있는 법인은 유형자산의 멸실·손괴로 인하여 보험차익이 발생한 법인이다.

보험차익을 다음과 같이 사용할 때 손금으로 계상할 수 있다. 또한 내국법인이 일시상각충당금 또는 압축기장충당금을 세무조정계산서에 계상하고 이를 법인세 과세표준신고시 손금에 산입한 경우 그 금액은 손금으로 계상한 것으로 본다. 이 경우 각 자산별로 일시상각충당금 · 압축기장충당금과 감가상각비에 관한 명세서를 세무조정계산서에 첨부 제출하여야 한다(법법 38 ①, 법령 98 ②).

① 멸실된 유형자산에 대체하여 동일 종류의 유형자산을 취득할 것. 여기서 동일 종류의 유형자산은 그 용도나 목적이 멸실된 유형자산과 동일한 것을 말한다.

② 손괴된 유형자산을 개량(그 취득한 유형자산의 개량을 포함한다)하는데 사용할 것

다. 손금산입 한도

손금산입액은 개별 유형자산별 해당 자산 가액 중 그 취득 · 개량에 사용된 보험차익에 상당하는 금액을 한도로 한다. 이 경우 해당 자산가액이 지급받은 보험금에 미달하는 경우에는 보험금 중 보험차익 외의 금액을 먼저 사용한 것으로 본다(법령 66 ②).

라. 사용제한 및 사용계획서

손금에 산입하는 연도는 보험금을 받는 날이 속하는 사업연도이다.

그러나 보험금을 받은 사업연도에 대체자산을 취득 · 개량할 수 없을 경우에는 그 사업연도의 다음 사업연도 개시일로부터 2년 이내에 대체자산을 취득하거나 개량하는 경우는 보험금을 받은 날이 속하는 사업연도에 손금에 산입할 수 있다. 이때는 보험차익사용계획서를 법인세 과세표준신고서에 첨부하여 제출하여야 한다(법령 66 ④).

마. 익금에 환입

보험차익을 손금에 산입한 법인은 다음의 하나에 해당할 경우에는 당해 사유가 발생한 사업연도의 소득금액계산상 익금에 산입한다.

① 보험차익을 동일 용도 · 목적의 자산취득 또는 개량을 위하여 2년내에 사용하지 아니한 때

② 보험차익으로 자산을 취득 · 개량하기 전에 법인이 폐업 또는 해산(합병 · 분할 경우 제외)한 때

예제 62

다음 자료에 의하여 ㈜이천기계의 제19기 중 보험차익에 대하여 법인세를 최소화하는 방향으로 세무조정을 하시오.

1. 사업연도 : 1. 1 ~ 12. 31
2. 4. 19. 취득가액 200,000,000원(동 감가상각누계액 120,000,000원)인 건물이 화재로 소실되었다.
3. 5. 16. 위 건물에 대한 보험금으로서 270,000,000원을 영수하였다.
4. 7. 26. 건물 250,000,000원을 구입하였다.
5. 건물의 감가상각은 정액법에 의하며 내용연수는 100년이다.
6. ㈜이천기계는 다음과 같이 회계처리하였다.

① 화재발생시

(차)	미 결 산	80,000,000	(대) 건 물	200,000,000
	감가상각누계액	120,000,000		

② 보험금 수령시

(차)	현 금	270,000,000	(대) 미 결 산	80,000,000
			보 험 차 익	190,000,000

③ 건물구입시

(차)	건 물	250,000,000	(대) 현 금 · 예 금	250,000,000

④ 감가상각비 계상

(차)	감 가 상 각 비	1,250,000*1	(대) 감가상각누계액	1,250,000

해답 1. 세무조정

① 일시상각충당금 170,000,000*2 (손금산입, △유보)

② 감가상각비 850,000*3 (손금불산입, 유보)

③ 보험차익*4 : 세무조정없음

*1 $250,000,000 \times \frac{1}{100} \times \frac{6}{12}$ (취득일 7.26 ~ 종료일 12.31까지의 기간이 6월)

= 1,250,000(감가상각비)

*2 보험차익 190,000,000원 중에서 일시상각충당금으로 손금을 산입할 수 있는 금액은 고정자산(대체자산) 취득가액 − 피해고정자산가액이므로 250,000,000 − 80,000,000 = 170,000,000원이다. 따라서 190,000,000 − 170,000,000 = 20,000,000원은 과세되는 것이다.

*3 $1,250,000 \times \frac{170,000,000}{250,000,000} = 850,000$원

*4 보험차익은 익금항목인데 회사가 수익(기업회계상)으로 계상하였으므로 세무조정 없음.

04 국고보조금

가. 의 의

국고보조금은 사업용자산 등을 취득하거나 개량할 목적으로 「보조금관리에 관한 법률」 등의 규정에 의해 국가 또는 지방자치단체로부터 특정목적으로 지급받은 보조금이다.

이와 같이 국고보조금으로 사업용자산 등을 취득하는 경우에 이를 손금에 산입할 수 있도록 한 것은 특정사업조성을 국가가 지원하기 위하여 교부하는 국고보조금을 자산수증이익으로 즉시 과세하면 보조의 효과가 반감하므로 정책적 배려로 과세를 이연시켜 주는 것이다.

나. 적용대상 요건 및 손금산입한도액

세무상 국고보조금에 대하여 손금에 산입할 수 있는 요건은 다음과 같다.

첫째, 특정 법률(「보조금관리에 관한 법률」, 「지방재정법」, 「농어촌 전기공급사업 촉진법」, 「전기사업법」, 「사회기반시설에 대한 민간투자법」, 「한국철도공사법」, 「농어촌정비법」, 「도시 및 주거환경정비법」, 「산업재해보상보험법」, 「환경정책기본법」, 「산업기술혁신촉진법」 등)에 의하여 보조금을 받아야 하고(법령 64 ①, ⑥),

둘째, 교부받은 국고보조금을 사업용 자산 등(사업용 유형자산 및 무형자산과 석유류)의 취득·개량하는 데에 사용한 경우 또는 사업용 자산 등을 취득·개량하고 이에 대한 국조보조금을 사후에 지급받은 경우이어야 하고

셋째, 손금산입을 적용받고자 하는 내국법인은 신고서와 함께 국고보조금등상당액손금산입명세서를 제출하여야 한다.

그리고 손금산입한도는 교부받은 국고보조금 중 사업용 자산 등의 취득 또는 개량에 사용되거나 될 금액을 한도로 한다.

Reference 정부보조금의 회계처리

국제회계기준 제1020호(정부보조금의 회계처리와 정부지원의 공시)는 정부보조금에 대해서 다음과 같이 회계처리하도록 하고 있다. 한편 기업회계의 정부보조금은 「법인세법」이 특정법률에 근거한 것만을 국고보조금으로 하는 것과 달리 그 회계처리의 적용범위가 훨씬 넓다. 예컨대 공사부담금 등도 그 경제적 실질이 정부보조금과 유사하다면 이 회계처리를 준용하게 된다.

구 분	회계처리 및 재무제표 표시
자산관련 보조금 (기업이 장기성 자산을 매입, 건설하거나 취득하여야 하는 조건이 있는 보조금)	이연수익(부채)로 표시하는 방법과 해당 자산에서 차감하는 형식으로 기재하는 방법 중 선택가능
수익관련 보조금 (자산관련 보조금 이외의 보조금)	수익과 관련된 비용과 상계하거나, 수익과 관련 비용을 각각 표시하는 방법 중 선택가능

다. 손금산입 회계처리

세무회계상 손금산입의 회계처리는 사업용자산 등의 장부가액을 감액하지 않고 교부받은 국고보조금을 감가상각대상자산은 일시상각충당금으로, 토지 등 비상각자산은 압축기장충당금으로 계상하여야 한다. 다만 일시상각충당금이나 압축기장충당금의 장부계상은 기업회계기준에 위배되므로 법인이 이를 신고조정으로 손금산입하는 것을 선택할 수 있다(법령 98 ②).

국고보조금으로 취득한 사업용자산 등의 감가상각비는 일시상각충당금의 범위내에서 일시상각충당금과 상계하여야 한다(법령 64 ③).

라. 사용제한 및 사용계획서 제출

자산취득 전에 받은 국고보조금은 지급받은 그 사업연도에 사업용자산 등을 취득·개량하여야 하나 만일 그 사업연도에 사업용자산 등을 취득·개량할 수 없는 경우에는 그 사업연도의 다음 사업연도 개시일로부터 1년 이내에 취득·개량에 사용하여야 한다. 이 경우 공사의 허가 또는 인가의 지연 등 부득이한 사유로 기한 내에 사용하지 못한 경우에는 당해 사유가 종료된 날이 속하는 사업연도의 종료일을 그 기한으로 본다(법법 36).

국고보조금을 받은 날이 속하는 사업연도에 사업용자산 등을 취득 또는 개량할 수 없는 경우에는 법인세 과세표준신고서에 보조금사용계획서를 첨부하여 관할세무서장에게 제출하여야 한다.

마. 익금에 환입

국고보조금을 손금에 산입한 법인에 다음에 해당하는 사유가 발생하면 사유가 발생한 날이 속하는 사업연도의 소득금액을 계산할 때 익금에 산입하도록 하고 있다(법법 36 ⑥).

① 국고보조금을 지급받은 날이 속하는 사업연도의 다음 사업연도 개시일부터 1년 이내에 사용하지 아니한 때

② 사업용자산 등의 취득 또는 개량을 위하여 사용하기 전에 법인이 폐업 또는 해산(합병 경우 제외)한 때

제 5 절 준비금

01 개 요

세법에서 준비금은 미래에 발생될 특정목적의 비용 등을 위한 재원을 기업내부에 유보시킬 목적으로 미리 손금으로 계상하는 것을 인정하는 제도이다. 준비금을 손금에 산입하는 사업연도는 각 사업연도의 소득금액이 감소되어 법인세 부담이 줄어들지만, 차기 이후에 발생되는 비용과 상계하거나 법소정의 방법대로 환입하면 차기 이후의 세부담이 증가하므로 준비금은 조세부담의 이연효과를 가져오게 된다.

이러한 준비금은 「상법」과 기업회계에서 사용되고 있으나 「상법」이나 기업회계에서 준비금은 자본준비금 또는 이익준비금과 같은 이익이나 잉여의 개념인 데 비하여, 세법에서 준비금은 미래에 발생될 특정지출 등을 미리 손금으로 인정하는 것이기 때문에 그 개념은 전혀 다른 것이다.

세법상 준비금은 조세지원의 한 수단으로 설정에는 강제성이 없으며 법인의 의사에 따라서 설정할 수 있다.

02 법인세법상 준비금

가. 개 요

현행 「법인세법」에서 규정하는 준비금에는 다음과 같은 것들이 있다.

① 고유목적사업준비금(법법 29)

② 보험업의 책임준비금 및 비상위험준비금(법법 30) · 해약환급금준비금(법법 32)

고유목적사업준비금은 비영리법인들이 당기 소득에서 장래 고유목적사업 등에 지출하기 위한 재원을 과세되지 않고 확보하기 위해서 미리 준비금을 설정하면 이를 손금으로 인정해주는 제도이다. 그리고 책임준비금 · 비상위험준비금 및 해약환급금준비금은 보험사업을 경영하는 내국법인을 위한 과세이연제도이다.

이들 준비금을 손금으로 인정받기 위해서는 원칙적으로 이들을 회계상 손비로 반영하는 결산조정을 하여야 한다. 그러나 외부회계감사를 받는 비영리내국법인이 고유목적사업준비금을 설정하는 경우와 국제회계기준을 적용하는 보험업을 경영하는 법인이 비상위험준비금과 해약환급금준비금을 설정하는 경우에는 이들을 세무조정계산서에서 손금으로 신고조정을 하고 그 금액 상당액을 해당 사업연도의 이익처분을 할 때 적립금으로 적립하면 손비로 계상한 것으로 보도록 하고 있다.

나. 고유목적사업준비금

비영리 내국법인은 각 사업연도에 그 법인의 고유목적사업 또는 '일반기부금'에 지출하기 위하여 아래와 같이 고유목적사업준비금을 손비로 계상할 수 있다(법법 29).

구 분	내 용
① 설정법인	비영리내국법인 (법인으로 보는 단체 중 '일반기부금' 단체 등, 공동주택의 입주자대표회의 또는 자치관리기구, 공동주택의 임차인대표회의도 고유목적사업준비금을 설정할 수 있음)
② 설정목적	그 법인의 고유목적사업 또는 '일반기부금'에 지출하기 위하여 설정
③ 손금한도 (㉠ + ㉡)	㉠ [이자 및 배당소득금액(비영업대금의 이익 및 「상속세 및 증여세법」에 따라 증여세 등의 과세가액에 산입되거나 증여세가 부과되는 주식 등에서 발생한 배당소득 제외) + 특별법에 따라 설립된 비영리내국법인이 복지사업으로 회원 · 조합원에게 대출한 융자금에서 발생한 이자금액] × 100%
	㉡ 기타 수익사업에서 발생한 소득[*1] × 50% (80% 또는 100%)[*2] * 기타 수익사업에서 결손이 발생한 경우 상기 '㉠'에서 해당 결손을 차감하고 고유목적사업준비금의 손금산입한도액을 계산한다.
④ 사용기간	손금계상 사업연도의 종료일 이후 5년이 되는 날까지 고유목적사업 등에 사용 ⇨ 그 사용액을 먼저 계상한 준비금부터 순차로 상계함[*3] ⇨ 5년 내에 사용하지 아니한 잔액은 일시 환입하고 이자상당액을 가산[*4] ⇨ 사용하지 못할 것으로 예상되는 고유목적사업준비금은 임의환입하고 이자상당액을 가산[*4]

구 분	내 용
⑤ 환입	㉠ 해산하거나*5 고유목적사업을 전부 폐지한 때 ㉡ 법인으로 보는 단체가 승인이 취소되거나 거주자로 변경된 때 ㉢ 5년 내에 사용하지 아니한 잔액 ㉣ 5년 이내에 임의환입을 인정함 ㉤ 고유목적사업준비금을 고유목적사업 등이 아닌 다른 용도로 사용한 경우

*1 기타 수익사업에서 발생한 소득(법령 59 ③)
= 수익사업 소득금액(고유목적사업준비금과 '특례기부금'을 손금에 산입하기 전의 소득금액) − 100% 설정대상 이자소득 및 배당소득 − 경정으로 증가된 소득금액 중 특수관계인에게 상여 및 기타소득으로 처분된 소득금액 − 이월결손금(각 사업연도 소득금액의 80% 공제한도를 적용받는 법인은 그 공제한도 적용으로 인해 공제받지 못하고 이월된 결손금을 차감한 금액)− '특례기부금' 손금산입액

*2 특정단체에 대하여는 80% 또는 100%를 인정하는 특례규정이 있다(법법 29, 조특법 74).
예를 들면 ① 공익법인으로서 고유목적사업등에 대한 지출액 중 50% 이상의 금액을 장학금으로 지출하는 법인은 기타수익사업에서 발생한 소득에 대하여 80%를 적용한다(법법 29 ①⑷). ② 사회복지법인이나 사립학교법인 및 공익법인(해당 사업연도 고유목적사업이나 '일반기부금' 지출액 중 80% 이상 금액을 장학금으로 지출한 공익법인) 등에 대해서는 기타수익사업에서 발생한 소득에 대하여 100%를 적용한다.

*3 직전 사업연도종료일 현재의 고유목적사업준비금 잔액을 초과하여 당해 사업연도의 고유목적사업 등에 지출한 금액은 이를 당해 사업연도에 계상할 고유목적사업준비금에서 지출한 것으로 본다.

*4 다음의 이자상당액을 법인세에 가산하여 납부하여야 한다.
이자상당액 = 법인세 감소액 × 0.022% × 이자계산일수(손금산입한 사업연도 종료일의 다음날~익금산입한 사업연도 종료일)

*5 고유목적사업준비금을 설정한 법인이 사업을 다른 비영리내국법인에게 고유목적사업준비금을 포함하여 포괄적으로 양도하고 해산하는 경우에는 제외한다.

여기서 '고유목적사업'이라 함은 당해 비영리내국법인의 법령 또는 정관에 규정된 설립목적을 직접 수행하는 사업으로서 수익사업 외의 사업을 말하며, 고유목적사업에 지출한 금액에는 비영리내국법인이 당해 고유목적사업의 수행에 직접 소요되는 유형자산 및 무형자산 취득비용(자본적 지출을 포함하되, 자산 취득후 3년이상 고유목적사업 등에 사용하지 않고 양도시 고유목적사업에 지출하지 않은 것으로 본다) 및 인건비 등 필요경비로 사용하는 금액을 포함한다(법령 56 ⑤⑥).

그리고 다음 어느 하나에 해당하는 비영리법인의 임원 및 직원이 해당 사업연도에 지급받는 총급여액이 8천만원을 초과하는 경우 그 초과하는 금액은 고유목적사업에 사용한 인건비로 보지 않는다. 다만 해당 법인이 법인세 과세표준을 신고하기 전에 임직원의 인건비 지급규정에 대하여 주무관청으로부터 승인받은 경우에는 그러하지 아니하다(법령 56 ⑪).

㉠ 해당 사업연도에 「법인세법」에 따라 수익사업에서 발생한 소득에 대하여 100분의

50을 곱한 금액을 초과하여 고유목적사업준비금으로 손금산입하는 비영리내국법인

㉡ 해당 사업연도에 「조세특례제한법」 제74조 제1항 제2호 및 제8호에 해당하여 수익사업에서 발생한 소득에 대하여 100분의 50을 곱한 금액을 초과하여 고유목적사업준비금으로 손금산입하는 비영리내국법인

㉢ 해당 사업연도 및 직전 5개 사업연도 동안 고유목적사업준비금으로 손금산입한 금액의 합계액이 그 기간 동안 수익사업소득의 합계액에서 차지하는 비율이 50%를 초과하는 비영리법인

한편 비영리내국법인이 수익사업에서 발생한 소득에 대하여 비과세·면제, 준비금의 손금산입, 소득공제 또는 세액감면(세액공제를 제외)을 적용받는 경우에는 고유목적사업준비금의 손금산입규정을 적용하지 않는다(법법 29⑤). 이는 고유목적사업준비금과 다른 세제 혜택 중복적용받는 것을 방지하기 위한 것이다.

고유목적사업준비금의 회계처리 및 세무처리

구 분	결산조정 처리시	신고조정 처리시
준비금 설정시	(차) 고유목적사업준비금전입액 100 (손익계산서 비용) (대) 고유목적사업준비금 100 (재무상태표 충당부채) 세무조정 : 없음(손금산입한도 범위내)	(차) 미처분이익잉여금 100 (대) 고유목적사업준비금 100 (자본 : 임의적립금) 세무조정 : 손금산입 100(△유보)
고유목적사업비 지출시	(차) 고유목적사업준비금 40 (대) 현 금 40 세무조정 : 없음	(차) 사업비 등 40 (손익계산서 비용) (대) 현 금 40 (차) 고유목적사업준비금 40 (임의적립금) (대) 미처분이익잉여금 40 세무조정 : 익금산입 40(유보)
미사용액 환입시	(차) 고유목적사업준비금 60 (대) 고유목적사업준비금환입 60 (손익계산서 수익) 세무조정 : 없음(손금산입한도 범위내) 다만, 미사용액 60원에 대한 이자상당액은 추가납부	(차) 고유목적사업준비금 60 (임의적립금) (대) 미처분이익잉여금 60 세무조정 : 익금산입 60(유보) 그리고 미사용액 60원에 대한 이자상당액은 추가납부

다. 보험업 경영법인의 책임준비금 등

「법인세법」에 보험사업을 경영하는 법인에 대해서 책임준비금 손금산입, 비상위험준비금 손금산입, 해약환급금준비금 손금산입, 회계기준 전환이익(직전 사업연도 기말 보험부채와 IFRS 17 최초 적용시의 기초보험부채의 차이액)에 대한 분할익금 특례 등이 있지만, 본서에는 이에 대한 설명을 생략한다. 다만, 책임준비금은 결산조정사항이라는 것, 비상위험준비금은 결산조정사항이지만 국제회계기준을 적용하는 경우에는 잉여금처분에 의한 신고조정이 가능하다는 것, 해약환급금준비금은 잉여금처분에 의한 신고조정사항이라는 세무조정방법 관련 특징만 서술한다.

법/인/세/법/강/의

연습문제

주관식문제

01 「법인세법」상 손금으로 인정되는 충당금의 종류를 쓰시오.

02 세무조정시 대손금과 대손충당금의 관계에 대해 설명하시오.

03 「법인세법」상 일시상각충당금 및 압축기장충당금이란 무엇인지 설명하시오.

객관식문제

01 「법인세법」상 퇴직급여충당금 등에 관한 설명이다. 옳지 않은 것은? ▶'12 CPA 수정

① 퇴직급여충당금의 손금산입은 결산조정사항이나, 확정급여형 퇴직연금 부담금의 손금산입은 신고조정할 수 있다.

② 확정기여형 퇴직연금에 가입한 임원 또는 사용인에 대한 급여는 퇴직급여충당금 손금산입한도액 산정시 총급여액에 포함하지 않는다.

③ 퇴직급여충당금의 당기설정액이 세법상 한도액을 초과하는 경우 그 초과액은 손금불산입(유보)으로 처리하고, 그 이후 퇴직급여를 지급하는 경우 손금산입한 퇴직급여충당금과 상계하고 남은 금액에 대하여는 기 손금불산입된 금액을 손금으로 추인한다.

④ 법령에 따라 퇴직급여충당금을 손금에 산입한 내국법인이 합병한 경우 그 법인의 합병등기일 현재의 해당 퇴직급여충당금 중 합병법인에 인계한 금액은 그 합병법인이 합병등기일에 가지고 있는 퇴직급여충당금으로 본다.

⑤ 일시퇴직급여지급기준에 의한 퇴직급여추계액을 산정하는 경우 정관이나 기타 퇴직급여지급규정에 의해 계산한 금액과 「근로자퇴직급여보장법」에 따라 계산한 금액 중 큰 금액으로 한다.

해설 일시퇴직기준 추계액의 경우 법인의 규정이 존재하면 그 규정상 금액이 되며, 규정이 존재하지 않는 경우에는 「근로자퇴직급여보장법」에 따라 계산한 금액을 적용한다.

02 다음은 ㈜서울의 제10기(1. 1~12. 31) 확정급여형 퇴직연금에 대한 자료이다. 법인세 부담 최소화를 가정할 때, 퇴직연금에 대한 세무조정과 소득처분으로 옳은 것은? (단, 퇴직급여 지급과 관련된 세무조정은 답안 선택시 고려하지 않는다.) ▶ '08 CPA

(1) 재무상태표상 퇴직급여충당금(보험수리적 기준에 의한 퇴직급여추계액의 100% 계상) 기말잔액 : ₩200,000,000(당기말 세무조정 후 부인누계액 ₩110,000,000)

(2) 당기의 퇴직연금운영자산계정의 변동내역(단위 : 원)

기초잔액	당기감소	당기증가	기말잔액
100,000,000	20,000,000	30,000,000	110,000,000

(3) 퇴직연금부담금은 신고조정으로 손금에 산입하고 있다. 당기 감소분은 당기퇴직자의 퇴직연금일시금수령액으로서 퇴직급여충당금과 상계하였으며, 증가액은 전액 퇴직연금부담금납입액이다.

(4) 퇴직연금운영자산 기초잔액의 △유보잔액은 ₩100,000,000이다.

(5) 당기말 일시퇴직기준에 의한 퇴직급여추계액은 ₩195,000,000이다.

① 손금산입 ₩10,000,000(△유보) ② 익금산입 ₩10,000,000(유보)

③ 손금산입 ₩30,000,000(△유보) ④ 익금산입 ₩30,000,000(유보)

⑤ 손금산입 ₩30,000,000(△유보), 익금산입 ₩30,000,000(유보)

해설
- 퇴직급여충당금 설정액 200,000,000원 중 110,000,000원은 한도초과로 손금불산입되었다고 하였으므로 퇴직급여충당금조정이 이미 된 상태이다. 따라서 퇴직연금부담금에 대한 세무조정만 하면 된다.
- **퇴직연금부담금의 손금산입 한도액** : Min(ⓐ, ⓑ) − 이미 손금산입한 퇴직연금부담금 =30,000,000

  ⓐ 추계액기준 = 기말 퇴직급여추계액 − 기말 세무상 퇴직급여충당금 잔액 = 200,000,000−(200,000,000−110,000,000)=110,000,000

  ⓑ 예치금기준 = 기초퇴직보험예치금잔액 − 기중감소액 + 기중납입액 및 운영수익 = 100,000,000−20,000,000 + 30,000,000=110,000,000

  이미 손금산입한 퇴직연금부담금 = 100,000,000−20,000,000=80,000,000
- **퇴직연금부담금 한도초과액** = 퇴직연금부담금 손금산입한도 − 결산반영액 = 30,000,000 − 0 = 30,000,000

  (한도액보다 결산반영액이 작으므로 손금산입 · △유보가 된다)

• 문제 중 '퇴직급여 지급과 관련된 세무조정은 답안 선택시 고려하지 않는다'는 것은 퇴직연금 운영자산에서 당기에 지급된 퇴직급여 20,000,000원에 대한 세무조정(익금산입 20,000,000원 유보)은 답안 선택시 고려하지 말라는 의미이다.

03 「법인세법」상 대손금에 대한 설명이다. 옳지 않은 것은? ▶ '09 CPA 수정

① 채무자의 파산, 강제집행, 형의 집행, 사업의 폐지, 사망, 실종 또는 행방불명으로 회수할 수 없는 채권은 해당사유가 발생하여 손금으로 계상한 날이 속하는 사업연도의 손금으로 한다.

② 수표법에 따른 소멸시효가 완성된 수표는 해당사유가 발생한 날이 속하는 사업연도의 손금으로 한다.

③ 부도발생일이 6개월 이상 경과된 채권(해당법인이 저당권을 설정한 경우는 제외)은 해당사유가 발생한 날이 속하는 사업연도의 손금으로 한다.

④ 회수할 수 없는 부가가치세 매출세액 미수금(「부가가치세법」에 따라 대손세액공제를 받지 아니한 것임)은 대손금의 범위에 포함된다.

⑤ 「법인세법」에 따라 손금산입한 대손금 중 회수한 금액은 회수한 날이 속하는 사업연도의 소득금액 계산시 익금으로 산입한다.

해설 부도발생일로부터 6개월 이상 경과된 채권에 대한 대손금은 결산조정항목으로서 대손사유가 발생하여 이를 결산서에 계상한 사업연도의 손금이다.

04 서울제조주식회사의 다음 자료를 기초로 대손충당금에 더한 세무조정을 하시오. 당 법인은 보충법에 의해 세무조정하고 있다. ▶ '98 CPA 수정

(1) 대손충당금 계정

당기사용액	₩1,500,000	전기이월액	₩7,500,000
차기이월액	8,500,000	당기설정액	2,500,000
	₩10,000,000		₩10,000,000

(2) 전기이월액 중에는 손금부인된 금액 ₩1,500,000이 포함되어 있으며, 사업연도 종료일 현재 장부상 대손충당금 설정대상 채권은 5억원이다. 대손실적률은 1%이다.

① 손금불산입(유보) ₩1,500,000
② 손금불산입(유보) ₩2,000,000
③ 손금불산입(유보) ₩2,500,000
④ 손금불산입(유보) ₩3,500,000
⑤ 손금불산입(유보) ₩4,000,000

해설 대손충당금설정한도액 = 설정대상채권의 장부가액 × $\frac{1}{100}$

(1) 전기부인액 손금산입 : ₩1,500,000
(2) 손금불산입액 계산 : ₩8,500,000 − (5억 × 1%) = ₩3,500,000
(3) 세무조정 손 금 산 입 : ₩1,500,000(△유보) ; (전기부인액)
손금불산입 : ₩3,500,000(유 보)
만일 순액법으로 세무조정이 된다면 손금불산입 2,000,000(유보)

05 한나라㈜의 다음 자료에 의하여 대손충당금에 대한 세무조정을 하면? (단, 손금불산입과 손금산입이 동시에 있는 경우 순액법에 의하여 표시할 것) ▶ '93 CPA 수정

(1) 대손충당금계정

차변	금액	대변	금액
당기감소액	4,000,000*	전기이월	7,500,000
차기이월액	8,000,000	당기설정액	4,500,000
계	12,000,000		12,000,000

* 당기감소액은 당기 대손요건을 구비한 매출채권과 상계한 것이다.

(2) 전기이월된 대손충당금중에는 손금부인된 금액 1,500,000원이 포함되어 있으며, 전기 및 당기 재무상태표상 채권 중 대손충당금 설정대상 채권은 각각 160,000,000원과 250,000,000원이다.

① 손금불산입 250,000원 ② 손금불산입 500,000원
③ 손금불산입 1,000,000원 ④ 손금불산입 1,500,000원
⑤ 손금불산입 1,750,000원

해설 (1) 전기대손충당금부인액손금추인 : <손금산입> 1,500,000(△유보)

(2) 대손충당금한도액 : 250,000,000 × 2.5%* = 6,250,000

* 설정률 : Max $\left[\frac{4,000,000}{160,000,000}, 1\%\right] = 2.5\%$

(3) 한도초과액 : 8,000,000 − 6,250,000 = 1,750,000(손금불산입, 유보)

(4) 세무조정순액 : 1,7500,000 − 1,500,000 = 250,000(손금불산입)

06 공사부담금 · 보험차익 · 국고보조금의 손금산입에 대한 설명 중 가장 잘못된 것은?

① 공사부담금 · 보험차익 · 국고보조금의 유형자산 취득 · 개량에 따른 손금산입 사업연도는 공사부담금 등을 제공 또는 지급받은 사업연도이다.

② 공사부담금 · 국고보조금은 지급받은 날이 속하는 사업연도와 그 다음연도 개시일부터 1년 이내에 보험차익의 경우에는 2년 이내에 사용하여야 손금산입이 가능하다.

③ 공사부담금 · 보험차익 · 국고보조금으로 유형자산을 취득 · 개량한 경우의 손금산입은 당해 유형자산의 내용연수 기간동안 분할하여 과세하고자 하는 제도이다.

④ 멸실된 건물과 기계장치에 대한 보험차익을 모두 건물취득에만 사용한 경우에는 기계장치에 대한 보험차익은 익금에 산입된다.

⑤ 보험차익으로서 손금에 산입하는 금액은 그 제공받은 자산의 가액 중 유형자산의 취득에 소요된 가액으로 하되 그 금액은 일시상각충당금으로 계상하여야 한다.

해설 국고보조금과 공사부담금은 먼저 사업용 자산을 취득 · 개량하고 이에 대한 국고보조금을 나중에 수령하는 경우에도 손금산입이 가능하다(법법 36).

07 고유목적사업준비금에 대한 설명이다. 가장 잘못된 것은?

① 비영리내국법인이 그 고유목적사업 등에 지출하기 위하여 고유목적사업준비금을 손금으로 계상한 경우에는 일정한 범위 내에서 이를 손금으로 인정한다.

② 외부회계감사를 받는 비영리내국법인이 각 사업연도에 그 법인의 고유목적사업 또는 '일반기부금'에 지출하기 위한 고유목적사업준비금을 신고조정으로 손금에 산입하고 잉여금처분에 의해 적립하면 손금으로 인정한다.

③ 직전 사업연도 종료일 현재의 고유목적사업준비금의 잔액을 초과하여 당해 사업연도의 고유목적사업에 지출한 금액이 있는 경우 그 금액은 그 사업연도에 계상할 고유목적사업준비금에서 지출한 것으로 본다.

④ 고유목적사업준비금은 사용하지 못할 것으로 예상되는 경우에도 5년 내에 임으로 환입할 수 없다.

⑤ 고유목적사업준비금을 결산조정에 의해 손금에 산입하고자 하는 비영리내국법인은 법인세 과세표준신고와 함께 당해 준비금에 관한 명세서를 납세지 관할세무서장에게 제출하여야 한다.

해설 고유목적사업준비금은 임의환입이 가능하다(법법 29 ③).

08 고유목적사업준비금에 대한 설명 중 가장 옳지 않은 것은?

① 고유목적사업준비금은 비영리내국법인만 설정할 수 있으므로 영리내국법인은 설정대상이 아니다.

② 비영리내국법인이 타인에게 자금을 대여함으로 인한 비영업대금의 이익은 이자소득에 해당되지만 100% 고유목적사업준비금을 설정하는 이자소득은 아니다.

③ 비영리법인은 고유목적사업이나 '특례기부금' 및 '일반기부금'에 지출하기 위하여 고유목적사업준비금을 설정할 수 있다.

④ 고유목적사업준비금은 5년 이내에 고유목적사업이나 '일반기부금'으로 사용하여야 하며, 사용하지 못한 금액은 환입하며 이자상당가산액을 징수한다.

⑤ 직전연도에서 이월된 고유목적사업준비금이 1억원인 법인이 당해 연도에 고유목적사업으로 3억원을 지출한 경우에는 2억원은 당해 연도에 고유목적사업준비금을 계상한 후 지출한 것으로 본다.

해설 '특례기부금'에 지출하기 위해서 고유목적사업준비금을 설정할 수 없다.

09 다음은 비영리법인인 (사)한국세무학회의 법인세 신고를 위한 자료이다. 다음 자료를 이용하여 고유목적사업준비금의 손금한도액을 계산하면?

(1) ㈔한국세무학회는 고유목적사업(학술연구)과 수익사업으로 부동산임대업을 영위하고 있다.
(2) ㈔한국세무학회의 당해 과세기간 중 소득내역은 다음과 같다.
   ㉠ 은행예금이자 : ₩30,000,000
   ㉡ 투자신탁수익의 분배금 : ₩20,000,000
   ㉢ 학술진흥재단으로부터 지원받은 학술보조금 : ₩50,000,000
   ㉣ 부동산임대업에서 발생한 소득금액 : ₩100,000,000*
      * 고유목적사업준비금 ₩40,000,000이 차감된 금액임
(3) 세무상 이월결손금은 없으며, 기부금으로 지출한 금액도 없다.

① ₩50,000,000　② ₩70,000,000　③ ₩100,000,000
④ ₩120,000,000　⑤ ₩150,000,000

해설 고유목적사업준비금 손금한도액 : ㉠ + ㉡ = ₩50,000,000 + 70,000,000 = ₩120,000,000
㉠ 이자소득 등 : (₩30,000,000 + 20,000,000) × 100% = ₩50,000,000
　* 학술진흥재단으로부터 지원받은 학술보조금은 수익사업소득이 아니므로 제외됨
㉡ 부동산임대소득 : (₩100,000,000 + 40,000,000) × 50% = ₩70,000,000

10 다음은 제조업을 영위하는 ㈜설악(중소기업임)의 외상매출금 관련 자료이다. 당기(1. 1.~12. 31.)의 세무조정으로 맞는 것은? ▶ 2004 CTA, 2007 CPA 수정

(1) 전기 말 현재 재무상태표상 대손충당금 설정대상채권은 80,000,000원이다. 여기에는 전년도 중에 「상법」상 소멸시효가 완성된 외상매출금 10,000,000원이 포함되어 있으며, 이 외상매출금은 당기 말 재무상태표상 외상매출금에 계속 포함되어 있다.

(2) 당기의 대손충당금계정은 다음과 같다.

당기상계액	1,400,000원	전기이월액	2,000,000원
차기이월액	3,600,000원	당기설정액	3,000,000원
	5,000,000원		5,000,000원

당기의 대손충당금 상계액은 당기말 현재 부도발생일로부터 8개월이 경과한 외상매출금에 대한 상계액이며, 당해 채권금액에서 1,000원을 공제한 금액이다. 대손충당금의 전기 이월액 중에는 한도초과로 부인된 금액(200,000원)이 포함되어 있다.

(3) 당기말 현재 재무상태표상 대손충당금 설정대상채권은 50,000,000원이며, 전기말의 세무조정은 적절하게 이루어졌다.

	익금산입 · 손금불산입	손금산입 · 익금불산입
①	2,600,000원(유보)	200,000원(△유보)
②	2,800,000원(유보)	200,000원(△유보)
③	2,900,000원(유보)	200,000원(△유보)
④	2,725,000원(유보) 1,400,000원(유보)	200,000원(△유보)
⑤	2,200,000원(유보)	–

해설 ① 전기 대손충당금 부인액 손금추인 : 손금산입 200,000(△유보)
② 당기 대손충당금 설정대상 채권 : 50,000,000 − 10,000,000 = 40,000,000
* 전년도 소멸시효 완성분은 전년도의 대손금으로 처리하여야 한다.
③ 대손율 : Max[0.01, 1,400,000/70,000,000] = 0.02
④ 대손충당금 설정 한도액 : 40,000,000 × 0.02 = 800,000
⑤ 대손충당금 한도초과액 : 회사계상액 − 한도액 = 3,600,000 − 800,000 = 2,800,000
⑥ 대손충당금 한도초과액 세무조정 : 손금불산입 2,800,000(유보)

11 다음은 제조업을 영위하는 내국법인 ㈜수원의 대손충당금에 관한 자료이다. 제10기(1.1~12.31)의 세무상 대손충당금 한도초과액은 얼마인가? ▶'11 CTA 수정

(1) 제10기 대손충당금 계정은 다음과 같다

대손충당금 (단위 : 원)

당기상계액*	2,000,000	기 초	4,000,000
차기이월액	7,000,000	증 가	5,000,000
	9,000,000		9,000,000

* 당기상계액 중 ₩500,000은 제 9기에 소멸시효가 완성된 매출채권에 관한 것이며, 나머지 금액은 법인세법상 대손요건을 충족한다.

(2) 다음은 제9기 자본금과 적립금조정명세서(을)의 일부이다

과 목	금 액	비 고
매출채권	△₩500,000	제9기 소멸시효 완성분 손금산입액
미수금(토지 매각 관련)	₩3,000,000	대손금 부인액*

* 대손금 부인액 ₩3,000,000은 제10기 말까지 대손요건을 충족하지 못하였다.

(3) 제9기말 재무상태표상 대손충당금 설정대상채권은 ₩37,500,000이고, 제10기말 재무상태표상 대손충당금 설정가능채권은 ₩60,000,000(매각 거래인 할인어음 2,000,000 포함)이다.

(4) ㈜수원은 한국채택 국제회계기준을 적용하지 않는 것으로 가정한다.

① ₩4,560,000
② ₩4,637,500
③ ₩4,712,500
④ ₩4,825,000
⑤ ₩6,390,000

해설 (1) 대손금 세무조정 : 손금불산입(매출채권) ₩500,000(유보)

(2) 대손충당금 한도액 계산

① 대손실적률 : $\frac{2{,}000{,}000-500{,}000}{37{,}500{,}000-500{,}000+3{,}000{,}000}=3.75\%$

② 대손충당금 한도액 : (60,000,000−2,000,000+3,000,0000)×3.75%=2,287,500

(3) 한도초과액(전기말 대손충당금 부인누계액이 없으므로) : 7,000,000−2,287,500=4,712,500

01 ⑤ 02 ③ 03 ③ 04 ② 05 ① 06 ② 07 ④ 08 ③ 09 ④ 10 ②
11 ③

조정명세서 작성사례(Ⅰ)

다음 자료에 의하여 세일주식회사의 제10기(1.1~12.31) 사업연도의 퇴직급여충당금조정명세서를 작성하라.

해설 1. 총급여 지급내역

계정과목	총급여액		출자임원 해당분		1년미만 근로 사용인분	
	인원	금액	인원	금액	인원	금액
임원급여(관리비)	3	18,000,000	2	12,000,000	–	–
급여수당(관리비)	28	60,000,000	–	–	8	5,000,000
임 금(제조원가)	239	167,000,000	–	–	59	23,000,000
계	270	245,000,000	2	12,000,000	67	28,000,000

2. 퇴직급여충당금 내역
   ① 장부상 기초잔액 : 57,000,000
   ② 기중 퇴직급여 지급액 : 52,000,000(충당금상계액)
   ③ 충당금부인누계액 : 4,000,000
3. 기말현재 퇴직급여 추계액 :
   일시퇴직기준 140,000,000원, 보험수리적기준 154,000,000원
4. 회사가 당기에 설정한 퇴직급여충당금 : 22,000,000원
5. 종업원, 퇴직급여 지급을 직접 손비처리한 금액 : 3,000,000원
6. 기말 현재 퇴직금전환금 : 10,000,000원
7. 퇴직급여충당금 한도액 계산시 추계액에 대한 적용률은 30%라고 가정한다.

해답 1. 당기 퇴지급여충당금 부인액 계산
   ① 총 급여액 기준한도액 : (245,000,000 − 28,000,000) × 5 / 100 = 10,850,000
   ② 퇴직급여추계액(충당금누적액) 기준 한도액
      ㉠ 퇴직급여추계액 : 154,000,000 × 30/100 = 46,200,000
      ㉡ 퇴직급여충당금 기말잔액
      57,000,000 − 4,000,000 − 52,000,000 − 3,000,000 = △2,000,000
      (장부상 기초잔액) (부인누계액) (퇴직급여지급액) (손비처리지급액)
      ㉢ 설정한도액 : 46,200,000 + 10,000,000 − 0(충당금기말잔액) = 56,200,000
   ③ 손금산입한도액 : 10,850,000원(①과 ② 중 적은 금액)
   ④ 손금불산입액 : 22,000,000 − 10,850,000 = 11,150,000원

2. 세무조정내용
   ① 손비처리지급액 3,000,000원 손금불산입, 유보처분
   ② 잔액초과지급액 2,000,000원은 부인누계액 범위내이므로 손금산입(부인액 추인), △ 유보처분
   ③ 한도초과액 11,150,000원 손금불산입, 유보처분
      ※ 기중 퇴직급여지급액(퇴직급여충당금 감소액)이 전기이월 세무상 퇴직급여충당금을 초과하는 경우 그 초과하는 금액은 퇴직급여충당금 부인누계액 범위내에서 손금산입(추인)함.

법인세법 시행규칙 [별지 제32호서식] <개정 2019. 3. 20.> (앞쪽)

사업연도	제10기 1. 1. ~ 제10기 12. 31.	**퇴직급여충당금 조정명세서**	법 인 명	(주)세일
			사업자등록번호	108-81-12345

1. 퇴직급여충당금 조정

「법인세법 시행령」 제60조 제1항에 따른 한도액	① 퇴직급여 지급대상이 되는 임원 또는 직원에게 지급한 총급여액(⑲의 계)	② 설정률	③ 한도액 (①×②)	비 고
	217,000,000	5/100	10,850,000	

「법인세법 시행령」 제60조 제2항 및 제3항에 따른 한도액	④ 장부상 충당금 기초잔액	⑤ 확정기여형 퇴직연금자의 퇴직연금 설정 전 기계상된 퇴직급여충당금	⑥ 기중 충당금 환입액	⑦ 기초충당금 부인누계액	⑧ 기중 퇴직금 지급액	⑨ 차감액 (④-⑤-⑥-⑦-⑧)
	57,000,000			4,000,000	55,000,000	(△2,000,000)

	⑩ 추계액 대비 설정액 (㉒×설정률)	⑪ 퇴직금전환금	⑫ 설정률 감소에 따른 환입을 제외하는 금액 MAX(⑨-⑩-⑪, 0)	⑬ 누적한도액 (⑩-⑨+⑪+⑫)
	46,200,000	10,000,000		56,200,000

한도초과액 계산	⑭ 한도액 MIN(③, ⑬)	⑮ 회사계상액	⑯ 한도초과액 (⑮-⑭)
	10,850,000	22,000,000	11,150,000

2. 총급여액 및 퇴직급여추계액 명세

구 분 / 계정명	⑰ 총급여액		⑱ 퇴직급여 지급대상이 아닌 임원 또는 직원에 대한 급여액		⑲ 퇴직급여 지급대상이 되는 임원 또는 직원에 대한 급여액		⑳ 기말 현재 임원 또는 직원 전원의 퇴직 시 퇴직급여 추계액	
	인원	금 액	인원	금 액	인원	금 액	인원	금 액
임원급여(판)	2	12,000,000			2	12,000,000	203	154,000,000
직원급여(판)	1	6,000,000			1	6,000,000	㉑ 「근로자퇴직급여 보장법」에 따른 추계액 [퇴직연금미가입자의 경우 일시퇴직기준(⑳)을 적용하여 계산한 금액]	
제수당(판)	28	60,000,000	8	5,000,000	20	55,000,000		
임금(제조)	239	167,000,000	59	23,000,000	180	144,000,000		
							인원	금 액
							203	140,000,000
							㉒ 세법상 추계액 MAX(⑳, ㉑)	
계	270	245,000,000	67	28,000,000	203	217,000,000	203	154,000,000

210mm×297mm[백상지 80g/㎡ 또는 중질지 80g/㎡]

Chapter 13 합병 및 분할에 대한 과세

제1절 합병에 대한 과세

01 합병의 의의 및 유형

법인의 합병은 「상법」상의 절차에 따라 당사자인 회사의 전부 또는 일부가 해산하고 그 재산을 청산절차 없이 존속회사 또는 신설회사에 포괄적으로 이전하는 회사 간의 법률행위를 말한다. 즉, 합병이란 두개 이상의 회사가 결합하여 하나의 회사가 되는 것을 말한다. 합병은 주로 경쟁력강화를 위한 기업규모의 확장, 자본조달능력의 강화, 비용절감 등을 위하여 이루어진다.

합병의 방식으로 흡수합병과 신설합병이 있다. 흡수합병은 합병당사회사 중 하나의 법인이 존속하고 소멸하는 법인의 자산과 부채를 승계하는 형태의 합병을 말한다. 신설합병은 합병대상 법인이 모두 소멸하고 새로운 법인을 신설하여 소멸하는 법인의 자산과 부채를 승계하는 형태의 합병을 말한다.

흡수합병 : A(합 병 법 인)+B(피합병법인) ⇨ A(합병법인) 신설합병 : A(피합병법인)+B(피합병법인) ⇨ C(합병법인)

합병의 본질에 대하여 인격승계설과 현물출자설의 두 가지 입장이 있다. 인격승계설은 합병법인이 피합병법인의 모든 권리·의무를 포괄적으로 승계하여 두개 이상의 회사가 하나의 회사가 된다는 것으로서 피합병법인의 인격이 합병법인에게 그대로 승계되는 것을 전제로 하므로 피합병법인의 자산·부채 및 자본이 그대로 합병법인에 승계되게 된다. 따라서 자산·부채의 평가문제도 발생하지 않고 자기자본도 그대로 합병법인에게 이전된다.

반면에 현물출자설은 피합병법인을 현물출자하여 합병법인의 자본을 증가(흡수합병)하거나 새로운 법인을 설립(신설합병)하는 것으로 보는 입장이다. 따라서 피합병법인의 순자산을 현물출자하고 그 대가로 합병신주를 교부받는 것으로 인식하므로 합병법인은 해당 자산과 부채를 시가로 평가하고 합병대가와의 차액을 합병매수차손익으로 계상하게 된다.

기업회계와 「법인세법」은 기본적으로 합병을 현물출자설에 입장에 따르고 있다고 할 수 있다. 즉, 합병이란 현실적으로 합병법인이 피합병법인의 자산 및 부채를 승계하고 그 대가로 피합병법인의 주주에게 합병법인의 주식(합병법인의 모회사의 주식 등을 교부할 수도 있다) 또는 합병교부금을 지급하는 거래로 보고 있다.

따라서 그 과정에서 합병당사자 별로 다음과 같은 조세문제가 발생하게 된다.

첫째, 피합병법인은 순자산을 합병법인에게 양도함에 따라 발생한 양도손익에 대한 법인세과세문제가 생긴다.

둘째, 합병법인은 피합병법인으로부터 순자산을 승계받고 합병대가를 지급함에 따라 발생하는 합병매수차손익에 대한 법인세과세문제가 생긴다.

셋째, 피합병법인의 주주는 합병에 따라 구주식이 소멸되고 합병법인으로부터 합병대가를 받게 되므로 의제배당소득에 대한 과세문제가 생긴다.

마지막으로 합병당사법인의 주주에 있어서는 합병비율의 불공정성과 관련하여 주주간의 부당행위계산부인 문제 · 익금산입문제 및 증여의제 문제 등이 있을 수 있다.

02 합병에 대한 일반적 과세방법

가. 개 요

합병이 이루어지면 피합병법인의 자산과 부채는 포괄적으로 합병법인에게 인계되고, 합병법인은 그 인수대가로 피합병법인의 주주들에게 직접 합병대가(합병교부주식 및 합병교부금)를 지급한다. 즉 합병대가는 피합병법인의 주주가 직접 받으며 피합병법인이 받지 않는다. 그렇지만 자산과 부채를 양도한 자는 피합병법인이므로 합병대가를 받아야 할 자는 피합병법인이라고 할 수 있다. 따라서 세법은 합병대가를 피합병법인이 받아서 그대로 피합병법인의 주주들에게 전달한 것으로 보고 합병에 대한 과세를 하고 있다.

이와 같은 논리로 합병 당사자들에게 발생한 합병에 따른 손익을 단순하게 생각해보면 ㉠ 피합병법인의 손익은 양도한 순자산의 장부가액(자산－부채)과 그 대가로 받은 합병대가의 차액이 될 것이고, ㉡ 피합병법인 주주의 손익은 합병과정에서 받은 합병대가와 합병과정에서 소멸된 주식 취득가액의 차액이 될 것이다. 그리고 ㉢ 합병법인의 손익은 인수한 순자산의 시가와 지급한 합병대가의 차액이 될 것이다. 「법인세법」상 합병에 대한 과세방식은 기본적으로 이와 크게 다르지 않다.

다만, 세법은 합병이 기업경쟁력 강화 등에 필수적인 측면이 있으므로 합병과정에서 지나친 조세부담이 발생하지 않도록 발생된 손·익금을 분할해서 인식하도록 하는 등 정책적 고려를 반영하고 있다.

나. 피합병법인에 대한 과세 : 양도손익에 대한 법인세

피합병법인이 합병으로 해산하는 경우 그 법인의 자산 및 부채를 포괄적으로 합병법인에 양도하고 합병대가를 받은 것으로 본다. 따라서 합병과정에서 피합병법인에게 발생한 양도손익은 피합병법인의 합병등기일이 속하는 사업연도의 소득금액을 계산할 때 익금 또는 손금에 산입된다.

피합병법인의 합병에 따른 양도손익은 다음과 같이 계산한다(법법 44조의2 ②). 양도손익은 합병전 피합병법인에게 발생한 자산가치 상승액 등 미실현손익이 합병을 통해서 합병대가에 반영되어 실현된 금액이다.

양도손익 ＝ 피합병법인이 합병법인으로부터 받은 양도가액*1 － 순자산장부가액*2

*1 합병대가(합병교부주식가액과 합병교부금)와 합병법인이 납부하게 되는 피합병법인의 법인세 등(피합병법인의 법인세와 그에 대한 지방소득세 법인세분)을 합한 금액이 합병에 따라 지급받은 양도가액이 된다. 이때 합병교부주식은 시가로 평가하여야 한다.

*2 피합병법인의 합병등기일 현재의 자산의 장부가액 총액에서 부채의 장부가액 총액을 뺀 가액과 환급받을 법인세액을 합한 금액이다. 즉, 순자산가액 ＝ (자산의 세무상 장부가액 － 부채의 세무상 장부가액) ＋ 환급법인세액

그리고 합병법인이 포합주식(합병법인이 합병등기일 전에 취득하여 보유하고 있는 피합병법인의 주식)을 가지고 있는 경우에는 합병과정에서 그 포합주식에 대해서 주식을 교부하지 않더라도 그 지분비율에 따라 합병법인의 주식을 교부한 것으로 보아 합병교부주식가액을 계산하여야 한다(법령 80 ①(2)(가)). 이는 포합주식에 대해서 합병법인이 주식을 교부한 것으로 보고 계산하지 않으면 피합병법인의 양도손익이 과소하게 계산되기 때문이다.

한편 발행주식 100%를 소유하고 있는 다른 법인을 합병하거나 그 다른 법인에 합병되는 경우에는 피합병법인의 양도손익은 없는 것으로 할 수 있다(법법 44조의2 ③). 이는 발행주식 100%를 소유하는 경우는 피합병법인이 실질적으로 합병법인 내부의 하나의 사업부에 불과한 것으로 볼 수 있으므로 합병을 손익의 실현과정이 아니라고 보기 때문이다.

다. 합병법인에 대한 과세 : 합병차손익에 대한 법인세

합병법인은 합병에 따라 피합병법인의 자산과 부채를 포괄적으로 승계받게 되는데 승계받은 순자산의 시가와 지급한 양도가액(피합병법인에게 지급한 양도대가로 지급한 합병대가와 합병법인이 부담한 피합병법인의 법인세 등을 의미)의 차액(합병매수차익 또는 합병매수차손)은 합병법인의 순자산을 증감시키게 되므로 합병법인의 익금 또는 손금을 구성하게 된다. 이때 합병법인이 승계받은 피합병법인의 순자산은 합병등기일 현재의 「법인세법」상 시가로 양도받은 것으로 본다(법법 44조의2 ①).

다만 이를 일시에 익금 또는 손금으로 하면 과세소득의 변동이 지나치게 클 수 있으므로 다음과 같이 5년간(60개월) 분할하여 익금 또는 손금에 산입하도록 하고 있다(법법 44조의2 ②, ③).

구 분	세무상의처리
<합병매수차익> : 순자산시가*1 > 양도가액*2	합병등기일부터 5년간 분할하여 익금에 산입
<합병매수차손> : 순자산시가*1 < 양도가액*2 ㉠ 발생원인이 세무상 영업권에 해당되는 경우 ㉡ 발생원인이 그 밖의 원인인 경우	 합병등기일부터 5년간 분할하여 손금에 산입 손금으로 인정받을 수 없음

*1 피합병법인의 합병등기일 현재 순자산시가 (「법인세법」에 따른 자산총액 시가에서 부채총액을 뺀 금액)
*2 합병대가(합병교부주식가액과 합병교부금)와 합병법인이 납부하게 되는 피합병법인의 법인세 등(피합병법인의 법인세와 그에 대한 지방소득세 법인세분)을 합한 금액이 합병에 따라 지급받은 양도가액이 된다. 이때 합병교부주식은 시가로 평가하여야 한다.

(1) 합병매수차익

합병법인이 양수한 순자산가액의 시가가 지급한 양도대가보다 크면 그 차액을 합병매수차익이라고 한다. 이는 합병등기일부터 5년(60개월)동안 분할하여 익금에 산입한다. 이 경우 월수는 역에 따라 계산하고 1월 미만의 월수는 1월로 한다(법령 80조의3 ①).

(2) 합병매수차손

합병법인이 양수한 순자산가액의 시가보다 지급한 양도대가가 크면 그 차액을 합병매수차손이라고 한다. 합병매수차손의 경우에는 합병매수차손의 발생원인을 구분하여 다음과 같이 처리한다.

① 합병매수차손의 발생 원인이 영업권인 경우에는 합병등기일부터 5년(60개월)동안 분할하여 손금에 산입한다. 여기서 영업권이란 합병법인이 피합병법인의 상호·거래관계·그 밖에 영업상의 비밀 등에 대해서 사업상 가치가 있다고 보아 대가를 지급한 것을 말한다(법령 80조의3 ①). 한편 이와 같이 기업결합과정에서 발생한 영업권은 합병매수차손으로 보게 되므로 감가상각대상인 무형자산으로 보지 않는다.

② 합병매수차손이 위에서 설명한 영업권이 아니라 그 밖의 원인으로 발생한 경우에는 이는 손금으로 인정받을 수 없다. 이는 자산가치가 없는 것을 인수하고 대가를 지급하는 것에 대해서 손금으로 인정하지 않겠다는 것이므로 세무상 손금이나 자산으로 인정받을 수 없다.

Reference 기업결합시 영업권 및 염가매수차익의 회계처리

기업회계에서는 합병 등과 같은 기업결합의 경우 양수한 순자산과 지급한 합병대가의 차액을 다음과 같이 회계처리한다.

구 분	회계처리 및 재무제표 표시
양수한 순자산 < 지급한 합병대가	– 전액 영업권으로 구형자산 처리함 – 영업권은 내용연수가 비한정인 자산으로 감가상각을 하지 않고 매년 손상검사를 하여 손상차손을 인식함
양수한 순자산 >지급한 합병대가	염가매수차익으로 당기 수익처리함

예제 example 63

다음 자료에 의하여 합병법인 ㈜사랑과 피합병법인 ㈜미움에 대해서 물음에 답하시오.

1. 사업연도 : ×1년 1월 1일 ~ ×1년 12월 31일, 합병등기일 : ×1년 7월 1일
2. 피합병법인 ㈜미움의 합병직전 재무상태표는 다음과 같다.
   자산가액 100,000원, 부채가액 60,0000원, 자기자본 40,000원
3. 피합병법인 ㈜미움의 합병직전 세무조정계산서상 자산·부채에 대한 유보(△유보) 누계액은 전혀 없다.

4. 합병 당시 합병법인이 인수한 순자산의 시가는 70,000원(자산가액 130,000원, 부채가액 60,000원)이다.
5. 피합병법인 ㈜미움의 법인세율은 20%(지방소득세 법인세분 포함)라고 가정한다.
6. 이 합병은 합병에 대해 과세이연을 받을 수 있는 적격합병의 요건을 갖추지 못하였다.
7. 합병법인에 합병매수차손이 발생하면 이는 전액 세무상 영업권의 원인에 해당된다고 가정한다.

<물음1> 합병법인 ㈜사랑이 피합병법인 ㈜미움의 주주들에게 합병교부주식으로 30주(1주당 액면가액 5,000원, 1주당 시가 8,000원)를 교부하고 합병교부금 10,000원을 지급하였다. 이 경우 각 회사의 합병차손익과 양도손익을 계산하시오.

<물음2> 상기 <물음1>의 결과에 따른 세무조정 방법에 대해서 설명하시오. 합병법인 ㈜사랑은 다음과 같이 회계처리하였고, 당기 영업권에 대한 손상차손 계상액은 없다.

차변) 자산(시가)	130,000원	부채) 부 채	60,000원
영업권(무형자산)	232,500원	미지급법인세	52,500원
		자본금(액면가)	150,000원
		주식발행초과금	90,000원
		현 금	10,000원

해답 [물음1] 피합병법인의 양도손익 및 합병법인의 합병매수차손익

① 피합병법인 ㈜미움의 양도손익
= 합병대가 + 합병법인이 납부한 피합병법인의 법인세(X) − 순자산장부가액
= (@8,000원 × 30주 + 10,000원) + 52,500원*1 − 40,000 = 262,500원
*1 합병법인이 납부할 피합병법인의 법인세액(X) :
[(250,000 + X) − 40,000] × 20% = X ➡ X = 52,500원

② 합병법인 ㈜사랑의 합병차손익
= 인수한 순자산의 시가 − 합병대가 − 합병법인이 납부한 피합병법인의 법인세(X)
= 70,000원 − (@8,000원 × 30주 + 10,000원) − 52,500원*2 = △232,500원(합병매수차손)
*2 합병법인이 납부할 피합병법인의 법인세액 : 52,500원

[물음2] 피합병법인의 양도손익 및 합병법인의 합병매수차손익에 대한 세무조정

③ 피합병법인 ㈜미움의 세무조정
상기 '①'의 양도손익 262,500원은 합병등기일이 속하는 사업연도의 소득금액을 계산할 때 익금에 포함하여 각 사업연도소득으로 신고한다.

④ 합병법인 ㈜사랑의 세무조정
상기 '②'의 합병매수차손 232,500원은 그 발생원인이 세무상 영업권이므로 5년(60개월)동안 분할하여 손금에 산입한다. ×1년의 손금 해당액은 23,250원(=232,500원 ×6개월÷60개월)이다.
<×1년의 세무조정> 손금산입 23,250원 (△유보)
∴ 만일 결산상 영업권에 대한 손상차손 계상액이 있으면 손금산입한도 23,250원은 손상차손계상액과 비교하여 세무조정을 한다.

참고

① 합병법인의 합병매수차손이 세무상 영업권외의 원인으로 발생한 것이라면 이는 세무상 손금으로 인정받을 수 없다. 따라서 x1년에 다음과 같은 세무조정이 이루어진다.
손금불산입 232,500원(기타사외유출), 손금산입 232,500원 (△유보)
➡ 손금산입(△유보)된 금액은 장래에 재무상태표상의 영업권이 손상차손이 이루어지면 그 손상차손 금액을 손금불산입(유보)하면서 상쇄된다.

② 합병법인에서 손금으로 인정될 합병매수차손 232,500원과 피합병법인에서 법인세가 과세된 양도손익 262,500원의 함께 고려하면 결국 합병과정에서 30,000원의 과세소득이 발생하였다. 이 과세소득 30,000원의 본질은 합병과정에서 피합병법인에 내재되어 있던 미실현이익 30,000원(=자산의 시가 130,000원－자산의 장부가액 100,000원)이 과세소득으로 나타난 것이다.

라. 피합병법인의 주주에 대한 과세 : 의제배당에 대한 법인세

피합병법인의 주주에게 있어서 합병으로 인해 받은 합병대가가 소멸된 주식의 세무상 장부가액을 초과하는 경우 그 초과액은 피합병법인의 주주에게 의제배당으로 과세된다(주주가 개인이면 소득세로, 법인이면 법인세로 과세된다).

합병에 의한 의제배당금액 = 합병대가* － 소멸되는 주식의 세무상 장부가액

* 합병대가 = 합병교부주식의 가액(시가로 평가함) + 합병교부금

마. 불공정합병과 관련된 과세문제

법인 간에 합병을 함에 있어서 합병비율을 불공정하게 정하면 합병을 통해서 주식가치가 과대평가된 법인의 주주는 경제적 이익을 얻게 되고 주식가치가 과소평가된 법인의 주주는 경제적 손실을 보게 되어, 주식가치가 과소평가된 법인의 주주에게서 과대평가된 법인의 주주에게로 경제적 부가 이전되게 된다.

이와 같이 불공정합병이 이루어지는 경우 세법은 불공정합병을 통해서 경제적 이익을 본 주주들에게 주주 형태별로 법인세 또는 증여세 등을 과세하도록 하고 있다(상증법 38, 상증령 28 ③~⑥, 법령 89 ⑥).

그리고 불공정합병으로 인하여 법인인 주주가 특수관계인에게 이익을 분여한 경우에는 부당행위계산규정을 적용하여 이익을 분여한 법인주주에게 분여이익 상당액이 익금가산된다(법령 88 ① (8)).

03 합병에 대한 과세특례

가. 개 요

합병은 사업의 구조조정 및 기업경쟁력 강화 등과 관련하여 불가피한 측면이 있다. 따라서 합병과정에서 조세부담이 지나치게 크면 순수한 기업활동에 지장을 초래할 수 있으므로, 「법인세법」은 일정한 요건을 충족시키는 경우(이하 '적격합병' 또는 '과세특례합병'이라고 한다) 합병과정에서 발생된 손·익금을 이연하여 과세하는 등 조세부담이 과중하지 않도록 정책적 고려를 반영하고 있다.

나. 적격합병의 요건

다음의 요건을 모두 갖춘 합병의 경우에는 피합병법인의 양도손익을 계산할 때 피합병법인이 합병법인으로부터 받은 양도가액을 피합병법인의 세무상 순자산 장부가액으로 보아 양도손익이 없는 것으로 할 수 있고, 합병법인은 피합병법인으로부터 승계받은 피합병법인의 자산을 시가가 아니라 피합병법인의 장부가액으로 양도받은 것으로 할 수 있다. 그러나 ㉠ 발행주식 100%를 소유하는 완전자회사를 합병하거나 완전자회사에 합병되는 경우 ㉡ 동일 모회사가 발행주식 100%를 소유하는 완전자회사 간에 합병하는 경우에는 아래 요건을 갖추지 않더라도 이러한 과세특례를 적용받을 수 있다(법법 44 ③).

① 사업목적의 합병 : 합병등기일 현재 1년 이상 사업을 계속하던 내국법인 간의 합병일 것*4
② 지분의 연속성 : ㉠ 피합병법인 주주가 합병으로 인하여 받은 합병대가의 총 합계액*1 중 합병법인의 주식 등의 가액이 80% 이상이거나 합병법인의 모회사의 주식등의 가액이 80% 이상인 경우로서*5 ㉡ 피합병법인의 일정한 지배주주 등에 대해서는 주식의 배정기준에 따라 배정하여야 하고*2, ㉢ 피합병법인의 일정한 지배주주 등은 합병등기일이 속하는 사업연도 종료일까지 합병법인으로부터 받은 주식의 2분의1이상을 보유할 것
③ 사업의 계속성 : 합병법인이 합병등기일이 속하는 사업연도의 종료일까지 피합병법인으로부터 승계받은 사업을 계속할 것*3 *4
④ 고용승계 : 합병법인 등이 합병등기일 1개월 전 현재 근로자의 80% 이상을 승계하고 합병등기일이 속하는 사업연도 종료일까지 그 비율을 유지할 것

*1 합병대가의 총합계액(합병교부주식가액과 합병교부금의 합계액을 말함) 중 합병교부주식의 가액이 100분의 80 이상인지는 다음과 같이 계산한다(법령 80 ① (2) 가, 법령 80조의2 ③).

㉠ 포합주식에 대해서 합병대가를 지급하지 않는 경우에도 전체 포합주식에 대해서 합병대가를 교부한 것으로 간주한다.

㉡ 2년 이내에 취득한 포합주식에 대해서 합병대가를 주식으로 교부하더라도 이를 금전으로 지급한 것으로 본다. 다만, 합병법인이 피합병법인의 지배주주인 경우에는 2년 이내에 취득한 포합주식 전부를, 지배주주가 아니라면 피합병법인 발행주식총수의 20%를 초과하는 포합주식에 대해서만 금전으로 교부한 것으로 본다.

따라서 합병교부주식비율은 다음과 같이 산식으로 계산된다.

<합병대가를 지급한 경우의 계산식>

$$\text{주식교부비율} = \frac{\text{합병대가 중 주식가액} - \text{2년 이내 취득한 포합주식 취득가액}}{\text{합병대가}}$$

<합병대가를 지급하지 않은 경우의 계산식>

$$\text{주식교부비율} = \frac{\text{합병대가 중 주식가액} + \text{포합주식에 대한 합병대가추산액} - \text{2년 이내 취득한 포합주식 취득가액}}{\text{합병대가} + \text{포합주식에 대한 합병대가 추산액}}$$

*2 피합병법인의 일정한 지배주주에게는 다음 산식에 따른 가액 이상으로 합병교부주식을 배정하여야 한다(법령 80조의2 ④). (산식 : 합병법인이 발행하는 합병교부주식가액의 총합계액 × 일정한 지배주주 등의 피합병법인에 대한 지분율) 이때 피합병법인의 전체지분을 기준으로 지분율을 계산하고(피합병법인의 자기주식에 대해 합병교부주식을 배정하지 않는 경우에는 피합병법인의 자기주식을 제외하고 지분율을 계산한다), 포합주식에 대해 합병대가를 교부하지 않더라도 합병대가를 주식으로 교부한 것으로 보고 지분의 연속성 요건을 판단한다. 이는 포합주식에 대해 합병대가 교부여부에 따라 적격합병요건 충족여부가 달라지는 것을 방지하기 위한 것이다.

*3 합병법인이 합병등기일이 속하는 사업연도의 종료일 이전에 피합병법인으로부터 승계한 자산가액(유형자산 · 무형자산 및 투자자산의 가액을 말한다)의 2분의 1이상을 처분하거나 사업에 사용하지 않는 경우에는 사업계속성 요건을 갖추지 않은 것으로 본다(법령 80조의2 ⑥).

*4 다른 법인과 합병하는 것을 유일한 목적으로 하는 법인(예 기업인수목적회사)는 요건을 갖춘 것으로 본다.

*5 「상법」에서 삼각합병(자회사가 다른 회사를 합병하면서 합병대가의 일부로 모회사의 주식을 교부하는 합병)을 허용함에 따라 세법에서도 적격합병 요건에 완전모법인 주식을 80% 이상 배정하는 경우를 포함하고 있다.

그리고 적격합병에 해당하는 경우 피합병법인의 주주가 받은 합병교부주식의 가액을 장부가액(또는 시가와 장부가액 중 작은 금액)으로 평가해서 의제배당액을 계산할 수 있도록 하고 있는데, 이 경우에 의제배당금액은 합병등기일을 기준으로 계산하기 때문에 상기 요건 중 '②의 ㉢ 요건'과 '③의 요건 및 ④의 요건'은 적용하지 않는다.

다. 합병시 피합병법인에 대한 과세특례

앞에서 설명한 적격합병의 요건을 모두 갖춘 경우에 피합병법인은 합병법인으로부터 받은 양도가액을 피합병법인의 세무상 순자산장부가액으로 보아 양도손익이 없는 것으로 할 수 있다(법법 44조 ②). 과세특례를 적용받으면 양도손익은 0(=피합병법인의 순자산 장부가액 − 피합병법인의 순자산 장부가액)이 된다.

그리고 부득이한 사유가 있는 경우에는 과세특례합병 요건 중 '지분의 연속성 요건 중 지분보유 요건'과 '사업의 계속성 요건' 및 '고용승계요건'을 갖추지 못한 경우에도 양도손익이 없는 것으로 할 수 있다(법법 44 ②, 법령 80조의2 ①). 예를 들면 지배주주 등이 사망이나 파산, 적격합병·분할, 회생절차의 진행으로 법원허가를 받은 경우 등의 원인으로 주식을 처분하거나 사업을 폐지한 경우에도 양도손익이 없는 것으로 할 수 있다.

라. 합병시 합병법인에 대한 과세특례

원칙적으로 합병법인이 승계받은 자산은 시가로 양도받은 것으로 본다. 따라서 합병법인이 승계받은 순자산의 시가와 지급한 양도대가의 차액은 합병법인의 익금 또는 손금에 해당되게 되고 「법인세법」은 이를 5년간 분할하여 익금 또는 손금으로 하도록 하고 있음(법법 44조의2)을 이미 설명하였다.

그러나 위에서 설명한 적격합병 요건에 해당되는 경우에는 합병법인에 대하여 두 가지 과세특례가 있다.

첫째, 적격합병에 해당하여 피합병법인이 양도손익을 계산할 때 양도가액을 피합병법인의 순자산 장부가액으로 보아 양도손익이 없는 것으로 한 경우 합병법인은 승계받은 자산을 시가가 아니라 피합병법인의 세무상 장부가액으로 양도받은 것으로 본다(법법 44조의3 ①). 이 특례는 합병법인이 피합병법인의 세무상 장부가액으로 양도받은 것으로 봄으로써 합병법인에게 익금 또는 손금이 작게 발생하도록 하기 위한 것이다.

둘째, 피합병법인의 합병등기일 현재 결손금과 피합병법인의 세무조정사항 등을 원칙적으로 승계받을 수 있도록 하고 있다(자세한 내용은 후술한다).

다만, 합병시 과세특례를 적용받은 합병법인이 부득이한 사유가 없이 사후관리요건에 위반하는 경우 그 사유가 발생한 날이 속하는 사업연도의 소득금액을 계산할 때 양도받은 자산의 장부가액과 시가와의 차액, 승계받은 결손금 중 공제한 금액 등을 익금에 산입하도록 하는 등의 사후관리 요건을 두고 있다.

(1) 자산조정계정

적격합병 요건을 충족하고 피합병법인이 양도손익을 계산할 때 양도손익이 없는 것으로 한 경우 합병법인은 승계한 자산을 시가가 아니라 피합병법인의 세무상 장부가액으로 양도받은 것으로 본다(법법 44조의3 ①).

그러나 장부결산은 기업회계에 따라 승계한 자산을 시가로 계상하게 된다. 따라서 세무조정과정에서 시가로 계상된 자산가액을 세무상 장부가액으로 조정하는 절차가 필요하게 되는데, 「법인세법」은 이를 위해서 '자산조정계정'을 설정하도록 하고 있다(법법 44조의3 ①, 법령 80조의4 ①). 이 자산조정계정은 세무상 자산가액을 관리하기 위한 일종의 평가계정의 역할을 한다고 할 수 있다.

구 분	세무상의처리
자산 계상액(시가) > 피합병법인 세무상 장부가액	차액을 익금에 산입하고 동시에 자산조정계정을 손금에 산입(△유보) • 합병법인의 세무상 장부가액 = 재무상태표상 자산계상액 － 자산조정계정*1
자산 계상액(시가) < 피합병법인 세무상 장부가액	차액을 손금에 산입하고 동시에 자산조정계정을 익금에 산입(유보) • 합병법인의 세무상 장부가액 = 재무상태표상 자산계상액 ＋ 자산조정계정*1

*1 자산조정계정은 '자산의 시가와 피합병법인의 세무상 장부가액의 차액'이다.

한편 합병법인이 승계한 자산을 피합병법인의 세무상 장부가액으로 양도받은 것으로 하기 위해서 설정한 자산조정계정은 이후 해당 자산을 감가상각하는 경우 ㉠ 손금에 산입된 자산조정계정은 감가상각비 중 해당 자산조정계정에 상당하는 부분을 감가상각비와 상계하고 ㉡ 익금에 산입된 자산조정계정은 감가상각비에 가산한다. 그리고 해당 자산을 처분하는 경우에는 남은 자산조정계정을 처분하는 사업년도에 전액 익금 또는 손금에 산입한다(법법 80조의4 ①). 이는 공사부담금 등에 대해서 설정된 일시상각충당금내지 압축기장충당금이 해당 자산이 감가상각이 되거나 처분하는 경우에 소멸하게 되는 것과 마찬가지이다.

(2) 과세이연 중단사유 발생시 사후관리

합병법인이 과세특례를 적용받은 후 합병등기일이 속하는 사업연도의 다음 사업연도 개시일부터 3년 이내의 범위내에서 대통령령이 정하는 기간(2년 또는 3년)에 부득이한 사유없이 과세이연 중단사유가 발생한 경우(㉠ 합병법인이 승계받은 사업을 폐지하거나 승계한 자산가액(유형자산·무형자산 및 투자자산의 가액을 말한다)의 2분의 1 이상을 처분하거나 사업에 사용하지 아니해서 폐지한 것으로 보는 경우 ㉡ 피합병법인의 일정한 지배주주 등이 합병법인으로부터 받은 주식의 2분의1이상을 처분한 경우. ㉢ 합병 후 각 사업연도 종료일 현재 합병법인

근로자 수가 합병등기일 1개월 전 피합병법인과 합병법인에 종사하는 근로자 수의 합의 80% 미만인 경우) 그 사유가 발생한 사업연도의 소득금액을 계산할 때 아래와 같이 처리한다(법법 44조의3 ③, 법령 80조의4 ④⑤).

① 자산별 자산조정계정 잔액의 총합계액을 익금에 산입한다. 이는 자산별 자산조정계정 잔액의 총합계액이 △유보인 경우에 한하고, 잔액의 총합계액이 유보인 경우에는 없는 것으로 한다.

② 상기 '①'에 따라 자산별 자산조정계정 잔액의 총합계액(△유보인 경우)을 익금에 산입하는 경우 합병매수차익 또는 합병매수차손(영업권에 상당하는 금액에 한정)은 다음 구분에 따라 처리한다. 이는 당초부터 적격합병이 아니었다고 하더라도 합병매수차익 또는 합병매수차손(영업권에 상당하는 금액에 한정)은 합병등기일부터 60개월 동안 분할익금 또는 분할손금이 되었을 것이므로 처음부터 적격합병이 아니었을 경우와 동일한 상태로 만들기 위한 것이다.

구 분	익금(손금) 해당액
㉠ 과세이연 중단사유가 발생한 날이 속하는 사업연도	합병매수차익(합병매수차손*) $\times \frac{\text{합병등기일부터 해당 사업연도 종료일까지의 월수}}{\text{60개월}}$
㉡ 위 '㉠'의 사업연도 이후 사업연도부터 합병등기일부터 5년이 되는 날이 속하는 사업연도까지	합병매수차익(합병매수차손*) $\times \frac{\text{해당 사업연도의 월수}}{\text{60개월}}$

* 합병매수차손은 영업권에 상당하는 금액에 한정한다.

③ 합병법인이 승계받은 피합병법인의 이월결손금 중 합병 후 공제한 금액은 과세이연 중단사유가 발생한 날이 속하는 사업연도의 소득금액을 계산할 때 즉시 익금에 산입하여야 한다(법법 43조의3 ③).

④ 합병법인이 승계받은 피합병법인의 세액감면이나 세액공제 중 합병후 감면받거나 공제받은 금액은 과세이연 중단사유가 발생한 날이 속하는 사업연도의 법인세액에 더하여 납부하여야 한다(법령 80조의4 ⑥).

한편 발행주식 100%를 소유하고 있는 다른 법인을 합병하거나 그 다른 법인에 합병되는 경우에는 상기 적격합병의 요건을 갖추지 않더라도 합병법인은 피합병법인의 자산을 장부가액으로 양도받은 것으로 하고, 이 경우에는 사후관리요건도 적용하지 않는다(법법 44 ⑤).

예제 64

㈜사랑은 ㈜숭실을 ×1년 1월 1일에 흡수합병하였다. 물음에 답하시오.

1. 합병직전 피합병법인 ㈜숭실의 재무상태표는 다음과 같다.

㈜숭실 재무상태표 (단위 : 원)

재고자산	4,000	부 채	18,000
토 지	8,000	자 본 금	3,000
건 물	5,000	자본잉여금	4,000
기계장치	9,000	이익잉여금	1,000
계	26,000		26,000

2. 합병직전 피합병법인 ㈜숭실의 세무조정계산서에는 토지에 대하여 유보누계액 200원이 있고, 이것이 유보내용의 전부이다.
3. ㈜사랑은 ㈜숭실의 주주들에게 합병대가로 신주를 발행하고(신주의 시가 10,000원, 액면가액 8,000원), 합병교부금으로 2,000원을 교부하였다. 그리고 합병시 다음과 같이 회계처리를 하였다.

(차) 재고자산	4,500	(대) 부 채	18,000
토 지	9,000	자 본 금	8,000
건 물	7,000	주식발행초과금	2,000
기계장치	7,500	현 금	2,000
영 업 권	2,000		

4. ㈜숭실에 이월결손금이 많아서 ㈜숭실의 해산에 따라 합병법인인 ㈜사랑이 부담할 피합병법인의 법인세는 없다.
5. ㈜사랑에 발생한 영업권은 세무상 가치가 있는 영업권에 해당된다.

[물음] 과세특례합병 요건을 충족한 경우 ① 피합병법인 ㈜숭실의 양도손익을 계산하고 ② 합병법인인 ㈜사랑의 자산조정계정을 계산하시오.

해설 1. 피합병법인 ㈜숭실의 양도손익

양도손익 = 양도가액 − 세무상 순자산장부가액

= (26,000 + 200 − 18,000) − (26,000 + 200 − 18,000) = 0

* 과세특례합병이므로 양도가액을 순자산 장부가액으로 계산한다.

2. 합병법인인 ㈜사랑의 자산별 자산조정계정 계산

승계자산	시가	피합병법인 장부가액	자산별 자산조정계정
재고자산	4,500	4,000	500(△유보)
토지	9,000	8,200*	800(△유보)
건물	7,000	5,000	2,000(△유보)
기계장치	7,500	9,000	1,500(유보)
영업권	2,000	0	2,000(△유보)
합계액	30,000	26,200	3,800(△유보)

* 피합병법인의 세무상 토지장부가액 = 재무상태표 장부가액 ± 유보누계액 = 8,000원 + 200원
합병법인의 자산조정계정 금액은 합병법인이 승계받은 자산을 장부에 계상한 금액(시가)과 피합병법인의 세무상 장부가액과의 차액이 된다(법령 82조의4 ①). 그리고 이와 같이 자산조정계정 금액을 계산하면 피합병법인의 관련 세무조정사항은 자동적으로 합병법인의 자산조정계정 금액에 반영되게 되므로 합병법인은 자산조정계정을 계산한 부분에 대해서는 자동적으로 피합병법인의 관련 세무조정사항을 승계받은 결과가 된다(즉, 관련된 피합병법인의 세무조정사항은 합병법인의 자산조정계정에 포함되게 된다).

➤ 보충설명

상기 예제를 가지고 적격합병인 경우와 비적격합병인 경우의 과세방식을 설명하면 다음과 같다.

1. 적격합병이 아닌 경우

㉠ 피합병법인의 양도손익 = 합병대가 − 양도순자산 세무상 장부가
= 12,000 − 8,200 = 3,800

* 3,800원을 피합병법인의 각사업연도소득으로 과세

㉡ 합병법인의 합병매수차손 = 양수한 순자산의 시가 − 합병대가
= (28,000 − 18,000) − 12,000 = △ 2,000 (합병매수차손)

* 세무상 영업권에 해당되므로 합병매수차손을 60개월 동안 분할손금

☞ 결과적으로

㉠ 피합병법인 양도손익 3,800원의 익금과 합병법인의 합병매수차손 분할손금 2,000원을 상계하면 합병과정에서 1,800원의 익금이 발생하게 되는데, 이는 피합병법인의 세무상 순자산가액과 순자산가액의 시가 차액이 합병과정에서 실현된 소득이 되는 것임.

㉡ 합병법인은 양수한 자산의 시가를 기초로 감가상각을 하고, 감가상각비는 전액 손금으로 인정을 받음(회사계상 감가상각비는 합병시 실현소득으로 본 1,800원에 대한 감가상각비와 피합병법인의 당초 세무상 장부가액에 대한 감가상각비의 합계액임)

2. 적격합병인 경우

㉠ 피합병법인 양도손익 = 양도순자산 세무상 장부가 − 양도순자산 세무상 장부가
= 8,200 − 8,200 = 0

* 피합병법인에게 양도손익이 발생하지 않음

㉡ 합병법인의 합병매수차손=양수한 순자산의 세무상 장부가액－합병대가
=8,200－12,000=Δ3,800 (합병매수차손)

* 합병법인이 시가로 회계처리하였기 때문에 발생한 합병매수차손을 자산조정계정으로 세무조정(세무조정 : 익금산입(기타), 손금산입(Δ유보))

* 자산조정계정은 이후 회사가 시가에 기초해서 감가상각을 한 감가상각비와 상계됨.

☞ 적격합병을 적격합병이 아닌 경우와 비교하면

㉠ 피합병법인에게는 합병으로 인한 양도손익이 발생하지 않음

㉡ 합병법인은 회계상 양수한 자산의 시가를 기초로 감가상각을 하지만, 회사 계상 감가상각비 중 자산조정계정 해당분은 자산조정계정과 상계되므로 결과적으로 피합병법인의 세무상 장부가액에 해당하는 감가상각비만 손금인정이 되는 것임.

☞ 결국 적격합병에 대한 과세특례제도는 합병법인의 회계처리에 불구하고 세무상으로는 피합병법인의 세무상 장부가액으로 승계받도록 함으로써 합병과정에서 자산평가 때문에 실현소득이 생기지 않도록 하기 위한 제도라고 할 수 있다. 그리고 합병당시 실현된 것으로 보지 않은 소득은 궁극적으로 합병법인에서 그 자산의 처분과정을 통해서 과세되게 되므로 결국 적격합병의 과세특례도 단순한 과세이연에 관한 특례라고 할 수 있다.

마. 합병시 피합병법인의 주주에 대한 과세특례

피합병법인의 주주에게 있어서 합병으로 인해 받은 합병대가(합병교부주식가액+합병교부금)가 소멸된 주식의 장부가액을 초과하는 경우 그 초과액은 피합병법인의 주주에게 의제배당으로 과세된다(주주가 개인이면 소득세로, 법인이면 법인세로 과세된다). 이 때 합병교부주식의 가액은 시가로 평가하는 것이 원칙이다.

그러나 합병시 적격합병요건을 갖춘 경우에는 합병교부주식을 다음과 같이 평가하여 의제배당액을 계산한다. 합병교부금이 있는 경우 다르게 규정한 것은 합병교부금은 이미 실현된 것이므로 합병교부금이 의제배당으로 과세되도록 하기 위한 것이다.

① 합병교부금이 없는 경우 : 종전의 세무상 장부가액

② 합병교부금이 있는 경우 : Min(합병교부주식의 시가, 종전의 세무상 장부가액)

여기서 합병교부주식을 시가로 평가하지 않는 것은 당장은 의제배당금액을 작게 발생시키지만 결국 주식을 처분할 때 주식양도차익을 크게 만들게 되므로 피합병법인 주주의 의제배당금액에 대한 과세를 주식처분시까지만 이연시키는 결과를 만드는 것이다.

예제 65

㈜성공물산은 ㈜부진을 흡수합병하면서 피합병법인 ㈜부진의 주주인 ㈜초심에게 합병대가를 지급하였다. 다음 자료에 의하여 ㈜초심의 의제배당액을 계산하시오.

1. ㈜초심은 ㈜부진의 주식 1,000주(1주당 세무상 장부가액 10,000원)를 소유하고 있었다.
2. ㈜초심은 상기 합병으로 ㈜성공물산으로부터 주식 8,000주(합병당시 1주당 시가 12,000원)을 교부받았다.
3. ㈜성공물산과 ㈜부진의 합병은 적격합병의 요건 중 합병대가 중 주식교부가액의 비율이 80% 이상이어야 한다는 것만을 제외하고 나머지 요건들은 전부 충족한다.

<물음1> ㈜초심이 상기 합병교부주식 외에 ㈜부진의 주식 1주당 합병교부금을 3,000원씩 교부받았다. ㈜초심의 의제배당액을 계산하시오.

해답 1. 합병대가 중 주식교부가액 비율 검토

합병대가 = 합병교부금(@3,000원 × 1,000주) + 합병교부주식가액(@12,000원(시가) × 8,000주) = 3,000,000 + 96,000,000 = 99,000,000

합병대가 중 주식교부가액 비율 = 96,000,000 ÷ 99,000,000 = 96.96% (≥80%)

∴ 합병대가 중 주식교부가액의 비율이 96.96%로 80%이상이므로 적격합병임

2. 의제배당액의 계산(과세특례합병)

합병교부주식가액 = Min[시가, 소멸주식의 장부가액]
= Min[96,000,000원, 10,000,000원] = 10,000,000원

합병대가 = 합병교부금(3,000,000원) + 합병교부주식가액(10,000,000원)=13,000,000원

∴ 의제배당액 = 합병대가(13,000,000원) − 소멸주식 장부가액(10,000,000)= 3,000,000원

* 의제배당액 3,000,000원은 합병교부금을 받은 부분이다.

04 합병시 이월결손금 및 세무조정사항 승계

가. 이월결손금 등의 공제제한

합병이 세무상의 이월결손금을 활용하기 위한 수단으로 이용되는 것을 방지하기 위하여 합병시 합병법인과 피합병법인이 가지고 있는 이월결손금의 공제를 제한하는 등 「법인세법」은 조세회피의 목적으로 합병제도를 남용하는 것을 방지하는 제도들을 두고 있다.

(1) 합병등기일 현재 합병법인의 이월결손금

합병법인의 합병등기일 현재 결손금은 합병 후 합병법인의 각 사업연도의 과세표준을 계산할 때 피합병법인으로부터 승계받은 사업에서 발생한 소득금액에서는 공제하지 않는다(법법 45 ①). 따라서 합병법인의 합병등기일 현재 이월결손금은 합병후 법인의 소득금액에서 피합병법인으로부터 승계받은 사업에서 발생한 소득금액을 차감한 금액의 100분의 80(중소기업과 회생계획을 이행중인 법인 등은 100분의 100)을 한도로 공제하게 된다(법법 45 ⑤).

이 제도는 이월결손금이 많은 합병법인이 결손금공제를 받을 목적으로 과세소득이 있는 법인을 합병하는 것을 방지하기 위한 것이다.

(2) 합병법인이 승계한 피합병법인의 이월결손금

원칙적으로 합병시 피합병법인의 결손금은 합병법인에 승계되지 않는다. 그러나 합병시 적격합병요건을 갖춘 경우에는 합병법인이 피합병법인의 결손금을 승계할 수 있는데, 이 경우에도 합병법인이 승계한 피합병법인의 결손금은 피합병법인으로부터 승계받은 사업에서 발생한 소득금액의 범위에서만 공제할 수 있다(법법 45 ②). 따라서 합병법인이 승계한 피합병법인의 이월결손금은 피합병법인으로부터 승계받은 사업에서 발생한 소득금액의 100분의 80(중소기업과 회생계획을 이행중인 법인 등은 100분의 100)을 한도로 공제하게 된다(법법 45 ⑤).

이 제도는 과세소득이 큰 합병법인이 조세회피 목적으로 누적결손금이 많은 법인을 합병하는 것을 방지하기 위한 제도이다.

한편 적격합병 요건에 해당되어 합병법인이 피합병법인의 이월결손금을 승계받은 후 과세이연 중단요건이 발생한 경우 합병 후 공제받은 승계 결손금은 과세이연 중단사유가 속한 사업연도의 소득금액을 계산할 때 즉시 익금에 산입한다는 것은 이미 설명한 바 있다.

(3) 합병법인 및 피합병법인이 합병전에 보유하는 자산의 처분손실

적격합병을 한 합병법인은 합병법인과 피합병법인이 합병 전 보유하던 자산의 처분손실(합병등기일 현재 해당 자산의 시가가 장부가액보다 낮은 경우로서 그 차액을 한도로 하며, 합병등기일 이후 5년 이내에 끝나는 사업연도에 발생한 것만 해당한다)을 각각 합병 전 해당 법인의 사업에서 발생한 소득금액(해당 처분손실을 공제하기 전 소득금액을 말한다)의 범위에서만 손금으로 인정한다(법법 45 ③).

이는 합병시 이월결손금 공제제한에 관한 규정을 회피하기 위해서 합병시 합병당시 법인이 보유 자산을 과대평가하여 합병한 후 해당 자산의 처분손실을 통해 손금으로 인정받으려는 시도를 방지하기 위한 것이다.

이 경우 손금에 산입하지 아니한 처분손실은 자산 처분 시 각각 합병 전 해당 법인에서 발생한 결손금으로 보아 이월결손금공제 제한에 관한 규정을 적용한다(법법 45 ③).

그리고 상기 이월결손금의 공제제한 때문에 합병법인은 다음 기간 동안 자산·부채 및 손익을 피합병법인으로부터 승계받은 사업에 속하는 것과 그 밖의 사업에 속하는 것을 구분경리하여야 한다.

㉠ 합병등기일 현재 합병법인에 결손금이 있는 경우 또는 합병후 피합병법인의 이월결손금을 공제받으려는 경우에는 이를 공제받는 기간

㉡ 그 밖의 경우에는 합병 후 5년간

그러나 중소기업 간 또는 동일사업을 영위하는 법인 간에 합병하는 경우에는 구분경리하지 않을 수 있고, 이 경우에는 합병후 소득금액은 합병등기일 현재 합병법인과 피합병법인의 자산가액(유형자산·무형자산 및 투자자산의 가액을 말한다) 비율로 안분하여 합병후 이월결손금 공제규정을 적용한다(법법 113 ③, 법령 81).

나. 피합병법인의 세무조정사항 승계

합병시 합병등기일 현재 피합병법인에 존재하는 세무조정사항(유보누계액을 의미함)을 합병법인이 승계받을 수 있는지 여부에 대하여 「법인세법」은 적격합병 요건을 갖추지 못한 일반합병의 경우에는 승계받을 수 없도록 하고(다만, 「법인세법」이나 「조세특례제한법」 등 다른 규정에 의해서 퇴직급여충당금·대손충당금 등은 승계받는 경우가 있다), 적격합병 요건을 갖춘 합병의 경우에는 피합병법인의 세무조정사항을 승계받을 수 있도록 하고 있다(법법 44조의2).

다. 합병전 기부금한도초과이월액 손금산입

(1) 합병법인의 합병등기일 현재 기부금 한도초과액 손금산입

합병법인이 합병등기일 현재 기부금 한도초과액을 가지고 있는 경우 합병 후에 이월공제를 받을 수 있다. 이때 합병법인이 합병 후에 이월공제를 받을 수 있는 금액은 합병

전 합병법인의 사업에서 발생한 소득을 기준으로 계산한 기부금 손금인정한도 범위 내에서 손금에 산입하여야 한다(법법 45 ⑥).

(2) 피합병법인의 합병등기일 현재 기부금 한도초과액 손금산입

적격합병의 경우 합병법인은 피합병법인의 세무조정사항을 승계받을 수 있으므로 피합병법인이 합병등기일 현재 기부금 한도초과액은 합병법인이 승계받아 이월잔여기간 동안 이월공제를 받을 수 있다. 이때 합병법인이 합병 후에 이월공제를 받을 수 있는 금액은 피합병법인으로부터 승계받은 사업에서 발생한 소득금액을 기준으로 계산한 기부금 손금인정한도 범위 내에서 손금에 산입하여야 한다(법법 45 ⑦).

라. 피합병법인의 공제감면세액 승계

적격합병에 해당하여 자산을 피합병법인의 장부가액으로 양도받은 경우 합병법인은 피합병법인이 적용받던 감면 또는 세액공제를 승계할 수 있다. 이 때 감면이나 세액공제에 관한 해당 법률에서 감면이나 세액공제에 대한 일정요건을 요구하는 경우에는 합병법인이 이를 갖춘 경우에만 적용한다(법법 45 ④, 법령 80조의4 ②, 법령 81).

① 세액감면(기간감면에 한정) : 합병법인이 승계받은 사업에서 발생한 소득에 대하여 합병 당시의 잔존감면기간 내에 종료하는 사업연도분까지 감면을 적용한다.

② 이월된 외국납부세액공제 : 이월공제잔여기간에 한정해서, 해당 사업연도 과세표준 중 승계받은 사업에서 발생한 국외원천소득이 차지하는 비율의 범위 내에서 공제한다.

③ 최저한세 적용으로 이월된 세액공제 : 승계받은 사업부문에 대하여 계산한 최저한세액의 범위 내에서 공제한다(이 경우 공제할 금액은 합병법인의 최저한세액을 초과할 수 없다).

④ 그 밖의 경우 : 승계받은 사업부문에 대하여 계산된 산출세액의 범위내에서 공제한다.

한편 폐업 등 과세이연 중단사유가 발생한 경우 피합병법인으로부터 승계하여 공제한 감면 또는 세액공제 상당액은 해당 사유가 발생한 사업연도의 법인세액에 더하여 납부하여야 한다(법령 80조의4 ⑥).

제 2 절 분할에 관한 과세

01 분할의 의의 및 유형

가. 분할의 의의

기업분할은 합병과 상반되는 개념으로 경영효율 등의 증진을 위해서 핵심역량을 공유하지 않는 사업단위들을 독립시키는 「상법」상의 제도이다. 이는 어느 한 회사의 자산 및 부채의 전부 또는 일부를 분리해서 신설 또는 기존회사에 승계시키고, 자산 및 부채를 인계한 회사의 주주 또는 인계한 회사가 그 상대방으로부터 주식을 교부받는 제도이다 (이때 주식을 자산 및 부채를 인계한 회사의 주주가 받게 되면 인적분할이 되고, 자산 및 부채를 인계한 회사가 받게 되면 물적분할이 된다).

일반적으로 기업분할은 다각경영의 비효율성 제거, 경영위험의 분산, 적자영업부문의 분리, 주주간의 이해관계 조정, 인사관리의 차별화 및 조세절감 등의 목적으로 이루어진다.

나. 분할의 유형

기업분할은 단순분할과 분할합병으로 나눌 수 있고, 분할주식의 배정방식에 따라서 인적분할과 물적분할로 나눌 수 있다. 단순분할은 독립된 사업단위를 분할해서 단일법인으로 분할설립하는 것이고, 분할합병은 이렇게 분할된 사업단위가 기존의 다른 법인 내지 또 다른 분할 사업단위와 합병되는 것을 말한다.

또한 단순분할·분할합병으로 인하여 설립되는 법인의 주식을 분할되는 법인의 주주가 취득하는 방식을 인적분할이라 하고, 분할되는 법인 자신이 취득하는 형태를 물적분할이라고 한다. 그리고 분할되는 법인의 분할 후 존속 여부에 따라 존속분할과 소멸분할로 구분된다.

(1)	단순분할	존속분할	A(x+y) → A(x)+B(y)
		소멸분할	A(x+y) → B(x)+C(y)
	분할합병	존속분할 · 흡수합병	A(x+y)+B(z) → A(x)+B(y+z)
		존속분할 · 신설합병	A(x+y)+B(z) → A(x)+C(y+z)
		소멸분할 · 흡수합병	A(x+y)+B(z) → B(y+z)+C(x)
		소멸분할 · 신설합병	A(x+y)+B(z) → C(y+z)+D(x)
(2)	인적분할	분할로 설립되는 법인의 주식 → 분할되는 법인의 주주가 취득	
	물적분할	분할로 설립되는 법인의 주식 → 분할되는 법인이 취득	

Reference 분할 당사자들에 대한 용어정리

- **분할법인** : 분할되는 법인
- **분할신설법인** : 분할에 의하여 신설되는 법인
- **분할합병의 상대방법인** : 분할합병에서 기존의 1개 또는 수개의 법인을 합병하여 존속하는 법인
- **소멸한 분할합병의 상대방법인** : 분할합병으로 소멸되는 법인

02 인적분할에 대한 일반적 과세방법

가. 개 요

인적분할의 전형적 형태는 기존 법인의 특정사업부문을 분리하여 별도의 법인을 설립(분할신설법인)하고 분할신설법인은 인수한 사업부문의 대가인 분할대가(분할교부주식+분할교부금)를 기존 법인의 주주들에게 지급하는 형태이다. 인적분할의 경제적 실질은 합병의 경우와 매우 유사하고, 따라서 인적분할로 인한 과세문제는 기본적으로 합병과 유사하다.

첫째, 분할법인 및 소멸한 분할합병의 상대방법인은 순자산을 분할신설법인 또는 분할합병의 상대방법인에게 양도함에 따라 발생한 양도손익에 대한 법인세과세문제가 생긴다.

둘째, 분할신설법인 및 분할합병의 상대방법인에 있어서는 분할법인 또는 소멸한 분할합병의 상대방법인으로부터 순자산을 승계받고 분할대가를 지급함에 따라 발생하는 분할차손익(합병에서는 이를 합병차손익이라고 하였다)에 대한 법인세과세문제가 생긴다.

셋째, 분할법인의 주주 및 소멸한 분할합병의 상대방법인의 주주에 있어서는 분할신

설법인 또는 분할합병의 상대방법인으로부터 분할대가를 수령하는데 따른 의제배당소득에 대한 과세문제가 생긴다.

마지막으로 분할합병의 경우에는 합병당사법인의 주주에 있어서는 합병비율의 불공정성과 관련해서 주주 간의 부당행위계산부인 문제 및 증여의제 문제 등이 있을 수 있다.

그리고 「법인세법」에서는 합병과 유사하게 일정한 요건을 갖춘 분할 또는 분할합병에 대해서는 과세특례제도를 두어 분할 또는 분할합병으로 지나친 조세부담이 발생하지 않도록 하고 있다.

나. 분할법인 등에 대한 과세 : 양도손익에 대한 법인세

분할 또는 분할합병으로 해산하는 경우(소멸분할의 경우) 그 법인의 자산을 분할신설법인 또는 분할합병의 상대방법인(이하 "분할신설법인 등")에 양도하고 분할대가를 받은 것으로 본다. 이는 분할한 후 존속하는 경우(존속분할의 경우)에도 같다.

이 경우 그 양도에 따라 발생하는 양도손익은 분할법인 또는 소멸한 분할합병의 상대방법인(이하 "분할법인 등")이 분할등기일이 속하는 사업연도의 소득금액을 계산할 때 익금 또는 손금에 산입한다. 분할법인 등의 분할에 따른 양도손익은 다음과 같이 계산한다(법법 46 ①).

양도손익 = 분할법인 등이 분할신설법인 등으로부터 받은 양도가액*1 − 순자산 장부가액*2

*1 분할대가(분할교부주식가액과 분할교부금)와 분할신설법인 등이 납부하게 되는 분할법인 등의 법인세 등(그에 대한 지방소득세 법인세분 포함)을 합한 금액이 분할에 따라 지급받은 양도가액이 된다. 이때 분할교부주식은 시가로 평가하여야 한다.

*2 소멸분할의 경우에는 분할법인 등의 분할등기일 현재 세무상 순자산장부가액을 말하며, 존속분할의 경우에는 분할한 사업부문의 세무상 순자산장부가액을 말한다. 순자산가액 = (자산 세무상 장부가액 − 부채 세무상 장부가액) + 환급법인세액

그리고 분할합병의 경우에는 분할합병의 상대방법인이 포합주식(분할합병의 상대방법인이 분할등기일 전에 취득하여 보유하고 있는 분할법인의 주식을 의미함)을 가지고 있는 경우에는 분할과정에서 분할합병의 상대방법인이 그 포합주식에 대해서 주식을 교부하지 않더라도 그 지분비율에 따라 분할합병의 상대방법인의 주식을 교부한 것으로 보아 분할교부주식가액을 계산하여야 한다(법령 82 ①). 이는 포합주식에 대해서 분할합병이 상대방

법인이 주식을 교부한 것으로 보고 계산하지 않으면 분할법인의 양도손익이 과소하게 계산되기 때문이다.

다. 분할신설법인 등에 대한 과세 : 분할차손익에 대한 법인세

분할신설법인 등은 분할에 따라 분할법인의 자산과 부채를 포괄적으로 승계받게 되는데 승계받은 순자산의 시가와 지급한 양도가액(분할법인 등에게 지급한 분할대가와 분할신설법인 등이 부담한 분할법인 등의 법인세 등을 의미)의 차액(분할매수차익 또는 분할매수차손)은 분할신설법인 등의 순자산을 증감시키게 되므로 분할신설법인 등의 익금 또는 손금을 구성하게 된다. 이때 분할신설법인 등이 승계받은 분할법인 등의 순자산은 분할등기일 현재의 「법인세법」상 시가로 양도받은 것으로 본다(법법 46조의2 ①).

다만 이를 일시에 익금 또는 손금으로 하면 과세소득의 변동이 지나치게 클 수 있으므로 다음과 같이 5년간 분할하여 익금 또는 손금에 산입하도록 하고 있다(법령 82조의3 ①, 법령 80조의3 ①). 이는 일반 합병에서 합병법인의 합병차손익에 대한 과세방식과 동일하다.

구 분	세무상의처리
<분할매수차익> : 순자산시가*1 > 양도가액*2	분할등기일부터 5년간 분할하여 익금에 산입
<분할매수차손> : 순자산시가*1 < 양도가액*2 ㉠ 발생원인이 세무상 영업권에 해당되는 경우 ㉡ 발생원인이 그 밖의 원인인 경우	 분할등기일부터 5년간 분할하여 손금에 산입 손금으로 인정받을 수 없음

*1 승계받은 순자산의 분할등기일 현재 「법인세법」에 따른 시가
*2 분할대가(분할교부주식가액과 분할교부금)와 분할신설법인 등이 납부하게 되는 분할법인 등의 법인세 등(분할법인 등의 법인세와 그에 대한 지방소득세 법인세분)을 합한 금액이 분할에 따라 지급한 양도가액이 된다. 이때 분할교부주식은 시가로 평가하여야 한다.

(1) 분할매수차익

분할신설법인 등이 양수한 순자산가액의 시가가 지급한 양도대가보다 크면 그 차액을 분할매수차익이라고 한다(합병에서는 합병매수차익이라고 하였다). 이는 분할등기일부터 5년(60개월)동안 분할하여 익금에 산입한다. 이 경우 월수는 역에 따라 계산하고 1월 미만의 월수는 1월로 한다(법령 82조의3 ①, 법령 80조의3 ①).

(2) 분할매수차손

분할신설법인 등이 양수한 순자산가액의 시가보다 지급한 양도대가보다 크면 그 차액을 분할매수차손이라고 한다(합병에서는 합병매수차손이라고 하였다). 분할매수차손의 경우에는 발생원인을 구분하여 다음과 같이 처리한다.

① 분할매수차손의 발생 원인이 영업권인 경우에는 분할등기일부터 5년(60개월)동안 분할하여 손금에 산입한다. 여기서 영업권이란 분할신설법인 등이 분할법인 등의 상호·거래관계·그 밖에 영업상의 비밀 등에 대해서 사업상 가치가 있다고 보아 대가를 지급한 것을 말한다. 한편 이와 같이 기업결합과정에서 발생한 영업권은 세무상 분할매수차손으로 보게 되므로 감가상각대상인 무형자산으로 보지 않는다.

② 분할매수차손이 그 밖의 원인으로 발생한 경우에는 이는 손금으로 인정받을 수 없다. 이는 자산가치가 없는 것을 인수하고 대가를 지급하는 것에 대해서 손금으로 인정하지 않겠다는 것으로 세무상 손금이나 자산으로 인정받을 수 없다.

라. 분할법인 등의 주주에 대한 과세 : 의제배당에 대한 법인세

분할법인 등의 주주에게 있어서 분할로 인해 받은 분할대가가 소멸된 주식의 세무상 장부가액을 초과하는 경우 그 초과액은 분할법인 등의 주주에게 의제배당으로 과세된다(주주가 개인이면 소득세로, 법인이면 법인세로 과세된다).

분할에 의한 의제배당금액 = 분할대가* − 소멸되는 주식의 세무상 장부가액

* 분할대가 = 분할교부주식의 가액(시가로 평가함) + 분할교부금

03 인적분할에 대한 과세특례

가. 개 요

「법인세법」은 인적분할에 대하여도 적격합병과 같이 일정한 요건을 갖춘 경우에는(이하 '적격분할' 또는 '과세특례분할'이라 함) 과세특례제도를 인정하고 있다. 다만 합병과 인적분할의 성격이 다르다는 점에서 합병과 인적분할의 과세특례요건을 달리 정하고 있다.

나. 적격분할의 요건

다음의 요건을 모두 갖춘 분할의 경우(아래 요건을 전부 갖춘 경우를 '적격분할'이라고 한다. 다만, 부동산임대업을 주업으로 하는 사업부문을 분할하거나 분할하는 부문이 승계한 자산가액 중 부동산 등의 비율이 80% 이상인 경우는 적격분할로 보지 않는다)에는 분할법인 등의 양도손익을 계산할 때 분할법인 등이 분할신설법인 등으로부터 받은 양도가액을 분할법인 등의 세무상 순자산 장부가액으로 보아 양도손익이 없는 것으로 할 수 있고, 분할신설법인 등은 분할법인 등으로부터 승계받은 자산을 시가가 아니라 세무상 장부가액으로 양도받은 것으로 할 수 있다(법법 46 ②, 법령 82조의2).

① 사업목적의 분할 : ㉠ 분할등기일 현재 5년 이상 사업을 계속하던 내국법인이 분할하는 것일 것(다만 분할합병의 경우에는 소멸한 분할합병의 상대방법인 또는 분할합병의 상대방법인이 분할등기일 현재 1년 이상 사업을 계속하던 내국법인일 것). ㉡ 분리하여 사업이 가능한 독립된 사업부문을 분할하는 것일 것*1, ㉢ 분할하는 사업부문의 자산 및 부채가 포괄적으로 승계될 것*2, ㉣ 분할법인 만의 출자에 의해서 분할하는 것일 것.

② 지분의 연속성 : ㉠ 분할법인의 주주가 분할로 인하여 받은 분할대가 총합계액*3 전액이 주식(분할합병의 경우에는 분할대가의 100분의 80 이상이 분할신설법인 등의 주식인 경우 또는 분할대가의 100분의 80 이상이 분할합병의 상대방법인의 지분 100%를 소유하는 내국법인의 주식인 경우를 포함한다)이고, ㉡ 분할법인의 주주는 소유하던 주식의 비율에 따라 주식을 배정받아야 하고*4, ㉢ 분할법인의 일정한 지배주주 등은 분할등기일이 속하는 사업연도 종료일까지 분할신설법인 등으로부터 받은 주식의 2분의 1 이상을 보유할 것

③ 사업의 계속성 : 분할신설법인 등이 분할등기일이 속하는 사업연도의 종료일까지 분할법인 등으로부터 승계받은 사업을 계속할 것*5

④ 고용승계 : 분할신설법인 등이 분할등기일 1개월 전 당시 분할하는 사업부문에 종사하는 근로자의 80% 이상을 승계하고 분할등기일이 속하는 사업연도 종료일까지 그 비율을 유지할 것

*1 이를 위해서는 분할하는 사업부문이 독립적으로 사업을 영위하고 그 목적을 달성하는데 필요한 자산·부채가 승계(지주회사 설립을 위해서 주식만으로 구성된 사업부문을 분할하는 경우 등은 독립된 사업부문의 분할로 본다)되어야 할 뿐만 아니라, 분할법인이 존속하는 경우 분할법인도 분리하여 사업이 가능한 독립된 사업부문에 해당되어야 한다(법령 82조의5 ②, ③, ④).

*2 다만, 분할하는 사업부문이 승계하는 자산 및 부채로서 시가로 평가한 총자산가액 및 총부채가액이 각각 100분의 20 이하인 자산과 부채에 대해서는 포괄승계요건의 일반적 예외를 허용하고, 공동으로 사용하는 자산이거나 채무변경이 불가능한 경우 등 개별적으로 분할이 어려운 경우도 예외를 허용한다(법령 82조의2 ②).

*3 분할대가의 총합계액은 분할교부주식가액과 분할교부금의 합계액을 말한다. 다만, 포합주식이 있는 분할합병에 있어서는 포합주식에 대해서 분할대가를 교부하는지 아닌지에 따라 분할주식교부비율이 다르게 계산되는 것을 방지하기 위해서 적격합병시의 주식교부비율 계산과 같은 취지의 규정을 두고 있다. 상세한 내용은 적격합병의 요건에 대한 설명 중 '*1. 합병주식교부비율에 관한 설명'을 참조하시오.

*4 분할합병의 경우 분할법인의 일정한 지배주주는 다음 산식에 따른 가액 이상으로 분할교부주식을 배정받아야 한다(법령 82조의2 ④).(산식 : 분할신설법인 등이 발행하는 분할교부주식가액의 총합계액 × 일정한 지배주주 등의 분할법인 등에 대한 지분율) 적격합병요건에 관한 설명 중 '*2. 지배주주에 대한 주식의 배정기준에 관한 설명'을 참조하시오.

*5 분할신설법인 등이 분할등기일이 속하는 사업연도의 종료일 이전에 분할법인 등으로부터 승계한 자산가액(유형자산 · 무형자산 및 투자자산의 가액을 말한다)의 2분의 1이상을 처분하거나 사업에 사용하지 않는 경우에는 사업계속성 요건을 갖추지 않은 것으로 본다(법령 82조의2 ⑥).

그리고 적격분할에 해당하는 경우 분할법인 등의 주주가 받은 분할교부주식의 가액을 장부가액(또는 시가와 장부가액 중 작은 금액)으로 평가해서 의제배당액을 계산할 수 있도록 하고 있는데, 이 경우에 의제배당금액은 분할등기일을 기준으로 계산하기 때문에 상기 요건 중 '②의 ㉢ 요건'과 '③의 요건 및 ④의 요건'은 적용하지 않는다.

다. 분할시 분할법인 등에 대한 과세특례

앞에서 설명한 적격분할의 요건을 모두 갖춘 경우에 분할법인 등은 양도손익을 계산함에 있어서 분할신설법인 등으로부터 받은 양도가액을 분할법인 등의 세무상 순자산장부가액으로 보아 양도손익이 없는 것으로 할 수 있다(법법 46조 ②). 과세특례를 적용받으면 양도손익은 0(=분할법인 등의 순자산 장부가액−분할법인 등의 순자산 장부가액)이 된다.

그리고 부득이한 사유가 있는 경우에는 적격분할 요건 중 '지분의 연속성 요건 중 지분보유 요건'과 '사업의 계속성 요건' 및 '고용승계 요건'을 갖추지 못한 경우에도 양도손익이 없는 것으로 할 수 있는데, 이는 적격합병에서와 같다.

예제 66

다음 분할에 관한 자료를 이용해서 물음에 답하시오.

1. 연탄제조업과 제빵사업을 영위하던 ㈜혼돈은 ×1년 1월 1일자로 제빵사업을 분할하여 신설법인 ㈜크레샹을 만들었다. ㈜크레샹은 분할대가로 주식 100주를 ㈜혼돈의 주주들에게 교부하였고 분할교부금은 지급하지 않았다.
2. ㈜혼돈이 ㈜크레샹에게 양도한 제빵사업부의 자산은 50,000원이고 자산의 시가는 90,000원이다. 부채는 양도하지 않았다.
3. ㈜크레샹이 ㈜혼돈의 주주들에게 교부한 주식의 1주당 액면가액은 500원이고, 1주당 시가는 1,000원이다.

<물음> 적격분할 요건을 갖춘 경우와 갖추지 못한 경우 각각 상기 분할로 인해서 증가된 분할법인의 각 사업연도소득을 계산하시오. 법인세 최소화를 도모한다.

해답 1. 적격분할요건을 갖추지 못한 경우

양도손익 = 양도가액(시가) − 순자산 장부가액 = 100,000원 − 50,000원 = 50,000원

∴ 각 사업연도소득 증가액 : 50,000원

2. 적격분할요건을 갖춘 경우

양도손익 = 양도가액(순자산 장부가액) − 순자산 장부가액

= 50,000원 − 50,000원 = 0원

∴ 각 사업연도소득 증가액 : 0원

라. 분할시 분할신설법인 등에 대한 과세특례

원칙적으로 분할신설법인 등이 승계받은 자산을 시가로 양도받은 것으로 보고 계산한 분할차손익은 분할신설법인 등의 익금 또는 손금에 해당되게 되고, 이는 5년간 분할하여 익금 또는 손금으로 하도록 하고 있음(법령 82조의3 ①, 법령 80조의3 ①)은 이미 설명하였다.

그러나 위에서 설명한 적격분할의 요건을 충족시키는 경우 분할신설법인 등에 대하여 두 가지 과세특례가 있다.

첫째, 분할법인 등이 양도손익을 계산할 때 양도가액을 분할법인의 분할등기일 현재 순자산 장부가액으로 보아 양도손익을 없는 것으로 한 경우에는 분할신설법인 등이 승계받은 자산은 시가가 아니라 분할법인 등의 세무상 장부가액으로 양도받은 것으로 본다(법법 46조의3 ①). 이는 분할신설법인 등이 분할법인 등의 세무상 장부가액으로 양도받

은 것으로 봄으로써 분할신설법인 등에게 익금 또는 손금이 작게 나오도록 하기 위한 것이다.

둘째, 분할등기일 현재 분할법인 등의 이월결손금과 분할법인 등의 세무조정사항 등을 원칙적으로 승계받을 수 있도록 하고 있다(자세한 내용은 후술한다).

(1) 자산조정계정

적격분할 요건을 충족하고 분할법인 등이 양도손익을 계산할 때 양도손익을 없는 것으로 한 경우 분할신설법인 등은 승계한 자산을 시가가 아니라 분할법인 등의 세무상 장부가액으로 양도받은 것으로 본다(법법 46조의3 ①).

그러나 장부결산은 기업회계에 따라 승계한 자산을 시가로 계상하게 된다. 따라서 세무조정과정에서 시가로 계상된 자산가액을 세무상 장부가액으로 조정하기 위해서 자산 등에 대한 일종의 세무상 평가계정인 '자산조정계정'을 사용하게 된다.

자산조정계정에 대해서는 이미 적격합병에서 설명하였고, 적격인적분할의 경우에도 그 내용은 같다. 또한 분할신설법인 등의 자산조정계정은 이후 해당 자산이 감가상각이 되거나 처분하는 과정에서 소멸하게 된다는 것도 같다.

(2) 과세이연 중단사유 발생시 사후관리

분할시 과세특례를 적용받은 분할신설법인 등이 부득이한 사유가 없이 분할등기일이 속하는 사업연도의 다음 사업연도 개시일부터 3년 이내의 범위내에서 대통령령이 정하는 기간(2년 또는 3년)에 과세이연 중단사유가 발생한 경우 그 사유가 발생한 날이 속하는 사업연도의 소득금액을 계산할 때 양도받은 자산의 장부가액과 시가와의 차액, 승계받은 결손금 중 공제한 금액 등은 일정한 방식으로 익금에 산입하게 되고, 그 사유가 발생한 날이 속하는 사업연도의 법인세액을 계산할 때 승계받은 감면세액 및 세액공제 중 분할후 공제받은 금액을 더해서 납부하게 된다. 이는 적격합병에서 과세이연 중단사유가 발생한 경우의 처리방법에 대해서 이미 설명한 내용과 같다.

마. 분할시 분할법인 등의 주주에 대한 과세특례

분할법인 등의 주주에게 있어서 분할로 인해 받은 분할대가(분할교부주식가액+분할교부금)가 소멸된 주식의 장부가액을 초과하는 경우 그 초과액은 분할법인 등의 주주에게 의제배당으로 과세된다. 이 때 분할교부주식의 가액은 시가로 평가하는 것이 원칙이다.

그러나 분할시 적격분할 요건을 갖춘 경우에는 분할교부주식을 다음과 같이 평가하여 의제배당액을 계산한다.

① 분할교부금이 없는 경우 : 종전의 세무상 장부가액

② 분할교부금이 있는 경우 : Min[분할교부주식의 시가, 종전의 세무상 장부가액]

04 인적분할시 이월결손금 및 세무조정사항 승계

가. 이월결손금 등의 공제제한

합병이 세무상 이월결손금을 활용하기 위한 수단으로 남용되는 것을 방지하기 위해서 '합병등기일 현재 합병법인의 이월결손금 공제제한', '합병법인이 승계한 피합병법인의 이월결손금 공제제한', '합병법인 및 피합병법인이 합병전에 보유하는 자산의 처분손실 공제제한' 등의 제도를 마련하고 있음은 이미 설명한 바 있다.

이와 마찬가지로 분할 및 분할합병이 세무상 이월결손금을 활용하기 위한 수단으로 남용되는 것을 방지하기 위해서 분할 및 분할합병에 있어서도 '분할합병의 상대방법인이 분할등기일 현재 보유하는 이월결손금의 공제제한', '분할신설법인 등이 승계받은 분할법인의 이월결손금 공제제한', '분할법인 등이 보유하던 자산의 처분손실 공제제한' 등의 규정을 두고 있다(법법 46조의4).

나. 분할법인 등의 세무조정사항 승계

분할시 분할등기일 현재 분할법인 등에 존재하는 세무조정사항(유보누계액을 의미함)을 분할신설법인 등이 승계받을 수 있는지에 대하여 「법인세법」은 분할시 적격분할요건을 갖추지 못한 일반 분할의 경우에는 분할법인 등의 세무조정사항을 승계받을 수 없도록 하고(다만, 「법인세법」이나 「조세특례제한법」 등 다른 규정에 의해서 퇴직급여충당금 · 대손충당금 등은 승계받을 수 있다), 분할시 적격분할요건을 갖춘 분할의 경우에는 분할법인 등의 세무조정사항을 승계받을 수 있도록 하고 있다(법법 46조의2 ①, 법법 46조의3 ②). 다만, 분할하는 사업부문과 관련된 세무조정사항만을 승계받을 수 있다.

다. 분할전 기부금한도초과이월액 손금산입

(1) 분할신설법인이 승계받은 분할등기일 현재 기부금 한도초과액의 손금산입

분할법인등의 분할등기일 현재 기부금한도초과액으로서 분할신설법인등이 승계한 금액은 분할신설법인등의 각 사업연도의 소득금액을 계산할 때 분할법인등으로부터 승계받은 사업에서 발생한 소득금액을 기준으로 각각의 기부금 손금산입한도액 범위에서 손금에 산입한다(법법 46의4 ⑦). 이때 분할신설법인등이 승계받는 기부금한도초과액은 분할등기일 현재 분할법인등의 사업용 자산가액 중 분할신설법인등이 승계한 사업용 자산가액 비율로 안분계산한 금액으로 구한다(법령 83 ⑤).

(2) 분할합병의 경우 분할등기일 현재 기부금 한도초과액 손금산입

분할합병의 상대방법인의 분할등기일 현재 기부금 한도초과 이월액 중 분할신설법인등이 승계한 기부금한도초과액을 제외한 금액은 분할신설법인등의 각 사업연도의 소득금액을 계산할 때 분할합병 전 분할합병의 상대방법인의 사업에서 발생한 소득금액을 기준으로 각각 기부금의 손금산입한도액의 범위에서 손금에 산입한다(법법 46의4 ⑥).

라. 분할법인 등의 공제감면세액 승계

적격 인적분할에 해당하여 자산을 장부가액으로 양도받은 경우 분할신설법인 등은 분할법인 등이 적용받던 감면 또는 세액공제를 승계받을 수 있다. 이에 관하여는 적격합병에서 공제감면세액의 승계에 관한 설명과 같다.

다만 분할신설법인 등은 다음 구분에 따라 승계받은 사업에 속하는 감면 또는 세액공제에 한정하여 적용을 받을 수 있다(법령 82조의4 ②).

① 승계받은 감면이나 세액공제가 특정사업이나 자산과 관련된 경우 : 특정사업이나 자산을 승계한 분할신설법인 등이 공제를 받는다.

② 그 밖의 경우 : 분할법인 등의 자산가액(유형자산 · 무형자산 및 투자자산의 가액) 중 분할신설법인 등이 각각 승계한 자산가액 비율로 안분하여 분할신설법인 등이 각각 공제한다.

05 물적분할에 대한 과세 및 과세특례

가. 개 요

물적분할은 분할법인이 자신의 독립된 사업부문을 포괄적으로 이전하여 새로운 법인을 설립하고 분할대가 전부를 분할법인 자신이 갖게 되는 형태의 분할이다(분할대가가 분할법인의 주주들에게 교부되지 않는다). 따라서 물적분할은 인적분할과 다음과 같은 점에서 다르다.

① 물적분할은 분할법인이 자신의 독립된 사업부문을 포괄적으로 이전하고 그 이전대가를 직접 받게 되므로 실질이 사업부문의 처분거래와 유사하다. 따라서 분할법인에게 양도손익에 대한 법인세 과세문제가 생긴다.

② 분할신설법인은 현물출자를 받은 것과 유사하므로 분할차손익에 대한 법인세 문제가 생기지 않는다.

③ 분할법인의 주주는 기존 주식이 소멸되지 않고 분할대가도 받지 않으므로 의제배당 문제가 생기지 않는다.

나. 분할회사 등의 양도손익 과세

물적분할의 경우 분할회사가 분할신설회사의 주식 전부를 취득하게 되는데 분할대가로 교부받는 주식가액이 분할신설법인에 양도한 순자산의 장부가액을 초과하게 된다면 그 초과액은 자산양도차익으로 과세된다.

그러나 「법인세법」은 과세특례요건을 갖춘 물적분할('적격 물적분할'이라고 함)에 대해서는 물적분할에 따라 생긴 양도차익에 상당하는 금액을 손금에 산입할 수 있도록 하고 있다(법법 47 ①, 법령 84 ① ②). 여기서 '손금에 산입할 수 있다'는 의미는 분할회사가 받은 분할교부주식에 대해서 자산양도차익에 상당하는 금액만큼 압축기장충당금을 설정함으로써 손금에 산입할 수 있다는 것이고, 손금산입을 위해서 설정된 압축기장충당금은 물적분할로 취득한 주식의 전부 또는 일부를 처분하거나 분할신설법인이 승계받은 자산을 처분할 때 익금에 산입된다(법령 84 ③).

그리고 분할법인이 양도차익에 상당하는 금액을 압축기장충당금 설정을 통해 손금에 산입한 경우 분할신설법인은 분할법인의 세무조정사항을 승계받을 수 있고, 승계받은 사업과 관련하여 분할법인이 분할 전에 적용받던 감면 및 세액공제를 승계받을 수 있다(법법 47 ④ 법령 84).

다. 과세특례요건

물적분할의 과세특례요건은 적격 인적분할의 요건과 같다. 다만 적격 인적분할의 요건 중 '지분의 연속성' 요건과 관련해서 분할대가 전액이 주식이어야 한다는 점만 다르다.

라. 분할법인의 주식 또는 분할신설법인의 승계자산 처분시 익금산입

분할법인이 양도차익에 대해서 압축기장충당금 설정을 통해서 손금에 산입한 금액은 분할법인이 분할신설법인으로부터 받은 주식등을 처분하거나 분할신설법인이 분할법인으로부터 승계받은 일정한 자산(감가상각자산(사업에 사용하지 아니하는 자산을 포함), 토지 및 주식 등)을 처분하면, 해당하는 사유가 발생하는 사업연도에 당기 주식처분비율 및 자산처분비율 등에 따라 익금에 산입한다(법법 47 ②, 법령 84 ③).

마. 사후관리

양도차익 상당액을 손금에 산입한 분할법인은 분할등기일로부터 3년의 범위에서 대통령령으로 정하는 기간 이내에 부득이한 사유 없이 다음 사유가 발생하는 경우에는 위 '라. 분할법인의 주식 또는 분할신설법인의 승계자산 처분시 익금산입'에 따라 익금에 산입하고 남은 금액을 그 사유가 발생한 날이 속하는 사업연도에 익금산입한다(법법 47 ②).

㉠ 분할신설법인이 분할법인으로부터 승계받은 사업을 분할등기일부터 2년 이내에서 폐지하는 경우(이에 대하여는 적격합병의 사후관리를 참조하시오)

㉡ 분할법인이 분할신설법인의 주식 등을 100분의 50 미만으로 보유하게 되는 경우

㉢ 각 사업연도 종료일 현재 분할신설법인에 종사하는 근로자 수가 분할등기일 1개월 전 당시 분할하는 사업부문에 종사하는 근로자 수의 80% 미만으로 하락하는 경우

다만 분할법인 또는 분할신설법인이 최초로 적격합병하는 등 모든 유형의 적격 구조조정(적격합병, 적격분할, 적격현물출자, 적격 주식의 포괄적 양도, 적격 주식의 포괄적 교환 등)으로 인해서 주식을 처분하거나 사업을 폐지하는 경우 등은 부득이한 사유가 있는 것으로 보아 익금에 산입하지 않는다(법령 84).

제 3 절 현물출자에 대한 과세특례

가. 개 요

현물출자는 다른 법인에게 유형자산 등 현물을 양도하고 양수법인은 그 대가로 자신의 주식을 교부하는 형태로 이루어진다. 이때 현물을 양수하고 자신의 주식을 교부하는 법인을 피출자법인이라고 한다. 이러한 현물출자에서 현물출자를 하는 법인은 현물을 유상양도한 것이므로 원칙적으로 교부받은 주식의 시가에서 출자한 현물의 장부가액을 차감하여 차익이 생기면 이는 익금으로 법인세가 과세된다.

그러나 「법인세법」은 일정한 요건을 갖춘 현물출자에 대해서는 현물출자로 발생한 자산의 양도차익에 상당하는 금액을 현물출자일이 속하는 사업연도의 소득금액을 계산할 때 손금에 산입할 수 있도록 하고 있다(법법 47조의2 ①, 법령 84조의2 ① ②). 여기서 '손금에 산입할 수 있다'는 의미는 출자회사가 받은 주식에 대해서 압축기장충당금을 설정함으로써 손금에 산입할 수 있다는 것이고, 이 압축기장충당금은 현물출자로 취득한 주식의 전부 또는 일부를 처분하거나 피출자법인이 승계받은 자산을 처분할 때 익금에 산입된다(법령 84조의2 ③).

나. 손금산입 요건

「법인세법」은 다음의 요건을 갖추어 현물출자를 하는 경우 현물출자로 취득한 피출자법인의 주식가액 중 현물출자로 생긴 양도차익에 상당하는 금액을 압축기장충당금의 설정을 통해서 손금에 산입할 수 있다. 다만 부득이한 사유가 있는 경우에는 아래 '㉡ 또는 ㉣'의 요건을 갖추지 못한 경우에도 손금에 산입할 수 있다(법법 47조의2).

㉠ 출자법인이 현물출자일 현재 5년 이상 사업을 계속한 법인일 것

㉡ 피출자법인이 그 현물출자일이 속하는 사업연도의 종료일까지 출자법인이 현물출자한 자산으로 영위하던 사업을 계속할 것

㉢ 다른 내국인 또는 외국인과 공동으로 출자하는 경우 공동으로 출자한 자가 출자법인과 특수관계인이 아닐 것

㉣ 출자법인(특수관계인이 아닌 공동출자자를 포함)이 현물출자일 다음 날 현재 피출자법인의 발행주식총수 80% 이상의 주식 등을 보유하고, 현물출자일이 속하는 사업연도의 종료일까지 그 주식 등을 보유할 것

다. 기 타

현물출자법인이 양도차익에 대해서 압축기장충당금 설정을 통해서 손금에 산입한 금액은 부득이한 사유없이 출자법인이 주식을 처분하거나 피출자법인이 승계받은 자산을 처분할 때 주식처분비율 및 승계자산의 처분비율에 따라서 익금에 산입되고, 부득이한 사유없이 사후관리요건에 위배된 경우에도 익금에 산입된다(이에 대한 내용은 적격물적분할의 내용과 유사하다). 다만 현물출자의 경우에는 적격현물출자에 해당하더라도 세무조정 승계에 관한 규정이 없다는 점은 적격물적분할과 다르다.

제 4 절 사업용 자산의 교환으로 인한 자산양도차익의 손금산입

가. 개 요

내국법인이 사업용 자산(토지·건물 및 업종별 유형자산 등. 단 차량운반구 등은 제외)을 다른 내국법인과 교환하는 경우에 발생한 자산양도차익은 원칙적으로 익금에 해당한다. 그러나 다음 요건을 모두 충족시키면 자산교환으로 인해 발생한 자산양도차익에 상당하는 금액을 일시상각충당금 또는 압축기장충당금을 설정하여 손금에 산입하여 과세이연을 시킬 수 있도록 하고 있다(법법 50, 법령 86). 이는 빅딜(Big Deal) 등 사업부분의 교환을 통한 구조조정을 촉진시키기 위한 것이다.

㉠ 부동산매매업·부동산중개업·부동산임대업 및 소비성서비스업을 제외한 사업을 영위하는 내국법인이 2년 이상 당해 사업에 사용하던 사업용 자산을 교환하기 위하여 양도하는 것

㉡ 특수관계없는 다른 내국법인이 2년 이상 그 사업에 사용하던 동일한 종류의 사업용 자산과 교환하는 것

㉢ 교환취득자산을 교환일이 속하는 사업연도 종료일까지 사업에 사용할 것

나. 손금산입 및 익금산입

다음의 범위 내에서 일시상각충당금 등을 설정하여 손금에 산입할 수 있다(법령 86 ④).

> 설정범위액 = Min[양도자산의 처분이익, 양도자산의 평가이익]
> 양도자산의 처분이익 = 교환취득자산가액 − (양도자산 장부가액 + 현금지급액)
> 양도자산의 평가이익 = 양도자산의 시가 − 양도자산의 장부가액

상기와 같이 설정된 일시상각충당금 및 압축기장충당금은 향후 해당 자산에 대한 감가상각비 또는 처분손익과 상계된다.

제5절 주식의 포괄적 교환·이전에 대한 과세 특례

회사는 주식의 포괄적 교환을 통해서 다른 회사('완전자회사')가 발행한 주식 총수를 소유하는 완전모회사가 될 수 있다. 이는 완전자회사가 될 회사의 기존 주주들이 주식 전부를 완전모회사가 될 회사에 이전하고 완전모회사가 될 회사는 완전자회사가 될 회사의 주주들에게 자기의 신주를 발행하여 교부함으로써 성립한다(상법 360의2).

또한 회사는 주식의 포괄적 이전에 의해서 완전모회사를 새롭게 설립하고 완전자회사가 될 수 있는데, 이는 완전자회사가 될 회사의 기존주주가 소유주식을 설립될 완전모회사에 이전하고 그 설립될 완전모회사가 주식이전을 위하여 발행하는 신주를 교부받아 완전모회사의 주주가 됨으로써 성립된다(상법 360의15).

이와 같이 주식의 포괄적 교환이나 이전을 통해서 완전지배관계가 형성되게 되는데, 이는 합병에서 피합병법인의 주주들의 기존 주식이 소멸되고 새롭게 합병법인으로부터 주식을 교부받아 합병법인의 주주가 된다는 점에서 합병과 경제적 실질이 유사하다(다만, 합병의 경우는 합병 후 합병법인만 존속하지만 주식의 포괄적 교환이나 이전의 경우에는 피합병법인이 소멸하지 않고 완전자회사로 계속 존속한다는 점이 다르다).

따라서 「조세특례제한법」 제38조는 주식의 포괄적 교환·이전에 대해서도 「법인세법」상의 적격합병의 요건와 유사한 요건을 정하고, 그 요건을 갖추면 주식의 포괄적 교환이나 이전으로 발생한 완전자회사 주주의 주식양도차익에 상당하는 금액에 대한 법인세(주주가 개인인 경우에는 양도소득세)를 완전모회사의 주식 처분시까지 과세이연을 받을 수 있도록 하고 있다. 이 경우 과세이연은 압축기장충당금의 손금산입을 통해서 한다.

그리고 이 경우 적격합병과 마찬가지로 주식의 포괄적 교환·이전 후 일정기간 동안 완전자회사는 사업을 계속하여야 하고 완전자회사의 지배주주 등은 주식을 일정기간 계속 보유하여야 하는 등의 사후관리요건을 정하고 있다.

보론 합병법인의 합병차익 자본전입에 따른 의제배당

합병법인이 합병시 승계한 순자산 시가가 합병시 발행한 주식의 액면가액과 합병교부금 지급액의 합계액보다 크면 그 차이는 「법인세법」상 합병차익이 된다(합병차익=순자산 시가-(합병교부주식 액면가액+합병교부금 지급액)). 이러한 합병차익은 세무상 익금대상인 합병매수차익과 세무상 익금대상이 아닌 자본잉여금인 주식발행초과금으로 나타나게 되는데, 합병매수차익의 자본전입은 항시 의제배당에 해당하지만, 주식발행초과금의 자본전입이 의제배당에 해당하는지 여부는 적격합병 요건을 갖추고 있는지에 따라 달라진다(법법 16, 법령 12 ①(3)(4)).

이 규정은 피합병법인이 합병되지 않은 채로 피합병법인에서 과세된 자본잉여금을 자본전입하면 의제배당으로 과세되었을 것이 합병 후 합병법인이 피합병법인으로부터 승계받은 과세된 자본잉여금을 자본전입하면 의제배당으로 과세되지 않게 되는 불공평한 현상을 방지하기 위한 것이다.

① 적격합병 요건을 갖추지 못한 경우 : 합병과정에서 순자산을 저가로 매수하여 발생한 합병매수차익은 합병법인의 과세소득이 된다. 따라서 합병법인이 추후 이 합병매수차익을 재원으로 하여 자본전입을 하면 이는 이미 과세된 잉여금의 자본전입이므로 의제배당에 해당된다. 그러나 주식발행초과금은 의제배당에 해당하지 않는다.

② 적격합병 요건을 갖춘 경우 : 합병차익의 발생원천을 구분하여 ㉠ 합병등기일 현재 합병법인이 승계한 재산가액이 피합병법인 장부가액(세무조정사항이 있으면 익금불산입액은 더하고 손금불산입액은 뺀 가액으로 한다)을 초과하는 경우 그 금액, ㉡ 피합병법인 자본잉여금 중 의제배당 대상인 것, ㉢ 피합병법인의 이익잉여금에 해당하는 부분을 자본전입하는 경우에는 이 부분은 의제배당으로 보고, 나머지 부분은 의제배당으로 보지 않는다. 이때 자본전입을 하는 합병차익은 의제배당에 해당하지 않는 부분부터 자본전입을 한 것으로 본다.

한편 분할의 경우에도 분할 후에 분할차익을 자본전입하면 이것이 의제배당에 해당하는지 문제가 되는데, 세법은 위 합병차익의 자본전입과 거의 동일한 취급을 하고 있다. 다만 적격분할의 경우 자본전입된 분할차익 중 의제배당의 대상이 되는 것은 ㉠ 분할등기일 현재 분할신설법인 등이 승계한 재산가액이 분할법인 장부가액을 초과하는 경우 그 금액과 ㉡ 분할법인의 감자차손(분할법인의 자본금과 의제배당 대상이 아닌 자본잉여금의 감소액 합계액이 분할한 사업부문의 순자산 장부가액에 미달하는 금액)에 해당하는 부분이라고 규정하고 있다.

법 / 인 / 세 / 법 / 강 / 의

연습문제

01 다음은 합병에 대한 법인세 과세를 설명한 것이다. 가장 옳지 않은 것은?

① 내국법인이 발행주식총수를 소유하고 있는 다른 법인을 합병한 경우에는 적격합병요건을 갖추지 못한 경우에도 양도손익이 없는 것으로 할 수 있고 적격합병에서의 사후관리규정도 적용하지 않는다.

② 적격합병의 요건을 갖추지 못한 경우 피합병법인의 양도손익은 피합병법인이 합병등기일이 속하는 사업연도의 소득금액을 계산할 때 익금 또는 손금에 산입한다.

③ 합병법인이 자산을 시가로 양도받은 것으로 보는 경우 합병법인은 원칙적으로 피합병법인의 이월결손금과 유보를 승계할 수 없다.

④ 적격합병의 요건을 갖추지 못한 경우 합병법인이 피합병법인에 지급한 양도가액이 합병등기일 현재의 순자산 시가를 초과하는 경우 합병법인은 그 차액 전부를 합병등기일부터 5년간 균등분할하여 손금에 산입한다.

⑤ 적격합병의 요건을 갖추지 못한 경우 합병법인이 피합병법인에 지급한 양도가액이 합병등기일 현재의 순자산 시가에 미달하는 경우 합병법인은 그 차액 전부를 합병등기일부터 5년간 균등분할하여 익금에 산입한다.

해설 적격합병의 요건을 갖추지 못한 경우 합병법인의 합병매수차손은 그 발생원인이 영업권인 경우에는 합병등기일부터 5년간 균등분할하여 손금에 산입하지만 그 밖의 원인에 의한 경우에는 손금에 산입할 수 없다.

02 다음은 합병 및 분할의 이월결손금 승계에 대한 설명이다. 가장 옳지 않은 것은?

① 합병법인이 피합병법인의 이월결손금을 승계하려면 적격합병으로서 피합병법인이 양도손익을 없는 것으로 한 경우이어야 한다.

② 적격합병으로 합병법인이 피합병법인의 이월결손금을 승계한 경우에는 피합병법인으로부터 승계한 사업에서 발생한 소득금액의 범위에서 공제한다.

③ 분할법인이 존속하는 존속분할의 경우에는 적격분할요건을 갖춘 인적분할이라고 하더라도 분할법인의 이월결손금을 승계받을 수 없다.

④ 분할합병의 상대방법인의 분할등기일 현재 이월결손금은 분할합병의 상대방법인의 각 사업연도의 과세표준을 계산할 때 분할법인으로부터 승계받은 사업에서 발생한 소득금액에서는 공제하지 않는다.

⑤ 적격합병의 요건을 갖추지 못한 경우 합병법인은 피합병법인의 모든 세무조정사항(유보누계액및 △유보누계액)과 이월결손금은 승계받을 수 없다.

해설 적격합병의 요건을 갖추지 못한 경우라고 하더라도 법인세법이나 다른 법률에 규정이 있는 경우에는 피합병법인의 세무조정사항을 승계받을 수 있다. 적격합병의 요건을 갖추지 못한 경우에도 승계받을 수 있는 세무조정사항으로는 퇴직급여충당금 및 대손충당금 등이 있다.

03 다음 자료를 이용해서 적격분할인 경우와 적격분할요건을 충족하지 못한 경우 각각 분할로 인하여 발생한 갑법인의 소득금액을 계산하면 얼마인가? ▶ '07 CPA 수정

1. 반도체와 가전사업을 영위하던 갑법인은 20×2년 12월 31일자로 가전사업 부문을 분할하여 새로이 을법인을 설립하였다.
2. 을법인은 분할대가로 을법인의 주식 10주(1주당 액면가액은 5,000원, 1주당 시가는 10,000원)를 갑법인의 주주들에게 교부하였다.
3. 갑법인의 가전사업부문의 분할등기일 현재 순자산장부가액은 60,000원이다.

	요건을 충족한 경우	요건을 충족하지 못한 경우
①	40,000원	40,000원
②	△10,000원	40,000원
③	0원	40,000원
④	△10,000원	0원
⑤	0원	0원

해설 ㉠ 적격인적분할의 경우
양도손익＝양도가액(순자산장부가액)－순자산장부가액＝60,000－60,000＝0

㉡ 비적격인적분할의 경우
양도손익＝양도가액(시가)－순자산장부가액＝10,000×10주 －60,000＝40,000

04 20×2년 1월 1일 갑법인은 을법인을 흡수합병하였으며, 합병시 적격합병요건을 충족하지 못하였다. 다음 자료에 의해 세무상 과세될 피합병법인의 합병으로 인한 양도손익, 피합병법인 주주에 대한 의제배당금액, 합병법인에 대한 합병매수차익을 계산하면 각각 얼마인가? ▶ '09 CPA 수정

> 1. 합병직전 피합병법인인 을법인의 재무상태는 아래와 같다.
>   자산 240,000원, 부채 48,000원, 자본금 120,000원, 이익잉여금 72,000원
> 2. 을법인 자산의 시가는 360,000원이며, 을법인 부채의 공정가액은 장부가액과 일치한다. 그리고 피합병법인 주주들은 주식 전부를 액면가액으로 취득하였다.
> 3. 을법인 주주들이 합병대가로 받은 합병신주의 시가총액은 312,000원이다.

	양도손익	의제배당금액	합병매수차익
①	48,000원	192,000원	72,000원
②	120,000원	192,000원	72,000원
③	192,000원	120,000원	72,000원
④	192,000원	120,000원	0원
⑤	120,000원	192,000원	0원

해설 ㉠ 피합병법인의 양도손익
양도손익=312,000−(240,000−48,000)=120,000

㉡ 피합병법인 주주의 의제배당금액
의제배당액=312,000−120,000=192,000

㉢ 합병법인의 합병매수차익
합병매수차익=(360,000−48,000)−312,000=0

05 합병 또는 분할이 발생할 경우 적용해야 할 세무상 규정에 관한 설명이다. 옳은 것은? ▶ '12 CPA 수정

① 12기 3.1에 비적격합병에 의한 합병등기를 한 합병법인(사업연도 1.1~12.31)이 피합병법인의 상호·거래관계, 그 밖의 영업상의 비밀 등에 대하여 사업상 가치가 있다고 보아 대가를 지급함으로써 발생된 합병매수차손은 12기부터 17기까지 손금산입한다.

② 합병법인은 합병으로 소멸한 피합병법인이 납부하지 않은 각 사업연도의 소득에 대한 법인세를 납부할 책임이 없다.

③ 분할등기일 직전 1년 전부터 사업을 계속하던 법인이 분할하는 경우에 분할신설법인은 분할법인의 모든 세무조정사항을 승계한다.

④ 적격합병을 한 합병법인은 피합병법인으로부터 양도받은 자산을 합병등기일로부터 7년 후에 처분하여 처분손실이 발생할 경우 해당 사업연도의 각사업연도소득금액 계산시 손금에 산입할 수 있다.

⑤ 외국법인이며 기업인수목적회사가 아닌 피합병법인은 합병으로 발생하는 양도손익을 계산할 때 양도가액을 합병등기일 현재 순자산 장부가액으로 보아 양도손익이 없는 것으로 할 수 있다.

해설 ① 비적격합병에서 합병매수차손익은 합병등기일부터 5년간(60개월)동안 분할하여 손금 또는 익금에 산입하므로 12기(10개월)~18기(2개월)까지 분할하여 손금에 산입된다.

② 합병법인은 합병으로 소멸한 피합병법인의 법인세를 납부할 책임을 진다.

③ 적격분할의 사업목적분할요건은 분할등기일 현재 5년 이상 사업을 계속한 경우이고, 세무조정사항의 승계는 적격분할의 경우만 가능하다.

⑤ 적격합병은 내국법인간의 합병의 경우에만 적용된다.

01 ④ 02 ⑤ 03 ③ 04 ⑤ 05 ④

Chapter 14

소득금액계산의 특례

제 1 절 부당행위계산의 부인

01 의 의

부당행위계산부인이란 법인의 행위 또는 소득금액계산이 그 법인의 특수관계인과의 거래로 인하여 그 법인의 소득에 대한 조세의 부담을 부당하게 감소시킨 것으로 인정되는 경우에 정부는 그 법인의 행위 또는 소득금액의 계산에 관계없이 그 법인의 소득금액을 계산할 수 있는 것을 말한다(법법 52).

이러한 부당행위계산의 부인 규정은 민사상 적법하게 성립된 거래 자체를 부인하는 것이 아니라 세법상의 소득만을 재계산하겠다는 것이다.

현행 「법인세법」상의 부당행위계산에 관한 부인규정은 세무상 외형적·기초적 사실행위의 법률효과를 부인한다는 점에서 실질과세의 원칙에 근거를 두고 있는 것이다. 따라서 부당행위계산에 관한 부인규정은 실질과세의 원칙에 대한 하나의 보완적 규정이라 할 수 있다. 그러나 부당행위계산 부인이 너무 광범위하게 적용될 때 조세법률주의를 침해할 위험성이 큰 것이므로 이의 적용에 있어서는 신중을 기하여야 한다.

※ 부당행위계산부인은 특수관계인에게 이익을 부당하게 분여한 법인에게 적용하는 것이다. 따라서 특수관계인으로 부터 이익을 분여받은 법인은 부당행위계산부인의 적용대상이 아니며, 「법인세법」의 다른 규정들에 의하여 익금에 해당하는지를 결정하여야 한다.

02 부당행위계산부인 적용요건

부당행위계산의 부인은 다음 두 가지 요건이 모두 해당되는 경우에만 적용된다.

첫째, 거래 당시 특수관계가 있는 자와의 거래(특수관계인 외의 자를 통하여 이루어진 거래를 포함한다)이어야 한다.

특수관계인의 범위는 세법에서 한정적으로 열거하고 있다(법령 87 ①). 그리고 특수관계는 거래 당시를 기준으로 판단한다. 다만 ㉠ 특수관계인 외의 자를 통하여 이루어진 거래라고 하더라도 그것이 단순히 외형이고 실질상 특수관계인과의 거래인 경우에는 특수관계인과의 거래로 보고, ㉡ 불공정 합병 여부의 판단에 있어서 특수관계 성립여부는 합병등기일이 속하는 사업연도의 직전 사업연도의 개시일부터 합병등기일까지의 기간에 의하여 판단한다(법령 88 ②).

둘째, 거래행위로 말미암아 조세의 부담이 부당하게 감소되었다고 인정되어야 한다. '조세의 부담을 부당히 감소시켰다고 인정되는 경우'라 함은 당해 법인이 행한 거래형태가 객관적으로 보아 경제적 합리성을 무시한 비정상적인 것이어서 조세법적인 측면에서 보아 부당한 것이라고 인정되는 경우를 뜻한다. 이러한 거래의 유형을 세법에서는 열거하고 있다. 그러나 이것은 예시적인 규정에 불과하므로 이에 열거되지 아니한 거래라고 하더라도 조세의 부담을 부당하게 감소시켰으면 부당행위계산부인의 대상이 된다(법령 88 ①).

03 조세부담을 부당하게 감소시킨 것으로 인정되는 경우

가. 행위 · 계산의 부당성 판단 기준시점

부당행위 계산부인 규정은 그 행위 당시를 기준으로 하여 법인이 특수관계인과의 거래에 있어서 조세의 부담을 부당하게 감소시켰다고 인정되는 경우에 적용된다.

부당행위 판단은 그 행위 당시를 기준으로 하므로 특수관계인과 임대차 거래를 하는 경우 부당행위 여부는 임대차계약 체결시점을 기준으로 판단하고, 주식을 거래하는 경우에는 주식 거래가액이 확정된 매매계약일 현재를 기준으로 판단하게 된다.

나. 부당행위계산의 유형 등

세법은 조세의 부담을 부당하게 감소시키는 것으로 인정되는 경우를 다음과 같이 규정하고 있다(법령 88 ①).

① 자산을 시가보다 높은 가액으로 매입 또는 현물출자 받았거나 그 자산을 과대상각한 경우

② 무수익 자산을 매입 또는 현물출자 받았거나 그 자산에 대한 비용을 부담한 경우

③ 자산을 무상 또는 시가보다 낮은 가액으로 양도 또는 현물출자한 경우. 다만, 주권상장법인 등이 관련 법령에 따라 부여한 주식매수선택권 등의 행사 또는 지급에 따라 주식을 양도하는 경우는 제외한다.

④ 불량자산을 차환하거나 불량채권을 양수한 경우

⑤ 출연금을 대신 부담한 경우

⑥ 금전 그 밖의 자산 또는 용역을 무상 또는 시가보다 낮은 이율·요율이나 임대료로 대부하거나 제공한 경우. 다만, ㉠ 주권상장법인 등이 관련 법령에 따라 부여한 주식매수선택권 등의 행사 또는 지급에 따라 금전을 제공하는 경우 ㉡ 주주 등이 아닌 임원(소액주주 등인 임원을 포함한다) 및 직원에게 사택(임차사택을 포함한다)을 제공하는 경우 ㉢ 연결납세방식을 적용받는 연결법인 간에 연결법인세액의 변동이 없는 등의 요건을 갖추어 용역을 제공하는 경우 등은 제외한다.

⑦ 금전 그 밖의 자산 또는 용역을 시가보다 높은 이율·요율이나 임차료로 차용하거나 제공받는 경우. 다만, 연결납세방식을 적용받는 연결법인 간에 연결법인세액의 변동이 없는 등의 요건을 갖추어 용역을 제공하는 경우는 제외한다.

⑧ 특수관계인인 법인간의 합병(분할합병 포함)·분할에 있어서 불공정한 비율로 합병·분할하여 피합병법인이나 분할법인의 합병·분할에 따른 양도손익을 감소시킨 경우. 다만 주권상장법인이 「자본시장과 금융투자업에 관한 법률」에 따라 합병(분할합병 포함)·분할하는 경우는 제외한다.

⑨ 파생상품(기업회계기준에 따른 선도거래, 선물, 스왑, 옵션 그 밖에 이와 유사한 거래 또는 계약을 말함)에 근거한 권리를 행사하지 아니하거나 그 행사기간을 조정하는 등의 방법으로 이익을 분여하는 경우(법칙 42의3).

⑩ 불균등 자본거래로 인하여 주주 등인 법인(소액주주 등은 제외한다)이 특수관계인인 다른 주주 등에게 이익을 분여한 경우. 이 유형은 「상속세 및 증여세법」에서 증여의제대상으로 규정하고 있는 불공정합병·불균등증자·불균등감자가 해당한다.

㉠ 특수관계인인 법인간의 합병(분할합병을 포함)에 있어서 주식 등을 시가보다 높거나 낮게 평가하여 불공정한 비율로 합병한 경우. 단, 「자본시장과 금융투자업에 관한 법률」의 규정에 따라 합병·분할합병하는 것은 제외한다.

㉡ 법인의 증자에 있어서 신주(전환사채·신주인수권부사채·교환사채 등을 포함)를 배정받을 수 있는 권리의 전부 또는 일부를 포기하거나 신주를 시가보다 높은 가액으로 인수하는 경우. 단, 포기된 신주가 「자본시장과 금융투자업에 관한 법률」에 의한 모집방법으로 배정되는 것은 제외한다.

㉢ 법인의 감자에 있어서 주주 등이 소유주식 등의 비율에 의하지 아니하고 일부 주주 등의 주식 등을 소각하는 경우

⑪ 위 '⑩' 외의 경우로서 증자·감자, 합병(분할합병을 포함한다)·분할, 「상속세 및 증여세법」 제40조 제1항에 따른 전환사채등에 의한 주식의 전환·인수·교환 등 자본거래를 통해 법인의 이익을 분여하였다고 인정되는 경우. 다만, 창업자, 신기술사업자, 주권상장법인, 벤처기업, 부품·소재전문기업이 관련 법령에 따라 부여하거나 지급한 주식매수선택권 등의 행사 또는 지급에 따라 주식을 양도하는 경우는 제외한다.

⑫ 기타 위 '①~⑪'에 준하는 행위 또는 계산 및 그 외의 법인의 이익을 분여하였다고 인정되는 경우

위 '①~⑪'에 열거된 거래는 부당한 거래의 대표적인 유형을 예시한 것에 불과하다. 따라서 열거되지 않은 거래라도 건전한 사회통념이나 정상적인 상거래에 비추어 부당한 경우에는 그 거래는 조세의 부담을 감소시킨 거래에 해당한다.

다. 부당행위적용범위의 제한

위의 부당행위계산 유형중 '①, ③, ⑥, ⑦, ⑫(①, ③, ⑥, ⑦에 준하는 행위 또는 계산에 한함)'는 시가와 거래가액의 차액이 3억원 이상이거나 시가의 5%에 상당하는 금액 이상인 경우에 한하여 적용한다. 다만, 주권상장법인의 주식이 거래된 경우에는 이 범위 제한규정을 적용하지 않는다(법령 88 ③·④).

이와 같이 부당행위계산 유형 중 일부에 대해서 차액이 3억원 이상이거나 시가의 5% 이상인 경우에만 부당행위계산 부인을 하도록 한 것은 실무상 시가가 단일의 금액으로 획일적으로 결정되기 어렵다는 점을 고려한 것이다(상장주식은 시가가 명백하므로 이러한 차액 기준을 적용하지 않는다).

한편 상기 부당행위계산 유형 중 불공정 자본거래와 관련된 유형(⑩, ⑪)에 대하여는 유사한 차액기준을 「상속세와 증여세법」에서 별도로 두고 있으므로 여기서의 차액기준을 적용하지 않는다.

예제 67

다음 자료에 의하여 부당행위계산부인 대상금액을 구하시오. 이 거래들의 매매대금은 전액 수수되었다고 가정한다.

1. 특수관계인(대주주 개인)으로부터 A건물을 20억원에 구입하였다. 다만, 시가는 8억원이다.
2. 특수관계인(대주주 개인)으로부터 A토지를 10억원에 구입하였다. 다만, 시가는 15억원이다.
3. 특수관계인(관계회사)에게 기계장치를 6억원에 판매하였다. 다만, 시가는 3억원이다.
4. 특수관계인(대표이사)에게 비품을 5억원에 판매하였다. 다만, 시가는 8억원이다.
5. 정당한 사유없이 특수관계 아닌 자에게서 B토지를 2억원에 매입하였다. 다만, 시가는 1억원이다.
6. 정당한 사유없이 특수관계 아닌 자(사회복지법인)에게 B건물을 3억원에 판매하였다. 다만, 시가는 5억원이다.

해답 1. 부당행위계산부인의 요건(①, ② 동시 충족할 것)

① 특수관계인간의 거래일 것

② 당해 법인의 부당한 행위·계산으로 인해 조세부담이 감소되어야 할 것

2. 부당행위계산부인 대상금액 및 세무조정

(1) 특수관계인으로부터 고가매입하였다(차액기준에도 해당). 따라서 부당행위계산부인에 해당되며 부인되는 금액은 구입가액 20억에서 시가 8억원을 차감한 12억원이 된다.

즉, 고가매입 후 매도시 취득원가의 과대계상으로 처분이익의 과소계상 또는 처분손실의 과대계상으로 조세부담을 감소시키게 된다.

① 부당행위계산부인 대상금액 : 20억원－8억원＝12억원

② 세무조정 : <손 금 산 입> A건물 시가초과액 12억 (△유보)

<손금불산입> 부당행위계산부인액 12억 (배 당)

(2) 특수관계인으로부터 저가매입하였으므로 부당행위계산부인에 해당되지 않는다. 즉, 저가매입으로 나중에 자산의 매도시 취득원가의 과소계상으로 처분이익이 과대계상되므로 조세부담이 감소되지 않고 오히려 증가된다.

(3) 특수관계인에게 고가매도시는 부당행위계산부인에 해당되지 않는다. 즉, 고가매도금액이 익금에 해당되어 과세소득에 포함되므로 조세부담을 감소시키는 것이 아니라 오히려 더 부담하기 때문이다.

(4) 특수관계인에게 저가매도시는 부당행위계산부인에 해당된다.

즉, 저가매도로 인하여 처분이익이 과소계상 또는 처분손실이 과대계상되어 조세부담이 감소되었기 때문이다.

① 부당행위계산부인 대상금액 : 8억－5억＝3억(차액기준에 해당됨)

② 세무조정 : <익 금 산 입> 부당행위계산부인액 3억 (상 여)

(5) 특수관계인간의 거래행위가 아니므로 부당행위계산 부인대상에 해당하지 않으

나, 의제기부금에 해당한다.
즉, 의제기부금금액=매입금액−정상가액(시가×130%)
=2억원−(1억원×130%)=70,000,000원

(6) 특수관계 아닌 자에게 저가매도시에는 부당행위계산부인 대상이 되는 것이 아니고 의제기부금에 해당된다.
① 의제기부금해당액 : 5억×70%−3억=0.5억
② 세무조정 : 0.5억을 '일반기부금'으로 보아 기부금 시부인한다.

04 시가 계산방법

법인의 특정행위가 부당행위에 해당하는지 여부의 판단은 건전한 사회통념 및 상거래 관행과 시가를 기준으로 한다. 여기서 시가란 특수관계인이 아닌 자간의 정상적인 상거래에서 적용되거나 적용될 것으로 판단되는 가격(요율 · 이자율 · 임대료 및 교환비율 기타 이에 준하는 것을 포함)을 말한다(법법 52 ②, 법령 89).

가. 일반적인 경우

(1) 원 칙

시가를 산정함에 있어서는 해당 거래와 유사한 상황에서 해당 법인이 특수관계인 외의 불특정다수인과 계속적으로 거래한 가격 또는 특수관계인이 아닌 제3자간에 일반적으로 거래된 가격이 있는 경우에는 그 가격.

다만, 주권상장법인이 발행한 주식을 「자본시장과 금융투자업에 관한 법률」 제8조의2 제2항에 따른 거래소 외에서 거래하는 방법 또는 대량매매(증권시장업무규정에 의하여 일정수량 또는 일정금액 이상의 요건을 충족하는 경우에 성립되는 거래) 등의 방법으로 거래한 경우 해당 주식의 시가는 그 거래일의 거래소 최종시세가액(거래소 휴장 중에 거래한 경우에는 그 거래일의 직전 최종시세가액)으로 하며, 사실상 경영권의 이전이 수반되는 경우(최대주주가 변경되는 경우 또는 최대주주등 간의 거래에서 지분율이 1%이상 변동되는 경우 등)에는 「상속세 및 증여세법」 제63조 제3항을 준용하여 그 가액의 100분의 20을 가산한 금액(「중소기업기본법」에 따른 중소기업이 발생한 주식 등 일정한 경우의 주식은 20%를 가산하지 않는다)으로 한다.

(2) 시가가 불분명한 경우

시가가 불분명한 경우에는 다음 규정을 차례로 적용하여 계산한 금액에 따른다(법령 89 ②).

① 감정평가법인 또는 감정평가사가 감정한 가액이 있는 경우 그 가액(감정가액이 2 이상인 경우에는 그 평균액). 다만, 주식 등과 가상자산은 제외한다.

② 「상속세 및 증여세법」상의 다음 보충적 평가방법에 관한 규정을 준용하여 평가한 가액. 이 경우 시가가 불분명한 비상장주식의 주식가액 산정시 비상장법인이 보유한 상장주식의 가액은 한국거래소 최종 시세가액에 의하여 평가하고, 「상속세 및 증여세법」 제63조 제2항 제1호 · 2호 및 같은법 시행령 제57조 제1항 · 제2항(기업공개 중인 주식등의 평가)에서 "직전 6개월(증여의 경우 3개월)"은 각각 "직전 6개월"로 보고 평가한다.

㉠ 합병시의 증여의제(상증법 38)

㉡ 증자시의 증여의제(상증법 39)

㉢ 감자시의 증여의제(상증법 39의2)

㉣ 현물출자에 따른 증여의제(상증법 39의3)

㉤ 부동산 등 유형자산 · 유가증권 등 · 무체재산권 · 조건부 권리 등 · 저당권이 설정된 재산의 평가방법(상증법 61~66)

예제 Example 68

㈜백두는 보유 중이던 비상장법인인 ㈜한라의 주식을 개인 대주주인 "갑"에게 양도했다. 다음 자료를 이용하여 ㈜백두의 부당행위계산부인을 할 경우 이에 대한 세무조정을 하시오.

▶ '04 CPA 수정

1. ㈜한라의 자본금은 2억원이며, 총 발행주식수는 40,000주(액면가 5,000원)이다.
2. 양도주식수는 10,000주이며, 양도가액은 주당 6,000원이다.
3. 감정평가법인 "태백"이 최근에 평가한 양도일 현재 ㈜한라의 주당가치는 8,000원이다.
4. 2년 전에 특수관계 없는 제3자 사이에 ㈜한라의 주식 10주가 주당 4,500원에 거래된 사실이 있다.
5. 회계법인 "설악"이 최근에 ㈜한라의 주식을 「상속세 및 증여세법」에 따라 평가한 양도일 현재의 가액은 주당 7,500원이다.

해답 부당행위 계산 부인액 : (7,500원－6,000원)×10,000주＝15,000,000원

* 주식의 시가는 감정평가법인의 감정가액의 적용을 배제하고 「상속세 및 증여세법」에 따라 평가한 가액으로 한다. 그리고 거래가액과 시가의 차액이 시가의 5% 이상에 해당한다. 따라서 '익금산입 15,000,000원(배당)'의 세무조정을 한다.

나. 금전의 대여 또는 차용의 경우

금전의 대여 또는 차용에 대하여는 앞의 시가에 관한 규정에 불구하고 가중평균차입이자율을 시가로 한다. 다만 가중평균차입이자율의 적용이 불가능하거나 기업이 과세표준 신고를 할 때 당좌대출이자율을 시가로 선택한 경우에는 당좌대출이자율을 시가로 한다(법령 89 ③). 자세한 내용은 '제3절 가지급금인정이자'에서 후술하기로 한다.

다. 금전 외 자산 · 용역제공 경우

자산(금전을 제외) 또는 건설 등의 용역을 제공하거나 제공받는 경우로서 시가를 산정할 수 없는 경우에는 다음과 같이 시가를 계산한다(법령 89 ④).

금전 외의 자산 · 용역제공 시가계산

구 분	시가의 범위
자산을 제공하거나 제공받는 경우 시가(적정임대료)	(자산의 시가×50%－전세금 · 임대보증금*)×정기예금이자율 * 그 자산의 제공과 관련하여 받은 전세금 또는 임대보증금을 말한다.
건설 · 기타 용역을 제공하거나 제공받는 경우 시가	용역원가(직 · 간접비포함)＋용역원가× 유사 용역의 수익률*1,*2 *1 수익률 ＝ $\frac{\text{매출액 − 원가}}{\text{원가}}$ *2 특수관계인 외의 자에게 제공한 유사 거래 또는 특수관계 없는 제3자 간의 거래에서의 수익률

예제 69

㈜한나라는 김한국씨에게 회사의 업무용 건물을 임대하고 있으며, 제5기의 관련 자료는 다음과 같다.

> (1) 김한국씨는 ㈜한나라의 주주(소액주주가 아님)이다.
> (2) 당해 사업연도의 건물 시가의 적수 : 80,000,000,000원
> (3) 임대보증금의 적수 : 10,800,000,000원
> (4) 당해 사업연도 중 김한국씨로부터 수취한 임대료 : 3,000,000원
> (5) 정기예금이자율 : 12%
> (6) 1년은 365일로 한다.

위 자료에 의할 때, ㈜한나라의 임대보증금과 관련된 세무조정 행하라.

해답 (1) 적정임대료

(80,000,000,000 × 50% − 10,800,000,000) × 12% × 1/365 = 9,600,000

(2) 실제임대료 : 3,000,000

(3) 부당행위계산부인액 : (1) −(2) = 6,600,000

∴ <익금산입> 부당행위계산부인액 6,600,000원(배당)

라. 불균등 자본거래의 경우

불균등 자본거래(부당행위계산의 유형 중 '⑩ 및 ⑪')로 부당행위계산부인이 되는 경우 특수관계인에게 분여한 이익의 계산은 「상속세 및 증여세법」의 규정을 준용한다. 이에 대하여는 제2절 "불균등자본거래에 대한 부당행위계산부인"에서 후술하기로 한다.

05 부인 효과

가. 세법적용상 효과

부당행위계산 부인이 적용되는 경우 시가와 거래금액의 차액은 익금에 산입하고 귀속자에 따른 소득처분을 하게 된다(법령 89 ⑤). 다만 불균등 자본거래에 관련된 부당행위계산 부인의 경우에는 증여세 과세요건에 해당되면 이익을 분여받은 개인 또는 비영리법인

에게 증여세를 과세하고 증여세가 과세된 부분에 대하여는 기타사외유출로 소득처분을 하게 된다. 만일 부당행위계계산 부인으로 익금산입한 금액이 증여세 과세대상액보다 크다면 그 초과분에 대하여는 별도로 배당 · 상여 등의 소득처분을 추가로 하여야 할 것이다.

나. 기타효과

(1) 사법상(私法上)의 효과

납세자의 행위계산은 비록 조세부담을 부당하게 감소시키는 것이라 하더라도 적어도 사법상으로는 적법 · 유효한 것으로서, 세법상의 부인에도 불구하고 여전히 사법상의 효력은 유지한다. 따라서 부당행위계산부인은 행위계산의 사법상의 효력을 부인하는 것이 아니라 어디까지나 세법적용상의 문제에 국한되는 것이다.

(2) 조세범처벌 문제

「조세범처벌법」은 소득결정에 있어서 기업회계와 세무회계의 차이로 인하여 발생하는 세액의 과소납부 · 초과환급 · 결손금의 과대계상 등은 '사기 기타 부정한 행위'에 의한 조세포탈범으로 보지 아니한다.

부당행위계산부인은 기업회계와 세무회계의 차이 중의 하나이며 조세회피 행위에 해당될 뿐이다. 따라서 부당행위계산 부인의 결과로서 익금에 산입된 소득에 대한 법인세액과 그 부인액의 소득처분에 의하여 그 대상자의 종합소득에 산입된 금액에 대한 소득세액은 그것이 비록 과소납부 또는 초과환급되는 결과를 초래하였다고 하더라도 조세포탈범으로 처벌되지 않는다(처벌법 9의2).

Reference 부당행위계산으로 부인한 시가초과액의 처분특례(법기통 67-106 … 9).

특수관계인으로부터 자산(영업권 포함)의 시가를 초과하여 매입한 경우에 그 초과액은 다음과 같이 처리한다.

① 대금의 전부를 지급한 때
- ㉠ 시가를 초과하는 금액은 익금에 산입하여 이를 그 귀속자에 따라 처분하고, 동 금액을 손금에 산입하여 사내유보로 처분한다.
- ㉡ 그 자산을 감가상각하였을 때에는 시가초과액에 대한 감가상각비를 손금불산입하고 사내유보로 처분한다.
- ㉢ 그 자산을 양도한 때에는 시가초과액(㉠－㉡)을 익금에 산입하여 사내유보로 처분한다.

② 대금의 일부를 지급한 때

㉠ 시가를 초과하는 금액을 익금에 산입하여 사내유보로 처분하고, 동 금액을 손금에 산입하여 사내유보로 처분하는 한편, 지급된 금액 중 시가를 초과하는 금액은 그 귀속자에 따라 처분한다.

㉡ 동 자산을 감가상각 또는 양도한 때에는 ① '㉡ 및 ㉢'의 예에 의하여 처분한다.

③ 대금의 전부를 미지급한 때

시가를 초과한 금액은 익금에 산입하여 사내유보로 처분하고, 동 금액을 손금산입하여 사내유보로 처분하고, 동 금액을 실제로 지급하는 때에 앞의 각 호에 따라 처분한다. 위 사항을 적용함에 있어서 대금을 분할하여 지급하는 때에는 시가에 상당하는 금액을 먼저 지급한 것으로 본다.

예제 70

다음은 ㈜우리나라의 기계장치와 관련된 세무자료이다. 이와 관련된 제11기 및 제12기의 회계처리와 세무조정을 보여라.

(1) 사업연도 : 1.1 ~ 12.31

(2) 제11기 1월 5일 대표이사로부터 기계장치를 ₩400,000,000에 매입하고 대금은 제11기에 ₩350,000,000, 제12기에 ₩50,000,000을 지급하였다. ㈜우리나라는 이 기계장치의 장부가액을 ₩400,000,000으로 계상하였으나, 이 기계장치의 시가는 ₩300,000,000이다.

(3) 당해 기계장치의 신고내용연수는 5년이며, 상각방법은 정액법을 취하고 있다. ㈜우리나라는 신고내용연수에 입각하여 정액법으로 감가상각비를 손익계산서에 계상하고 있다.

(4) 제12기 12월 31일 당해 기계장치를 ₩100,000,000에 양도하였다.

해답 매입가액 4억원과 시가 3억원의 차이가 5%이상이므로 부당행위계산 부인대상임

〈연도별 세무조정 내용 요약〉

구 분	회사 회계처리	세무상 회계처리	세무조정
① 매 입 (제11기)	기 계 장 치 400,000,000 현 금 350,000,000 미지급금 50,000,000	기계장치 300,000,000 상 여 금 50,000,000 현 금 350,000,000	손금산입 100,000,000 △유보* 손금불산입 50,000,000 상여*1 익금산입 50,000,000 유보*1
② 감가상각 (제11기)	감가상각비 80,000,000 감가상각누계액 80,000,000	감가상각비 60,000,000 감가상각누계액 60,000,000	손금불산입 20,000,000 유보*2
③ 지 급 (제12기)	미지급금 50,000,000 현 금 50,000,000	상 여 금 50,000,000 현 금 50,000,000	손금불산입 50,000,000 상여*3 손금산입 50,000,000 △유보*3

구 분	회사 회계처리		세무상 회계처리		세무조정
④ 감가상각 (제12기)	감가상각비 감가상각누계액	80,000,000 80,000,000	감가상각비 감가상각누계액	60,000,000 60,000,000	손금불산입 20,000,000 유보*2
⑤ 양 도 (제12기)	현 금 감가상각누계액 유형자산처분손 기계장치	100,000,000 160,000,000 140,000,000 400,000,000	현 금 감가상각누계액 유형자산처분손 기계장치	100,000,000 120,000,000 80,000,000 300,000,000	손금불산입 60,000,000 유보*4

*1 실제 대표이사에게 유출된 5천만원 부분은 손금불산입 · 상여로, 기계장치의 시가초과분(1억원) 손금산입 · △유보로, 미지급금 초과계상분(5천만원)은 익금산입 · 유보로 세무조정함.

*2 세법상의 감가상각비 6천만원과 회계상의 감가상각비 8천만원의 차이를 손금불산입함. 이는 기계장치에 대한 시가초과분에 대한 감가상각비를 세무상 부인하는 것임.

*3 실제 대표이사에게 유출된 5천만원 부분은 손금불산입 · 상여로, 미지급금 초과계상분(5천만원)을 익금산입 · 유보로 세무조정하였던 것은 미지급금 지급으로 소멸되었으므로 상쇄하는 세무조정을 함.

*4 세법상의 유형자산처분손과 회계상의 유형자산처분손의 차이를 손금불산입함. 이는 유형자산의 처분에 따라 남아있는 유보잔액(기존에 유형자산에 대한 시가초과분 및 관련 감가상각비에 대한 세무조정결과 남아있는 유보잔액)을 소멸시킬 금액과 일치하여야 함.

제2절 불공정 자본거래에 대한 부당행위계산부인

1 개 요

증자 · 감자 · 합병 등과 같은 자본거래에서 불공정한 요소가 개입되면 거래당사자 사이에 경제적 부가 이전되게 되는데 이러한 거래에서 발생하는 경제적 부의 이전은 그 규모가 매우 크면서도 정확한 금액을 계산하기가 어렵다는 현실적 문제를 가지고 있다.

이에 현행 세법체계는 이익을 분여한 자와 분여받은 자의 측면에서, 그리고 거래주체가 개인인지 영리법인인지 아니면 비영리법인인지에 따라 과세방식을 달리 정하고 그 분여이익의 계산에 관해서 자세한 규정을 두고 있다(이하 이 절에서 자본거래유형에 따라 설명하는 내용은 이익을 분여한 자와 분여받은 자의 측면에서, 그리고 거래주체가 개인인지 영리법인인지에 따라 종합적으로 생각해 볼 필요가 있다).

먼저 이러한 불공정한 자본거래와 관련된 현행 세법체계의 과세방식을 요약하면 다음과 같다.

이익을 분여한 주주	이익을 분여 받은 주주
① 개인 · 비영리법인주주 : 세무상 문제없음	① 개인 · 비영리법인주주 : 「상속세 및 증여세법」상 증여의제 ⇨ 증여세 과세*
② 영리법인주주 : 「법인세법」상 부당행위계산부인 대상(기타사외유출)	② 영리법인주주 : 「법인세법」상 익금항목(유보) ※ 불공정자본거래로 인하여 특수관계인으로부터 분여받은 이익 해당액

* 합병에 따른 이익의 증여재산가액에 소득세법에 따른 의제배당금액이 포함된 경우에는 증여재산가액에서 의제배당금액을 차감한다(상기통 38…28…2).

「법인세법」에서 부당행위계산부인을 하는 불균등 자본거래의 전형적인 유형은 다음과 같다. 다만 본서에서는 불공정합병과 불균등증자만을 설명하였다.

① 불공정 합병
② 불균등 증자
③ 불균등 감자
④ 불공정 현물출자
⑤ 전환사채 등의 주식전환 등에 따른 이익의 증여

02 불공정 합병

법인 간에 합병을 함에 있어서 합병비율은 공정하게 정하여야 한다. 그런데 이를 불공정하게 정하면 합병을 통해서 주식가치가 과대평가된 법인의 주주는 경제적 이익을 얻게 되고 주식가치가 과소평가된 법인의 주주는 경제적 손실을 보게 되어, 주식가치가 과소평가된 법인의 주주에게서 과대평가된 법인의 주주에게로 경제적 부가 이전되게 된다. 이를 '불공정 합병'이라고 하며, 세법은 이러한 거래에 대하여 주주 형태별로 법인세, 증여세 등을 과세하도록 하고 있다(상증법 38, 상증령 28 ③~⑥, 법령 88 ① (8), 법령 89 ⑥).

이 경우 불공정합병으로 인하여 이전된 이익은 다음과 같이 계산한다(상증령 28 ③~⑥). 다음 산식의 기본논리는 각 주주들이 합병 후 보유하는 주식가치에서 합병 전 보유하는 주식의 가치를 차감하여 합병으로 인한 경제적 부의 변동을 계산하고자 하는 것이다.

이는 1주당 평가차액이 합병법인 합병 후 1주당 평가액의 30% 이상이거나 분여이익이 3억원 이상인 경우에만 적용한다.

불공정 합병이익 = 1주당 평가차액 × 과대평가된 법인 주주의 합병후 주식수

$$1\text{주당 평가차액} = \text{합병법인의 1주당 평가액}^{*} - \left(\text{과대평가된 법인의 1주당 평가액} \times \frac{\text{합병전 주식수}}{\text{합병후 주식수}}\right)$$

$$^{*}\ \text{합병법인의 1주당 평가액} = \frac{\text{과대평가된 법인의 합병직전 주식가액} + \text{과소평가된 법인의 합병직전 주식가액}}{\text{합병법인의 주식수}}$$

불공정 합병으로 인한 분여이익의 계산은 기본적으로 「상속세 및 증여세법」에 의하지만 그 적용요건에 있어서 「상속세 및 증여세법」과 「법인세법」의 규정은 다음과 같은 차이가 있다.

① 양 법이 모두 특수관계가 있는 법인 간의 합병일 것을 요구한다. 그러나 주주간에 특수관계가 요구되는가는 다르다. 「상속세 및 증여세법」에서는 이익을 수수한 주주 간에는 특수관계를 요구하지 않지만 「법인세법」에서는 주주 간에도 특수관계(소액주주는 제외)가 있을 것을 요구한다.

② 「상속세 및 증여세법」에서는 이익을 받은 합병당사법인의 대주주가 얻은 이익만 과세하지만, 「법인세법」에서는 특수관계(소액주주 제외)가 있으면 전부 적용대상이 된다.

법인세법과 상속세 및 증여세법의 비교

구 분	「법인세법」 (익금산입 및 부당행위계산부인 적용요건)	「상속세 및 증여세법」 (증여 적용요건)
① 합병당사법인간 특수 관계 요건	○	○
② 주주간 특수관계 요건	○	×[*1]
③ 현저한 이익 요건	○[*2]	○[*2]
④ 과세이익	특수관계인간에 분여하거나 받은 이익	대주주가 얻은 이익[*1]

*1 「상속세 및 증여세법」상 불공정합병으로 인한 증여의제규정은 주주간 특수관계 요건은 없으며, '대주주가 얻은 이익'에 대하여만 적용한다. 여기서 '대주주'란 발행주식총수의 1% 이상 소유하거나 소유주식의 액면가액이 3억원 이상인 주주를 말한다.

*2 여기서 '현저한 이익'이란 합병 후 1주당 평가액의 30% 이상 차이가 나거나 그 이익이 3억원 이상인 경우를 말한다.

예제 71

㈜강남은 특수관계인인 ㈜한나라를 제10기 10월 3일에 합병하였으며 그 내역이 다음과 같은 경우 각 회사의 주주별로 세무조정 행하라. ㈜강남과 ㈜한나라는 세법상 특수관계인이다.

1. 합병전 주식평가내역

구 분	㈜강남	㈜한나라
① 발행주식 총수	1,000주	1,000주
② 1주당 평가액	5,000원	1,000원
③ 1주당 액면가액	5,000원	1,000원

2. 합병직전 합병당사법인의 주주 구성내역

㈜강남		㈜한나라	
㈜갑	600주	㈜병	700주
㈜을	400주	㈜정	300주

* ㈜갑과 ㈜병은 특수관계인이며 그 외에는 특수관계 없다.

3. ㈜강남과 ㈜한나라는 모두 비상장·비등록법인이며, 각 주주는 모두 설립시 액면가액으로 주식을 취득하였다.
4. 합병시 ㈜강남은 ㈜한나라의 주식 1주에 0.5의 신주를 교부하였다.

해답 1. 요건충족여부

① 특수관계있는 법인간 합병인지 여부 : ㈜강남과 ㈜한나라는 특수관계

② 특수관계인간 이익분여 여부 : ㈜갑이 ㈜병에게 이익분여

③ 현저한 이익분여여부 : $\dfrac{4{,}000\text{원}^{*1} - 1{,}000\text{원} \times 2^{*2}}{4{,}000\text{원}} \geq 30\%$

*1 합병법인의 1주당 평가액 $= \dfrac{1{,}000\text{주} \times 5{,}000\text{원} - 1{,}000\text{주} \times 1{,}000\text{원}}{1{,}000\text{주} + 1{,}000\text{주} \times 0.5} = 4{,}000\text{원}$

*2 $\dfrac{\text{합병전 주식수}}{\text{합병후 주식수}} = \dfrac{1{,}000\text{주}}{1{,}000\text{주} \times 0.5} = 2$

2. ㈜갑이 ㈜병에게 분여한 이익

$= (4{,}000\text{원} - 1{,}000\text{원} \times 2) \times 350 \times 600/1{,}000 = 420{,}000\text{원}$

3. 세무조정

① ㈜갑 : <익금산입> 부당행위계산부인 420,000 (기타사외유출)

② ㈜병 : <익금산입> 유 가 증 권 420,000 (유보)

(만일 비적격합병이라면 병은 이 금액이 의제배당에 해당되어 익금산입(유보)의 세무조정이 이루어지므로 사실상 이 세무조정은 필요가 없다)

③ ㈜을과 ㈜정 : 세무조정 없음. 단, ㈜정의 경우 비적격합병이면 의제배당으로 과세될 수도 있다.

참고

불공정합병의 이익을 계산하는 산식은 암기하기 어렵다. 따라서 각 주주들이 합병 후 보유하는 재산액에서 합병 전 보유하는 재산액를 차감하여 합병으로 생기는 주주별 재산변동액을 계산하고, 현저한 이익 및 특수관계인 여부를 추가로 고려하면 상기 풀이와 동일한 결과가 나온다. 아래의 논리를 잘 이해할 필요가 있다. 이는 불균등증자 등에도 그대로 적용된다. 다만, 불균등 증자의 경우에는 유상증자에 참여한 주주의 경제적 이익을 계산할 때 유상증자과정에서 납입한 금액을 추가적으로 고려해야 한다는 점에 주의하여야 한다.

① 상기 문제에서 합병 전후의 주주별 재산액 변동을 계산하면 다음과 같다.

주 주	합병전 재산	합병후 재산	재산변동
㈜갑	3,000,000 (600주×@5,000)	2,400,000 (600주×@4,000)	△600,000
㈜을	2,000,000 (400주×@5,000)	1,600,000 (400주×@4,000)	△400,000
㈜병	700,000 (700주×@1,000)	1,400,000 (350주×@4,000)	+700,000
㈜정	300,000 (300주×@1,000)	600,000 (150주×@4,000)	+300,000
합 계	6,000,000원	6,000,000원	0

② ㈜갑의 재산감소 600,000원은 ㈜병과 ㈜정에게 각각 420,000원(600,000×70%)과 180,000원 (600,000×30%)씩 분여되었다. 따라서 특수관계인인 ㈜병에게 분여된 이익은 현저한 이익 요건을 충족시키므로 부당행위계산부인대상이 된다. ㈜병은 특수관계인인 ㈜갑으로부터 420,000만원의 이익을 분여받았다. 이는 불공정자본거래로 받은 현저한 이익이므로 법인세법상 익금에 해당한다.

03 불균등 증자

법인이 증자를 하면 기존 주주는 원칙적으로 자기 지분율에 비례하여 신주를 인수할 권리를 갖는다. 그런데 증자과정에서 기존 주주가 그 신주인수권를 포기하거나 또는 자기 지분율을 초과해서 인수하면 여기서 주주 간에 경제적 부의 이전이 발생할 수 있다.

예를 들면, 시가 보다 낮은 가액으로 유상증자를 하면서 기존 주주가 자기의 신주인수권리를 포기하고 이를 특수관계있는 자에게 인수하도록 하면 기존 주주의 경제적 부는 이를 인수한 자에게 이전한다. 이를 '불균등 증자'라고 하고, 세법에서는 이와 같이 이전된 경제적 부에 대하여 주주 형태별로 법인세, 증여세를 과세하도록 하고 있다(상증령

29, 31의4, 법령 89 ⑥).

이러한 불균등 증자시 유형은 다양하나 세법은 다음의 4가지 경우로 구분하고 각 유형별로 과세요건을 다르게 하고 있다.

<table>
<tr><th rowspan="2">구 분</th><th rowspan="2">내 용</th><th colspan="2">과 세 요 건</th></tr>
<tr><th>특수관계여부</th><th>현저한 이익요건
(30% 또는
3억원 이상)</th></tr>
<tr><td rowspan="2">저가
발행의
경우*2</td><td>(A) 저가발행하는 신주의 인수를 포기하고 이를 다른자에게 배정하는 경우*3</td><td>부당행위 : 필요
증여의제 : 불필요*4</td><td>불필요</td></tr>
<tr><td>(B) 저가발행하는 신주의 인수를 포기하고 이를 다른자에게 배정하지 않는 경우</td><td>부당행위 : 필요
증여의제 : 필요</td><td>필요*1</td></tr>
<tr><td rowspan="2">고가
발행의
경우*2</td><td>(C) 고가발행하는 신주의 인수를 포기하고 이를 다른자에게 배정하는 경우*3</td><td>부당행위 : 필요
증여의제 : 필요</td><td>불필요</td></tr>
<tr><td>(D) 고가발행하는 신주의 인수를 포기하고 이를 다른자에게 배정하지 않는 경우</td><td>부당행위 : 필요
증여의제 : 필요</td><td>필요*1</td></tr>
</table>

*1 실권주를 재배정하지 않는 경우에 요구되는 '현저한 이익' 요건이란 1주당 주가 차액이 증자 후의 1주당 평가액(저가발행으로 실권주를 재배정하지 않는 경우에는 균등증자를 가정하고 균등증자시 1주당 평가액)의 30% 이상이거나 분여이익 금액이 3억원 이상인 경우를 말한다.

*2 저가발행 : 증자 후의 1주당 평가가액 > 1주당 증자가액
고가발행 : 증자 후의 1주당 평가가액 < 1주당 증자가액

*3 실권주를 재배정하는 경우 주권상장법인이 「자본시장 및 금융투자업에 관한 법률」에 의하여 공모배정 절차에 따라 하는 경우에는 이익을 분여하거나 분여받은 것으로 보지 않는다.

*4 「법인세법」에서는 모든 유형에 대하여 특수관계(소액주주 제외)가 있을 것을 요구하지만 「상속세 및 증여세법」에서는 재배정이 있는 경우로서 저가발행의 경우는 특수관계가 없는 경우에도 증여의제규정이 적용되며, 「상속세 및 증여세법」에서 특수관계를 요건으로 하는 경우에 소액주주를 배제하지 않는다.

(1) 저가발행 · 실권주를 재배정하는 경우(A) 이익분여액 계산

$$\text{이익분여액} = \left(\begin{array}{c}\text{신주}\\ \text{1주당 평가액}^{*}\end{array} - \begin{array}{c}\text{신주 1주당}\\ \text{인수가액}\end{array}\right) \times \begin{array}{c}\text{당해 법인이}\\ \text{포기한}\\ \text{신주인수권수}\end{array} \times \frac{\text{특수관계인이 초과배정받은 신주수}}{\text{증자법인의 총실권주식수}}$$

$$^{*}\ \begin{array}{l}\text{신주 1주당 평가액}\\ \text{(증자후의 주식가치)}\end{array} = \frac{\text{증자전 1주당 평가액} \times \text{증자전 주식수} + \text{신주 1주당 발행가액} \times \text{증자 주식수}}{\text{증자전 주식수} + \text{증자 주식수}}$$

(2) 저가발행 · 실권주를 재배정 않는 경우(B) 이익분여액 계산

$$\text{이익분여액} = \left(\begin{matrix}\text{균등증자시} \\ \text{1주당 평가액}^{*}\end{matrix} - \begin{matrix}\text{신주 1주당} \\ \text{인수가액}\end{matrix} \right) \times \begin{matrix}\text{당해 법인의} \\ \text{실권 주수}\end{matrix} \times \begin{matrix}\text{특수관계인의} \\ \text{지분비율}\end{matrix}$$

$$^{*}\ \begin{matrix}\text{균등증자시} \\ \text{신주 1주당 평가액}\end{matrix} = \frac{\text{증자전 1주당 평가액} \times \text{증자전 주식수} + \text{신주1주당 발행가액} \times \text{균등증자시 증자주식수}}{\text{증자전 주식수} + \text{균등증자시 증자 주식수}}$$

(3) 고가발행 · 실권주를 재배정하는 경우(C) 이익분여액 계산

$$\text{이익분여액} = \left(\begin{matrix}\text{신주 1주당} \\ \text{인수가액}\end{matrix} - \begin{matrix}\text{신주 1주당} \\ \text{평가액}^{*}\end{matrix} \right) \times \begin{matrix}\text{특수관계인의} \\ \text{실권 주수}\end{matrix} \times \frac{\text{당해 법인이 인수한 실권주}}{\text{실권주 총수}}$$

* 신주 1주당평가액의 계산은 (A)의 경우와 동일

(4) 고가발행 · 실권주를 재배정않는 경우(D) 이익분여액 계산

$$\text{이익분여액} = \left(\begin{matrix}\text{신주 1주당} \\ \text{인수가액}\end{matrix} - \begin{matrix}\text{신주 1주당} \\ \text{평가액}^{*}\end{matrix} \right) \times \begin{matrix}\text{특수관계인의} \\ \text{실권 주수}\end{matrix} \times \frac{\text{당해 법인이 인수한 신주수}}{\text{균등증자한 경우 증자주식수}}$$

* 신주 1주당평가액의 계산은 (A)의 경우와 동일

다만, 위 '(A)~(D)'의 이익분여액을 계산할 때 주권상장법인의 경우에는 증자일 이전 · 이후 각 2월 간의 기간 중 한국거래소의 최종시세가액의 평균액과 위 산식에 의한 신주 1주당 평가액 중 (A)와 (B)의 경우에는 적은 가액을, (C)와 (D)의 경우에는 큰 가액을 신주 1주당 평가액으로 한다.

상기 산식들에서 계산되는 이익분여액(또는 분여받은 이익)의 기본논리는 각 주주들이 증자 후 보유하는 주식가치와 증자 전에 보유하던 주식의 가치 및 증자과정에서 납입한 주금납입액을 비교해서 불균등증자로 인한 경제적 부의 변동을 계산하고자 하는 것이다. 다만, 현저한 이익요건 판단시 저가발행으로 실권주를 재배정하지 않는 경우에는 균등증자를 가정하고 균등증자후의 1주당 평가액을 기준으로 판단한다는 점에 주의하여야 한다.

예제 72

다음 자료를 이용해서 ㈜경남이 부당행위계산부인에 따라 익금산입할 금액을 구하고 이에 대한 세무조정을 하시오. ▶ '09 CPA 수정

1. 비상장법인인 ㈜제주는 신주발행을 결의하고 주주지분비율에 따라 1,000주를 유상증자하였다. 그러나 일부 주주가 신주인수를 포기하여 다음과 같이 실권주재배정을 하였다.

주 주	증자 전	신주 배정	추가 배정	증자 후
㈜경남	800	포기	0	800
㈜영광	400	200	300	900
㈜무안	400	포기	0	400
개인 갑	400	200	300	900
합 계	2,000주	400주	600주	3,000주

2. ㈜경남과 ㈜영광은 세법상 특수관계인이다.
3. ㈜제주의 증자 전 1주당 평가액은 15,000원이고, 증자시 1주당 발행가는 6,000원이다.

해답 1. 저가발행 · 실권주 재배정의 경우로 ㈜경남이 실권을 하여 포기한 이익 중 특수관계인인 ㈜영광에게 분여된 이익(현저한 이익요건은 불필요)이 부당행위계산 부인대상이 된다.

2. 분여이익

① 증자 후 1주당 평가액
=(2,000주×15,000원+1,000주×6,000원)÷3,000주=12,000원

② ㈜경남이 포기한 이익
=(12,000원−6,000원)×400주=2,400,000원

③ ㈜경남이 ㈜영광에게 분여한 이익
=2,400,000원×300주/600주=1,200,000원

④ 세무조정

㈜경남 : 익금산입(부당행위계산부인) 1,200,000원(기타사외유출)

㈜영광 : 익금산입(투자주식) 1,200,000원(유보)

참고

*1 불균등증자에서도 주주간에 수수된 이익을 구할 때 주주별로 증자 전의 주식보유액과 증자 후의 주식보유액을 비교하는 방식으로 계산할 수 있다. 다만, 증자의 경우에는 합병의 경우와 달리 증자과정에서 증자대금을 납입하였으므로 주금을 납입한 주주에 대해서는 증자대금납입액을 추가로 고려해주어야 한다.

*2 개인 갑은 「상속세 및 증여세법」에 의해서 특수관계인이 아닌 자로부터 분여받은 이익에 대해서 증여세가 과세될 여지가 있다.

예제 73

다음 자료를 이용해서 ㈜경남이 부당행위계산부인에 따라 익금산입할 금액을 구하고 이에 대한 세무조정을 하시오.

▶ '09 CPA 수정

1. 비상장법인인 ㈜제주는 신주발행을 결의하고 주주지분비율에 따라 1,000주를 유상증자 하였다. 그러나 일부 주주가 신주인수를 포기하여 다음과 같이 실권주재배정을 하였다.

주 주	증자 전	신주 배정	추가 배정	증자 후
㈜경남	800	포기	0	800
㈜영광	400	200	0	600
㈜무안	400	포기	0	400
개인 갑	400	200	0	600
합 계	2,000주	400주	0	2,400주

2. ㈜경남과 ㈜영광은 세법상 특수관계인이다.
3. ㈜제주의 증자 전 1주당 평가액은 15,000원이고, 증자시 1주당 발행가는 6,000원이다.

해답 1. 저가발행・실권주 재배정을 하지 않는 경우로 ㈜경남이 실권하여 포기한 이익 중 특수관계인인 ㈜영광에게 분여된 이익이 부당행위계산 부인대상이 된다(현저한 이익요건이 필요).

2. 현저한 이익요건의 검토

① 증자 후 1주당 평가액

=(2,000주×15,000원+400주×6,000원+600×6,000원)÷(2,400주+600주)

=12,000원

➤ 실권주를 재배정하지 않는 경우 현저한 이익요건을 적용하게 되는데, 이때 현저한 이익을 계산하기 위해서는 균등증자가 되었다고 가정하고 증자후의 주식가치를 계산하여야 한다. 따라서 상기 '①'에서 실권된 주식 600주를 포함해서 증자 후 1주당 평가액을 계산하였다.

② 현저한 차이 요건의 검토 : (12,000−6,000)/12,000 ≥ 30% → 요건 충족

3. ㈜경남이 포기한 이익=(15,000원−13,500원)×800주=1,200,000원

☞ 실제 불균등 증자 후 1주당 주식가치

=(2,000주×15,000원+400주×6,000원)÷(2,400주)=13,500원

➤ 실제 주주간에 분여된 이익을 계산하기 위해서는 현저한 이익요건을 검토하기 위하여 균등증자시 증자후 주식가치를 계산한 것과는 달리, 실제 분균등 증자가 이루어진 상태대로 증자후 1주당 주식가치를 계산해서 분여이익을 계산한다.

① ㈜경남이 ㈜영광에게 분여한 이익

=1,200,000원×200주/400주=600,000원

② 세무조정

㈜경남 : 익금산입(부당행위계산부인) 600,000원(기타사외유출)

㈜영광 : 익금산입(투자주식) 600,000원(유보)

➤ 개인 갑은 특수관계인으로부터 분여받은 이익이 없으므로 「상속세 및 증여세법」에 의한 증여세가 과세되지 않는다.

제 3 절 가지급금 인정이자

01 개 요

특수관계인에게 '금전을 무상 또는 시가보다 낮은 이율로 대부한 경우'는 부당행위계산부인 규정이 적용되는 한 유형으로 명시되어 있다(법령 88 ①(6)). 따라서 시가와 실제 수령한 이자의 차이를 익금에 산입하게 되는데, 이를 통상 '인정이자'라고 한다.

이와 관련하여 「법인세법」은 가지급금의 범위 및 계산방법 등에 대하여 구체적으로 규정하고 있다.

Reference 세무상 및 기업회계상 가지급금의 의미 차이

세무상 가지급금에 대한 규제	기업회계상 가지급금
특수관계인에 대한 가지급금에 대한 세무상의 규제는 가지급금에 대한 인정이자 계산(법령 88 ①(6)), 업무무관 자산 등에 대한 지급이자손금불산입(법법 28 ①(4)), 업무무관 가지급금 등에 대한 대손금 불인정 및 대손충당금 설정배제(법법 34 ③, 법법 19조의2 ②)가 있다.	기업회계에서 가지급금은 아직 계정과목이 특정할 수 없는 것에 대한 임시경과과목(미결산계정)으로 원칙적으로 가지급금의 계정과목은 재무제표에 나타날 수 없다. 따라서 세법상 가지급금과는 그 의미가 다르다.

Reference 지급이자 손금불산입 대상이 되는 가지급금과의 차이

인정이자 계산대상이 되는 가지급금의 범위는 일반적으로 지급이자손금불산입 대상이 되는 가지급금의 범위와 같다. 그러나 다음과 같은 점에서 차이가 있다.

인정이자 계산대상 가지급금	지급이자손금불산입 대상 가지급금
시가보다 무상이나 저리로 제공한 가지급금이 인정이자 계산대상이 되고, 가지급금이 업무와 관련성이 있는지 여부에 관계없이 인정이자 계산대상이 된다. 따라서 업무와 관련성이 있는 경우에도 인정이자 계산대상이 된다.	지급이자손금불산입 대상이 되는 가지급금은 업무와의 관련성이 없는 것만이 대상이 되고, 이자를 수취하는지 여부에 관계없이 지급이자손금불산입대상이 된다. 따라서 시가대로 적정이자를 수취한 경우에도 지급이자손금불산입대상이 된다.

02 가지급금 범위

인정이자 계산대상이 되는 가지급금은 특수관계인에게 저율 또는 무상으로 대여된 금전이다. 따라서 대여된 금전이 업무와 관련성이 있는지 여부를 묻지 않는다. 그리고 장부상 계정과목이나 명칭 여하에 불구하고 그 경제적 실질이 특수관계인에 대한 저율 또는 무상의 자금대여에 해당하면 인정이자 계산대상이 된다.

예를 들면 현실적 퇴직이 아닌 임직원에게 지급한 퇴직급여를 현실적으로 퇴직할 때까지 이를 가지급금으로 보고(법칙 22 ②). 특수관계인에 대한 매출채권 회수기일이 통상적인 회수기간을 초과하면 통상적 회수기간을 초과한 지연회수기일동안 매출채권은 세무상 가지급금으로 본다.

03 가지급금으로 보지 아니하는 경우

다음에 해당하는 금전의 대여에 대하여는 부당행위계산을 적용하지 않으므로 인정이자를 계산하지 않는다(법령 89 ⑤, 법칙 44).

① 사용인에 대한 월정급여액의 범위 내 일시적인 급여 가불금

② 사용인에 대한 경조사비의 대여액

③ 사용인(자녀 포함)에 대한 학자금 대여액

④ 법인이 당해 법인의 주식취득 소요금액을 우리사주조합·조합원에 대여한 금액
⑤ 「국민연금법」에 의하여 근로자가 지급받은 것으로 보는 퇴직급여전환금
⑥ 「소득세법」상 지급시기 의제규정에 의하여 지급한 것으로 보는 배당소득 및 상여금(미지급소득)에 대한 소득세를 법인이 대납하고 이를 가지급금으로 계상한 경우
⑦ 정부의 허가를 받아 국외에 자본을 투자한 내국법인이 당해 국외투자법인에 종사하거나 종사할 자의 여비·급료·기타 비용을 대신 부담하고 이를 가지급금 등으로 계상한 경우
⑧ 소득에 대한 귀속이 불분명하거나 추계로 과세표준을 결정·경정할 때에 대표자에 대한 상여로 소득처분한 금액에 대한 소득세를 법인이 대신 납부하고 이를 가지급금으로 계상하는 경우

04 인정이자 계산

가. 개 요

인정이자는 다음의 산식에 의하여 계산한다. 한편 동일한 특수관계인에게 가지급금 등과 가수금 등이 있는 경우에는 가지급금 등 적수에서 가수금 등 적수를 차감한 차감적수에 대하여 인정이자를 계산한다. 다만, 가지급금 등과 가수금 발생시에 각각 상환기간 및 이자율 등에 관한 약정이 있어 상계할 수 없는 경우에는 이를 상계하지 않는다(법칙 28 ②).

가지급금 인정이자 = (가지급금 적수 − 가수금 적수) × 인정이자율 × 1/365(1/366)

적수란 매일매일의 잔액을 합산한 금액이다. 가지급금 적수의 계산방법에는 금액에 일수를 곱하여 계산하는 방법과 월말 현재액에 경과일수를 곱하여 계산하는 방법(간편법)이 있으나 가지급금 인정이자를 계산함에 있어서는 금액에 일수를 곱하여 계산하는 방법만 인정된다. 즉, 간편법은 적용될 수 없다.

한편, 가지급금 적수 계산시 초일불산입 원칙을 따르지 않고 가지급금을 지급한 날을 포함하고 가지급금을 회수한 날은 제외한다(재경부 법인 4601299. 2001.5.18).

예제 74

다음 가지급금 등 계정에 의해 가지급금 등의 적수를 계산하시오(사업연도 : 1.1 ～ 12.31). 해당연도는 365일 임.

가지급금 등 계정

차변	금액	대변	금액
1. 1 전기이월	200,000	5.21 회수	150,000
2. 6 발생	100,000	9.11 회수	120,000
7.21 발생	150,000	12. 6 회수	140,000
		12.31 차기이월	40,000
	450,000		450,000

해답 1. 실제의 적수계산

기간	금액 × 일수	일수 내역		적수
1. 1 ~ 2. 5	200,000 × 36일		=	7,200,000
2. 6 ~ 5. 20	300,000 × 104일	(23+31+30+20)	=	31,200,000
5. 21 ~ 7. 20	150,000 × 61일	(11+30+20)	=	9,150,000
7. 21 ~ 9. 10	300,000 × 52일	(11+31+10)	=	15,600,000
9. 11 ~ 12. 5	180,000 × 86일	(20+31+30+5)	=	15,480,000
12. 6 ~ 12. 31	40,000 × 26일		=	1,040,000
계	365일			79,670,000

* 전기이월분은 초일산입(원칙도 초일산입, 말일불산입임)
* 가지급금 적수계산시 초일산입 말일불산입이므로, 가지급금을 지급한 날을 포함하고, 가지급금을 회수한 날은 포함하지 아니한다.

나. 인정이자율

가지급금 인정이자를 계산할 때 적용되는 이자율은 원칙적으로 시가로 볼 수 있는 이자율(예를 들면 해당 법인이 특수관계인 외의 불특정다수인과 계속적으로 거래한 이자율 등)이 있더라도 이 이자율을 시가로 보지 않고, 「법인세법」이 별도로 정하는 이자율을 시가로 보아 적용하도록 하고 있다. 이와 같이 「법인세법」이 시가로 보도록 별도로 정한 이자율을 인정이자율이라고 한다.

가지급금 인정이자를 계산할 때 적용되는 인정이자율은 원칙적으로 법인의 자금대여시점 현재의 가중평균차입이자율이다. 다만 ㉠ 해당 법인이 과세표준신고를 할 때 당좌대출이자율을 시가로 선택하는 경우(이 경우에는 당좌대출이자율을 시가로 선택한 사업연도와 이후 2개 사업연도는 당좌대출이자율을 시가로 하여야 한다. 그 선택한 사업연도와 이후 2개 사업연도가 경과후 다시 당좌대출이자율을 시가로 선택한 경우에도 다시 3년간을 계속 적용해야 한다) ㉡ 가중평균차입이자율의 적용이 불가능한 경우(이 경우 해당 대여금 또는 차입금에 한정하여 당좌대출이자율을 시가로 한다) ㉢ 대여한 날(계약을 갱신한 경우에는 그 갱신일)부터 해당 사업연도 종료일까지의 기간이 5년을 초과하는 대여금이 있는 경우(이 경우에는 해당 대여금 또는 차입금에 한정하여 당좌대출이자율을 시가로 한다)에는 대여기간이 끝나는 해당 사업연도까지 당좌대출이자율을 시가로 한다.

(1) 가중평균차입이자율의 계산

가중평균차입이자율이란 법인의 자금대여시점 현재 각각의 차입금 잔액(특수관계인으로부터의 차입금과 채권자 불분명사채 및 비실명 채권·증권과 관련된 차입금은 제외)에 각각의 이자율을 곱한 금액의 합계액을 당해 차입금 잔액의 총액으로 나눈 이자율로, 다음과 같이 계산한다.

$$\text{가중평균차입금이자율} = \frac{A\text{차입금잔액} \times A\text{차입금이자율} + B\text{차입금잔액} \times B\text{차입금이자율} \ \cdots}{(A,\ B,\ \cdots)\ \text{차입금 잔액의 합계}}$$

* 자금대여시점을 기준으로 계산함

한편 가중평균차입이자율을 계산함에 있어서 ㉠ 계산된 가중평균차입이자율과 대여금리가 해당 대여시점 현재 자금을 차입한 법인의 가중평균차입이자율보다 높은 때에는 해당 사업연도의 가중평균차입이자율이 없는 것으로 보고(법칙 43 ④), ㉡ 변동금리로 차입한 경우에는 차입당시 이자율로 차입금을 상환하고 변동된 이자율로 그 금액을 다시 차입한 것으로 본다(법칙 43 ⑥).

(2) 가중평균차입이자율의 적용이 불가능한 경우

여기서 '가중평균차입이자율의 적용이 불가능한 경우'는 다음의 경우를 말한다(법칙 43 ②). 그리고 가중평균차입이자율의 적용이 불가능하여 당좌대출이자율을 적용하는 것은 해당 대여금 또는 차입금에 한정한다.

① 특수관계인이 아닌 자로부터 차입한 금액이 없는 경우

② 차입금 전액이 채권자가 불분명한 사채 또는 매입자가 불분명한 채권·증권의 발행으로 조달된 경우
③ 자금을 대여한 법인의 가중평균차입이자율과 대여금리가 해당 대여시점 현재 자금을 차입한 법인의 가중평균차입이자율보다 높은 경우

다. 인정이자 익금산입의 적용요건

인정이자를 계산하여 익금에 산입하는 것은 이미 설명한 인정이자율(가중평균차입이자율 또는 당좌대출이자율)로 계산한 인정이자 금액과 법인이 특수관계인으로부터 받기로 한 이자금액(거래가액)의 차액이 3억원 이상이거나 시가의 5% 이상 차이가 발생한 경우에만 적용한다(법령 88 ③).

05 인정이자 소득처분

인정이자상당액에서 법인이 계상한 수입이자를 차감한 금액을 익금에 산입하며, 그 익금에 산입한 인정이자는 금전을 대여 받은 자에 따라 그 대여 받은 자가 주주인 경우에 배당, 임원 또는 사용인인 경우에 상여, 법인소득이나 개인사업자의 사업소득을 구성한 경우에 기타사외유출, 그 외의 경우에 기타소득으로 처분한다.

한편 법인이 특수관계인에게 자금을 대여하고 자금대여 거래에 있어 상환기간 및 이자율 등의 약정을 하고 약정이자율에 의한 이자상당액을 미수이자로 계상한 경우에는 그 미수이자 상당액을 인정이자에서 차감하고 나머지 금액을 익금산입·소득처분한다.

그러나 상환기간 및 이자율 등의 약정이 없는 가지급금 이자는 법인이 결산상 미수이자를 계산하였다고 하더라도 이는 미수이자를 계산한 것으로 인정하지 않는다. 따라서 동 미수이자에 대하여는 손금산입(△유보)로 하고 인정이자 상당액 전액을 익금산입하고 귀속자에 따른 소득처분을 하여야 한다(법기통 67－106…10).

예제 75

다음 자료에 의하여 인정이자를 계산하시오.

1. 대표이사 무상대여금 : 10,000,000원
2. 대여기간 : 대여일자 제10기. 9. 10
   회수일자 제10기. 10. 10
3. 동 회사의 은행차입금 현황은 다음과 같다(국세청장이 정한 당좌대출이자율은 연 9%로 가정한다)

차입금 \ 기간	제10기.1.1~6.30		제10기.7.1~12.31	
	차입금	연이자율	차입금	연이자율
운영자금 대출	50,000,000	8%	50,000,000	9%
시설자금 대출	–	–	70,000,000	5.5%

4. 당해 사업연도 : 제10기. 1. 1~12. 31(1년은 365일 가정)
5. 회사는 가중평균차입이자율을 사용한다.

해답 1. 대표자대여금 적수계산

10,000,000 × 30일(9.10.~10.9.) = 300,000,000원

초일산입 말일불산입

2. 가중평균차입이자율의 계산

$$6.958\% = \frac{50,000,000 \times 9\% + 70,000,000 \times 5.5\%}{50,000,000 + 70,000,000}$$

가중평균차입이자율은 대여일인 제10기. 9. 10.을 기준으로 계산한다.

3. 인정이자계산

$$300,000,000 \times 6.958\% \times \frac{1}{365} = 57,189원(시가)$$

4. 인정이자 익금산입의 적용요건 검토

시가와의 차액이 3억원에 미달하지만 차액이 인정이자 금액의 5%를 초과한다.

따라서 인정이자 차액 57,189원을 익금산입한다(소득처분 : 상여).

예제 76

다음 자료에 의하여 상장법인인 건국물산㈜의 가지급금의 인정이자에 대한 세무조정과 소득처분을 하시오.

1. 가지급금의 내용

대 상	내 용	적 수	비 고
대표이사	업무무관 대여액	2,708,000,000원	대여일(제10기. 10. 1.) 약정이자율 연 12%
미래㈜	업무무관 대여금	3,500,000,000원	대여일(제9기. 12. 3.) 약정이자율 연 13%
상무이사	대여금	900,000,000원	무상대여일(제10기. 3. 6)
소액주주	일시자금대여액	1,200,000,000원	무상대여일(제10기. 12. 1)

※ 약정이자율이 있는 것에 대하여는 약정이자율대로 이자를 받았다.
(대표이사 : 890,301원 이자수수, 미래㈜ : 1,246,575원 이자수수)

2. 차입금 현황

차입금 종류	차입금 발생일	이자율	차입금
사채 A*	제10기. 6. 30.	24%	10,000,000원
사채 B	제 9기. 12. 1.	20%	15,000,000원
일반대출	제10기. 4. 30.	16%	20,000,000원
당좌차월	제10기. 1. 30.	10%	9,000,000원

* 사채A는 채권자불분명사채이자임.
* 상기 차입금은 차입금 발생일 이후 제10기.12.31.까지 차입금 잔액 및 이자율의 변동이 없다.

3. 미래㈜는 특수관계인에 포함된다.
4. 사업연도는 제10기.1.1~12.31이다(1년은 365일임).
5. 회사는 가중평균차입이자율을 사용한다.

해답 1. 업무무관 가지급금의 적수

대표이사	2,708,000,000원
미 래㈜	3,500,000,000원
상무이사	900,000,000원
소액주주	– (소액주주는 특수관계인이 아님)
계	7,108,000,000원

2. 인명별 가중평균차입이자율의 계산(자금대여시점 현재 각각의 차입금 잔액)

대표이사 $16.136\% = \dfrac{15,000,000 \times 0.2 + 20,000,000 \times 0.16 + 9,000,000 \times 0.1}{15,000,000 + 20,000,000 + 9,000,000}$

㈜미래 $20.00\% = \dfrac{15,000,000 \times 0.2}{15,000,000}$

상무이사 $16.25\% = \dfrac{15{,}000{,}000 \times 0.2 + 9{,}000{,}000 \times 0.1}{15{,}000{,}000 + 9{,}000{,}000}$

* 대여일 현재의 가중평균차입이자율(채권자불분명차입금을 제외한 가중평균차입이자율)

3. 귀속자별 인정이자의 계산

귀속자	가지급금적수	인정이자율	인정이자*	회사계상액	차 액
대표이사	2,708,000,000원	16.136%	1,197,158원	890,301원	306,857원
㈜미 래	3,500,000,000원	20.00%	1,917,808원	1,246,575원	671,233원
상무이사	900,000,000원	16.25%	400,684원	–	400,684원
계	7,108,000,000원		3,515,650원	2,136,876원	1,378,774원

* 단수차이 있음.

4. 인명별 인정이자 익금산입의 적용요건 검토

인명별	인정이자 계산액	5% rule 기준액	인정이자 차액 (이자 과소액)	5% rule 해당여부	인정이자 계산액
대표이사	1,197,158원	59,857원	306,857원	해당	306,857원
㈜미 래	1,917,808원	95,890원	671,233원	해당	671,233원
상무이사	400,684원	20,034원	400,684원	해당	400,684원
계	3,515,650원				1,378,774원

* 시가와의 차액이 3억원에는 미달하지만 차이율이 인정이자 금액의 5%를 초과한다. 따라서 인정이자 차액은 모두 익금가산대상이다.

5. 세무조정

① 대표이사에 대한 인정이자 306,857원(익금산입, 상여)

② ㈜미래에 대한 인정이자 671,233원(익금산입, 기타사외유출)

③ 상무이사에 대한 인정이자 400,684원(익금산입, 상여)

제4절 외국법인 등과의 거래에 대한 소득금액계산 특례

여러 국가에 걸쳐서 사업을 영위하는 다국적 기업들은 전 세계에 걸친 총이익을 극대화하기 위하여 국가 간의 거래에 있어서 이전가격(Transfer Price)을 이용하여 조세를 회피할 가능성이 존재한다. 따라서 이전가격을 이용한 국제적 조세회피를 방지하기 위하여 조세조약 및 「국제조세조정에 관한 법률」은 특수관계기업 간에 이전가격에 의한 이익조정이 있으면 이를 독립기업 간 거래가격으로 수정하여 과세할 수 있도록 하고 있다.

이때 어떤 국가에서 이전가격을 수정하여 증액과세하면 상대 국가에서도 이를 수용하여 소득을 감액하는 조치를 취해주어야 한다. 그래야만 동일 소득에 대하여 양쪽 국가에서 이중으로 과세하는 현상이 발생하지 않는다. 이때 상대 국가에서 하는 조치를 '대응조정'이라고 한다. 이러한 대응조정이 이루어지기 위해서는 조세협약 체결 양 당사국이 당해 조약의 상호합의 규정에 따라 거래금액에 대하여 합의가 있어야 하고 이에 대한 납세자의 신청이 있어야 한다.

이러한 대응조정을 위해서 「법인세법」은 조세조약의 상대국과 당국 간에 상호합의가 있는 경우에는 그 합의에 따라 그 법인의 각 사업연도 소득을 조정하여 계산할 수 있도록 하는 근거규정(법법 53 ①)을 두고 있다. 이를 위해서는 「국제조세조정에 관한 법률」을 준용한다.

한편 상기와 같은 특수관계기업 간의 이전가격 과세조정제도의 특수성 때문에 「국제조세조정에 관한 법률」은 특수관계기업 간의 거래에 대해서 「법인세법」의 부당행위계산부인 규정을 적용하지 않도록 하고 있다(국조법 4). 다만 다음의 거래에 대해서는 「법인세법」의 부당행위계산부인 규정을 적용한다(국조령 4).

㉠ 자산을 무상으로 이전하거나 채무를 면제하는 경우

㉡ 무수익자산을 매입 또는 현물출자받거나 그 자산에 대한 비용을 대신 부담하는 경우

㉢ 출연금을 대신 부담하는 경우

㉣ 불공정합병, 불균등증자, 불균등감자, 기타 증자 · 감자 · 분할 · 전환사채 등에 의한 주식의 전환 · 인수 · 교환 등을 통해서 법인의 이익을 분여했다고 인정되는 경우

법 / 인 / 세 / 법 / 강 / 의

연습문제

TYPE 주관식문제

01 부당행위계산부인의 의의 및 적용요건을 설명하시오.

02 부당행위계산에 대한 세무조정의 4가지를 간략히 설명하시오.

03 잉여금의 자본전입에 따른 의제배당을 설명하시오.

TYPE 객관식문제

01 특수관계인인 가법인(주주구성 : 내국법인 A 100%)과 나법인(주주구성 : 내국법인 B 40%, 거주자 C 60%)의 자본거래에 대한 설명이다. A는 B·C와 특수관계인이 아니며, B와 C는 특수관계인이다. 가장 잘못된 설명은? ▶ '05 CPA 수정

① 가법인과 나법인이 합병할 때, 나법인 주식을 시가보다 높게 평가하여 불공정한 비율로 합병하면 A의 이익이 B·C에게 분여된다. 이때 불공정한 평가차이가 30% 이상되는 현저한 이익의 분여가 발생하면 A는 B·C에게 분여한 이익을 익금산입 해야 한다.

② 가법인과 나법인이 합병할 때, 나법인 주식을 시가보다 높게 평가하여 불공정한 비율로 합병하면 A의 이익이 B·C에게 분여된다. 이때 C가 A로부터 받은 이익이 3억원이상이면 C는 증여세를 납부해야 한다.

③ 나법인이 신주를 시가보다 높은 가액으로 발행할 때, B는 신주를 인수받는 반면에 C가 신주인수권을 포기하면 B의 이익이 C에게 분여된다. 이때 신주평가액과 신주인수가격의 차이가 30% 이상 되는 현저한 이익의 분여가 일어나면 B는 분여한 이익을 익금산입 해야 한다.

④ 나법인이 신주를 시가보다 낮은 가액으로 발행할 때, B가 신주인수권을 포기하고 포기한 신주인수권을 C에게 재배정 하였다면, B의 이익이 C에게 분여되었다고 보고 B는 분여한 이익을 익금산입 해야 한다.

⑤ 나법인이 B주주의 주식만 시가보다 낮은 가액으로 소각하는 경우 B의 이익이 C에게 분여된다. 이때 소각한 주식의 평가액과 지급한 소각대가의 차이가 30% 이상 되는 현저한 이익의 분여가 일어나면 B는 분여한 이익을 익금산입 해야 한다.

해설 합병에 대한 부당행위계산의 부인은 합병당사법인은 특수관계이어야 하며, 합병당사법인의 주주도 특수관계이어야 한다. 그리고 현저한 이익을 분여하여야 한다.
합병당사법인인 가법인의 주주(내국법인 A)와 나법인의 주주(내국법인 B와 C)가 특수관계인이 아니므로 부당행위계산을 적용할 수 없다.

02 부당행위계산 부인에 대한 설명으로 옳은 것으로 모두 고른 것은? ▶'12 CPA 수정

> ㄱ. 부당행위계산의 부인은 원칙적으로 당해 사업연도 말을 기준으로 하여 당해 법인과 특수관계인 간의 거래에 대하여 적용한다.
> ㄴ. 특수관계인으로부터 무수익 자산을 1억원에 매입한 경우에는 부당행위계산의 부인을 적용한다.
> ㄷ. 부당행위계산의 부인을 적용하기 위한 시가가 불분명한 경우에는 감정평가법인이 감정한 가액과 "상속세 및 증여세법"에 따른 평가방법을 준용한 가액 중 높은 금액을 시가로 한다.
> ㄹ. 특수관계인으로부터 금전을 시가보다 낮은 이율로 차용한 경우로서 시가와 거래가액의 차액이 시가의 100분의 5에 상당하는 금액 이상인 경우에는 부당행위계산의 부인을 적용한다

① ㄱ　　② ㄱ, ㄴ
③ ㄱ, ㄷ　　④ ㄴ
⑤ ㄴ, ㄹ

해설 ㄱ. 부당행위 판단은 원칙적으로 그 행위 당시를 기준으로 판단한다.
ㄷ. 감정가액과 "상속세 및 증여세법"에 따른 평가방법을 차례로 적용하여 계산한다(주식은 제외).

03 다음은 ㈜동양의 주식거래와 관련된 자료이다. 이 자료를 이용하여 제6기(1.1.~12.31.) 세무조정을 행할 경우 옳은 것은? ▶ '06 CPA 수정

(1) 일자별 거래내역
- 제4기. 7. 1. : ㈜한국 주식 6,000주를 100,000,000원에 취득
- 제5기. 3. 26. : ㈜한국으로부터 무상주(이익준비금을 자본에 전입한 것임) 5,000주를 교부받음
- 제6기. 7. 1. : ㈜동양의 이사로 재직하고 있는 개인주주(지분비율 10%)인 갑에게 100,000,000원을 받고 11,000주 모두 양도

(2) ㈜한국 주식의 1주당 액면가액은 10,000원임

(3) 양도일 현재 ㈜한국 주식 11,000주의 시가총액은 200,000,000원이며, ㈜동양은 위 거래를 기업회계기준에 따라 회계처리 하였다.

① 손금산입 50,000,000원(△유보) 익금산입 100,000,000원(배당)

② 손금산입 50,000,000원(△유보) 익금산입 100,000,000원(상여)

③ 손금산입 – 익금산입 100,000,000원(상여)

④ 손금산입 – 익금산입 100,000,000원(배당)

⑤ 손금산입 50,000,000원(△유보) 익금산입 –

해설
- 제5기 세무조정 : (익금산입) 주식(의제배당) 50,000,000(유보)
- 제6기 세무조정 : (손금산입) 주식(의제배당) 50,000,000(△유보)
  (익금산입) 부당행위계산부인 100,000,000(상여)

04 비상장법인인 ㈜강남은 최병팔씨로부터 당기중 지방의 공장부지용으로 토지를 20억원을 주고 매입하였으며, 매입가액을 토지의 취득가액으로 회계처리하였다. 상속세 및 증여세법의 규정에 의한 보충적 평가액은 14억원이며, 감정평가법인의 감정가격은 15억원이다. 최병팔씨가 ㈜강남의 대주주일 경우 세무조정사항으로 올바른 것은? ▶ '00 CTA 수정

① <익금산입> 부당행위계산부인 5억원(배 당)

② <익금산입> 부당행위계산부인 6억원(배 당)

③ <손금산입> 토지의 고가매입 5억원(△유보)

④ <익금산입> 부당행위계산부인 5억원(배 당)
<손금산입> 토지의 고가매입 5억원(△유보)

⑤ <익금산입> 부당행위계산부인 6억원(배 당)
<손금산입> 토지의 고가매입 6억원(△유보)

해설 (1) 시가의 판정
시가가 불분명한 경우에는 감정평가법인이 감정한 가격을 우선 적용한다.

(2) 고가매입에 대한 세무조정
시가초과매입액을 손금산입한 후 다시 부당행위계산 부인규정에 의해 익금산입한다.

<손금산입> 토 지 5억원 (△유보) ⇨ 처분시 익금산입(유보)
<익금산입> 부당행위계산부인(고가매입) 5억원 (배 당)

05 다음 자료로 제2기(1.1~12.31)의 가지급금 인정이자를 계산하면? ▶ '98 세무사 수정

1. 가지급금의 내역
   ① 대표이사에 대한 무상대여 가지급금적수 : 4,258,333,334원
   ② 대주주의 미지급배당에 대한 소득세 대납액의 적수 : 216,666,666원
2. 차입금의 내용

이자율	차입금적수	지급이자
연 30%	1,825,000,000	1,500,000
연 10%	3,650,000,000	1,000,000
계	5,475,000,000	2,500,000

3. 가중평균차입이자율은 연 12%이고, 정기예금이자율은 9%라고 가정한다(회사는 전년도에 가중평균이자율을 사용하였다).

① 2,100,000원 ② 2,166,666원 ③ 1,400,000원
④ 2,400,000원 ⑤ 2,666,666원

해설 (1) 법소정 이자

$$4{,}258{,}333{,}334 \times 12\% \times \frac{1}{365} = 1{,}400{,}000$$

(2) 약정이자 : 0

(3) 인정이자 : (1) − (2) = 1,400,000

06 「법인세법」상의 부당행위계산 부인에 관한 설명이다. 옳지 않은 것은? ▶ '07 CPA 수정

① 특수관계에 해당하는지의 여부는 행위당시를 기준으로 하여 판단한다.
② 비영리 내국법인에 대하여도 부당행위계산의 부인 규정을 적용할 수 있다.
③ 법인이 주주가 아닌 임원에게 사택을 무상으로 제공하는 경우에는 부당행위계산의 부인 규정을 적용할 수 없다.
④ 법인이 특수관계에 있는 자로부터 자산을 고가에 매입한 경우, 시가초과액을 손

금에 산입하여 △유보로 처분하고 당해 손금을 부인하여 그 귀속자에 따라 상여 등으로 처분한다.

⑤ 법인이 특수관계에 있는 다른 법인으로부터 제품을 저가에 매입한 경우, 그 제품의 취득가액은 시가이다.

해설 무수익자산을 매입한 경우 및 자산을 시가보다 높은 가액으로 매입한 경우 등은 부당행위계산부인이 되고 시가가 자산의 취득가액이 된다. 그러나 특수관계에 있는 개인으로부터 유가증권을 저가 매입한 경우를 제외하고는 자산의 저가매입의 경우는 실제 매입가액이 취득가액이 된다.

07 「법인세법」상 부당행위계산의 부인에 관한 설명으로 옳은 것은? ▶ 2004. CTA

① 주권상장법인이 아닌 내국법인이 소액주주(그 법인의 지배주주와 특수관계에 있는 자를 제외한다)로부터 토지를 고가로 매입한 경우에는 부당행위계산부인 규정을 적용하지 아니한다.

② 내국법인과 특수관계에 있는 자에 해당하는지의 여부는 그 법인의 법인세 납세의무의 성립당시를 기준으로 하여 판단한다.

③ 당좌대출이자율보다 높은 이자율의 차입금이 있는 내국법인이 사업을 영위하는 개인에게 금전을 대여함에 있어서 상환기간을 정하여 대여당시의 가중평균차입이자율에 의한 이자를 받기로 약정하였다면 부당행위계산부인 규정이 적용된다.

④ 주식의 시가가 불분명한 때에는 그 감정가액을 시가로 보되, 감정가액이 없는 때에는 「상속세 및 증여세법」 제63조의 규정을 준용하여 평가한 가액을 시가로 본다.

⑤ 부당행위계산부인 규정은 그 행위 당시를 기준으로 특수관계자간 거래에 대하여 적용하며, 불균등 합병으로 인한 주주간 이익분여 거래에 있어서 특수관계자인 법인의 판정은 합병등기일을 기준으로 한다.

해설 ② 내국법인과 특수관계에 있는 자에 해당하는지의 여부는 거래당시를 기준으로 하여 판단한다.

③ 당좌대출이자율보다 높은 이자율의 차입금이 있는 내국법인이 사업을 영위하는 개인에게 금전을 대여함에 있어서 상환기간을 정하여 대여당시 가중평균차입이자율에 의한 이자를 받기로 약정하였다면 부당행위계산부인 규정을 적용하지 아니한다.

④ 주식의 시가가 불분명한 때에는 「상속세 및 증여세법」상의 보충적 평가방법에 관한 규정을 준용하여 평가한 가액을 시가로 본다.

⑤ 불균등합병으로 인한 주주간 이익분여거래에 있어서 특수관계인인 법인의 판정은 합병등기일이 속하는 사업연도의 직전사업연도 개시일(그 개시일이 서로 다른 법인이 합병한 경우에는 먼저 개시한 날)부터 합병등기일까지의 기간을 기준으로 한다.

08 내국법인인 ㈜강남의 제11기 세무조정사항으로 옳은 것은? ▶'10 세무사 수정

(1) 제11기 사업연도(1.1～12.31) 초 대표이사로부터 비품(시가 ₩35,000,000)을 ₩50,000,000에 구입하고 전액 현금으로 지급하였다.
(2) 비품에 대해 상각범위액 상당액(신고내용연수 5년, 정액법)을 감가상각비로 계상하였다.

	익금산입 및 손금불산입		손금산입 및 익금불산입	
①	부당행위계산부인	₩15,000,000(상여)	비품	₩15,000,000(△유보)
	감가상각비부인액	₩3,000,000(유보)		
②	부당행위계산부인	₩15,000,000(상여)	감가상각비추인액	₩3,000,000(△유보)
	비품	₩15,000,000(유보)		
③	비지정기부금	₩4,500,000(상여)	비품	₩4,500,000(△유보)
	감가상각비부인액	₩900,000(유보)		
④	비지정기부금	₩4,500,000(상여)	비품	₩4,500,000(△유보)
⑤	부당행위계산부인	₩15,000,000(상여)	비품	₩15,000,000(△유보)

해설 (1) 비품취득시 세무조정

<손금산입> 비품 ₩15,000,000 (△유보)

<익금산입> 부당행위계산부인 ₩15,000,000 (상여)

(2) 자산부인액에 상당하는 상각비

$$₩10,000,000 \times \frac{15,000,000}{50,000,000} = 3,000,000$$

∴ <손금불산입> 자산부인액 상각비 3,000,000 (유보)

01 ① 02 ⑤ 03 ② 04 ④ 05 ③ 06 ⑤ 07 ① 08 ①

조정명세서 작성사례

다음 자료에 의하여 세일주식회사의 제10기(1.1~12.31) 사업연도의 가지급금 등의 조정명세서(갑)·(을)을 작성하라.

해설 1. 각인의 가지급금 및 가수금 계정

① 김세일(대표이사)에 대한 가지급금 계정

월 일	적 요	차 변	대 변	잔 액	비 고
1. 1	전기이월**	10,000,000		10,000,000	전액 일시가불임
3. 9	가불일부회수		5,000,000	5,000,000	
5.31	종합소득세가불*	7,000,000		12,000,000	
8.16	일시가불	3,000,000		15,000,000	
12.31	차기이월		15,000,000		

* 미지급배당소득에 대한 종합소득세 대납액
** 제9기 6.1.이 최초 가지급 발생일임

② 김세일에 대한 가수금 계정

월 일	적 요	차 변	대 변	잔 액	비 고
4. 1	일시가수		3,000,000	3,000,000	
5.31	일부반제	2,000,000		1,000,000	
6.10	반제	1,000,000		0	

③ 기타 특수관계인에 대한 가지급금 내역
인정이자 조정명세서(을)을 생략함

성 명	가지급금 적수
수원산업㈜	3,576,000,000

④ 회사는 상기 가지급금에 대해 수입이자를 계산하고 있지 않음. 그리고 제10기사업연도는 365일임

2. 지급이자 내역

이 자 율	지급이자	비 고
18%	900,000	
16%	1,200,000	가중평균차입이자율은 연 12%로 가정함
12%	2,867,277	
계	4,967,277	

해답 1. 먼저 가지급금 등의 인정이자조정명세서(을) (적수계산서)을 작성함

① 해당자가 수인인 경우는 별지 작성 첨부

② 가지급금과 가수금의 적수계산결과 가수금적수가 가지급금적수를 초과하는 경우에도 첨부하여야 함

㉠ 김세일 가지급금 적수계산

가지급금 금액	기 간	일 수	적 수	비 고
10,000,000	1. 1 ~ 3. 8	67	670,000,000	5/31 7,000,000원은 미지급 배당소득에 대한 종합소득세 해당액이므로 인정이자를 계산하지 않음
5,000,000	3. 9 ~ 8.15	160	800,000,000	
8,000,000	8.16 ~ 12.31	138	1,104,000,000	
계		365	2,574,000,000	

㉡ 김세일에 대한 가수금 계정

가수금 금액	기 간	일 수	적 수	비 고
3,000,000	4.2 ~ 5.31	60	180,000,000	
1,000,000	6.1 ~ 6.10	10	10,000,000	
계		70	190,000,000	

2. ㉠ 김세일에 대한 세무조정

익금가산 783,780(상여)

㉡ 수원산업에 대한 세무조정

익금가산 1,175,671(기타사외유출)

법인세법 시행규칙 [별지 제19호서식(갑)] <개정 2019. 3. 20.>

사 업 연 도	. . . ~ . . .	가지급금 등의 인정이자 조정명세서(갑)	법인명	
			사업자등록번호	

1. 적용 이자율 선택

[ ] 원칙 : 가중평균차입이자율

[ ] 「법인세법 시행령」 제89조 제3항 제1호에 따라 해당 대여금 또는 차입금만 당좌대출이자율을 적용

[ ] 「법인세법 시행령」 제89조 제3항 제1호의2에 따라 해당 대여금 또는 차입금만 당좌대출이자율을 적용

[ ] 「법인세법 시행령」 제89조 제3항 제2호에 따른 당좌대출이자율 (선택사업연도 . . . ~ . . .)

2. 가중평균차입이자율에 따른 가지급금 등의 인정이자 조정

① 성명	② 가지급금 적수(積數)	③ 가수금 적수	④ 차감적수 (②－③)	⑤ 인정 이자	⑥ 회사 계상액	시가인정범위 ⑦ 차액 (⑤－⑥)	시가인정범위 ⑧ 비율(%) (⑦/⑤)×100	⑨ 조정액(＝⑦) ⑦≧3억이거나 ⑧≧5%인 경우
김세일	2,574,000,000	190,000,000	2,384,000,000	783,780	0	783,780	100%	783,780
수원상업	3,576,000,000	0	3,576,000,000	1,175,671	0	1,175,671	100%	1,175,671
계	6,150,000,000	190,000,000	5,960,000,000	1,959,451	0			1,959,451

3. 당좌대출이자율에 따른 가지급금 등의 인정이자 조정

⑩ 성명	⑪ 적용 이자율 선택방법	⑫ 가지급금 적수	⑬ 가수금 적수	⑭ 차감적수 (⑫－⑬)	⑮ 이자율	⑯ 인정이자 (⑭×⑮)	⑰ 회사 계상액	시가인정범위 ⑱ 차액 (⑯－⑰)	시가인정범위 ⑲ 비율(%) (⑱/⑯)×100	⑳ 조정액(=⑱) ⑱≧3억이거나 ⑲≧5%인 경우
계										

작 성 방 법

1. 적용 이자율 선택
   가. 「법인세법 시행령」 제89조 제3항에 따라 원칙적으로 가중평균차입이자율을 적용하되, 같은 항 제1호, 제1호의2 및 제2호에 따라 당좌대출이자율을 선택하는 경우에는 "√"표시를 합니다.
   나. 「법인세법 시행령」 제89조 제3항 제1호 및 제1호의2에 따라 선택한 이자율은 해당 대여금 또는 차입금에만 적용하고, 그 외의 경우 선택한 이자율은 해당 사업연도의 모든 거래에 대하여 적용합니다.
   다. 「법인세법 시행령」 제89조 제3항 제2호에 따른 당좌대출이자율을 선택한 경우에는 선택한 사업연도와 이후 2개 사업연도에는 계속 당좌대출이자율을 시가로 적용해야 합니다.
   (예) 2016. 1. 1.~2016. 12. 31. 사업연도에 당좌대출이자율을 선택하고 이후 2년간 계속 적용하는 경우 선택사업연도는 2016. 1. 1.~2016. 12. 31.을 적습니다.
2. 가지급금적수(②, ⑫), 가수금적수(③, ⑬), ⑤ 인정이자란은 "가지급금 등의 인정이자조정명세서(을)[별지 제19호서식(을)]"의 각 해당란의 계 금액을 인명별로 적습니다.
3. 조정액(⑨, ⑳)란에는 차액(⑦, ⑱)란의 금액이 3억원 이상이거나 비율(⑧, ⑲)란이 5% 이상인 경우에 적습니다.
4. ⑪ 적용이자율 선택방법은 다음 구분에 따라 적습니다.

구 분	기재내용
「법인세법 시행령」 제89조 제3항 제1호	㉮
「법인세법 시행령」 제89조 제3항 제1호의2	㉯
「법인세법 시행령」 제89조 제3항 제2호	㉰

5. ⑯ 인정이자란에는 ⑭ 차감적수란의 금액에 이자율/365(윤년의 경우 366)를 곱하여 계산된 금액을 적습니다.
6. 음영으로 표시된 란은 적지 않습니다.

210mm×297mm[일반용지 70g/㎡(재활용품)]

[별지 제19호서식(을)] <개정 2009.3.30> (앞 쪽)

사 업 연 도	제10기. 1. 1. ~ 12. 31	가지급금 등의 인정이자 조정명세서(을)	법인명	세일(주)
			사업자등록번호	

1. 가중평균차입이자율에 따른 가지급금 등의 적수, 인정이자 계산 직책(대표이사) 성명 (김 세 일)

대여기간 ① 발생 연월일	대여기간 ② 회수 연월일	③ 연월일	④ 적 요	⑤ 차 변	⑥ 대 변	⑦ 잔 액 (⑤-⑥)	⑧ 일수	⑨ 가지급금 적수 (⑦×⑧)	⑩ 가수금 적수	⑪ 차감적수 (⑨-⑩)	⑫ 이자율	⑬ 인정이자 (⑪×⑫)
제9기 6.1		1. 1	전기이월	10,000,000		10,000,000	67	670,000,000	190,000,000	480,000,000	12%	157,808
제10기		3. 9	회수		5,000,000	5,000,000	160	800,000,000		800,000,000	12%	263,014
제10기 8.16		8.16	대여	3,000,000		3,000,000	138	1,104,000,000		1,104,000,000	12%	362,958
계								2,574,000,000	190,000,000	2,384,000,000		783,780

2. 당좌대출이자율에 따른 가지급금 등의 적수 계산

⑭ 연월일	⑮ 적 요	⑯ 차 변	⑰ 대 변	⑱ 잔 액	⑲ 일수	⑳ 가지급금 적수(⑱×⑲)	㉑ 가수금적수	㉒ 차감적수 (⑳-㉑)
계								

3. 가수금 등의 적수 계산

㉓ 연월일	㉔ 적 요	㉕ 차 변	㉖ 대 변	㉗ 잔 액	㉘ 일수	㉙ 가수금적수 (㉗×㉘)
제10기 4.1	일시가수		3,000,000	3,000,000	60	180,000,000
제10기 5.31	반 제	2,000,000		1,000,000	10	10,000,000
제10기 6.10	반 제	1,000,000		0		0
계						190,000,000

210㎜×297㎜(일반용지60g/㎡(재활용품))

Chapter 15

과세표준의 계산

제 1 절 과세표준

01 과세표준 계산

과세표준이란 세액산정의 기준이 되는 금액으로서 각 사업연도 소득금액에서 이월결손금 · 비과세소득 및 소득공제를 차례로 공제하여 계산한다(법법 13).

과세표준 = 각 사업연도 소득금액 − 이월결손금 − 비과세소득 − 소득공제

① 각 사업연도의 개시일 전 15년(2021. 1. 1.전에 신고한 결손금은 10년) 이내에 개시한 사업연도에서 발생한 결손금으로서 그 후의 각 사업연도의 과세표준 계산을 할 때 공제되지 아니한 금액. 다만, 각 사업연도소득의 100분의 80을 한도로 이월결손금을 공제한다(중소기업, 회생계획 이행중인 법인, 경영정상화 계획을 이행중인 법인, 사업재편계획을 이행중인 법인 등은 한도를 적용받지 않고 전액 공제한다)(법법 13, 법령 10, 120조의17 ①).

②「법인세법」 및 다른 법률에 따른 비과세소득

③「법인세법」 및 다른 법률에 따른 소득공제액

Reference 특수한 경우의 과세표준 계산

① 조합법인등에 대한 과세표준 계산특례 : 신용협동조합, 새마을금고와 같은 단위조합법인 등은 「법인세법」에 불구하고 2028년 12월 31일 이전에 종료하는 사업연도까지는 당해 법인의 수익사업 결산 재무제표상 당기순이익(법인세비용차감전순이익을 의미)에 수익사업과 관련된 기업업무추진비 및 기부금 손금불산입액 등 간단한 세무조정 결과를 합한 금액에 9%(20억 초과분은 15%)의 세율을 적용하여 법인세를 과세할 수 있는 특례가 있다(조특법 72).

② 해운기업에 대한 과세표준 계산특례 : 외항운송사업 및 국제순항 크루즈선 운송사업을 하는 해운기업은 2029년 12월 31일까지 해운소득에 대해서 톤세제도(Tonnage Tax System)에 따라 소득을 계산할 수 있는 특례를 인정하고 있다. 따라서 해운기업은 「법인세법」에 따라 실제소득을 계산하는 방법과 톤세제도에 따라 선박표준이익을 계산하는 방법 중 선택할 수 있다(조특법 104조의10). 톤세제도는 실제 운항된 선박의 톤수와 운항일수에 1톤당 1일 운항표준이익을 곱해서 선박표준이익을 구하고 [선박표준이익(간주이익) = Σ(개별선박의 순톤수×톤당 이익률×운항일수×사용률)] 이를 해운소득 과세표준으로 하는 것이다. 이 제도는 유럽의 주요 해운국들이 톤세제도를 통해서 자국으로 선박을 유치하려는 경쟁적 동향 때문에 우리나라도 도입되었다. 그러나 해운소득에 대한 특례를 적용받는다고 하더라도 해운소득 이외의 소득(비해운소득)은 「법인세법」에 따른 실제소득금액을 구해서 선박표준이익과 합산하여 신고하여야 한다.

③ 추계조사결정 : 세무서장 등이 법인세의 과세표준과 세액을 결정 또는 경정하는 경우에는 장부 기타 증명서류를 근거로 하지만, 장부 또는 증명서류가 없거나 그 중요한 부분이 미비 또는 허위인 경우 등의 사유로 장부 기타 증명서류에 의해서 소득금액을 계산할 수 없는 경우에는 추계방식에 의하여 과세표준을 결정·경정할 수 있다(법법 66 ③).

제 2 절 이월결손금

01 결손금 의의

「법인세법」상 각 사업연도의 결손금이라 함은 그 사업연도에 속하거나 속하게 될 손금의 총액이 그 사업연도에 속하거나 속하게 될 익금의 총액을 초과하는 경우에 그 초과하는 금액을 말한다(법법 14 ②). 따라서 마이너스(−)의 소득금액, 즉 부의 소득금액이 결손금인 것이다.

각 사업연도 결손금 = 손금총액 − 익금총액

02 이월결손금

이월결손금이란 결손금이 이전 사업연도에서 발생하여 이월되어 온 결손금으로서 그 후의 사업연도의 과세표준 계산을 할 때 공제하지 아니한 금액을 말한다(법법 14 ③).

여기서 말하는 결손금 또는 이월결손금은 세무계산상의 개념에 의한 것이며, 이러한 세무상 결손금은 그것이 발생한 사업연도에 있어서 법인의 순자산 감소를 나타내는 것이므로 다른 사업연도의 소득에서 공제되어야 한다. 즉, 한 사업연도의 결손금은 그 전 사업연도의 소득에서 소급공제하거나 그 후 사업연도의 소득에서 이월공제하여야 한다.

현행 「법인세법」은 원칙적으로 이월공제방법을 취하고 있으나, 중소기업에 대하여는 예외적으로 소급공제도 허용하고 있다(법법 72 ①).

03 이월결손금 공제

가. 과세표준에서 공제 요건

과세표준에서 공제될 수 있는 이월결손금은 해당 사업연도의 개시일부터 소급하여 15년(2021. 1. 1.전에 신고한 결손금은 10년) 이내에 개시한 사업연도에서 발생한 결손금으로 그 후의 각 사업연도의 과세표준 계산을 할 때 공제되지 아니한 금액이다. 따라서 과세표준에서 공제될 이월결손금은 다음의 요건을 갖추어야 한다.

① 세무상의 결손금일 것 : 공제될 수 있는 결손금은 세무상의 결손금이어야 한다. 따라서 재무제표에 계상된 결손금과는 상관이 없고(기업회계상 이익잉여금처분에 의해서 주식발행액면초과액 · 감자차익 · 합병차익 및 분할차익 등으로 보전된 이월결손금은 세무상으로는 여전히 이월결손금이다. 법기통 13−10…1), 비영리법인의 경우에는 수익사업에서 발생한 것이어야 한다.

② 신고된 결손금일 것 : 공제될 수 있는 결손금은 법인세 과세표준 신고시 신고하거나 세무서장 등에 의해 결정 · 경정되었거나, 「국세기본법」에 따라 수정신고한 과세표준이어야 한다.

③ 공제기간 내에 발생한 것일 것 : 해당 사업연도의 개시일부터 소급하여 15년(2021. 1.

1.전에 신고한 결손금은 10년) 이내에 개시한 사업연도에서 발생한 결손금이어야 한다. 공제기간이 경과된 결손금은 각 사업연도소득에서는 공제될 수 없고, 자산수증이익이나 채무면제이익으로 보전하는 경우 채무면제이익 등이 익금불산입되게 된다.

④ 소멸되지 않은 것일 것 : 이월결손금은 다음의 사유로 소멸되게 되는데, 과세표준에서 공제될 수 있는 이월결손금은 다음의 사유로 소멸되지 않는 결손금이어야 한다.

㉠ 중소기업이 결손금 소급공제를 받은 경우

㉡ 과세표준에서 공제받은 경우

㉢ 자산수증이익과 채무면제이익으로 보전한 경우

㉣ 채무출자전환으로 인한 채무면제이익을 이월하여 결손금 보전에 충당한 경우

나. 이월결손금 공제한도 및 방법

상기 공제요건을 갖춘 이월결손금은 과세표준을 계산할 때 각 사업연도소득의 80% 범위 내에서 공제한다.

다만 중소기업·법원이 인가결정하여 회생계획을 이행 중인 법인·「기업구조조정촉진법」 및 「금융실명거래 및 비밀보장에 관한 법률」에 따라 약정을 체결하고 기업개선계획이나 경영정상화계획을 이행 중인 법인·「기업활력제고를 위한 특별법」에 따라 사업재편계획을 이행중인 법인·지급배당소득공제를 통하여 법인세를 사실상 비과세하는 명목회사(유동화전문회사 등)·「조세제한특례법」에 따라 수익사업소득 100%를 고유목적사업준비금으로 손금산입하는 비영리내국법인은 공제한도를 적용받지 않고 각 사업연도 소득의 범위 내에서 전액 공제할 수 있다(법법 13, 법령 10 ①).

그리고 이월결손금을 공제함에 있어서는 임의로 선택하여 공제받을 수 없고(이월결손금의 강제공제), 먼저 발생한 사업연도의 결손금부터 차례대로 공제한다(법령 10 ②). 그리고 이월결손금 공제한도를 초과하여 공제받지 못한 이월결손금은 다음 사업연도로 이월하여 공제한다(법법 13).

다. 이월결손금공제의 제한

(1) 추계결정·경정의 경우

장부나 증명서류가 없거나 미비 또는 허위인 경우 과세표준은 정부가 추계결정할 수 있는 바, 이 경우에는 납세의무자의 불성실에 기인하므로 이월결손금의 공제혜택을 주지 아니한다(법법 68). 그러나 천재지변 등으로 장부 기타 증명서류가 멸실되어 추계하는 경

우에는 이월결손금 공제를 한다.

(2) 합병 및 분할의 경우

합병 및 분할의 경우 다음과 같이 이월결손금 공제의 제한이 있다. 이러한 내용은 분할의 경우도 유사하다(이에 대하여는 '합병 및 분할에 대한 과세'를 참조하시오).

① 합병법인에게 합병등기일 현재 존재하는 이월결손금은 합병 후의 소득금액 중 피합병법인으로부터 승계받은 사업에서 발생한 소득금액에서는 공제할 수 없다(법법 45 ①). 따라서 합병법인의 합병등기일 현재 이월결손금은 합병후 법인의 소득금액에서 피합병법인으로부터 승계받은 사업에서 발생한 소득금액을 차감한 금액의 100분의 80(중소기업과 회생계획을 이행중인 법인 등은 100분의 100)을 한도로 공제하게 된다(법법 45 ⑤).

② 합병시 적격합병요건을 충족하는 경우 합병법인이 피합병법인의 합병등기일 현재 결손금은 승계받을 수 있다(법법 44조의3 ②). 그리고 이 경우 합병법인이 승계한 피합병법인의 이월결손금은 피합병법인으로부터 승계받은 사업에서 발생한 소득금액의 100분의 80(중소기업과 회생계획을 이행중인 법인 등은 100분의 100)을 한도로 공제하게 된다(법법 45 ②, ⑤).

③ 적격합병을 한 합병법인은 합병법인과 피합병법인이 합병 전 보유하던 자산의 처분손실(합병등기일 현재 해당 자산의 시가가 장부가액보다 낮은 경우로서 그 차액을 한도로 하며, 합병등기일 이후 5년 이내에 끝나는 사업연도에 발생한 것만 해당한다)을 각각 합병 전 해당 법인의 사업에서 발생한 소득금액(해당 처분손실을 공제하기 전 소득금액을 말한다)의 범위에서만 손금으로 인정한다(법법 45 ③). 그리고 이 경우 손금에 산입하지 아니한 처분손실은 자산 처분 시 각각 합병 전 해당 법인에서 발생한 결손금으로 보아 이월결손금공제 제한에 관한 규정을 적용한다(법법 45 ③).

(3) 특수관계법인으로부터 사업양수를 한 경우

내국법인이 다른 특수관계인인 내국법인으로부터 양도법인 자산총액의 70%이상이고 순자산 금액(자산총액에서 부채총액을 뺀 금액)의 90% 이상을 사업양수한 경우에는 양수법인의 기존 이월결손금은 양수법인의 기존 사업부문에서 발생한 소득금액의 범위에서 공제하고 양수한 사업부문에서 발생한 소득금액에서는 공제하지 아니한다(법법 50의2, 법령 86의2).

이를 위해 양수법인은 기존사업과 양수사업을 구분하여 경리해야 하고 회계를 구분하여 기록하지 아니한 경우에는 그 소득금액을 사업용 자산가액 비율로 안분계산하여 구분한다.

예제 Example 77

다음 각각의 경우 공제받을 수 있는 이월결손금은 얼마인가?

1. 2026.1.1 ~ 12.31 사업연도의 소득금액은 10억원이며, 세무회계상 이월결손금은 14억원으로 다음과 같은 경우 2026사업연도에 공제받을 수 있는 이월결손금은?(중소기업이다)
   2011 사업연도 결손금 5억원, 2019 사업연도 결손금 2억원
   2020 사업연도 결손금 3억원, 2021 사업연도 결손금 4억원
2. 2026.1.1 ~ 12.31 사업연도의 소득금액은 10억원이며, 세무회계상 이월결손금은 14억원으로 다음과 같은 경우 2026사업연도에 공제받을 수 있는 이월결손금은?(각 사업연도 소득 범위 내에서 이월결손금을 100% 공제할 수 있는 법인이 아니다)
   2011 사업연도 결손금 5억원, 2019 사업연도 결손금 2억원
   2020 사업연도 결손금 3억원, 2021 사업연도 결손금 4억원

해답 1. 2011 사업연도에 발생한 결손금은 공제가능기한이 경과되었으므로 공제대상이 아니다. 따라서 공제대상 이월결손금은 2011 사업연도 결손금을 제외한 합계 9억원이고, 해당 법인이 중소기업이므로 각 사업연도 소득 10억원의 범위내에서 9억원 전액이 공제된다.

2. 2011 사업연도에 발생한 결손금은 공제가능기한이 경과되었으므로 공제대상이 아니다. 따라서 공제대상 이월결손금은 2011 사업연도 결손금을 제외한 합계 9억원이다. 그러나 해당 법인이 이월결손금을 각 사업연도 소득금액의 범위 내에서 100% 공제할 수 있는 법인이 아니라면 각 사업연도소득의 100분의 80 범위 내에서 공제하여야 한다. 따라서 2026 사업연도에 공제할 수 있는 이월결손금은 8억원이다 [Min(공제대상 이월결손금 9억원, 각 사업연도 소득(10억원)×80%)=8억원].

04 결손금 소급공제

중소기업은 세무상 결손금이 발생한 경우에 결손금을 소급공제하여 직전사업연도 법인세액을 환급받고자 신청할 수 있다. 이때 결손금 중에서 얼마를 소급공제 받을 것인지

는 전적으로 법인의 의사에 달려 있으며 소급공제 받은 결손금은 이월결손금 공제규정을 적용함에 있어 공제받은 금액으로 본다. 그리고 소급공제를 적용받은 후의 이월결손금 잔액은 이월공제한다(법법 72 ①).

가. 결손금 소급공제 요건

결손금 소급공제는 다음의 요건을 모두 충족한 경우에 적용한다(법법 72).

㉠ 중소기업일 것 : 결손금소급공제는 「조세특례제한법」상 중소기업에 해당하여야 적용한다.

㉡ 당기에 세무상 결손금이 발생하고 직전 사업연도에 법인세 납부세액이 있어야 한다.

㉢ 전기 및 당기 법인세를 기한 내에 신고할 것 : 결손금소급공제는 과세표준신고기한 내에 결손금이 발생한 사업연도와 직전 사업연도에 대한 법인세를 각각 신고한 경우만 적용한다(법법 72 ④).

㉣ 과세표준신고기한 내에 소급공제신청을 할 것 : 결손금 소급공제는 신청을 요건으로 하므로 해당 사업연도의 과세표준 신고기한 내에 납세지 관할세무서장에게 신청하여야 한다. 「국세기본법」에 의한 경정 등의 청구에 의해서는 결손금 소급공제를 받을 수 없다(법기통 72−110…2).

이러한 요건을 갖춘 법인이 결손금 소급공제를 관할세무서장에서 신청하면 관할세무서장은 지체없이 환급세액을 결정하여 「국세기본법」에 따라 환급하여야 한다(법법 72 ③).

나. 소급공제에 의한 환급세액 한도

해당 사업연도에 발생한 결손금 중 얼마를 소급공제신청할 것인지는 전적으로 법인의 의사에 달려있다. 이때 소급공제를 통해 환급받을 직전사업연도 법인세의 한도는 아래와 같다(법법 72 ①, 법령 110).

환급세액 = Min[①, ②]

$$\text{① 환급대상액} = \begin{matrix}\text{직전사업연도}\\ \text{법인세 산출세액}\end{matrix} - \left(\begin{matrix}\text{직전사업연도}\\ \text{과세표준}\end{matrix} - \begin{matrix}\text{소급공제}\\ \text{결손금액}\end{matrix}\right) \times \begin{matrix}\text{직전사업연도}\\ \text{법인세율}\end{matrix}$$

$$\text{② 한도액(직전사업연도 법인세액)} = \begin{matrix}\text{직전사업연도}\\ \text{법인세 산출세액}\end{matrix} - \begin{matrix}\text{직전사업연도}\\ \text{공제・감면세액}\end{matrix}$$

※ 상기 식에서 '① 환급대상액'은 직전사업연도 산출세액과 결손금소급공제를 했을 경우의 산출세액의 차액을 구하는 식이다.

여기서 '직전사업연도 법인세 산출세액'은 토지 등 양도소득에 대한 법인세·가산세·추가납부세액을 제외한 금액으로 한다. 그리고 '소급공제 결손금액'은 해당 사업연도의 결손금으로서 소급공제 받고자 하는 금액을 말하며, 직전사업연도의 과세표준을 한도로 한다(법령 110 ①).

다. 환급세액의 추징

결손금 소급공제에 따라 법인세액을 환급받은 후 결손금이 발생한 사업연도에 대한 법인세 과세표준과 세액을 경정함으로써 결손금이 감소된 경우 및 중소기업이 아닌 법인이 신청하여 환급받은 경우 납세지 관할세무서장은 다음의 세액과 이자상당액을 해당 결손금이 발생한 사업연도의 법인세로서 징수한다(법법 72 ⑤, 법령 110 ③).

(1) 결손금 감소시 환급세액의 추징

추징세액 = [① + ②]

$$① \text{ 환급취소세액} = \text{당초 환급세액} \times \frac{\text{감소된 결손금} - \text{소급공제받지 않은 결손금}^{*1}}{\text{소급공제 결손금}}$$

$$② \text{ 이자상당액} = \text{환급취소세액} \times \text{기간}^{*2} \times 0.022\%^{*3}$$

*1 결손금 중 그 일부 금액만을 소급공제 받은 경우에는 소급공제받지 않은 결손금이 먼저 감소된 것으로 본다. 따라서 상기 산식에서 분자는 결국 소급공제를 받은 결손금 중에서 감소될 금액을 의미하게 된다.
*2 당초 환급세액의 통지일의 다음날부터 추징세액의 고지일까지의 일수
*3 납세자가 법인세액을 과다하게 환급받은데 정당한 사유가 있는 때에는 시중은행의 1년 만기 정기예금 평균 수신금리를 고려하여 기획재정부령으로 정하는 이자율을 적용한다.

(2) 직전사업연도 과세표준 또는 법인세액 경정시 환급세액의 재결정

결손금소급공제 후 환급세액의 기초가 된 직전사업연도의 과세표준 또는 법인세액이 달라진 경우 세무서장은 즉시 당초 환급세액을 재결정하여 차액을 추가로 환급하거나 과다환급세액(이자상당액을 포함한다)을 징수하여야 한다(법법 72 ⑥).

예제 Example 78

중소기업인 광운㈜은 당해 사업연도(제10기. 1. 1~12. 31)에 결손금이 200,000,000원 발생하였다. 다음은 광운㈜의 법인세 신고자료이다.

1. 제9기 법인세 과세표준은 500,000,000원이었다.
2. 제9기 법인세 산출세액은 75,000,000원이었다.
3. 회사는 결손금을 전부 소급공제 받고 싶어한다.
   제9기 법인세 감면 및 공제액이 50,000,000원인 경우 제10기 환급세액과 소급공제될 결손금액을 계산하시오.
4. 제9기의 법인세 세율은 20%(2억이하 10%)이다.

해답 (1) 환급대상 세액의 계산

결손금 소급공제에 의한 환급세액 = 직전사업연도 법인세 산출세액 − [직전사업연도 과세표준금액 − 당해 사업연도의 소급공제결손금액] × 법인세율

= 75,000,000원 − (500,000,000원 − 200,000,000원) ×법인세율

= 75,000,000원 − (200,000,000원×10% + 100,000,000원×20%)= 35,000,000원

(2) 환급한도액

환급한도액 = 직전사업연도 산출세액 − 직전사업연도 공제 · 감면세액

= 75,000,000원 − 50,000,000원= 25,000,000원

(3) 환급세액 및 소급공제결손금의 계산

환급대상 세액이 환급한도액을 초과하므로 환급세액은 25,000,000원이 된다.

환급되지 못한 세액 10,000,000원에 상당하는 결손금 50,000,000(10,000,000÷20%)은 이월공제대상 결손금이 된다.

예제 Example 79

중소기업인 서해㈜는 제4기(1.1.~12.31.)의 법인세 과세표준을 6억원으로 신고하면서 공제 및 감면세액을 차감한 법인세액 135백만원을 납부하였는데, 제5기에는 결손금 7억원이 발생하여 그 중에서 5억원을 소급공제하여 직전 사업연도의 법인세액 135백만원을 환급받는다고 가정한다. 그 후 관할세무서장이 서해㈜의 제5기 법인세 과세표준과 세액을 조사하여 결손금을 3억원으로 경정하면서 위의 환급세액 중 그 감소된 결손금에 상당하는 환급세액을 추가로 징수하려고 한다. 이 경우에 위의 환급세액 중 결손금의 감소에 따라 추가로 징수하여야 할 법인세액(이자상당액은 제외한 금액으로 한다)은 얼마인가? ▶'03 CTA 수정

해답 135백만원×(4억−2억)/5억=54,000,000원

환급취소세액=당초 환급세액×(감소된 결손금−소급공제 받지 않은 결손금)/소급공제결손금

제 3 절 비과세소득

01 의 의

비과세소득이란 조세정책상 국가가 처음부터 과세권을 포기한 소득을 말한다. 비과세소득은 정책적 배려에서 국가가 과세권을 포기한 소득이므로 특별한 규정이 없는 한 납세자의 신청 등 특별한 절차가 필요없다. 이 점에서 신청을 필요로 하는 감면과 다른 것이다.

02 비과세소득 종류

가. 법인세법상 비과세소득

「법인세법」상 비과세소득은 공익신탁의 신탁재산에서 생긴 소득 한가지뿐이다.

Reference

공익신탁이란 학술 · 종교 · 제사 · 자선 등 공익을 목적으로 하는 신탁을 말한다(신탁법 65).

나. 조세특례제한법상 비과세소득

「조세특례제한법」상 비과세소득은 다음과 같다.

- 중소기업창업투자회사 · 벤처기업출자유한회사 · 신기술사업금융업자 등이 창업자(신기술사업자) 또는 벤처기업에 출자한 주식 또는 출자지분의 양도로 인한 양도차익 및 출자에 따른 배당소득(조특법 13 ①, ③) 등

제 4 절 소득공제

소득공제란 과세표준계산상 과세소득의 일부를 공제해 줌으로써 세 부담을 경감시켜 주는 제도이다. 현행 「법인세법」 및 「조세특례제한법」에서는 다음과 같은 소득공제제도를 규정하고 있다.

① 유동화 전문회사 등에 대한 소득공제(법법 51의2)

② 자기관리부동산투자회사의 국민주택 임대소득에 대한 소득공제(조특법 55의2 ④)

③ 고용유지기업에 대한 소득공제(조특법 30의3) 등

여기서는 「법인세법」에서 규정한 유동화전문회사 등에 대한 지급배당소득공제에 대하여만 간단히 살펴본다.

① 적용대상 명목회사

유동화전문회사, 투자회사·투자유한회사·투자목적회사·투자합작회사(일반사모집합투자기구는 포함하고 기관전용 사모집합투자기구는 제외), 투자유한책임회사, 기업구조조정투자회사, 선박투자회사, 임대사업목적의 명목회사, 문화산업전문회사, 해외자원개발투자회사, 프로젝트 금융투자회사, 벤처투자조합의 투자목적회사 등 명목회사(Paper Company)들이 이에 해당된다. 이러한 회사들은 「자산유동화에 관한 법률」 등 관련 법률에 의해서 설립되는 것으로, 그 실질이 각 투자수익을 주주들에게 전달하는 경로회사(또는 도관, Pass-through Company, Conduit)에 불과한 것이라는 특징을 갖는다.

② 소득공제액

상기 명목회사들이 배당가능이익의 90% 이상을 배당하는 경우 그 지급배당금 전액을 해당 사업연도의 소득에서 공제한다(해당 배당을 결의한 잉여금 처분의 대상이 되는 사업연도의 소득금액에서 공제한다). 그리고 배당금액이 해당 사업연도의 소득금액에서 이월결손금을 뺀 금액을 초과하는 경우에는 그 초과하는 금액을 다음 사업연도 개시일부터 5년 이내에 끝나는 각 사업연도로 이월하여 공제할 수 있다. 다만, 내국법인이 이월된 사업연도에 배당가능이익의 100분의 90 이상을 배당하지 아니하는 경우에는 그 이월된 금액을 공제하지 아니한다(법법 51의2 ④).

③ 소득공제 적용 배제

다음 중 하나에 해당하는 경우는 유동화전문회사 등에 대한 소득공제를 적용하지 않는다(법법 51의2).

㉠ 배당을 받은 주주등에 대하여 그 배당에 대한 소득세 또는 법인세가 비과세되는 경우. 다만, 배당을 받은 주주등이 동업기업과세특례를 적용받는 동업기업인 경우로서 그 동업자들에 대하여 배분받은 배당에 대한 소득세 또는 법인세가 전부 과세되는 경우 및 벤처투자조합이 벤처투자조합의 투자목적회사로부터 받은 배당에 대해 소득세 또는 법인세 비과세 규정이 적용되는 경우는 위 소득공제를 적용한다.

㉡ 배당을 지급하는 내국법인이 사모방식으로 설립되고 주주가 개인 2인 이하 또는 개인 1인 및 그 친족이 지분율 95% 이상을 소유한 경우

④ 유동화전문회사 등으로부터 받은 배당금에 대한 이중과세 조정 배제

위 소득공제를 적용받는 유동화전문회사 등은 실질적으로 법인세부담을 하지 않으므로 이 유동화전문화사 등으로부터 배당금을 받은 주주는 수입배당금 익금불산입 등 배당소득에 대한 이중과세조정 규정을 적용하지 않는다(법법 18의2 ②).

예제 80

다음 자료에 의하여 충남㈜의 제4기(1.1 ~ 12.31) 사업연도의 과세표준을 계산하시오(중소기업임).

손익계산서상의 금액		세법상 한도액 및 내역
1. 이자수익	1,000,000[*1]	
2. 임원상여금	20,000,000	21,000,000
3. 감가상각비	10,000,000	7,000,000
4. 기업업무추진비	4,500,000	3,000,000
5. 세금과공과	7,000,000[*2]	
6. 대손상각비	1,000,000	800,000
7. 퇴직급여	4,000,000	3,500,000
8. '일반기부금'	2,000,000	1,000,000

*1 이자수익 중 국세환급금이자 150,000원 포함
*2 세금과공과 내역 : 법인세비용 3,000,000원
재 산 세 2,000,000원
주민세 종업원분 2,000,000원

1. 당기순이익	50,000,000원
2. 제1기 이월결손금	20,000,000원
3. 비과세소득	4,000,000원

해답

1. 손익계산서상 당기순이익	50,000,000
2. 익금산입 및 손금불산입금액	8,200,000
3. 손금산입 및 익금불산입금액	150,000
4. 차가감소득금액(1 + 2 − 3)	58,050,000
5. 기부금한도초과	1,000,000 *5
6. 각사업연도소득	59,050,000
7. 이월결손금	20,000,000 *6
8. 비과세소득	4,000,000
9. 과세표준(4 + 5 − 7 − 8)	35,050,000

소득금액조정합계표

익금산입 · 손금불산입			손금산입 · 익금불산입		
과 목	금 액	소득처분	과 목	금 액	소득처분
① 법인세비용	3,000,000	기타사외유출	① 국세환급금이자	150,000	기타
② 감가상각비한도초과	3,000,000*1	유보			
③ 기업업무추진비한도초과	1,500,000*2	기타사외유출			
④ 대손충당금한도초과	200,000*3	유보			
⑤ 퇴직급여충당금한도초과	500,000*4	유보			
계	8,200,000원		계	150,000원	

*1 10,000,000 − 7,000,000
*2 4,500,000 − 3,000,000
*3 1,000,000 − 800,000
*4 4,000,000 − 3,500,000
*5 '일반기부금' 한도초과는 소득금액조정합계표에 나타나지 않는다.
*6 이월결손금은 제1기 발생분이고 중소기업이므로 전액 공제대상이다.
※ 재산세와 주민세 종업원분은 손금산입항목이다.
주민세 종업원분은 종업원의 급여총액을 과세표준으로 하여 매월 사업주에게 부과하는 지방세로, 손금항목이다.

예제 81

도매업을 경영하는 ㈜전주의 다음 자료에 의하여 법인세 과세표준을 계산하시오(당 법인은 중소기업이 아니고 사업을 정상적으로 영위하고 있는 법인이다).

손익계산서

㈜전주 제15기(1.1 ~ 12.31)

과목	금액	과목	금액
기초상품재고액	20,000,000	매출액	100,000,000
당기매입액	60,000,000		
	80,000,000		
기말재고액	25,000,000		
매출원가	55,000,000		
매출총이익	45,000,000		
	100,000,000		100,000,000
급료	9,800,000	매출총이익	45,000,000
상여금	3,100,000	이자수익	5,000,000
감가상각비	2,000,000		
수선비	1,200,000		
기업업무추진비	4,500,000		
기부금	1,700,000		
세금과공과	3,800,000		
잡비	4,000,000		
대손상각비	630,000		
퇴직급여	11,700,000		
법인세비용	2,520,000		
당기순이익	5,050,000		
	50,000,000		50,000,000

1. 급료 중 1년 미만 근무한 사용인의 급여액은 2,300,000원이다. 당해 사업연도 종료일 현재 퇴직급여추계액 60,000,000원, 당기 세무상 추계액기준 인정율 : 0% 가정, 퇴직급여충당금 전기이월잔액 20,000,000원(부인액 및 당기지급액 없음)
2. 상여금의 내용 중 출자임원의 급여지급규정상 한도액초과액은 600,000원이다.
3. 수선비 중 자본적 지출액 500,000원
4. 감가상각비 범위액 3,200,000원. 단, 전년도상각부인액 700,000원이 있다.
5. 세금과 공과 내역 중
   - ① 부가가치세 500,000원
   - ② 토지 취득세 700,000원
   - ③ 주민세 재산분 900,000원
   - ④ 주민세 균등분 600,000원

6. 기업업무추진비 중에는 미지급분이 400,000원이 있다.
7. 손익계산서상 기부금은 모두 '특례기부금'으로 손금인정한도 내의 기부금이다. 기부금 중에는 어음발행분(만기일 : 제16기.2.25) 350,000원이 포함되어 있다.
8. 대손상각 충당금의 기초잔액은 없으며 세무상 한도액은 210,000원이다(재무상태표 당기말 계상액은 630,000원이다).
9. 수입이자 내역
   ① 대여금이자 4,500,000원
   ② 국세환급금에 대한 이자 300,000원
   ③ 공익신탁재산에서 발생한 이자 200,000원
10. 기말상품 중에는 제16기.1.4 인도하기로 하고 예정매출액 25,000,000원에 대해 선수금 2,500,000원을 받은 상품이 포함되어 있다. 단, 이 상품의 매출이익은 매출액의 20%이다.
11. 이월결손금은 아래와 같다(제3기와 제4기에 발생한 결손금은 2021. 1. 1. 전에 신고한 결손금이고, 과세표준 계산시 이월결손금 공제한도는 각 사업연도 소득금액의 80%라고 가정한다).

3기 500,000원	4기 600,000원	7기 700,000원	9기 900,000원

해답 1. 당해 사업연도 소득 계산

① 결산서상 당기순이익 5,050,000

② 익금산입 · 손금불산입

㉠ 법인세비용	2,520,000 *1	(기타사외유출)
㉡ 출자임원 상여금	600,000 *2	(상여)
㉢ 퇴직급여충당금 한도초과액	11,700,000 *3	(유보)
㉣ 세금과공과 중 부가가치세	500,000 *5	(기타사외유출)
㉤ 세금과공과 중 취득세	700,000	(유보)
㉥ 미지급 기부금	350,000 *5	(유보)
㉦ 대손충당금 한도초과액	420,000 *7	(유보)
㉧ 선수매출	0 *3	(유보)
㉨ 기업업무추진비 한도초과액	0 *11	
계	16,790,000	

③ 손금산입 · 익금불산입

㉠ 상각부인액 손금추인액	700,000 *4	(△유보)
㉡ 수입이자 중 국세환급금이자	300,000	(기타)
계	1,000,000원	

④ 차가감 소득금액

5,050,000 + 16,790,000 − 1,000,000 = 20,840,000원

⑤ 각 사업연도 소득금액

20,840,000 + 0 = 20,840,000원

2. 과세표준 계산

① 각 사업연도 소득 20,840,000

② 공제가능 이월결손금 1,600,000 *9

③ 비과세소득 200,000 *10

④ 법인세 과세표준

20,840,000 − 1,600,000 − 200,000 = 19,040,000원

*1 기업회계기준에서는 법인세를 비용으로 계상하고 있지만, 세법에서는 손금으로 인정하지 아니한다.

*2 임원에게 지급하는 급여지급규정초과 상여금은 손금으로 인정하지 아니한다.

*3 퇴직급여충당금 손금한도액은 다음 A, B 중 적은 금액으로 한다. 다만, 임원의 상여금 중 지급규정 초과분은 퇴직급여충당금을 설정하지 못한다.

1년간 계속 근속한 임원 · 사용인의 연간 지급총급여액(상여금 포함) × 5% ·· A

(당해 사업연도종료일 현재 퇴직급여추계액 × 0% + 퇴직금전환금) − 당기 퇴직급여충당금 설정 직전의 충당금 잔액 ·········· B

{(9,800,000 − 2,300,000) + (3,100,000 − 600,000)} × 5% = 500,000 ·········· A

60,000,000 × 0% − 20,000,000 = △20,000,000 ·········· B

한도액이 0원이므로 초과액 11,700,000원은 손금불산입한다.

*4 상각부인액은 손금불산입하며 다만, 다음 사업연도의 시인부족액의 범위액을 한도로 손금추인한다(법령 32①).

3,200,000 − 2,000,000 = 1,200,000

제10기중 시인부족액 1,200,000원이 있으므로 전 사업연도 상각부인액 700,000은 손금추인된다.

수선비에는 자본적지출분 500,000원이 있으나 6,000,000원 미만이므로 즉시상각의제로 보지 아니한다(즉시상각의제 특례).

*5 손금불산입되는 세금에는 소득에 과세되는 법인세 · 지방소득세 소득분 및 부가가치세, 가산세, 원천징수 불이행추징세액, 제2차 납세의무자로서의 세금 · 가산금 · 강제징수비, 비업무용 재산에 대한 세금과 자산의 취득원가에 산입하는 세금으로서 취득세 · 관세 등이 있다.

주민세는 사업소연면적에 대해 납부하는 재산분과 법인자본금 규모 등에 따라 고지되는 균등분(법인균등분)이 있는데, 이는 전부 손금으로 인정된다.

*6 기부금은 이를 지출한 사업연도에 기부금으로 처리하므로 어음발행인 경우에는 어음만기일이 지급일이 된다(현금주의 기준).

참조 '특례기부금' 한도액 계산

① 기준소득금액 : 20,840,000+1,350,000=22,190,000

② 기부금한도액(22,190,000−1,600,000×60%)×50%=10,615,000

③ 기부금한도초과액 : 1,350,000−10,615,000=△9,265,000

*7 630,000 − 210,000 = 420,000(대손충당금 한도초과액)

*8 손익의 귀속시기는 인도일 기준인 제16기 귀속분이다.

*9 결손금은 15년간(2021. 1. 1. 전에 신고한 결손금은 10년간) 이월공제된다. 그리고 이월결손금은 각 사업연도 소득의 100분의 80 범위 내에서 공제할 수 있다고 가정하였다[이월결손금 공제한도=Min(1,600,000원, 20,840,000×80%)=1,600,000원]

*10 법인세법상 비과세소득은 다음과 같다(법법 51).
① 공익신탁의 신탁재산에서 생기는 소득

*11 기업업무추진비는 발생주의를 적용하므로, 미지급분은 고려할 필요가 없다.

기업업무추진비한도 : $12{,}000{,}000 \times \frac{12}{12} + 1$억원 $\times 0.3\% = 12{,}300{,}000$원

기업업무추진비 한도초과액 : $4{,}500{,}000 - 12{,}300{,}000 = \triangle 7{,}800{,}000$원

제 5 절 세액의 계산

01 세액계산

가. 납부세액계산구조

과세표준*1	
× 세율	
= 산출세액	토지 등 양도소득, 미환류소득 및 지점유보소득에 대한 법인세를 가산
− 세액감면*2	
− 세액공제*2	
+ 가산세	
+ 감면분추가납부세액	감면사후관리요건 불이행 등에 대한 법인세추가납부세액 등
= 총부담세액	
− 기납부세액	중간예납세액, 원천납부세액, 수시부과세액
= 차감납부할세액	

*1 해운기업에 대한 과세표준계산 특례를 적용받는 경우 해운소득에 대한 선박표준이익을 가산하게 된다(「법인세 과세표준 및 세액조정계산서」 [별지 제3호 서식]의 '⑮⑨선박표준이익'이 여기에 해당한다).

*2 「법인세 과세표준 및 세액조정계산서」 [별지 제3호 서식]에는 세액감면 및 세액공제액을 기재하는 란으로 '⑫①최저한세적용 공제감면세액'과 '⑫③최저한세적용제외 공제감면세액'을 순서대로 두고 있다. 여기서 '⑫①최저한세적용 공제감면세액'은 세액감면 및 세액공제 중 「조세특례제한법」에 의하여 최저한세가 적용되는 부분을 기재하게 되고, '⑫③최저한세적용제외 공제감면세액'은 최저한세의 적용대상이 아닌 세액감면 및 세액공제액을 기재한다. 즉, 신고서식의 기재시에는 세액감면과 세액공제를 별도로 구분하지 않고 세액감면과 세액공제의 합계액을 최저한세 적용대상인 것과 아닌 것으로 구분기재하고 있다.

나. 법인세율

내국법인의 각 사업연도 소득에 대한 법인세 산출세액은 과세표준에 다음의 세율을 적용하여 계산한 금액으로 한다(법법 55 ①).

법인세율

구 분	일반적인 경우	부동산임대를 주업으로 하는 소규모법인의 경우
과세표준 2억 이하 해당분	10%	20%
과세표준 2억 초과 200억 이하 해당분	20%	
과세표준 200억 초과 3천억 이하 해당분	22%	22%
과세표준 3천억 초과 해당분	25%	25%

여기서 부동산임대를 주업으로 하는 소규모법인은 '업무용승용차 관련 비용의 손금불산입 특례'에서 설명한 바와 같이 ㉠ 지배주주 등의 지분율이 50%를 초과하고 ㉡ 부동산임대업이 주된 사업이거나 부동산임대수입 · 이자 · 배당소득이 매출액의 50% 이상이고 ㉢ 상시근로자의 수가 5인 미만인 법인을 말한다(자세한 설명은 '업무용승용차 관련 비용의 손금불산입 특례'를 참조하시오). 이러한 법인에 대해 낮은 구간의 법인세율을 상향 조정한 것은 소규모법인을 활용해서 낮은 법인세율을 적용받으려는 시도를 억제하고 개인사업자와의 세부담 형평을 유지하고자 하는 것이다.

02 산출세액계산

가. 각 사업연도소득에 대한 법인세

(1) 산출세액

원칙적으로 사업연도가 1년인 법인의 산출세액은 각 사업연도 소득에 대한 법인세과세표준에 법인세율을 곱하여 계산한다.

법인세 산출세액 = 과세표준 × 세율

(2) 사업연도 1년 미만 경우 세액계산

사업연도가 1년 미만인 경우에는 다음 산식에 의하여 법인세 산출세액을 계산한다(법법 55 ②).

$$\text{산출세액} = \left(\text{과세표준} \times \frac{12}{\text{사업연도월수}} \times \text{세율} \right) \times \frac{\text{사업연도월수}}{12}$$

위와 같이 계산하는 것은 누진세율을 바르게 적용하기 위한 것이며, 여기서 월수는 역에 따라 계산하되 1월 미만의 일수는 1월로 한다(법령 92 및 39).

예제 example 82

다음 자료에 의하여 법인세 산출세액을 계산하면 얼마인가(부동산임대업을 주업으로 하는 소규모 법인에 해당하지 않는다)?

법인세과세표준	250,000,000원

(경우1) 사업연도가 12개월(1.1~12.31)인 경우
(경우2) 사업연도가 6개월(7.1~12.31)인 경우

해답 (경우1) 산출세액 : 200,000,000 × 10% + (250,000,000 − 200,000,000) × 20%
= 30,000,000원

(경우2) 산출세액 : [2억 × 10% + (250,000,000 × 12/6 − 2억) × 20%] × 6/12
= 40,000,000원

03 세액감면

가. 개 요

세액감면이란 세법에서 규정한 특정소득에 상당하는 법인세액을 완전히 면제하거나 일정 비율을 감면하는 것을 말한다(세액을 완전히 면제하는 경우를 '세액면제', 일정비율을 면제하는 것을 '세액경감'으로 구분하기도 하지만 통상 이를 통칭하여 '세액감면 또는 감면세액'이라 고 한다).

세액감면은 일정한 소득에 대하여 법인세를 과세하지 않는 결과를 가져온다는 점에서 비과세소득과 같지만, 비과세소득은 각사업연도 소득에서 과세표준을 계산하는 과정에서 비과세 소득액 자체를 공제하지만 세액감면은 감면대상소득에 상당하는 세액을 구하여 이를 산출세액에서 공제하게 방식을 취한다는 점에서 다르다. 그리고 비과세소득은 납세자의 신청을 필요로 하지 않지만 세액감면은 통상 납세자의 신청을 필요로 하고 있다.

비과세소득과 세액감면 비교

구 분	비과세소득	세액감면
과세방법	법인세 과세 안함	법인세 면제 또는 감면함
과세표준산입 여부	각 사업연도소득에서 공제하며, 과세표준에 불산입	특별규정이 없는 한 과세표준에 포함하여 산출세액계산 후 산출세액에서 차감하는 방식
신청여부	신청불요(당연과세 제외)	통상 감면신청을 요함

나. 세액감면 종류

현행 「법인세법」상 세액감면에 대한 규정은 없고, 「조세특례제한법」 등에서 규정하는 세액감면의 종류는 다음과 같다. 세액감면은 감면대상 소득이 있으면 기간의 제한 없이 감면하는 것도 있지만(예 중소기업에 대한 특별세액감면 등) 일반적으로 사회 및 경제정책상 특별히 장려하여야 할 행위에 대한 세액감면은 일정기간을 정하여 그 기간에 발생된 감면대상 소득에 대하여만 감면하는 형식(예 창업중소기업에 대한 세액감면, 지방이전중소기업에 대한 세액감면 등)을 취하고 있다.

조세특례제한법의 세액감면 종류 예시

조세특례제한법	
기간제한이 없는 감면	일정기간을 정하여 감면하는 경우
1. 공공차관도입에 따른 과세특례(조특법 20) 2. 국제금융거래에 따른 이자소득 등에 대한 면제(조특법 21)	1. 중소기업에 대한 특별세액감면(조특법 7) 2. 창업중소기업에 대한 세액감면(조특법 6) 3. 농업회사법인에 대한 법인세 면제(조특법 68①) 4. 영농조합법인에 대한 세액면제(조특법 66①) 5. 영어조합법인에 대한 세액면제(조특법 67①) 6. 연구개발특구에 입주하는 첨단기술사업 등에 대한 세액감면(조특법 12의2) 7. 수도권 밖으로 공장을 이전하는 기업에 대한 세액감면(조특법 63) 8. 수도권 밖으로 본사를 이전하는 법인에 대한 세액감면 등(조특법 63의2) 9. 농공단지 입주기업 등에 대한 세액감면(조특법 64) 10. 제주첨단과학기술단지 입주기업에 대한 세액감면(조특법 121의8) 11. 기업도시개발구역 창업기업 등에 대한 세액감면(조특법 121의17 ②) 12. 사회적 기업 및 장애인 표준사업장에 대한 법인세 감면(조특법 85의6) 13. 해외진출기업의 국내복귀에 대한 세액감면(조특법 104의24) 14. 중소기업등의 특허권 등 이전소득에 대한 법인세 감면(조특법 12 ①) 15. 중소기업의 특허권 대여소득에 대한 세액감면(조특법 12 ③) 16. 소형주택 임대사업자에 대한 세액감면(조특법 96) 17. 연구개발특구에 입주하는 첨단기술사업 등에 대한 법인세 감면(조특법 12의2) 18. 위기지역내 창업기업 세액감면(조특법 99의9) 19. 첨단의료복합단지 및 국가식품클러스터 입주기업에 대한 법인세등 감면(조특법 121의22)

세액감면은 그 성격별로 다음과 같이 구분할 수 있다.

(1) 기간제한이 없는 감면과 일정기간을 정하여 감면하는 경우

기간제한이 없는 감면은 감면소득이 있으면 기간 제한없이 감면하는 것으로 예를 들면 국제금융거래에 따른 이자소득 등에 대한 면제(조특법 21)를 들 수 있다. 이는 국가·지방자치단체 또는 내국법인이 국외에서 발행하는 외화표시채권의 이자 및 수수료를 받는 자에 대해서 법인세를 면제하는 것이다.

이에 비해 일정기간을 정하여 감면을 하는 경우의 예를 들면 창업중소기업에 대한 감면(조특법 6)인데, 이는 수도권과밀억제권역에서 창업한 청년창업중소기업과 수도권과밀억제권역 외의 지역에서 창업한 창업중소기업은 해당 사업에서 발생한 소득에 대한 법인세를 5년간 50% 감면하는 제도이다.

(2) 사업단위별 감면과 특정소득에 대한 감면

사업단위별 감면은 특정사업단위에서 발생한 소득을 계산해서 감면을 하는 것으로 예를 들면 수도권 밖으로 공장을 이전하는 경우 법인세 등 감면(조특법 63의2)은 이전한 수도권 밖의 공장에서 발생한 소득(익금－손금)을 계산해서 감면을 하게 된다.

이에 비해 특정소득에 대한 감면은 국제금융거래에 따른 이자소득 등에 대한 면제(조특법 21)와 같이 사업단위별로 소득을 계산할 필요가 없이 특정종류의 소득에 대한 감면이다.

다. 감면세액 계산

이러한 세액감면 또는 면제를 하는 경우 그 감면세액(면제세액)은 별도의 규정이 있는 경우를 제외하고는 다음과 같이 계산한다(법법 59 ②).

$$\text{감면세액·면제세액} = \text{법인세 산출세액}^{*} \times \frac{\text{감면(면제)소득 과세표준}}{\text{과세표준}}(100\%\ \text{한도}) \times \text{감면비율}$$

* 토지 등 양도소득에 대한 법인세액, 미환류소득에 대한 법인세액 및 가산세 등은 제외한다.

여기서 감면(면제)소득은 해당 감면사업의 소득금액에서 다음과 같이 계산한 이월결손금·비과세소득 및 소득공제액을 공제한 금액을 말한다.

① 이월결손금 등이 감면(면제)사업에서 발생할 경우에는 그 전액

② 이월결손금 등이 감면(면제)사업에서 발생하였는지의 여부가 불분명한 경우에는 감면소득금액과 기타의 소득금액에 비례하여 안분계산한 금액

라. 중복감면 적용배제

내국인의 동일한 사업장에 대하여 동일한 과세연도에 각종 기간감면, 중소제조업 등에 대한 특별세액감면 등 둘 이상의 사업단위별 감면규정(외국인투자에 대한 법인세 감면 제외)이 적용될 수 있는 경우 그 중 하나만을 선택하여 적용을 받을 수 있다(조특법 127 ⑤).

마. 현금영수증가맹 사업자의 의무불이행 등으로 인한 세액감면 배제

법인이 다음에 해당되면 해당 과세기간에 대하여는 「조세특례제한법」상 각종 세액감면 규정을 적용하지 않는다(조특법 128 ④).

① 현금영수증가맹점으로 가입하여야 할 사업자가 정당한 사유없이 이를 이행하지 않은 경우

② 신용카드매출전표 또는 현금영수증의 발급을 거부하거나 사실과 다르게 발급한 것을 이유로 관할세무서장으로부터 일정 회수 및 일정 금액이상 통보받은 경우

예제 83

다음 자료를 이용해서 ㈜광진의 제7기 사업연도(1.1.~12.31) 법인세 감면세액을 계산하시오.

1. ㈜광진은 중소기업으로 제조업과 서비스업을 영위하고 있으며, 제조업은 30% 감면대상이다.
2. ㈜광진의 제 7기 각 사업연도소득금액은 제조업 1억원, 서비스업 2억원이다.
3. ㈜광진에는 세무상 공제가능한 이월결손금이 9천만원이 있는데 과거 어느 사업에서 발생한 이월결손금인지가 불분명하다.
4. 법인세 세율은 2억이하 10%, 2억초과 20%라고 가정한다.

해답 1. 산출세액 = 과세표준(3억 − 9천만) × 세율(10%, 20%) = 22,000,000원

2. 감면사업에 배분될 이월결손금 = 9천만원 × 1억원/3억원 = 30,000,000원
감면사업의 과세표준 = 100,000,000 − 30,000,000 = 70,000,000원
➤ 이월결손금이 감면사업에서 발행한 것인지가 불분명하므로 감면소득금액과 기타의 소득금액을 기준으로 안분해서 공제한다.

3. 감면세액 = 22,000,000 × 70,000,000/210,000,000 × 30% = 2,199,999원
➤ ㈜광진은 산출세액에서 감면세액을 공제하고 법인세를 납부하게 된다.

04 세액공제

가. 의 의

세액공제는 법인세 산출세액을 계산한 후 법인이 부담할 세액을 계산하는 과정에서 법에서 정한 일정금액을 공제하는 것이다. 이러한 세액공제는 법인세산출세액에서 공제한다는 점에서 세액감면과 같지만, 세액감면은 법에서 특정소득을 감면소득으로 정하고 이에 상당하는 법인세를 구해서 공제하게 되고 세액공제는 감면대상 소득을 정하는 것이 아니고 특정지출액의 일정비율로 세액공제액을 구하는 등 법이 다양한 방법으로 세액공제액 계산방법을 정하고 있다는 점에서 다르다.

현행 「법인세법」상의 세액공제는 외국납부세액에 대한 세액공제, 재해손실에 대한 세액공제와 사실과 다른 회계처리 경정 세액공제 및 간접투자회사 등으로부터 받은 소득에 대한 외국납부세액공제가 있으며, 「조세특례제한법」에서는 연구 및 인력개발비에 대한 세액공제와 통합투자세액공제 등이 있다.

세 목	종 류	이월공제 여부
(1) 「법인세법」	① 외국납부세액공제 ② 간접투자회사 등으로부터 받은 소득에 대한 외국납부세액공제 ③ 재해손실세액공제 ④ 사실과 다른 회계처리로 인한 경정에 따른 세액공제	10년간 이월공제 10년간 이월공제 이월공제 안됨 전액 공제시까지 이월공제
(2) 「조세특례제한법」	① 연구·인력개발비에 대한 세액공제 ② 각종 투자세액 공제 ③ 그 밖의 세액공제	10년간 이월공제 〃 〃

나. 외국납부세액공제

(1) 의 의

내국법인의 각 사업연도의 소득에 국외원천소득이 포함되어 있는 경우가 있다. 예를 들어보면 다음과 같다.

㉠ 내국법인이 해외에 사업장을 두지 않았지만 그 외국에서 일시적인 소득이 생기고

해외에서 내국법인에게 그 소득을 지급하는 자가 그 나라의 세법이나 조세조약에 따라 원천징수를 하고 나머지를 송금하는 경우 내국법인의 각 사업연도의 소득에는 그 국외원천소득이 포함되게 된다.

ⓛ 내국법인이 해외에서 현지 법률에 따라 외국법인을 설립하고 이를 통해 그 나라에서 사업을 하면 그 외국법인은 그 소득발생 원천지인 그 나라에서 법인세를 신고납부하게 된다(그 외국법인이 그 나라에서 벌어들인 국외원천소득에 대해서는 우리나라에서 법인세를 신고납부할 의무는 없다). 그러나 그 외국법인이 세후 이익 중 일정액을 배당을 하게 되면 그 외국법인은 배당액에 대해서 그 나라의 세법이나 조세조약에 따라 원천징수를 하고 나머지를 내국법인에게 송금하게 되는데 이 경우 내국법인의 각 사업연도의 소득에는 배당금과 관련한 국외원천소득이 포함되게 된다.

ⓒ 내국법인은 해외에 현지 법률에 따라 외국법인을 설립하지 않고 해외지점이나 현지 사무소 등을 만들어서 그 나라에서 사업을 할 수 있고, 이 경우 해외지점이나 현지사무소를 통해 벌어들인 국외원천소득에 대해서는 그 나라에 법인세를 신고납부하게 된다. 그런데 내국법인은 전 세계소득에 대해서 우리나라에서 법인세 신고납세의무가 있으므로 내국법인은 그 해외지점이나 현지사무소를 통해 벌어들인 국외원천소득에 대해서 우리나라에서도 법인세신고납부를 하여야 한다. 따라서 이 경우 내국법인의 각 사업연도의 소득에는 그 해외지점이나 현지사무소를 통해 벌어들인 국외원천소득 전부가 또 다시 포함된다.

이와 같이 내국법인의 각 사업연도 소득에 국외원천소득이 포함되어 있는 경우 국외원천소득에 대해 외국에서 납부한 법인세(외국납부세액)를 우리나라 법인세액 계산시 어떻게 취급할 것인지가 문제가 된다. 만일 국외원천소득에 대한 외국납부세액을 전혀 고려하지 않고 국외원천소득이 포함된 각 사업연도소득에 대해 그대로 우리나라가 과세한다면 이중과세 문제가 발생하기 때문이다.

따라서 우리나라 「법인세법」은 이러한 이중과세 문제를 해결하기 위해서 일정한 방식으로 계산한 한도 내에서 외국납부세액을 세액 공제받을 수 있도록 하고 한도초과액은 10년간 이월 공제받을 수 있도록 하였다. 그리고 이월공제기간 내에 미공제된 외국납부세액은 공제기간이 종료된 다음 과세연도에 손금산입하도록 하였다(법법 57).

(2) 외국납부세액의 범위 및 유형

「법인세법」상 외국납부세액은 각 사업연도소득에 포함된 국외원천소득에 대해 외국정부(지방자치단체 포함)에 납부하였거나 납부할 것이 확정된 다음의 세액을 말한다. 다만, 가산세, 「국제조세조정에 관한 법률」에 따라 내국법인의 소득이 감액조정되었으나 국외특수관계자에게 반환되지 않고 내국법인에 유보되는 금액에 대해 외국정부가 과세한 외국납부세액 및 조세조약상 비과세·면제 및 제한세율을 초과하여 외국에 납부한 세액은 제외하되, 러시아 정부가 비우호국과의 조세조약 이행중단을 내용으로 하는 자국 법령에 근거하여 조세조약에 따른 비과세·면제·제한세율에 관한 규정에 따라 계산한 세액을 초과하여 과세한 세액은 포함한다(법령 94 ① 단서).

㉠ 초과이윤세 및 기타 법인의 소득 등을 과세표준으로 하여 과세된 세액 및 부가세액
㉡ 법인의 소득 등을 과세표준으로 하여 과세된 세와 동일한 세목에 해당하는 것으로서 소득 외의 수익금액 또는 기타 이에 준하는 것을 과세표준으로 하여 과세된 세액

한편 「법인세법」은 내국법인의 국외원천소득과 관련해서 발생되는 외국납부세액을 다음과 같이 3가지 유형으로 구분하고 있으며, 외국납부세액은 이 3가지 유형의 합계액이다.

외국납부세액 = 직접외국납부세액 + 간접외국납부세액 + 의제외국납부세액

* 내국법인의 각 사업연도의 소득에 대한 과세표준에 투자회사, 투자목적회사, 투자유한회사, 위탁관리 부동산투자회사 등 소위 간접투자회사로부터 지급받은 소득이 있는 경우로서 그 소득에 대하여 해당 간접투자회사 등이 납부한 외국법인세액(투자신탁이익에 해당하는 것은 간접투자회사 등이 소득을 지급하면서 법인세를 원천징수할 때 외국납부세액을 원천징수할 세액에서 공제하고 원천징수를 하므로 여기서 제외한다. 법인세 원천징수 참조)이 있는 경우에는 이를 내국법인이 납부한 외국법인세액으로 본다(법법 57①단서). [이 규정은 2023년 1월 1일부터 적용한다]

① 직접외국납부세액 : 해외지점 또는 현지 사무소의 소득에 대해서 소재지국에서 법인세 등을 납부한 경우 및 해외현지법인으로부터 배당금을 받으면서 해외에서 법인세 등이 원천징수된 경우 해당 법인세 등을 말한다.

② 간접외국납부세액 : 해외현지법인은 내국법인과 독립된 법인이므로 해외현지법인이 외국에서 납부한 법인세 등은 원칙적으로 내국법인이 공제받을 수 없다. 그러나 내국법인의 각 사업연도소득에 해외현지법인으로부터 받은 배당금이 포함되어 있는 경우 이 배당금은 이미 해외현지법인에서 법인세 등이 과세된 것임에도 불구하고 내국법인에서 다시 배당금에 대해 법인세를 과세되게 되는 문제가 생긴다. 따라서 내국법인의 각 사업연도 소득에 해외현지법인으로부터 받은 배당금이 포함되어 있는 경우 그 해외현지법인의 소득에 대해 부과된 외국법인세액 중 수입배당금에 대응되는 금액은 외국납부세액으로 간주하는데 이를 간접외국납부세액이라고 한다.

다만 간접외국납부세액에 대한 외국납부세액공제는 그 해외현지법인의 수입배당금에 대해서 수입배당금 익금불산입 규정을 통해 이중과세 조정을 적용하지 않는 경우에만 적용한다.

③ 의제외국납부세액 : 국외원천소득이 있는 내국법인이 조세조약의 상대국에서 해당 국외원천소득에 대하여 법인세를 감면받은 세액 상당액은 당해 조세조약이 정하는 범위 내에서 외국납부세액으로 보게 되는데 이를 의제외국납부세액 또는 간주외국납부세액이라고 한다(법법 57 ③). 이는 특정국이 자국 내 외국기업에 대해서 법인세 등을 면제해주었는데 이를 상대국에서 실제 납부한 외국납부세액이 없다고 하여 공제해주지 않으면 특정국에서의 법인세 감면효과를 상대국에서 흡수해서 소멸시켜버리게 된다. 따라서 상대국에서도 그 특정국의 법인세 감면효과를 유지하기 위하여 실제 납부하지 않았지만 외국납부세액으로 의제하는 것이다. 이는 조세조약이 있는 경우에만 적용하고 당해 조세조약이 정한 범위에서 외국납부세액으로 본다.

(3) 외국납부세액 공제액 및 한도 계산

법인이 외국납부세액을 법인세액에서 공제하는 경우 다음과 같이 공제받을 세액을 계산한다(법법 57 ①, 법령 94 ②).

외국납부세액공제액 = Min[①, ②]

① 외국납부세액 = 직접외국납부세액 + 간접외국납부세액 + 의제외국납부세액

② 한 도 액 = 법인세 산출세액[*1] × $\dfrac{\text{국외원천소득 중 과세표준 산입분}^{*2}}{\text{당해 사업연도의 과세표준}}$

*1 국외원천소득이 포함된 상태에서의 산출세액을 말하여, 토지 등 양도소득에 대한 법인세와 미환류소득에 대한 법인세는 제외한다.

*2 '국외원천소득 중 과세표준 산입분'은 다음과 같이 계산한다(법령 94).

㉠ 국외원천소득의 계산에 대해서는 내국법인의 각 사업연도의 과세표준 계산에 관한 규정을 준용하여 계산한다.

㉡ 외국납부세액에 대해 세액공제방법이 적용되는 경우의 국외원천소득은 해당 사업연도의 과세표준을 계산할 때 손금에 산입된 금액(국외원천소득이 발생한 국가에서 과세할 때 손금에 산입된 금액은 제외한다)으로서 국외원천소득에 대응하는 직접비용(해당 국외원천소득에 직접적으로 관련되어 대응되는 비용. 이 경우 해당 국외원천소득과 그 밖의 소득에 공통적으로 관련된 비용은 제외한다)과 배분비용(해당 국외원천소득과 그 밖의 소득에 공통적으로 관련된 비용으로 동일 업종의 경우는 수입금액에 비례하여 다른 업종인 경우에는 개별손금에 비례하여 안분 계산한 국외원천소득 관련비용, 그리고 납세자 선택시 내국법인의 연구개발 관련 비용 등은 기획재정부령으로 정하는 배분방법에 따라 계산한 국외원천소득 관련 비용)을 뺀 금액으로 한다.

㉢ 이월결손금, 비과세소득, 소득공제가 국외원천소득에 발생한 것이 분명한 경우에는 국외원천소득에

서 공제하고 불분명한 경우에는 국외원천소득금액과 나머지 소득금액에 비례하여 안분 계산하여 공제한다.

*3 「조세특례제한법」 기타 국내 법률에 의해서 국외원천소득에 대하여 면제 또는 세액감면을 받는 경우에는 상기 '②'의 외국납부세액의 한도액을 다음의 식으로 계산한다(법령 94 ②, 법칙 47).

$$\text{한도액} = \text{법인세 산출세액} \times \frac{\text{국외원천소득} - \text{감면대상 국외원천소득} \times \text{감면비율}}{\text{당해 사업연도의 과세표준}}$$

(가) 국외사업장이 2 이상의 국가에 있는 경우

국외사업장이 2 이상의 국가에 있는 경우에는 상기 한도액을 계산할 때 국가별로 구분하여 한도액을 계산한다(법령 94 ⑦). 그리고 국가별 한도액을 계산할 때 어떤 국가의 소득금액이 결손인 경우에는 그 국외결손금액을 총소득금액에 대한 국가별 소득금액비율로 안분 계산하여 차감한 금액을 국외원천소득금액으로 한다(집행기준 57-914-2).

(나) 외국납부세액 미공제액의 이월공제

외국납부세액이 상기 공제한도 때문에 공제받지 못하는 경우 그 초과액은 다음 사업연도 개시일부터 10년간 이월공제 받을 수 있다(법법 57 ②). 다만 국외원천소득에서 차감하는 직접비용과 배분비용 때문에 공제한도액이 감소하여 공제받지 못하는 외국납부세액은 이월공제를 받을 수 없다(법령 97 ⑮).

(4) 간접외국납부세액

해외자회사는 내국법인과는 독립된 법인이므로 해외자회사가 외국에서 납부한 법인세는 원칙적으로 국내 모회사가 공제받을 수 없지만, 다만 「법인세법」 제57조는 다음 요건을 갖춘 경우에는 그 외국자회사의 소득에 대하여 부과된 외국법인세액 중 수입배당금에 대응되는 금액을 외국납부세액으로 공제(또는 손금산입)받을 수 있도록 하고 있다. 다만 간접외국납부세액에 대한 외국납부세액공제는 그 해외현지법인의 수입배당금에 대해서 수입배당금 익금불산입 규정을 통해 이중과세 조정을 적용하지 않는 경우에만 적용한다.

간접외국납부법인세액공제를 받기 위한 요건을 정리하면 다음과 같다(법법 57 ⑤).

① 당해 내국법인의 각 사업연도소득금액에 외국자회사로부터 받은 배당이나 잉여금의 분배액이 포함되어 있어야 한다.

② 외국자회사의 지분을 당해 외국자회사의 배당확정일 현재 내국법인이 의결권있는 발행주식총수 또는 출자총액의 10% 이상(해외자원개발사업을 하는 해외자회사의 경우는 5% 이상)을 배당기준일 현재 6개월 이상 계속하여 보유하고 있어야 한다.

내국법인의 각 사업연도소득에 외국자회사로부터 받은 수입배당금이 포함되어 있는 경우에는 내국법인은 다음과 같이 계산하여 간접외국납부세액공제를 받는다(법령 94 ⑧).

$$\text{간접외국납부세액} = \left(\begin{array}{c}\text{외국자회사 해당}\\ \text{사업연도 법인세}^{*}\end{array}\right) \times \left(\frac{\text{수입배당액}}{\begin{array}{c}\text{외국자회사 해당}\\ \text{사업연도소득}\end{array} - \begin{array}{c}\text{외국자회사 해당}\\ \text{사업연도 법인세}\end{array}}\right)$$

* 외국자회사의 해당 사업연도 법인세액에는 외국자회사가 외국손회사로부터 지급받는 수입배당금액에 대해서 외국손회사의 소재지국 법률에 따라 외국손회사 소재지국에 납부한 세액 및 외국자회사가 제3국의 지점 등에 귀속되는 소득에 대해서 그 제3국에 납부한 세액으로서, 외국자회사가 외국납부세액으로 공제받았거나 공제받을 금액 또는 해당 수입배당금액이나 제3국 지점 등 귀속소득에 대하여 외국자회사의 소재지국에서 국외소득 비과세·면제를 적용받았거나 적용받을 경우 해당 세액 중 50%에 상당하는 금액을 포함하여 계산한다(법령 94 ⑧). 그리고 외국법인의 소득에 대하여 해당 외국법인이 아니라 출자자인 내국법인이 직접 납세의무를 부담하는 등 일정한 요건을 갖춘 경우에는 그 외국법인의 소득에 대하여 출자자인 내국법인에게 부과된 외국법인세액 중 해당 수입배당금액에 대응되는 세액을 외국납부세액으로 보도록 하고 있다(법법 57 ⑥).

한편 간접외국납부세액에 대해 세액공제를 받는 경우 공제받는 간접외국납부세액은 동 금액을 내국법인의 각 사업연도소득금액을 계산할 때 익금에 산입한다(법법 15 ②(2)). 이는 외국자회사로부터 배당수입이 있는 경우 배당수입금액을 외국법인세의 과세이전으로 환산하여 이를 각 사업연도소득에 포함시키기 위한 것이다.

Reference 간접투자외국법인세액에 대한 외국납부세액공제 특례

내국법인이 간접투자회사 등(투자회사, 투자목저회사, 투자우한회사, 투자신탁 등을 말한다)으로부터 금융상품을 취득하고 그 간접투자회사 등이 금융상품의 투자대상에서 발생한 소득에 대해 납부한 외국법인세액(간접투자외국법인세액이라고 한다)이 있는 경우 내국법인은 그 간접투자회사가 납부한 외국법인세액 중 다음 방식으로 계산한 금액을 해당 소득이 발생한 사업연도의 과세표준신고시 산출세액에서 공제할 수 있다(법법 57의2. 법령 94의2). 이 제도의 취지 및 계산 논리는 간접외국납부세액공제액와 유사한 것이다.

외국납부세액공제액 = Min[①, ②]

① 간접투자회사등이 내국법인별로 지급한 소득에 대응하는 간접투자외국법인세액

$$\text{② 한도액} = \text{법인세 산출세액} \times \frac{\text{간접투자외국법인세액이 발생한 펀드소득} + \text{① 금액}}{\text{당해 사업연도의 과세표준}}$$

이를 공제받기 위해서는 세액공제대상인 간접투자외국법인세액을 먼저 익금산입하여야 하며(법법 15 ②), 공제한도 때문에 해당 사업연도에 공제받을 수 없는 초과금액은 다음 사업연도 개시일부터 10년 이내에 끝나는 각 사업연도로 이월하여 그 이월된 사업연도의 공제한도금액 내에서 공제할 수 있다(법법 57의2).

(5) 외국납부세액 적용배제

법인세 과세표준을 추계결정 또는 추계경정하는 경우에는 외국납부세액공제 규정을 적용하지 않는다. 다만, 천재지변 등으로 장부 기타 증명서류가 멸실되어 추계하는 경우에는 그러하지 아니한다(법법 68).

(6) 공제세액계산서 제출

외국납부세액의 공제를 받고자 하는 법인은 법인세과세표준액신고와 함께 외국납부세액공제세액계산서를 제출하여야 한다.

그러나 외국정부의 국외원천소득에 대한 법인세 결정통지의 지연이나 과세기간의 상이 등의 사유로 과세표준 신고와 함께 제출할 수 없는 경우 또는 외국정부가 결정한 법인세액을 경정함으로써 외국납부세액에 변동이 생긴 경우에는 외국정부로부터 법인세 결정통지를 받은 날 또는 외국납부세액에 대한 변동통지를 받은 날로부터 3개월 이내에 그 사실을 증명서하는 서류를 첨부하여 제출할 수 있다(법령 94 ④, ⑤).

예제 Example 84

다음 자료에 의해서 ㈜경기의 제4기(1.1~12.31)의 외국납부세액공제액을 계산하시오.

1. 중국소재 자회사로부터 로얄티 100,000원을 받았다. 회사는 이 사용료소득에 대해서 조세조약에 따라 5%의 제한세율이 적용되는 원천징수세액을 전부 감면받아서, 100,000원 전액을 수령하였다(중국과의 조세조약에는 의제외국납부세액에 관한 규정이 있다).
2. 중국소재 자회사로부터 현금배당을 받았다. 배당결의된 금액 중 회사 해당분은 200,000원이지만, 중국과의 조세조약에 따라 5%가 중국에서 원천징수되고 190,000원을 수령하였다. 회사는 원천징수된 10,000원을 선급법인세로 회계처리하였다.
   (1) 중국 자회사에 대한 지분율은 40%이고 동 지분은 3년간 계속적으로 보유하고 있다.
   (2) 중국의 소득금액은 1,750,000원이고, 중국에서 300,000원의 법인세를 납부하였다.
   (3) 이 배당금에 대해서는 외국자회사의 수입배당금 익금불산입 규정을 적용받지 않았다.

3. 회사의 제4기 각 사업연도소득금액 및 과세표준은 15,000,000원이다. 여기에는 외국납부세액과 관련된 일체의 세무조정이 포함되어 있지 않다.
4. 법인세 세율은 20%(2억 이하 10%)라고 가정한다.

해답 1. 외국납부세액의 계산

직접외국납부세액(10,000원)[*1]+의제외국납부세액(5,000원)[*2]
+간접외국납부세액(41,379원)[*3]=56,379원

*1 중국에서 수취한 배당금에 대해서 중국에서 원천징수된 법인세
*2 중국에서 감면된 감면세액으로 조세조약에 규정된 의제외국납부세액
*3 간접외국납부세액=300,000×200,000/(1,750,000−300,000)=41,379원

2. 법인세 산출세액 계산

회사의 각사업연도소득=15,000,000+41,379[*1]=15,041,379원

*1 간접외국납부세액에 대한 익금산입액 (세무조정 : 익금산입 41,379원, 기타사외유출)

법인세 산출세액=15,041,379×10%=1,504,137원

3. 외국납부세액공제액 한도액

국외원천소득=로얄티(100,000)+배당금(200,000+41,379[*1])=341,379원

*1 간접외국납부세액에 대한 익금산입액

외국납부세액 합계=56,379원
외국납부세액 공제한도=법인세산출세액(1,504,137)×341,379/15,041,379=34,137원
당기 외국납부세액 공제액=Min(56,379원, 34,137원)

* 한도초과로 공제받지 못한 외국납부세액 22,242(56,379−34,137)원은 다음 사업연도부터 10년이 끝나는 각 사업연도에 이월하여 그 이월된 사업연도의 공제한도 범위 안에서 공제받을 수 있다(법법 57 ②).

다. 재해손실 세액공제

(1) 의 의

법인이 사업연도 중에 천재지변, 그 밖의 재해로 인하여 사업용 자산총액의 20% 이상을 상실하여 납세가 곤란하다고 인정되는 경우에는 공제대상 법인세액에 재해상실비율을 곱하여 계산한 금액을 공제한다(법법 58 ①).

(2) 공제대상법인세액

재해손실세액공제를 받을 세액은 다음과 같이 계산한다. 단, 세액공제액은 상실된 자산가액을 한도로 한다.

공제대상 법인세	세액공제액
① 재해발생일 현재 부과되지 아니한 법인세와 부과된 법인세로서 미납된 법인세	부과되지 아니한 법인세와 부과된 법인세로서 미납된 법인세(가산세*1 포함) × 재해상실 비율
② 재해발생일이 속하는 사업연도의 소득에 대한 법인세	(법인세 산출세액 + 가산세 − 타법률에 의한 공제·감면세액*2) × 재해상실비율

*1 위 산식에서 가산세란 무신고·무기장가산세, 과소신고가산세, 초과환급신고가산세 및 납부·환급불성실가산세를 말한다.

*2 「법인세법」 이외의 법률에 의한 공제·감면세액만 공제한다.

(3) 재해상실비율 계산

재해상실비율은 다음 산식에 의한다.

$$\text{재해상실비율} = \frac{\text{상실된 자산가액}}{\text{상실 전의 사업용 총자산가액(토지가액 제외)}}$$

여기서 자산가액은 재해 발생일 현재 그 법인의 장부가액에 의하여 계산하되, 장부가 소실 또는 분실되어 장부가액을 알 수 없는 경우에는 납세지 관할세무서장이 조사하여 확인한 재해발생일 현재의 가액에 의하여 계산한다. 이 경우 자산가액에는 토지가액을 포함하지 아니한다. 한편 재해상실비율을 계산함에 있어서는 상실한 타인소유의 자산으로서 그 상실로 인한 변상책임이 당해 법인에게 있을 때에는 이를 포함하고(법령 95), 보험금을 받는 경우에도 상실된 자산가액에서 보험금을 차감하지 않는다(법칙 49 ②).

(4) 재해손실에 대한 세액공제신청

재해손실로 인하여 법인세의 공제를 받으려는 법인은 재해발생일로부터 다음 기한까지 관할세무서장에게 재해손실세액공제신청서를 제출하여야 한다(법법 58 ②, 법령 95 ⑤).

① 재해발생일에 있어서 미납부된 법인세와 납부하여야 할 법인세(과세표준신고기한이 미경과분 제외)는 3개월 이내

② 과세표준신고기한이 미경과 법인세는 그 신고기한. 다만, 재해발생일로부터 신고기한까지의 기간이 3개월 미만인 경우에는 재해발생일로부터 3개월로 한다.

관할세무서장이 공제신청을 받은 때에는 그 공제세액을 결정하여 당해 법인에 통지하여야 한다. 그리고 재해로 인한 손실로 공제 받은 법인세에 대하여는 세액공제가 확인될 때까지 「국세징수법」에 따라 그 법인세의 지정납부기한·독촉장에서 정하는 기한을 연장하거나 납부고지를 유예할 수 있다(법법 58 ③, 법령 95 ⑥).

예제 85

㈜중앙은 화재로 인하여 자산손실이 막대하였다. 화재가 발생하기 전의 자산상태와 화재가 발생한 후의 자산상태를 비교하면 다음과 같고, 재해발생일까지의 법인세 미납액 38,000,000원이 있을 경우, 그 법인의 재해손실에 대한 세액공제금액을 계산하여라. 다만, 당 법인은 영리법인 중 일반법인이다.

1. 재해금액

구 분	재해발생 전의 자산가액	재해발생 후의 자산가액	재해금액
제 자산 장부가액(토지 제외)	16억원	5억원	11억원
토지가액	4억원	4억원	–
계	20억원	9억원	11억원

2. 법인세미납액 : 38,000,000원
3. 당해 사업연도의 법인세과세표준은 85,000,000원이다.
4. 법인세 세율은 20%(2억이하 10%)라고 가정한다.

해답 1. 화재발생일 현재 법인세 미납부세액에 대한 재해손실세액공제액

$$38{,}000{,}000\text{원} \times \frac{11\text{억원}}{16\text{억원}} = 26{,}125{,}000\text{원}$$

2. 당해 사업연도의 법인세에 대한 재해손실세액공제액

(1) 법인세 산출세액

85,000,000원 × 세율 = 85,000,000원 × 10% = 8,500,000원

(2) 재해손실에 대한 세액공제

$$8{,}500{,}000\text{원} \times \frac{11\text{억원}}{16\text{억원}} = 5{,}843{,}750\text{원}$$

3. 재해손실 세액공제액

26,125,000원 + 5,843,750원 = 31,968,750

라. 사실과 다른 회계처리로 인한 경정에 따른 세액공제

(1) 개 요

본래 당초 신고한 과세표준 및 세액이 과다하여 납세자가 감액경정신청을 하고 관할 세무서장이 감액 경정처분을 하는 경우 당초 과다납부한 세액은 감액경정일부터 30일 이내에 환급하여야 한다. 그러나 분식회계를 세제측면에서 규제하기 위하여 분식회계처리를 원인으로 하는 경정에 따른 환급세액은 즉시 환급하지 아니하고 그 이후 법인세 신고시 세액공제 방식으로 납부할 세액에서 공제받도록 하고, 환급가산금에 관한 규정은 적용하지 않도록 하고 있다(법법 58의3 ①).

(2) 적용대상

내국법인이 다음의 요건을 모두 충족하는 사실과 다른 회계처리를 하여 과세표준 및 세액을 과다하게 계상함으로써 「국세기본법」 제45조의2에 따라 경정을 청구하여 경정을 받은 경우에는 과다 납부한 세액을 환급하지 아니하고 그 경정일이 속하는 사업연도부터 각 사업연도의 법인세액에서 과다 납부한 세액을 공제한다. 이 경우 각 사업연도별로 공제하는 금액은 과다 납부한 세액의 100분의 20을 한도로 하고, 공제 후 남아 있는 과다 납부한 세액은 이후 사업연도에 이월하여 공제한다(법법 58조의3 ①).

가. 「자본시장과 금융투자업에 관한 법률」에 따른 사업보고서 및 「주식회사의 외부감사에 관한 법률」에 따른 감사보고서를 제출할 때 수익 또는 자산을 과다 계상하거나 손비 또는 부채를 과소 계상할 것

나. 내국법인, 감사인 또는 그에 소속된 공인회계사가 분식회계로 경고·주의 등의 조치를 받을 것

한편 내국법인이 사실과 다른 회계처리로 인해 감액경정을 받는 경우라고 하더라도 위 요건을 충족시키는 경우가 아니라면 여기서 설명하는 세액공제방식이 적용되지 않으며 「국세기본법」에 따라 과다 납부한 세액을 환급을 받고 환급가산금에 관한 규정도 적용받게 된다.

(3) 세액공제액의 계산

동일한 사업연도에 위의 분식회계로 인한 과다납부세액에 대한 경정청구의 사유 외에 다른 경정청구의 사유가 있는 경우에는 다음의 금액을 그 공제세액으로 한다(법령 95의3).

$$\text{환급제한대상세액} = \text{과다납부한 세액} \times \frac{\text{분식회계로 인하여 과다계상한 과세표준}}{\text{과다계상한 과세표준의 합계액}}$$

(4) 세액공제의 순서

분식회계 등으로 관할세무서장으로부터 환급세액에 대해 경정을 받아 위에 설명한 세액공제방식을 적용하는 경우 다음과 같이 처리한다.

① 사실과 다른 회계처리와 관련하여 그 경정일이 속하는 사업연도 이전의 사업연도에 대해 「국세기본법」에 따른 수정신고를 하여 납부할 세액이 있는 경우에는 그 납부할 세액이 있는 경우에는 그 납부할 세액을 분식회계 등으로 과다 납부한 세액의 100분의 20을 한도로 먼저 공제한다(법법 58조의3 ②).

② 당해 경정일이 속하는 사업연도의 개시일로부터 각 사업연도의 법인세액에서 과다납부한 세액의 100분의 20을 한도로 차례로 공제한다.

그리고 과다 납부한 세액이 남아 있는 내국법인이 해산하는 경우 ㉠ 합병 또는 분할에 따라 해산하는 경우에는 합병법인 또는 분할신설법인(분할합병의 상대방 법인을 포함한다)이 남아있는 과다 납부한 세액을 승계하여 계속 세액공제를 받고 ㉡ 합병이나 분할 외의 사유로 해산하는 경우에는 남아있는 과다 납부한 세액에서 청산소득에 대한 법인세 납부세액을 빼고 남은 금액을 즉시 환급한다(법법 58조의3 ③).

마. 조세특례제한법상 세액공제

(1) 연구·인력개발비에 대한 세액공제

내국법인이 각 과세연도에 법 소정의 연구·인력개발비(이하 연구개발비)가 발생한 경우에는 그 발생액에 대하여 세액공제를 받을 수 있다. 공제할 세액은 다음과 같이 계산한 금액을 합한 금액으로 한다(조특법 10).

① 국가전략기술 연구개발비
국가전략기술 연구개발비×일정비율+매출액 대비 국가전략기술 연구개발비 비율×3배
➤ 일정비율 : 중소기업 : 40%, 그 밖의 기업 : 30%
➤ '매출액 대비 국가전략기술연구개발비 비율×3배'는 10%를 초과할 수 없다.

② 신성장동력 · 원천기술 연구개발비
신성장동력 · 원천기술 연구개발비×일정비율+매출액 대비 신성장동력 · 원천기술 연구개발비 비율×3배
➤ 일정비율 : 중소기업 : 30%, 그 밖의 기업 : 20%,
➤ '매출액 대비 신성장동력 · 원천기술 연구개발비 비율×3배'는 10%를 초과할 수 없다.
③ 일반 연구개발비
아래 '㉠ 증가액 기준'과 '㉡ 발생액 기준' 중 큰 금액
㉠ 증가액 기준
(당해연도 발생액－직전연도 발생액)×일정비율(대기업 : 25%, 중견기업 : 40%, 중소기업 : 50%)
㉡ 발생액 기준
당해연도 발생액×일정비율
➤ 일정비율 : 중소기업 25%, 중견기업 8%, 그 밖의 기업은 '2%'와 '연구개발비 비율×50%' 중 작은 비율

상기 연구개발비 세액공제 적용시 주의할 점을 보면 아래와 같다.

① 국가전략기술 연구개발비 또는 신성장동력 · 원천기술 연구개발비에 해당하더라도 이를 적용받지 않고 상기 '③'의 일반연구개발비에 대한 세액공제 기준을 선택해서 적용받을 수 있다. 국가전략기술 연구개발비 및 신성장동력 · 원천기술 연구개발비는 2027년 말까지 해당 분야의 연구개발 활동을 장려하기 위해 공제율을 높여준 것인데 이것을 적용해서 납세자에게 오히려 불리해진다면 일반연구개발비에 대한 세액공제를 적용받을 수 있도록 하는 것이 합리적이기 때문이다.
② 중소기업의 연구개발비 세액공제는 후술할 「조세특례제한법」의 최저한세가 적용되지 않고 전액 공제받을 수 있다.

(2) 통합투자세액공제

내국법인(소비성 서비스업, 부동산 임대 및 공급업은 제외)이 아래 공제대상 자산에 투자(중고품 투자와 임대용 자산은 제외하고 금융리스에 의한 투자는 포함)하는 경우에는 아래 기본공제 금액과 추가공제 금액을 합한 금액을 해당 투자가 이루어지는 과세연도의 법인세에서 공제한다(조특법 24). 투자가 2개 이상의 과세연도에 걸쳐 이루어지는 경우에는 그 투자가 이루어지는 과세연도마다 투자액에 대해 각각 공제한다.

① 공제대상 자산
㉠ 기계장치 등 사업용 유형자산. 다만, 토지, 건물, 차량은 제외한다.

㉡ '㉠'에 해당하지 아니하는 유형자산과 무형자산으로서 연구시험, 직업훈련, 에너지절약, 환경보전 또는 근로자복지증진 등에 사용되는 사업용 자산

㉢ 중소기업 및 중견기업이 최초로 설정·취득하는 특허권·실용신안권·디자인권

② 세액공제금액

아래 기본공제금액과 추가공제 금액을 더한 금액을 공제한다.

㉠ 기본공제금액 : 투자금액에 아래 공제율을 곱하여 산출한 금액

구 분	기본공제율		
	중소기업	중견기업	그 밖의 기업
국가전략기술 사업화 시설 및 연구개발시설에 투자한 경우*1	25%	15%	15%
신성장·원천기술 사업화 시설 및 연구개발시설에 투자한 경우	12%	6%	3%
그 밖의 사업용 자산에 투자한 경우	10%	5%	1%

*1 국가전략기술 사업화시설 및 연구개발시설 투자액이 반도체 분야에 해당하는 경우에는 기본공제율에 5%를 더한 공제율을 적용한다.

㉡ 추가공제금액

=(당기 투자금액－직전 3년간 연평균 투자금액)×10%

다만, 추가공제 금액이 기본공제 금액을 초과하는 경우에는 기본공제 금액의 2배를 그 한도로 한다.

Reference 투자세액공제의 적용 제한

① 국가보조금 등으로 투자한 금액에 대한 세액공제 배제 : 국가, 지방자치단체, 공공기관, 지방공기업으로부터 보조금, 이자지원, 저리융자 등을 받아 시설투자를 한 경우 그 보조금이나 이자지원금에 상당하는 금액에 대하여 세액공제의 적용을 배제한다(조특법 127 ①).

② 투자세액공제 중복적용 제한 : 투자한 자산에 대한 투자세액공제가 동시에 적용되는 경우에는 법인에 유리한 하나만을 선택하여 적용받을 수 있고 중복 적용할 수 없는 것이 원칙이다(조특법 127 ②).

* 연구 및 인력 개발비에 대한 세액공제는 투자세액공제들과 중복 적용될 수 있다.

③ 세액감면기간 중 세액감면과 투자세액공제 중복적용 제한 : 동일 사업연도 중 각종 사업단위별 감면, 중소기업 특별세액감면 등 세액감면과 투자세액공제를 동시에 적용받을 수 있는 경우 원칙적으로 법인에 유리한 하나만을 선택하여 적용한다(조특법 127 ④).

④ 투자세액공제자산의 사후관리 : 투자세액공제를 받은 자산을 투자완료일로부터 일정기간(2

년, 건물이나 구축물의 경우는 5년)이 지나기 전에 해당 자산을 처분하거나 임대하는 경우 해당 자산에 대한 투자세액공제액과 이자상당 가산액을 법인세 등으로 납부하여야 한다(조특법 24 ③, 조특령 21).

* 상기 투자세액공제 적용 제한의 내용은 원칙적인 설명으로 예외들이 있다.

(3) 그 밖의 세액공제

연구 및 인력개발비에 대한 세액공제와 투자세액공제 외에 「조세특례제한법」이 규정하는 세액공제들을 예시하면 다음과 같다.

① 기술혁신형 주식취득에 대한 세액공제(조특법 12조의4)
② 근로소득을 증대시킨 기업에 대한 세액공제(조특법 29의4)
③ 전자신고에 대한 세액공제(조특법 104의8 ①)
④ 상생결제 지급금액에 대한 세액공제(조특법 7의4)
⑤ 기업의 운동경기부 설치·운영에 대한 세액공제(조특법 104의22)
⑥ 내국법인의 문화산업전문회사에의 출자 세액공제(조특법 25의7)
⑦ 상가임대료를 인하한 임대사업자에 대한 세액공제(조특법 96의3)
⑧ 상생협력을 위한 기금출연등에 대한 세액공제(조특법 8의3)
⑨ 통합고용세액공제(조특법 29의8)
⑩ 웹툰 콘텐츠 제작비용에 대한 세액공제(조특법 25의8)
⑪ 벤처기업 등에 출자시 세액공제(조특법 13의2)
⑫ 영상콘텐츠 제작비용에 대한 세액공제(조특법 25의6)
⑬ 성과공유 중소기업 경영성과급 세액공제(조특법 19)

(4) 세액공제액의 이월공제

「조세특례제한법」에 의한 세액공제액의 대부분은 해당 과세연도에 납부할 세액이 없거나 최저한세의 적용으로 공제받지 못하는 금액이 있으면 이는 원칙적으로 해당 과세연도의 다음 과세연도부터 10년 동안 공제받을 수 있다(조특법 144 ①). 이를 세액공제액의 이월공제라고 한다. 이 경우 당해 사업연도의 공제세액과 이월된 공제액이 중복되는 경우 이월된 미공제세액부터 먼저 공제하고, 이월된 세액이 중복되면 먼저 발생한 것부터 먼저 공제한다(조특법 144 ②).

세액공제의 대부분은 이월공제가 된다는 점에서 이월공제가 되지 않는 세액감면과 다르다.

05 세액공제 · 감면의 적용순위 및 승계

가. 세액공제 · 감면 적용순위

「법인세법」 및 다른 법률을 적용할 때 법인세의 감면에 관한 규정과 세액공제에 관한 규정이 동시에 적용되는 경우 그 적용순위에는 별도의 규정이 있는 경우 외에는 다음의 순서에 따른다. 이 경우 '①, ②'의 금액을 합한 금액이 법인이 납부할 법인세액(토지 등 양도소득 및 미환류소득에 대한 법인세 제외)을 초과하는 경우에는 그 초과액은 없는 것으로 본다(법법 59 ①).

① 각 사업연도 소득에 대한 세액감면(면제 포함)
② 세액공제 중 이월공제가 인정되지 아니하는 세액공제
③ 세액공제 중 이월공제가 인정되는 세액공제
④ 사실과 다른 회계처리로 인한 경정에 따른 세액공제

나. 합병 및 분할로 인한 공제감면세액 승계

감면 및 세액공제를 적용하던 피합병법인이 합병되는 경우 또는 감면 및 세액공제를 적용받던 분할법인이 분할되는 경우에 적격합병 또는 적격분할의 요건을 갖추고 법령에서 정하는 그 밖의 요건을 갖추면 합병법인 또는 분할신설법인 등이 감면의 잔존기간 또는 세액공제 이월액을 승계받을 수 있다. 이에 대한 내용은 '제13장 합병 및 분할에 대한 과세'를 참조하시오.

06 최저한세

「조세특례제한법」상 비과세소득, 소득공제, 세액감면 및 세액공제 등과 같은 각종 조세감면제도는 '세금은 누구나가 공평하게 부담하여야 한다'는 평등과세원칙의 입장에서 보면 바람직하지 않지만, 중소기업의 육성, 기술개발의 촉진, 지역간 균형적 발전 등 국가정책의 중요성을 더 인정하여 마련된 제도이다.

그러나 이러한 세제혜택을 받더라도 최소한 소득금액의 일정수준 이상의 조세는 납부하도록 하고 있는데 이를 최저한세(Alternative Minimum Tax ; A.M.T.)라고 한다.

즉, 조세감면 등을 적용받은 후의 세액(감면후세액)이 최저한세에 미달하는 경우 그 미달하는 세액에 상당하는 부분에 대하여 조세감면 등을 배제하는 제도이다.

가. 적용대상법인

최저한세는 다음의 법인세에 대해 적용된다(조특법 132 ①).

① 내국법인(조합법인 등은 제외)의 각 사업연도의 소득에 대한 법인세

② 외국법인의 국내원천소득에 대한 법인세(종합과세되는 경우에 한함)

나. 적용방법

최저한세는 「조세특례제한법」상의 조세혜택(준비금 · 특별상각 · 익금불산입, 비과세, 소득공제, 세액감면, 세액공제 등)을 과도하게 적용받는 것을 방지하기 위한 것이 그 취지이므로, 「조세특례제한법」상의 조세혜택을 받은 이후의 세액이 「조세특례제한법」상의 조세혜택을 받기 이전의 과세표준에 최저한세율을 적용한 세액보다 적은지를 검토하는 방식으로 계산된다.

즉 다음과 같이 계산된 감면후 세액(다음 '①')과 최저한 세액(다음 '②')를 비교하여 감면후 세액이 최저한 세액에 미달하는 경우, 최저한 세액에 달할 때까지 「조세특례제한법」상의 조세혜택을 적용하지 않도록 하는 것이다.

① 감면후 세액의 계산

과 세 표 준	
(×) 법 인 세 세 율	
산 출 세 액	
(−) 세 액 감 면	… 최저한세의 적용대상인 「조세특례제한법」상의 세액감면*1
(−) 세 액 공 제	… 최저한세의 적용대상인 「조세특례제한법」상의 세액공제*2
감 면 후 세 액	

*1 「조세특례제한법」상의 세액감면 대부분이 최저한세 적용대상이다. 다만, 수도권 밖으로 공장을 이전하는 기업에 대한 세액감면(조특법 63), 수도권 밖으로 본사를 이전하는 법인에 대한 세액감면(조특법 63의2), 외국인투자기업에 대한 법인세 감면(조특법 121의5), 사회적기업 및 장애인 표준사업장에 대한 법인세 감면(조특법 85의6) 등 최저한세 적용대상이 아닌 것이 있다.

*2 「조세특례제한법」상의 세액공제 대부분이 최저한세의 적용대상이다. 다만, 중소기업의 연구인력개발비에 대한 세액공제 전액 등 최저한세 적용대상이 아닌 것이 있다.

② 최저한 세액의 계산

과 세 표 준	
(+) 가 산 액	최저한세의 적용대상인 「조세특례제한법」상의 준비금, 특별상각비, 손금산입특례 및 익금불산입, 비과세소득, 소득공제*1
감면전 과세표준	
(×) 최 저 한 세 율*2	
최 저 한 세 액	

*1 과세표준의 계산 이전단계에서 반영되는 조세혜택만이 가산된다.

*2 최저한세율

구 분	대 기 업	중소기업 및 사회적 기업
과세표준 100억 이하 부분	10%	7%*
과세표준 100억 초과 1천억원 이하 부분	12%	
과세표준 1천억원 초과 부분	17%	

* 중소기업이 최초로 중소기업에 해당하지 않게 된 경우에는 그 최초로 중소기업에 해당하지 않게 된 과세연도의 개시일부터 3년 이내에 끝나는 과세연도에는 8%, 그 다음 2년 이내에 끝나는 과세연도에는 9%로 한다.

다. 조세감면의 배제순위

감면후세액이 최저한세액에 미달하는 경우에는 감면후세액이 최저한세액 이상이 되도록 최저한세 적용대상 조세감면 중 일부를 배제하여야 한다. 이 경우 납세의무자가 신고 또는 수정신고하는 경우에는 납세의무자의 선택에 따라 배제하지만, 경정하는 경우에는 일정한 순서가 필요하다.

따라서 「조세특례제한법」은 납세의무자가 신고(수정신고·청구 포함)한 법인세액이 최저한세액에 미달하여 법인세를 경정하는 경우에는 다음의 순서(동일 호 내에서는 조문순서에 의한다)에 따라 감면을 배제하여 추징세액을 계산하도록 규정하고 있다(조특령 126⑤). 이는 법인에 유리한 순서대로 규정한 것이라고 할 수 있다.

① 특별감가상각비의 손금산입

② 준비금의 손금산입

③ 손금산입특례 및 익금불산입

④ 세액공제. 이 경우 동일 조문에 의한 감면세액 중 이월된 공제세액이 있는 경우에는 나중에 발생한 것부터 적용배제한다.

⑤ 세액감면

⑥ 소득공제 및 비과세

라. 최저한세 검토 후 차감납부할 세액의 계산

최저한세에 대한 검토를 하여 감면후 세액이 최저한세에 미달하면 감면후 세액이 최저한세액 이상이 되도록 최저한세 적용대상 조세감면 중 일부를 배제하여야 한다.

이와 같이 최저한세에 대한 조정을 마치면 최저한세액에서(감면후 세액이 최저한세보다 많으면 그냥 감면후 세액에서) 최저한세의 적용대상이 아닌 세액감면과 세액공제 등을 추가로 공제하게 하는 등 최저한세 적용 이후 차감납부할 세액의 계산을 하게 된다. 최저한세 적용 이후의 과정을 요약하면 다음과 같다.

	Max[감면후 세액, 최저한세]	
(−)	최저한세적용제외공제감면세액	… 최저한세 대상에서 제외되는 면제(감면)세액 · 세액공제 등
(+)	가산세	… 법인세법이 정하는 가산세액
(−)	기납부세액	… 중간예납세액 · 수시부과세액 · 원천납부세액
(+)	감면분추가납부세액	… 감면사후관리요건 불이행 등에 대한 법인세추가납부세액 등
	차감납부할세액	

예제 86

다음은 중소기업인 ㈜경성의 제9기(1.1.~12.31.) 자료이다. 다음 자료에 의하여 제9기 차감납부할세액을 계산하면?

▶ '05 CPA 수정

• 당기순이익	100,000,000원
• 익금산입 및 손금불산입	400,000,000원
• 손금산입 및 익금불산입	300,000,000원
• 익금산입한 「조세특례제한법」상의 일시상각충당금 환입액	40,000,000원
• 손금산입한 「조세특례제한법」상의 일시상각충당금 전입액	130,000,000원
• 연구 및 인력개발비세액공제	11,000,000원
• 통합투자세액공제	10,000,000원
• 재해손실세액공제	9,000,000원
• 원천징수 등 납부지연가산세	2,000,000원
• 중간예납액 및 원천납부액	6,000,000원

• 최저한세세율 7%, 법인세세율은 20%(2억 이하 10%)라고 가정한다.

해답 • **최저한세 검토**

감면 후 세액(A)		최저한세(B)	
과세표준	200,000,000 *	과세표준	200,000,000
산출세액	20,000,000	특별감가상각비	(+) −
최저한세대상 세액감면공제	(−) 10,000,000	일시상각충당금전입액	(+) 130,000,000
감면 후 세액	10,000,000	감면 전 과세표준	330,000,000
		최저한세율	(×) 7%
		최저한세	23,100,000

* 과세표준 : 100,000,000+400,000,000−300,000,000=200,000,000

• **총부담세액**=Max[(A), (B)]−최저한세대상이 아닌 세액감면·공제+가산세·추가납부세액
=23,100,000−(11,000,000+9,000,000)+2,000,000
=5,100,000

• **차감납부할 세액**=5,100,000−6,000,000=△900,000(환급)

해설 회사의 감면후세액이 최저한세에 미달하므로 회사는 최저한세 적용대상인 조세혜택, 즉 「조세특례제한법」상의 일시상각충당금 전입액과 통합투자세액공제 중 회사에 유리한 것을 선택해서 일부 조세혜택을 포기하여 감면후세액이 최저한세 금액이 되도록 조정해야한다.

예제 87

다음은 중소기업인 ㈜강남의 제6기 사업연도(1.1~12.31)의 법인세 신고자료인데, 최저한세 규정에 의해 관할세무서는 이에 대해 경정결정을 하고자 하는 경우 추징세액(가산세 제외)을 계산하고 적용배제되는 조세감면을 표시하라.

1. 과세표준 및 세액조정계산서 중 일부

(1) 당기순이익	₩280,000,000
(2) 익금산입 및 손금불산입	50,000,000
(3) 손금산입 및 익금불산입	(130,000,000)
(4) 각 사업연도소득금액	200,000,000
(5) 이월결손금	(50,000,000)
(6) 과세표준	₩150,000,000
(7) 산출세액	₩ 15,000,000
(8) 세액공제	

① 외국납부세액공제	4,000,000	
② 중소기업특별세액감면	7,000,000	(11,000,000)
(9) 총부담세액		4,000,000

2. 「조세특례제한법」에 의한 일시상각충당금 ₩90,000,000이 손금산입되어 있다.

3. 최저한세 세율은 7%, 법인세 세율은 20%(2억 이하 10%)라고 가정한다.

해답 1. 추징세액계산

(1) 감면후 세액 : 15,000,000 − 7,000,000 = 8,000,000

(2) 최저한세 : (150,000,000 + 90,000,000) × 7% = 16,800,000

∴감면배제(추징)세액 : (16,800,000−4,000,000)−4,000,000 = 8,800,000

2. 적용배제할 조세감면

(1) 적용배제할 소득금액 : 8,800,000 ÷ 10%, 20% = 69,000,000

➤ 최저한세가 되기 위한 과세표준(x)

$16,800,000=(x-200,000,000)\times 0.2+200,000,000\times 0.1-7,000,000$

$x=219,000,000$

➤ 현재 과세표준이 150,000,000원이므로 일시상각충당금 69,000,000원의 적용을 배제해서 과세표준이 219,000,000원이 되도록 만들어야 한다.

(2) 조세감면 배제순서에 따라 「조세특례제한법」에 의한 일시상각충당금 ₩90,000,000 중 ₩69,000,000을 손금산입에서 배제한다.

제 6 절 토지 등 양도소득에 대한 법인세

01 개 요

법인이 다음에 해당하는 토지 및 건물(건물에 부속된 구축물을 포함, 이하 '토지 등'이라고 함)을 양도하는 경우에는 양도로 인한 소득이 각 사업연도 소득에 포함되어 법인세를 부담하는 것과는 별도로 토지 등 양도소득에 대한 법인세를 추가로 납부하여야 한다.

이 제도는 「소득세법」상 양도소득세율이 높음에도 불구하고 법인이 동일한 양도소득에 대해서 각 사업연도소득에 대한 법인세율만 적용을 받게 되면 개인의 양도소득세 부담과 불균형이 생기고, 이로 인해서 법인이 높은 양도소득세율을 회피하는 수단이 될 수 있기 때문에 생긴 제도이다. 따라서 법인의 각 사업연도소득이 결손이라도 아래 토지 등 양도소득이 있으면 토지 등 양도소득에 대한 법인세는 별도로 부담하게 된다.

과 세 대 상	적 용 세 율	
① 국내에 소재하는 주택(부수토지 포함)*1	20%	미등기의 경우*2 40%
② 국내에 소재하는 별장용 건축물*1	20%	
③ 국내에 소재하는 비사업용 토지	10%	
④ 조합원입주권 및 분양권	20%	

*1 읍 또는 면 지역에 소재하면서 일정한 기준을 충족하는 농어촌주택 및 그 부속토지는 제외한다.
*2 주택을 취득하기 위한 권리인 조합원입주권 및 분양권은 등기할 수 없는 것이므로 미등기 세율을 적용하지 않는다.

02 과세대상

토지 등 양도소득의 과세대상은 원칙적으로 국내소재 주택(부속토지 포함)·국내소재 별장용 건축물, 국내소재 비사업용 토지, 국내소재 주택을 취득하기 위한 권리인 조합원입주권 및 분양권이다.

가. 주택

국내에 소재하는 주택(부수토지 포함)으로 다음에 해당하지 않는 주택을 말한다(법령 92의2 ②).

① 저당권의 실행으로 인하여 취득하거나 채권변제를 대신하여 취득한 주택으로서 취득일부터 3년이 경과하지 아니한 주택
② 주주 등이나 출연자가 아닌 임원 및 직원에게 제공하는 사택 및 그 밖에 무상으로 제공하는 법인 소유의 주택으로서 사택제공기간 또는 무상제공기간이 10년 이상인 주택
③ 일정한 요건을 갖춘 매입임대주택, 건설임대주택, 미분양임대주택, 기업형 임대주택, 준공공 임대주택, 장기일반민간임대주택, 단기민간임대주택 등

나. 별장용 건축물

별장은 주거용 건축물로서 상시 주거용으로 사용하지 아니하고 휴양·피서·위락 등의 용도로 사용하는 건축물을 의미하며, 별장용 건축물은 토지등 양도소득의 과세대상이 된다. 다만, 읍 또는 면지역에 있는 법 소정의 농어촌주택은 별장으로 보지 않는다. 여기서 별장용 건축물만을 과세대상으로 명시한 것은 별장용 건축물의 부속 토지는 과세대상이 아니라는 의미가 아니고 별장용 건축물의 부속토지는 비사업용 토지로 보아 과세하겠다는 의미이다.

다. 비사업용 토지

법령에 의한 사용금지 등 부득이한 사유가 없이 토지를 소유하는 기간 중 일정기간 이상이 비사업용에 해당하면 이것이 비사업용토지가 된다. 따라서 「법인세법」은 이를 위해서 기간기준, 비사업용으로 보는 종류기준 및 불가피한 사정에 대한 판단기준 등을 구체적으로 정하고 있다.

(1) 비사업용토지로 보는 기간기준

토지의 각 소유기간별로 정한 아래 세부기준 전부에 해당하는 경우 이는 비사업용토지가 된다. 따라서 토지소유기간이 10년이고 양도일 직전 2년 3개월 동안만 사업용에 사용한 경우를 예를 들면, 아래 '5년 이상'의 '①과 ③'의 기준으로는 비사업용이지만 '②' 기준을 충족시키지 못하고 있으므로 이 토지는 비사업용에 해당하지 않는다.

토지소유기간	비사업용 토지의 기간기준
5년 이상	① 양도일 직전 5년 중 2년을 초과하는 기간이 비사업용인 경우 ② 양도일 직전 3년 중 1년을 초과하는 기간이 비사업용인 경우 ③ 토지소유기간의 40%를 초과하는 기간이 비사업용인 경우
3년 이상~5년 미만	① 토지소유기간에서 3년을 차감한 기간을 초과하는 기간이 비사업용인 경우 ② 양도일 직전 3년 중 1년을 초과하는 기간이 비사업용인 경우 ③ 토지소유기간의 40%를 초과하는 기간이 비사업용인 경우
3년 미만	① 토지소유기간에서 2년을 차감한 기간을 초과하는 기간이 비사업용인 경우 ② 토지소유기간의 40%를 초과하는 기간이 비사업용인 경우

(2) 비사업용토지로 보는 종류기준

비사업용토지로 보는 종류기준 중 주요 내용을 보면 다음과 같다.

비사업용 토지의 종류	주요 예외사항
논밭·과수원 등 농지 (법법 55의2 ②(1), 법령 92의5)	농업이 주된 사업인 법인의 농지 등
임야 (법법 55의2 ②(2), 법령 92의6)	임업이 주된 사업인 법인의 임야 자연휴양림 사업 등 업무에 관련된 임야 등
목장용지 (법법 55의2 ②(3), 법령 92의7)	축산업이 주된 사업인 법인의 목장용지 등
농지·임야·목장용지 외의 토지 (법법 55의2 ②(4), 법령 92의8)	재산세가 별도합산과세 또는 분리과세되는 토지 종업원 체육시설용 토지 등 업무에 관련된 토지 등
주택의 기준면적 초과토지 (법법 55의2 ②(5), 법령 92의9)	주택의 기준면적 이내 부속토지
별장의 부속토지 (법법 55의2 ②(6), 법령 92의10)	법 소정의 요건을 갖춘 농어촌주택과 그 부속토지
법인의 업무무관토지 (법법 55의2 ②(7))	업무무관토지로 인정할 만한 상당한 이유가 있어 법인세법 시행령이 업무무관토지로 정한 것 외의 토지

(3) 부득이한 사유로 비사업용토지에서 제외하는 토지 등

「법인세법」은 부득이한 사유가 있는 경우에는 상기 비사업용 토지의 기간기준 및 종류기준과 다르게 적용할 것을 규정한 경우가 있다(법법 55의2 ③, 법령 92의11 ①②). 대표적인 것을 예시하면 다음과 같다.

① 토지를 취득한 후 법령에 따라 사용이 금지되거나 제한된 토지 등은 사용이 금지 또는 제한된 기간 동안 비사업용 토지가 아닌 것으로 보고 기간기준을 적용한다.

② 채권을 변제받기 위하여 취득한 토지는 취득일로부터 2년간 비사업용이 아닌 것으로 본다.

③ 「민사집행법」에 따른 경매로 양도된 토지는 최초의 경매기일을 양도일로 보고 기간기준을 적용한다.

④ 한국자산관리공사 등에 매각을 위임한 토지 등은 매각을 위임한 날에 양도된 것으로 보고 기간기준을 적용한다.

그리고 다음에 해당되는 토지는 비사업용토지로 보지 않는다(법령 92의11 ③).

① 토지 취득일로부터 3년 이내에 법인의 합병 또는 분할로 양도되는 토지

② 법률에 따라 협의매수 또는 수용되는 토지 등

라. 비과세대상

다음에 해당하는 토지 등 양도소득은 과세대상에서 제외한다. 그러나 미등기 토지 등에 대하여는 그러하지 아니하다(법법 55의2 ④, 법령 92의2 ②, ③).

① 파산선고에 의한 토지 등의 처분으로 인하여 발생하는 소득

② 법인이 직접 경작하던 농지로서 「소득세법」상 양도소득세 비과세요건을 구비한 농지의 교환 또는 분할·통합으로 인하여 발생하는 소득

③ 「도시개발법」이나 그 밖의 법률에 따른 환지처분으로 지목 또는 지번이 변경되거나 체비지로 충당됨으로써 발생하는 소득

④ 토지의 효율적 이용을 위한 지적경계선의 변경을 위해 토지를 교환하는 경우로 법소정 요건을 갖춘 것

⑤ 적격분할·적격물적분할·적격현물출자·조직변경 및 교환으로 인하여 발생하는 소득

⑥ 한국토지주택공사가 토지개발사업으로 조성한 토지 중 주택건설용지로 양도함으로써 발생하는 소득

⑦ 주택을 신축하여 판매(「임대주택법」에 의한 건설임대주택을 동법에 의하여 분양하는 경우 포함)하는 법인이 그 주택 및 주택부수토지를 양도함으로써 발생하는 소득 등

03 토지 등 양도소득 및 세액의 계산

토지 등 양도소득은 다음과 같이 계산한다.

양 도 가 액	
(−) 장 부 가 액	(양도당시의 세무상 장부가액을 말함)
(=) 양 도 소 득	

04 세액의 계산

토지 등 양도소득은 다음의 세율을 적용하여 계산한 세액을 일반 법인세액에 추가하여 납부하여야 한다(법법 55의2 ①). 이 경우 하나의 자산이 둘 이상의 과세대상에 해당할 때 그 중 가장 높은 세액을 적용한다. 그리고 양도한 자산 중 양도차손이 생긴 경우 양도차손이 발생한 자산과 같은 세율을 적용받는 자산의 양도소득에서 양도차손이 발생한 자산과 다른 세율을 적용받는 자산의 양도소득에서 순차로 차감하여 토지등 양도소득을 계산한다.

과 세 대 상	적 용 세 율	
① 국내에 소재하는 주택(부수토지 포함)*1	20%	미등기의 경우*2 40%
② 국내에 소재하는 별장용 건축물*1	20%	
③ 국내에 소재하는 비사업용 토지	10%	
④ 조합원입주권 및 분양권	20%	

*1 읍 또는 면 지역에 소재하면서 일정한 기준을 충족하는 농어촌주택 및 그 부속토지는 제외한다.
*2 주택을 취득하기 위한 권리인 조합원입주권 및 분양권은 등기할 수 없는 것이므로 미등기 세율을 적용하지 않는다.

여기서 '미등기 토지 등'이라 함은 토지 등을 취득한 법인이 그 취득에 관한 등기를 하지 아니하고 양도하는 토지 등을 말한다. 다만, 다음에 해당하는 토지 등은 '미등기 토지 등'으로 보지 아니한다.

① 장기할부조건으로 취득한 토지 등으로서 그 계약조건에 의하여 양도당시 그 토지 등의 취득 등기가 불가능한 토지 등
② 법률의 규정 또는 법원의 처분에 의하여 양도당시 취득에 관한 등기가 불가능한 토지 등
③ 과세배제대상인 교환 또는 분할·통합되는 토지

예제 Example 88

㈜가천(사업연도 1.1~12.31)이 당기 중 토지 등 양도소득 과세대상이 되는 부동산을 다음과 같이 양도한 경우 토지 등 양도소득에 대한 법인세를 계산하시오.

1. 양도내역

구 분	부동산 A	부동산 B
양도가액	500,000	300,000
취득가액 감가상각누계액	400,000 320,000 (감가상각부인누계액 150,000원)	520,000 150,000 (감가상각시인부족액 50,000원)
중개수수료	8,000	10,000

2. 위 부동산은 전부 등기된 부동산이다.
3. 회계상 중개수수료는 유형자산처분손익에서 가감되었다.
4. 상기 부동산에 대해서 적용될 토지 등 양도소득에 대한 세율은 10%라고 가정한다.

해답 1. 양도소득

A부동산 양도소득=500,000－[400,000－(320,000－150,000)]=270,000

B부동산 양도소득=300,000－[520,000－(150,000－0)]=△70,000

* 매각비용을 차감하지 않음

2. 토지 등 양도소득에 대한 법인세

(270,000－70,000)×10%=20,000

토지 등 양도소득에 대한 법인세 20,000원은 각사업연도 소득에 대한 법인세에 가산하여 신고납부하게 된다.

제 7 절 미환류소득에 대한 법인세

01 개 요

이는 상호출자제한 기업집단에 소속된 기업이 기업소득의 일정 비율 이상을 투자, 배당, 임금증가, 상생협력기금출연 등으로 사용하지 않고 과도하게 사내유보를 하는 경우 그 과도하게 사내유보된 소득, 즉 미환류소득에 대해서 20%의 법인세를 추가적으로 과세하고자 하는 제도이다.

이 제도는 최근 대기업들이 지나치게 많은 비중의 소득을 사내에 유보하는 경향이 있어 대기업들의 소득을 투자, 배당, 임금증가, 상생협력기금출연 등을 통해 경제 하부구조에 흘러들어갈 수 있도록 하는 취지로 입법되었다. 이 제도는 2015년부터 3년간 한시적으로 「법인세법」에서 기업소득환류세제로 시행되었다가 2018년부터 「조세특례제한법」으로 이관해서 2028년말까지 투자·배당 및 상생협력세제로 시행되고 있다.

02 적용대상 및 과세방식

가. 적용대상 법인

기업의 미환류소득에 대한 법인세는 각 사업연도 종료일 현재 「독점규제 및 공정거래에 관한 법률」 제31조 제1항에 따른 상호출자제한기업집단에 속하는 내국법인에 대해서만 적용한다.

나. 과세방식

(1) 당기 미환류소득의 계산

기업소득의 일정 비율 이상을 투자, 배당, 임금증가, 상생협력기금출연 등으로 사용하지 않고 과도하게 사내유보한 소득, 즉 미환류소득에 대해 추가적으로 20%의 법인세를 과세하기 위해서는 우선 미환류소득을 계산해야 하는데, 미환류소득은 '투자포함방식'과 '투자제외방식' 중 한 가지 방식을 선택하여 계산한다. 만일 아래 방식으로 계산한 미환류소득이 음수인 경우에는 이를 '초과환류액'이라고 한다.

투자포함방식을 선택한 경우

미환류소득 = 당기 기업소득 × 80% − (투자액 + 배당액 + 임금증가액 + 상생협력기금출연액)

투자제외방식을 선택한 경우

미환류소득 = 당기 기업소득 × 30% − (배당액 + 임금증가액 + 상생협력기금출연액)

상기 미환류소득을 계산함에 있어서 '당기 기업소득', '투자액', '배당액', '임금증가액', '상생협력기금출연액'은 각각 다음과 같이 계산한다.

① 당기 기업소득 : 상기 산식의 '당기 기업소득'은 각 사업연도소득금액에 현금입출금이 있었음에도 불구하고 세무상 특별한 이유로 익금이나 손금으로 보지 않았던 것 등을 조정하는 절차를 거쳐 다음과 같이 계산한다. 다만, 아래 방식으로 계산된 당기 기업소득(연결납세를 하는 경우에는 연결법인의 기업소득 합계액)이 3천억원을 초과하는 경우에는 3천억 원으로 한다(조특령 100의32 ④).

당기 기업소득 = 각사업연도소득 + 가산항목*1 − 차감항목*2

*1 가산항목 : ㉠ 자회사 수입배당금 익금불산입액, ㉡ 국세환급금 이자 익금불산입액, ㉢ 당기 투자액으로 인정받은 자산에 대한 당기 감가상각비 손금인정액, ㉣ 기부금한도초과 이월액 중 당기손금인정액, ㉤ 수입배당금 익금불산입액, ㉥ 법령상 의무적립금 환입액 등

*2 차감항목 : ㉠ 법인세 등으로 납부할 세액(법인세감면분에 대한 농어촌특별세, 법인지방소득세, 직접외국납부세액으로 손금산입하지 않은 금액, 간접외국납부세액으로 익금에 산입할 금액은 포함하고 기업환류세액는 제외), ㉡ 상법 등 관계법령상의 의무적립금, ㉢ 해당 사업연도에 공제가능한 세무상 이월결손금, ㉣ 기부금 손금한도 초과액, ㉤ 잉여금처분에 따른 상여·퇴직급여로써 손금에 산입되지 않는 금액, ㉥ 연구인력개발준비금 중 목적사용에 따른 익금산입액, ㉦ 비적격분할 또는 비적격합병으로 인한 분할법인 또는 피합병법인의 양도차익과 분할법인 또는 피합병법인의 주주인 법인의 의제배당소득 등

② 투자액 : 상기 산식의 '투자액'은 국내사업장에서 사용하기 위해서 새로이 취득하는 사업용 유형자산과 무형자산 투자액 및 벤처기업에 대한 출자액을 말하며, 사업용 유형자산에는 신축·증축하는 업무용 건축물은 포함하되 토지 취득액은 제외하며, 무형자산에는 개발비, 특허권, 상표권, 광업권을 말하고 영업권 취득액은 제외한다. 그리고 투자액에는 중고품 투자액과 즉시 상각된 분은 제외하고 기존자산에 대한 자본적 지출액과 「조세특례제한법 시행령」 제3조의 리스자산은 포함한다(조특령 100의32 ⑥).

③ 배당액 : 위 산식에서 '배당액'은 해당 사업연도 중 지급한 현금배당(분기배당, 중간배당, 결산배당 등을 합한 금액)을 말하고, 주식배당과 자본준비금 또는 이익준비금의 이익잉여금 대체를 통한 감액배당은 제외한다(조특령 100의32 ⑧).

④ 임금증가액 : 임금증가액을 계산할 때 비과세소득을 제외하고 임원, 고액연봉자(연봉 8천만원 이상), 최대주주의 친족, 근로기간이 1년 미만인 근로자 등을 제외한 상시근로자의 임금을 기준으로 계산하되 ㉠ 해당 사업연도의 상시근로자 수가 직전 사업연도의 상시근로자 수보다 증가하지 아니한 경우에는 상시근로자 임금증가금액에 아래 (ㄱ)과 (ㄴ)의 금액을 합한 금액으로 계산하고 ㉡ 직전 사업연도의 상시근로자 수보다 증가한 경우에는 기존 상시근로자 임금증가금액의 1.5배 금액과 신규 상시근로자 임금증가금액의 2배 금액을 합한 금액에 아래 (ㄱ)과 (ㄴ)의 금액을 합한 금액으로 계산한다.

㉠ 해당 사업연도에 청년정규직근로자 수가 직전 사업연도의 청년정규직근로자 수보다 증가한 경우 해당 사업연도의 청년정규직근로자에 대한 임금증가금액

㉡ 해당 사업연도에 정규직 전환 근로자가 있는 경우 : 정규직 전환 근로자(청년정규직근로자는 제외)에 대한 임금증가금액

⑤ 상생협력기금 출연액 : 상기 산식에서 '상생협력기금 출연금'은 「조세특례제한법」에 따라 대, 중소기업의 상생협력을 위하여 출연하는 협력중소기업 기금 출연금과 중소기업협력재단 출연금, 원청업체와 하청업체간의 상생협력을 지원하기 위한 협력업체 사내근로복지기금 출연금 및 공동근로복지기금 출연금, 협력중소기업에 대한 보증 또는 대출지원을 목적으로 무역보험기금에 출연한 경우 그 출연한 금액등 지출액 합계액의 3배 금액

(2) 당기 미환류소득에 대한 법인세 계산

상기 (1)에 따른 미환류소득이 있는 경우 관할 세무서장에게 미환류소득에 대한 법인세신고서를 제출하여야 하고, 미환류소득에 20%를 곱하여 산출한 세액을 미환류소득에 대한 법인세로 납부하여야 한다.

(3) 차기환류적립금의 적립 및 정산

미환류소득에 대한 법인세는 한시적으로 시행되는 제도이므로 당기 미환류소득에 대한 법인세를 무조건 납부하도록 하면 이후 초과환류액이 발생하는 경우 전기 미환류소

득에 대해 납부한 법인세를 다시 정산해야 하는 등 실무상 복잡한 문제가 생길 수 있다. 따라서 「조세특례제한법」은 당기 미환류소득의 전부 또는 일부를 그 다음 2개 사업연도에 투자, 임금 등으로 사용하기 위한 금액(이하 "차기환류적립금")으로 적립할 수 있도록 하고 있다. 당기 미환류적립금 중 전부 또는 일부를 차기환류적립금으로 적립한 경우에는 일단 해당 사업연도에는 이를 미환류소득에서 차감하여 당기 미환류소득에 대한 법인세를 계산하고 차기환류적립금은 2년 후에 정산할 수 있도록 하고 있다(조특법 100의35 ⑤).

그리고 2년 후에 다음 방식으로 정산한 금액(음수인 경우에는 0으로 본다)을 미환류소득에 대한 법인세액으로 추가하여 납부하여야 한다. 이는 차기환류적립금을 적립한 이후 자기자본 감소 등으로 미환류소득에 대한 법인세의 적용대상법인에서 제외되더라도 추가납부하여야 한다.

추가납부할 세액=(2년 전에 적립한 차기환류적립금－적립 후 2년 간의 초과환류액)×20%

(4) 당기 초과환류액의 이월공제

차기환류적립금의 적립 및 정산을 허용하는 취지와 마찬가지로 당기에 초과환류액이 있는 경우 그 초과환류액은 그 다음 2개 사업연도까지 이월하여 미환류소득에서 공제할 수 있다(조특법 100의35 ⑦).

예를 들면, 전기의 초과환류액 150원이 당기로 이월되고 당기 미환류소득이 500원이라고 가정할 경우 해당 법인은 미환류소득 350원(500원 － 150원)에 20%의 세율을 곱해 미환류소득에 대한 법인세를 당기에 납부하게 된다(만일 미환류소득 350원 전부를 차기환류적립금으로 적립하여 공제한다면 당기 미환류소득에 대한 법인세로 0원이 될 것이고, 당기에 공제받은 차기환류적립금 350원은 그 다음 2개 사업연도 후에 미환류소득 계산시 정산을 하게 된다).

03 기 타

가. 투자액 공제금액에 대한 사후관리

미환류소득에 대한 법인세를 투자포함방식으로 선택해서 투자액을 차감한 후에 ㉠ 법령에서 열거한 정당한 사유 없이 사업용 유형고정자산의 투자일 또는 사업용 무형고정자산(매입한 자산에 한정한다)의 매입일 또는 취득일부터 2년이 지나기 전에 해당자산을 양도하거나 대여하는 경우 ㉡ 업무용 건축물에 해당하지 아니하게 된 경우에는 그 자산에 대한 투자금액의 공제로 인하여 납부하지 아니한 세액에 이자 상당액을 가산하여 자진신고납부하여야 한다(조특령 100의32 ⑱).

나. 미환류소득 계산방식의 선택

미환류소득에 대한 법인세의 적용대상법인은 전술한 '투자포함방식'과 '투자제외방식' 중 하나의 방법을 선택하여 미환류소득 또는 초과환류소득을 계산한다. 그리고 선택한 방법이 '투자포함방식'인 경우에는 적용방법을 3년간 계속 적용해야 하고, '투자제외방식'은 경우에는 1년 후 '투자포함방식'으로 변경할 수 있다. 다만, 그 법인의 합병 또는 경영권인수 목적의 지분인수가 있는 경우 등에는 그 선택방법을 적용기간의 제한 없이 변경할 수 있다.

한편 미환류소득에 대한 법인세의 적용대상법인이 상기 방식 중 하나를 선택하지 않은 경우 최초로 적용대상법인 된 사업연도에 미환류소득이 적게 산정되거나 초과환류액이 많게 산정되는 방법을 선택하여 신고한 것으로 본다.

다. 합병 또는 분할시 미환류소득 등의 승계

합병 또는 분할에 따라 피합병법인 또는 분할법인이 소멸하는 경우 합병법인 또는 분할신설법인은 미환류소득 및 초과환류액을 승계할 수 있다.

예제 Example 89

다음은 ㈜강남(사업연도 1.1.~12.31)의 미환류소득에 대한 법인세 자료이다. 이 자료를 가지고 ㈜강남의 제5기 및 제6기의 미환류소득에 대한 법인세액을 계산하시오(㈜강남은 상호출자제한 기업집단에 소속된 계열회사이다).

1. 제5기의 미환류소득에 대한 법인세 자료이다.

당기 기업소득	5,000	투자 합계액	850	임금 증가액	400
현금배당 합계액	200	상생협력기금출연금	80		

2. 제6기의 미환류소득에 대한 법인세 자료이다.

당기 기업소득	1,000	투자 합계액	700	임금 증가액	600
현금배당 합계액	200	상생협력기금출연금	80		

3. 상기 제5기와 제6기의 임금증가액은 임금증가액에 대한 가중치가 1배에 해당하는 것으로 가정한다.
4. 미환류소득에 대한 산정방법은 미환류소득이 적게 산출되는 방법으로 신고하고, 제5기에 대한 미환류소득의 100%는 차기환류적립금으로 적립하는 것으로 한다.

해답 1. 제5기 미환류소득에 대한 법인세

➤ 투자포함방식의 미환류소득=당기기업소득×80%−(투자액+배당+임금증가×1배+상생협력출연금×3배)
=5,000×80%−(850+200+400×1배+80×3배)
=2,310

➤ 투자제외방식의 미환류소득=당기기업소득×30%−(배당+임금증가×1배+상생협력출연금×3배)
=5,000×30%−(200+400×1배+80×3배)=660

➤ 미환류소득이 적게 산출되는 방식은 투자제외방식이므로 이를 선택하고, 차기환류적립금 660을 적립하면 제5기의 미환류소득에 대한 법인세액은 0원이 된다.
(신고한 미환류소득−차기환류적립금)×20%=(660−660)×20%=0

2. 제6기 미환류소득에 대한 법인세

➤ 투자제외방식의 미환류소득=당기기업소득×30%−(배당+임금증가×1배+상생협력출연금×3배)
=1,000×30%−(200+600×1배+80×3배)=△740

➤ 전년도에 투자제외방식을 선택하였고 차기환류적립금 660을 적립하였으므로 당기에도 투자제외방식으로 미환류소득을 계산하였고, 당기에는 초과환류액 740으로 계산되었다. 따라서 전기이월된 차기환류적립금 660을 당기 초과환류액과 상계하고(당기에도 미환류소득에 대한 법인세액은 없다), 나머지 80은 차기로 초과환류액으로 이월하여 그 다음 사업연도의 미환류소득과 상계하면 된다.

제 8 절 가산세

01 개 요

가산세란 세법에서 규정하는 의무의 성실한 이행을 확보하기 위하여 그 세법에 의하여 산출한 세액에 가산하여 징수하는 금액으로 가산금은 포함하지 않는다(국기법 2 (4)). 그리고 가산세는 해당 의무가 규정된 세법의 해당 세목의 일부가 되며, 해당 국세를 감면하는 경우에도 가산세는 그 감면대상에 포함시키지 않는다(국기법 47 ②).

가산세에 관한 규정은 「국세기본법」과 각 국세에 관한 개별 세법에 규정되어 있는데, 「국세기본법」은 각 개별 세법에 공통적으로 적용되는 가산세에 관한 내용들이 규정되어 있고, 각 개별 세법은 그 개별 세법에만 해당하는 가산세를 별도로 규정하고 있다(따라서 법인세에 관련된 가산세는 「국세기본법」과 「법인세법」의 가산세에 관한 규정을 함께 고려해야 한다).

본 절에서는 「법인세법」에 규정된 가산세에 관한 규정을 위주로 설명한다[「국세기본법」에는 「법인세법」상의 의무불이행과 관련하여 무신고가산세(국기법 47조의2), 과소신고 · 초과환급가산세(국기법 47조의3), 납부불성실 · 환급불성실가산세(국기법 47조의4), 원천징수 등 납부지연가산세(국기법 47조의5) 등이 규정되어 있다].

2 가산세의 종류

가. 장부의 기록 · 보관 불성실가산세(법법 75조의3)

구 분	내 용
① 사 유	장부의 비치 · 기장(記帳)의무를 이행하지 아니한 경우(비영리내국법인은 제외)
② 가산세액	Max[정부결정 산출세액* × 20%, 수입금액 × 0.07%] * 토지 등 양도소득에 대한 법인세액와 미환류소득에 대한 법인세액은 제외함

신고불성실가산세와 「법인세법」상 무기장가산세가 동시에 적용되는 경우 그 중 큰 금액의 가산세만 적용하고, 가산세액이 같으면 신고불성실가산세를 적용한다(국기법 47조2 ⑥, 47조3 ⑥).

나. 정규증빙 미수취 가산세(법법 75조의5)

구 분	내 용
① 사 유	법인이 사업과 관련하여 법인 또는 개인사업자*1로부터 건당 거래금액(부가가치세 포함) 3만원을 초과하는 재화 · 용역을 공급받고 정규증명서류를 수취하지 않은 경우 및 사실과 다른 증명서류를 수취한 경우 정규증명서류(적격증빙) : 신용카드매출전표, 현금영수증, 세금계산서, 계산서, 직불카드 · 직불 전자지급수단 · 기명식 선불카드 · 기명식 선불 전자지급수단 등의 영수증

구 분	내 용
② 적용배제	㉠ 국가 및 지방자치단체, 비영리법인(수익사업과 관련된 부분은 제외), 금융보험업을 영위하는 법인 및 국내사업장이 없는 외국법인 또는 비거주자로부터 재화 또는 용역을 공급받는 경우 ㉡ 농·어민(법인은 제외)으로부터 재화 또는 용역을 직접 공급받은 경우 ㉢ 「소득세법」상 원천징수대상 사업소득자로부터 용역을 공급받은 경우(원천징수한 것에 한함) ㉣ 항만공사가 공급하는 화물료징수용역을 공급받는 경우 ㉤ 공매·경매 또는 수용에 의하여 재화를 공급받는 경우 ㉥ 지출건당 3만원을 초과하는 기업업무추진비 중 정규증빙 미수취로 손금불산입되는 것*2
③ 가산세액	그 수취하지 않은 금액 및 사실과 다르게 받은 금액으로 손금으로 인정되는 금액*2×2% * 산출세액이 없는 경우에도 가산세는 징수함

*1 여기서 법인 또는 개인사업자란 다음에 해당하는 사업자를 말한다(법령 158 ①).

① 법인(수익사업을 영위하지 않는 비영리법인, 국가·지방자치단체, 금융보험업 영위 법인, 국내사업장이 없는 외국법인 제외)

② 「부가가치세법」의 규정에 의한 사업자(읍·면지역 소재 간이과세자로서 신용카드가맹점 또는 현금영수증 가맹점이 아닌 사업자 제외)

③ 「소득세법」의 규정에 의한 사업자(국내사업장이 없는 비거주자 제외)

*2 손금불산입과 가산세 부과라는 이중의 제재는 하지 않기 위한 것이다.

다. 기부금영수증 발급 등 불성실가산세(법법 75조의4)

구 분	내 용
① 사 유	비영리내국법인이 손금산입 등을 받기 위한 기부금영수증을 사실과 다르게 발급하거나 기부자별 발급명세를 작성·보관하지 아니한 경우
② 적용배제	「상속세 및 증여세법」의 규정에 의하여 보고서 제출의무를 이행하지 아니하거나 출연받은 재산에 대한 장부의 작성·비치 의무를 이행하지 아니하여 가산세가 부과되는 경우 기부자별 발급명세와 관련된 가산세는 적용하지 아니한다.
③ 가산세액	㉠ 기부금영수증의 경우 : 사실과 다르게 발급된 금액의 5% ㉡ 기부자별 발급명세의 경우 : 그 작성·보관하지 아니한 금액의 0.2% * 산출세액이 없는 경우에도 가산세는 징수함

Reference 기부금영수증 발급내역의 작성 · 보관의무 등(법법 제112조의 2)

㉠ 기부금영수증을 발급하는 법인은 대통령령으로 정하는 기부자별 발급명세를 작성하여 발급한 날부터 5년간 보관하여야 하고, 해당 사업연도의 기부금영수증 총 발급 건수 및 금액 등이 적힌 기부금영수증 발급합계표를 해당 사업연도의 종료일이 속하는 달의 말일부터 6개월 이내에 관할 세무서장에게 제출하여야 한다. 다만, 전자기부금영수증을 발급한 경우에는 그러하지 아니하다(법법 112의2 ①~③).

㉡ 기부금영수증을 발급하는 법인은 해당 사업연도의 직전 사업연도에 받은 기부금에 대하여 발급한 기부금영수증 금액의 총합계액이 3억원을 초과하는 경우에는 해당 사업연도에 받은 기부금에 대하여 그 기부금을 받은 날이 속하는 연도의 다음 연도 1월 10일까지 전자기부금영수증을 발급하여야 한다(법법 112의2 ④).

라. 계산서 등 불성실가산세

(1) 계산서 등과 관련된 의무

법인이 재화나 용역을 공급하면 계산서 또는 영수증을 작성하여 공급받는 자에게 발급하여야 하고, 이 경우 계산서는 전자적 방법으로 작성한 계산서(전자계산서)로 발급하여야 한다(법법 121 ①). 그리고 전자계산서를 발행한 법인은 전자계산서 발급명세를 발급일의 다음 날까지 국세청장에게 전송하여야 한다(법법 121 ⑦, 법령 164 ⑤). 이는 상거래 질서의 투명성을 위한 제도로 부가가치세가 과세되는 것에 대해서 「부가가치세법」에 따라 세금계산서나 영수증을 작성하여 교부한 것에 대해서는 「법인세법」상 계산서 교부의무가 면제되므로(법법 121조 ⑥) 결국 부가가치세가 면제되는 거래에 한정된다.

그리고 법인은 「법인세법」에 따라 발급하였거나 발급받은 계산서의 매출 · 매입처별 계산서합계표를 익년 2월 10일까지 납세지 관할 세무서장에게 제출하여야 하지만, 전자계산서를 발급하거나 발급받고 전자발급명세를 국세청장에게 전송한 것에 대해서는 매출 · 매입처별 계산서합계표를 제출하지 아니할 수 있다(법법 121 ⑤).

(2) 가산세 부과사유 및 가산세율

정상적인 계산서의 수수 및 과세자료의 제출을 확립하기 위해서 「법인세법」은 계산서에 대해서 다음과 같은 가산세를 부과하고 있다. 아래에 해당하면 산출세액이 없는 경우에도 가산세를 징수하되, 적격증빙불비가산세가 적용되거나 「부가가치세법」의 규정에 따라 가산세가 부과되는 부분은 제외한다(법법 75조의8).

가산세 적용대상	가산세율
㉠ 발급한 계산서 등에 필요적 기재사항의 전부 또는 일부를 적지 아니하거나 사실과 다르게 적은 경우(아래 '㉡'이 적용되는 분은 제외)	공급가액 × 1%
㉡ 매출·매입처별 계산서합계표를 익년 2월 10일까지 제출하지 아니한 경우 또는 제출하였더라도 그 합계표에 적어야 할 사항의 전부 또는 일부를 적지 아니하거나 사실과 다르게 적은 경우(아래 '㉣'이 적용되는 매출가액 또는 매입가액은 제외)	공급가액×0.5%
㉢ 매입처별 세금계산서합계표를 익년 2월 10일까지 제출하지 아니한 경우 또는 제출하였더라도 그 합계표에 적어야 할 사항의 전부 또는 일부를 적지 아니하거나 사실과 다르게 적은 경우(아래 '㉣'이 적용되는 매입가액은 제외)	공급가액×0.5%
㉣ 다음의 어느 하나에 해당하는 경우 (ㄱ) 재화나 용역을 공급한 자가 계산서등을 발급시기에 발급하지 아니한 경우 (ㄴ) 재화 또는 용역을 공급하지 않고 신용카드매출전표, 현금영수증, 계산서(이하 '계산서 등')를 발급한 경우 (ㄷ) 재화 또는 용역을 공급받지 않고 '계산서 등'을 발급받은 경우 (ㄹ) 재화 또는 용역을 공급하고 실제 공급받는 자가 아닌 법인 명의로 '계산서 등'을 발급한 경우 (ㅁ) 재화 또는 용역을 공급받고 실제 공급하는 자가 아닌 법인 명의로 '계산서 등'을 발급받은 경우	공급가액 × 2% 단, 재화나 용역의 공급자가 ㉠전자계산서 외의 계산서를 발급한 경우 ㉡계산서 발급시기가 지난 후 해당 공급시기가 속하는 사업연도말의 다음달 25일까지 계산서를 발급한 경우에는 1%로 한다.
㉤ 전자계산서 발급명세를 발급일의 다음 날까지 국세청장에게 전송하지 않고 재화 또는 용역의 공급시기가 속하는 사업연도 말의 다음달 25일까지 지연 전송하는 경우(상기 '㉣'이 적용되는 분은 제외)	공급가액×0.3%
㉥ 전자계산서 발급명세를 공급시기가 속한 사업연도 말의 다음달 25일까지도 국세청장에게 전송하지 않은 경우(상기 '㉣'이 적용되는 분은 제외)	공급가액×0.5%

마. 특정외국법인의 유보소득계산명세서 불성실 가산세

(1) 수동소득에 대한 특정외국법인의 유보소득 과세제도

「국제조세조정에 관한 법률」은 법인세 부담액이 실제 발생소득의 15% 이하인 법인세 저세율 국가에 본점 또는 주사무소를 둔 외국법인에 대하여 내국법인(내국인 포함)이 직접 또는 간접으로 지분율 10% 이상을 투자한 특정외국법인으로서 일정 요건을 충족시키는 경우에는 그 특정외국법인의 각 사업연도말 현재 배당가능한 유보소득 중 내국법인 등에게 귀속될 금액을 내국법인 등이 배당받은 것으로 보도록 하고 있다(국조법 27~34). 이를 수동소득에 대한 특정외국법인의 유보소득 과세제도(CFC, Controlled Foreign Company)라고 한다(이를 위하여 「국제조세조정에 관한 법률」은 적용 요건 등을 상세히 규정하고 있지만, 본서에는 자세한 설명은 생략한다).

이 제도는 특정외국법인이 배당이 가능함에도 불구하고 실제 배당이 이루어진 경우에만 국내에서 법인세가 과세되는 점을 악용하여 내국법인 등이 저세율 국가에 소득을 누적시켜두는 것을 방지하기 위한 취지이다.

(2) 특정외국법인에 대한 자료제출의무 및 가산세

「국제조세조정에 관한 법률」은 특정외국법인에 대한 유보소득 과세제도의 실효성을 확보하기 위하여 특정외국법인의 재무제표, 특정외국법인의 법인세신고서, 특정외국법인의 유보소득계산명세서 등을 제출하도록 하고 있으며, 내국법인의 경우 이를 법인세 신고기한까지 제출하도록 하고 있다(국조법 34).

그리고 「법인세법」은 특정외국법인에 대한 자료제출의무와 관련해서 내국법인이 특정외국법인의 유보소득계산명세서를 제출하지 않거나 불분명하게 제출한 경우에는 해당 특정외국법인의 배당 가능한 유보소득금액의 0.5%를 법인세로서 징수하도록 하고 있다. 이는 산출세액이 없는 경우에도 징수한다(법법 75조의9).

바. 성실신고확인서 제출 불성실가산세

성실신고확인서 제출대상 법인이 과세표준 신고를 할 때 성실신고확인서를 제출하지 않으면 ㉠ 법인세 산출세액(토지 등 양도소득에 대한 법인세 및 미환류소득에 대한 법인세는 제외)의 5%와 ㉡ 수입금액의 0.02% 중 큰 금액을 가산세로 징수한다(법법 75). 이 가산세는 산출세액이 없는 경우에도 적용한다.

사. 업무용승용차 관련비용 명세서 제출 불성실 가산세

업무용승용차 관련비용 등을 손금에 산입한 내국법인이 ㉠ 업무용승용차 관련비용 등에 관한 명세서를 제출하지 않은 경우에는 업무용승용차 관련비용 등으로 손금에 산입한 금액의 1%를, ㉡ 명세서를 사실과 다르게 제출한 경우에는 명세서에 사실과 다르게 적은 금액의 1%를 가산세로 징수한다(법법 74조의2 ①, ②). 이 가산세는 산출세액이 없는 경우에도 적용한다.

아. 기타의 가산세

구 분	사 유	가 산 세 액
① 주식 등 변동상황 명세서 제출 불성실 가산세*1 (법법 75조의2②)	사업연도 중 주식 등의 변동사항이 있는 법인이 변동상황명세서를 미제출·변동상황을 누락하여 제출한 경우 또는 변동상황명세서가 불분명한*2 경우(상장법인의 경우에는 지배주주 및 그 특수관계인만이 제출대상임)	미제출한 주식 등의 액면금액×1%
② 주주등 명세서 제출 불성실가산세*1 (법법 75조의2①)	법인 설립신고시 또는 신규로 법인세법에 의한 사업자등록시 주주등의 명세서를 첨부하여 제출하지 않거나 불분명하게*2 제출한 경우 또는 사실과 다르게 기재하여 제출한 경우	미제출 또는 불분명하게 제출한 주식등의 액면금액×0.5%
③ 지급명세서등 제출 불성실가산세*1 (법법 75조의7)	「법인세법」 또는 「소득세법」에 의하여 지급명세서 또는 간이지급명세서를 제출하여야 할 법인이 기한까지 지급명세서를 제출하지 아니하였거나 불분명한 경우 또는 사실과 다르게 기재하여 제출한 경우	㉠ 미제출 및 지연제출의 경우 : 지급명세서 : 미제출액×1% (3개월 이내 지연제출의 경우 0.5%) 간이지급명세서 : 미제출액×0.25%(3개월 이내 지연제출의 경우 0.125%) ㉡ 불분명 및 사실과 다른 경우 : 지급명세서 : 미제출액×1% 간이지급명세서 : 미제출액×0.125%
④ 신용카드매출전표 발행불성실가산세*1 (법법 75조의6①)	신용카드가맹점이 신용카드에 의한 거래를 거부하거나 신용카드매출전표를 사실과 다르게 발급한 경우	건별 발급 거부금액 또는 건별로 사실과 다르게 발급한 금액(건별로 발급하여야 할 금액과의 차액을 말함)×5% (건별로 계산한 금액이 5천원에 미달하는 경우는 5천원)
⑤ 현금영수증발행 등 불성실가산세*1 (법법 75조의6②)	㉠ 현금영수증가맹점으로 가입하여야 할 법인이 가입하지 아니한 경우	가맹하지 아니한 사업연도의 가맹대상업종의 수입금액×1% ×미가맹일수비율
	㉡ 현금영수증가맹점이 건당 5천원 이상의 거래금액에 대하여 현금영수증 발급을 거부한 경우 및 사실과 다르게 발급한 경우	건별 발급 거부금액 또는 건별로 사실과 다르게 발급한 금액(건별로 발급하여야 할 금액과의 차액을 말함)×5% (건별로 계산한 금액이 5천원에 미달하는 경우는 5천원)
⑥ 현금영수증발행 등 불성실가산세*1 (법법 75조의 6③)	㉢ 현금영수증 의무발행업종을 영위하는 법인이 건당 10만원 이상의 재화 등을 공급하면서 현금을 받고 현금영수증을 미발행한 경우	미발행금액×20%(10일 이내에 발행하면 10%) ※ 이 가산세가 적용되면 다른 현금영수증불성실가산세는 적용 배제

*1 산출세액이 없는 경우에도 가산세는 징수함.

*2 주주등 명세서와 주식등 변동상황명세서는 주식등을 실제 소유한 자를 기준으로 작성하여야 하며 작성 시 필요적 기재사항을 반드시 기재하여야 한다. 따라서 ㉠ 제출된 명세서에 필요적 기재사항의 전부 또는 일부를 기재하지 아니하였거나 잘못 기재하여 주주등의 명세를 확인할 수 없는 경우 ㉡ 제출된 명세서의 필요적 기재사항이 주식등의 실제소유자에 대한 사항과 다르게 기재되어 주주등의 명세를 확인할 수 없는 경우에는 불분명한 경우에 해당하여 가산세를 부담하게 된다. 다만, 법인이 주식등의 실제소유자를 알 수 없는 경우 등 정당한 사유가 있는 경우는 제외한다(법령 120 ①).

자. 가산세 적용한도

가산세 중 적격증빙 미수취가산세, 주주 등 명세서제출 불성실가산세, 주식 등 변동상황명세서 제출 불성실가산세, 지급명세서 불성실가산세, 계산서 등 불성실가산세, 기부금영수증 발급 등 불성실가산세는 의무 위반의 종류별로 각각 5천만원(중소기업이 아닌 경우에는 1억원)을 가산세의 한도로 한다. 다만 해당 의무를 고의적으로 위반한 경우에는 그러하지 아니하고(국기법 49 ①(2)), 가산세 한도는 과세기간 단위로 적용한다(국기법령 29조의2).

제 9 절 법인세의 부가세

01 개 요

법인세에 대하여는 「농어촌특별세」와 「법인지방소득세」 두 가지의 세목이 부가(附加)된다. 「농어촌특별세」는 「조세특례제한법」에 의하여 비과세 · 소득공제 · 세액감면 · 세액공제 등을 받는 경우 이로 인해 감면된 법인세액에 대하여 일정비율을 농어업의 경쟁력 강화를 위한 목적세로 부가하여 납부하는 것이고(2034년 6월 30일까지 시행되는 한시법이다), 「법인지방소득세」(구 지방소득세 법인소득분)는 지방자치단체의 재원에 충당하기 위해서 법인소득에 대해서 지방세로 지방자치단체에 납부하는 것이다.

02 농어촌특별세

가. 과세대상

「조세특례제한법」에 따라 법인세를 감면받는 경우 감면세액의 20%를 「농어촌특별세」로 납부하여야 한다(농특세법 3). 여기서 감면이란 「조세특례제한법」에 의한 비과세·소득공제·세액감면·세액공제를 적용받는 것을 말한다. 따라서 「조세특례제한법」에 의한 특별감가상각비·준비금의 손금산입·손금산입특례 및 익금불산입의 적용 등 각 사업연도 소득의 계산단계에서 반영되는 조세특례의 적용으로 법인세가 감소되는 것은 농어촌특별세의 과세대상이 아니다.

나. 농어촌특별세액의 계산

「조세특례제한법」에 따라 비과세·소득공제·세액감면·세액공제를 적용받는 경우 비과세와 소득공제는 각 사업연도 소득에서 과세표준을 계산하는 과정에서 고려되는 것이고 세액감면과 세액공제는 세액의 계산과정에서 고려되는 것이므로 다음과 같이 다른 방식으로 농어촌특별세액을 계산한다.

조세특례제한법에 의한 세액감면·세액공제가 있는 경우

농어촌특별세 = 조세특례제한법에 의한 법인세 세액감면액 및 세액공제액×20%

조세특례제한법에 의한 비과세소득·소득공제가 있는 경우

농어촌특별세*
= [(과세표준금액 + 비과세·소득공제액) × 법인세율 − (과세표준금액 × 법인세율)] × 20%

* 이는 「조세특례제한법」에 의한 비과세·소득공제를 하지 않았더라면 산출될 과세표준에 대한 법인세액과 「조세특례제한법」에 의한 비과세·소득공제를 한 이후의 법인세액의 차액이 농어촌특별세액 과세대상이 된다는 의미이다.

다. 농어촌특별세의 비과세대상

「농어촌특별세법」에서는 그 입법취지(①, ②)와 조세정책상의 목적(③, ④, ⑤)으로 「조세특례제한법」에 의하여 법인세를 감면받는 경우 농어촌특별세를 비과세하는 경우가 있다.

① 지방이전에 대한 각종 감면 : 공장·본사를 수도권 밖으로 이전하는 경우의 법인세 감면 등

② 농어촌 지원을 위한 각종 감면 : 농공단지입주기업에 대한 세액감면 등

③ 연구 및 인력개발을 위한 각종 감면 : 연구 및 인력개발비세액공제 등

④ 중소기업에 대한 각종 감면 : 중소기업에 대한 특별세액 감면, 창업중소기업에 대한 세액감면 등

⑤ 외국인 투자기업에 대한 감면

라. 신고납부절차

농어촌특별세는 법인세의 부가세(sur-tax)이므로 법인세의 신고납부절차에 따라 신고납부하여야 한다.

03 법인지방소득세

가. 개 요

법인에 과세소득이 있는 경우 법인세 외에 「지방세법」에 따라 법인지방소득세를 별도로 자진신고·납부하여야 한다(결손인 경우에도 신고의무가 있다). 이는 법인이 국가의 구성원으로 국세인 법인세를 부담하듯이 지방자치단체의 일원으로서 법인소득에 대해서 지방세를 부담하는 것이다. 그리고 법인지방소득세는 지방세이므로 관할 세무서에 신고납부하는 것이 아니라 관할 시·군에 각각 별도로 신고·납부하여야 한다.

나. 법인지방소득세의 계산구조

「법인세법」이 각 사업연도 소득, 토지 등 양도소득, 미환류소득, 청산소득, 연결납세제도 등에 대해 각각의 계산방법에 따라 법인세를 달리 계산하듯이 「지방세법」도 「법인세법」상의 소득구분 및 과세방식 구분에 따라 각각 법인지방소득세 계산구조를 달리 정하고 있다. 다만, 여기서는 각 사업연도 소득에 대한 법인지방소득세에 관한 내용만을 간략히 살펴본다.

각 사업연도 소득에 대한 법인지방소득세의 과세표준은 법인세 과세표준과 동일한 금액이고, 여기에 법인지방소득세 표준세율을 곱하면 법인지방소득세 산출세액('법인지방소득세 표준산출세액'이라고 한다)이 되고, 이 산출세액에서 「지방세법」 등이 정하는 법인지방소득세에 관한 세액공제 및 감면세액을 공제하고 법인지방소득세에 대한 가산세 등을 더하면 법인지방소득세 총부담세액이 된다.

이를 산식으로 표시하면 다음과 같다.

법인세 과세표준	×	법인지방 소득세 세율*1	=	법인지방 소득세 산출세액	−	법인지방 소득세 공제 · 감면*2	+	법인지방 소득세 가산세	=	법인지방소득세 총부담세액 (가산세포함)

〈 지방소득세 산출 〉

*1 법인지방소득세 표준세율

과세표준	세　율
2억원 이하	과세표준 × 1%
2억원 초과 200억원 이하	200만원 + 　2억원을 초과하는 금액 × 2%
200억원 초과 3천억원 이하	3억9천800만원 + 200억원을 초과하는 금액 × 2.2%
3천억원 초과	65억5천800만원 + 3천억원을 초과하는 금액 × 2.5%

➤ 부동산임대업을 주업으로 하는 소규모법인의 법인지방소득세 표준세율은 '과세표준 0원~200억 이하 구간'이 '과세표준×2%'가 된다,

*2 법인지방소득세의 세액공제 및 세액감면에 관한 사항은 「지방세특례제한법」에서 정하는 내용에 따른다.

한편 「지방세법」은 내국법인 등에게 이자와 배당소득을 지급하면서 법인세를 원천징수하는 경우 원천징수하는 법인세의 10분의 1을 법인지방소득세로 함께 원천징수(「지방세법」에서는 이를 특별징수라고 함)하도록 하고 있다. 따라서 이자나 배당소득을 받은 내국법인 등은 이자 또는 배당소득을 받으면서 특별징수된 법인지방소득세가 있다면, 이는 법인지방소득세에 관한 기납부세액에 해당하므로 상기 법인지방소득세 총부담세액에서 차감하고 납부하면 된다.

다. 신고납부방법 및 가산세

(1) 신고기한

각 사업연도소득에 대한 법인지방소득세는 당해 사업연도 종료일부터 4개월 이내(연결납

세를 하는 경우에는 연결사업연도의 종료일이 속하는 달의 말일부터 5개월 이내)에 개별 내국법인의 재무상태표 · 포괄손익계산서 및 이익잉여금처분계산서(또는 결손금처리계산서)와 「지방세법」에 의한 세무조정계산서를 첨부하여 자진신고 · 납부하여야 한다. 다만, 법인세액이 결정 또는 경정되는 경우에는 그 고지서의 납부기한, 신고기한을 연장하는 경우에는 그 연장된 신고기한, 수정신고하는 경우에는 그 수정신고일까지 자진신고 · 납부한다.

(2) 신고납부지

법인이 둘 이상의 지방자치단체에 사업장을 가지고 있는 경우 아래 기준에 따라 법인지방소득세의 산출세액을 안분계산하고, 사업장별 세액공제 · 감면세액 · 가산세 · 기납부세액을 반영하여 그에 따른 세액을 그 소재지를 관할하는 지방자치단체에 각각 신고 · 납부하여야 한다.

> 개별 지방자치단체에 신고납부할 세액
> = 법인지방소득세 표준산출세액 × [(개별 사업장 종업원수 / 법인 총종업원수
> + 개별 사업장 건축물연면적 / 법인 총건축물연면적) ÷ 2]
> × (개별 지방자치단체의 법인지방소득세 세율 / 법인지방소득세 표준세율)*

* 개별지방자치단체의 법인지방소득세 세율과 법인지방소득세 표준세율의 비율을 반영하는 것은 각 지방자치단체가 표준세율과 달리 표준세율의 100분의 50 범위 내에서 세율을 가감하여 탄력세율을 적용하는 경우가 생길 수 있기 때문에 표준세율과 탄력세율의 차이를 고려하기 위한 것이다.

(3) 가산세

법인지방소득세에 관한 신고납부의무를 제대로 이행하지 않으면 「지방세법」상 신고불성실가산세와 납부불성실가산세 등 가산세가 적용한다. 그리고 「법인세법」에 의해 법인세로 징수하는 가산세의 10분의 1에 상당하는 금액을 법인지방소득세의 가산세로 징수한다.

보론 기능통화 도입기업 및 해외사업장의 과세표준 계산특례

01 기능통화 도입기업의 과세표준 계산 특례

가. 취 지

국제회계기준은 영업활동이 이루어지는 주된 경제환경에서의 통화인 기능통화를 사용해서 사업연도 중에 회계장부를 작성·유지하고 결산일에 기능통화로 작성된 재무제표를 표시통화(우리나라 기업의 경우 원화가 표시통화가 된다)로 환산해서 재무보고를 하는 것을 허용하고 있다(모든 자산과 부채는 기말환율로 손익계산서 항목은 해당 거래일 환율로 환산하지만, 손익계산서 항목은 환율변동이 중요하지 않으면 평균환율을 사용하는 것이 가능하다).

이는 주된 활동이 해외에서 주로 발생하는 기업에게 표시통화로만 회계장부를 유지하도록 강제하면 비화폐성자산과 부채는 역사적 환율이 적용되는데 화폐성 자산과 부채만 현행 환율로 환산하게 되어 급격한 환율변동이 있는 경우에 환율변동의 효과가 기업의 재무제표를 심각하게 왜곡시키는 경우가 발생하기 때문에 이러한 왜곡을 방지하기 위한 것이다.

한편 국제회계기준이 이와 같이 기능통화를 사용해서 회계장부를 유지할 수 있도록 한 것을 「법인세법」이 인정하지 않으면 기업들은 세무목적상 별도로 원화를 기준으로 한 회계장부를 작성·유지해야만 하는 번거로움이 생기게 된다. 따라서 「법인세법」은 기능통화로 회계장부를 유지할 수 있도록 한 국제회계기준의 내용을 수용하기 위해서 기능통화로 회계장부를 유지하는 기업들이 법인세 과세표준계산을 어떻게 계산할 것인지를 자세히 규정하고 있다.

이에 대한 기본적인 내용만 요약하면 다음과 같다.

나. 기능통화 도입기업의 과세표준 계산방법

기업회계기준에 따라 원화 외의 통화를 기능통화로 채택하여 재무제표를 작성하는 내국법인의 과세표준 계산방법은 원칙적으로 다음 <제1방법>에 따르되, 관할세무서장에게 신고하면 <제2방법>이나 <제3방법>을 선택할 수 있다. 그리고 같은 연결집단에 속하는 연결법인의 경우에는 동일한 과세표준계산방법을 적용하여야 한다(법법 제53조의2 ①).

<제1방법> 기능통화를 채택하지 아니하였을 경우에 작성하여야 할 원화 재무제표를 기준으로 과세표준을 계산하는 방법
<제2방법> 기능통화로 표시된 재무제표를 기준으로 과세표준을 계산한 후 이를 원화로 환산하는 방법

<제3방법>	재무상태표 항목은 사업연도종료일 현재의 매매기준율, 포괄손익계산서 항목은 해당 거래일 현재의 환율(일부 항목의 경우에는 해당 사업연도 평균환율)을 적용하여 원화로 환산한 재무제표를 기준으로 과세표준을 계산하는 방법

다. 과세표준 계산방법 신고 및 변경

(1) 과세표준 계산방법 신고

기능통화로 재무제표를 작성하는 내국법인이 상기 <제2방법>이나 <제3방법>으로 과세표준 계산을 하려면 납세지 관할세무서장에게 과세표준계산방법신고서를 제출하여야 한다(법령 제91조의2 ①). 신고가 없으면 <제1방법>을 적용한다.

(2) 과세표준계산방법의 변경

상기 <제2방법>이나 <제3방법>으로 과세표준계산방법을 신고·적용한 법인은 기능통화를 변경하는 등 일정한 사유에 해당하는 경우 외에는 과세표준계산방법을 변경할 수 없다(법법 제53조의2 ②, 법령 제91조의2②).

02 해외사업장의 과세표준 계산 특례

가. 취 지

내국법인이 해외공장이나 지점 등 해외사업장을 가지고 있는 경우 그 해외사업장은 내국법인의 일부이므로 해외사업장의 자산과 부채 및 손익은 내국법인의 결산에 포함하여야 하고 과세소득도 계산하게 된다. 그리고 해외사업장은 기본적으로 소재지국의 통화를 가지고 회계장부를 유지한다(즉, 해외사업장 재무제표가 기능통화로 작성되고 있다고 말할 수 있다). 따라서 내국법인의 과세소득을 계산할 때 기능통화로 작성된 해외사업장의 자산과 부채 및 손익을 어떻게 내국법인의 과세소득에 포함시킬 것인지가 문제가 된다.

이에 대해서 「법인세법」은 이미 설명한 '기능통화 도입기업의 과세표준특례'와 유사하게 해외사업장의 과세표준 계산에 관한 방법을 규정하고 있다.

나. 해외사업장의 과세표준 계산방법

해외사업장이 있는 내국법인이 해외사업장의 과세표준을 내국법인의 과세표준에 포함하는 방법은 원칙적으로 다음 <제1방법>에 따른다. 다만, 관할세무서장에게 신고를 하면 <제2방법>이나 <제3방법>을 선택할 수 있다(법법 제53조의3 ①).

<제1방법>	해외사업장 재무제표를 원화 외의 기능통화를 채택하지 아니하였을 경우에 작성하여야 할 재무제표로 재작성하여 본점의 재무제표와 합산한 후 합산한 재무제표를 기준으로 과세표준을 계산하는 방법
<제2방법>	해외사업장의 기능통화로 표시된 해외사업장 재무제표를 기준으로 과세표준을 계산한 후 이를 원화로 환산하여 본점의 과세표준과 합산하는 방법
<제3방법>	해외사업장의 재무제표에 대하여 재무상태표 항목은 사업연도종료일 현재의 환율, 포괄손익계산서 항목 중 감가상각비 등은 평균환율 · 그 밖의 손익항목은 거래일 현재의 환율과 평균환율 중 세무서장에게 신고한 환율을 각각 적용하여 원화로 환산하고, 이를 본점 재무제표와 합산한 후 합산한 재무제표를 기준으로 과세표준을 계산하는 방법

그리고 상기 각 방법을 적용함에 있어서 필요한 사항을 '기능통화 도입기업의 과세표준 계산특례'에서 정한 것과 유사하게 규정하고 있다.

법/인/세/법/강/의

연습문제

TYPE 주관식문제

01 「법인세법」상 비과세소득에 대하여 설명하시오.

02 이월결손금 공제에 대하여 설명하시오.

TYPE 객관식문제

01 다음은 「법인세법」상 결손금 소급공제제도에 대한 설명이다. 가장 틀린 것은?

▶ '01 세무사 수정

① 내국법인의 제조업에서 발생하는 결손금에 한하여 소급공제를 적용받을 수 있다.

② 직전 사업연도의 과세표준이 5억원이고 당해 사업연도의 결손금이 6억원인 내국법인은 당해 사업연도에 결손금 중 5억만 소급공제받을 결손금으로 기재하여 환급신청할 수 있다.

③ 당해 사업연도에 결손금이 발생한 내국법인이라고 할지라도 직전 사업연도의 소득에 대한 법인세 과세표준 및 세액을 그 신고기한 내에 신고하지 않은 때에는 결손금소급공제의 대상이 되지 아니한다.

④ 소급공제받은 결손금은 법인세 과세표준을 계산함에 있어서 이미 공제받은 결손금으로 본다.

⑤ 결손금 소급공제는 해당 사업연도 과세표준 신고기한 내에 신청하여야 하며 경정 등의 청구에 의해서는 결손금 소급공제를 받을 수 없다.

해설 중소기업의 결손금을 소급공제대상으로 하므로 제조업에 한하여 소급공제를 받을 수 있는 것은 아니다.

02 다음은 A, B, C 세 국가에 지사를 두고 있는 ㈜한국의 제10기 사업연도(1. 1.~12.31)에 대한 자료이다.

▶ 2004. CTA

국 가	소득금액	외국에서 납부한 세액
국 내	100,000,000원	–
A국가	△22,000,000원	–
B국가	80,000,000원	12,000,000원
C국가	40,000,000원	8,000,000원
합 계	198,000,000원	20,000,000원

A국가에 대해서는 제7기에 한도초과로 공제되지 못한 외국납부세액 3,000,000원이 있다. ㈜한국의 산출세액은 42,000,000원이다.

㈜한국이 외국납부세액과 관련하여 세액공제방법을 선택할 경우 제10기 법인세산출세액에서 공제할 외국납부세액공제액은 얼마인가?

① 23,000,000원　② 19,636,363원　③ 20,000,000원
④ 26,400,000원　⑤ 28,800,000원

해설

구분	국내	A국가	B국가	C국가	합계
국별 소득금액	100,000,000	△22,000,000	80,000,000	40,000,000	198,000,000
A국의 결손금 배분 후	90,000,000	0	72,000,000*1	36,000,000*2	198,000,000
외국납부세액			12,000,000	8,000,000	20,000,000
외국납부세액 공제한도액			15,272,727*3	7,636,363*4	22,909,090
외국납부세액 공제받을 금액			12,000,000	7,636,363	19,636,363

*1 B국 결손금배분후 = 80,000,000 − 22,000,000 × 80,000,000/220,000,000 = 72,000,000

*2 C국 결손금배분후 = 80,000,000 − 22,000,000 × 40,000,000/220,000,000 = 36,000,000

*3 B국 공제한도 = 42,000,000 × 72,000,000 / 198,000,000 = 15,272,727

*4 C국 공제한도 = 42,000,000 × 36,000,000 / 198,000,000 = 7,636,363

(참고) 공제받지 못한 외국납부세액공제액 3,363,637원(A국 이월분 3,000,000원 + C국 당기 발생분 363,637원)은 향후 이월공제대상이 된다.

03 「법인세법」상 외국납부세액공제 등에 대한 설명으로 가장 옳지 않은 것은? ▶ '95 세무사 수정

① 국외원천소득에 대하여 외국에서 법인세를 납부한 경우에도 그 원천지국과 우리나라간에 조세조약이 체결되지 않은 때에는 외국납부세액공제를 적용받을 수 없다.

② 외국법인세액이 공제한도를 초과하는 경우 그 초과액은 해당 사업연도의 다음 사업연도부터 10년 이내에 종료하는 각 사업연도에 이월하여 그 이월된 사업연도의 공제한도 범위 안에서 공제받을 수 있다.

③ 법인세 과세표준이 추계결정 또는 추계경정된 경우 외국납부세액 공제를 하지 않는다.

④ 내국법인이 조세조약의 상대국에서 당해 국외원천소득에 대하여 법인세를 감면받은 경우 그 감면세액상당액은 당해 조세조약이 정하는 범위 안에서 외국납부세액공제 대상이 되는 외국법인세액으로 본다.

⑤ 외국납부세액공제 한도액은 국가별로 구분하여 외국납부세액공제 한도액을 계산한다.

해설 외국납부세액공제는 조세조약이 체결되지 않은 경우에도 적용되므로 ①의 설명은 옳지 않다.

04 다음 자료에 의하여 중소기업인 ㈜강남의 제8기(1.1~12.31)의 총부담세액을 계산하면?

▶ '94 CPA 수정

1. 당기순이익	750,000,000원
2. 익금산입 및 손금불산입액	150,000,000원
3. 손금산입 및 익금불산입액	500,000,000원
4. 「조세특례제한법」에 의한 일시상각충당금 손금산입액	300,000,000원
5. 이월결손금	50,000,000원
6. 통합투자세액공제	10,000,000원
7. 외국납부세액공제	8,000,000원
8. 법인세 세율은 20%(1억 이하 10%), 최저한세율은 10%로 가정	

① 72,000,000원 ② 78,000,000원 ③ 76,000,000원

④ 57,000,000원 ⑤ 74,000,000원

해설 (1) 감면후 세액 : (750,000,000 + 150,000,000 − 500,000,000 − 50,000,000) × 법인세율(10%, 20%) − 10,000,000(통합투자세액공제) = 40,000,000
(2) 최저한세 : (350,000,000 + 300,000,000) × 10% = 65,000,000
(3) 총부담세액 : Max[(1), (2)] − 8,000,000(외국납부세액) = 57,000,000

05 다음 자료를 이용하여 당기 말의 자본금과적립금조정명세서(을)에 기록되는 유보소득기말잔액의 합계액을 계산하면 얼마인가? (단, △는 음수를 나타냄) ▶2004, CTA 수정

(1) 전기말 자본금과적립금조정명세서(을)의 내역
- 건물 감가상각비 한도초과액 500,000원 (유 보)
- 퇴직급여충당금 한도초과액 600,000원 (유 보)
- 재고자산평가증 200,000원 (△유보)

(2) 당기의 세무조정과 관련된 자료는 다음과 같다.
- '일반기부금' 한도초과액 150,000원
- 전기 말 재무상태표상 퇴직급여충당금 2,000,000원
- 당기 중 퇴직급여충당금 감소액 1,800,000원 (현실적인 퇴직으로 인하여 지급된 금액임)
- 당기의 퇴직급여충당금 한도초과액은 없음
- 당기의 건물 감가상각비 시인부족액 300,000원
- 전기말의 재고자산은 당기에 전부 판매됨
- 당기 중 국고보조금에 대한 일시상각충당금설정액 150,000원 (신고조정에 의함)

① △150,000원 ② 200,000원 ③ 650,000원
④ 50,000원 ⑤ 250,000원

해설

항 목	기초잔액	당기 감소액	당기 증가액	기말 잔액
건물 감가상각비 한도초과액	500,000	300,000		200,000
퇴직급여충당금 한도초과액	600,000	400,000		200,000
재고자산평가증	△200,000	△200,000		0
국고보조금 일시상각충당금			△150,000	△150,000
합 계	500,000	100,000	△150,000	250,000

* 퇴직급여충당금 한도초과액 중 손금추인액 : 1,800,000−(2,000,000−600,000)=400,000
* '일반기부금' 한도초과액은 소득금액조정합계표에 기재하지 않으므로 소득처분이 생기지 않고 따라서 자본금과 적립금 조정명세서(을)에서 관리하지 아니한다.

06 다음은 ㈜서울의 법인세 과세표준 및 세액조정계산서와 공제감면세액 및 추가납부세액합계표(갑)의 자료 중 일부이다. AA와 BB에 해당되는 금액을 순서대로 기입하면 얼마인가? ▶'07 세무사 수정

(1) 다음은 법인세 과세표준 및 세액조정계산서 상 납부할 세액계산의 내역 중 일부이다.

구 분	금 액
산 출 세 액	10억원
공 제 감 면 세 액	AA
차 감 세 액	
공 제 감 면 세 액	BB
가 산 세 액	
가 감 계	

(2) 다음은 공제감면세액 및 추가납부세액합계표(갑) 상 내역 중 일부이다.

가. 최저한세 적용제외 공제감면세액

구 분		근거법조항	대상세액	감면세액
「법인세법」 등	외국납부세액공제	「법인세법」 제57조	2,000,000원	1,500,000원
	재해손실세액공제	「법인세법」 제58조	1,000,000원	1,000,000원
	합 계		3,000,000원	2,500,000원

나. 최저한세 적용대상 공제감면세액

구 분		근거법조항	대상세액	공제세액
세액공제	연구·인력개발설비 투자세액공제	「조세특례제한법」 제11조	4,000,000원	4,000,000원
	임시투자세액공제	「조세특례제한법」 제26조	3,300,000원	–
	합 계		7,300,000원	4,000,000원

① 2,500,000원과 4,000,000원
② 2,500,000원과 7,300,000원
③ 3,000,000원과 7,300,000원
④ 4,000,000원과 2,500,000원
⑤ 4,000,000원과 3,000,000원

해설 「법인세 과세표준 및 세액조정계산서」[별지 제3호 서식]에는 세액감면 및 세액공제액을 기재하는 란으로 '⑫최저한세적용 공제감면세액'과 '⑬최저한세적용제외 공제감면세액'을 순서대로 두고 있다. 이는 법인세액 계산시 먼저 최저한세의 적용대상이 되는지를 검토하고 그 후에 최저한세가 적용되지 않는 공제감면세액을 차감하는 점을 고려하면 당연하다. 신고서식에서는 세액감면과 세액공제를 별도로 구분하지 않고 세액감면과 세액공제의 합계액을 최저한세 적용대상인 것과 아닌 것으로 구분기재하는 점에 주의하여야 한다.

07 ㈜서울은 제10기. 4. 15. 주택(등기분)을 특수관계 없는 자에게 양도하였다. 다음 자료에 의하여 토지 등 양도소득에 대한 법인세를 계산하면 얼마인가? ▶'07 세무사 수정

> (1) 양도가액은 130,000,000원이었다.
> (2) 동 주택은 채권변제를 대신하여 제7기. 8.12. 취득하였다. 주택 취득가액은 주택의 시가와 채권변제가액이 일치되는 금액인 70,000,000원으로 평가하여 장부에 계상하였다.
> (3) 동 주택의 감가상각누계액은 3,500,000원(상각부인액 1,500,000원 포함)이다.
> (4) 건물의 중개수수료로 2,000,000원이 지출되었으며, 회사는 이를 지급수수료(판매비와 관리비)로 처리하였다.
> (5) 토지 등 양도소득에 대한 법인세율은 20%라고 가정한다.

① 18,000,000원　② 17,400,000원　③ 16,350,000원
④ 16,800,000원　⑤ 과세되지 않음

해설 저당권의 실행으로 인하여 취득하거나 채권변제를 대신하여 취득한 주택으로서 취득일로부터 3년이 경과되지 아니한 주택은 토지 등의 양도소득에 대한 법인세 과세대상에서 제외된다(법령 92의 2②).

08 다음은 「조세특례제한법」상의 중소기업인 G법인의 제7기 사업연도(1월 1일~12월 31일)에 대한 법인세 신고를 위한 자료이다. G법인의 법인세 결정세액(총부담세액)을 계산하면 얼마인가?

▶'07 CPA 수정

(1) 각사업연도소득금액	300,000,000원
(2) 이월결손금(제6기에 발생된 것임)	100,000,000원
(3) 이월된 임시투자세액공제액(제6기에 신청한 것임)	8,000,000원
(4) 통합투자세액공제	12,000,000원
(5) 연구및인력개발비세액공제액	2,000,000원
(6) 비과세소득 및 소득공제액은 없음	
(7) 법인세 세율은 20%(2억 이하 10%), 최저한세율은 10%로 가정함.	

① 16,000,000원　② 18,000,000원　③ 20,000,000원
④ 24,000,000원　⑤ 28,000,000원

해설 중소기업의 연구및인력개발비세액공제는 최저한세의 적용대상이 아니다.

01 ①　02 ②　03 ①　04 ④　05 ⑤　06 ④　07 ⑤　08 ②

Chapter 16 신고와 납부

제1절 과세표준 신고

01 과세표준 신고기한

법인은 각 사업연도의 종료일이 속하는 달의 말일부터 3개월 이내에 해당 사업연도의 소득에 대한 법인세의 과세표준과 세액을 납세지 관할세무서장에게 신고하여야 한다. 각 사업연도의 소득금액이 없거나 결손금이 있는 법인의 경우에도 마찬가지이다(법법 60). 다만

① 성실신고확인서 제출대상 법인은 법인세 과세표준과 세액을 각 사업연도종료일이 속하는 달의 말일부터 4개월 이내에 신고한다(법법 60조의2 ②).

② 「주식회사의 외부감사에 관한 법률」에 따라 외부회계감사를 받아야 하는 내국법인이 해당 사업연도의 감사가 종결되지 아니하여 결산이 확정되지 아니하였다는 사유로 신고기한의 연장을 신청한 경우에는 그 신고기한을 1개월의 범위에서 연장할 수 있다. 그리고 신고기한이 연장된 내국법인이 세액을 납부할 때에는 기한 연장일수(신고기한의 다음날부터 신고 및 납부가 이루어진 날 또는 연장된 날까지의 일수)에 대한 이자를 가산하여 납부하여야 한다(법법 60 ⑦, ⑧).

③ 비영리내국법인은 원천징수된 이자소득에 대하여는 과세표준 신고를 하지 않고 원천징수로써 과세를 종결 받을 수 있다(비영리내국법인의 과세표준신고특례).

02 신고시 첨부서류

법인세신고에 있어서는 그 신고서([별지 제1호 서식] 「법인세과세표준및세액신고서」를 말함)에 다음의 서류를 첨부하여야 한다.

① 기업회계기준을 준용하여 작성한 개별 내국법인의 재무상태표 · 포괄손익계산서 및

이익잉여금처분계산서(또는 결손금처리계산서)

② 세무조정계산서([별지 제3호 서식] 「법인세 과세표준및세액조정계산서」를 말함)

③ 기타 세무조정계산서의 부속서류

④ 기업회계기준에 따라 작성한 현금흐름표(현금흐름표는 「주식회사의 외부감사에 관한 법률」에 따라 외부감사의 대상이 되는 법인에 한정)

⑤ 합병이나 분할로 해산하여 법인세 신고를 하는 경우에는 합병등기일 또는 분할등기일 현재 피합병법인 등의 재무상태표와 합병법인 등이 그 합병 또는 분할에 의하여 승계한 자산 및 부채의 명세서를 추가로 제출하여야 한다.

법인세 신고시 위 '①'과 '②'의 서류는 필수적 첨부서류로 이를 첨부하지 않으면 적법한 신고로 보지 않으므로 법인세 무신고가 된다(법법 60 ⑤). 다만, 합병 또는 분할로 인하여 소멸하는 법인의 최종사업연도 법인세신고시에는 이익잉여금처분계산서(또는 결손금처리계산서)를 제출하지 않아도 된다(법령 97 ⑧).

그리고 재무제표의 제출은 국세정보통신망을 이용하여 제출하는 것으로 갈음할 수 있다. 다만, 한국채택국제회계기준을 적용하는 법인은 표준재무제표를 제출하여야 한다(법령 97 ⑪).

이 경우 「주식회사의 외부감사에 관한 법률」에 따른 외부감사 대상 법인이 「국세기본법」에 따른 전자신고를 통하여 법인세 과세표준과 세액을 신고하는 때에도 그 신고서에 대표자가 서명날인하여 서면으로 납세지 관할세무서장에게 제출하여야 한다(법령 97 ①).

그리고 기업회계와 세무회계의 정확한 조정 또는 성실한 납세를 위하여 필요하다고 인정되는 외부세무조정 대상 내국법인(당기순이익과세특례를 적용받는 법인은 제외)은 조정반(2명 이상의 세무사 · 공인회계사 · 변호사 등으로 구성된 조정반, 회계법인, 세무법인)에 소속된 세무사 등으로부터 반드시 외부세무조정을 받고 법인세 신고시 외부조정계산서를 첨부하여야 하며, 이를 첨부하지 않으면 무신고로 본다(법법 60 ⑨, 법령 97조의2).

Reference 외부세무조정 대상법인

외부세무조정을 받아야 하는 법인은 다음과 같다. 그리고 아래 '㉠~㉢'을 적용할 때 해당 사업연도에 설립된 법인인 경우에는 해당 사업연도 수입금액을 1년으로 환산한 금액을 직전 사업연도의 수입금액으로 본다.

㉠ 직전 사업연도의 수입금액이 70억원 이상인 법인 및 「주식회사의 외부감사에 관한 법률」에 따라 외부회계감사를 받아야 하는 법인

㉡ 직전 사업연도의 수입금액 3억원 이상인 법인으로 법령이 정하는 일정한 조세특례를 적용받는 법인
㉢ 해당 사업연도 종료일부터 2년 이내에서 설립된 법인으로 해당 사업연도 수입금액이 3억원 이상인 법인
㉣ 직전사업연도의 법인세 과세표준과 세액에 대해서 추계조사결정 또는 추계조사경정을 받은 법인
㉤ 해당 사업연도 종료일부터 소급하여 3년 이내에 합병 또는 분할한 합병법인, 분할법인, 분할신설법인, 분할합병의 상대방 법인
㉥ 국외에 사업장을 가지고 있거나 지분율 10%(해외자원개발사업을 하는 외국법인의 경우는 지분율 5%) 이상을 가지는 외국자회사를 가지고 있는 법인 등

한편 상기에서 열거된 외부세무조정 대상법인 외의 법인들도 정확한 세무조정을 위하여 조정반에 소속된 세무사 등이 작성한 세무조정계산서를 첨부할 수 있다.

03 성실신고확인서 제출의무

가. 개요

「법인세법」은 특별히 성실한 납세의무의 확보가 필요하다고 인정되는 일정한 법인에 대해서는 과세표준과 세액을 신고할 때 세무사 등이 신고할 과세표준 금액의 적정성을 확인하고 작성한 성실신고확인서를 함께 제출하도록 하고 있다(법법 60조의 2).

나. 성실신고확인서 제출대상 법인

성실신고확인서 제출대상 법인은 다음과 같다. 다만, 「주식회사외부감사에 관한 법률」에 따라 회계감사를 받은 법인은 성실신고확인서를 제출하지 않을 수 있다

(1) 부동산임대업을 주업으로 하는 소규모 법인

업무용 승용차 관련비용의 손금불산입 특례 및 기업업무추진비 손금산입에서 「부동산임대업을 주업으로 하는 소규모 법인」은 업무용 승용차 관련비용 및 기업업무추진비의 손금인정한도를 일반법인에 비해 줄이고 있다고 설명한 바 있다.

성실신고확인서 제출대상 법인인 부동산임대업을 주업으로 하는 소규모 법인이란 그 요건이 업무용 승용차 관련비용의 손금불산입 특례 및 기업업무추진비 손금산입에서 「부

동산임대업을 주업으로 하는 소규모 법인」과 동일하다. 다만 부동산임대업을 주업으로 하는 소규모법인에 해당되더라도 유동화 전문회사 등에 대한 지급배당소득공제 적용대상 법인의 경우는 성실신고확인서를 제출하지 않는다.

(2) 3년 이내에 법인전환을 한 법인

㉠ 「소득세법」에 따른 성실신고확인대상인 개인사업자가 사업용 유형자산 및 무형자산의 현물출자 또는 사업양수도의 방법으로 법인전환을 한 법인으로, 사업연도 종료일 현재 법인으로 전환한지 3년 이내인 법인

㉡ '㉠'의 전환한 내국법인이 그 전환에 따라 경영하던 사업을 현물출자 또는 사업양수의 방법으로 인수한 다른 내국법인('㉠'에 따른 전환일부터 3년 이내인 경우로서 그 다른 내국법인의 사업연도 종료일 현재 인수한 사업을 계속 경영하고 있는 경우로 한정한다)

다. 기타

㉠ 과세표준 신고기한 : 성실신고확인서 제출대상 법인이 성실신고확인서를 제출하는 경우 법인세 과세표준 신고기한은 각 사업연도 종료일이 속하는 달의 말일로부터 4개월이 된다(법법 60조의2 ②).

㉡ 성실신고 확인비용에 대한 세액공제 : 성실신고확인대상 법인이 성실신고확인서를 제출하는 경우에는 성실신고 확인에 직접 사용한 비용의 100분의 60에 해당하는 금액(공제한도 150만원)을 해당 과세연도의 법인세에서 공제할 수 있다(조특법 126조의6).

㉢ 성실신고확인서 제출 불성실가산세 : 성실신고확인서 제출대상 법인이 과세표준 신고를 할 때 성실신고확인서를 제출하지 않으면 ㉠ 법인세 산출세액의 5%와 ㉡ 수입금액의 0.02% 중 큰 금액을 가산세로 징수한다(법법 75).

04 비영리법인에 대한 과세표준 신고특례

비영리법인은 원천징수된 이자소득(비영업대금의 이익을 제외)에 대해 과세표준을 신고하지 않을 수 있으며, 원천징수된 이자소득 중 일부만 과세표준을 신고하지 않을 수도 있다. 이 경우 신고하지 않은 이자소득은 비영리법인의 각 사업연도 소득에 포함하지 않고 원천징수에 의하여 납세의무가 종결된다(법법 62 ①).

한편 당초 과세표준 신고를 하지 않은 이자소득에 대해 수정신고나 기한 후 신고 또

는 경정청구 등을 통해서 과세표준에 포함시킬 수 없다(법령 92 ②). 따라서 이자소득에 대해 원천징수된 법인세액을 환급받고자 하는 비영리법인은 반드시 법정신고기한 내에 이자소득을 과세표준에 포함해서 법인세신고를 해야 한다.

제2절 납 부

가. 세액 자진납부

각 사업연도 소득에 대한 법인세는 다음과 같이 산출된 세액을 법인세 신고기한 내에 관할세무서, 한국은행(그 대리점 포함) 또는 체신관서에 자진해서 납부하여야 하며(법령 101), 물납은 허용되지 않는다.

	항목	비고
	과세표준	
×	세율	
=	산출세액	토지 등 양도소득, 미환류소득 및 지점유보소득에 대한 법인세를 가산
−	세액감면	
−	세액공제	
+	가산세	
+	감면분추가납부세액	감면 사후관리요건 불이행 등에 대한 법인세추가납부세액 등
=	총부담세액	
−	기납부세액	중간예납세액, 원천납부세액, 수시부과세액
=	차감납부할세액	

나. 법인세 분납

납부할 세액이 1천만원을 초과하는 경우에는 다음의 금액을 납부기한이 지난 날로부터 1개월(중소기업은 2개월) 이내에 분납할 수 있다(법법 64 ②, 법령 101). 이러한 법인세 분납은 중간예납의 경우에도 준용된다(법법 63).

분납은 별도의 신청이 불필요하며, 법인세과세표준 및 세액신고서에 분납할 세액만 표시하면 된다.

그러나 가산세와 감면분 추가납부세액은 분납대상이 되지 않으므로 납부기한에 즉시 납부하여야 한다(법기통 64−0…3).

구 분	분납할 세액
납부할 세액 2천만원 이하	1천만원을 초과하는 금액
납부할 세액 2천만원 초과	그 세액의 50/100 이하의 금액

분납세액 계산사례

납부할 법인세액	납부기한에 납부할 세액	분납할 수 있는 세액
① 16,500,000원	10,000,000원 이상	6,500,000원 이하
② 28,000,000원	14,000,000원 이상	14,000,000원 이하
③ 48,000,000원 (가산세 6,000,000원 포함)	27,000,000원 이상	21,000,000원 이하

제 3 절 중간예납

가. 개 요

법인세는 사업연도가 끝나면 그 사업연도의 법인세를 확정하여 신고납부하는 것이 원칙이다. 그러나 사업연도 기간이 사업연도 개시일부터 6개월을 초과하는 경우에는 그 사업연도 개시일부터 6개월 간을 중간예납기간으로 하여 미리 법인세를 자진신고납부하도록 하고 있는데 이를 중간예납이라 한다. 다만 합병이나 분할에 의하지 아니하고 새로이 설립된 법인은 설립 후 최초 사업연도에 대하여는 중간예납을 하지 않는다(법법 63 ①).

나. 중간예납 대상법인

사업연도의 기간이 6개월을 초과하는 법인은 모두 법인세를 중간예납하여야 하나, 다음의 법인은 중간예납의무가 없다.

① 청산법인
② 휴업법인으로 사업수입금액이 없는 사실이 확인된 경우(법법 63조의2 ⑤)
③ 국내사업장이 없는 외국법인(법법 97)
④ 사업연도가 6개월 이하인 법인
⑤ 신설법인(설립 후 최초 사업연도). 다만 합병 또는 분할에 의한 신설의 경우에는 중간예납의무가 있다(법법 63 ①).

⑥ 직전 사업연도의 중소기업으로서 직전사업연도 법인세 납부실적기준으로 계산한 중간예납세액이 50만원 미만인 내국법인(법법 63 ①(2)). 이 규정때문에 전년도에 결손으로 법인세 납부실적이 없는 중소기업은 중간예납의무가 없게 된다.

⑦ 사립학교법인 및 산학협력단 등

예제 90

사업연도가 4.1~익년 3.31일인 법인이 5.20 그 사업연도를 매년 1.1 ~ 12.31로 변경한 경우 당해 사업연도의 중간예납기간은?

해답 의제사업연도가 4. 1~12. 31로서 6개월을 초과하므로 4. 1~9. 30(6개월)을 중간예납기간으로 해서 중간예납세액을 납부하여야 한다.

다. 중간예납세액 계산

중간예납세액의 산정은 ① 직전사업연도의 법인세를 기준으로 하거나, ② 당해 사업연도 개시일부터 6개월 경과일까지의 기간을 1사업연도로 보아 확정결산에 준하는 가결산(자기계산기준)을 하여 과세표준을 계산하고 이를 기준으로 중간예납세액을 산정한다.

(1) 직전사업연도 법인세 납부실적 기준

직전 사업연도 법인세 납부실적을 기준으로 중간예납을 하려고 선택한 법인과 중간예납 납부기한까지 중간예납을 하지 않아서 관할세무서장이 중간예납세액을 결정하는 경우에는 중간예납세액을 다음과 같이 계산한다(법법 63조의2 ①(1)).

$$\text{중간예납세액} = \left(\begin{array}{c}\text{직전사업연도의}\\ \text{법인세 산출세액}^{*}\end{array} - \begin{array}{c}\text{직전연도의 감면세액}^{**}\cdot\\ \text{원천징수세액}\cdot\text{수시부과세액}\end{array}\right) \times \frac{6}{\text{직전사업연도 월수}}$$

* 가산세를 포함하고 토지 등 양도소득에 대한 법인세와 미환류 소득에 대한 법인세는 제외한다.

** 세액감면과 세액공제액의 합계액을 의미하고, 소득에서 공제되는 것을 제외한다.

(가) 직전사업연도 법인세 산출세액

직전사업연도의 법인세 산출세액이란 법인의 신고에 의하여 확정된 세액을 말하나,

중간예납기간 종료일 이전에 직전사업연도의 법인세가 경정된 경우에는 경정된 세액을 가감하여 계산한 금액으로 한다.

그리고 중간예납기간 중 세율이 변동된 경우에도 세율에 관한 특례규정이 없으면 직전사업연도의 법인세로서 확정된 산출세액을 기준으로 한다(법기통 63－0…2).

합병에 따라 설립된 내국법인이 설립 후 최초의 사업연도에 중간예납세액을 납부하는 경우에는 합병 후 존속하는 법인의 직전사업연도와 그 합병으로 인하여 소멸한 법인이 합병등기를 한 날이 속하는 사업연도의 직전사업연도를 모두 중간예납계산의 직전사업연도로 본다(법법 63조의2).

(나) 직전사업연도 감면세액

법인세 산출세액에서 공제하는 감면세액은 직전사업연도분을 원칙으로 한다. 한편 직전연도에 비과세소득·소득공제 등과 같이 소득에서 공제되는 금액은 중간예납세액을 계산할 때 공제하지 않는다.

(2) 가결산 기준 중간예납세액

(가) 가결산을 하여 중간예납세액을 계산하는 법인

중간예납은 전기의 실적에 의하여 계산함이 원칙이나, 다음의 경우는 그것이 불가능하거나 세부담이 과다하기 때문에 가결산을 하여 당해 예납기간을 1사업연도로 보아 산출한 중간예납세액을 납부하도록 하고 있다(법법 63 ①, ④).

① 직전사업연도 소득에 대한 법인세로서 납부하였거나 납부할 세액이 없는 법인(유동화전문회사 등 투자회사 등은 제외). 즉 결손 등으로 인하여 직전 사업연도의 법인세 산출세액이 없는 법인(산출세액은 없고 가산세만 있는 법인 포함)이 이에 해당한다. 다만, 직전사업연도의 법인세 산출세액은 있으나 중간예납, 원천징수세액 및 수시부과세액이 산출세액을 초과함으로써 법인세 신고시 납부할 세액이 없는 경우에는 그러하지 아니한다.

② 당해 중간예납기간 종료일까지 법인세액이 확정되지 아니한 법인

③ 분할신설법인 및 분할합병의 상대방법인의 분할 후 최초 사업연도의 경우

④ 가결산 기준으로 중간예납할 것을 선택한 법인

⑤ 직전 사업연도 종료일 현재 「독점규제 및 공정거래에 관한 법률」에 따른 공시대상기업집단에 속하는 내국법인(중소기업은 제외)

⑥ 합병법인 또는 피합병법인이 합병 당시 위 '⑤'에 해당하는 경우로서 해당 합병법인의 합병 후 최초의 사업연도인 경우

(나) 가결산시 중간예납세액 계산

$$\text{중간예납세액} = \left[\left(\begin{array}{c}\text{당해 사업연도 개시일부터}\\ \text{6개월간의 소득금액}\end{array} - \text{이월결손금 등}\right) \times \frac{12}{6} \times \text{법인세율}\right] \times \frac{6}{12}$$
$$- \text{당해사업연도 개시일부터 6개월간의 감면세액}^{*1} \cdot \text{원천징수세액} \cdot \text{수시부과세액}$$

*1 세액감면과 세액공제의 합계액을 말하고, 소득에서 공제되는 금액은 제외한다(법법 63조의2 ①(2)).

라. 중간예납세액 납부와 가산세

중간예납세액을 납부하여야 할 법인은 그 납부할 중간예납세액을 중간예납기간이 지난 날부터 2개월 이내에 정부에 납부하여야 한다(법법 63 ①). 이 때 납부할 세액이 1천만원을 초과하는 경우에는 1개월(중소기업 2개월) 이내에 분납할 수 있다(법법 64 ②).

한편 법인이 중간예납세액의 일부 또는 전부를 납부하지 않은 경우에는 미납한 중간예납세액에 대하여 정규 법인세의 경우와 같이 납부불성실가산세를 징수한다(국기법 47의5 ①).

예제 Example 91

청주산업㈜의 제6기(1. 1~12. 31)까지의 법인세의 납부내용이 다음과 같다. 제7기에 대한 중간예납세액을 계산하시오.

1. 법인세 산출세액	46,000,000원
2. 원천징수세액	2,400,000원
3. 중간예납세액	27,000,000원
4. 자진납부세액	17,700,000원
5. 정부경정고지세액	4,300,000원
6. 감면세액	3,900,000원

해답 $(46{,}000{,}000 + 4{,}300{,}000 - 2{,}400{,}000 - 3{,}900{,}000) \times \frac{6}{12} = 22{,}000{,}000$원

$$\left(\begin{array}{c}\text{직전연도의}\\ \text{법인세 산출세액}\end{array} + \begin{array}{c}\text{정부경정}\\ \text{고지세액}\end{array} - \begin{array}{c}\text{직전연도의 원천징수세액}\cdot\\ \text{수시부과세액}\cdot\text{감면세액}\end{array}\right) \times \frac{6}{\text{직전연도 사업연도 월수}}$$

법/인/세/법/강/의

연습문제

객관식문제

01 다음 자료를 이용하여 각 사례별 분납세액을 계산하면?

구 분	사례 1	사례 2	사례 3
납부할 세액	₩7,000,000	₩16,000,000	₩30,000,000

	사례 1	사례 2	사례 3
①	₩0	₩6,000,000	₩15,000,000
②	0	8,000,000	20,000,000
③	0	8,000,000	15,000,000
④	35,000,000	8,000,000	20,000,000
⑤	35,000,000	10,000,000	30,000,000

해설 분납세액의 계산

(1) 사례 1 : 납부할 세액이 1,000만원 이하이므로 분납세액은 없다.
(2) 사례 2 : 납부할 세액이 2,000만원 이하인 때에는 1,000만원을 초과하는 금액(₩6,000,000)을 분납세액으로 한다.
(3) 사례 3 : 납부할 세액이 2,000만원을 초과하는 때에는 그 세액의 50%(₩15,000,000)를 분납세액으로 한다.

02 다음 중 법인세의 중간예납에 관한 설명으로 가장 틀린 것은? ▶'07 세무사 수정

① 중간예납세액은 중간예납기간이 지난 날로부터 2개월 이내에 납부하여야 한다.
② 중간예납세액을 직전 사업연도에 확정된 법인세에 의하여 계산하는 경우 직전연도의 산출세액 계산에서는 가산세와 토지 등 양도소득에 대한 법인세를 제외한다.
③ 사업연도가 6개월 이내인 법인은 중간예납의무가 없으며, 합병 또는 분할에 의하지 아니하고 새로 설립된 법인의 최초사업연도에도 중간예납을 하지 않는다.
④ 납세지 관할세무서장은 중간예납기간 중 휴업 등의 사유로 사업수입금액이 없는

법인에 대하여 그 사실이 확인된 경우에는 당해 중간예납기간에 대한 법인세를 징수하지 아니한다.

⑤ 중간예납에 대하여는 국세기본법에 의한 수정신고나 경정청구가 인정되지 않는다.

해설 ② 직전사업연도 법인세 납부실적 기준으로 중간예납세액을 계산할 경우 직전 사업연도의 법인세 산출세액에는 가산세를 포함하고 토지 등 양도소득에 대한 법인세를 제외한다(법법 63①).

⑤ 「국세기본법」 제45조의 규정에 의한 수정신고 또는 동법 제45조의 2의 규정에 의한 경정 등의 청구는 과세표준신고서상의 누락·오류가 있는 때에 과세표준수정신고서 또는 경정청구서를 제출 또는 청구하는 것이므로 중간예납에는 이를 적용하지 아니한다(법기통63-0…7).

03 법인세의 납세절차에 관한 설명이다. 옳은 것은? ▶'12 CPA 수정

① 「주식회사의 외부감사에 관한 법률」에 따라 감사인에 의한 감사를 받아야 하는 내국법인이 해당 사업연도의 감사가 종결되지 아니하여 결산이 확정되지 아니하였다는 사유로 법인세 과세표준과 세액의 신고기한을 연장하고자 하는 경우에는, 법정신고기한의 종료일 3일 전까지 신고기한 연장신청서를 납세지 관할세무서장에게 제출하여야 한다.

② 새로 설립된 모든 내국법인의 경우 설립 후 최초의 사업연도에는 중간예납을 하지 않는다.

③ 내국법인이 법인세 과세표준의 신고기한까지 자진납부할 세액이 1천만원을 초과하는 경우에는 해당 세액의 50% 이하의 금액을 분납할 수 있다.

④ 내국법인 A(제조업)가 당해 법인의 주주인 내국법인 B(제조업)에게 배당금을 지급하는 경우에는 그 배당금에 대한 법인세의 원천징수를 하여야 한다.

⑤ 납세지 관할세무서장은 내국법인이 각 사업연도의 소득에 대한 법인세로서 납부하여야 할 세액의 전부 또는 일부를 납부하지 아니하면 그 미납된 법인세액을 「국세기본법」에 따라 징수하여야 한다.

해설 ② 신설법인의 최초사업연도는 중간예납의무가 없으나, 그 신설법인이 합병 또는 분할에 의해 신설된 법인인 경우에는 예외적으로 중간예납의무가 존재한다.

③ 자진납부할 세액이 1천만원을 초과하는 경우 분납이 가능하다. 이 경우 세액이 2천만원이하인 경우 1천만원을 초과하는 금액을, 그 세액이 2천만원을 초과하는 경우 50%이하의 금액을 분납할 수 있다.

④ 법인의 배당소득은 원천징수 대상이 아니다.

⑤ 각사업연도소득에 대한 법인세로 납부해야할 세액의 전부 또는 일부를 납부하지 않을 때에는 그 미납된 세액을 「국세징수법」에 따라 징수하여야한다.

01 ① 02 ② 03 ①

Chapter 17 결정 · 경정과 징수

제1절 결정과 경정

01 의 의

법인세의 과세표준 및 세액은 법인 스스로 세법이 정하는 바에 따라 과세표준과 세액을 계산하여 이를 정부에 신고·납부함으로써 조세채권이 확정되는 신고납세제도를 채택하고 있다.

따라서 정부의 법인세 결정은 법인이 과세표준과 세액을 신고하지 않은 경우에만 가능하고, 정부의 법인세 경정 및 재경정은 원칙적으로 법인의 신고내용에 오류 또는 누락이 있는 경우와 정부의 법인세 결정이 잘못된 경우에만 가능하다고 할 수 있다.

02 결정 및 경정사유

가. 결정사유

정부는 내국법인이 과세표준과 세액을 신고기한내에 신고하지 아니하는 때에는 납세지 관할세무서장 또는 관할 지방국세청장은 해당 법인의 각 사업연도 소득에 대한 법인세의 과세표준과 세액을 결정한다(법법 66 ①). 그리고 결정은 과세표준 신고기한으로부터 1년 이내에 완료하여야 한다(법령 103 ③).

나. 경정사유

정부는 내국법인이 과세표준과 세액을 신고한 경우로서 다음에 해당할 때 납세지 관할세무서장 또는 관할 지방국세청장은 해당 법인의 각 사업연도 소득에 대한 법인세의 과세표준과 세액을 경정한다(법법 66 ②).

① 신고내용에 오류 또는 누락이 있는 경우

② 지급명세서, 매출·매입처별 계산서합계표의 전부 또는 일부를 제출하지 아니한 경우

③ 다음의 어느 하나에 해당하는 경우로서 시설규모나 영업현황으로 보아 신고내용이 불성실하다고 판단되는 경우

㉠ 신용카드가맹점 가입요건에 해당하는 법인이 정당한 사유없이 신용카드가맹점으로 가입하지 아니한 경우

㉡ 신용카드가맹점이 정당한 사유없이 신용카드매출전표 발급을 거부하거나 사실과 다르게 발급한 경우

㉢ 현금영수증가맹점으로 가입하여야 하는 법인 및 현금영수증가맹점 가입대상자로 지정받은 법인이 정당한 사유없이 현금영수증가맹점으로 가입하지 아니한 경우

㉣ 현금영수증가맹점이 정당한 사유없이 현금영수증 발급을 거부하거나 사실과 다르게 발급한 경우

④ 내국법인이 사업보고서(「자본시장과 금융투자업에 관한 법률」 제159조), 감사보고서(「주식회사 외부감사에 관한 법률」)를 제출할 때 수익 또는 자산을 과대계상하거나 손비 또는 부채를 과소계상하는 등 사실과 다른 회계처리를 함으로 인하여 그 내국법인·그 감사인 또는 그에 소속된 공인회계사가 경고, 주의 등의 조치를 받은 경우로서 과세표준 및 세액을 과다하게 계상하여 경정청구(국기법 45의2)를 한 경우

그리고 법인세를 결정 또는 경정한 후 그 결정·경정에 오류·누락이 있으면 즉시 이를 다시 경정한다(법법 66 ④).

03 결정 및 경정방법

가. 실지조사결정방법

법인세의 과세표준과 세액을 관할세무서장 또는 지방국세청장이 결정 · 경정 또는 재경정하는 경우에는 신고서 및 그 첨부서류에 의하거나 비치기장된 장부, 그 밖의 증명서류를 근거로 실지조사에 의하여 결정 · 경정함을 원칙으로 한다(법법 66 ③, 법령 103). 특히 법인의 신고가 없는 경우에도 비치 · 기장된 장부와 증명서류에 의하여 한다.

그리고 실지조사결정이 불가능해서 수입금액을 추계결정 또는 경정한 경우에도 법인이 비치한 장부 기타 증빙서류에 의하여 소득금액을 계산할 수 있는 경우에는 당해 사업연도의 과세표준과 세액은 실지조사에 의하여 결정 또는 경정하여야 한다(법령 105 ②).

나. 추계조사결정

(1) 의 의

추계결정 · 경정이란 장부, 그 밖의 증명서류에 의한 실지조사가 불가능한 경우에 기준경비율 등의 방법에 의하여 과세표준과 세액을 결정 · 경정하는 방법이다.

(2) 결정사유

추계조사에 의하여 소득금액을 결정하는 것은 근거과세원칙에 위배되므로 다음의 경우에 한하며 그 이외의 경우에는 추계조사결정 할 수 없다(법령 104 ①).

① 소득금액을 계산할 때 필요한 장부 또는 증명서류가 없거나 그 중요한 부분이 미비 · 허위인 때

② 기장의 내용이 시설규모 · 종업원수 · 원자재 · 상품 · 제품 또는 각종 요금의 시가 등에 비추어 허위임이 명백한 때

③ 기장의 내용이 원자재사용량, 전력사용량 기타 조업상황에 비추어 허위임이 명백한 때

(3) 과세표준 결정방법

법인의 각 사업연도 소득에 대한 과세표준을 추계에 의하여 결정 또는 경정할 때에는 원칙적으로 기준경비율법을 적용하여 다음과 같이 계산한다(법령 104 ②(1)).

사업수입금액
(−) 매입비용(사업용 유형자산 및 무형자산은 제외)과 사업용 유형자산 및 무형자산의 임차료로서 증명서류에 의한 것
(−) 대표자 · 임원 · 직원의 급여 · 임금, 퇴직급여로서 증명서류에 의한 것
(−) 사업수입금액×기준경비율
(+) 준비금 · 충당금 환입액 등*1
추계과세표준

*1 기준경비율법 등에 의해 계산된 소득금액에 다음 금액을 더한 금액을 추계 과세표준으로 한다(기준경비율이 없어 동업자권형방법 등 다른 방법에 의해 추계과세표준을 결정하는 경우에도 아래 금액을 더한다)(법령 104 ③).

㉠ 사업수입금액 외의 수익−사업외수익에 직접 대응되는 원가 상당액−해당 사업연도 중 지출된 손비 중 환입된 금액−부동산임대업 법인의 수입이자가 사업외수익에 포함된 경우 부동산임대보증금에 대한 수입이자 상당액

㉡ 특수관계인과의 거래에서 부당행위계산부인에 따라 익금에 산입하는 금액

㉢ 익금에 산입하여야 할 준비금 또는 충당금이 있는 경우 그 환입액

다만 기준경비율이 결정되지 않았거나 천재지변 등으로 장부 그 밖의 증명서류가 멸실된 경우에는 ① 동업자 권형방법(동일업종의 다른 법인의 소득금액을 참작하여 과세표준을 결정하는 방법)으로 하고, ② 동일업종의 다른 법인이 없는 경우로서 과세표준 신고 후에 장부 그 밖의 증명서류가 멸실된 때에는 신고서 및 그 첨부서류에 의하고, 동일 업종의 다른 법인이 없는 경우로서 과세표준 신고 전에 장부 그 밖의 증명서류가 멸실된 때에는 직전사업연도의 소득률에 의하여 과세표준을 결정 또는 경정한다(법령 104 ②(2)).

그러나 「조세특례제한법」 상의 소기업이 폐업한 때에는 조세탈루혐의가 없다면 단순경비율과 직전 사업연도의 소득률 및 기준경비율법 중 적은 비율을 수입금액에 곱하여 과세표준을 결정 또는 경정한다(법령 104 ②(3)).

(4) 사업수입금액 결정방법

법인의 사업연도 사업수입금액을 장부나 그 밖의 증명서류에 의해 계산할 수 없는 경우에 그 수입금액은 다음의 방법 중 가장 적당하다고 인정하는 방법에 의해 계산한 금액으로 하도록 하고 있다(법령 105 ①). 이는 「부가가치세법」 상 추계결정 방법과 유사하다.

① 동일업종의 업황이 유사한 다른 법인의 사업수입금액을 참작하여 계산하는 방법

② 국세청장이 사업과 관련된 인적 · 물적시설(종업원 · 객실 · 사업장 · 차량 · 수도 · 전기 등)의 수량 또는 가액과 매출액의 관계를 정한 영업효율이 있는 경우에는 이를 적

용하여 계산하는 방법

③ 국세청장이 업종별로 투입원재료에 대하여 조사한 생산수율이 있는 경우에는 이를 적용하여 계산한 생산량에 당해 사업연도 중에 매출된 수량의 시가를 적용하여 계산하는 방법

④ 국세청장이 사업의 종류별 · 지역별로 정한 원단위투입량 · 비용과 매출액과의 관계를 정한 비용관계비율 · 상품회전율 · 매매총이익률 · 부가가치율 등의 기준에 의하여 계산하는 방법

⑤ 추계결정 · 결정대상 법인에 대하여 위 '②~④'의 비율을 산정할 수 있는 경우에는 이를 적용하여 계산하는 방법

⑥ 주로 최종소비자를 대상으로 거래하는 업종에 대하여는 입회조사기준에 의하여 계산하는 방법

위와 같이 수입금액을 추계결정한 경우에도 법인이 비치한 장부나 그 밖의 증명서류에 의하여 소득금액을 결정할 수 있을 때에는 해당 사업연도의 과세표준과 세액은 실지조사에 의하여 결정 또는 경정한다(법령 105 ②).

(5) 추계조사결정시 특례

법인의 과세표준 등이 추계방식으로 결정 · 경정되는 경우에는 다음과 같은 특례들이 적용된다.

① 이월결손금 공제 및 외국납부세액에 대한 세액공제를 적용하지 않는다. 다만, 천재지변 등으로 장부 · 그밖의 증명서류가 멸실되어 추계방식을 적용하는 경우에는 예외로 한다(법법 68, 법령 107).

② 추계결정 · 경정이 이루어지는 경우에는 법인이 결손신고를 한 결손금은 결손금으로 인정하지 않는다.

③ 법인의 과세표준 등을 추계방식으로 결정 · 경정한 경우 감가상각자산에 대한 감가상각비는 손금에 산입한 것으로 의제한다(법령 30 ②).

④ 추계결정 또는 경정에 의해 결정된 과세표준과 법인의 결산서상 법인세비용차감전 순이익과의 차액은 대표자상여로 소득처분을 하게 된다. 다만, 천재지변 등으로 장부 · 그밖의 증명서류가 멸실되어 추계방식을 적용하는 경우에는 그 차액을 기타사외유출로 소득처분을 한다.

04 수시부과 결정

가. 의 의

법인세는 사업연도 단위로 과세하므로 법인의 각 사업연도 소득에 대한 법인세는 사업연도 종료일이 경과한 후에 납세의무자가 과세표준과 세액을 신고·납부함으로써 확정되는 것이 원칙이다.

그러나 법인세를 포탈할 우려가 있다고 인정되는 경우로서 일정사유에 해당하는 때에는 각 사업연도 종료일이 경과되지 않은 경우라도 정부가 수시로 법인세의 과세표준과 세액을 결정할 수 있도록 규정하고 있는 바, 이를 수시부과라 한다.

나. 수시부과사유 및 과세표준 결정

(1) 수시부과사유

다음에 해당하는 사유로 인하여 조세를 포탈할 우려가 있다고 인정될 때에는 세무서장 또는 지방국세청장이 지체없이 과세표준과 세액을 결정할 수 있다(법법 69 ①, 법령 108 ①).

① 신고를 하지 아니하고 본점 또는 주사무소를 이전한 때

② 사업부진, 기타 사유로 인하여 휴업 또는 폐업상태에 있을 때

③ 기타 조세를 포탈할 우려가 있다고 인정되는 상당한 이유가 있을 때

(2) 수시부과세액계산 및 과세표준 결정

수시부과는 그 사업연도 개시일로부터 수시부과사유 발생일까지(직전 사업연도에 대한 과세표준 등의 신고기한 이전에 수시부과 사유가 발생한 경우는 직전 사업연도 개시일부터 수시부과사유가 발생한 날까지)를 수시부과기간으로 하고, 그 기간의 소득에 대한 법인세 계산은 다음 산식에 의한다(법법 69 ⑥, 법령 108 ②).

법인세 = (과세표준 × 12/수시부과기간월수 × 세율) × 수시부과기간 월수/12

수시부과를 하는 경우에도 실지조사결정을 하는 것이 원칙이다.

(3) 외국군 등 군납시 수시부과

주한 국제연합군 또는 외국기관은 지급명세서 등 과세자료의 제출의무가 없으므로 이들과 거래하는 상대방의 세원포착이 곤란하다. 따라서 외국기관 등으로부터 사업수입금액을 외국환은행을 통하여 외환증서 또는 원화로 수령할 때에는 그 수령하는 금액에 대하여 수시부과할 수 있다. 이 경우의 수시부과세액은 앞에서 설명한 추계시 과세표준 결정방법에 따라 계산한다(법령 108 ③④).

다. 과세표준신고와 관계

법인세를 수시부과당한 경우에도 정기 법인세의 과세표준과 세액의 신고는 제때에 하여야 한다. 그리고 법인이 수시부과로 납부한 세액은 법인세 과세표준과 세액의 신고납부세액 및 중간예납세액을 계산함에 있어서 기납부세액으로 공제된다.

라. 가산세의 적용배제

수시부과하는 경우에는 「법인세법」상 가산세의 적용을 배제한다(법령 108 ②).

제2절 징수와 환급

01 징 수

「법인세법」에서는 법인이 각 사업연도의 소득에 대한 세액이나 중간예납세액에 대하여 신고납부하지 않을 때 또는 수시부과결정 등의 경우에 징수방법을 규정하고 있다(법법 71).

(1) 각 사업연도소득에 대한 미납부세액 징수

각 사업연도소득에 대한 법인세의 전부 또는 일부를 납부하지 아니하면 그 미납부 법인세액을 「국세징수법」에 따라 징수하여야 한다(법법 71 ①).

(2) 중간예납 미납부세액 징수

법인이 중간예납에 대한 법인세의 전부 또는 일부를 납부하지 아니하면 그 미납부된 중간예납세액을 「국세징수법」에 따라 징수하여야 한다. 다만, 직전사업연도의 법인세액이 없거나 미확정되어 가결산에 의하여 결정하는 경우에는 그 결정된 세액을 징수한다(법법 71 ②).

(3) 원천징수 미납세액 징수

원천징수의무자가 그 징수하여야 할 세액을 징수하지 아니하였거나 징수한 세액을 기한 내에 납부하지 아니하면 지체없이 원천징수의무자로부터 그 원천징수의무자가 원천징수하여 납부하여야할 세액에 상당하는 금액에 가산세액을 더하여 법인세로서 징수하여야 한다. 다만, 원천징수의무자가 원천징수를 하지 아니한 경우로서 납세의무자가 당해 법인세액을 이미 납부한 때에는 원천징수의무자로부터 가산세만 징수한다(법법 71 ③).

02 초과납부세액 환급 및 충당

세무서장은 중간예납·수시부과 또는 원천징수당한 법인세액이 결정된 각 사업연도의 법인세액(가산세액 포함)을 초과하는 경우에는 그 초과금액은 「국세기본법」의 규정에 의하여 다른 미납의 국세·가산금 또는 강제징수비에 충당하는 경우 외에는 이를 즉시 환급하여야 한다(법법 71 ④).

다만, 분식회계로 인하여 법소정의 조치를 받은 내국법인이 허위로 수익 또는 자산을 과다하게 계상하였거나 손비 또는 부채를 과소계상함으로써 과세표준을 과다하게 계상하여 법인세를 납부한 후에 그 환급을 경정청구하는 경우에는 이를 즉시 환급하지 아니하고 그 환급금의 범위 안에서 해당 결정일이 속하는 사업연도 개시일부터 각 사업연도의 법인세액에서 과다납부한 세액의 100분의 20을 한도로 하여 순차적으로 공제한다(법법 58의3, 72의3).

03 과세표준과 세액의 통지

세무서장은 내국법인의 각 사업연도의 소득에 대한 법인세의 과세표준과 세액을 결정·경정한 때에는 이를 그 내국법인에게 알려야 한다. 이 경우 세무서장은 납부고지서에 과세표준과 그 세액의 계산명세서를 첨부하여 고지하여야 하며, 각 사업연도의 과세표준이 되는 금액이 없거나 납부할 세액이 없을 때에도 그 결정된 내용을 통지하여야 한다. 그리고 과세표준을 지방국세청장이 조사·결정한 경우에는 지방국세청장이 결정하였다는 뜻을 덧붙여 적어야 한다(법령 109 ①).

또한 추계결정시에는 그 기준이 된 수입금액을 계산명세서에 기재하여 고지하여야 한다. 그리고 관리책임자의 신고가 없는 외국법인 또는 소재지가 불명확한 내국법인에 대하여 과세표준을 결정한 때에는 이를 공시송달하여야 한다(법법 70, 법령 109).

제3절 원천징수

01 의 의

원천징수라 함은 정부의 징수편의를 위하여 특정소득을 지급하는 자가 당해 소득을 지급할 때 일정한 방법으로 계산한 세액을 차감한 후 지급하도록 하고 차감한 세액은 납세지 관할세무서장에게 납부하도록 하는 제도를 말한다. 따라서 세액을 직접 납부하는 것은 소득을 지급하는 자이지만 소득을 지급하는 자는 납세지 관할세무서장을 대신하여 세액을 징수하는 것에 불과하며, 소득을 지급받는 자가 납세의무자로서 소득을 지급하는 자를 통하여 미리 납부하는 것이라고 할 수 있다.

한편 원천징수에 대한 내용은 「소득세법」과 「법인세법」에 모두 있는데, 원천징수대상소득을 지급받는 자가 법인이면 「법인세법」상의 원천징수에 관한 규정을 적용하고 지급받는 자가 개인이면 「소득세법」상의 규정을 적용하여 원천징수를 하여야 한다. 즉 소득을 지급받는 자를 기준으로 원천징수에 관한 규정을 적용한다.

02 내국법인에 대한 원천징수의무

가. 원천징수대상소득 및 원천징수세율

원천징수대상 소득금액을 내국법인에게 지급하는 자(원천징수의무자)는 그 금액을 지급하는 때에는 법인세를 원천징수를 하여야 한다. 다만 금융회사 등이 내국법인이 발행한 어음이나 채무증서를 인수·매매·중개 또는 대리하는 경우에는 금융회사 등과 채권등을 발행한 내국법인 간에는 대리 또는 위임의 관계가 있는 것으로 보아 금융회사가 원천징수를 하며(법법 73 ⑤), 외국법인이 발행한 채권 등에 대해서는 국내에서 이자 등의 지급을 대리하는 자가 그 소득에 대한 법인세를 원천징수한다(법법 73 ⑥).

원천징수대상소득 및 세율은 다음과 같다(법법 73 ①).

(1) 이자소득

「소득세법」상의 이자소득(소법 127 ①(1))에 해당하는 소득금액을 국내에서 법인에게 지급하는 자는 지급액의 14%(비영업대금의 이익은 25%)를 법인세(1천원 이상인 경우만 해당한다)로서 원천징수하여 다음달 10일까지 납세지 관할세무서장에게 납부하여야 한다.

특히 금융보험업이 받는 채권·증권의 이자는, 금융보험업의 수입금액으로 분류되는 것은 원천징수대상에서 제외하도록 하는 규정에 불구하고, 금융보험업(투자회사 등은 제외)에 채권·증권의 이자를 지급하는 자가 원천징수의무를 이행하여야 한다(다만, 만기 1개월 이내의 전자단기사채에서 발생하는 이자는 제외한다) (법법 73 ①, 법령 111).

(2) 투자신탁의 이익

배당소득(집합투자기구로부터의 이익 중 투자신탁의 이익에 한정)을 국내에서 법인에게 지급하는 자(예 투자신탁회사)는 지급액의 14%를 법인세(1천원 이상인 경우만 해당한다)로서 원천징수하여 다음달 10일까지 납세지 관할세무서장에게 납부하여야 한다.

그러나 법인이 잉여금처분에 의하여 법인주주에게 지급하는 배당은 원천징수대상이 아니다. 「소득세법」에서는 잉여금처분에 의한 배당소득에 대하여 이를 지급하는 법인에게 소득세를 원천징수하도록 하고 있으나 「법인세법」에서는 당해 배당소득을 원천징수대상소득에서 제외하고 있기 때문에 특정법인이 주주에게 배당할 때 법인주주에 대하여는 원천징수할 수 없다. 따라서 법인이 소유하고 있는 다른 법인의 주식에 대하여 배당을 받을 때에는 원천징수되지 아니하며, 착오로 원천징수된 경우에는 당해 주식소유법인의 자진납부세액계산시 차감될 수 없다(법기통 64-0…1).

원천징수대상소득*		원천징수세율
이자소득(소법 127 ① (1)) (금융보험업의 채권이자 등 포함)	비영업대금의 이익(사채이자)*1	25%
	기타 이자소득	14%
집합투자기구로부터의 이익 중 투자신탁의 이익(소법 17 ① (5))*2		14%

*1 금융위원회에 등록된 온라인투자연계금융업자를 통하여 지급받는 이자소득은 14%의 세율을 적용한다.
*2 원천징수대상소득이 「자본시장과 금융투자업에 관한 법률」에 따른 투자신탁재산에 귀속되는 시점에서는 허당 소득금액이 어느 누구에게도 지급된 것으로 보지 않으므로(법법 73 ③) 원천징수를 하지 않는다.

나. 원천징수대상 제외소득

위에서 언급한 원천징수대상소득이라고 하더라도 다음에 해당하는 소득은 원천징수대상에서 제외한다(법령 111).

① 법인세가 부과되지 아니하거나 면제되는 소득
② 신고한 과세표준금액에 이미 산입된 미지급소득
③ 금융보험업 법인의 수입금액
④ 법원의 판결에 의하여 지급하는 손해배상금에 대한 법정이자(법기통 73-0…1)
⑤ 지급이자로 계상한 현재가치할인발행차금의 상각액(법령 72 ⑤)
⑥ 연지급수입에 있어서 취득가액과 구분하여 지급이자로 계상한 금액(법칙 37 ③) 등

다. 원천징수 시기 및 납부

원천징수의무자는 소득을 지급하는 때에 원천징수하여야 하며 원천징수세액을 징수한 날이 속하는 달의 다음달 10일까지 납세지 관할세무서장에게 납부하여야 한다.

다만, 직전연도(신규로 사업을 개시한 사업자의 경우 신청일이 속하는 반기를 말한다)의 상시고용인원이 20인 이하인 원천징수의무자가 관할세무서장으로부터 반기별 납부승인을 얻거나 국세청장이 정하는 바에 따라 지정을 받은 때에는 그 징수일이 속하는 반기의 마지막 달의 다음달 10일까지 납부할 수 있다(법법 73 ⑦, 법령 115 ②).

라. 원천징수의무 불이행시 관할세무서장의 징수

납세지 관할세무서장은 원천징수의무자가 그 징수하여야 할 세액을 징수하지 아니하였거나 징수한 세액을 기한 내에 납부하지 아니한 때에는 지체 없이 원천징수의무자로부터 원천징수하여 납부하여야 할 세액에 가산세액을 더한 금액을 법인세로서 징수하여야 한다. 다만, 납세의무자가 신고 납부한 과세표준금액에 그 원천징수한 금액이 이미 산입된 때에는 가산세만 징수한다(국기법 47의5).

03 채권 등의 중도매매에 대한 원천징수특례

가. 중도매매채권 등에 대한 대리원천징수

(1) 대리원천징수제도

내국법인이 채권·증권 등(법인세가 비과세·면제되는 것 제외)의 이자(이자와 할인액을 말함) 계산 기간 중 해당 채권 등을 타인에게 매도하는 경우(중개·알선을 포함) 보유기간에 대한 이자 등에 대하여는 매도하는 해당 법인이 원천징수의무자를 대리하여 법인세를 원천징수하여야 한다(법법 73조의2 ①). 이는 대리원천징수제도로, 채권 등을 양도한 법인이 자기보유기간의 이자에 대하여 스스로 원천징수의무자를 대리하여 다음과 같이 계산한 세액을 원천징수하는 것이다.

대리원천징수세액 = 자기보유기간 이자상당액 × 원천징수세율

다만 금융기관이나 자산운용회사 등에게 채권 등을 중도에 매도하는 경우에는 매도하는 법인의 보유기간 이자에 대한 원천징수는 당사자간의 약정에 따라서 금융기관이 법인세를 원천징수할 수 있다(법법 73조의2 ②).

상기 식에서 자기보유기간의 이자상당액은 다음과 같이 계산한다(법령 113 ②).

보유기간이자상당액 = 채권의 액면가액 × 채권보유기간*1 × 적용이자율*2

*1 채권보유기간 : 이자소득금액을 지급받기 전에 매도하는 경우에는 당해 채권 등을 취득한 날 또는 직전 이자소득금액의 계산기간 종료일의 다음 날부터 매도하는 날까지의 기간

*2 적용이자율 = 표면이자율 + 발행시 할인율 − 발행시 할증률, 단, 공개시장에서 발행되는 국채 및 산업금융채권은 할인율과 할증율을 가감하지 않음. 그리고 만기상환일에 각 이자계산기간에 대한 보장이율을 추가로 지급하는 조건이 있는 전환사채 등의 경우에는 당해 추가지급이자율을 적용이자율 계산시 가산함.

(2) 보유채권 양도법인의 회계처리

대리원천징수제도에서는 채권양도법인이 자기보유기간의 이자에 대하여 스스로 원천징수의무를 이행하고 대리원천징수세액은 정부에 납부하여야 한다. 따라서 이 제도에서는 채권의 중도매각시 채권의 매매에 관련된 회계처리 외에, 대리원천징수된 세액에 관련하여 정부에 납부할 원천세예수금(부채)과 추후 기납부세액으로 공제받게 될 대리원천징수세액(선급법인세)의 회계처리가 발생하게 된다.

(차변) 선급법인세	×××	(대변) 예수금(원천세)	×××

그리고 이러한 회계처리가 적절히 이행되면 대리원천징수제도에서는 별도의 세무조정이 발생하지 않는다.

나. 선이자지급방식의 채권 등의 중도매매

법인이 선이자지급방식의 채권 등을 취득하고 이자계산기간초에 선이자를 지급 받아 원천징수된 후 사업연도가 종료되어 원천징수된 세액을 전액 공제하여 법인세를 신고하였으나 그 후의 사업연도 중 당해 채권 등의 만기상환일이 도래하기 전에 이를 매도함으로써 당해 사업연도 전에 공제한 원천징수세액이 보유기간이자상당액에 대한 세액을 초과하는 경우에는 그 초과하는 금액을 당해 채권 등을 매도한 날이 속하는 사업연도의 법인세에 가산하여 납부하여야 한다(법령 113 ⑥).

또한 법인이 선이자지급방식의 채권 등을 이자계산기간 중에 매도하는 경우 당해 법인은 중도 매도일에 당해 채권 등을 새로이 매출한 것으로 보아 이자 등을 계산하여 세액을 원천징수하여야 한다(법령 113 ⑪).

법 / 인 / 세 / 법 / 강 / 의

연습문제

TYPE 주관식문제

01 「법인세법」상 원천징수제도를 설명하시오.

TYPE 객관식문제

01 법인세 과세표준과 세액의 경정사유에 해당하지 않는 것은?

① 신고내용에 오류·탈루가 있는 때

② 지급명세서, 매출·매입처별 계산서합계표의 전부 또는 일부를 제출하지 아니한 때

③ 신용카드가맹점 가입대상자로 지정된 법인이 정당한 사유없이 신용카드가맹점으로 가입하지 아니한 경우로서 시설규모나 업황을 감안하여 신고내용이 불성실하다고 판단되는 때

④ 사실과 다른 회계처리를 함으로 인하여 당해 내국법인 또는 그 감사인 등이 경고·주의 등의 조치를 받은 경우로서 과세표준 및 세액을 과다하게 계상하여 국세기본법의 규정에 의하여 경정을 청구한 때

⑤ 기장의 내용이 원자재사용량·전력사용량 기타 조업상황에 비추어 허위임이 명백한 때

해설 기장의 내용이 원자재사용량·전력사용량 기타 조업상황에 비추어 허위임이 명백한 때는 추계조사결정 사유에 해당한다.

02 다음의 설명 중 옳은 것은? ▶ '04 CTA 수정

① 신용협동조합은 민법상 조합에 해당하므로 당해 조합이 얻은 소득에 대하여는 소득세가 과세된다.

② 비영리법인이 금융기관으로부터 받는 예금 등의 이자는 수익사업에서 생기는 소득금액이 아니므로 법인세를 과세하지 아니한다.

③ 내국법인이 특수관계인으로부터 부동산을 시가에 미달하는 가액으로 매입한 경우에는 그 시가와 매입가액과의 차액을 그 자산을 매입한 사업연도의 익금에 산입한다.

④ 제조업을 영위하는 내국법인이 그 주주인 내국법인에게 배당금을 지급하는 때에는 그 배당금에 대한 법인세의 원천징수의무가 없다.

⑤ 합병법인이 피합병법인의 자산을 시가로 평가하여 승계하더라도 피합병법인의 결손금의 승계가 허용된다.

해설 ① 대한염업조합이나 신용협동조합은 법인이므로 법인세가 과세된다.
② 비영리법인이 금융기관으로부터 받는 예금 등의 이자는 수익사업에서 생기는 소득금액이므로 법인세가 과세된다.
③ 내국법인이 특수관계인으로부터 부동산을 시가에 미달하는 가액으로 매입한 경우에는 그시가와 매입가액과의 차액을 그 자산을 매입한 사업연도의 익금에 산입하지 아니한다.
단, 특수관계있는 개인으로부터 유가증권을 저가로 매입한 경우에만 그 차액을 익금에 산입한다.
⑤ 합병법인이 피합병법인의 자산을 시가로 평가하여 승계하면 피합병법인의 결손금의 승계가 허용되지 않는다.

03 다음 중 법인세 과세표준의 수시부과 사유에 해당되지 않는 것은?

① 조세를 포탈할 우려가 있다고 인정되는 상당한 이유가 있을 때

② 사업부진 기타 사유로 인하여 휴업 또는 폐업상태에 있을 때

③ 부도발생 및 채무누적으로 인하여 채권자의 신청으로 법원에 의하여 소유부동산이 경매될 것이 예상되는 때

④ 매출 · 매입처별 세금계산서합계표의 일부 또는 전부를 제출하지 아니한 때

⑤ 신고를 하지 아니하고 본점 또는 주사무소를 이전한 때

해설 ④의 경우는 경정사유에 해당한다(법법 66②).

04 다음의 법인세 과세표준에 관련된 설명 중 가장 틀린 것은?

① 세무서장은 법인이 주한국제연합군 또는 외국기관으로부터 사업수입금액을 외국환은행을 통하여 외환증서 또는 원화로 영수할 때에는 수시부과결정규정에 의하여 그 영수할 금액에 대한 과세표준을 결정할 수 있다.

② 내국법인이 그 사업연도 중에 법인세포탈의 우려가 있다고 인정될 때에는 수시로 그 법인에 대한 법인세를 부과할 수 있으며 이 경우 각 사업연도의 소득에 대한 과세표준의 신고는 할 필요가 없다.

③ 신고를 하지 아니하고 본점 또는 주사무소를 이전하거나 사업부진 기타 사유로 인하여 휴업 또는 폐업상태에 있을 때 및 기타 조세를 포탈할 우려가 있다고 인정되는 상당한 이유가 있을 때는 세무서장은 지체없이 그 수시부과기간에 대한 과세표준을 결정할 수 있다.

④ 과세표준에 대한 당초 결정 또는 경정이 실지조사에 의하여 이루어진 경우에는 그 후에 추계방법으로 경정 또는 재경정을 할 수 없다.

⑤ 정부는 법인세의 과세표준과 세액을 결정 또는 경정한 후 그 결정 또는 경정에 오류 또는 탈루가 있는 것이 발견된 때에는 즉시 이를 다시 경정한다.

해설 법인세가 수시부과된 경우에도 당해 법인은 각 사업연도소득에 대한 법인세 과세표준 및 세액을 법정신고기한내 신고하여야 하며, 이 때 수시부과세액은 기납부세액으로 공제한다.

05 「법인세법」상 신고·납부에 대한 설명으로 가장 틀리는 것은?

① 사업연도가 6개월을 초과하는 신설법인의 최초 사업연도(단, 합병·분할로 인한 신설 제외)에는 중간예납의무가 없다.

② 기장의 내용이 조업상황에 비추어 허위임이 명백한 때에는 추계조사결정한다.

③ 수시부과하는 경우 법인세법상 가산세의 적용을 배제한다.

④ 「법인세법」상 원천징수대상소득은 이자소득과 집합투자기구로부터 받는 투자신탁의 이익이 있다.

⑤ 신고한 과세표준에 이미 산입된 미지급이자소득을 다른 법인에게 지급하는 경우 그 지급시 법인세를 원천징수한다.

해설 신고한 과세표준에 이미 산입된 미지급소득을 지급하는 경우 지급시 법인세를 원천징수하지 아니한다.

01 ⑤ 02 ④ 03 ④ 04 ② 05 ⑤

Chapter 18

기타 법인세

제 1 절 비영리법인 납세의무

01 개 요

일반적으로 비영리법인이란 학술・종교・자선・기예・사교, 기타 영리 이외의 사업을 목적으로 설립된 법인을 말한다. 따라서 비영리 내국법인은 원칙적으로 각 사업연도에 발생하는 경상적 이익이나 해산한 경우의 잔여재산을 분배받을 특정의 자본주 등이 존재하지 않는다는 특징을 갖는다.

02 과세이유

「법인세법」은 비영리내국법인의 정관 또는 규칙상의 사업목적상에 불구하고 「법인세법」상 수익사업 또는 수입에서 생긴 소득에 대해서만 제한적으로 법인세 납세의무를 지우고 있다(법법 3 ②).

비영리법인이 고유목적을 달성하기 위하여 필요한 자금조달의 수단으로 수익사업을 영위하고 그 수익사업에서 생긴 소득을 고유목적에만 적절히 사용한다면 비영리법인에 대하여 과세하지 않는 것이 바람직하다고 할 수 있으나, 만약 수익사업이 영리법인과 같은 형태로 행하여지는 경우에 법인세를 과세하지 않는다면 비영리법인은 경쟁상 유리한 입장에 위치할 뿐만 아니라 경제 전체의 과세형평과 조세중립성을 해치는 현상이 발생하거나, 공익을 빙자하여 탈세 등의 목적으로 이용될 경우도 생길 수 있다.

따라서 이와 같은 이유 때문에 「법인세법」은 비영리법인의 수익사업에서 생긴 소득에 대하여 과세하고 있다.

03 비영리법인과 납세의무

가. 비영리법인의 범위

세법상 비영리법인은 비영리내국법인과 비영리외국법인으로 구분되고, 그 범위는 다음과 같다(법법 2 (2) (3)).

(1) 비영리 내국법인

비영리 내국법인은 다음과 같다.

① 민법상의 비영리법인 : 「민법」 제32조의 규정에 따르면 학술 · 종교 · 자선 · 기예 · 사교 기타 영리 아닌 사업을 목적으로 하는 사단 또는 재단은 주무관청의 허가를 얻어 법인으로 할 수 있도록 하고 있는데 이에 따라 설립된 법인은 「법인세법」상 비영리법인이다.

② 사립학교법인 : 「사립학교법」에 따라 설립된 학교법인은 「법인세법」상 비영리법인이다. 그러나 국 · 공립학교는 국가 또는 지방자치단체의 일부이므로 비영리법인이 아니다.

③ 기타 특별법상의 비영리목적법인 : 「민법」 제32조 및 「사립학교법」 이외의 기타 특별법에 따라 설립된 법인으로서 「민법」 제32조에 규정된 설립목적 및 그와 유사한 설립목적을 가진 법인은 「법인세법」상 비영리법인에 속한다. 다만, 그 주주 · 사원 또는 출자자에게 이익을 배당할 수 있는 법인은 영리법인으로 본다. 그러나 다음의 조합법인은 이익배당 여부와 관계없이 비영리법인으로 본다.

㉠ 「특별법」상의 각종 협동조합(농업 · 수산업 · 산림 · 엽연초생산 · 중소기업 · 신용 · 소비자생활)과 그 연합회 및 중앙회(어촌계, 산림계 포함) (법령 1)

㉡ 농지개량조합 · 새마을금고와 그 연합회 및 대한염업조합

④ 법인으로 보는 단체 : 법률적 외형은 법인이 아니지만 「국세기본법」에서 법인으로 보는 단체는 수익을 구성원에게 분배하지 않는 특성을 가졌으므로 비영리법인으로 본다.

(2) 비영리 외국법인

외국의 정부 · 지방자치단체 및 법인으로 보는 단체와 영리를 목적으로 하지 아니하는

외국법인은 「법인세법」상 비영리법인에 속하며 국내원천소득 중 수익사업소득에 대하여만 법인세를 납부할 의무가 있다(법법 2 (4)).

나. 납세의무

비영리법인은 수익사업에서 발생한 각 사업연도소득에 대한 법인세와 토지 등 양도소득에 대한 법인세의 납세의무를 진다(비영리외국법인은 국내원천소득에 대하여만 납세의무를 진다).

여기서 수익사업이란 비영리법인의 정관 등 사업목적에 불구하고 「법인세법」에서 한정적으로 열거하고 있는 사업만을 의미하는 것으로 다음의 사업에서 발생한 소득을 수익사업 소득으로 열거하고 있다(법법 4 ③, 법령 3).

① 사업소득 : 제조업, 건설업, 도매 및 소매업 등 통계청장이 작성 · 고시하는 한국표준산업분류에 따른 사업 중 수입이 발생하는 것(법은 학교 등이 영위하는 교육서비스업 등 일부 사업을 수익사업에서 제외하고 있다)

② 이자소득

③ 배당소득

④ 주식 · 신주인수권 또는 출자지분의 양도로 인한 수입

⑤ 유형자산 및 무형자산의 처분으로 인한 수입

⑥ 채권매매익 : 이자소득이 발생하는 채권 등을 매도함에 따른 채권매매익

⑦ 부동산을 취득할 권리 · 지상권 등 부동산에 관한 권리의 양도로 인한 수익

⑧ 양도소득세 과세대상 중 기타자산(특정주식 · 특정법인의 주식, 사업용고정자산과 함께 양도되는 영업권, 시설물이용권)의 양도로 생기는 수익

위 ⑤의 '유형자산 및 무형자산의 처분으로 인한 수입' 중 ㉠ 처분일 현재 3년 이상 계속하여 고유목적사업에 직접 사용한 부분의 수입(이 경우 해당 수입은 '처분액－고유목적사업에 전입한 때의 시가'로 계산한다)과 ㉡ 10년 이상 고유목적사업에 직접 사용한 부분의 수입(이 경우 해당 수입은 보유기간 중 고유목적사업에 직접사용한 기간에 의해 안분계산해서 계산한다)은 수익사업소득에서 제외한다. 그리고 해당 자산의 유지 · 관리 등을 위한 관람료 · 입장료수입 등 부수수익이 있는 경우에도 해당 자산을 고유목적사업에 직접 사용한 것으로 본다(법령 3 ②).

04 구분경리

가. 의 의

비영리법인이 수익사업을 영위하는 때에는 자산·부채와 손익을 수익사업과 비수익사업으로 각각 구분하여 경리하여야 한다.

'구분하여 경리한다'는 것은 구분하여야 할 사업 또는 수입별로 자산과 부채 및 익금과 손금을 법인의 장부상 각각 독립된 계정과목에 의하여 구분기장하는 것을 말한다(법법 113①). 즉, 내국영리법인은 당해 사업연도의 모든 소득을 과세대상으로 하는 데 비하여, 내국비영리법인은 수익사업 등 세법에서 열거한 소득에 대해서만 과세하고, 세법에서 열거하지 아니한 소득에 대하여는 과세하지 않는 것이기 때문에, 세법은 내국비영리법인에 대하여 과세대상이 되는 부분과 과세대상이 되지 않는 부분을 구분하여 경리할 것을 요구하고 있다.

나. 구분경리 방법

(1) 수익사업과 비영리사업 간의 재산대체

비영리법인이 수익사업과 비영리사업을 함께 경영하면서 수익사업과 비영리사업 간에 재산이 이전되는 경우 수익사업의 소득금액을 계산하려면 이전되는 재산의 평가방법이 필요하다. 이는 다음과 같이 한다(법칙 76).

① 비영리사업에 속하는 자산을 수익사업에 전입 또는 지출한 때에는 그 자산가액은 자본의 원입(납입)으로 하며, 그 자산의 평가는 시가로 한다.

② 수익사업에 속하는 자산을 비영리사업에 지출한 때에는 그 자산가액 중 수익사업의 소득금액(잉여금 포함)에 속하는 부분은 기부금으로 하고, 초과하는 금액은 자본원입액의 반환으로 한다.

(2) 공통자산과 공통부채

수익사업과 비수익사업에 공통으로 사용되는 자산과 부채는 이를 각 사업에 배분하지 아니하고 수익사업에 속하는 것으로 한다(법칙 76).

(3) 공통익금과 공통손금

수익사업과 비수익사업에 공통되는 익금과 손금은 다음과 같이 구분하여 계산한다. 이 경우 공통익금은 과세표준이 되는 것에 한하며, 공통손금은 익금에 대응하는 것에 한한다. 다만, 공통익금 또는 공통손금의 구분계산에 있어서 개별 손금이 없거나 적용하는 것이 불합리한 경우에는 국세청장이 정하는 작업시간·사용시간·사용면적 등의 기준에 의하여 안분계산한다(법칙 76 ⑥).

① 공통익금 : 수익사업과 비수익사업의 수입금액 또는 매출액에 비례하여 안분계산한다.

② 공통손금 : 수익사업과 비수익사업의 업종이 동일한 경우에는 수익사업과 비수익사업의 수입금액·매출액에 비례하여 안분계산한다. 수익사업과 비수익사업의 업종이 다른 경우에는 수익사업과 비수익사업의 개별손금액에 비례하여 안분계산한다.

Reference 영리법인의 감면소득계산을 위한 구분경리

영리법인의 각 사업연도소득에 대한 법인세를 계산함에 있어서 감면사업과 비감면사업을 함께 영위하는 경우에는 감면세액을 계산하기 위하여 역시 구분경리가 필요하다. 이 경우 여기서 설명하는 구분경리방법을 준용하여 계산한다(법칙 75 ②).

05 소득금액계산 등 특례

소득금액의 계산에 있어서 영리법인과 다른 점은 기부금에 관한 특례와 고유목적사업준비금 설정특례가 있다.

가. 기부금 간주

수익사업에 속하는 자산을 비수익사업에 지출 또는 전입시킨 때에는 그 자산가액 중 수익사업의 소득금액(잉여금 포함)에 속하는 부분의 금액은 기부금으로 한다.

나. 고유목적 사업준비금

비영리법인은 그 법인의 고유목적사업 또는 '일반기부금'에 지출하기 위하여 고유목

적사업준비금을 손비로 계상한 경우에는 일정한 금액의 범위내에서 손금산입한다(법법 24 ②). 이에 대하여는 "「법인세법」상 준비금"을 참조하시오.

06 세율과 과세방법 특례

가. 세 율

비영리법인에 대한 세율은 일반적인 법인세 세율과 같다. 다만, 「조세특례제한법」에 따라 당기순이익과세를 선택하는 조합법인 등은 9% 또는 12%의 세율을 적용한다.

나. 과세방법 특례

(1) 원칙

비영리법인도 기본적으로 영리법인과 동일한 방식으로 수익사업의 모든 소득에 대해서 과세표준신고와 세액납부를 하여야 한다.

(2) 비영리법인의 이자소득에 대한 선택적 분리과세

비영리내국법인은 원천징수된 이자소득(비영업대금의 이익을 제외하고, 투자신탁의 이익을 포함한다)에 대하여는 과세표준 신고를 하지 않을 수 있다(법법 62 ①, 법령 99), 원천징수된 이자소득 중 일부에 대하여도 같다. 이처럼 과세표준 신고에 포함하지 않는 이자소득은 완납적 원천징수로서 납세의무가 종결된다.

그리고 선택적 분리과세를 선택한 것은 수정신고·경정청구 및 기한후신고 등에 의하여도 과세표준에 포함되는 것으로 할 수 없다(법령 99 ②).

(3) 비영리법인의 자산양도소득에 대한 과세특례

사업소득에 해당하는 수익사업을 영위하는 비영리내국법인을 제외하고 기타 비영리내국법인은 다음 자산의 양도로 인하여 발생한 소득에 대하여 법인세 과세표준신고를 하지 않을 수 있다(법법 62의2 ①, 법령 99의2 ①). 그러나 법인세 과세표준신고를 하지 않는 경우 「소득세법」상 양도소득세에 관한 규정을 준용하여 계산한 금액을 법인세로서 납부하여야 한다.

① 토지 또는 건축물
② 부동산을 취득할 권리 · 지상권 등 부동산에 관한 권리의 양도
③ 양도소득세 과세대상 중 기타자산(자산총액 중 부동산 등이 일정비율 이상인 특정주식 · 특정법인의 주식, 시설물이용권)의 양도
④ 상장법인 주식 중 대주주 양도분과 장외양도분, 비상장 주식 등

비영리법인이 「소득세법」에 따라 양도소득세과세표준 예정신고 및 자진납부를 하여야 하고 이 경우 분납 및 물납의 규정을 적용한다(법령 99의2 ⑧). 그리고 「소득세법」상의 예정신고를 하였다고 하더라도 비영리법인의 일반 법인세의 과세표준신고를 할 수 있는데, 이 경우 예정신고납부세액은 기부납부세액을 처리된다(법령 99의2 ⑤).

제2절 내국법인의 청산소득에 대한 법인세

01 청산소득에 대한 법인세

가. 의 의

법인은 그 존립기간의 만료나 기타 일정한 사유로 인하여 해산하게 된다. 그러나 법인은 해산사유의 발생과 동시에 소멸하는 것이 아니라 종결을 위한 업무, 채권의 추심, 채무의 변제, 자산의 환가처분, 잔여재산의 배분 등 청산업무를 수행하면서 이른바 청산법인으로서 존속하게 된다.

이와 같은 청산절차에 의하여 분배할 잔여재산가액이 해산등기일 현재의 자기자본총액을 초과하는 경우에 그 초과액을 청산소득이라 한다(법법 79 · 80). 다만, 합병이나 분할에 의한 해산의 경우는 양도손익으로 하여 각 사업연도소득으로 과세되므로 청산소득 문제가 생기지 않는다.

청산소득은 지금까지 법인이 내장하고 있었던(노출되지 않았던) 소득이 청산하는 과정에서 표출된 것인 바, 청산소득에 대한 법인세는 각 사업연도 소득에 대한 법인세에 의하여 과세되지 못한 소득을 과세대상으로 하므로 각 사업연도 소득에 대한 법인세의

보완역할을 한다.

한편 청산기간 중이라 하더라도 그 주된 영업에서 발생하는 소득은 각 사업연도 소득으로 과세하고 청산업무에서 발생하는 소득만 청산소득으로 하여 과세한다(법법 79 ⑥).

나. 과세의무

해산으로 인하여 소멸하는 영리내국법인은 청산소득에 대한 법인세를 납부할 의무가 있다. 다만, 다음의 법인은 그러하지 아니한다.

① 비영리내국법인

② 외국법인

③ 「상법」에 따라 조직변경하는 경우 및 「특별법」에 의한 법인이 「특별법」의 개폐로 「상법」상 회사로 조직변경하는 경우 등(법법 78, 법령 120의26)

02 청산소득금액 계산

가. 청산소득금액 계산

청산소득 금액은 다음과 같이 계산한다(법법 79 ①).

구 분	청 산 소 득 금 액
해산의 경우	잔여재산가액 − 해산등기일 현재의 자기자본총액
회사계속의 경우	해산일부터 사업계속등기일까지 사이에 분배한 잔여재산의 분배액 − 해산일 현재의 자기자본총액

(1) 잔여재산가액

청산소득을 계산함에 있어 잔여재산의 가액이라 함은 자산총액에서 부채총액을 공제한 순재산가액을 말한다(법령 121 ①).

잔여재산 = 자산총액 − 부채총액

이 경우 자산총액이라 함은 해산한 날 현재의 자산의 합계액으로 하되, 추심할 채권과 환가처분할 자산에 대하여는 다음 각 호에 의한다(법령 121 ②).

① 추심할 채권과 환가처분할 자산은 추심 또는 환가처분한 날 현재의 금액
② 추심 또는 환가처분 전에 분배한 경우에는 그 분배한 날 현재의 시가 평가액

(2) 자기자본총액의 계산

청산소득을 계산할 때 잔여재산가액에서 차감하는 자기자본총액은 세무상의 자기자본 총액을 말하고, 이는 일반적으로 해산등기일 현재의 자본금(또는 출자금)과 잉여금의 합계액이 된다(법법 79 ①). 다만 자기자본총액을 계산할 때 다음 항목들을 추가로 고려한다.

㉠ 내국법인의 해산에 의한 청산소득의 금액을 계산할 때 그 청산기간에 「국세기본법」에 따라 환급되는 법인세액이 있는 경우 이에 상당하는 금액은 그 법인의 해산등기일 현재의 자기자본의 총액에 가산한다(법법 79 ③).

㉡ 해산등기일 현재 그 내국법인에 세무상의 이월결손금이 있는 경우(발생시기에 제한이 없이 세무상 공제받지 못한 이월결손금을 말하며, 자기자본의 총액에서 이미 상계되었거나 상계된 것으로 보는 이월결손금을 제외한다)에는 그 이월결손금은 자기자본의 총액에서 차감하되, 차감하는 이월결손금의 금액은 자기자본의 총액 중 잉여금(자본잉여금도 포함)의 금액을 초과하지 못하며, 초과하는 이월결손금이 있는 경우에는 그 이월결손금은 없는 것으로 본다(법법 79 ④, 법령 121 ③).

㉢ 청산소득 금액을 계산할 때 해산등기일 전 2년 이내에 자본금 또는 출자금에 전입한 잉여금이 있는 경우에는 해당 금액을 자본금 또는 출자금에 전입하지 아니한 것으로 보아 자기자본총액을 계산한다(법법 79 ⑤). 이월결손금 공제를 잉여금 한도 내에서 하도록 되어 있는 규정을 회피하기 위해서 잉여금을 의도적으로 자본전입하는 것을 규제하기 위한 것이다.

이를 식으로 보면 다음과 같다.

자기자본총액 = 세무상 자본금 + Max(세무상 잉여금[*1] − 세무상 이월결손금[*2], 0) +청산중의 환급법인세

*1 세무상 자기자본이므로 유보 누계액은 재무상태표 자기자본에 가산되고 △유보 누계액은 차감된다. 그리고 자본금과 잉여금을 구분함에 있어서 해산등기일 전 2년 이내에 자본금 또는 출자금에 전입한 잉여금이 있는 경우에는 그 부분은 자본금이 아니라 잉여금에 포함되는 것으로 본다.

*2 자기자본에서 차감될 결손금은 세무상 이월결손금으로 발생시기에 제한이 없다. 그리고 자기자본의 총액

에서 이미 상계되었거나 상계된 것으로 보는 이월결손금을 제외한다. 한편, 여기서 차감될 이월결손금은 잉여금(자본잉여금도 포함하고, 2년 이내에 자본전입된 금액도 잉여금에 포함한다)의 금액을 한도로 차감한다.

나. 청산소득 과세표준 및 세액 계산

청산소득에 대한 과세표준은 청산소득금액과 같다(법법 77). 그리고 청산소득에 대한 법인세율은 일반법인의 각사업연도에 대한 법인세율이 그대로 적용된다(법법 83).

다. 청산소득의 신고와 납부

(1) 청산소득신고

(가) 확정신고

청산소득에 대한 법인세의 납세의무가 있는 내국법인은 다음 기한 내에 청산소득에 대한 법인세 과세표준과 세액을 신고납부하여야 한다. 청산소득이 없거나 결손금이 있는 경우에도 신고의무가 있다(법법 84조 ①). 이때 잔여재산가액 확정일이란 해산일(해산등기일) 현재의 잔여재산의 추심이나 환가처분이 완료된 날을 의미한다(법령 124 ③).

㉠ 해산의 경우 : 잔여재산가액 확정일이 속하는 달의 말일부터 3개월 이내

㉡ 사업계속의 경우 : 사업계속등기일이 속하는 달의 말일부터 3개월 이내

(나) 중간신고

내국법인(유동화전문회사 소득공제를 적용받는 법인은 제외)이 다음에 해당하는 경우에는 1개월 이내에 재무상태표, 기타 서류를 첨부(확정신고에 준함)하여, 청산소득의 중간신고납부를 하여야 한다(법법 85).

① 해산에 의한 잔여재산가액이 확정되기 전에 그 일부를 주주·사원 또는 출자자에게 분배한 경우에는 그 분배한 날이 속하는 달의 말일부터 1개월 이내

② 해산일로부터 1년이 되는 날까지 잔여재산가액이 확정되지 아니한 경우에는 그 1년이 되는 날이 속하는 달의 말일부터 1개월 이내

(2) 청산소득 법인세납부

청산소득에 대한 확정신고를 한 내국법인은 청산소득산출세액에서 기납부세액을 공제한 금액을 법인세로서 신고기한내에 정부에 납부하여야 한다(법법 84, 86).

(3) 연대납세의무와 납세의무승계

법인이 해산한 경우에 각 사업연도의 소득에 대한 법인세를 납부하지 아니하고 잔여재산을 분배한 때에는 청산인과 잔여재산의 분배를 받는 자는 연대하여 납부할 의무를 지닌다. 다만, 잔여재산의 분배를 받는 자는 그 분배받는 재산가액의 한도내에서 납부의무를 진다.

(4) 청산소득에 대한 가산금 등의 적용배제

청산소득에 대한 법인세의 징수에 있어서는 납부지연가산세(국기법 47의4)를 적용하지 아니한다(법법 90 ②).

예제 92

㈜청산은 사업부진으로 3월 10일 해산등기를 하고 잔여재산환가절차에 착수하여 동년 12월 10일에 잔여재산가액이 확정되었다. 청산소득에 대한 법인세액은 얼마인가? ▶'02 CPA 수정

1. 잔여재산가액확정액 300,000,000원
2. 해산등기일 현재의 자기자본
   자 본 금 100,000,000원 자본잉여금 30,000,000원 결손금 40,000,000원
   자기자본 합계 90,000,000원
3. 상기 결손금은 모두 세법상 결손금이고 이월결손금 공제기한이 경과된 것이 20,000,000원이 포함되어 있다.
4. 법인세율은 20%(2억 이하 10%)를 가정한다.

해답 • 청산소득금액＝300,000,000－(100,000,000＋30,000,000－30,000,000)＝200,000,000

* 자기자본에서 공제하는 이월결손금은 발생연도 제한은 없으나 잉여금을 한도로 함

청산소득에 대한 법인세＝200,000,000×10%＝20,000,000원

제 3 절 외국법인의 각 사업연도소득에 대한 법인세

01 의 의

외국법인이란 외국에 본점이나 주사무소를 둔 법인 및 유사단체(국내에 사업의 실질적 관리장소가 소재하지 아니하는 경우만 해당한다)를 말한다. 외국법인은 국내에서 발생한 국내원천소득과 토지 등의 양도차익에 대한 법인세의 납세의무가 있다. 그러나 청산소득에 대한 납세의무는 없다. 외국법인에 대해서 조세조약이 체결되어 있는 경우에는 조세조약이 국내 세법에 우선하여 적용되며, 조세조약에 규정되어 있지 아니한 사항은 「법인세법」의 규정을 적용한다.

외국법인의 납세의무

구 분	각 사업연도 소득	토지 등 양도소득 법인세	청산소득
영리외국법인	국내원천소득에 대해서 의무 있음	○	×
비영리외국법인	국내원천수익사업소득에 대해서 의무 있음	○	×

02 과세대상소득 범위

법인세는 다음과 같은 국내원천소득을 열거하고 있다. 만일 외국법인이 국내에서 소득이 발생되더라도 「법인세법」에서 열거되어 있지 않으면 법인세 납세의무를 지지 않는다.

일반적으로 국내원천소득으로 보는 것은 ① 소득발생의 원천이 되는 주된 행위가 국내에서 이뤄지거나 ② 국내에서 소득을 지급받은 것(국가 · 지방자치단체 · 거주자 · 내국법인 · 비거주자 또는 외국법인의 국내사업장으로부터 받는 것)들이다. 따라서 국내사업장이 없는 비거주자나 외국법인 또는 내국법인의 국외사업장으로부터 받는 것은 국내원천소득이 아니게 된다.

가. 이자소득

이자소득은 원칙적으로 이자를 지급하는 곳이 국내인지 여부를 기준으로 하여 국내원천소득 여부를 판단한다. 이에 따라 국가 · 지방자치단체 · 거주자 · 내국법인 · 외국법인의 국내사업장 또는 비거주자의 국내사업장으로부터 지급받는 이자 및 기타 대금의 이자와 신탁의 이익이 국내 원천이자소득에 해당한다(파생결합사채로부터의 이익 및 국외에서 받는 예금의 이자는 제외한다).

한편, 외국법인 또는 비거주자로부터 지급받는 이자로서 당해 소득을 지급하는 외국법인 또는 비거주자의 국내사업장과 실질적으로 관련하여 그 국내사업장의 소득금액을 계산할 때 필요경비 또는 손금에 산입되는 것은 국내원천소득으로 본다. 그러나 거주자 또는 내국법인의 국외사업장을 위하여 그 국외사업장이 직접 차용한 차입금의 이자는 국내원천소득으로 보지 않는다.

나. 배당소득

내국법인 또는 법인으로 보는 단체나 그 밖에 국내에 소재하는 자로부터 지급받는 다음의 소득. 이 경우 장외파생상품 거래에서 국내원천 배당소득을 기초로 지급하는 금액을 포함한다(법법 93).

㉠ 「소득세법」 제17조 제1항에 따른 배당소득(외국법인으로부터 받는 배당은 제외한다)

㉡ 「국제조세조정에 관한 법률」에 따라 배당으로 처분된 금액

다. 부동산소득

부동산소득은 당해 부동산이 국내에 소재하면 국내원천소득으로 본다. 부동산소득은 다음 자산의 양도 또는 임대 또는 그 밖의 운영으로 인하여 발생되는 소득을 말한다. 다만, 부동산등 양도소득에 해당하는 것은 제외한다.

① 국내에 소재하는 부동산 · 부동산상의 권리

② 국내에서 취득한 광업권 · 조광권 · 토사석 채취에 관한 권리 또는 지하수의 개발 및 이용권

라. 선박 · 항공기 등의 임대소득

거주자, 내국법인, 외국법인 또는 비거주자의 국내사업장에 선박이나 항공기 또는 등록된 자동차나 건설기계 및 산업상 · 상업상 · 과학상의 기계 · 설비 · 장치 · 공구 · 기구 및 비품을 임대함으로 발생하는 소득은 국내원천소득으로 본다.

마. 사업소득

비거주자 또는 외국인법인이 국내에서 경영하는 사업에서 발생하는 사업소득을 국내원천소득으로 한다. 여기에는 조세조약에 따라 국내원천사업소득으로 과세할 수 있는 소득과 국외에서 발생하는 소득으로서 국내사업장에 귀속되는 소득을 포함한다. 다만, 다음 '바'의 인적용역소득에 해당하는 것은 제외한다.

바. 인적용역소득

인적용역소득은 국내에서 다음의 인적용역을 제공함으로써 발생하는 소득을 국내원천소득으로 한다. 다만, 인적용역을 제공받는 자가 인적용역의 제공과 관련하여 항공회사·숙박업자 또는 음식업자 등에게 실제 지급(인적용역을 제공하는 자를 통해 지급하는 경우를 포함)한 사실이 확인되는 항공료·숙박비 또는 음식비 등은 인적용역 제공자의 국내원천 인적용역소득에서 제외한다.

㉠ 연예인, 직업운동가, 자유직업가가 제공하는 용역
㉡ 과학기술·경영관리 등에 관한 전문지식·기능을 가진 자가 당해 지식·기능을 활용하여 제공하는 용역

다만 상기 '㉡'에 해당하는 경우로 조세조약에서 정하는 경우에는 용역이 국외에서 제공되더라도 국내에서 그 대가를 지급하는 경우에는 국내원천 인적용역소득으로 본다(법법 96⑹호).

사. 부동산등 양도소득

양도소득은 부동산 등 양도소득세 과세대상자산의 소재지가 국내이면 국내원천소득으로 한다. 이때 주식양도시 부동산 양도로 보아 과세되는 부동산 과다보유법인 주식에 해당하지 않는 주식 또는 출자지분의 양도소득은 유가증권 양도소득이 된다.

아. 사용료소득

사용료소득은 저작권·특허권·상표권·정보 또는 노하우 등의 특정 자산이나 권리를 국내에서 사용하거나 그 대가를 국내에서 지급하는 경우 및 그 자산이나 정보 또는 권리의 양도로 인하여 발생하는 소득을 국내원천소득으로 한다. 한편 산업상·상업상·과학상의 기계·설비·장치 등을 임대함으로써 발생하는 소득을 조세조약에서 사용료소득으로 구분하는 경우에는 사업소득으로 보지 않고 그 사용대가를 사용료소득에 포함한다.

자. 유가증권 양도소득

유가증권의 양도소득은 내국법인이 발생한 주식·출자증권과 내국법인이나 외국법인의 국내사업장이 발행한 그 밖의 유가증권 양도로 인하여 발생하는 소득을 국내원천소득으로 한다. 그리고 외국법인이 발행한 주식 등으로 국내 증권시장에 상장된 것의 양도소득도 국내원천소득으로 본다.

다만, 다음의 요건을 모두 갖춘 비거주자 또는 국내사업장이 없는 외국법인의 주식 또는 출자지분의 양도소득은 과세대상에서 제외한다(법령 132 ⑧).

① 우리나라 증권시장을 통하여 주식 또는 출자지분을 양도함으로써 발생하는 소득일 것

② 해당 양도자 및 그 특수관계인이 양도일이 속하는 연도와 그 직전 5년간의 기간 중 계속하여 해당 주식 또는 출자지분을 발행한 법인의 발행주식총액(또는 출자총액)의 25% 미만을 소유할 것

차. 기타소득

국내에 있는 자산이나 사업과 관련하여 받은 보험금·보상금 또는 손해배상금, 가상자산소득, 국내에서 지급하는 위약금이나 배상금, 국내에 있는 자산을 증여받아 생기는 소득(현저히 낮은 대가를 지급하고 국내자산을 양수한 경우로서 그 대가와 시가의 차액이 시가의 30%이상인 경우 그 차액을 포함한다), 「법인세법」에 따라 기타소득으로 처분된 금액 등 「법인세법」이 기타소득으로 열거한 소득을 말한다.

03 과세방법

외국법인에 대한 과세방법은 국내사업장 또는 국내원천 부동산소득이 있는지 여부에 따라 다르다.

여기서 국내사업장이란 외국법인이 국내에서 사업을 영위하기 위하여 가지는 고정된 장소를 의미하며, 이는 '항구적 시설' 또는 '고정사업장'이라고도 한다. 그리고 국내사업장이 존재하는지 여부를 판단할 때 단순한 광고, 선전, 정보수집과 제공, 시장조사 또는 단순한 구입 등 업무 수행상 예비적 또는 보조적인 활동만을 수행하는 장소는 국내사업장으로 보지 않는다. 그러나 외국법인이 직접 국내에 고정된 장소를 가지지 않더라도 국내에 그 외국법인을 위하여 외국법인 명의의 계약을 체결할 권한을 가지거나 계약체결

과정에서 중요한 역할을 수행하는 자가 존재하고 그러한 활동을 반복적으로 수행되는 경우, 즉 국내에 외국법인을 위한 대리인 또는 종속대리인이 존재하는 경우 국내사업장이 있는 것으로 본다(법법 94).

가. 국내사업장이 있거나 국내원천 부동산 소득이 있는 법인

국내사업장이 있으면 그 국내사업장에 귀속되는 소득(실질적으로 관련되는 소득)을 국내영리법인과 마찬가지로 신고·납부하여야 한다. 그리고 국내원천 부동산 소득이 있으면 부동산소득에 대하여도 국내영리법인과 마찬가지로 신고·납부하여야 한다.

나. 국내사업장이 없으며 부동산소득이 없는 법인

국내사업장이 없으며 국내원천 부동산소득도 없는 경우의 국내원천소득은 분리과세로써 납세의무가 종결된다. 이 경우에는 과세표준과 세액의 신고납부의무가 없다. 즉, 이러한 외국법인에게 국내원천소득을 지급하는 자가 소정의 원천세율을 적용하여 계산한 법인세를 원천징수함으로써 납세의무가 종결된다. 그러나 외국법인의 양도소득은 예납적 원천징수가 되고 신고·납부시 분리과세한다(예납적 원천징수세액은 기납부세액으로 공제된다).

04 국내사업장 있는 경우 법인세 계산

국내사업장을 가진 외국법인과 국내원천 부동산소득이 있는 외국법인의 각 사업연도 소득에 대한 과세표준과 세액은 다음과 같이 계산한다.

가. 과세표준

법인세 과세표준은 국내원천소득금액의 합계액에서 이월결손금, 비과세소득 그리고 상호면세되는 국제운수소득을 차례로 공제하여 계산한다.

과세표준 =	국내원천소득금액의 합계액	−	이월결손금, 비과세소득, 상호면세되는 국제운수소득

① 국내원천소득금액의 합계액 : 국내원천소득금액은 국내원천 익금총액에서 그 익금에 대응하는 손금총액을 공제한 금액을 말한다. 국내원천 익금총액과 손금총액의 계산에 대해서는 국내원천에 해당하는지를 판단하기 위한 일부 특례규정을 제외하고는 원칙적으로 내국법인의 각 사업연도 소득 계산에 관한 규정을 준용한다. 다만 적격합병과 적격분할의 경우 합병법인 및 분할신설법인등은 피합병법인 및 분할법인등의 결손금을 승계하지 아니하는 것으로 보아 각각의 규정을 준용한다(법법 92, 법령 129).

② 이월결손금 : 각 사업연도 개시일 전 15년(2021. 1. 1.전에 신고한 결손금은 10년) 이내에 국내에서 발생한 결손금으로서 그 후의 각 사업연도 소득금액 또는 과세표준계산상 공제되지 아니한 금액을 말한다. 그리고 이월결손금 공제의 범위는 내국법인과 마찬가지로 각 사업연도소득의 100분의 60을 한도로 한다(법법 91 ①단서).

③ 비과세소득 : 내국법인의 비과세소득 규정을 준용한 비과세소득이다.

④ 상호면세되는 국제운수소득(외국항행소득) : 선박이나 항공기의 외국항행으로 인하여 발생하는 소득으로서 당해 외국에서도 우리나라의 선박이나 항공기의 소득에 동일한 면제를 하는 경우에 한한다(상호면세주의).

나. 세액계산

당해 외국법인의 과세표준에 내국법인과 동일한 법인세율을 적용하여 세액을 계산한다.

05 외국법인의 국내원천소득에 대한 원천징수

가. 개 요

국내원천소득으로서 국내사업과 실질적으로 관련되지 아니하거나 그 국내사업장에게 귀속되지 아니하는 다음의 소득금액(국내사업장이 없는 외국법인에게 지급하는 금액 포함)을 지급하는 자는, 국내원천소득을 현실적으로 지급하는 때에 다음의 세율을 적용하여 계산한 금액을 법인세로 원천징수하여 다음달 10일까지 납부하여야 한다. 다만 사업소득 중 조세조약에 따라 국내원천사업소득으로 과세할 수 없는 소득은 제외한다(법법 98 ①).

구 분	원천징수세율
선박 등 자산임대소득, 사업소득(조세조약상 원천징수대상이 되는 것에 한정)	2%
인적용역소득	20%*1
이자소득, 배당소득, 사용료소득, 기타소득	20%*2
부동산 등 양도소득, 유가증권 양도소득	(양도가액의 10%, 양도차익의 20%) 중 적은 금액

*1 용역이 국외에서 제공되고 국내에서 그 대가를 지급하는 경우에는 3%

*2 국가·지방자치단체 및 내국법인이 발행한 채권에 대한 이자소득 : 14%
사용지 기준 조세조약 상대국의 법인이 소유한 특허권등으로서 국내에서 등록되지 아니하고 국외에서 등록된 특허권등을 국내에서의 제조·생산과 관련해서 침해하여 발생하는 손해에 대하여 국내에서 지급하는 손해배상금 등 : 15%

*3 부동산소득은 원천징수대상에서 제외된다.

나. 원천징수절차상의 특례

외국법인의 국내원천소득에 대한 원천징수의무와 관련하여 그 소득을 지급받는 자가 외국에 소재하고 있다는 특징 때문에 원천징수절차와 관련해서 여러 가지 특례를 두고 있다. 이와 관련해서 중요한 내용만을 요약하면 다음과 같다.

(1) 외국법인에 대한 조세조약상 비과세 또는 면제의 적용신청

국내원천소득의 실질귀속자(해당 국외원천소득과 관련하여 법적 또는 경제적 위험을 부담하고 그 소득을 처분할 수 있는 권리를 가지는 등 해당 소득에 대한 소유권을 실질적으로 보유하고 있는 자를 말한다)인 외국법인 또는 국내원천소득을 지급하는 국외투자기구가 조세조약에 따라 비과세 또는 면제를 적용받으려는 경우에는 비과세·면제신청서와 국내원천소득의 실질귀속자임을 증명하는 서류 등을 국내원천소득을 지급하는 소득지급자에게 제출하고 (국외투자기구를 실질귀속자로 보는 경우에는 '실질귀속자 특례 국외투자기구 신고서'를 함께 제출) 해당 소득지급자는 그 신청서 등을 납세지 관할세무서장에게 제출하여야 하며(법법 98조의4 ① ②), 만일 소득지급자가 비과세·면제신청서 등을 제출받지 못하거나 실질귀속자를 파악할 수 없는 경우에는 비과세 및 면제를 적용하지 않고 국내 세법에 따라 원천징수를 한다(법법 98조의4 ③).

소득지급자는 신청서 등에 누락된 사항이나 미비한 사항에 대해 보완을 요구할 수 있고 소득지급자가 이러한 의무를 제대로 이행하지 못해 납세지 관할 세무서장이 비과세·면제요건에 해당되지 않는다고 판단한 경우 원천징수 차액은 소득지급자로부터 징수한다.

그리고 국내세법에 따라 원천징수된 실질귀속자가 사후적으로 비과세 또는 면제를 적용받으려는 경우에는 원천징수된 날이 속하는 달의 다음 달 11일부터 5년 이내(「국세기본법」의 후발적 경정청구사유에 해당하는 경우에는 그 사유가 발생한 것을 안 날부터 3개월 이내)에 실질귀속자 또는 소득지급자가 소득지급자의 납세지 관할세무서장에게 경정을 청구할 수 있다(법법 98조의4 ④).

(2) 외국법인에 대한 조세조약상 제한세율 적용신청

국내원천소득의 실질귀속자인 외국법인이 조세조약에 따른 제한세율을 적용받으려는 경우에는 제한세율적용신청서와 국내원천소득의 실질귀속자임을 증명하는 서류 등을 원천징수의무자에게 제출하여야 한다(법법 98조6 ①).

그리고 원천징수의무자는 제한세율적용신청서 등을 제출받지 못하거나 실질귀속자를 파악할 수 없는 경우 및 국내세법에 따라 원천징수된 실질귀속자가 사후적으로 제한세율을 적용받고자 하는 경우에는 상기 '외국법인에 대한 조세조약상 비과세 또는 면제의 적용신청'과 유사한 절차에 따르게 된다(법법 98조의6 ③④).

(3) 조세피난처 등에 소재하는 외국법인에 대한 원천징수특례

원천징수의무자는 조세피난처(기획재정부장관이 고시하는 국가나 지역)에 있는 외국법인의 국내원천소득 중 일정한 소득(이자소득, 배당소득, 비상장 부동산주식의 양도소득, 사용료소득, 유가증권양도소득)에 대하여 원천징수하는 경우에는 조세조약에 따른 비과세·면제 또는 제한세율 규정에도 불구하고 국내세법을 우선 적용하여 원천징수하여야 한다. 다만, 조세조약에 따른 비과세·면제 또는 제한세율을 적용받을 수 있음을 국세청장이 미리 승인한 경우에는 그러하지 아니하다(법법 98조의5 ①).

그리고 해당 외국법인이 그 소득에 대하여 조세조약에 따른 비과세·면제 또는 제한세율의 적용을 받으려는 경우에는 국내세법에 따라 원천징수된 날이 속하는 달의 다음 달 11일부터 5년 이내(「국세기본법」의 후발적 경정청구사유에 해당하는 경우에는 그 사유가 발생한 것을 안 날부터 3개월 이내)에 원천징수의무자의 납세지 관할세무서장에게 경정을 청구할 수 있다(법법 98조의5 ②).

(4) 외국인통합계좌를 통하여 지급받는 국내원천소득에 대한 원천징수특례

외국인 통합계좌(Omibus Account, 외국증권회사 및 외국운용사 등 외국 금융투자업자가 다른 외국 투자자의 국내 주식매매를 일괄 주문·결제하기 위해서 국내증권사 등에 개설한 외국 금융투자업자 명의의 계좌)를 통해 투자를 하고 그 소득을 지급하는 외국 금융투자업자는 국내원천소득에 해당하는 소득을 지급할 때 조세조약에 따른 비과세·면제·제한세율을 적용하지 않고 국내 「법인세법」에 따라 원천징수를 하여야 한다(법법 93의4 ①).

그리고 소득을 지급받은 자가 조세조약에 따른 비과세·면제·제한세율 적용받으려는 경우에는 원천징수일이 속하는 달의 다음 달 11일부터 5년 이내에 납세지 관할 세무서장에게 경정을 청구할 수 있다(법법 93의4 ①).

(5) 외국법인의 인적용역소득에 대한 신고·납부 특례

외국법인의 국내원천 인적용역소득에 대해서 국내세법이 정한 세율로 원천징수되는 외국법인은 국내용역 제공기간(용역 제공기간이 불분명할 때에는 입국일부터 출국일까지의 기간)에 발생한 인적용역소득에서 그 소득과 관련되는 것으로 입증된 비용을 뺀 금액을 과세표준으로 하여 용역 제공기간 종료일부터 3개월 이내에 원천징수의무자의 납세지 관할세무서장에게 신고·납부할 수 있다. 이때 이미 원천징수된 세액은 기납부세액으로 공제한다(법법 99).

(6) 외국법인의 우리나라 국채등 투자에서 생긴 소득 비과세 특례

외국법인이 직접 또는 적격외국금융회사 등을 통해서 우리나라 국채 또는 통화안정증권 등에 투자해서 발생하는 이자소득 및 그 채권의 양도로 생긴 소득에 대해서는 법인세를 과세하지 않으며, 비과세를 적용받으려는 외국법인(국외투자기구를 포함한다) 또는 적격외국금융회사등은 납세지 관할 세무서장에게 비과세 적용 신청을 하여야 한다(외국법인이 국외투자기구를 통하여 소득을 지급받는 경우에는 국외투자기구에 대한 실질귀속자 특례에 불구하고 해당 국외투자기구를 이 규정에서는 소득의 실질귀속자로 본다)(법법 93조의3).

그리고 내국법인이 국외투자기구를 통하여 우리나라 국채 또는 통화안정증권 등에 투자하고 국외투자기구로부터 지급받는 위의 소득에 대해서는 국외투자기구가 원천징수를 하지 않으며 해당 내국법인이 직접 법인세를 신고·납부한다(법법 93조의3 ⑤).

이는 한국 국채에 대한 안정적인 글로벌 수요 확보를 도모하려는 것으로, 세계국채지수(WGBI) 편입국 중 대부분의 국가가 외국법인의 국채 이자소득에 대해 비과세하고 있음을 고려한 것이다.

(7) 외국법인의 원천징수대상채권등에 대한 원천징수의 특례

외국법인에게 원천징수대상 채권등의 이자등을 지급하는 자 또는 외국법인으로부터 원천징수대상 채권등을 매수(중개 · 알선 등의 경우를 포함하고 특정한 환매조건부 채권매매 거래 등 의 경우는 제외)하는 자는 그 이자지급액 전체를 대상으로 다음과 같이 원천징수한다. 이 경우 '㉠'에 의한 적용세율이 14% 세율보다 높은 경우로서 해당 외국법인이 원천징수대상채권 등의 보유기간을 입증하지 못하는 경우에는 지급금액 전액을 해당 외국법인의 보유기간이자상당액으로 보며, '㉠'에 의한 적용세율이 14% 세율보다 낮은 경우로서 해당 외국법인이 원천징수대상채권 등의 보유기간을 입증하지 못하는 경우에는 해당 외국법인의 보유기간이자상당액은 없는 것으로 본다(법법 98조의3 ①, 법령 138조의 3 ①).

① 지급금액 중 당해 외국법인의 보유기간이자상당액에 대하여는 「법인세법」·「조세특례제한법」 및 조세조약에 따른 당해 외국법인에 대한 적용세율

② 지급금액 중 상기 '㉠'의 보유기간이자상당액을 차감한 금액에 대하여는 14%의 세율

Reference 국외투자기구에 대한 실질귀속자 특례 (법법 93조의2)

외국법인이 국외투자기구(투자권유를 하여 모은 금전 등을 투자대상자산으로 운용하고 그 결과를 투자자에게 배분하는 투자행위를 하는 기구로서 국외에서 설립된 기구)를 통하여 국내원천소득을 지급받는 경우에는 원칙적으로 그 외국법인을 실질귀속자로 본다.

다만, 국외투자기구가 다음 '①'과 '②'의 어느 하나에 해당하는 경우(「소득세법」에 따른 법인으로 보는 단체 외의 법인 아닌 단체인 국외투자기구는 아래 '②' 및 '③'에 해당하는 경우로 한정한다)에는 그 국외투자기구를 국내원천소득의 실질귀속자로 본다(법법 제93조의2).

① 다음 요건을 모두 갖추고 있는 경우
  ㉠ 조세조약에 따라 그 설립된 국가에서 납세의무를 부담하는 자에 해당할 것
  ㉡ 국내원천소득에 대하여 조세조약이 정하는 비과세 · 면제 또는 제한세율을 적용받을 수 있는 요건을 갖추고 있을 것

② '①'에 해당하지 아니하는 국외투자기구가 조세조약에서 국내원천소득의 수익적 소유자로 취급되는 것으로 규정되고 국내원천소득에 대하여 조세조약이 정하는 비과세 · 면제 또는 제한세율을 적용받을 수 있는 요건을 갖추고 있는 경우

③ 위 '①' 및 '②'에 해당하지 아니하는 국외투자기구가 그 국외투자기구에 투자한 투자자를 입증하지 못하는 경우(투자자가 둘 이상인 경우로서 투자자 중 일부만 입증하는 경우에는 입증하지 못하는 부분으로 한정한다). 여기에 해당하여 국외투자기구를 국내원천소득의 실질귀속자로 보는 경우에는 그 국외투자기구에 대하여 조세조약에 따른 비과세 · 면제 및 제한세율을 적용하지 아니한다.

06 외국법인의 국내사업장 과세특례(지점세 : Branch Tax)

가. 의 의

외국법인이 지점의 형태로 진출하면 국내지점의 국내원천소득에 대하여 법인세가 과세되며 그 소득을 본국에 송금하면 별도의 법인세가 과세되지 않는다. 그러나 자회사로 진출하면 자회사의 소득에 대해 국내에서 법인세가 과세되고 그 소득을 본국의 국외주주에 배당하면 배당금에 대해서 법인세(배당소득원천징수)가 과세된다.

이처럼 지점에 대한 세제상 이득때문에 지점 형태의 진출을 선호하므로 일정한 요건에 해당하는 외국법인의 국내지점은 지점세를 법인세로 추가하여 납부하도록 하고 있다. 다만, 그 외국법인의 거주지국이 그 국가에 있는 우리나라의 법인에 대하여 지점세를 추가하여 과세하지 아니하는 경우에는 적용하지 않는다.

나. 지점세의 과세요건

지점세를 과세하기 위한 요건은 다음과 같다(법법 96 ①).

① 외국법인(비영리외국법인을 제외함)의 국내사업장에 한하여 지점세를 과세하되, 우리나라와 당해 외국법인의 거주지국과 체결한 조세조약에 지점세과세에 대한 규정이 있어야 한다.

② 과세대상소득금액이 있어야 한다.

다. 지점세 계산

지점세는 지점세 과세대상 소득에 지점세에 대한 세율을 곱하여 계산한다.

	각 사업연도 소득금액
(−)	법인세 및 법인지방소득세
(−)	국내사업장의 사업을 위하여 재투자할 것으로 인정되는 금액
(−)	국외지배주주에게 배당으로 간주된 지급이자의 손금불산입액(배당・기타사외유출)*1
=	지점세 과세대상 소득금액
(×)	세 율(20%)*2
	지 점 세

*1 외국법인의 국내 자회사나 지점의 과소자본세제에 따른 지급이자손금불산입액이다(국조법 14).
*2 조세조약이 따로 정하는 경우에는 조세조약에 의함

(1) 재투자할 것으로 인정되는 금액

국내사업장의 사업을 위하여 재투자할 것으로 인정되는 금액은 해당 사업연도말 자본금 상당액에서 해당 사업연도초 자본금 상당액을 차감하여 계산한 금액을 말한다. 지점의 자본금 상당액은 재무상태표상 자산의 합계액에서 충당금을 포함하고 미지급법인세는 포함하지 않은 부채의 합계액을 공제한 금액이다.

만일 사업연도말 자본금 상당액이 사업연도초 자본금 상당액보다 적은 경우에는 그 차액을 당해 사업연도의 소득금액에 합산한다. 합산하는 소득금액은 직전 사업연도말의 미과세누적유보소득을 초과하지 못한다(법령 134 ①).

미과세누적유보소득이란 전기까지의 누적 각 사업연도의 소득금액 중 지점세로 과세되지 아니한 누적부분을 말한다.

> 미과세누적 유보소득 = 전기까지 각 사업연도 소득금액의 합계액에서 전기까지의 결손금합계액과 전기까지의 법인세·지방소득세 소득분을 차감한 금액 − 전기까지의 지점세 과세대상 소득금액의 합계액

(2) 지점세 계산방법의 예외

우리나라와 외국법인 거주지국 간의 조세조약에서 지점 등의 이윤송금에 대하여도 과세할 수 있도록 규정한 경우에는 각 사업연도 중 실제 송금액을 기준으로 지점세를 과세한다(법법 96 ①, 법령 134 ⑤). 이 경우 외국법인이 국내사업장 폐쇄 시까지 이윤을 송금하지 않은 경우에는 의제사업연도 종료일에 송금한 것으로 본다.

07 외국법인 연락사무소 현황자료 제출의무

외국법인이 국내에서 수익을 발생시키는 영업활동을 영위하지 아니하고 업무연락, 시장조사, 정보수집 등 외국 법인의 사업수행상 예비적 또는 보조적 성격을 가진 활동만을 수행하는 사무소("외국법인 연락사무소"라 한다. 국내사업장에 해당하지 아니하는 것을 말한다)를 국내에 두고 있는 경우에는 매년 12월 31일을 기준으로 작성된 현황 자료(연락사무소 기본현황, 본사 현황, 국내 거래현황 등)와 매입처별계산서합계표를 그 다음 연도 2월 10일까지 외국법인연락사무소 소재지 관할 세무서장에게 제출하여야 한다(법법 94조의2, 법령 133조의2).

만일 외국법인이 자료를 제출하지 않거나 거짓 자료를 제출하면 관할 세무서장은 시정 명령을 할 수 있고, 이 명령에 따르지 않으면 500만원(50%이내 가중 · 감경 가능)의 과태료를 부과 · 징수한다(법법 124 ②, 법령 별표2).

08 조세조약과 법인세법의 관계

우리나라는 많은 외국들과 조세조약(Tax Treaty)을 체결하고 있으며, 체결된 조세조약에는 거주자의 정의, 고정사업장의 범위, 과세대상소득의 종류 및 범위, 소득원천지국의 판단기준, 적용세율 등 과세요건에 대한 규정들이 다수 포함되어 있다.

따라서 외국법인에 대한 과세문제는 우리나라가 외국법인의 거주지국과 조세조약을 체결하였는지 여부에 따라 달라진다. 만일 우리나라와 체결된 조세조약이 없는 국가의 거주자인 외국법인은 국내법인 「법인세법」에 따라 과세하면 된다.

그러나 조세조약이 체결된 국가의 거주자인 외국법인은 국내법인 「법인세법」만 아니라 외국법인의 거주지국과 우리나라 사이에 체결된 조세조약도 함께 적용받게 된다. 이때 조세조약과 「법인세법」이 상충되는 경우에는 조세조약이 우선 적용되고, 조세조약에서 규정되지 않은 내용에 대하여는 국내법인 「법인세법」이 적용되게 된다. 따라서 조세조약이 체결된 국가의 거주자인 외국법인에 대한 과세문제는 「법인세법」만이 아니라 조세조약의 내용도 함께 고려되어야 한다.

제 4 절 보 칙

01 내국법인 법인설립신고

내국법인은 그 설립등기를 한 날로부터(사업의 실질적 관리 장소를 두게 되는 경우에는 그 실질적 관리장소를 두게 된 날부터) 2개월 이내에 주주 등의 명세서와 사업자등록서류 등을 첨부하여 납세지관할세무서장에게 신고하여야 한다. 이 경우 「법인세법」 또는 「부가가치세법」에 따라 사업자등록을 한 경우에는 법인설립신고를 한 것으로 본다(법법 109 ①).

또한 신고내용에 변경이 있는 경우에는 그 변경이 있는 날로부터 15일 이내에 변경사항을 신고하여야 한다.

※ "주주등의 명세서"란 주식등의 실제소유자를 기준으로 주주등의 성명과 주민등록번호(법인의 경우는 법인명 · 사업자등록번호 또는 고유번호) 및 주주등별 주식등의 보유현황을 기재한 명세서를 말한다(법령 109 ①). 법인설립 신고시 주주등의 명세서를 제출하지 않거나 사실과 다르게 제출한 경우에는 가산세가 있다(법법 76 ③).

02 외국법인 지점설치신고

외국법인이 고정된 국내사업장의 어느 하나를 가지게 된 때에는 2개월 이내에 국내사업장설치신고서에 필요한 서류를 첨부해 납세지관할세무서장에게 신고해야 한다. 다만, 국내에 고정된 장소는 없으나 외국법인을 위해 계약을 체결할 권한이 있는 자 또는 이에 준하는 자를 두고 사업을 영위하는 경우에는 국내사업장설치신고서만을 제출할 수 있다(법법 109 ②). 이 때에도 신고내용에 변경이 있을 경우에는 외국법인은 그 변경이 있는 그 날로부터 15일 이내에 변경사항을 신고하여야 한다(법령 152).

03 장부의 비치 · 기장

납세의무가 있는 법인은 장부를 갖춰 두고 복식부기 방식으로 장부를 기장하여야 하며, 장부와 관계있는 중요한 증명서류를 비치 · 보존하여야 한다. 다만, 비영리법인은 수익사업(비영리외국법인은 수익사업 중 국내원천소득이 발생하는 경우만 해당)을 하는 경우로 한정한다(법법 112).

04 신용카드 가맹점 가입 · 발행의무

국세청장은 소매업, 숙박업 및 음식점업 기타 주로 사업자가 아닌 소비자에게 재화 또는 용역을 공급하는 사업으로서 업종 · 규모 등을 고려하여 납세관리상 필요하다고 인정되면 신용카드가맹점으로 가입하도록 지도할 수 있다(법 117).

① 신용카드가맹점은 사업과 관련하여 재화 또는 용역을 공급하고 그 상대방이 대금을 신용카드로 결제하기 위하여 신용카드매출전표의 발급을 요청하는 경우에는 거부하거나 사실과 다르게 발급하여서는 아니된다. 다만, 「유통산업발전법」에 따른 대규모 점포 또는 「체육시설의 설치 · 이용에 관한 법률」에 따른 체육시설을 운영하는

사업자가 전사적기업자원관리설비 또는 판매시점정보관리시스템설비를 설치 · 운영하는 방법으로 다른 사업자의 매출과 합산하여 신용카드 매출전표를 발급하는 경우에는 사실과 다르게 발급한 것으로 보지 아니한다.

② 신용카드가맹점으로부터 신용카드 매출전표의 발급이 거부되거나 사실과 다르게 신용카드 매출전표를 발급받은 자는 그 거래내용을 국세청장(지방국세청장, 세무서장)에게 신고할 수 있다.

③ 위 신고를 받은 관서장은 납세지관할세무서장에게 이를 통보하여야 한다. 이 경우 납세지관할세무서장은 해당 사업연도의 신고금액을 해당 신용카드가맹점에게 통보하여야 한다. 국세청장은 신용카드매출전표의 발급을 거부하거나 사실과 다르게 발급한 신용카드가맹점에 대하여 그 시정에 필요한 사항을 명령할 수 있고, 명령사항을 위반하면 과태료를 부과징수한다(법법 124).

05 현금영수증가맹점가입 · 발급의무 등

주로 사업자가 아닌 소비자에게 재화 또는 용역을 공급하는 소비자 상대업종으로서 업종 · 규모 등 기준에 해당하면 요건에 해당하는 날이 속하는 달의 말일부터 3월 이내에 현금영수증가맹점으로 가입하여야 한다(법 117의2).

① 현금영수증가맹점으로 가입한 법인은 현금영수증가맹점을 나타내는 표지를 게시하여야 한다.

② 현금영수증가맹점은 사업과 관련하여 재화 또는 용역을 공급하고, 그 상대방이 대금을 현금으로 지급한 후 현금영수증 발급을 요청하는 경우에는 거부하거나 사실과 다르게 발급하여서는 아니된다. 다만, 현금영수증 발급이 곤란한 경우로서 대통령령으로 정하는 사유에 해당하는 경우(항공운송업을 영위하는 법인이 항공기에서 재화를 판매하는 경우 등)에는 현금영수증을 발급하지 아니할 수 있고, 대규모 점포 또는체육시설을 운영하는 사업자가 전사적기업자원관리설비 또는 판매시점정보관리시스템설비를 설치 · 운영하는 방법으로 다른 사업자의 매출과 합산하여 현금영수증을 발급하는 경우에는 사실과 다르게 발급한 것으로 보지 아니한다.

③ 현금영수증가맹점 또는 현금영수증을 발급해야 하는 내국법인이 현금영수증을 발급하지 않거나 사실과 다르게 발급한 경우에는 그 거래상대방은 그 현금거래 내용을 국세청장(지방국세청장 · 세무서장포함)에게 신고할 수 있다.

④ 위 '③'에 따라 신고를 받은 자는 현금영수증가맹점의 납세지 관할세무서장에게 이를 통보하여야 한다. 이 경우 납세지관할세무서장은 해당 사업연도의 신고금액을 해당 현금영수증가맹점에게 통보하여야 한다.

⑤ 전문자격사 · 입시학원 · 예식장 등 일정 업종을 경영하는 내국법인이 건당 거래금액(부가가치세액을 포함)이 10만원 이상인 재화 또는 용역을 공급하고 그 대금을 현금으로 받은 경우에는 상대방이 현금영수증 발급을 요청하지 아니하더라도 현금영수증을 발급하여야 한다. 다만, 사업자등록을 한 자에게 재화 또는 용역을 공급하고 계산서 · 세금계산서를 발급한 경우에는 현금영수증을 발급하지 아니할 수 있다.

⑥ 국세청장은 현금영수증가맹점으로 가입한 법인에게 현금영수증 발급 요령, 현금영수증가맹점 표지 게시방법 등 현금영수증가맹점으로 가입한 법인이 준수하여야 할 사항과 관련하여 필요한 명령을 할 수 있고, 명령사항을 위반하면 과태료를 부과징수한다(법법 124).

⑦ 현금영수증가맹점으로 가입한 법인은 그로부터 재화 또는 용역을 공급받은 상대방이 현금영수증의 발급을 요청하지 아니하는 경우에도 재화 또는 용역을 공급하고 그 대금을 현금으로 받은 날부터 5일 이내에 무기명으로 현금영수증을 발급할 수 있다.

06 지급명세서의 제출

가. 지급명세서의 제출의무

법인이 다음의 소득금액을 지급한 경우 일정 기한까지 납세지관할세무서장에게 지급명세서를 제출하여야 한다(법법 120 ①, 소법 164). 지급명세서를 제출하여야 할 법인이 지급명세서를 제때에 제출하지 않거나 불분명하게 제출하면 가산세를 부담하게 된다.

① 내국법인에게 이자소득 및 배당소득을 지급하는 경우. 이때 원천징수대상이 아닌 이자소득 및 배당소득와 법인세가 비과세 · 면제되는 소득에 대해서도 지급명세서 제출의무가 있으며 「자본시장과 금융투자업에 관한 법률」의 적용을 받는 법인의 신탁재산에 귀속되는 소득은 그 법인에 소득이 지급된 것으로 보아 지급명세서를 제출하여야 하지만(법법 120 ①), 원천징수대상이 아닌 이자소득을 금융기관에게 지급하는 경우는 지급명세서를 제출하지 않을 수 있다(법령 162).

② 국내원천소득을 외국법인에 지급한 경우. 다만, 비과세 또는 면제대상임이 확인되는 소득 등을 지급하는 경우에는 그러하지 아니하다(법법 120의2).

③ 「소득세법」에 따라 이자소득·배당소득·자유직업에서 발생하는 사업소득에 대한 수입금액·장기저축성보험의 보험차익·근로소득·연금소득·봉사료 수입금액·기타소득 및 퇴직소득 등을 지급하면서 소득세를 원천징수한 경우(소법 164)

※ 지급명세서제출의무에 관한 규정은 「법인세법」과 「소득세법」에 각각 규정되어 있다. 법인에게 지급한 소득에 대한 지급명세서 제출은 「법인세법」에 따라 제출하는 것이고, 개인에게 지급한 소득에 대한 지급명세서는 「소득세법」에 따라 제출하는 것이다.

나. 지급명세서의 제출기한

지급명세서를 다음과 같이 지급일이 속하는 사업연도의 다음 연도 2월말 또는 3월 10일까지 제출하여야 한다(법법 120 ②, 소법 164).

제 출 기 한	지급명세서 구분
2월 말	거주자 기타소득, 이자배당소득, 비거주자 및 외국법인에 대한 원천징수, 거주자 사업소득(봉사료) 등
3월 10일	근로소득*1,2, 퇴직소득, 원천징수 사업소득*1, 기타소득 중 종교인소득, 봉사료 등

*1 일용근로자의 근로소득에 대한 지급명세서는 매분기마다 분기의 마지막달의 다음달 말일까지 제출한다.
*2 근로소득간이지급명세서 제출의무 : 국내에서 개인에게 상용근로자에 대한 근로소득 및 원천징수대상인 사업소득을 지급하는 자는 매 반기마다 반기의 마지막달의 다음달 말일까지 근로소득간이지급명세서를 제출할 의무가 있다(소법 164조의 3).

07 구분경리

다음의 경우는 사업별로 구분경리를 하여야 한다(법법 113).

① 비영리법인이 수익사업을 하는 경우 수익사업과 그 밖의 사업
② 신탁회사가 신탁사업을 하는 경우 신탁재산에 귀속되는 소득과 그 밖의 소득
③ 다른 내국법인을 합병하거나 내국법인이 분할합병하는 경우 승계받은 사업에 속하는 것과 그 밖의 사업에 속하는 것(이월결손금을 공제받는 기간 또는 5년간 구분경리) 다만, 중소기업 간 또는 동일사업을 하는 경우에는 구분경리하지 않을 수 있다.
④ 연결모법인이 다른 내국법인을 합병하거나 분할합병하는 경우 승계받은 사업에 속하는 것과 그 밖의 사업에 속하는 것(이월결손금을 공제받는 기간 또는 5년간 구분경리)

08 계산서 등의 작성 · 발급의무 및 합계표 제출의무

가. 계산서 등의 작성 · 발급의무

법인이 재화나 용역을 공급하면 계산서 또는 영수증을 작성하여 공급받는 자에게 발급하여야 하고, 이 경우 계산서는 전자적 방법으로 작성한 계산서(전자계산서)로 발급하여야 한다(법법 121 ①). 그리고 전자계산서 발급명세는 발급일의 다음 날까지 국세청장에게 전송하여야 한다(법법 121 ⑦, 법령 164 ⑤).

다만, 「부가가치세법」에 따라 세금계산서 또는 영수증을 작성 · 발급한 것은 「법인세법」에 따라 계산서 또는 영수증을 작성 · 발급하지 않는다. 따라서 「법인세법」의 계산서 등 작성 · 발급의무는 실질적으로는 부가가치세가 과세되지 않는 면세 재화 및 면세 용역의 제공과 관련된 의무라고 할 수 있다.

한편 토지 · 건축물 및 각각의 분양권을 공급하는 것에 대해서는 계산서 등의 작성 · 발급의무가 없다(법법 121 ④, 법령 164 ③).

※ 매입자발행계산서 : 사업과 관련하여 사업자등록을 한 사업자로부터 재화 또는 용역을 공급받은 법인이 부도 · 폐업, 공급 계약의 해제 · 변경 등의 사유로 계산서를 발급받지 못한 경우에는 납세지 관할 세무서장의 확인을 받아 매입자발행계산서를 발행할 수 있다(법법 121조의2).

※ 소매업, 음식점, 숙박, 이미용업 등 주로 사업자가 아닌 소비자에게 재화 또는 용역을 공급하는 사업을 영위하는 자는 계산서를 교부하지 않고 영수증으로 교부할 수 있다(다만, 재화 또는 용역을 공급받은 사업자가 사업자등록증을 제시하고 계산서의 교부를 요구하는 때에는 계산서를 교부하여야 한다)(소령 211 ②, 부령 79조의2). 그리고 노점상인 · 행상인 또는 무인판매기 등을 이용하여 사업을 하는 자, 시내버스에 의한 용역, 국내사업장이 없는 비거주자 또는 외국법인과 거래되는 재화 또는 용역 등에 대해서는 계산서 또는 영수증을 발급하지 아니할 수 있다(소령 211 ④, 부가령 79조의2). 또한 「부가가치세법」상 간이과세 사업자는 계산서를 교부할 수 없으며, 영수증을 교부하여야 한다(소령 211 ③).

나. 매출 · 매입처별 계산서합계표의 제출의무

법인은 발급하였거나 발급받은 계산서의 매출 · 매입처별합계표(매출 · 매입처별 계산서합계표)를 매년 2월 10일(외국법인의 경우에는 매년 2월 19일)까지 납세지 관할세무서장에게 제출하여야 한다. 다만, 세관장으로부터 수입계산서를 교부받은 경우 및 전자계산서를 발급하거나 발급받고 전자발급명세를 국세청장에게 전송한 경우에는 매출 · 매입처별 계산서합계표를 제출하지 아니할 수 있다(법법 121 ⑤, 법령 164 ④, ⑤).

그리고 「부가가치세법」에 따라 매출 · 매입처별 세금계산서합계표를 제출한 분(分)에 대해서는 매출 · 매입처별 계산서합계표를 제출한 것으로 본다(법법 121 ⑥).

다. 매입처별 세금계산서합계표의 제출의무

부가가치세가 면제되는 사업을 하는 법인은 재화나 용역을 공급받고 「부가가치세법」에 따라 세금계산서를 발급받은 경우에는 매년 2월 10일까지 매입처별 세금계산서합계표(「부가가치세법」에 따른 매입처별 세금계산서합계표를 말한다)를 납세지 관할세무서장에게 제출하여야 한다. 다만, 「부가가치세법」에 따라 제출한 경우에는 「법인세법」에 따라 별도로 제출할 필요는 없다(법법 120조의3).

한편 상기 계산서 등의 작성·발급의무, 매출·매입처별 계산서합계표의 제출의무 및 매입처별 세금계산서합계표의 제출의무 등과 관련하여 가산세 규정이 있다('계산서등 불성실가산세'를 참조하시오).

09 주식등 변동상황명세서 제출의무

사업연도 중에 주식등의 변동사항이 있는 법인(조합법인 등은 제외)은 법인세과세표준 신고기한까지 주식등변동상황명세서를 납세지 관할세무서장에게 제출하여야 한다. 이와 관련한 내용을 요약하면 다음과 같다.

① 주식 등의 변동은 매매·증자·감자·상속·증여 및 출자 등에 의하여 주주 등·지분비율·보유주식액면총액 및 보유출자총액 등이 변동되는 경우를 말한다(법령 161 ⑦).

② 주식등변동상황명세서는 주식등의 실제소유자를 기준으로 내용을 적어야 한다(법령 161 ⑥).

③ 주권상장법인으로서 명의개서대행기관을 별도로 지정한 경우에는 지배주주(그 특수관계인을 포함한다) 외의 주주등이 소유하는 주식등에 대해서는 제출하지 않을 수 있다(법법 119 ②⑴, 법령 161 ③).

④ 상기 '③'외의 법인이 해당 법인의 소액주주(주식등 변동상황명세서에 관한 규정에서 이 규정을 위한 소액주주의 범위를 별도로 규정하고 있다)가 소유하는 주식등에 대해서는 제출하지 않을 수 있다(법법 119 ②⑵, 법령 161 ④).

⑤ 주식등 변동상황명세서 제출의무와 관련하여 가산세 규정이 있다('주식등 변동상황명세서 제출 불성실가산세'를 참조하시오).

10 지출증명서류의 수취 및 보관의무

법인이 사업과 관련된 모든 거래에 관한 증명서류를 작성하거나 받아서 법인세신고기한 후 5년간 보관하여야 한다. 다만, 이월결손금 공제를 받으려는 법인은 해당 결손금이 발생한 사업연도의 증명서류를 이월결손금 공제를 받는 사업연도의 법인세신고기한부터 1년이 되는 날까지 보관하여야 한다(법법 116 ①).

그리고 법인이 다른 법인이나 사업자로부터 재화나 용역을 공급받고 그 대가를 지급하는 경우에는 신용카드 매출전표(신용카드와 유사한 것 포함) · 현금영수증 · 세금계산서 · 계산서 등 적격 증명서류를 받아 보관하여야 한다. 다만 신용카드 매출전표 · 현금영수증 · 전자세금계산서 등은 별도로 보관하지 않을 수 있다(법법 116, 법령 158).

한편 직전 사업연도의 수입금액이 30억원 이상으로 지출증명서류를 수취하여 보관하는 법인은 해당 지출증명서류 외에 기획재정부령이 정하는 지출증명서류 합계표를 작성하여 보관하여야 한다(법령 158 ⑥).

11 가상자산사업자의 가상자산 거래내역 등의 제출의무

「가상자산 이용자 보호 등에 관한 법률」에 따른 가상자산사업자는 가상자산 거래내역 등 법인세 부과에 필요한 자료를 거래가 발생한 날이 속하는 분기 또는 연도의 종료일의 다음다음 달 말일까지 납세지 관할 세무서장에게 제출하여야 한다(법법 120의4 ①).

만일 가상자산사업자가 가상자산 거래내역 등 법인세 부과에 필요한 자료를 제출하지 아니한 경우에는 그 시정에 필요한 명령을 할 수 있다(법법 120의4 ②). 그리고 명령사항을 위반한 법인에 2천만원 이하의 과태료를 부과 · 징수한다(법법 124).

12 질문 · 조사

법인세에 관한 사무에 종사하는 공무원은 그 직무수행에 필요한 경우에는 다음에 해당하는 자에 대하여 질문하거나 당해 장부 · 서류 그 밖의 물건을 조사하거나 그 제출을 명할수 있으며, 또한 부가가치세 면세 거래분에 대한 수입금액의 조사 결정에 필요한 자료의 제출을 요구할 수 있다. 이 경우 직무상 필요한 범위외에 다른 목적 등을 위하여 그 권한을 남용해서는 아니된다(법법 122, 법령 165).

① 납세의무자 또는 납세의무가 있다고 인정되는 자
② 원천징수의무자
③ 지급명세서 제출의무자 및 매출·매입처별 계산서합계표 제출의무자
④ 외국법인의 국내에서 행하는 사업이나 국내에 있는 자산의 경영 또는 관리책임자
⑤ 상기 '①'에 해당하는 자와 거래가 있다고 인정되는 자
⑥ 납세의무자가 조직한 동업조합과 이에 준하는 단체
⑦ 기부금영수증을 발급한 법인

그리고 질문·조사시에는 소정의 검사원증(출장증)을 제시하여야 한다.

보론1 법인과세 신탁재산의 각 사업연도 소득에 대한 법인세 과세특례

01 제도의 취지

신탁이란 재산권의 소유자(위탁자)가 특정의 재산권을 신탁회사(수탁자)에 이전하거나 기타의 처분을 하고 수탁자로 하여금 그 재산권을 관리 · 처분하게 해서 생긴 소득 등을 일정한 자(수익자)에게 제공하도록 하는 법률관계를 말한다. 따라서 수탁자는 소득의 귀속 문제에 있어서 단순한 도관에 불과하므로 신탁재산에서 생긴 소득이 수탁자에게 귀속된다고 할 수 없다. 그래서 「법인세법」은 ㉠ 신탁재산에 귀속되는 소득에 대해서 수익자가 원칙적으로 납세의무를 부담하도록 하고 있고 ㉡ 위탁자가 신탁재산을 실질적으로 통제하는 등 요건을 충족하는 신탁의 경우에는 위탁자가 법인세를 납부하도록 하고 있다(법법 5, 법령 3의2).

그러나 경제가 발전함에 따라 훨씬 다양한 신탁의 유형이 생기게 되었고 신탁재산 자체를 하나의 내국법인으로 간주해서 납세의무를 지울 필요가 생겼다. 따라서 「법인세법」은 특정한 조건을 충족시키는 신탁의 경우에는 신탁재산에 귀속되는 소득에 대하여 각각의 신탁재산을 하나의 내국법인으로 간주해서 수탁자가 법인세를 신고 · 납부할 수 있도록 허용하고, 신탁재산을 별도의 내국법인으로 보아 법인세신고를 하려는 경우를 위해서 「법인세법」은 '법인과세 신탁재산의 각 사업연도 소득에 대한 법인세 과세특례'를 별도로 규정하게 되었다.

02 법인과세 신탁재산으로 법인세를 납부해야 하는 경우

다음의 요건을 모두 충족하는 신탁의 경우에는 신탁재산에 귀속되는 소득에 대하여 그 신탁의 수탁자(내국법인 또는 거주자인 경우에 한정)가 법인세를 납부하여야 한다. 이 경우 신탁재산별로 각각을 하나의 내국법인으로 본다.

① 「신탁법」에 의한 목적신탁 · 수익증권발행신탁 · 유한책임신탁 그 밖에 유사한 신탁으로 대통령령으로 정하는 신탁(「자본시장과 금융투자업에 관한 법률」에 따른 투자신탁 및 「소득세법」에 따른 조각투자상품에 대한 수익증권을 발행한 신탁은 제외) 중 어느 하나에 해당할 것

② 위탁자가 신탁재산을 실질적으로 통제하지 않는 경우(위탁자가 신탁계약 해지권, 수익자 지정변경권, 신탁해지시 신탁재산 귀속권 보유여부에 따라 판단)

03 기본적인 과세방식

수탁자는 각각의 신탁재산을 하나의 내국법인으로 보아 법인세 신고를 하여야 한다. 그리고 수탁자가 신탁재산의 이익을 수익자에게 배분하는 경우 법인과세 신탁재산의 소득에서 소득공제를 하고 수익자에게 배당소득으로 과세하게 된다. 수익자는 분배받은 배당에 대해 법인과세 신탁재산이 소득공제를 적용받은 경우에는 수입배당금익금불산입 등 이중과세조정을 하지 않는다.

04 특례의 내용

가. 법인과세 신탁재산에 대한 법인세 과세방식

① 법인과세 수탁자는 법인과세 신탁재산에 귀속되는 소득에 대하여 그 밖의 소득과 구분하여 법인세를 납부하여야 한다(법법 75의11 ①).

② 법인과세 신탁재산이 그 이익을 수익자에게 분배하는 경우에는 배당으로 본다(법법 75의11 ③).

③ 법인과세 신탁재산이 수익자에게 배당한 경우에는 그 금액을 해당 배당을 결의한 잉여금 처분의 대상이 되는 사업연도의 소득금액에서 공제하고 배당금액이 소득금액을 초과하는 경우 그 초과금액은 없는 것으로 본다(법령 120의4). 다만, 배당을 받은 법인과세 신탁재산의 수익자에 대하여 이 법 또는 「조세특례제한법」에 따라 그 배당에 대한 소득세 또는 법인세가 비과세되는 경우에는 소득공제를 하지 않는다(법법 75의14 ①, ③).

④ 법인과세 신탁재산에 대해서는 투자회사 등과 마찬가지로 간접투자 외국납부세액공제 규정(법법 57의2)을 적용한다. 따라서 외국납부세액이 법인세액을 초과하는 경우 일정 범위 내에서 외국납부세액을 환급받을 수 있다.

나. 법인과세 신탁재산의 사업연도와 제2차 납세의무 등

① 법인과세 수탁자는 법인과세 신탁재산에 대한 사업연도를 따로 정하여 법인 설립신고 또는 사업자등록과 함께 납세지 관할 세무서장에게 사업연도를 신고하여야 한다. 이 경우 사업연도의 기간은 1년을 초과하지 못한다(법법 75의12 ③). 법인과세 신탁재산은 신탁이 설정된 날 법인이 설립된 것으로 간주하고 신탁이 종료된 날에 해산된 것으로 간주한다(법령 120의2).

② 법인과세 신탁재산의 법인세 납세지는 그 법인과세 수탁자의 납세지로 한다(법법 75의12 ④).

③ 법인과세 수탁자가 법인과세 신탁재산의 재산으로 그 법인과세 신탁재산이 납부할 법인세 및 강제징수비를 충당하여도 부족한 경우에는 그 신탁의 수익자는 분배받은 재산가액 및 이익을 한도로 그 부족한 금액에 대하여 제2차 납세의무를 진다(법법 75의11 ①).

④ 하나의 신탁재산에 수탁자가 둘 이상인 경우 1개의 신탁재산으로 간주하여 해당 신탁의 신탁사무를 주로 처리하는 수탁자(주수탁자)로 신고한 자가 납세의무를 부담한다(법법 75의13).

⑤ 법인과세 수탁자는 법인의 설립신고의무(법법 109), 법인과세 신탁재산에 대한 새로운 수탁자가 선임된 경우 수탁자변경신고의무(법법 109의2), 법인의 사업자등록의무(법법 111) 등을 이행하여야 한다.

⑥ 법인과세 수탁자는 법인과세 신탁재산별로 신탁재산에 귀속되는 소득을 각각 다른 회계로 구분하여 기록하여야 한다(법법 113).

다. 신탁의 합병과 분할

① 법인과세 신탁재산에 대한 「신탁법」 제90조에 따른 신탁의 합병은 법인의 합병으로 보아 「법인세법」을 적용한다. 이 경우 신탁이 합병되기 전의 법인과세 신탁재산은 피합병법인으로 보고, 신탁이 합병된 후의 법인과세 신탁재산은 합병법인으로 본다(법법 75의15 ①).

② 법인과세 신탁재산에 대한 「신탁법」 제94조에 따른 신탁의 분할(분할합병을 포함)은 법인의 분할로 보아 「법인세법」을 적용한다. 이 경우 신탁의 분할에 따라 새로운 신탁으로 이전하는 법인과세 신탁재산은 분할법인등으로 보고, 신탁의 분할에 따라 그 법인과세 신탁재산을 이전받은 법인과세 신탁재산은 분할신설법인등으로 본다(법법 75의15 ②).

라. 법인과세 신탁재산의 원천징수

① 법인과세 신탁재산이 법인세 원천징수대상인 이자소득 · 투자신탁 이익을 지급받고, 법인과세 신탁재산의 수탁자가 금융회사 등에 해당하는 경우에는 원천징수하지 아니한다(법법 75의18 ①).

② 중도매매채권에 대한 원천징수규정(법법 73의2 ①)을 적용하는 경우에는 법인과세 신탁재산에 속한 원천징수대상채권등을 매도하는 경우 법인과세 수탁자를 원천징수의무자로 본다(법법 75의18 ②).

마. 법인과세 신탁재산의 수탁자 변경

수탁자의 변경에 따라 법인과세 신탁재산의 수탁자가 그 법인과세 신탁재산에 대한 자산과 부채를 변경되는 수탁자에게 이전하는 경우 그 자산과 부채의 이전가액을 수탁자 변경일 현재의 장부가액으로 보아 이전에 따른 손익은 없는 것으로 한다(법법 75의16).

보론2 동업기업 과세특례

01 제도의 취지

2인 이상이 공동사업을 영위하기 위해서 설립한 영리법인이라고 하더라도 실질적으로 인적회사의 성격이 강한 경우에는 법인에 대해 정규의 법인세를 과세하고 그 구성원들이 법인으로부터 인출하는 금액을 다시 근로소득 또는 배당소득의 과세를 하면 과세방법 및 담세능력에 있어서 인적회사의 성격을 제대로 반영하지 못하였다고 할 수 있다.

이러한 점에서 「조세특례제한법」은 세무상의 처리에 있어서 인적 회사의 성격이 강한 법인에 대하여는 법인을 경제적 실체가 아니라 단순한 도관(導管, conduit, pass-through)으로 보고, 동업법인에서 발생한 소득에 대해 법인세를 과세하지 않고 이를 동업자들에게 직접 귀속시켜서 동업자별로 과세하는 방법을 도입하였다. 이는 외국의 파트너쉽 과세제도(partnership taxation)의 취지를 도입한 것으로 2009년 1월 1일 개시하는 사업연도부터 시행되고 있다(조특법 100의14~100의26).

Reference

동업기업 과세특례가 동업자들에게 세제상 반드시 유리한 것은 아니다. 예를 들면 동업기업 과세특례를 선택하면 동업자들에게 배분하지 않은 소득 즉 법인 내에 유보되어 있는 소득까지 매년 전액 동업자들에게 배분된 것으로 보아 소득세 등을 과세하게 되기 때문이다.

일반법인 과세와 파트너십 과세의 비교

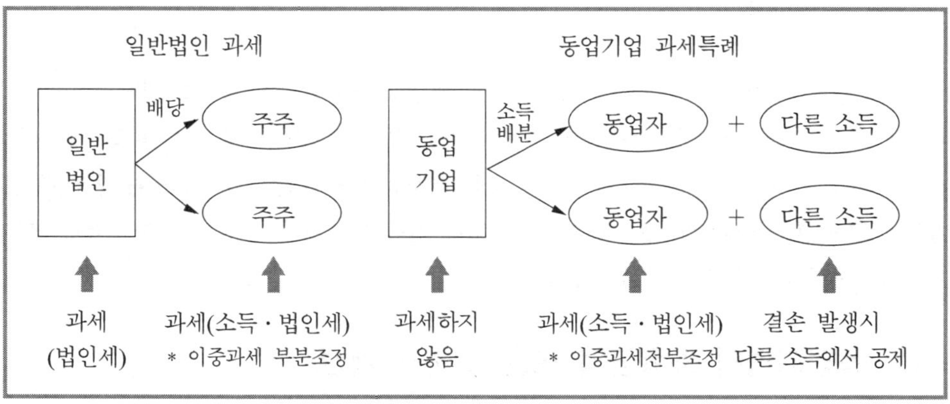

02 적용대상 법인

이는 그 제도의 취지상 조합이나 인적회사의 성격이 강한 다음의 법인에 대하여만 적용한다(조특법 100의15①). 다만, 동업기업과세특례를 적용받는 동업기업의 동업자는 동업기업의 자격으로 동업기업과세특례를 적용받을 수 없다.

① 「민법」에 따른 조합(「자본시장과 금융투자업에 관한 법률」 제9조 제18항 제5호의 투자조합은 제외한다)
② 「상법」에 따른 합자조합 및 익명조합(「자본시장과 금융투자업에 관한 법률」의 투자익명조합은 제외한다)
③ 「상법」에 따른 합명회사 및 합자회사(「자본시장과 금융투자업에 관한 법률」의 투자합자회사는 사모투자전문회사에 한정한다)
④ 인적용역을 주로 제공하는 유한회사로서 일정한 요건을 갖춘 법인(예 회계법인, 법무법인, 세무법인, 관세법인, 노무법인 등 국가자격사 법인)
⑤ 일정한 요건을 충족하는 국내사업장을 가진 외국단체(사모투자 전문회사는 제외)

※ 「상법」에 따른 합자조합은 합자회사와 유사하지만 법인격이 없고 계약에 따라 유한책임조합원도 업무집행이 가능하다는 점에서 합자회사와 차이가 있다.

이러한 법인들이 동업기업 과세특례를 적용받기 위해서는 적용받으려는 과세연도 개시일 이전까지 신청하여야 하고, 한번 동업기업 과세특례를 적용받으면 최소 5년간은 계속 적용하여야 한다.

03 과세방법

동업기업에 대한 과세특례는 주요 내용은 법인단계에서 소득금액을 계산하지만 법인세는 과세하지 않고, 계산된 법인소득을 매년 동업자들에게 손익분배비율 등에 따라 배분하여 동업자들이 계산상 배분된 소득을 자신들의 소득세(동업자가 개인인 경우) 또는 법인세(동업자가 법인인 경우)를 계산할 때 포함하여 신고하도록 한다는 것이다. 이를 위하여 「조세특례제한법」은 그 구체적 내용들을 규정하고 있다.

가. 동업기업의 소득금액 또는 결손금 계산

동업기업의 소득은 동업자들을 거주자 · 비거주자 · 내국법인 · 외국법인 등 4개의 군별로 분류하고(동업자군이라고 함), 각 동업자군별로 동업기업을 1개의 거주자·비거주자·내국법인·외국법인으로 보고 「소득세법」(동업자군이 거주자·비거주자에 해당되는 경우) 또는 「법인세법」(동업자군이 내국법인·외국법인에 해당되는 경우)을 각각 적용해서 해당 과세연도의 소득금액이나 결손금을 계산한다. 이와 같이 동업자의 법적 형태에 따라 동업기업의 소득금액을 「소득세법」 또는 「법인세법」을 적용해서 다르게 계산하도록 한 것은 동업기업의 계산상 배분소득은 궁극적으로 동업자의 법적 형태에 따라 소득세 또는 법인세가 과세될 것이므로 동업기업의 소득계산도 동업자의 법적 형태에 따라 계산할 필요가 있기 때문이다.

따라서 동업기업은 개인 거주자인 동업자를 위해서는 자신은 소득금액을 「소득세법」에 따라 계산해서 개인 거주자인 동업자에게 배분하여야 하며, 내국법인인 동업자를 위해서는 「법인세법」에 따라 소득금액을 계산해서 내국법인에게 배분하여야 한다.

나. 동업기업의 소득금액 또는 결손금의 배분

동업자군별로 계산된 소득금액 또는 결손금은 동업자군별 내의 동업자간 손익분배비율(관할세무서장에게 신고한 비율로 하되 신고비율이 없으면 지분비율)에 따라 배분한다. 여기서 배분이란 실제 동업자들에게 배분되는 자산을 의미하는 것이 아니라 동업기업 과세특례의 적용을 위해서 소득금액 또는 결손금을 동업자들에게 계산상 귀속시키는 것을 말한다.

각 동업자들에게 배분되는 결손금은 과세연도 종료일 현재 해당 동업자의 세무상 지분가액을 한도로 한다. 그리고 지분가액을 초과하는 해당 동업자의 귀속 결손금은 다음 과세연도 개시일 이후 15년 이내에 종료하는 과세연도에 이월하여 배분한다.

한편 동업기업의 경영에 참여하지 않고 출자만 하는 수동적동업자에게 배분되는 소득은 배당소득으로 분류되므로 배당의 성격상 결손금을 배분할 수 없다. 그러나 수동적동업자의 배분되지 않은 결손금은 해당 과세연도종료일로부터 15년 내에 종료하는 과세연도에 수동적동업자에게 배분될 소득금액에서 공제하고 배분한다.

※ 수동적 동업자란 동업기업의 경영에 참가하지 않고 출자만 하는 동업자로 다음의 하나에 해당하는 동업자를 말한다(조특령 100조의18 ①).

① 다음 각 목의 요건을 모두 갖춘 동업자
　㉠ 동업기업의 성명 또는 상호를 사용하게 하지 아니할 것
　㉡ 동업기업의 채무에 대하여 무한책임을 부담하지 아니할 것
　㉢ 임원 또는 이에 준하는 자가 아닐 것
② 동업기업이 사모투자전문회사인 경우에는 그 유한책임사원

다. 배분된 소득금액 또는 결손금의 처리

동업자는 동업기업이 배분한 소득금액 또는 결손금을 당해 사업연도에 자신에게 발생한 소득금액 또는 결손금으로 보아 타소득과 합하여 법인세 또는 소득세를 계산하게 된다. 다만, 수

동적동업자가 동업기업으로부터 배분받은 소득금액은 배당소득으로 본다(다만 기관전용PEF의 수동적 동업자 중 외국법인과 비거주자인 수동적 동업자에 대해서는 일반동업자와 같이 소득종류별로 과세한다. 이는 국내PEF에 대한 외국법인 등의 투자확대를 지원하기 위한 것이다).

라. 세액공제 등의 배분

동업기업의 감면세액 및 세액공제, 원천징수된 세액, 동업기업이 납부할 가산세, 「법인세법」에 따른 토지등 양도소득에 대한 법인세는 각 동업자들에게 배분한다. 다만, 토지 등 양도소득에 대한 법인세는 법인인 동업자에게만 배분한다.

동업자는 자신의 소득세 또는 법인세를 신고납부할 때 배분받은 감면세액 및 세액공제와 원천징수세액은 공제하고, 가산세와 토지등 양도소득에 대한 법인세는 가산하여 납부하게 된다.

마. 동업기업과 동업자간의 거래

동업자가 제3자의 자격으로 동업기업과 거래를 한 경우 이는 동업기업과 동업자의 수익 또는 손금에 산입한다. 이 경우 동업자와 동업기업은 특수관계가 있는 자로 본다.

바. 지분가액의 조정

동업기업으로부터 소득금액을 배분받으면 배분받은 금액만큼 동업자의 세무상 지분가액은 증액되며, 결손금을 배분받으면 배분받은 결손금만큼 동업자의 세무상 지분가액은 감액되게 된다. 이와 같이 동업기업의 세무상 지분가액을 계산하고 관리하는 것은 결손금의 배분한도, 동업기업지분의 양도시 양도차익계산, 동업기업이 실제 자산을 배분하는 경우의 소득금액 계산 등과 관련하여 세무상 지분가액 자료가 반드시 필요하기 때문이다.

04 동업기업 지분의 양도 및 자산의 분배

가. 지분양도

개인동업자가 동업기업 지분을 양도하면 이는 법인의 주식을 양도한 것으로 보아 「소득세법」상 양도소득세를 과세한다. 이 경우 주식의 취득가액은 양도일 현재 세무상 지분가액이 된다. 그리고 양도차손이 발생하면 다른 주식 등의 양도소득금액에서 공제할 수 있다.

한편 법인은 주식 등의 양도차익을 별도로 분류과세하지 않고 있으므로 법인동업자가 동업기업 지분을 양도하면 일반적인 방식으로 익금 또는 손금에 산입한다.

나. 자산의 분배

동업자가 동업기업으로부터 실제 자산을 분배(동업기업의 자산이 동업자에게 실제로 이전되는 것을 의미)받으면 분배받은 자산의 시가에서 분배일 현재 동업자의 세무상 지분가액을 초과하는 금액은 동업자의 배당소득이 된다.

다만 동업기업이 청산, 분할, 합병 등으로 소멸되거나 동업자가 탈퇴하는 과정에서 분배된 자산의 시가가 분배일 현재 동업자의 세무상 지분가액에 미달하면 이는 주식양도시 발생한 손실로 본다.

05 소득계산 및 배분내역신고

동업기업은 각 사업연도 종료일이 속하는 달의 말일부터 3개월이 되는 날이 속하는 달의 15일까지 해당 사업연도에 대한 소득계산 및 배분명세서(동업기업 소득계산 및 배분내역서)를 관할세무서장에게 신고하여야 한다. 이와 같이 동업기업의 신고기한이 일반적인 법인의 법인세신고기한보다 빠른 것은 법인동업자의 법인세신고에 지장이 없도록 하기 위한 것이다.

06 기 타

가. 원천징수의무

동업기업은 비거주자 또는 외국법인인 동업자에게 배분하는 소득에 대하여는 동업기업의 소득계산 및 배분명세의 신고기한까지 소득세 또는 법인세를 원천징수하여 납부할 의무를 진다.

나. 가산세

동업기업 과세와 관련하여 동업기업이 소득계산 및 명세의 신고를 하지 않으면 무신고가산세(신고하여야 할 소득금액의 4%), 신고하여야 할 소득금액보다 적게 신고하면 과소신고가산세(과소신고소득금액의 2%), 비거주자 또는 외국법인에게 대한 배분소득에 대하여 원천징수를 이행하지 않으면 원천징수불이행가산세를 부담하게 된다.

보론3 연결납세제도

1 제도의 취지

연결납세제도(consolidated tax return)는 모회사와 자회사가 경제적으로 결합되어 1개의 경제적 실질을 가지고 있는 경우 해당 모회사와 자회사를 1개의 과세단위로 보아 소득을 통산해서 법인세를 과세하는 제도이다. 이는 일반적인 법인세제가 법률적으로 독립된 법인격을 과세단위로 하는 개별납세제도(separate tax return)에 대응되는 과세방식이다.

연결납세제도는 기업의 조직이 사업부로 운영되는가 아니면 자회사의 형태로 운영되는가의 선택에 있어서 조세의 중립성을 보장하여 기업이 환경에 따라 탄력적으로 대응할 수 있도록 하고, 경제적 실질에 맞게 과세함에 따라 세부담의 수평적 형평성을 제고하기 위해 도입된 제도이다. 이는 미국이 1917년부터 도입하여 시행하고 있으며, OECD국가 중 이미 20개국이 넘는 국가에서 이를 시행하고 있다. 우리나라는 연결납세제도를 2010년부터 시행하였다.

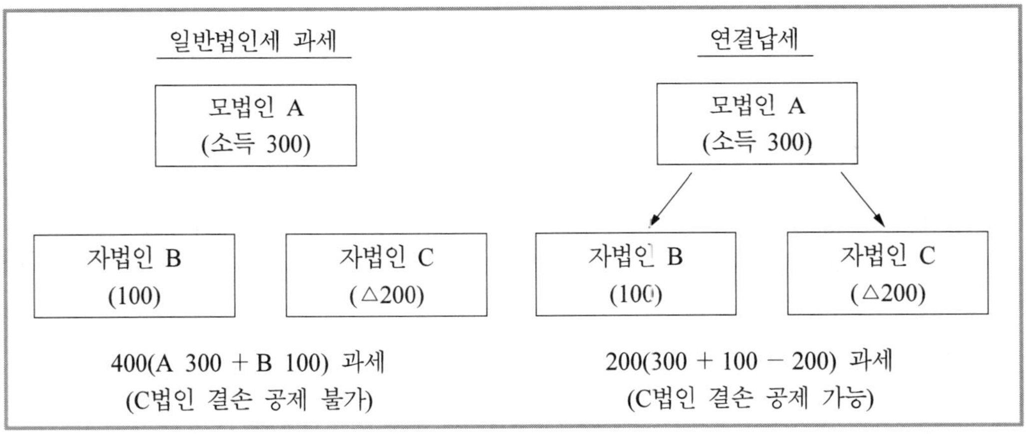

2 용어정의 및 연결납세 적용대상

가. 용어정의

연결납세제도를 설명하면서 사용하는 용어의 정의는 다음과 같다. 이 용어를 분명하게 구분하여야 연결납세제도를 혼동없이 이해할 수 있다.

㉠ "연결납세방식"이란 둘 이상의 내국법인을 하나의 과세표준과 세액을 계산하는 단위로 하여 법인세를 신고·납부하는 방식을 말한다.

㉡ "연결법인"이란 연결납세방식을 적용받는 내국법인을 말한다.

㉢ "연결집단"이란 연결법인 전체를 말하고, "연결법인"이란 연결납세방식을 적용받는 내국법인을 말한다.

㉣ "연결모법인"(連結母法人)이란 연결집단 중 다른 연결법인을 연결지배하는 연결법인을 말하고, "연결자법인"(連結子法人)이란 연결모법인의 연결지배를 받는 연결법인을 말한다.

㉤ "연결사업연도"란 연결집단의 소득을 계산하는 1회계기간을 말한다.

㉥ "연결지배"란 내국법인이 다른 내국법인의 발행주식총수 또는 출자총액의 100분의 90 이상을 보유하고 있는 경우를 말한다. 이 경우 그 보유비율을 계산할 때 ⓐ 의결권 없는 주식 또는 출자지분을 포함하고 ⓑ 보유하는 자기주식은 제외하고 ⓒ 다른 내국법인을 통하여 또 다른 내국법인의 주식 또는 출자지분을 간접적으로 보유하는 경우에는 법 소정의 방식으로 계산해서 합산하고 ⓓ 우리사주조합이 보유한 주식, 우리사주조합을 통하여 근로자가 취득한 주식 및 주식매수선택권의 행사를 통해서 취득한 주식(제3자에게 양도된 경우를 포함)은 발행주식총수의 100분의 5 이내에서 해당 법인이 보유한 것으로 본다.

㉦ "연결가능모법인"이란 다른 내국법인을 연결지배하는 내국법인으로, 비영리법인, 해산으로 청산 중인 법인, 다른 내국법인(비영리내국법인은 제외한다)으로부터 연결지배를 받는 법인, 동업기업과세특례를 적용하는 동업기업, 성실신고확인서를 제출하는 소규모 법인 등 법 소정의 법인은 제외한다(법법 76조의8 ①, 법령 120조의12 ①).

㉧ "연결가능자법인"이란 연결가능모법인으로부터 연결지배를 받는 내국법인으로, 해산으로 청산 중인 법인, 동업기업과세특례를 적용하는 동업기업, 성실신고확인서를 제출하는 소규모 법인 등 법 소정의 법인은 제외한다(법법 76조의8 ①, 법령 120조의12 ②).

나. 연결납세적용대상

"연결가능모법인"과 "연결가능자법인"은 연결가능모법인의 납세지 관할지방국세청장의 승인을 받아 연결납세방식을 적용할 수 있다. 이 경우 연결가능자법인이 둘 이상일 때에는 해당 법인 모두가 연결납세방식을 적용하며 일부 연결가능자법인만을 선택하여 연결납세를 적용할 수 없다.

다. 사업연도의 일치

연결납세를 적용받으려면 연결과세에 포함된 각 연결법인의 사업연도는 일치하여야 한다. 다만, 본래 사업연도가 금융기관 등과 같이 법령 등에 규정되어 연결사업연도와 일치시킬 수 없는 연결가능자법인의 경우에는 연결사업연도를 해당 내국법인의 사업연도로 보아 연결납세 방식을 적용할 수 있다(법법 76조의8 ③).

03 납세지 · 신청 및 승인취소 등

① 납세지 : 연결납세의 납세지는 연결모법인의 납세지로 한다(법법 76조의8 ④).

② 승인신청 : 연결납세를 최초로 적용받고자 하는 경우에는 연결모법인의 납세지관할지방국세청장에게 연결사업연도 개시일로부터 10일이내에 신청하여야 하며, 국세청장은 최초 연결사업연도 개시일부터 2개월 이내에 승인여부를 통지하여야 한다(법령 120조의13 ①).

③ 연결납세의 포기 : 연결납세적용은 포기할 수 있는데, 포기하려는 연결모법인은 연결모법인의 납세지관할지방국세청장에게 연결납세를 적용받지 않으려는 사업연도개시일 전 3개월이 되는 날까지 포기신고를 하여야 한다. 다만, 연결납세방식을 최초로 적용받은 연결사업연도와 그 다음 연결사업연도의 개시일부터 4년 이내에 끝나는 연결사업연도까지는 연결납세방식의 적용을 포기할 수 없다. 그리고 연결납세방식의 적용을 포기한 경우 연결법인은 연결납세방식이 적용되지 아니하는 최초의 사업연도와 그 다음 사업연도의 개시일부터 4년 이내에 끝나는 사업연도까지는 연결납세방식의 적용 당시와 동일한 법인을 연결모법인으로 하여 연결납세방식을 적용받을 수 없다(법법 76조의10).

④ 승인취소 : 연결모법인의 관할지방국세청장은 연결모법인이 연결가능자법인에 대하여 연결납세방식을 적용하지 아니하는 경우 등 연결법인이 연결납세 요건을 갖추지 못하거나 수시부과사유가 생기는 경우 등에는 연결납세의 승인을 취소할 수 있는데(법법 76조의9), 이 경우 아래 문제들이 발생한다. 그리고 연결자법인이 연결모법인의 완전 지배를 받지 아니하게 되거나 해산하여 연결자법인에서 배제된 경우에도 아래 내용을 준용하되, 아래 ㉢의 내용은 연결납세방식을 적용받은 연결사업연도와 그 다음 연결사업연도의 개시일부터 4년 이내에 끝나는 연결사업연도 중에 연결자법인에서 배제된 경우에만 준용한다(법법 76조의12).

㉠ 연결납세 재적용 기간의 제한 : 승인이 취소되면 취소된 날이 속하는 연결사업연도와 그 다음 4년간은 연결납세 적용 당시와 동일한 법인을 연결모법인으로 하여 다시 연결납세를 적용받을 수 없다(법법 76조의9 ③).

㉡ 사업연도 의제 : 승인이 취소된 날이 속하는 연결사업연도의 개시일부터 그 연결사업연도의 종료일까지의 기간과 취소된 날이 속하는 연결사업연도 종료일의 다음날부터 본래 사업연도 개시일의 전일까지의 기간을 각각 1사업연도로 본다(법법 76조의9 ⑥).

㉢ 연결납세기간 중 공제받은 다른 연결법인의 결손금 환원 : 법 소정의 부득이한 사유

가 없으면 다른 연결법인의 결손금을 공제받은 법인은 취소된 사업연도의 익금에 산입(결손금에 대한 대가를 지급하거나 정산금을 배분한 경우는 제외)하고, 다른 연결법인이 공제받은 결손금을 보유했던 법인은 공제받는 결손금을 취소된 사업연도의 손금으로 산입(결손금에 대한 대가를 지급받거나 정산금을 배분받은 경우는 제외)한다(법법 76조의9 ②).

㉣ 이월결손금의 배분 : 연결납세 과세표준 계산시 공제될 세무상 결손금 중 각 연결법인들에게 귀속될 금액을 계산·배분하여 이를 해당 연결법인들의 각 사업연도 과세표준 계산시 공제할 수 있도록 하여야 한다(법법 76의9 ④, 법령 120의14 ②).

㉤ 중간예납세액의 배분 : 연결모법인이 납부한 중간예납세액 중 각 연결법인들에게 귀속될 금액을 계산·배분하여 이를 해당 연결법인들이 법인세 신고시 기납부세액으로 공제할 수 있도록 하여야 한다(법법 76의9 ⑤).

04 연결과세표준의 계산

가. 연결소득금액의 계산

연결법인의 소득금액은 다음과 같은 순서로 계산한다(법법 76조의14).

(1단계) 각 연결법인별 각 사업연도 소득금액 또는 결손금 계산 (2단계) 각 연결법인의 연결조정항목 제거 (3단계) 연결법인 간의 거래손익 제거 (4단계) 연결조정항목의 재계산 및 연결법인별 배분 (5단계) 연결법인별 소득금액계산 및 연결집단의 소득금액 계산

(1) (1단계) 각 연결법인별 각 사업연도소득금액 또는 결손금 계산

연결법인에 속한 각 연결법인은 법인세법에 따라 개별납세방식으로 각자의 각 사업연도소득금액 또는 결손금을 계산한다.

(2) (2단계) 각 연결법인의 연결조정항목 제거

각 연결법인은 개별납세방식으로 각 사업연도소득을 계산하는 과정에 포함된 다음 항목들을 취소하여 다시 익금 또는 손금에 산입하여야 한다. 이는 1개의 과세단위인 연결법인을 중심으로 한도액 등을 다시 계산해서 시부인하기 위한 것이다.

① 수입배당금 익금불산입에 대한 세무조정(법법 제18조의2 및 제18조의3),

② 기부금한도에 대한 세무조정(법법 제24조),
③ 기업업무추진비한도에 대한 세무조정(법법 제25조)

(3) (3단계) 연결법인 간의 거래손익 제거

연결법인 간에 거래가 있고 그 거래로 인한 손익이 아직 매입자의 자산에 포함되어 있다면 연결집단의 입장에서는 그 거래손익이 아직 실현되었다고 볼 수 없다. 따라서 연결법인 전체를 1개의 과세단위로 하여 소득금액을 계산하려면 그 미실현손익을 당연히 제거해주어야 한다.

간단한 사례를 보면 다음과 같다. A법인이 장부가액 100원인 토지를 B법인에게 150원에 매각하면 A법인은 장부상 유형자산처분이익 50원을 인식하고 B법인은 장부에 토지를 150원으로 계상한다. 이 거래의 결과는 A법인이 인식한 이익 50원이 B법인의 자산가액에 포함되어 있는 것이다. A법인과 B법인 각각의 입장에서는 이러한 처리는 옳은 것이지만, A법인과 B법인을 합해서 1개의 과세단위로 하여 소득금액을 계산한다고 보면 이는 단순한 내부으로 자산을 이동한 것에 불과한 것에 대해서 이익 50원을 인식한 것이므로 잘못된 것이다. 따라서 이 손익 50원을 제거해주어야만 하는데, 이것이 연결법인 간의 거래손익 제거이다. 그리고 내부거래로 인한 손익을 포함하고 있어서 그 손익을 제거하여야 할 대상자산을 '양도손익이연자산'이라고 한다.

이러한 거래의 유형은 연결법인간에 이루어진 배당금 수수거래 · 기업업무추진비 관련 거래 · 다른 연결법인에 대한 채권에 대하여 설정한 대손충당금 · 외부로 판매되지 않고 연결법인간 내부에 남아있는 고정자산 등의 거래손익이 있다.

한편, 「법인세법」은 외부로 판매되지 않고 연결법인간 내부에 남아있는 고정자산 등(양도손익이연자산)의 거래손익을 다음과 같은 방법으로 제거하도록 하고 있다(법령 120조의18).

㈎ 양도손익이연자산의 범위

내부거래손익을 제거하는 양도손익이연자산은 ㉠ 유형자산(건축물은 제외) ㉡ 무형자산 ㉢ 매출채권, 대여금, 미수금 등의 채권 ㉣ 「자본시장과 금융투자업에 관한 법률」 제3조 제1항에 따른 금융투자상품 ㉤ 토지와 건축물 ㉥ 외국법인의 주식등(해당 주식등을 다른 연결법인에 전액 양도하는 경우에 한정)이다. 여기서 '㉠~㉤'의 자산은 국내에 소재하는 자산에 한정하고, '㉠~㉢'의 자산으로 거래 건별 장부가액이 1억원 이하인 자산은 양도손익이연자산에서 제외할 수 있다(법령 120조의18 ①).

㈏ 내부손익 제거방법

양도손익이연자산을 양도한 법인의 양도소득 또는 양도손실은 익금 또는 손금에 산입하지 않는다. 그리고 양도손익이연자산을 양수한 법인에게 그 소득이 실현되었다고 볼 수 있는 다음 사유가 발생하면 양도법인은 다음과 같이 계산한 방식으로 익금 또는 손금에 산입한다. 다만, 해당 양도손익이연자산의 양도에 대하여 부당행위계산부인이 적용되는 경우에는 그러하지 아니하다.

> • 양수법인이 양도손익이연자산에 대해 감가상각을 한 경우
>
> $$양도법인의\ 익금(손금) = 양도소득(양도손실) \times \frac{감가상각액}{양수법인의\ 장부가액}$$
>
> 또는
>
> $$양도법인의\ 익금(손금) = 양도소득(양도손실) \times \frac{해당\ 사업연도의\ 월수}{해당\ 자산의\ 내용연수\ 중\ 경과되지\ 않는\ 내용연수의\ 월수}$$

> • 양수법인이 양도손익이연자산을 양도한 경우
>
> 양도법인의 익금(손금) = 양도소득(양도손실) × 양도손익이연자산의 양도비율

> • 양도손익이연자산에 대손이 발생하거나 멸실된 경우
>
> $$양도법인의\ 익금(손금) = 양도소득(양도손실) \times \frac{대손금액\ 또는\ 멸실금액}{양수법인의\ 장부가액}$$

> • 양도한 채권의 지급기일이 도래하는 경우
>
> 양도법인의 익금(손금) = 양도법인의 양도가액 – 양도법인의 장부가액

> • 양도손익이연자산을 소각한 경우
>
> 양도소득 또는 양도손실×양도손익이연자산의 소각비율

상기와 같은 산식은 연결과세소득에 외부에 판매되지 않는 미실현소득이 포함되지 않도록 하기 위한 방법이지만, 실무적 적용편의가 고려되어 있다.

한편, 양도손익이연자산이 있는 상태에서 양도법인 또는 양수법인이 연결납세를 적용받지 않게 되는 경우 양도손익이연자산으로 인해서 익금 또는 손금에 산입하지 않은 잔액은 전액 양도법인의 익금 또는 손금에 산입하여야 한다(법령 120의18 ④).

(4) (4단계) 연결조정항목의 재계산 및 연결법인별 배분

연결법인을 1개의 내국법인으로 보고 수입배당금 익금불산입에 대한 세무조정(법법 제18조의3), 기부금한도에 대한 세무조정(법법 24조), 기업업무추진비한도에 대한 세무조정(법법 제25조)을 다시 하고, 이를 각 연결법인별로 배분하여 익금 또는 손금에 반영한다.

㈎ 연결법인의 수입배당금 익금불산입(법령 제120조의19)

연결법인의 수입배당금 익금불산입을 계산하는 경우 출자비율은 각 연결법인의 출자비율을 더하여 계산하고, 차입금 및 차입금 이자는 각 연결법인의 차입금 및 차입금 이자를 더하여 계산(연결법인간에 이루어진 차입금 및 관련 차입금 이자는 제외)한다. 그리고 자산총액은 연결법인에 대한 대여금·매출채권 및 연결법인의 주식 등 연결법인간의 거래에 따라 계상된 자산을 제거한 후의 재무상태표상 자산총액의 합계액으로 한다.

한편 연결법인을 1개 내국법인으로 보고 계산한 수입배당금 익금불산입액은 각 연결법인의 배당금 지급법인에 대한 출자비율에 따라 각 연결법인에게 배분한다.

㈏ 연결법인의 기업업무추진비 손금불산입(법령 제120조의21)

연결법인을 1개의 내국법인으로 보고 기업업무추진비 시부인을 하여 계산된 한도초과액은 각 연결법인의 기업업무추진비지출액에 따라 각 연결법인에게 배분한다. 다만 직부인액은 해당 연결법인에게 직접 배분한다. 그리고 기업업무추진비한도 계산시 수입금액은 연결법인간 양도손익이연자산의 양도에 따른 수입금액은 제외하고 계산한다.

㈐ 연결법인의 기부금 손금불산입(법령 제120조의20)

연결법인을 1개의 내국법인으로 보아 계산한 기부금한도초과액은 각 연결법인의 기부금 종류별('특례기부금'·'일반기부금') 합계액에 따라 배분하고, 비지정기부금은 지출한 각 연결법인에 직접 배분한다.

(5) (5단계) 연결법인별 소득금액 계산 및 연결법인(집단) 소득금액 계산

위에서 설명한 (2)단계부터 (4)단계까지의 연결세무조정의 내용을 반영해서 다시 각 연결법인별로 소득금액을 계산하고, 각 연결법인별 소득금액을 합하여 연결법인의 소득금액을 계산한다.

나. 연결과세표준의 계산

각 연결사업연도의 과세표준은 각 연결사업연도의 소득의 범위 내에서 다음을 차례로 공제한 금액으로 한다(법법 76의13 ①).

- 각 연결사업연도 개시일 전 15년(2021. 1. 1.전에 신고한 결손금은 10년) 이내에 개시한 사업연도의 결손금(연결납세방식 적용 전에 발생한 결손금을 포함한다)으로 과세표준에서 공제되지 않는 금액. 이월결손금을 공제할 때 연결소득 개별귀속액의 80%를 한도로 공제한다(중소기업·회생계획인가를 받아 이행중인 법인·경영정상화계획을 이행중인 법인 등을 100%를 한도록 공제한다).
- 각 연결법인의 비과세소득 합계액
- 각 연결법인의 소득공제액 합계액

(1) 결손금의 범위

연결과세표준을 구하는 과정에서 공제될 결손금은 다음을 의미한다(법법 76조의13 ②).

① 각 연결사업연도의 소득이 0보다 적은 경우의 해당 금액으로 신고되었거나 결정·경정되거나 수정신고된 결손금

② 연결법인이 다른 내국법인(합병등기일 현재 연결법인이 아닌 법인에 한정)을 적격합병(연결법인을 분할합병의 상대방법인으로 하는 적격분할합병을 포함)하는 경우 합병등기일 이후 5년 이내에 끝나는 연결사업연도에 발생한 기존 연결법인(합병 전 연결모법인 및 연결자법인을 말함)과 피합병법인(분할법인 포함)이 합병 전에 각각 보유하던 자산의 처분손실(합병등기일 현재 해당 자산의 시가가 장부가액보다 낮은 경우로서 그 차액을 한도로 한다)은 ㉠ 기존연결법인의 자산처분손실인 경우에는 기존연결법인의 소득금액을 한도로 ㉡ 피합병법인이 합병 전 보유하던 자산의 처분손실인 경우에는 연결법인의 연결소득개별귀속액 중 피합병법인으로부터 승계받은 사업에서 발생한 소득금액을 한도로 손금으로 인정받을 수 있는데, 이때 처분손실이 발생한 것을 손금에 산입하지 못한 경우 각각 기존연결법인의 소득금액과 피합병법인으로부터 승계받은 사업에서 발생한 소득금액을 한도로 해서 이월결손금으로 공제를 받게 된다(법법 76조의14 ②).

③ 내국법인이 다른 내국법인의 완전자법인이 된(설립등기일부터 완전자법인이 된 경우는 제외) 이후 연결납세방식을 적용한 경우 연결납세방식을 적용한 사업연도와 그 다음 사업연도의 개시일부터 4년 이내에 끝나는 연결사업연도에 발생한 자산(연결납세방식을 적용하기 전 취득한 자산에 한정)의 처분손실 중 ㉠ 연결모법인의 자산처분 손실의 경우에는 해당 연결모법인의 연결소득개별귀속액을 한도로 ㉡ 연결자법인의 자산처분 손실의 경우에는 해당 연결자법인의 연결소득개별귀속액을 한도로 손금으로 인정받을 수 있는데, 이때 처분손실이 발생한 것을 손금에 산입하지 못한 경우 각각 연결모법인의 연결소득개별귀속액과 연결자법인의 연결소득개별귀속액을 한도로 해서 이월결손금으로 공제를 받게 된다(법법 76조의14 ②).

(2) 결손금공제 제한

결손금은 각 연결사업연도의 소득금액에서 공제되지만, 다음 각 호에 해당하는 경우에는 공제의 제한이 있다(법법 제76조의13). 이는 이월결손금이 많은 법인 또는 향후 결손발생이 예상되는 법인 등을 연결법인에 의도적으로 포함하여 결손금공제를 받는 것을 방지하기 위한 것이다.

㈎ 연결납세방식의 적용 전에 발생한 결손금

연결납세방식의 적용 전에 발생한 결손금은 연결소득 중 해당 연결법인의 연결소득개별귀속액(연결소득을 해당 연결법인에 귀속시킨 소득)의 범위 내에서만 공제한다(법법 제76조의13 ③).

(나) 연결모법인이 승계한 피합병법인의 결손금

연결모법인이 적격합병 또는 적격분할합병을 함에 따라 승계한 피합병법인(합병등기일 현재 연결법인이 아닌 경우에 한정) 또는 분할소멸법인의 이월결손금은 연결모법인의 연결소득개별귀속액 중 피합병법인 또는 분할소멸법인으로부터 승계를 받은 사업에서 발생한 소득의 범위 내에서만 공제한다(법법 제76조의13 ③).

한편 상기 이월결손금 공제제한과 관련하여 연결모법인은 다음 기간 동안 자산·부채 및 손익을 피합병법인(분할법인을 포함)으로부터 승계받은 사업에 속하는 것과 그 밖의 사업에 속하는 것을 각각 별개의 회계로 구분하여 경리하여야 한다(법법 113 ⑤).

① 합병등기일 현재 이월결손금이 있는 경우 또는 피합병법인의 이월결손금을 공제받으려는 경우

② 그 밖의 경우에는 합병 후 5년간

(3) 연결소득개별귀속액

연결소득개별귀속액이란 각 연결사업연도의 소득 중 해당 연결법인에게 귀속되는 소득을 말한다. 이는 다음과 같이 계산된다.

(가) 각 연결사업연도의 소득금액이 0보다 큰 경우

$$\text{각 연결사업연도의 소득금액} \times \frac{\text{해당법인의 연결세무조정 완료 후 소득금액}^*}{\text{각 연결법인의 연결세무조정 완료후 소득금액 합계액}^*}$$

* 0보다 큰 경우에 한한다.

(나) 각 연결사업연도의 소득금액이 0보다 작은 경우

$$\text{각 연결사업연도의 결손금} \times \frac{\text{해당법인의 연결세무조정 완료 후 결손금}^*}{\text{각 연결법인의 연결세무조정 완료후 결손금 합계액}^*}$$

* 0보다 작은 경우에 한한다.

상기 연결소득개별귀속액 산식의 적용 예시를 들면 아래와 같다.

<사례1> 개별소득귀속금액이 모두 0보다 큰 경우

구 분	A법인	B법인	C법인	합계
개별소득금액 (연결세무조정 완료후)	200	300	500	1,000*
연결소득개별귀속액	$1{,}000 \times \frac{200}{1{,}000} = 200$	$1{,}000 \times \frac{300}{1{,}000} = 300$	$1{,}000 \times \frac{500}{1{,}000} = 500$	1,000

* 각 연결사업연도 소득금액(연결법인별 소득금액의 합계액임)

<사례2> 개별소득귀속금액이 0보다 작은 법인이 있는 경우

구 분	A법인	B법인	C법인	합 계
개별소득금액 (연결세무조정 완료후)	200	300	△100	400*
연결소득개별귀속액	$400 \times (\frac{200}{200+300}) = 160$	$400 \times (\frac{300}{200+300}) = 240$	0	400

* 각 연결사업연도 소득금액(연결법인별 소득금액의 합계액임)

다. 연결세액의 계산

(1) 연결산출세액

연결산출세액은 연결과세표준에 일반 법인세율(법법 55조①)을 계산한 금액으로 한다(법법 제76조의15 ①).

한편 연결법인이 토지등을 양도한 경우(해당 토지등을 다른 연결법인이 양수하여 양도손익 이연자산에 해당하는 경우를 포함한다) 또는 미환류소득(연결법인 간 거래손익의 조정 등 연결납세방식을 적용하지 아니하고 계산한 소득을 말한다)이 있는 경우에는 토지등 양도소득에 대한 법인세와 미환류소득에 대한 법인세를 합산한 금액을 연결산출세액으로 한다(법법 76조의15 ②).

연결산출세액이 계산되면 이후 차감납부할 세액은 다음과 같이 계산된다.

	연결과세표준	
×	세율	일반적인 법인세 세율
=	연결산출세액	토지 등 양도소득 및 미환류소득에 대한 법인세를 가산
−	세액감면합계액	각 연결법인의 감면세액 합계액*
−	세액공제합계액	각 연결법인의 세액공제 합계액*
+	가산세합계액	각 연결법인별로 계산된 가산세액의 합계액
+	감면분추가납부세액	감면사후 관리요건 불이행 등에 대한 추가납부세액 등
=	총부담세액	
−	기납부세액	각 연결법인의 기납부세액 합계액
=	차감납부할세액	

* 최저한세의 적용은 연결집단을 하나의 내국법인으로 보고 적용한다.

(2) 연결법인별 산출세액 배분

연결산출세액은 연결법인을 1개의 경제단위로 보아 계산하지만, 산출세액은 각 연결법인이 부담하여야 하므로 연결산출세액을 연결법인별로 배분하여야 한다. 이는 다음과 같이 배분한다(법령 120조의22).

- 연결법인별 산출세액 = 과세표준 개별귀속액 × 연결세율
- 연결세율 = 연결산출세액(토지등 양도소득에 대한 산출세액 제외) ÷ 연결과세표준
- 과세표준 개별귀속액 = 연결소득개별귀속액 − 연결소득개별귀속에서 공제된 결손금 − 해당법인의 비과세소득 − 해당법인의 소득공제액

상기 표의 연결세율은 '연결산출세액 ÷ 연결과세표준'으로 연결집단의 평균세율을 의미한다. 이해를 위해서 위의 <사례2>를 가지고 연결법인별 산출세액의 배분을 설명하면 다음과 같다(설명의 단순화를 위해서 각 연결법인의 이월결손금, 비과세소득, 소득공제는 없다고 가정한다).

구 분	A법인	B법인	C법인	합 계
개별소득금액	200	300	△100	400
연결소득 개별귀속액	400×[200/(200+300)] =160	400×[300/(200+300)] =240	0	400
이월결손금	0	0	0	0
비과세소득	0	0	0	0
연결과세표준 (과세표준 개별귀속액)	160	240	0	400
연결산출세액	−	−	−	400×t=60
연결세율	−	−	−	60÷400 =15%
연결법인별 산출세액 배분	160×15%=24	240×15%=36	0	60

이 경우 각 연결법인의 과세표준 개별귀속액을 계산할 때 2 이상의 연결법인의 연결소득 귀속액에서 다른 연결법인의 결손금을 공제하는 경우에는 각 연결소득개별귀속액(해당 법인에서 발생한 결손금을 뺀 금액)의 크기에 비례하여 공제한다.

(3) 세액감면 등

연결산출세액에서 각 연결법인의 감면세액의 합계액을 공제할 때 감면세액은 연결법인별 산출세액을 일반적인 산출세액으로 보고 세액감면을 계산한다. 즉 각 연결법인의 감면 또는 면제되는 세액은 감면 또는 면제되는 소득에 연결세율을 곱하여 계산한다(이 경우 감면 또는 면제되는 소득은 과세표준 개별귀속액을 한도로 한다)(법법 76조의16, 법령 120조의23).

(4) 최저한세 적용

최저한세의 적용은 연결집단을 하나의 내국법인으로 보고 적용한다. 따라서 '감면 후 연결집단의 세액 합계'과 '연결집단의 감면 전 과세표준 합계×최저한세율' 중 적은 금액이 최저한 세액이 되며, 최저한세 적용으로 추가로 납부할 세액은 각 연결법인에 적용되는 최저한세 적용대상 공제·감면세액을 기준으로 각 연결법인에 배분한다(법법 76조의16, 법령 120조의 23 ④).

라. 신고 및 납부

(1) 신고 및 납부

연결모법인은 연결사업연도 종료일로부터 4개월 이내에 연결사업연도의 소득에 대한 과세표준과 세액을 신고하고 세액을 납부하여야 한다. 이때 다음의 서류를 첨부하여야 하는데, 아래 '①~③'의 서류를 첨부하지 않으면 무신고가 된다(법법 76조의17).

① 연결소득금액조정명세서
② 기업회계기준을 준용하여 작성한 개별 내국법인의 재무제표
③ 세무조정계산서
④ 연결법인간 출자현황 및 거래명세 등

그리고 주식등변동상황명세서(연결자법인의 주식등의 변동상황을 포함)도 연결법인세 신고기한까지 제출할 수 있다.

다만, 「주식회사의 외부감사에 관한 법률」에 따라 외부회계감사를 받아야 하는 연결모법인 또는 연결자법인이 해당 사업연도의 감사가 종결되지 아니하여 결산이 확정되지 아니하였다는 사유로 1개월의 범위에서 신고기한을 연장할 수 있다. 그리고 신고기한이 연장된 세액을 납부할 때에는 기한 연장일수(신고기한의 다음날부터 신고 및 납부가 이루어진 날 또는 연장된 날까지의 일수)에 대한 상당하는 이자를 가산하여 납부하여야 한다(법법 76의17 ①, ④).

(2) 연결중간예납

각 연결사업연도의 기간이 6개월을 초과하는 경우 연결모법인은 해당 사업연도 개시일로부터 6개월간을 중간예납기간으로 하여 중간예납을 하여야 한다(법법 76조의18).

이때 연결모법인은 직전년도 실적기준과 가결산기준 중 선택할 수 있다. 다만, 연결법인 중 어느 하나의 법인이 직전 연결사업연도 종료일 현재 「독점규제 및 공정거래에 관한 법률」에 따른 공시대상기업집단에 속하는 경우(중소기업인 경우는 제외한다)에는 가결산방법을 적용하여 중간예납세액을 계산한다.

(3) 연결모회사와 연결자회사간의 법인세 지급 및 정산

① 연결자회사는 연결모법인의 법인세신고기한까지 연결법인별 산출세액에서 해당 법인의 감면세액, 중간예납세액, 원천징수된 세액 등을 차감하고 가산세 등을 가산하여 연결모법인에게 지급하여야 한다(법법 76조의19 ②).

② 위 '①'에 따라 계산한 금액이 음의 수인 경우 연결모법인은 음의 부호를 뗀 금액을 연결자법인에 지급하여야 한다(법법 76의19 ④).

③ 연결산출세액 있는 경우 연결법인별로 자신의 소득에서 공제한 결손금을 제외한 결손금이 없다고 가정했을 경우에 납부할 세액에서 모든 결손금을 공제한 후 납부할 세액을 차감한 금액을 결손금 대가로 정산한다. 연결산출세액이 없는 경우에는 소득이 있는 연결법인이 결손금 공제가 없었을 경우 납부할 세액을 결손금이 있는 연결법인별로 해당 연결법인의 결손금 크기에 비례하여 배분·정산한다(법법 76의19 ⑤, 법령 120의22). 이는 결손금을 이전한 개별 연결법인의 추후 세부담 증가에 따른 손실을 각 연결법인 간에 배분·정산하는 것이다.

(4) 연결법인에 대한 중소기업·중견기업 관련 규정의 적용방법

연결집단을 하나의 내국법인으로 보아 그 연결집단이 중소기업 또는 중견기업인지 판단하고 ㉠ 연결집단이 중소기업에 해당하는 경우에는 중소기업에 해당하는 연결법인은 중소기업에 관한 규정을, 중견기업에 해당하는 연결법인은 중견기업에 관한 규정을 적용하고 ㉡ 연결집단이 중견기업에 해당하는 경우에는 중소기업에 해당하는 연결법인과 중견기업에 해당하는 연결법인에 각각 중견기업에 관한 규정을 적용한다(법법 76조의22 ①).

그리고 연결납세방식을 적용하는 최초의 연결사업연도의 직전 사업연도 당시 중소기업에 해당하는 법인이 연결납세방식을 적용함에 따라 중소기업에 관한 규정을 적용받지 못하게 되는 경우에는 연결납세방식을 적용하는 최초의 연결사업연도와 그 다음 연결사업연도의 개시일부터 5년 이내에 끝나는 연결사업연도까지는 중소기업에 관한 규정을 적용한다(법법 76조의22 ②).

(5) 농어촌특별세 납부방법

연결납세방식을 적용받는 법인의 경우에는 연결모법인이 신고 · 납부하여야 한다(농특법 7).

예제 93

갑법인과 그 자회사들은 연결납세방식으로 법인세를 납부하고 있다. 연결대상법인들의 사업연도는 모두 1.1~12.31.로 일치하고, 모두 중소기업에 해당하지 않는다. 다음 자료에 의해서 각 연결사업연도의 소득을 계산하고, 연결법인별 산출세액을 계산하시오.

1. 투자지분율 및 배당금 수수자료

투자회사	피투자회사	투자지분율	투자회사 수취 배당금
갑법인	을법인	100%	60,000
	병법인	50%	18,000
	정법인	40%	16,000
을법인	병법인	50%	12,000
병법인	정법인	20%	8,000

2. 각 연결법인의 회계자료

구 분	갑법인	을법인	병법인	합 계
당기순이익	2,400,000	1,400,000	△1,500,000	2,300,000
배당금수익	94,000	12,000	8,000	114,000
비지정기부금	20,000	6,000	0	26,000
'일반기부금'	220,000	180,000	10,000	410,000
건물처분손실	100,000	0	0	100,000

㉠ 갑법인의 건물처분손실은 당기 7월 1일에 을법인에게 매각하면서 발생한 것이다(갑법인의 처분시 장부가액 300,000원). 을법인은 해당 건물에 대해서 내용연수 5년, 정액법으로 감가상각을 하였고, 당기 상각비 20,000원을 비용으로 인식하고 있다.

㉡ 각 연결법인간에는 상기 배당금 수수거래와 유형자산 매매거래를 제외하고는 일체의 거래가 없다.

3. 각 연결법인의 개별 세무조정 내용

구 분	갑법인	을법인	병법인	합 계
당기순이익	2,400,000	1,400,000	△1,500,000	2,300,000
수입배당금 익금불산입	△ 73,800	△ 3,600	△ 2,400	△ 79,800
비지정기부금	20,000	6,000	0	26,000
기타 세무조정	△ 546,200	197,600	202,400	△146,200
차가감 소득금액	1,800,000	1600,000	△1,300,000	2,100,000
'일반기부금' 한도초과	18,000	2,000	10,000	30,000
각 사업연도 소득금액	1,818,000	1,602,000	△1,290,000	2,130,000

4. 각 연결법인에는 전기 이전에 발생한 이월결손금이 없고 당기 비과세소득과 소득공제가 없다.

해답 1. 각 연결사업연도 소득금액 계산

구 분	갑법인	을법인	병법인	합 계
① 개별소득금액	1,818,000	1,602,000	△1,290,000	2,130,000
② 연결조정항목의 제거				
㉠ 수입배당금익금불산입액	73,800	3,600	2,400	79,800
㉡ 비지정기부금	△ 20,000	△ 6,000	△ 0	△ 26,000
㉢ '일반기부금' 한도초과	△ 18,000	△ 2,000	△ 10,000	△ 30,000
③ 연결법인간 거래손익 제거				
㉠ 수입배당금 제거	△ 78,000	△ 12,000	△ 0	△ 90,000
㉡ 양도손익이연자산*1	90,000	0	0	90,000
④ 연결조정항목의 연결법인별 배분				
㉠ 수입배당금 익금불산입 배분*2	△ 8,000	0	△ 4,000	△ 12,000
㉡ 비지정기부금 배분	20,000	6,000	0	26,000
⑤ 차가감 소득금액	1,877,800	1,591,600	△1,301,600	2,167,800
⑥ '일반기부금' 한도초과액*3	81,679	66,828	3,713	152,220
⑦ 각 연결법인의 각사업연도소득	1,959,479	1,658,428	△1,297,887	2,320,020

*1 양도손익이연자산
갑법인의 건물처분손실 100,000
당기 손금으로 인정할 금액=100,000×20,000 / 200,000=10,000
양도손익이연자산=100,000−10,000=90,000

*2 수입배당금 익금불산입 재계산
㉠ 연결집단의 수입배당금 익금불산입 계산
연결집단(갑법인과 병법인)이 정법인으로부터 받은 배당금 합계 : 24,000원
연결집단(갑법인과 병법인)의 정법인에 대한 지분율 합계 : 60%
수입배당금 익금불산입액=24,000×50%=12,000원

㉡ 수입배당금 익금불산입액의 연결법인별 배분

갑법인 : 12,000×40% / 60%=8,000원

병법인 : 12,000×20% / 60%=4,000원

*3 '일반기부금' 한도초과액

㉠ 연결집단의 기부금한도초과액 계산

연결집단의 기준소득금액=2,167,800+410,000=2,577,800

연결집단의 '일반기부금' 한도액=2,577,800×10%=257,780

연결집단의 '일반기부금' 한도초과액=410,000−257,780=152,220

㉡ '일반기부금' 한도초과액의 연결집단별 배분

갑법인 : 152,220×220,000/410,000=81,679

을법인 : 152,220×180,000/410,000=66,828

병법인 : 152,220× 10,000/410,000= 3,713

2. 연결법인별 산출세액의 계산

㉠ 연결산출세액: 과세표준(2,320,020)×법인세율(10%)=232,002

㉡ 연결소득 개별귀속액(과세표준 개별귀속액)

갑법인=2,320,020×1,959,479 / (1,959,479+1,658,428)=1,256,546

을법인=2,320,020×1,658,428 / (1,959,479+1,658,428)=1,063,474

㉢ 연결법인별 산출세액

갑법인 : 1,256,546×10%*=125,654

을법인 : 1,063,474×10%*=106,347

* 10%=232,002 / 2,320,020

법/인/세/법/강/의

연습문제

TYPE 주관식문제

01 비영리 내국법인의 양도소득에 대한 특례에 대하여 설명하시오.

02 외국법인에 대한 법인세 과세방법을 설명하시오.

03 외국법인의 국내사업장에 대한 과세특례에 대해 설명하시오.

TYPE 객관식문제

01 다음은 비영리법인의 구분경리에 대하여 설명한 것이다. 옳지 아니한 것은?

① 수익사업과 기타사업의 공통익금은 수익사업과 기타사업의 수입금액 또는 매출액에 비례하여 안분계산한다.

② 비영리법인이 비영리사업에 속하는 자산을 수익사업에 지출 또는 전입한 때에는 그 자산가액은 자본의 원입으로 경리한다. 이 경우 자산가액은 시가에 의한다.

③ 수익사업과 비영리사업에 공통되는 자산과 부채는 각 사업의 수입금액 또는 매출액에 비례하여 안분계산한다.

④ 비영리법인이 수익사업에 속하는 자산을 비영리사업에 지출 또는 전입한 때에는 그 자산가액 중 수익사업의 소득금액(잉여금 포함)에 속하는 부분의 금액은 기부금으로 하고, 그 소득금액을 초과하는 금액은 자본원입액의 반환으로 한다.

⑤ 수익사업과 기타사업의 업종이 다른 경우의 공통손금은 수익사업과 기타사업의 개별손금액에 비례하여 안분계산한다.

해설 수익사업과 비수익사업에 공통으로 사용되는 자산과 부처는 이를 수익사업에 속하는 것으로 한다.

02 비영리법인의 각 사업연도 소득에 대한 법인세와 관련된 다음 설명 중 틀린 것은?

▶ '02 CPA 수정

① 비영리내국법인이 고유목적사업준비금을 손금산입할 때에는 결산조정에 의하는 것이 원칙이지만 외부감사 대상법인의 경우에는 잉여금처분에 의한 신고조정도 허용된다.

② 고유목적사업준비금을 손금으로 계상한 사업연도의 종료일 이후 5년이 되는 날까지 고유목적사업 등에 사용하지 않은 때에는 그 잔액을 환입한다.

③ 비영리내국법인은 원천징수된 이자소득에 대하여 과세표준신고를 하지 아니하고 원천징수납부로 과세를 종결할 수 있지만, 비영업대금의 이익에 대해서는 반드시 과세표준신고를 하여야 한다.

④ 사업소득과 채권매매익에 해당하는 수익사업을 영위하지 않는 비영리내국법인은 기장의무가 없다.

⑤ 사업소득에 해당하는 수익사업이 있는 비영리내국법인은 토지·건물 등의 양도소득에 대하여 소득세법상의 양도소득에 관한 규정을 준용하여 계산한 과세표준에 양도소득세율을 적용하여 계산한 금액을 법인세로 납부할 수 있다.

해설 비영리내국법인(사업소득에 해당하는 수익사업을 영위하는 비영리내국법인을 제외함)이 토지·건물 등의 '자산양도소득'이 있는 경우에는 과세표준의 신고를 하지 아니할 수 있다. 이 경우 과세표준의 신고를 하지 아니한 자산양도소득에 대하여는 「소득세법」상 양도소득세에 관한 규정을 준용하여 계산한 과세표준에 양도소득세율을 적용하여 계산한 금액을 법인세로 납부하여야 한다.

03 ㈜태백은 제20기 사업연도(1.1.~12.31.)말에 해산하기로 결의하고 청산절차에 착수하였다. 해산등기일의 재무상태표는 다음과 같다.

재무상태표

토 지	30,000,000	부 채	20,000,000
기계장치	50,000,000	자 본 금	40,000,000
		자본잉여금	15,000,000
		이익잉여금	5,000,000
합 계	80,000,000	합 계	80,000,000

(1) 세무상 이월결손금은 25,000,000원(모두 제13기에 발생함)이다.

(2) 토지의 취득세를 기업회계상 비용으로 처리하여 "손금불산입 2,000,000(유보)"로 처분한 세무조정사항이 있으며, 기계장치에 대한 감가상각비시인부족액으로 1,000,000원이 있다.

(3) 토지와 기계장치는 각각 40,000,000원과 55,000,000원으로 환가되었으며, 부채는 20,000,000원으로 상환하였다.

위의 자료를 이용하여 ㈜태백의 청산소득금액을 계산하면 얼마인가? ▶'05 CTA 수정

① 13,000,000원 ② 20,000,000원 ③ 22,000,000원

④ 35,000,000원 ⑤ 38,000,000원

해설 • 청산소득=잔여재산가액−자기자본

- 잔여재산가액=40,000,000+55,000,000−20,000,000=75,000,000
- 자기자본=자본금+잉여금−이월결손금(단, 잉여금 범위 내에서 차감함)
  =40,000,000+(15,000,000+5,000,000+2,000,000)−22,000,000
  =40,000,000

• 청산소득=75,000,000−40,000,000=35,000,000

04 「법인세법」상 청산소득금액의 계산에 대한 다음 설명 중 옳지 않은 것은? ▶'07 CPA 수정

① 해산에 의한 청산소득의 금액은 그 법인의 해산에 의한 잔여재산의 가액에서 해산등기일 현재의 자기자본의 총액을 공제한 금액으로 한다.

② 해산에 의한 청산소득의 금액을 계산함에 있어서 그 청산기간 중에 「국세기본법」에 의하여 환급되는 법인세액이 있는 경우 이에 상당하는 금액은 자기자본의 총액에 가산한다.

③ 청산소득의 금액을 계산함에 있어서 그 청산기간 중에 생기는 각 사업연도의 소득금액이 있는 경우에는 이를 청산소득에 가산한다.

④ 청산소득금액을 계산함에 있어서 해산일 현재 이월결손금이 있는 경우 이 이월결손금은 자기자본총액 중 잉여금의 금액의 범위 내에서 잉여금과 상계한다.

⑤ 해산에 의한 청산소득의 확정신고는 잔여재산가액 확정일로부터 3월 이내에 하여야 한다.

해설 청산기간 중에 생기는 각 사업연도의 소득금액이 있는 경우에는 이는 청산소득에 포함하지 않고 그 법인의 각 사업연도소득으로 신고한다.

05 다음은 외국법인의 각 사업연도소득에 대한 법인세에 관한 설명이다. 틀린 것은?

① 국내사업장이 없는 외국법인은 부동산소득·산림소득이 있으면 원칙적으로 내국법인에게 적용되는 법인세 과세표준과 세액계산규정을 준용한다.

② 외국항행선박에 대하여 나용선료로 외국법인에게 지급되는 금액은 국내원천소득이다.

③ 내국법인의 국외사업장을 위하여 그 국외사업장이 직접 차용한 차입금의 이자를 외국법인에게 지급하는 것은 국내원천소득이 아니다.

④ 외국법인이 그 자산을 상시 보관하고 관례적으로 이를 배달 또는 인도하는 자를 두고 사업을 영위하는 때에는 국내에 사업장이 없는 것으로 본다.

⑤ 국내사업장이 없는 외국법인의 양도소득은 종합과세하지 않고 분리과세 한다.

해설 ④의 경우 국내사업장이 있는 것으로 본다(법령 133①).

06 외국법인의 지점세에 대한 설명 중 타당하지 아니한 것은?

① 조세조약에 의한 상호주의원칙에 따른다.

② 외국법인의 각 사업연도소득이 결손금인 경우에는 적용하지 아니한다.

③ 외국법인의 국내사업장이 없는 경우에는 적용하지 아니한다.

④ 외국법인의 국내사업장에서 발생한 세후소득에서 국내에 재투자할 것으로 인정되는 금액을 차감하여 과세대상 소득금액을 계상한다.

⑤ 재투자할 것으로 인정되는 금액은 기말자본금 상당액에서 기초자본금 상당액을 차감하여 계산한다.

해설 결손금이 발생한 경우에도 과세대상소득금액을 계산한다(법령 134④).

07 다음 중 외국법인의 국내사업장에 해당하는 것은? ▶ '99 CTA 수정

① 외국법인이 자기의 자산을 타인으로 하여금 가공하게 하기 위하여만 사용하는 일정한 장소

② 외국법인이 판매를 목적으로 하지 아니하는 자산의 저장 또는 보관을 위하여만 사용하는 일정한 장소

③ 7개월 동안만 존속하는 건축장소·건설·조립·설치공사의 현장 또는 이와 관련되는 감독활동을 수행하는 장소

④ 외국법인이 자산의 단순한 구입만을 위하여 사용하는 일정한 시설

⑤ 외국법인이 광고·선전·정보의 수집과 제공·시장조사, 기타 그 사업수행상 예비적이며 보조적인 성격을 가진 사업활동을 행하기 위하여 사용하는 일정한 장소

해설 6월을 초과하여 존속하는 건설장소, 건설·조립·설치공사의 현장 또는 이와 관련되는 감독활동을 수행하는 장소는 국내사업장에 해당한다. 나머지는 이른바 '단순한 연락장소(Liasion office)'로서 모두 국내 사업장에 해당하지 않는다.

08 다음은 외국법인의 소득(부동산소득, 양도소득 및 산림소득은 제외)에 대한 과세체계를 그림으로 나타낸 것이다. 해당 질문을 가장 적절하게 나열한 것은? ▶ '04 CPA 수정

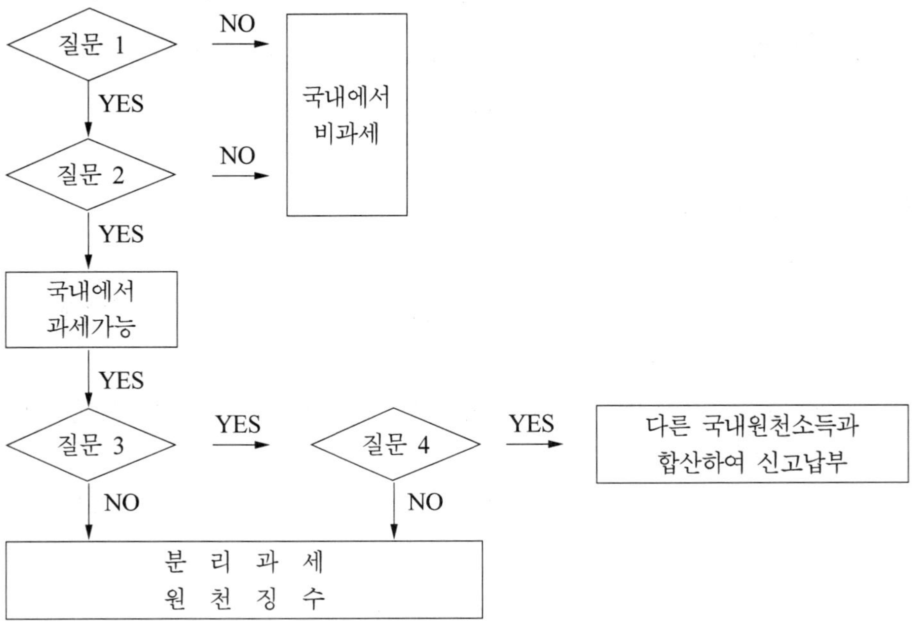

(가) 국내사업장이 있는가?	(나) 국내사업장에 귀속되는 소득인가?
(다) 법인세법상 국내원천소득인가?	(라) 조세조약상 과세 가능한 소득인가?

	질문1	질문2	질문3	질문4
①	(가)	(나)	(다)	(라)
②	(나)	(가)	(라)	(다)
③	(다)	(나)	(가)	(라)
④	(라)	(가)	(나)	(다)
⑤	(다)	(라)	(가)	(나)

해설 판단순서에 있어, [「법인세법」상 국내원천소득인가?]를 먼저 판단하고, [조세조약상 과세 소득인가?]를 판단한 후, [국내사업장이 있는가?] 및 [국내사업장에 귀속되는 소득인가?]의 순서로 판단한다.

01 ③ 02 ⑤ 03 ④ 04 ③ 05 ④ 06 ② 07 ③ 08 ⑤

Chapter 19

조정계산서 작성 종합사례

I 사례 1

다음 자료를 이용하여 ㈜서울의 제10기(1. 1~12. 31)에 대한 법인세신고 관련 서식을 작성하시오.

1. 법인세 과세표준 및 세액신고서
2. 법인세 과세표준 및 세액조정계산서
3. 소득금액조정합계표

〈자　료〉

Ⅰ. 일반사항

1. 업　　종 : 제조(전자제품), 건설(토목공사)
2. 법인구분 : 중소기업에 해당하지 않는 일반영리법인임.
3. 수입금액
   ① 제품매출 : 800,000,000원
   ② 공사매출 : 900,000,000원
4. 결산서상 당기순손실 : △6,000,000원

Ⅱ. 기타 검토 사항

1. 건설가계정을 검토한 바 철근 3,000,000원을 가공매입한 것이 포함되어 있고 동액의 금액이 사외로 유출되었음을 확인하다(VAT 300,000원도 매입세액 공제되었음).
2. 세금과공과금 계정의 검토 결과 다음과 같은 금액이 포함되어 있음을 발견하였다.
   ① 매출처별세금계산서합계표를 기한내에 제출하지 아니하여 부과된 VAT 가산세액 253,000원
   ② 기업업무추진비 관련 VAT 매입세액 불공제분 900,000원
   ③ 소형승용차(대표이사의 가사용으로 사용되고 있음) 구입에 관련된 VAT 매입세액불공제분 700,000원
3. 세무조정시(신고시)의 기업업무추진비 한도초과액은 기업업무추진비계정만을 감안하여 계산된 금액임(회계상 기업업무추진비 계정 금액은 정확히 기업업무추진비한도금액과 일치하고 있다.).
4. 유형고정자산에 대한 감가상각비와 관련된 내용은 다음과 같다.
   ① 전기이월 감가상각비 시인부족액 : 3,000,000원
   ② 즉시상각의제를 감안한 당기상각범위액 : 37,000,000원
   ③ 당기감가상각비 손금계상액 : 35,000,000원
   ④ 수선비 중 자본적지출액 : 10,000,000원
5. 할부판매와 관련된 자료는 다음과 같다.
   ① 할부매출액 : 36,000,000원(매출원가 25,200,000원)
   ② 판매일자 : 제10기. 4. 1
   ③ 대금회수조건 : 제10기. 4. 30부터 매월 말일 1,500,000원씩 24개월간 회수하기로 약정하였음.
   ④ 당해 사업연도 회수사항 : 제10기. 11. 30까지 회수되었으나 제10기. 12. 31 회수할 1,500,000원은 제11기. 1. 5 회수되었다.
   ⑤ 당 법인은 할부판매와 관련된 회계처리를 인도기준에 따라 하였다.
6. 원자재 매입과 관련하여 3%의 판매장려금을 지급받기로 사전약정이 되어 있었으며 제10기 한해동안의 원자재 매입액은 50,000,000원이었다. 회사는 영업외수익에 판매장려금 1,000,000원을 계상하고 있다.
7. 제품재고액 중 갑제품 16,000,000원(원가)은 타인에게 위탁판매하기 위한 적송품으로서 제10기. 12. 31에 수탁자가 이를 판매(이익률 25%)하였으나 이에 대한 매출계산서가 제11기. 1. 5 도착되어 이를 제11기 수익으로 계상하였다.

8. 토목공사는 모두 장기도급공사로 그와 관련된 자료는 다음과 같다(기업회계기준에 의하여 추정된 원가는 도급금액의 80%로 가정할 것).

공사명	도급자	도급금액	총공사비누적액	회사수입계상액
월성원자력 시화방조제	㈜한전 안산시청	5억원 6억원	3억2천만원 4억3천2백만원	4억2천만원 4억8천만원
계		11억원	7억5천2백만원	9억원

9. 재고자산평가와 관련된 자료는 다음과 같다.

① 재고자산의 내역

과목명	품 명	수 량	단 가		
			회사계상액	선입선출법	총평균법
상 품	A	1,000	1,100	1,400	1,200
	B	2,000	1,200	1,100	1,150
	C	3,000	1,300	1,300	1,300
원재료	D	500	600	500	550
	E	600	800	900	850
	F	400	500	400	450

② 회사가 신고한 재고자산의 평가법 : 총평균법(제9기. 9. 30 신고)

③ 회사가 실제 적용한 재고자산 평가방법 : 이동평균법

10. '일반기부금' 한도초과액은 1,100,000원이 있다.

11. 법인세 세율은 20%(2억 이하 10%)로 가정한다.

〈해 설〉

1. 건설가계정 중 철근 가공매입분 3,000,000원과 동 매입세액 300,000원이 사외로 유출되었으므로 3,300,000원을 대표자에 대한 상여로 처분하고, 건설가계정 3,000,000원은 손금가산하여 유보처분하여 건설가계정을 감액시키고 300,000원은 손금가산하여 기타처분한다.

2. 세금과공과금 계정 조정사항

① VAT 가산세액 253,000원은 손금불산입하고 기타사외유출로 처분한다.

② 기업업무추진비관련 VAT 매입세액(900,000원)은 기업업무추진비에 포함하여 기업업무추진비한도초과액을 계산한다.

③ 대표이사 가사용 승용차 구입 VAT 매입세액 700,000원을 손금불산입하고 대표

자에 대한 상여로 처분한다.

3. 기업업무추진비한도초과액은 기업업무추진비관련 VAT 매입세액 900,000원이 한도 초과액이 된다.
4. 손금계상한 감가상각비는 35,000,000원이나 세무상의 한도액계산대상 감가상각비는 자본적지출액 10,000,000원을 가산한 45,000,000원이 되므로 한도초과액은 즉시상각의제를 포함한 시인범위액이 37,000,000원이므로 8,000,000원이 되고 이는 손금불산입하여 유보처분한다.

   ※ 전기의 시인부족액은 소멸되는 것이므로 혼돈을 유도하는 자료임에 유의하여야 한다.
5. 할부판매와 관련한 조정 : 인도기준에 따른 처리는 정당하므로 조정사항 없음.

   ※ 중소기업이 아니므로 회수기일도래기준으로 세무조정할 수 없음.
6. 판매장려금 과소계상액 500,000원을 익금산입 유보로 처분한다.

   50,000,000 × 3/100 − 1,000,000(계상분) = 500,000원
7. 위탁매출 관련조정

   위탁매출 20,000,000원은 익금산입하여 유보처분하고 위탁매출원가 16,000,000원은 손금산입하여 유보처분한다.

   ※ 위탁매출액의 계산 : 16,000,000원 × 125% = 20,000,000원
8. 토목공사(작업진행률에 의한 수입금액)관련 조정내용

작업진행률에 의한 수입금액계산

① 월성원자력 $500{,}000{,}000 \times \dfrac{320{,}000{,}000}{400{,}000{,}000} - 420{,}000{,}000 = \triangle 20{,}000{,}000$

② 시화방조제 $600{,}000{,}000 \times \dfrac{432{,}000{,}000}{480{,}000{,}000} - 480{,}000{,}000 = 60{,}000{,}000$

∴ ① + ② = 40,000,000(공사매출액에 가산하고 익금산입하여 유보처분한다)

9. 재고자산의 평가는 각 자산별로 구분하여 종류별 영업장별로 평가할 수 있으나 조정은 통합하여 하나로만 나타낸다. 즉, 상품의 재고자산평가감 200,000원과 원재료의 재고자산평가감 15,000원을 통산하여 재고자산평가감 215,000원을 손금불산입하고 유보처분한다.
10. '일반기부금' 한도초과액 1,100,000원을 법인세과세표준 및 세액조정계산서(05)란에 기재한다.

법인세법 시행규칙 [별지 제1호서식] <개정 2021.3.16.> 홈택스(www.hometax.go.kr)에서도 신고할 수 있습니다.

법인세 과세표준 및 세액신고서

※ 뒤쪽의 신고안내 및 작성방법을 읽고 작성하여 주시기 바랍니다. (앞쪽)

① 사업자등록번호	101-81-12345	② 법인등록번호	110111-1234567
③ 법인명	(주)서울	④ 전화번호	700-1100
⑤ 대표자성명	홍길동	⑥ 전자우편주소	sywcpa@nate.com
⑦ 소재지			
⑧ 업태	제조, 건설 ⑨ 종목 전자제품, 토목	⑩ 주업종코드	
⑪ 사업연도	제10기 1.1 ~ 제10기 12.31	⑫ 수시부과기간	. . . ~ . . .
⑬ 법인구분	1.(내국) 2. 외국 3. 외투(비율 %)	⑭ 조정구분	1.(외부) 2. 자기

⑮ 종류별 구분		중소기업	일반: 중견기업	일반: 상호출자제한기업	일반: 그외기업	당기순이익과세
영리법인	상장법인	11	71	81	91	
영리법인	코스닥상장법인	21	72	82	92	
영리법인	기타법인	30	73	83	(93)	
비영리법인		60	74	84	94	50

⑯ 외부감사대상	1. 여 2.(부)
⑰ 신고구분	1.(정기신고) 2. 수정신고(가. 서면분석, 나. 기타) 3. 기한후 신고 4. 중도폐업신고 5. 경정청구

⑱ 법인유형별구분	코드	⑲ 결산확정일	
⑳ 신고일		㉑ 납부일	
㉒ 신고기한연장승인	1. 신청일	2. 연장기한	

구분	여	부	구분	여	부
㉓ 주식변동	1	(2)	㉔ 장부전산화	(1)	2
㉕ 사업연도의제	1	(2)	㉖ 결손금소급공제 법인세환급신청	1	(2)
㉗ 감가상각방법(내용연수)신고서 제출	(1)	2	㉘ 재고자산등평가방법신고서 제출	1	(2)
㉙ 기능통화 채택 재무제표 작성	1	(2)	㉚ 과세표준 환산시 적용환율		
㉛ 동업기업의 출자자(동업자)	1	(2)	㉜ 한국채택국제회계기준(K-IFRS)적용	1	(2)
㊼ 기능통화 도입기업의 과세표준 계산방법			㊽ 미환류소득에 대한 법인세 신고	1	(2)
㊾ 성실신고확인서 제출	1	2			

구분	법인세: 법인세	법인세: 토지 등 양도소득에 대한 법인세	법인세: 미환류소득에 대한 법인세	법인세: 계
㉝ 수입금액	(1,761,000,000)			
㉞ 과세표준	49,668,000			
㉟ 산출세액	4,966,800			4,966,800
㊱ 총부담세액	4,966,800			4,966,800
㊲ 기납부세액	0			0
㊳ 차감납부할세액	4,966,800			4,966,800
㊴ 분납할세액				0
㊵ 차감납부세액				4,966,800

㊶ 조정반번호	서울-5211	㊸ 조정자	성명	노병석
㊷ 조정자관리번호	T-4369		사업자등록번호	***-**-******
			전화번호	

국세환급금 계좌 신고 (환급세액 5천만원 미만인 경우)		
	㊹ 예입처	은행 (본)지점
	㊺ 예금종류	
	㊻ 계좌번호	예금

신고인은 「법인세법」 제60조 및 「국세기본법」 제45조, 제45조의2, 제45조의3에 따라 위의 내용을 신고하며, 위 내용을 충분히 검토하였고 신고인이 알고 있는 사실 그대로를 정확하게 적었음을 확인합니다.

년 월 일

신고인(법 인) (주)서울 (인)

신고인(대표자) 홍길동 (서명 또는 인)

세무대리인은 조세전문자격자로서 위 신고서를 성실하고 공정하게 작성하였음을 확인합니다.

세무대리인 노 병 석 (서명 또는 인)

세무서장 귀하

첨부서류	1. 재무상태표 2. (포괄)손익계산서 3. 이익잉여금처분(결손금처리)계산서 4. 현금흐름표(「주식회사 등의 외부감사에 관한 법률」 제2조에 따른 외부감사의 대상이 되는 법인의 경우만 해당합니다), 5. 세무조정계산서	수수료 없음

210mm×297mm[백상지 80g/㎡ 또는 중질지 80g/㎡]

■ 법인세법 시행규칙 [별지 제3호서식] <개정 2021. 3. 16.> (앞쪽)

사업연도	. . . ~ . . .	법인세 과세표준 및 세액조정계산서	법인명	
			사업자등록번호	

구분	항목		코드	금액
① 각 사업연도 소득 계산	(101) 결산서상 당기순손익		01	△6 000 000
	소득조정 금액	(102) 익금산입	02	73 868 000
		(103) 손금산입	03	19 300 000
	(104) 차가감소득금액 (101+102−103)		04	48 568 000
	(105) 기부금 한도 초과액		05	1 000 000
	(106) 기부금한도초과이월액 손금산입		54	
	(107) 각 사업연도소득금액 (104+105−106)		06	49 668 000
② 과세표준 계산	(108) 각 사업연도 소득금액 (108=107)			49 668 000
	(109) 이월결손금		07	
	(110) 비과세소득		08	
	(111) 소득공제		09	
	(112) 과세표준 (108−109−110−111)		10	49 668 000
	(159) 선박표준이익		55	
③ 산출세액 계산	(113) 과세표준(112+159)		56	49 668 000
	(114) 세율		11	10
	(115) 산출세액		12	4 966 800
	(116) 지점유보소득 (「법인세법」 제96조)		13	
	(117) 세율		14	
	(118) 산출세액		15	
	(119) 합계(115+118)		16	4 966 800
④ 납부할 세액 계산	(120) 산출세액(120=119)			4 966 800
	(121) 최저한세 적용대상 공제감면세액		17	
	(122) 차감세액		18	
	(123) 최저한세 적용제외 공제감면세액		19	
	(124) 가산세액		20	
	(125) 가감계(122−123+124)		21	
	기납부세액 / 기한내납부세액	(126) 중간예납세액	22	
		(127) 수시부과세액	23	
		(128) 원천납부세액	24	
		(129) 간접투자회사등의 외국납부세액	25	
		(130) 소계 (126+127+128+129)	26	
	기납부세액	(131) 신고납부전가산세액	27	
		(132) 합계(130+131)	28	
	(133) 감면분추가 납부세액		29	
	(134) 차감 납부할 세액 (125−132+133)		30	4 966 800

구분	항목		코드	금액
⑤ 토지 등 양도소득에 대한 법인세 계산	양도차익	(135) 등기자산	31	
		(136) 미등기자산	32	
	(137) 비과세소득		33	
	(138) 과세표준 (135+136−137)		34	
	(139) 세율		35	
	(140) 산출세액		36	
	(141) 감면세액		37	
	(142) 차감세액(140−141)		38	
	(143) 공제세액		39	
	(144) 동업기업 법인세 배분액 (가산세 제외)		58	
	(145) 가산세액 (동업기업 배분액 포함)		40	
	(146) 가감계 (142−143+144+145)		41	
	기납부세액	(147) 수시부과세액	42	
		(148) (　　) 세액	43	
		(149) 계(147+148)	44	
	(150) 차감납부할세액(146−149)		45	
⑥ 미환류소득 법인세	(161) 과세대상 미환류소득		59	
	(162) 세율		60	
	(163) 산출세액		61	
	(164) 가산세액		62	
	(165) 이자상당액		63	
	(166) 납부할세액(163+164+165)		64	
⑦ 세액계	(151) 차감 납부할 세액계 (134+150+166)		46	4 966 800
	(152) 사실과 다른 회계처리 경정 세액공제		57	
	(153) 분납세액계산 범위액 (151−124−133−145−152+131)		47	
	분납할 세액	(154) 현금납부	48	
		(155) 물납	49	
		(156) 계(154+155)	50	
	차감납부세액	(157) 현금납부	51	4 966 800
		(158) 물납	52	
		(160) 계(157+158) (160=(151−152−156))	53	4 966 800

210mm×297mm[백상지 80g/㎡ 또는 중질지 80g/㎡]

[별지 제15호 서식] <개정 2013.2.23> (앞 쪽)

사업연도	제10기. 1. 1 ~ 12. 31	소득금액조정합계표	법인명	㈜서울
			사업자등록번호	110111-1234567

익금산입 및 손금불산입				손금산입 및 익금불산입			
①과 목	②금 액	③소득처분		④과 목	⑤금 액	⑥소득처분	
		처분	코드			처분	코드
기업업무추진비 한도초과	900 000	기타사외유출	500	건설가계정	3 000 000	유보	100
건설가계정	3 300 000	상여	100	〃	300 000	기타	200
조세공과금 (VAT가산세)	253 000	기타사외유출	500	위탁매출원가	16 000 000	유보	100
조세공과금 (불공제매입세액)	700 000	상여	100				
감가상각한도초과	8 000 000	유보	400				
판매장려금	500 000	유보	100				
위탁매출	20 000 000	유보	400				
공사기성고매출	40 000 000	유보	400				
재고자산평가감	215 000	유보	400				
합 계	73 868 000			합 계	19 300 000		

210㎜×297㎜[백상지 80g/㎡ 또는 중질지 80g/㎡]

(뒤쪽)

Ⅱ 사례 2

다음 자료에 의하여 ㈜세무의 제10기 사업연도 법인세과세표준조정과 관련된 요구사항을 참조하여 해당 서식을 작성하시오.

〈자 료〉

Ⅰ. 일반사항

1. 사업연도 : 제10기. 1. 1～12.31
2. 업 종 : 제조(전산) 건설(전기공사)
3. 당기순이익 : 90,000,000원(법인세 차감 후의 금액임)
4. 결산서상에 법인세 등으로 계상된 금액은 10,000,000원이다(기납부세액과 중간예납가산세가 포함되어 있다).
5. 기납부세액
   ① 중간예납법인세 : 4,400,000원(납부기한 경과로 인한 미납가산세 10% 포함)
   ② 수시부과법인세 : 500,000원
6. 당 법인은 중소기업이 아니며, 「조세특례제한법」상의 소득공제액은 3,750,000원으로 이는 세법상 적정한 것이라 가정한다.

Ⅱ. 세무조정사항

1. 전기에 세무조정시 유보처분된 위탁매출액 3,000,000원(원가 2,400,000원)은 당기매출로 계상되었다(세무조정시에는 총액주의가 아닌 순액주의에 의하여 표시하기로 한다).
2. 제10기. 4. 1 할부로 매출한 컴퓨터는 2,400,000원(원가 1,920,000원)은 제10기. 4. 30부터 24개월간 매월말일 100,000원씩 회수하기로 한 장기할부판매약정이 있었으나 당 법인의 회계담당자는 이를 전액 당기매출로 계상하였다.
3. 세금과공과금의 내역은 다음과 같다.
   ① 토지취득세 : 1,000,000원
   ② 대표이사의 상여처분(귀속이 분명함)으로 납부한 소득세 : 2,000,000원
   ③ 기업업무추진비 관련 V.A.T 매입세액 : 1,000,000원

4. 기업업무추진비 계정만으로 계산된 기업업무추진비의 세무상 한도초과액은 2,000,000원으로 계산되었다.
5. '일반기부금'의 한도초과액은 5,000,000원으로 계산되었다.
6. 재산세 환급금 3,500,000원과 동 환급이자 300,000원은 이익잉여금처분계산서상 전기손익수정이익으로 계상되어 있다.
7. 재고자산의 평가와 관련된 자료는 다음과 같다.
   ① 신고방법 : 이동평균법(제7기. 9. 30 당초 총평균법으로 신고하였으나 제10기. 12. 1 이동평균법으로 변경신고 하였음)
   ② 회사평가액 : 9,000,000원(이동평균법에 의한 금액임)
   ③ 총평균법에 의한 평가액 : 8,500,000원
   ④ 선입선출법에 의한 평가액 : 10,000,000원
8. 대손충당금과 관련된 자료는 다음과 같다.
   ① 매출채권의 기말내역
      • 받 을 어 음 41,000,000원
      • 외상매출금 154,000,000원(V.A.T 미수금 14,000,000원 포함)
   ② 대손충당금 계정의 내역

대 손 충 당 금

대손금상계	400,000	전기이월	2,300,000
차 기 이 월	1,950,000	당기계상	50,000
	2,350,000		2,350,000

   ③ 장부상 전기이월액 2,300,000원에는 전기부인액 300,000원이 포함되어 있다.
   ④ 당기 대손금상계액 400,000원은 외상매출금에 대한 것이나 그 중 100,000원은 ㈜갑을에 대한 것으로 아직 소멸시효가 완성되지 아니한 상태에 있는 것이다. 단, 대손실적률이 대손충당금설정률보다 적은 것으로 간주한다.
9. 제9기까지 각 사업연도의 소득금액은 다음과 같다(이월결손금 공제한도는 80%라고 가정).

제4기 : △5,000,000원	제5기 : △7,000,000원
제6기 : 3,000,000원	제7기 : 5,000,000원
제8기 : △2,000,000원	제9기 : 3,000,000원

10. 법인세 세율은 20%(2억 이하 10%)라고 가정한다.

〈요구사항〉

1. 법인세 과세표준 및 세액신고서
2. 법인세 과세표준 및 세액조정계산서
3. 소득금액조정합계표

〈해 설〉

1. 전기위탁매출이익(3,000,000－2,400,000)은 당기 익금사항이 아닌 이월익금으로 익금불산입하고 유보처분한다.

   ※ 세무조정시 순액주의가 아닌 총액주의에 의하여 조정을 한다면 전기위탁매출액 3,000,000원은 익금불산입하고 동 원가 2,400,000원을 손금불산입하여 유보처분하여야 한다.

2. 당 법인은 중소기업이 아니므로 장기할부판매에 대해서 회수기일도래기준으로 세무조정을 할 수 없다.
3. 세금과공과금에 대한 조정
   ① 토지취득세 1,000,000원은 토지의 취득원가에 가산하고 손금불산입 유보처분한다.
   ② 대표이사의 상여처분으로 납부한 소득세 2,000,000원은 손금불산입하고 귀속이 분명하므로 대표자에 대한 상여로 처분한다.
   ③ 기업업무추진비관련 VAT 매입세액 1,000,000원은 기업업무추진비로 보아야 하므로 기업업무추진비한도초과액은 3,000,000(2,000,000＋1,000,000)원은 되고 이는 손금불산입하여 기타사외유출로 처분한다.
4. 재산세는 당초 손금이 용인되는 세금과공과금으로 이를 환급받는 경우에는 익금에 해당한다. 즉, 손익계산서에 잡이익 또는 영업외수익 등으로 하여 당기순이익에 반영하여야 하나 이익잉여금처분계산서상에 전기손익수정이익으로 처리되어 있으므로 이를 세무조정에 의하여 익금으로 산입하고 기타(또는 잉여금)처분하여야 한다. 그러나 동 환급이자에 대하여는 법인세법상 익금불산입사항으로 열거하고 있고 당 법인은 이를 이익잉여금처분계산서에 계상하여 당기의 손익과는 관계가 없으므로 이를 조정할 필요성이 없다.
5. 재고자산의 평가를 당초신고한 방법과 달리 임의변경한 방법에 의하여 평가한 경우에는 선입선출법에 의한 평가액과 당초 신고한 평가방법(총평균법)에 의한 평가액 중 큰 금액을 세무상 평가액으로 하므로 세무상 평가액은 10,000,000원이 되나 회사 계상액은 임의로 변경한 평가방법(이동평균법)에 의하여 9,000,000원으로 계상하였으므로 차액 1,000,000원은 재고자산평가감으로 하여 손금불산입하고 유보처리한다.

※ 이동평균법을 적용하려면 제10기 9월말까지 변경신고하였어야 하나 기간을 경과하여 평가방법의 변경을 신고하였으므로 제11기부터 이동평균법을 적용할 수 있다.

6. 대손충당금과 관련된 조정
   ① 당기중 대손충당금과 상계한 외상매출금 중 ㈜갑을에 대한 100,000원은 미확정(소멸시효 미경과)상태의 대손금이므로 이를 손금불산입하여 유보처분하고 매출채권총액의 계산에 이를 가산한다.
   ② 한도액 계산
      i) 설정대상 채권액의 계산
      41,000,000(받을어음) + 154,000,000(외상매출금) + 100,000(대손금부인 외상매출금) =195,100,000
      ii) 한도액
      195,100,000 × 1/100 = 1,951,000
      iii) 한도미달액
      1,951,000 − 1,950,000(회사계상액) = 1,000
      ※ 대손충당금은 결산조정사항이므로 한도미달의 경우는 손금에 산입할 수 없으며, 따라서 조정이 필요없다.
   ③ 대손충당금 전기이월액(2,300,000원) 중 세무상부인액 300,000원은 당기 손금에 산입하고 유보처분한다.
7. '일반기부금' 한도초과액 5,000,000원은 세액조정계산서상의 (05)란에 기입하고 소득금액조정합계표에 나타내어서는 안된다.
8. 법인세 등 10,000,000원은 손금불산입하고 기타사외유출로 처분한다.
9. 이월결손금의 잔액은 3,000,000원이 된다.
   ① 제6기 말의 이월결손금 잔액 : △9,000,000원(5,000,000 + 7,000,000 − 3,000,000)
   ② 제7기 말의 이월결손금 잔액 : △4,000,000원(9,000,000 − 5,000,000)
   ③ 제8기 말의 이월결손금 잔액 : △6,000,000원(4,000,000 + 2,000,000)
   ④ 제9기 말의 이월결손금 잔액 : △3,000,000원(6,000,000 − 3,000,000)
   ※ 각 사업연도소득 금액은 114,700,000원이고 이월결손금 공제한도는 80%라고 가정하였으므로 91,760,000(=114,700,000×80%) 범위내에서 이월결손금 공제를 할 수 있다. 따라서 이월결손금 잔액 3,000,000원은 전액 공제된다.
10. 중간예납에 대한 미납가산세는 (20)란의 가산세액란과 (27)란의 신고납부전가산세액란에 동시에 나타나야 하며 중간예납세액은 가산세를 제외한 금액이 기재되어야 한다.

법인세법 시행규칙[별지 제1호 서식] <개정 2019.3.20.>　　　　홈택스(www.hometax.go.kr)에서도 신고할 수 있습니다.

법인세 과세표준 및 세액신고서

※ 뒤쪽의 신고안내 및 작성방법을 읽고 작성하여 주시기 바랍니다.　　　　(앞쪽)

① 사업자등록번호	101-81-12345	② 법인등록번호	110111-1234567
③ 법인명	(주)서울	④ 전화번호	700-1100
⑤ 대표자성명	홍길동	⑥ 전자우편주소	sywcpa@nate.com
⑦ 소재지			
⑧ 업태	제조,건설　⑨ 종목　전자제품, 토목	⑩ 주업종코드	
⑪ 사업연도	제10기 1.1 ~ 제10기 12.31	⑫ 수시부과기간	. . . ~ . . .

⑬ 법인구분	1. 내국(○) 2. 외국 3. 외투(비율 %)					⑭ 조정구분	1. 외부(○) 2. 자기
⑮ 종류별구분		중소기업	일반: 중견기업	일반: 상호출자제한기업	일반: 그외기업	당기순이익과세	⑯ 외부감사대상: 1. 여 2. 부(○)
영리법인	상장법인	11	71	81	91		⑰ 신고구분: 1. 정기신고(○)
영리법인	코스닥상장법인	21	72	82	92		2. 수정신고(가. 서면분석, 나. 기타)
영리법인	기타법인	30	73	83	93(○)		3. 기한후 신고
비영리법인		60	74	84	94	50	4. 중도폐업신고
							5. 경정청구
⑱ 법인유형별구분		기타			코드	40	⑲ 결산확정일: 제11기 2.28
⑳ 신고일		제11기 3.31					㉑ 납부일
㉒ 신고기한연장승인		1. 신청일					2. 연장기한

구분	여	부	구분	여	부
㉓ 주식변동	1	②(○)	㉔ 장부전산화	①(○)	2
㉕ 사업연도의제	1	②(○)	㉖ 결손금소급공제 법인세환급신청	1	②(○)
㉗ 감가상각방법(내용연수)신고서 제출	①(○)	2	㉘ 재고자산등평가방법신고서 제출	1	②(○)
㉙ 기능통화 채택 재무제표 작성	1	②(○)	㉚ 과세표준 환산시 적용환율		
㉛ 동업기업의 출자자(동업자)	1	②(○)	㉜ 한국채택국제회계기준(K-IFRS)적용	1	②(○)
㊼ 기능통화 도입기업의 과세표준 계산방법			㊽ 미환류소득에 대한 법인세 신고	1	②(○)
㊾ 성실신고확인서 제출	1	②(○)			

구분	법인세: 법인세	법인세: 토지 등 양도소득에 대한 법인세	법인세: 미환류소득에 대한 법인세	계
㉝ 수입금액	(2,550,000,000)			
㉞ 과세표준	107,950,000			
㉟ 산출세액	10,795,000			10,795,000
㊱ 총부담세액	11,195,000			11,195,000
㊲ 기납부세액	4,900,000			4,900,000
㊳ 차감납부할세액	6,295,000			6,295,000
㊴ 분납할세액				0
㊵ 차감납부세액				6,295,000

㊶ 조정반번호	서울-5211	㊸ 조정자	성명	김석훈
㊷ 조정자관리번호	T-4369		사업자등록번호	***-**-******
			전화번호	

국세환급금 계좌 신고 (환급세액 2천만원 미만인 경우)	㊹ 예입처	은행 (본)지점
	㊺ 예금종류	
	㊻ 계좌번호	예금

신고인은 「법인세법」 제60조 및 「국세기본법」 제45조, 제45조의2, 제45조의3에 따라 위의 내용을 신고하며, 위 내용을 충분히 검토하였고 **신고인이 알고 있는 사실 그대로를 정확하게 적었음을 확인합니다.**

년 월 일

신고인(법 인) (주)서울 (인)

신고인(대표자) 홍길동 (서명)

세무대리인은 조세전문자격자로서 위 신고서를 성실하고 공정하게 작성하였음을 확인합니다.

세무대리인 김 석 훈 (서명 또는 인)

세무서장 귀하

첨부서류	1. 재무상태표 2. (포괄)손익계산서 3. 이익잉여금처분(결손금처리)계산서 4. 현금흐름표(「주식회사 등의 외부감사에 관한 법률」 제2조에 따른 외부감사의 대상이 되는 법인의 경우만 해당합니다), 5. 세무조정계산서	수수료 없 음

210mm×297mm[백상지 80g/㎡ 또는 중질지 80g/㎡]

■ 법인세법 시행규칙 [별지 제3호서식] <개정 2021. 3. 16.> (앞쪽)

사업연도	. . . ~ . . .	법인세 과세표준 및 세액조정계산서	법인명	
			사업자등록번호	

구분	항목	코드	금액
① 각 사업연도 소득계산	(101) 결산서상 당기순손익	01	90 000 000
	소득조정 금액 (102) 익금산입	02	20 600 000
	소득조정 금액 (103) 손금산입	03	900 000
	(104) 차가감소득금액 (101+102−103)	04	109 700 000
	(105) 기부금한도초과액	05	5 000 000
	(106) 기부금한도초과이월액 손금산입	54	
	(107) 각 사업연도소득금액 (104+105−106)	06	114 700 000
② 과세표준 계산	(108) 각 사업연도 소득금액 (108=107)		114 700 000
	(109) 이월결손금	07	3 000 000
	(110) 비과세소득	08	
	(111) 소득공제	09	3 750 000
	(112) 과세표준 (108−109−110−111)	10	107 950 000
	(159) 선박표준이익	55	
③ 산출세액 계산	(113) 과세표준(112+159)	56	107 950 000
	(114) 세율	11	10
	(115) 산출세액	12	10 795 000
	(116) 지점유보소득 (「법인세법」 제96조)	13	
	(117) 세율	14	
	(118) 산출세액	15	
	(119) 합계(115+118)	16	10 795 000
④ 납부할 세액 계산	(120) 산출세액(120=119)		10 795 000
	(121) 최저한세 적용대상 공제감면세액	17	
	(122) 차감세액	18	
	(123) 최저한세 적용제외 공제감면세액	19	
	(124) 가산세액	20	400 000
	(125) 가감계(122−123+124)	21	11 195 000
	기납부세액 / 기한내납부세액 (126) 중간예납세액	22	4 000 000
	기납부세액 / 기한내납부세액 (127) 수시부과세액	23	500 000
	기납부세액 / 기한내납부세액 (128) 원천납부세액	24	
	기납부세액 / 기한내납부세액 (129) 간접투자회사등의 외국납부세액	25	
	기납부세액 / 기한내납부세액 (130) 소계 (126+127+128+129)	26	4 500 000
	기납부세액 (131) 신고납부전가산세액	27	400 000
	기납부세액 (132) 합계(130+131)	28	4 900 000

구분	항목	코드	금액
	(133) 감면분추가납부세액	29	
	(134) 차감납부할세액 (125−132+133)	30	6 295 000
⑤ 토지 등 양도소득에 대한 법인세 계산	양도차익 (135) 등기자산	31	
	양도차익 (136) 미등기자산	32	
	(137) 비과세소득	33	
	(138) 과세표준 (135+136−137)	34	
	(139) 세율	35	
	(140) 산출세액	36	
	(141) 감면세액	37	
	(142) 차감세액(140−141)	38	
	(143) 공제세액	39	
	(144) 동업기업 법인세 배분액 (가산세 제외)	58	
	(145) 가산세액 (동업기업 배분액 포함)	40	
	(146) 가감계 (142−143+144+145)	41	
	기납부세액 (147) 수시부과세액	42	
	기납부세액 (148) (　　) 세액	43	
	기납부세액 (149) 계 (147+148)	44	
	(150) 차감납부할세액(146−149)	45	
⑥ 미환류소득법인세	(161) 과세대상 미환류소득	59	
	(162) 세율	60	
	(163) 산출세액	61	
	(164) 가산세액	62	
	(165) 이자상당액	63	
	(166) 납부할세액(163+164+165)	64	
⑦ 세액계	(151) 차감납부할세액계 (134+150+166)	46	6 295 000
	(152) 사실과 다른 회계처리 경정세액공제	57	
	(153) 분납세액계산 범위액 (151−124−133−145−152+131)	47	
	분납할세액 (154) 현금납부	48	
	분납할세액 (155) 물납	49	
	분납할세액 (156) 계 (154+155)	50	
	차감납부세액 (157) 현금납부	51	6 295 000
	차감납부세액 (158) 물납	52	
	차감납부세액 (160) 계 (157+158) (160=(151−152−156))	53	6 295 000

210mm×297mm[백상지 80g/㎡ 또는 중질지 80g/㎡]

[별지 제15호 서식] <개정 2013.2.23> (앞 쪽)

사업연도	제10기.1.1 ~ 12. 31	소득금액조정합계표	법인명	㈜세무
			사업자등록번호	101－81－12345

익금산입 및 손금불산입				손금산입 및 익금불산입			
①과 목	②금 액	③소득처분		④과 목	⑤금 액	⑥소득처분	
		처분	코드			처분	코드
법인세등	10 000 000	기타사외유출	500	전기분위탁매출이익	600 000	유보	100
조세공과금 (토지취득세)	1 000 000	유보	400	대손충당금환입	300 000	유보	100
조세공과금 (소득세대납액)	2 000 000	상여	100				
기업업무추진비 한도초과액	3 000 000	기타사외유출	500				
전기손익수정이익 (재산세환급금)	3 500 000	기타(잉여금)	600				
재고자산평가감	1 000 000	유보	400				
대손금부인액 (외상매출금)	100 000	유보	400				
합 계	20 600 000			합 계	900 000		

210㎜×297㎜[백상지 80g/㎡ 또는 중질지 80g/㎡]

(뒤쪽)

성 용 운

약 력

- 건국대학교 법학과 졸업(법학사)
- 서울시립대학교 도시행정대학원 졸업(경영학 석사)
- 서울시립대학교 세무대학원 졸업(세무학 박사)
- 한국금융연수원 · 건국대학교 부동산대학원 등 강사
- 한국공인회계사회 조세연구위원회 및 지방세연구위원회 연구위원
- 세화회계법인 및 삼경회계법인 근무

현 재

- 공인회계사, 세무사
- 강남대학교 사회과학대학 세무학과 교수

서 희 열

약 력

- 경영학박사
- 연세대학교 법무대학원 겸임교수
- 미국 뉴욕 St. John's University 방문교수
- 중국 인민대학교 재정금융학원 방문교수
- 러시아 극동 국립 기술대학교(FENTU) 방문교수
- 공인회계사 · 세무사 · 관세사 시험위원
- 사법고시 · 행정고시 시험위원
- 국세청 과세전적부심사위원회 위원
- 국세심판원 비상임 심판관(2004~2006)
- 조세심판원 비상임 심판관(2008~2010)
- 재정경제부 세제발전심의위원회 위원
- 국세청 자체평가위원회 위원장
- (사)한국세무학회 2005년 학회장
- (사)한국회계정보학회 2013년 학회장
- (사)한국조세법학회 2017~2020년 학회장
- 대한민국 동탑산업훈장 수훈(2001년, 납세자의 날)
- 대한민국 근정포장 수훈(2018년)

현 재

- 강남대학교 세무학과 명예교수
- (사)한국조세법학회 이사장

저서 및 연구

- 「소득세법(공저)」, 세학사, 2026
- 「법인세법강의(공저)」, 세학사, 2026
- 「세무회계연습(공저)」, 세학사, 2026
- 「현대생활과 세금(공저)」, 세학사, 2026
- 「세무학개론(공저)」, 세학사, 2017
- 「세법총론」, 세학사, 2018
- 「소비세제법」, 세학사, 2018
- 「상속세 및 증여세 이해(공저)」, 씨에프오아카데미, 2011
- 「창업과 세금」, 씨에프오아카데미, 2013
- 「전자상거래 과세시스템」, 세학사, 2006
- 「미국세법연습(공저)」, 세학사, 2003
- 「담배 제조 및 매매 금지(공저)」, 국립암센터, 2006
- "한국 세무학회의 창립과 세무학 학문의 정립에 관한 연구". 「세무학연구」 제41권 제4호 (2024.12)
- "국세심판제도의 평가와 장단기 개편방안" 외 120여편

법인세법강의 <개정27판>

발 행 일 / 2000년 2월 25일 초 판
2026년 2월 24일 개정27판
2026년 2월 27일 개정27판

저 자 / 성용운 · 서희열
발 행 인 / 김 원 술
발 행 처 / 세 학 사

주 소 / 04607 서울특별시 중구 다산로15길 28 (다산동)
전 화 / (02) 2231-4640(代)
팩 스 / (02) 2253-2209

등 록 / 제2-1311호

E-mail / book@saehaksa.co.kr
http://www.saehaksa.co.kr

정가 **35,000**원 ISBN 978-89-6622-733-4 93320